KB247833

외국환거래법과 검사, 모르면 당한다

신민호 · 공일규 · 하만석 공저   김종근 감수

SAMIL | 삼일인포마인

머리말

　우리나라는 1960년대부터 시작된 정부 주도의 경제개발계획과 대기업 중심의 산업화 덕분에 지난 65년 동안 전 세계가 놀랄 만큼 놀라운 경제성장을 이루어왔다. 대표적인 예로, 1980년 당시 18억 7천만 달러(금 제외)에 불과했던 외국환보유액이 2025년 6월 말 현재 4,102억 달러로 성장하여, 무려 220배 이상의 성장을 기록하였다.

　외국환보유액은 우리나라가 보유한 외화 자산의 총합으로, 환율 안정을 위한 정책 수단이자 국가가 지급불능 상태에 빠지는 것을 막기 위한 경제적 방파제 역할을 한다. 2024년 말 기준으로 우리나라는 외국환보유액 규모에서 중국(3조 5,700억 달러), 일본(1조 2,400억 달러), 스위스(9,500억 달러)에 이어 세계 9위를 차지하며, 외국환 안정성 면에서도 매우 우수한 평가를 받고 있다.

　하지만 이런 압축성장의 이면에는 아픈 역사도 존재한다. 1996년 OECD에 가입한 직후인 1997년, 연쇄적인 기업 도산으로 외국환보유액이 급격히 줄면서 외국환위기가 발생했고, 국가부도 직전까지 몰렸던 상황에서 IMF로부터 195억 달러의 긴급자금을 받아 가까스로 위기를 넘긴 경험이 있다. 천연자원이 부족한 우리나라는 인적자원을 바탕으로 수출과 수입을 통해 먹고사는 구조이며, 해외투자와 무역의 비중이 크기 때문에 외국환의 중요성은 우리의 경제를 지탱하는 생명줄과 같다. 앞으로 선진국 반열에 오른다 해도 외국환의 중요성은 줄지 않을 것이므로, 1997년의 외국환위기를 잊지 말고 늘 경계해야 한다.

　1960년대 이후 외국환을 체계적으로 관리해온 법적 기반은 바로 외국환관리법이었다. 그러나 외국환위기 이후 IMF 권고에 따라 1998년 9월에는 외국환거래법이 새로 제정되었고, 1999년 4월 1일부터는 기존 외국환관리법을 대체하면서 사후보고 및 건전성 감독 중심의 새로운 외국환관리체계가 출범하였다. 이 외국환거래법은 이후 우리나라의 경제성장을 든든하게 뒷받침해 왔다.

현행 외국환거래법은 대외거래의 자유를 보장하면서도 시장기능을 활성화하고, 국제수지 균형과 통화가치 안정을 목표로 삼는다. 즉, 기업과 개인이 자유롭게 외국환거래를 하되, 그에 수반되는 위험요인을 최소화하기 위해 필요한 부분에 대해서만 정부가 관리하는 구조다. 이때 외국환은행이나 한국은행 등 신고기관에 일정 수준의 신고의무와 보고의무를 이행하는 것이 국가의 외국환정책 수립과 통계관리의 기초가 된다. 결국 국민과 기업이 성실하게 외국환신고를 하는 일은 단순한 법적 의무를 넘어, 대한민국의 경제기반을 튼튼히 다지는 중요한 행위가 된다.

외국환에 대한 신고를 충실히 이행하는 것은 제2의 외국환위기를 막는 가장 효과적인 방법이며, 우리가 선진국으로 나아가기 위한 필수 조건이기도 하다. 현행 외국환거래법은 IMF 권고에 따라 신고만 하면 대부분 자유롭게 거래가 가능하도록 설계되어 있다. 그러므로 우리와 같은 대외거래 의존도가 높은 나라에서는 이러한 최소한의 신고조차도 국민과 기업이 앞장서서 성실히 이행하는 문화가 자리 잡아야 한다.

만약 외국환의 자유화라는 명목 아래 신고제도조차 무시된다면, 이는 우리 미래의 통제권을 스스로 포기하는 것과 다름없다. 특히 기업이 외국환신고를 게을리할 경우, 일반적인 법령과 달리 실무자가 아닌 CEO가 형사책임을 지는 경우가 많기 때문에 더욱 주의가 필요하다. 실무자는 물론 CEO 역시 외국환신고만큼은 직접 챙겨야 한다.

그동안 외국환거래법은 어렵고 복잡하다는 인식이 많았고, 기존의 책들도 법령 중심으로 딱딱하게 서술되어 있었다. 이에 본서는 국민과 기업 CEO, 실무자들이 외국환거래법과 외국환검사를 쉽게 이해하고 실천할 수 있도록 구성하였다. 본서의 제목은 『외국환거래법과 검사, 모르면 당한다』이며, 그 내용은 일반 국민과 기업이 실제로 신고의무를 부담하는 경상거래, 자본거래, 가상자산 거래에 대한 신고의무와 외국환거래 위반 시 벌칙, 외국환검사와 외국환거래법 리스크 제로화 전략에 한정하였다.

반면 외국환업무취급기관이나 환전영업자, 외국환중개회사 등 일반 국민과는 관련이 적은 부분은 별도의 책으로 다룰 예정이다. 본서에는 필수적인 외국환 신고서식을 수록하고 그 기재 요령을 상세히 안내하여, 실무자 누구나 쉽게 작성할 수 있도록 하였다. 또한 각 장 말미에는 실제 외국환신고 관련 실무사례, 외국환거래 위반사례, 기획재정부 유권해석사례, 한국은행 유권해석 및 질의응답사례, 필자들이 다루었던 외국환 조사사례, 대법원 판례 등을 담아 실무 이해를 도왔다.

특히 제5장 가상자산 거래 신고의무에서는 외국환 전문가로서 처음으로, 거주자의 대외거래, 비거주자의 국내거래 등에 관련하여 외국환을 대신하여 가상자산을 지급 또는 영수하는 경우 외국환 신고의무가 있다는 점을 제시하였다. 성실한 신고가 이뤄진다면 가상자산이 외국환거래법상 지급수단으로 인정받는 시기도 앞당길 수 있을 것이다. 또한 경상·자본거래에서 미신고가 확인된 경우, 반드시 사후신고를 통해 형사 리스크를 제거해야 함을 강조하였다.

제7장 외국환검사에서는 2019년부터 서울본부세관에 설치된 조사2국의 외국환검사 전담조직이 기업들을 본격적으로 조사하기 시작했으며, 2025년부터 관세청이 기업들에 대한 정기 외국환검사를 추진함에 따라 그에 대한 대응방안을 수록하였다. 마지막으로 관세청이 외국환검사나 외국환거래법위반조사에 따른 외국환거래법리스크를 외국환거래에 대한 사전점검과 자진신고를 통해 최소화하는 방안을 수록하였다.

이번 책이 계기가 되어, 국민과 기업이 외국환신고의 중요성을 이해하고 자발적으로 신고의무를 성실히 이행하는 건전한 문화가 정착되기를 기대한다. 마지막으로 출판을 흔쾌히 결정해주신 삼일피더블유씨솔루션 오연관 대표이사님과 김동원 이사님, 편집에 힘써주신 임연혁 부장님과 이슬기, 오미연 대리님께 깊이 감사드리며, 물심양면으로 함께 해준 이민범, 이한진, 정윤지, 이재연, 차수림 관세사와 사랑하는 아내와 가족에게도 진심으로 고마움을 전한다.

2025년 7월 20일
성수동 성수AK밸리에서
저자 대표 씀

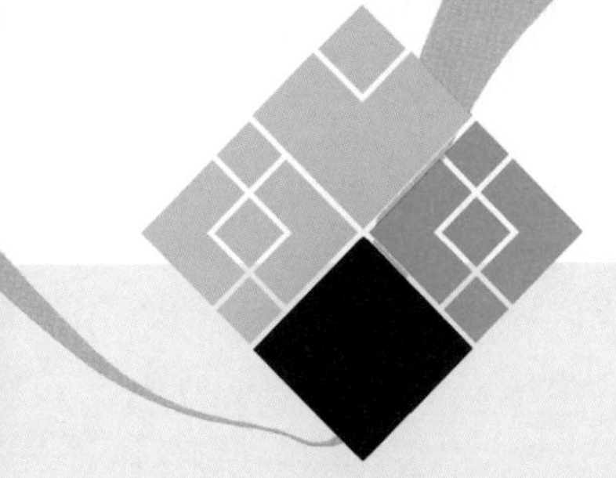

일러두기

외국환거래법 제2조 제3항 제3호: 법 2-3-3으로 표기

외국환거래법 시행령 제2조 제3항 제3호: 영 2-3-3으로 표기

외국환거래규정 제2조 제3항 제3호: 정 2-3-3으로 표기

외국환거래의 검사 및 제재에 관한 훈령 제2조 제3항 제3호: 검훈 2-3-3으로 표기

질서위반행위규제법 제2조 제3항 제3호: 질서법 2-3-3으로 표기

질서위반행위규제법 시행령 제2조 제3항 제3호: 질서영 2-3-3으로 표기

차 례

차 례

차 례

제1장

외국환거래법의 이해

외국환의 역사, 규제에서 자유로

무역 3법, 무엇을 규율할까?

우리나라에서 수출입이나 해외와의 거래를 할 때 꼭 알아야 할 세 가지 법이 있다. 우리는 이를 '무역 3법'이라 부른다.

- **대외무역법** – 수출입 거래 전반을 다룬다.
- **외국환거래법** – 외화가 오가는 거래, 즉 외국환과 관련된 모든 거래를 규율한다.
- **관세법** – 수입되는 물품에 대해 세금을 매기고, 수출입에 따르는 통관 절차를 관리한다.

★

□ 왜 외국환거래법이 중요한가?

우리 국민이 해외로 돈을 보내거나, 외국에서 자금을 들여오는 등 외국환(외화)이 오가는 거래를 하게 되면, 정부는 다음과 같은 목적을 위해 일정 부분 그 거래를 규제할 수 있다.

- 국제수지 균형 유지
- 환율 안정과 통화가치 보호
- 시장기능 활성화

쉽게 말해, **우리 경제를 지키기 위한 최소한의 통제 장치**인 셈이다.

그 중심에 있는 것이 바로 **외국환거래법**이다. 이 법은 대한민국 국민의 외화 관련 거래를 관리하는 **기본 법률**로, 자본이 국경을 넘나드는 글로벌 시대에 매우 중요한 역할을 하고 있다.

(1) 기초를 다지던 시절 – 외국환을 쥐고 있던 정부(1945~1961)

해방 직후, 한국 경제는 외화가 거의 없는 상태였다. 그래서 정부(당시 미군정)는 1946년 '대외무역규칙'을 만들어 외국환(외화)의 사용을 엄격히 관리하기 시작했다.

이 시기에는 '외화를 아끼고 꼭 필요한 데만 쓰자'는 원칙 아래, 외화가 들어오면 정부가 그 사용처를 지정하고, 기업이나 개인이 자유롭게 쓰는 건 사실상 불가능했다.

(2) 법으로 꽉 잡던 시대 – 외국환관리법 시기(1962~1997)

1960년대, 우리나라는 본격적인 **경제개발 5개년 계획**에 돌입하면서 외화를 벌어들이는 것이 국가 전략의 핵심이 된다.

이에 따라 1961년 말, '외국환관리법'이 제정되었다. 이 법은 말 그대로 외국환을 "원칙적으로 금지하고, 예외적으로 허용"하는 구조였다.

이른바 **'포지티브 시스템**(Positive System)**'**, 즉 허락된 것만 가능한 방식이다.

당시 한국은 외국환이 늘 부족했기 때문에 정부는 다음과 같은 목표로 외국환을 통제했다.

- 국민과 기업의 외화 사용을 최소화
- 국가 차원에서 외화를 효율적으로 배분
- 경제성장과 국제수지의 균형을 유지

이처럼 외국환은 단순한 돈이 아니라, **국가경제를 움직이는 핵심 자산**이었던 셈이다.

그러던 중 1970년대 후반, 한국 경제에 큰 변화가 찾아왔다.

중동 건설붐 덕분에 우리 기업들이 해외 공사 수주에 성공하면서 외화가 본격적으로 들어오기 시작했다.

여기에 수출도 늘고, 세계 경기도 살아나면서 **우리나라의 국제수지가 빠르게 개선됐**다. 돈이 돌기 시작하자, 정부도 점차 외국환에 대한 규제를 완화하기 시작했다.

기업과 국민들이 외화를 조금 더 자유롭게 쓸 수 있도록 허용한 것이다.

1980년대에는 수출입 규모가 커지고 외국 기업들과의 거래도 많아지면서, **한국 시장도 개방하라**는 국제사회의 요구가 커졌다.

이에 따라 1988년, 한국은 IMF 8**조국**으로 공식 이행하게 되었다.

(8조국이란 쉽게 말해 '외국환거래를 자유롭게 하겠다고 국제사회에 약속한 나라'라는 뜻이다.)

그리고 1992년에는 획기적인 변화가 일어났다.

그동안 외국환은 "허가된 것만 가능(Positive System)"했는데,

이제는 "원칙적으로 자유, 필요한 것만 규제(Negative System)"로 방향을 바꾸게 된 것이다.

한마디로 **정부가 외국환 관리에서 손을 조금씩 떼기 시작**한 것이다.

(3) 외국환위기와 대전환 – 외국환거래법 시대 개막(1998년~현재)

그러던 중, 1997년 말 IMF **외국환위기**가 터진다.

이에 따라 정부는 IMF 권고에 따라 외국환제도를 전면 개편한다.

- 1998년, 새로운 시대를 여는 '외국환거래법'이 제정되고
- 1999년 4월 1일, 본격 시행되었다.

구 외국환관리법은 사라지고, **자유로운 외국환거래를 전제로 한 시대**가 시작된 것이다.

새 외국환거래법의 핵심은 이렇다.

"이제 외국환거래는 국민과 기업의 자유를 보장하는 방식으로 운용하겠다!"

즉, 허가와 규제가 아닌 신고와 사후보고와 사후감독 중심, 정부는 '감독자'로서 역할을 하겠다는 방향이었다.

외국환거래 자유화는 이렇게 단계별로 진행됐다.

🔑 **1단계**(1999)

- 기업과 금융기관의 외화사용은 대부분 **자유화**
- 자본거래는 기존의 '허가제(Positive)'에서 '신고제(Negative)'로 전환

◈ 2단계(2001)

- 개인의 여행경비, 해외이주비, 해외예금 한도를 **폐지**
- 개인 외국환거래도 한층 더 **자유화**

◈ **후속 조치들**(2002~2006)

- 개인이 해외로 **증여성 송금**도 자유롭게 가능
- 2006년에는 자본거래에 대한 정부의 **허가제를 아예 종료**하고, '**신고만 하면 되는 체계**'로 완전 전환

이처럼 외국환제도는 "꽉 막힌 통제 시대"에서 "유연한 자유화 시대"로 넘어왔다. 하지만 자유에는 **책임과 관리**가 따른다. 그래서 **기업의 외국환거래에 대한 정기검사**가 강화되고 있고, 바로 이 점이 2025년부터 본격 시행될 관세청의 외국환검사와 맞닿아 있는 것이다.

3 　외국환거래법, 어떻게 구성되어 있을까?

(1) 외국환거래법의 구조 – 법은 '틀', 진짜 내용은 '규정'에

외국환거래법은 외국환거래에 관한 기본적인 방향과 원칙만 담고 있다.
예를 들어 "어떤 외국환거래는 자유롭게 할 수 있다"는 식의 큰 틀만 있는 것이다.
　그럼 **구체적인 내용은 어디에 있느냐?**
　바로 그 아래 단계인 시행령과 '외국환거래규정'에 들어 있다.
　특히 '외국환거래규정'은 기획재정부가 정한 고시로, 실무에서 가장 자주 참고되는 규정이다.
　예를 들어,

- 어떤 금액까지 신고 없이 송금할 수 있는지,
- 어떤 경우에 외국환은행이나 한국은행에 신고해야 하는지 등은 대부분 이 외국환거래규정에 나와 있다.

실제로 기업들이 외국환거래를 할 때 참고해야 하는 건 법보다 '외국환거래규정'이다.

왜냐하면 시장 상황이나 국제수지 여건에 따라 외국환거래규정을 통해 신속하고 유연하게 조정할 필요가 있기 때문이다.

법을 바꾸는 건 국회의 동의를 얻어야 하니 오래 걸리지만, 외국환거래규정은 기재부 고시로 빠르게 바꿀 수 있으니 말이다.

4 외국환거래법의 5가지 핵심 특징

(1) 외국환거래의 '기준선' 역할

외국환거래법은 **외국환거래가 어떻게 이뤄져야 하는지 기본 원칙을 정한 법률**이다. 실제로 거래에 들어가기 전에 지켜야 할 틀, 마치 '게임의 룰' 같은 역할을 한다.

(2) 완전포괄주의(Negative List System) – 허용이 원칙, 제한만 명시

이 법은 "원칙적으로 모든 거래는 자유, 금지된 것만 제한"하는 방식이다.

즉, 법이나 규정에서 막고 있지 않다면 **자유롭게 외국환거래를 할 수 있다**는 뜻이다.

이걸 '완전포괄주의' 또는 **네거티브 리스트 시스템**이라고 부른다.

(3) 권한의 분산과 위임 – 기재부가 전부 직접 하진 않는다

외국환거래법의 총괄은 기획재정부장관이 맡지만, 현장의 여러 업무는 외국환은행, 한국은행, 금융감독원, 관세청 등에 위임된다.

즉, 기업이 실제로 외국환거래를 하면서 마주치는 건 '기획재정부'가 아니라 '외국환은행, 관세청, 금감원' 등 **현장 기관**인 경우가 많다.

(4) 속인주의 + 속지주의 – 해외에서 한 거래도 잡힌다

외국환거래법은 두 가지 원칙을 동시에 따른다.

• **속인주의**: 한국 사람이 해외에서 외화 거래를 해도 이 법이 적용된다.

• **속지주의**: 한국 땅(영토)에서 일어난 외국환거래도 당연히 적용된다.

예를 들어,

• 한국 사람이 해외에서 외화로 수출거래를 했다면? → 외국환거래법 적용
• 외국인이 한국에서 외화로 계약했다면? → 역시 외국환거래법 적용

결국 거래의 장소와 사람 모두 외국환거래법을 적용하는 기준이 된다는 뜻이다.

(5) 국제주의 – IMF 회원국으로서의 책임감

한국은 1988년부터 IMF 8조국(외국환거래 자유국가)으로 공식 등록되어 있다. 이 말은 단지 외국환을 자유롭게 쓴다는 뜻이 아니라,

• 상품, 서비스 거래에 따른 외국환 지급은 **정부 간섭 없이 자유롭게**
• **통화 차별 금지**(특정 나라 통화만 우대 ×)
• **환율 차별 금지**(거래 종류별로 환율 차등 적용 ×)

즉, **글로벌 경제 원칙을 따르는 나라로서** 외국환거래의 국제성·투명성·자유화를 보장한다는 뜻이다.

외국환거래법은 '틀'이고, 외국환거래규정은 '실무 매뉴얼'이다. 거래는 자유롭게 하되, 법은 기준을 잡고 필요할 때만 제한한다.

5 외국환거래법의 적용대상

외국환거래, 어디까지 법이 적용될까? – 국내 뿐 아니라 해외까지도!

외국환거래법은 단순히 "한국 내에서 일어난 외국환거래"에만 적용되는 법이 아니다. '어디서 했는가'보다 '누가 했는가', 그리고 '무엇을 했는가'가 더 중요하다.

✓ **한국인이 해외에서 한 거래도 법의 적용 대상!** (속인주의)

예를 들어, 서울에 본사를 둔 A기업의 직원이 미국 지사에서 외화를 사용해 부동산을 샀다면? 부동산 구입 행위 장소는 해외지만, 한국 법인의 직원이 했기 때문에 외국환거

래법이 적용된다. 이처럼 "한국 사람(법인 또는 개인)이 어디에서 했느냐"를 기준으로 삼는 걸 '속인주의'라고 한다.

🔑 한국 내에서 이뤄진 외국환거래는 당연히 적용! (속지주의)

이번엔 반대로, 외국 회사가 한국에서 외화를 주고받거나 계약을 했다면? 이 경우는 한국 내에서 일어난 거래이기 때문에 역시 외국환거래법이 적용된다. 이걸 '속지주의', 즉 '우리 땅 안에서 일어난 거래'는 모두 법 적용 대상이라고 부른다.

🔑 우리나라 이익에 영향을 주는 외국환거래도 관리! (보호주의)

조금 더 나아가서, 어떤 외국환거래가 직접적으로 한국의 경제나 외국환시장에 영향을 줄 수 있다면, 그 거래가 해외에서 벌어졌더라도 외국환거래법이 적용될 수 있다.

이건 '우리나라의 이익을 보호한다'는 의미에서 '보호주의 원칙'이라고 한다.

🔑 외국환거래법의 적용 범위, 이렇게 나뉘어 있다!

외국환거래법 제2조와 제3조는 어떤 사람과 어떤 거래 대상, 어떤 행위가 법의 적용을 받는지 구체적으로 규정하고 있다.

- 누가 대상인가?
  - → 거주자(대한민국에 주된 생활기반이 있는 사람 또는 법인)
  - → 비거주자(그 외의 외국인 또는 해외 법인)
- 어떤 행위가 해당되나?
  - → 외국환거래, 자본거래, 지급/수령 등
- 무엇이 거래 대상인가?
  - → 외국환(외화), 내국지급수단(예: 원화), 귀금속(예: 금, 은 등)

정리하자면 외국환거래가 '한국인'이 했든, '한국 내'에서 일어났든, '한국의 이익'에 영향을 미치든, 그 거래는 외국환거래법의 적용 대상이 될 수 있다는 뜻이다.

그럼 외국환거래법의 적용대상에 대하여 구체적으로 살펴보자.

(1) 외국환거래법의 적용 대상은 누구일까?

핵심은 "거주자 vs 비거주자" 구분!

외국환거래법에서 가장 기본이자 중요한 개념 중 하나가 바로 '거주자'와 '비거주자'의 구분이다.

왜 중요하냐고요?

외국환거래법에서는 이 둘을 기준으로 누가 어떤 의무를 지는지 결정되기 때문이다.

- 거주자로 분류되면, 외국환거래법상 여러 의무가 적용된다.
- 반면 비거주자로 판정되면, 그 의무 대부분에서 자유로워질 수 있다.

그래서 기업 실무자든 개인이든, 자신이 '거주자'인지 '비거주자'인지 정확히 아는 게 매우 중요하다.

외국환거래법에서 말하는 '거주자'란? 세법과는 다르다!

많은 분들이 "국적이 한국이면 거주자 아닌가요?"라고 생각하지만, 외국환거래법에서는 국적이 아니라 '경제적 실생활의 중심이 어디냐'를 기준으로 판단한다.

즉, 거주자 여부는 이렇게 판단한다.

〔표 1〕 거주자 여부 판단 기준

기준	설명
얼마나 오래 머물렀나?	대한민국에 일정 기간 거주하고 있거나…
어디서 살려고 하나?	계속해서 거주할 의사가 있는가?
경제활동의 중심은 어디인가?	수입·지출, 직장, 사업장 등이 한국에 밀착되어 있는가?

결국, "내 삶과 돈이 한국 중심인가, 외국 중심인가"가 핵심 기준이다.

> **┤ 참고 ├**
>
> **외국환거래법 거주자는 세법과는 다른 기준이다!**
> 외국환거래법상 거주자/비거주자 기준은 세법에서 말하는 거주자 개념과 다르다.
> 두 법의 목적이 다르기 때문에 판정 기준도 달라질 수 있다는 점을 꼭 기억해두어야 한다.
> 자세한 분류 기준과 사례는 《제1장 7. 거주자와 비거주자 구분》에서 따로 자세히 다루니, 이 부분을 꼭 참고해 주기 바란다.

(2) 외국환거래법, 어떤 행위에 적용될까?

외국환거래법은 단순히 '외화를 사고팔 때'만 적용되는 법이 아니다.
국내에서 일어나는 거래, 국경을 넘는 거래, 원화 표시 거래, 심지어 해외에서 한 거래까지 다양한 경우에 적용될 수 있다.
그럼 어떤 행위가 대상인지, 네 가지로 나눠 살펴보자.

① 대한민국 내에서 이뤄지는 외국환 관련 거래

국내 거래라도 외화가 관련되면 적용!
- 거주자 ↔ 거주자
- 거주자 ↔ 비거주자
- 비거주자 ↔ 비거주자

이렇게 누구끼리 거래하든, 장소가 '한국 내'라면 외국환거래법의 적용을 받는다.
예를 들어, 외국 기업 두 곳이 한국에서 외화를 주고받는 경우에도 해당된다.

🔑 예시

- 외화 송금
- 달러·엔화 등 외화 보유
- 외국증권 수입 또는 보관

② 한국과 외국 사이의 외국환 거래

국경을 넘나드는 모든 거래에 적용!
한국에 있는 사람(또는 기업)과 외국에 있는 사람(또는 기업) 간의 외화 관련 거래에도 당연히 외국환거래법이 적용된다.
여기서 중요한 포인트는 외국에서 거래가 이뤄졌더라도, 그 효과가 한국에 미치면 역시 외국환거래법이 적용된다는 점이다.

🔑 예시

- 해외 계좌에서 외화 출금해서 한국 법인 계좌로 입금
- 외국인이 외화로 물건 사서 한국으로 배송

③ 외국인이 하는 원화 거래도 대상!

외국인이라고 해서 외국환거래법에서 자유로운 건 아니다.

비거주자(예를 들어 외국인이나 해외 법인)가 한국 원화로 표시된 금액을 주고받거나 원화로 된 계약을 체결할 경우에도 외국환거래법이 적용된다.

🔑 예시

- 외국인 투자자가 원화로 한국 부동산 계약
- 해외 법인이 원화로 대금 수령

④ 거주자가 해외에서 한 외국환거래도 포함!

해외에서 외국환거래를 했더라도, 외국환거래를 한 사람이 한국 사람이면 적용된다. 한국에 주소나 본사를 둔 거주자 또는 그 직원, 대리인이 해외에서 외화와 관련된 거래를 한 경우, 장소가 외국이라도 외국환거래법의 대상이 된다.

🔑 예시

- 한국 기업이 미국 지사 명의로 달러 투자
- 한국 거주 개인이 해외 부동산 매입

정리하자면 아래 표와 같다.

〔표 2〕 외국환거래법의 적용 여부

구분	적용 사례	법 적용 여부
한국 내에서 외화로 거래	외국 회사 간 외화 거래도 포함	적용됨
한국과 해외 간 거래	해외에서 한국으로 외화 송금	적용됨
외국인의 원화거래	외국인이 원화로 계약 체결	적용됨
한국인의 해외 외화거래	한국 거주자가 해외 부동산 매입	적용됨

외국환거래법은 단순히 "해외에 나가서 외화를 썼다"는 수준이 아니라, 외국환의 흐름이 한국과 관련되기만 해도 적용될 수 있다는 점, 꼭 기억해야 한다.

(3) 외국환거래법, '무엇'에 적용될까?

돈, 돈처럼 쓰이는 것, 금, 이 세 가지가 핵심이다!

외국환거래법은 단지 '사람'이나 '행위'만 관리하는 법이 아니다. 어떤 '자산'이나 '수단'이 거래의 대상인지도 매우 중요하다.

이를 우리는 '물적 적용대상'이라고 부르며, 그 종류는 아래와 같이 네 가지로 나눌 수 있다.

① 내국통화와 외국통화

- 내국통화는 말 그대로 대한민국 돈, 즉 "원화"이다.
- 외국통화는 그 외 모든 국가의 돈이다. 달러(USD), 유로(EUR), 엔화(JPY), 위안화(CNY) 등이 외국환거래법의 적용 대상이다.

한국 원화로 거래해도 외국환거래법의 적용 대상이 될 수 있다는 점, 기억해두어야 한다.(예: 외국인의 원화 사용)

② 외국환(Foreign Exchange)

외국환은 쉽게 말해 '외화로 표시되거나 외국에서 지급받을 수 있는 모든 수단'을 의미한다.

좀 더 구체적으로 살펴 보면
- 외화 표시 채권(예: 달러로 발행된 채권)
- 외화로 결제되는 파생상품(예: 환율 연동 파생상품계약)
- 외국통화로 된 수표나 어음
- 외국에서 결제 가능한 전자지급수단 등

이 외국환거래법이 적용되는 외국환에 해당한다.

실무 예시로 미국에서 발행된 달러 채권을 한국 회사가 보유하고 있다면? 외국환거래법 적용 대상이다.

③ 지급수단

여기서 말하는 지급수단은 '돈'만이 아니다.

돈처럼 쓸 수 있는 것이 포함된다.

대표적인 지급수단으로는

- 지폐, 동전, 수표, 어음, 우편환, 신용장
- 전자지급 수단: 체크카드, 선불카드, 모바일페이 등이 있다.

이 지급수단은 다시 아래와 같이 두 가지로 나뉜다.

〔표 3〕 외국환거래법이 적용되는 지급수단

구분	설명	예시
내국지급수단	한국 내에서만 쓰이는 수단	원화 수표, 원화 어음 등
대외지급수단	외국에서도 쓸 수 있는 수단	외화표시 수표, 달러로 충전된 카드 등

④ 귀금속(Precious Metals)

2009.1.까지는 '금'도 지급수단으로서 외국환거래법 적용 대상이었으나, 대외무역법이 정하는 바에 의하여 거주자 또는 비거주자가 귀금속을 수출입하는 경우(신변장식품 등 개인의 일상적인 사용에 쓰이는 경우를 포함) 지급수단 수출입신고를 의무적으로 하여야 했던 것을 2009.1. 외국환거래법령 및 외국환거래규정을 개정하여 삭제했다. 귀금속은 단순한 장신구가 아니라, 국제 거래에서는 '지급수단'으로 취급되었기 때문이었다. 외국환거래규정 개정 이후에는 금을 수출입할 때 외국환거래법에 따라 지급수단 수출입신고의무는 폐지되었고, 관세법에 따라 물품으로 보아 수출입신고의무를 부담하게 된다.

외국환거래법상 귀금속에는 다음이 포함된다.

- 금괴, 금화(유통되지 않는 금화 포함)
- 금 합금 및 금으로 만든 제품(예: 산업용 금 와이어, 골드바)
- 금이 주성분인 가공품 등

〔표 4〕 외국환거래법 적용대상 요약

항목	설명	예시
내국통화	대한민국 법정통화	원화
외국통화	원화 외 모든 외화	달러, 유로, 엔화 등
외국환	외화표시 자산·지급수단	외화채권, 외화파생상품 등

항목	설명	예시
지급수단	통화처럼 쓰이는 수단	수표, 어음, 카드 등
귀금속	사실상의 통화대체재(지급수단) (2009.1. 지급수단 수출입신고의무 삭제)	금, 금화, 금 제품

(4) 가상자산(비트코인 · 이더리움), 외국환거래법과 무관할까?

요즘 비트코인, 이더리움 같은 가상자산(가상화폐)이 실제 거래 수단으로 쓰이는 일이 늘고 있다. 하지만 현행 외국환거래법에서는 아직 이들을 '공식적인 지급수단'으로 인정하지 않고 있다.

그래서 어떤 문제가 생길까?

예를 들어,

- 한국에 있는 거주자가
- 외국에 있는 비거주자에게
- 비트코인으로 대금을 보냈다고 해도…

이건 사실상 '지급행위'에 해당하지만, 외국환거래법의 적용 대상이 아니기 때문에 신고 의무도 발생하지 않는다.

즉, 가상자산인 비트코인을 주고받아도 외국환거래법상 (※ 현재 기준에서는) 문제는 없다는 뜻이다.

하지만, 이런 경우엔 주의가 필요하다

다음과 같은 상황을 가정해보자.

한국 기업(거주자)이 해외 업체(비거주자)와 달러로 표시된 수출계약을 맺었는데, 실제 대금은 달러화 대신 가상자산인 비트코인으로 주고 받았다면 어떻게 될까?

이건 조금 복잡해진다.

원래 외국환거래법상, 거주자가 외화 표시 계약을 맺고 송금하거나 영수할 때는 반드시 '외국환은행'을 통해서 처리해야 한다.

그런데 외화 대신 가상자산으로 직접 주고받았다면?

이건 외국환은행을 거치지 않은 '사실상의 외화 송금 또는 영수'로 간주될 수 있다.

✓결론: 이럴 땐 반드시 외국환 당국에 신고해야 한다!

- 외화로 표시된 계약이 있고,

- 실제 지급 또는 영수는 가상자산으로 처리했고,

- 외국환은행을 거치지 않았다면…

이 사실은 한국은행에 신고해야 한다.

즉, "외화 표시 계약을 체결했으나 가상자산으로 정산했다"는 점을 반드시 신고해야 한다.

〔표 5〕 가상자산 결제시 신고의무 요약

상황	외국환거래법 적용 여부	외국환 신고 의무
거주자가 비거주자에게 가상자산(비트코인 등) 송금	✖ 적용 안 됨	✖ 신고 의무 없음
외화표시 계약 후, 대금을 가상자산(비트코인 등)으로 지급/영수	✓ 간접 적용	✓ 한국은행에 신고 필요

정리하면 가상자산 자체는 외국환거래법상 현재까지는 지급수단이 아니지만, 외화표시 계약을 비트코인 등 가상자산으로 처리하여 송금하거나 영수했다면 외국환 당국에 신고해야 한다는 점을 꼭 기억해두어야 한다.

6 외국환거래법과 타법과의 관계

외국환거래법 vs 다른 법률들 – 어느 법이 우선일까?

외국환거래와 관련된 거래는 기본적으로 외국환거래법이 적용된다. 하지만 특정한 분야나 상황에 대해 다른 법률에서 별도로 정하고 있다면, 그 다른 법률이 우선 적용된다. 이런 경우 우리는 이를 "특별법 우선의 원칙"이라고 부른다.

예를 들어보자.

- 남북한 간의 거래는 「남북교류협력에 관한 법률」

- 정부가 빌려오는 외화 자금(공공차관)은 「공공차관의 도입 및 관리에 관한 법률」

• 외국인의 한국 투자는 「외국인투자촉진법」

이런 법률들이 외국환거래를 포함하면서도 자체적인 규정을 가진다면, 해당 법률이 외국환거래법보다 우선해서 적용된다.

하지만 그 다른 법률에 별다른 규정이 없으면 어떻게 해야 할까? 이때는 외국환거래법이 기본법으로 적용된다. 또한 외국환거래법은 자금세탁방지법, 특정경제범죄가중처벌법 등과도 밀접한 관계가 있다.

(1) 외국환거래법과 관세법, 무엇이 우선일까?

이제 조금 더 실무에 가까운 이야기로 넘어가 보자.

관세법은 수출입 물품의 통관 절차와 관세 부과를 다루는 기본 법이다. 하지만 외국환거래법 역시 외화 · 지급수단 · 귀금속의 수출입을 규율하므로 적용 경계가 겹치는 경우가 많다.

예전에는?(2009년 이전)

외국환거래법에는 다음과 같은 규정이 있었다.

"지급수단이나 귀금속을 수출입하려면 반드시 신고하거나 허가를 받아야 한다."

즉, 귀금속도 '외국환'으로 취급해 관세법이 아니라 외국환거래법으로 규정했던 것이다.

★

외국환거래법 제17조 (지급수단 등의 수출입 신고) 기획재정부장관은 이 법의 실효성을 확보하기 위하여 필요하다고 인정되어 대통령령으로 정하는 경우에는 지급수단 또는 증권을 수출 또는 수입하려는 거주자나 비거주자로 하여금 그 지급수단 또는 증권을 수출 또는 수입할 때 대통령령으로 정하는 바에 따라 신고하게 할 수 있다.[전문개정 2009.1.30.]

그래서 금괴나 금화 같은 귀금속을 몰래 밀수한 경우에도 관세범죄가 아니라 외국환거래법 위반으로 처벌되었다.

실제로 대법원도 이렇게 판단한 판례들이 많았다.(ex. 대법원 2005도6484, 84도832 등)

그런데 2009년, 외국환거래법이 개정되었다.

2009년 1월, 외국환거래법이 개정되면서 귀금속은 외국환거래법 제17조의 지급수단 등의 수출입 신고대상에서 빠지게 된다.

그 결과로

- 귀금속의 수출입은 더 이상 외국환거래법 적용 대상이 아니다.
- 따라서 귀금속 밀수 등은 관세법에 따라 처벌하게 되었다.
- 이로 인해 특정범죄가중처벌법(예: 대규모 금괴 등 밀수 가중처벌)도 적용 가능해 졌다.

즉, 이 외국환거래법 개정은 귀금속 밀수범죄를 보다 강력히 처벌하기 위한 제도 개선 이었던 셈이다.

〔표 6〕 외국환거래법과 타법의 관계

구분	적용 법률	설명
기본적으로 모든 외국환거래	외국환거래법	외국환 송금, 수령, 무역거래계약 등
특정 목적이 정해진 거래 (예: 남북교류, 외국인투자)	해당 특별법	해당 법이 외국환거래법보다 우선 적용
귀금속 수출입(2009년 이전)	외국환거래법	귀금속도 외국환(지급수단)으로 취급됨
귀금속 수출입(2009년 이후)	관세법	외국환거래법 지급수단 수출입 신고대상 에서 제외

외국환거래법은 외국환거래에 적용되는 기본법이다. 하지만 외국인투자나 남북 교역 등 특정한 법률이 있는 경우에는 해당 특별법에 규정이 있는 경우에 해당 특별법이 우선 적용된다.

귀금속 수출입은 2009.1. 외국환거래법 개정 이후부터는 관세법이 적용된다.

(2) 외국환거래법과 대외무역법의 관계

대외무역법은 무역의 질서를 유지하고 수출입을 관리함으로써 국제수지의 균형과 국 민경제의 발전을 도모하려고 만든 법이다. 주로 물품이나 용역이 국경을 넘나드는 '거래 자체'에 초점을 두고 있으며, 무역에 관한 기본법 역할을 한다.

수출입계약을 체결하고, 물품이나 서비스를 실제로 주고받는 행위에는 대외무역법이 적용된다. 그런데 이런 무역거래와 함께 이뤄지는 외화 결제, 자금의 송금이나 투자 등 '돈의 흐름'에 대해서는 외국환거래법이 기본법으로 작용한다. 다시 말해, 무역은 대외무역법이, 돈의 움직임은 외국환거래법이 다루고 있는 것이다.

(3) 특정경제범죄가중처벌법 및 범죄수익은닉규제법과 외국환거래법의 관계

'특정경제범죄 가중처벌 등에 관한 법률'은 경제질서를 해치는 범죄에 대해 더 무겁게 처벌하려고 1983년에 제정된 법이다. 이 법은 경제사범이 다시 유사한 범죄를 저지르지 못하도록 취업제한 등의 조치도 함께 규정하고 있다.

이 법의 제4조는, 대한민국 국민이나 정부의 재산을 해외로 빼돌리거나, 반대로 들여와야 할 재산을 해외에서 숨기거나 도피시키는 경우 '재산국외도피죄'로 본다고 규정하고 있다. 외국환거래법은 바로 이런 재산국외도피가 발생하기 전 단계의 '선행 위반행위'를 판단할 때 적용하는 중요한 법률이다.

또한, 이와 관련된 돈이나 재산은 '범죄수익'으로 간주되어, 「범죄수익은닉의 규제 및 처벌 등에 관한 법률」의 적용 대상이 된다. 즉, 외국환거래법 위반은 단지 외국환거래 문제를 넘어서, 특정경제범죄나 범죄수익은닉 혐의로 확대될 수 있기 때문에 매우 신중하게 다뤄야 한다.

(4) 외국환거래법보다 우선 적용되는 법률

1) 외국인투자촉진법

외국인투자촉진법은 외국 자본을 적극적으로 유치하기 위해 만들어진 법이다. 외국인이 국내에 투자할 때는 이 법이 외국환거래법보다 먼저 적용된다. 예를 들어, 외국인이 우리나라 주식을 사거나 장기 자금을 빌려주는 등 외국환이 수반되는 투자행위를 할 경우, 외국환거래법보다 외국인투자촉진법을 먼저 따르게 된다.

이 법에 특별한 규정이 있을 경우에는 그 내용을 우선 적용하고, 규정이 없을 경우에는 외국환거래법이 적용되는 구조다.

2) SOFA 협정

SOFA 협정은 주한미군의 지위와 권한을 정리한 한미 간의 행정협정이다. 주한미군, 군속, 그 가족 및 관련 계약자 등의 외환거래에 대해서는 외국환거래법보다 SOFA 협정이 먼저 적용된다. 쉽게 말해, 주한미군과 그 관련자들에게는 외국환거래법이 '특별법'인 SOFA 협정에 따라 제한적으로 적용된다.

외국환거래법에서도 이를 반영하여, 주한미군과 그 관련 기관에 소속된 사람들은 국내에 있어도 '거주자'로 보지 않고 외국환 신고대상에서 제외하고 있다.

(5) 그 밖에 외국환거래법보다 우선 적용되는 법률

외국환거래법 외에도 다음과 같은 법률들이 특정한 외환거래에 대해 우선 적용된다.

- **특정금융거래정보의 보고 및 이용 등에 관한 법률**: 자금세탁이나 테러자금과 관련된 거래 감시
- **공공차관의 도입 및 관리에 관한 법률**: 국가 간 차관 관련 외환 흐름
- **대외경제협력기금법**: 개발도상국 지원 자금 관련 외환거래
- **남북교류협력에 관한 법률**: 북한과의 교역이나 자금거래 시
- **한국은행법**: 중앙은행의 외환정책과 관련한 업무
- **자본시장과 금융투자업에 관한 법률**: 금융투자상품 관련 외환거래

이처럼, 외국환거래법은 우리나라 외환질서를 관리하는 기본법이지만, 다른 특별한 목적을 가진 법률이 있을 경우 그 법이 먼저 적용되도록 하고 있다.

아래는 2009.1. 외국환거래법 개정 이후 금괴 밀반송에 관세법을 적용한 판례이다.

참고판례

1-1. 서울고법 2019.10.31. 선고 2018노3513 판결

[특정범죄가중처벌 등에 관한 법률위반(관세)[피고인 3에 대하여 인정된 죄명: 특정범죄가중처벌 등에 관한 법률위반(관세)방조] · 관세법위반(피고인 3에 대하여 인정된 죄명: 관세법위반방조) · 외국환거래법위반] 상고[각공 2019하, 1154]

[판시사항]

피고인들이 홍콩에서 매입한 금괴(1개당 중량 200g)를 대량 인천국제공항 환승구역으로 반입하고, 그와 별도로 국내에서 조직적으로 금괴 운반을 담당할 운반책들을 모집하여 교육시킨 다음 그들로 하여금 공항 출국심사를 받고 위 환승구역에 진입하도록 한 후 위와

같이 반입한 금괴를 몰래 체내(항문)에 숨겨 일본행 항공기에 탑승하도록 하는 방법으로 보세구역인 위 환승구역에서 다시 외국으로 밀반출하면서 반송신고를 하지 않았다고 하여 특정범죄 가중처벌 등에 관한 법률 위반(관세) 및 관세법 위반으로 기소된 사안에서, 위 금괴는 관세법 제241조 제1항에 따른 '반송신고'의 대상이 된다는 이유로, 이와 달리 보아 피고인들의 관세법 위반 관련 범행을 무죄로 판단한 제1심판결에 관세법 제241조 제1항에서 정한 반송신고에 관한 법리오해의 위법이 있다고 한 사례

[판결요지]

피고인들이 홍콩에서 매입한 금괴(1개당 중량 200g, 이하 '금괴'라고 한다)를 대량 인천국제공항 환승구역으로 반입하고, 그와 별도로 국내에서 조직적으로 금괴 운반을 담당할 운반책들을 모집하여 교육시킨 다음 그들로 하여금 공항 출국심사를 받고 위 환승구역에 진입하도록 한 후 위와 같이 반입한 금괴를 몰래 체내(항문)에 숨겨 일본행 항공기에 탑승하도록 하는 방법으로 보세구역인 위 환승구역에서 다시 외국으로 밀반출하면서 반송신고를 하지 않았다고 하여 특정범죄 가중처벌 등에 관한 법률 위반(관세) 및 관세법 위반으로 기소된 사안이다.

위 금괴는 피고인들의 국제금괴밀수계획에 따라 홍콩에서 운반책들에 의하여 인천국제공항 환승구역으로 운반되어 그곳에 대기 중이던 한국인 운반책들에게 건네지고, 이를 건네받은 한국인 운반책들은 금괴를 가지고 일본으로 출국하였으며, 피고인들은 금괴를 국내로 반입하였다가 다시 반출하는 과정에서 관세법이 정한 수입신고나 반송신고를 하지 아니한 사실에 비추어 위 금괴는 외국인 홍콩으로부터 국내인 인천국제공항에 도착한 물품으로서 수입신고가 되지 아니한 외국물품에 해당하고, 그것이 수입통관절차를 거치지 아니한 채 다시 외국인 일본으로 반출되었으므로, 관세법이 정한 반송신고의 예외사유에 해당한다는 등의 특별한 사정이 없는 한 반송신고의 대상인 점, 반송신고의 생략대상 물품을 규정한 관세법 제241조 제2항, 관세법 시행령 제246조 제4항의 해석상 위 금괴가 관세법 제241조 제2항에 따른 반송신고의 생략대상에 해당한다고 볼 수 없는 점, 인천국제공항 환승구역도 국내 영토의 일부분으로서 국내법의 적용을 받는 장소이므로 위 환승구역에 반입된 물건도 국내로 반입된 것으로 보아야 하고, 인천국제공항 환승구역에 반입된 위 금괴는 관세법이 정한 보세구역인 세관검사장이라는 장치장소에 있는 물건으로서 우리나라 관세법에 따른 통관절차 또는 반송신고의 적용 대상에 포함되는 점 등을 종합하면, 위 금괴는 관세법 제241조 제1항에 따른 '반송신고'의 대상이 된다는 이유로, 이와 달리 위 금괴가 반송신고의 대상이 아니라는 전제에서 피고인들의 관세법 위반 관련 범행을 무죄

로 판단한 제1심판결에 관세법 제241조 제1항에서 정한 반송신고에 관한 법리를 오해한 위법이 있다고 한 사례이다.

[**원심판결**] 서울중앙지법 2018.12.5. 선고 2018고합587 판결

[**주 문**]

이하 생략

아래의 판례들은 2009.1. 외국환거래법이 개정되어 귀금속 수출입 신고의무를 삭제하기 이전의 귀금속 밀수출입에 대한 판례들이다.

 **참고판례**

1-2. 귀금속의 무신고수출입행위의 처벌법규
(대법원 2005.12.23. 선고 2005도6484 판결[관세법 위반 등])[1]

[**판시사항**]

통관에 필요한 절차를 거치지 않고 귀금속 등을 수출입한 행위의 처벌법규

[**판결요지**]

관세법상의 무신고 수출입죄와 외국환거래법상의 무허가·신고 수출입죄의 입법목적, 그 대상 물품과 구성요건, 그 수출입 및 통관 절차에 관한 규정 등을 비교·종합하여 보면, 귀금속 등의 수출입 및 통관에 관한 한 외국환거래법은 관세법의 특별법으로 보아야 할 것이므로, 통관에 필요한 절차를 거치지 않고 귀금속 등을 수출입한 행위에 대해서는 외국환거래법상 무허가·신고 수출입죄에 의하여 처벌할 수 있을 뿐, 관세법이나 그 가중처벌 규정인 특정범죄 가중처벌 등에 관한 법률 위반(관세)죄를 적용하여 처벌할 수는 없다.

[**원심판결**] 서울고법 2005.8.11. 선고 2005노1043 판결

[**주 문**]

원심판결 중 피고인들에 대한 부분을 파기하고, 이 부분 사건을 서울고등법원에 환송한다.

---

1) 2009.1.30. 외국환거래법 제17조의 개정(2009.2.4. 시행) 이후부터는 귀금속의 수출입에 대하여는 관세법을 적용한다.

[이 유]

1. 원심은, 이 사건 주위적 공소사실에 관하여 그 판시와 같은 사정들을 근거로 하여 ① 금괴 밀수입에 대하여 적용되는 외국환거래법 벌칙 조항과 관세법 벌칙 조항이 보호법익을 달리하고 있다는 점, ② 외국환거래법의 구성요건적 평가가 밀수입죄라는 관세법 위반의 구성요건적 평가를 완전히 포함한다고 볼 수 없는 점, ③ 1996.12.30. 법률 제5194호로 관세법이 개정된 이후 금괴 밀수입에 대하여 관세포탈의 관세법 벌칙 조항을 적용할 수 없게 되었다는 점 등을 감안하여 보면, 외관상 금괴 밀수입 행위에 대하여 구성요건을 충족하는 외국환거래법 위반죄와 관세법 위반죄는 실질적으로도 그 두 죄의 구성요건을 모두 충족하는 경우에 해당하지, 1개의 죄만이 성립하는 법조경합의 한 형태인 특별관계가 성립한다고 볼 수 없다는 이유로, 위 두 죄 사이의 관계를 특별관계로 보아 금괴 밀수입 행위에 대하여는 외국환거래법의 벌칙 조항만이 적용된다고 하여 이 사건 주위적 공소사실을 무죄로 인정한 제1심판결을 파기하고, 이에 대하여 유죄로 인정하였다.

2. 그러나 원심의 위와 같은 판단은 다음과 같은 이유로 수긍하기 어렵다.

   관세법 제241조 제1항, 제2항은 물품을 수출입하고자 하는 때에는 세관장에게 신고하도록 규정하면서, 위 규정에 위반하여 신고를 하지 아니하고 물품을 수출입한 자를 제269조 제2항, 제3항에 의하여 처벌하도록 규정하고 있고, 한편, 외국환거래법 제17조는 지급수단·귀금속 또는 증권(이하 '귀금속 등'이라 한다)을 수출입하고자 하는 때에는 대통령령이 정하는 바에 따라 허가를 받거나 신고하게 할 수 있도록 규정하고 있으며, 제23조와 같은 법 시행령 제29조, 제35조 및 외국환거래규정 제6-1조 내지 제6-4조는 귀금속 등의 수출입 허가 또는 신고에 관한 권한을 한국은행총재 또는 관세청장에게 위임하면서 수출입 허가 또는 신고가 필요한 범위와 그 절차는 물론, 귀금속 등의 통관 시 세관장의 수출입 절차 이행 여부 확인에 관한 규정까지 마련하고 있고, 위 규정에 따른 허가나 신고 없이 귀금속 등을 수출입한 자를 제27조 제1항 제9호 또는 제28조 제1항 제3호에 의하여 처벌하도록 규정하고 있다.

   그런데 관세법에서 무신고 수출입 행위를 처벌하는 주된 입법 목적은 수출입 물품에 대한 적정한 통관절차의 이행을 확보하는 데에 있는 것이고, 관세수입의 확보는 그 부수적인 목적에 불과하다고 할 것이며(대법원 1976.6.22. 선고 75도2718 판결, 1983.3.22. 선고 80도1591 판결 등 참조), 한편 외국환거래법에서 허가 또는 신고 없이 귀금속 등을 수출입하는 행위를 처벌하는 것도 귀금속 등에 대한 적정한 통관절차의 이행을 확보함으로써 이를 통하여 국제수지의 균형과 통화가치의 안정을 도모하고자 함에 그 주된 입법목적이 있다고 할 것이어서, 결국 그 입법목적은 동일하다고 볼 수 있다.

나아가, 위 각 처벌규정은 그 대상물이 서로 다르고 관할 관청 및 규제 형식을 달리한 결과 일부 절차적인 차이는 있지만 통관에 필요한 절차를 거치지 않은 수출입 행위를 그 처벌대상으로 삼고 있다는 점에서는 실질적으로 그 구성요건이 동일하다고 할 것이어서, 구성요건적인 측면에서 보더라도 본질적인 차이가 있다고 보기는 어렵다.

따라서 관세법상의 무신고 수출입죄와 외국환거래법상의 무허가ㆍ신고 수출입죄의 입법 목적, 그 대상 물품과 구성요건, 그 수출입 및 통관 절차에 관한 규정 등을 비교ㆍ종합하여 보면, 귀금속 등의 수출입 및 통관에 관한 한 외국환거래법은 관세법의 특별법으로 보아야 할 것이므로, 통관에 필요한 절차를 거치지 않고 귀금속 등을 수출입한 행위에 대해서는 외국환거래법상 무허가ㆍ신고 수출입죄에 의하여 처벌할 수 있을 뿐, 관세법이나 그 가중처벌 규정인 특정범죄 가중처벌 등에 관한 법률 위반(관세)죄를 적용하여 처벌할 수는 없다고 할 것이다(대법원 1984.7.24. 선고 84도832 판결, 1991.3.22. 선고 90도1492 판결, 1996.12.23. 선고 96도2354 판결, 2005.11.18. 선고 2005도5582 판결 등 참조).

그럼에도 불구하고, 피고인들의 판시 금괴 밀수입행위에 대하여, 관세법과 그 가중처벌 규정인 특정범죄 가중처벌 등에 관한 법률 위반(관세)죄가 적용될 수 있음을 전제로 하여 주위적 공소사실을 유죄로 인정한 원심판결은 외국환거래법과 관세법 및 특정범죄 가중처벌 등에 관한 법률 위반(관세)죄의 해석ㆍ적용에 관한 법리를 오해한 위법이 있고 이는 판결에 영향을 미쳤음이 명백하므로 파기를 면할 수 없다.

3. 그러므로 원심판결 중 피고인들에 대한 부분을 파기하고, 이 부분 사건을 다시 심리ㆍ판단하게 하기 위하여, 원심법원에 환송하기로 하여 관여 대법관의 일치된 의견으로 주문과 같이 판결한다.

대법관　양승태(재판장) 강신욱(주심) 고현철 김지형

1-3. 귀금속의 밀수행위에 적용할 법률
(대법원 1984.7.24. 선고 84도832 판결[외환관리법 위반 등])[2]

[판시사항]

가. 관세포탈의 실행의 착수시기

나. 금 기타 귀금속 밀수행위에 적용할 법률(=외국환관리법)

---

2) 2009.1.30. 외국환거래법 제17조의 개정(2009.2.4. 시행) 이후부터는 귀금속의 수출입에 대하여는 관세법을 적용한다.

[판결요지]

가. 관세를 포탈할 범의를 가지고 선박을 이용하여 물품을 영해 내에 반입한 때에는 관세포탈죄의 실행의 착수가 있었다고 할 것이고, 선박에 적재한 화물을 양육하는 행위 또는 그에 밀접한 행위가 있음을 요하지 아니한다고 할 것이다.

나. 금 기타 귀금속을 밀수입하는 소위는 특별법인 외국환관리법령에 의하여 처단하여야 하고 관세법 제137조, 제181조는 그 적용이 없다고 할 것이다.

[원심판결] 대구고등법원 1984.3.23. 선고 83노69 판결

[주 문]

원심판결을 파기하고, 사건을 대구고등법원에 환송한다.

[이 유]

생략

3. 다음 직권으로 살피건대, 피고인 1에 대한 원심판결 및 원심이 유지한 피고인 2에 대한 제1심판결은 피고인들이 금괴를 밀수입하려다 미수에 그친 각 소위가 특정범죄가중처벌등에관한법률 제6조 제6항, 제4항 제2호, 관세법 제182조 제2항, 제181조 본문전단의 무면허수입미수의 죄와 관세법 제182조 제2항, 제180조 제1항 전단의 관세포탈미수의 죄 및 방위세법 제13조 제1항, 관세법 제182조 제2항, 제180조 제1항 전단의 방위세포탈미수의 죄에 각 해당하고 위 각 죄는 서로 상상적 경합범의 관계에 있는 것이라고 판단한 다음(피고인 1에 대하여는 그밖에 제1심판시 제12의 소의가 형법 제37조 전단의 경합범관계에 있음을 인정하였다) 형이 무거운 특정범죄가중처벌등에관한법률 제6조 제6항, 제4항 제2호, 관세법 제182조 제2항, 제181조 본문전단의 무면허수입미수의 죄에 정한 형으로 각 처단하고 있다.

그러나 **외국환관리법 제27조, 제4조 제6호, 같은법시행령 제34조에 의하면 재무부장관의 정하는 바에 의하여 허가를 받은 자는 금 기타의 귀금속을 수출 또는 수입할 수 있도록 규정하고 있고 이에 위반하여 수출입하는 자에 대하여는 같은법 제35조로 벌칙을 규정하고 있으므로 금 기타의 귀금속을 밀수입하는 소위는 특별법인 외국환관리법령에 의하여 처단하여야 하고 관세법 제137조, 제181조는 그 적용이 없다고 할 것인바**(당원 1976.6.22 선고 76도582 판결, 1978.6.27 선고 78도925 판결 등 참조), **이 사건 금괴를 밀수입하려다 미수에 그친 그 소위에 대하여 무면허수입미수의 죄에 해당한다고 보아 특정범죄가중처벌등에관한법률 제6조 제6항, 제4항 제2호, 관세법 제182조 제2항, 제181조 본문**

전단을 각 적용한 원심판결은 위 외국환관리법 위반죄와 무면허수입죄와의 관계를 오해한 것이라 할 것이고 위와 같은 위법은 판결결과에 영향을 미쳤음이 분명하므로 원심판결은 이점에서 파기를 면할 수 없다 할 것이다.

그러므로 피고인 2의 양형부당에 대한 상고이유와 그 변호인의 무면허수입죄에 있어서의 착수시기에 관한 법리오해에 대한 상고이유를 판단할 것 없이 피고인들에 대한 원심판결을 파기하고 사건을 원심인 대구고등법원에 환송하기로 하여 관여법관의 일치된 의견으로 주문과 같이 판결한다.

대법관　오성환(재판장) 정태균 윤일영 김덕주

1-4. 금화의 무허가수입행위에 적용할 법률

(대법원 1991.3.22. 선고 90도1492 판결[외국환관리법 위반 등])[3)]

[판시사항]

금화수입행위가 관세법에 위반됨을 전제로 하여 특정범죄가중처벌등에관한법률 제6조 제4항을 적용할 수 있는지 여부(소극)

[판결요지]

금화를 수입한 행위에 대하여는 특별법인 외국환관리법에 의하여 처벌하여야 하고, 관세법 제137조, 제181조는 적용될 수 없는 법리이므로 관세법에 위반됨을 전제로 하여 특정범죄가중처벌등에관한법률 제6조 제4항을 적용할 수 없다.

[원심판결] 서울고등법원 1990.4.27. 선고 89도3887 판결

[주 문]

상고를 기각한다.

[이 유]

상고이유를 본다.

외국환관리법 제27조, 제4조, 같은법 시행령 제34조에 의하면, 국내 거주자 또는 비거주자는 위 법 및 그 시행령에 의해 재무부장관이 정하는 바에 따라 허가, 인가, 승인 또는 신고 등의 절차를 거쳐 위 법의 규제대상인 지급수단 및 귀금속 등을 수출 또는 수입할 수 있고 이에 위반한 자에 대하여는 같은법 제35조로 벌칙을 규정하고 있으므로 금화를 수입한 행위에 대하여는 특별법인 외국환관리법에 의하여 처벌하여야 하고, 관세법 제137

조, 제181조는 적용될 수 없는 법리이니 관세법에 위반됨을 전제로 하여 특정범죄가중처
벌등에관한법률 제6조 제4항을 적용할 수 없다함이 당원의 견해인 바(당원 1978.6.27. 선고
78도925 판결, 1984.7.24. 선고 84도832 판결 참조), 원심이 같은 취지에서 피고인들에 대한 이
사건 공소사실은 범죄로 되지 아니한다 하여 무죄를 선고한 조처는 정당하고, 거기에 소론
과 같은 법리오해의 위법이 있다 할 수 없다. 논지는 이유없다.

그러므로 상고를 기각하기로 하여 관여 법관의 일치된 의견으로 주문과 같이 판결한다.

대법관　　배석(재판장) 박우동 김상원 윤영철

1–5. 금귀금속 밀수입행위에 대한 처벌법규

(대법원 1996.12.23. 선고 96도2354 판결[외국환관리법 위반 등])[4]

[판시사항]

[1] 통신제한조치허가서를 받아 감청한 통신 내용이 갖는 증거능력의 범위

[2] 금화를 판매하는 행위가 부가가치세 부과대상인지 여부(적극)

[3] 무면허 수입된 금화를 판매하면서 사위 기타 부정한 행위로써 조세를 포탈한 경우,
조세포탈죄로 처벌할 수 있는지 여부(적극)

[4] 금·귀금속을 수입한 행위가 관세법에 위반됨을 전제로 하여 특정범죄가중처벌등에
관한법률 제6조 제4항으로 처단할 수 있는지 여부(소극)

[판결요지]

[1] 통신비밀보호법 제9조의 규정에 의한 봉신제한조치의 집행으로 인하여 취득된 전기
통신의 내용은 같은 법 제12조 제1호 소정의 범죄나 이와 관련되는 범죄를 수사·소추하
기 위하여 사용할 수 있다.

[2] 재산적 가치가 있는 유체물로서 거래되는 금화가 부가가치세법 제1조 제2항, 같은법
시행령 제1조 제1항에 소정의 재화에 해당됨은 명백하므로, 금화의 판매는 재화의 공급으
로 과세대상에 해당된다.

[3] 무면허 수입된 금화라고 하더라도 이를 판매하면서 사위 기타 부정한 행위로써 조세
를 포탈한 경우에는 조세포탈죄로 의율할 수 있고, 그 경우 무면허수입된 금화가 외국환관
리법 위반으로 몰수·추징의 대상이 될 수 있다고 하여 이를 달리 볼 것은 아니다.

[4] 금 기타 귀금속을 수입한 행위에 대하여는 특별법인 외국환관리법에 의하여 처벌하여
야 하고 관세법 제137조, 제181조는 적용될 수 없는 법리이므로, 관세법에 위반됨을 전제
로 하여 특정범죄가중처벌등에관한법률 제6조 제4항을 적용할 수 없다.

[**원심판결**] 서울고법 1996.8.20. 선고 95노3295 판결

[주 문]

피고인 1, 2에 대한 원심판결 중 유죄 부분 및 제1심판결을 각 파기한다. 피고인 1을 징역 5년 및 벌금 11,915,000,000원에, 피고인 2를 징역 2년 6월 및 벌금 3,809,000,000원에 각 처한다. 위 피고인들이 위 각 벌금을 납입하지 아니하는 경우 각 금 13,000,000원을 1일로 환산한 기간(나만 단수금액은 이를 1일로 한다) 위 피고인들을 노역장에 유치한다. 위 피고인들에 대하여 제1심판결 전 구금일수 중 170일씩을 위 각 징역형에 산입한다. 압수된 금괴 1kg짜리 120개(서울지방검찰청 1995압제2607호의 증 제1호), 장갑 1켤레(같은 증 제6호), 용접용 헬멧 3개(같은 증 제7호), 은파내는 국자 2개(같은 증 제8호), 쇠막대기 1개(같은 증 제9호), 소형집게 1개(같은 증 제10호), 띠형 절단기 1개(같은 증 제11호)를 피고인 1로부터 몰수한다. 위 피고인들로부터 각자 금 15,864,439,500원을, 피고인 1로부터 금 76,463,937,900원을 각 추징한다. 위 피고인들에 대하여 위 벌금에 상당한 금액의 가납을 명한다. 검사의 피고인들에 대한 상고와 피고인 3, 4, 5, 6, 7, 8의 각 상고를 모두 기각한다. 피고인 3에 대한 상고 후 구금일수 중 120일을 징역형에 산입한다.

[이 유]

생략

나. 법리오해의 점에 관하여

재산적 가치가 있는 유체물로서 거래되는 금화가 부가가치세법 제1조 제2항, 같은법시행령 제1조 제1항에 소정의 재화에 해당됨은 명백하므로 금화의 판매는 재화의 공급으로 과세대상에 해당된다고 할 것이다. 같은 취지에서 원심이, 수입금화에 대한 판매 부가가치세의 탈세 부분만이 기소된 이 부분 공소사실에 대하여 피고인 1에게 유죄를 선고한 조치는 정당하고, 거기에 소론이 지적하는 바와 같은 법리오해의 위법이 없다.

논지는, 금화를 위법하게 수입한 행위에 대하여는 조세범처벌법에 의하여 처벌할 수는 없고 특별법인 외국환관리법에 의하여 처벌하여야 할 뿐만 아니라 외국환관리법 위반의 범죄행위가 기수가 되어 몰수·추징의 대상이 된 이후의 금화판매 행위는 따로 범죄가 구성될 수 없고, 가사 이를 조세범처벌법 위반으로 처벌할 수 있다고 하더라도 위 판매 부가가치의 세액에서 수입 부가가치세에 해당하는 세액을 공제하여야 한다는 것이나, 무면허 수입된 금화라고 하더라도 이를 판매하면서 사위 기타 부정한 행위로써 조세를 포탈한 경우

에는 조세포탈죄로 의율할 수 있는 것이고(대법원 1983.10.11. 선고 83도1942 판결 참조), 그 경우에도 무면허 수입된 금화가 외국환관리법 위반으로 몰수·추징의 대상이 될 수 있다고 하여 이를 달리 볼 것은 아니며(이 사건도 무면허 수입죄로 기소된 것이 아니라 조세포탈죄로 기소되었다), 면세되는 재화를 공급하는 사업에 관련된 매입세액은 공제하지 아니하는 것이므로(부가가치세법 제17조 제2항), 이와 반대의 견해에 선 논지는 모두 독자적인 견해에서 원심판결을 공격하는 것에 지나지 아니하여 받아들일 수 없고, 논지가 내세우는 대법원 판결들은 관세법상의 무면허 수입으로 의율한 경우로서 이 사건과 사안이 다르다. 따라서 이 점에 관한 피고인 1의 논지는 모두 이유 없다.

3. 원심판시 범죄사실 제3항에 관하여

원심이 유지한 제1심판결의 채용 증거들을 기록에 비추어 살펴보면, 피고인 1에 대한 판시 각 범행은 이를 충분히 인정할 수 있고, 거기에 소론과 같이 채증법칙을 위반하여 사실을 오인한 위법이 없으며, 금화가 부가가치세 대상이 아니라는 법리오해의 주장은 앞서 본 바와 같이 이유 없고, 무인가환전행위로 취득한 외국환 등은 이를 당해 행위자로부터 몰수하며 이를 몰수할 수 없을 때에는 그 가액을 추징하는 것이므로(1991.12.27. 법률 제4447호로 개정되기 전의 구 외국환관리법 제36조의2), 이 점들에 대한 피고인 1의 논지는 모두 이유 없다.

그런데, 무인가환전에 대하여 구 외국환관리법(위 개정 전의 법률) 제35조 제1항, 제10조 제1항은 10년 이하의 징역 또는 천만 원 이하의 벌금에 처하도록 규정되어 있었으나, 그 후 위 법은 1995.12.29. 법률 제5040호(1996.6.1. 시행)로 개정되었고, 개정된 외국환관리법 제30조 제1항 제6호, 제9조 제2항은 무인가환전에 대하여 5년 이하의 징역 또는 1억 원 이하의 벌금에 처하도록 규정하고 있어 징역형으로 처벌되는 행위자에게는 보다 유리하게 변경되었으므로, 원심으로서는 판시 각 무인가환전의 범죄사실에 대하여는 위 개정 후의 법률을 적용하여야 할 것임에도 불구하고, 위 개정 전의 법률을 적용하여 징역형을 선택하고 있으므로, 거기에 법률에 위반하여 판결에 영향을 미친 위법이 있다는 논지는 이유 있다.

4. 원심판시 범죄사실 제4의 가, 나항에 관하여

원심이 유지한 제1심판결의 채용 증거들을 기록에 비추어 살펴보면, 피고인 3에 대한 판시 각 범행은 이를 충분히 인정할 수 있고, 거기에 소론과 같이 채증법칙을 위반하여 사실을 오인한 위법이 없으며, 금화가 부가가치세 대상이 아니라는 법리오해의 주장은 앞서 본 바와 같이 이유 없으므로, 이 점에 관한 피고인 3의 논지는 모두 이유 없다.

5. 제1심 95고합802호 사건에서의 공소사실 제2의 나항에 관하여
금 기타 귀금속을 수입한 행위에 대하여는 특별법인 외국환관리법에 의하여 처벌하여야 하고 관세법 제137조, 제181조는 적용될 수 없는 법리이므로 관세법에 위반됨을 전제로 하여 특가법 제6조 제4항을 적용할 수 없다(대법원 1976.6.22. 선고 76도582 판결, 1984.7.24. 선고 84도832 판결, 1991.3.22. 선고 90도1492 판결 등 참조).

같은 취지에서 원심이, 피고인 3에 대한 이 부분 공소사실은 범죄로 되지 아니한다 하여 무죄를 선고한 조치는 옳다고 여겨지고, 거기에 소론과 같은 법리오해의 위법이 없으며, 위와 같은 경우에 사위의 방법으로 관세를 포탈한 경우에는 관세법 제180조와 그 특별법인 특가법 제6조 제2항을 적용할 수 있다고 할 것이어서 위와 같은 대법원의 견해가 법의 형평성 등에 어긋난 것으로 볼 수 없으므로, 이 점에 관한 검사의 논지는 이유 없다.
생략
대법관   안용득(재판장) 천경송 지창권 신성택(주심)

1-6. 팔라듐괴 밀수출행위에 대한 적용법규
(대법원 2009.1.30. 선고 2008도9822 판결[외국환거래법 위반 등])

[판시사항]
'팔라듐괴'가 외국환거래법상 '귀금속'에 해당하는지 여부(소극) 및 팔라듐괴 밀수출행위에 관세법이 적용되는지 여부(적극)

[판결요지]
외국환거래법 제28조 제1항 제3호는 같은 법 제17조의 규정에 의한 신고를 하지 아니하거나 허위로 신고하고 지급수단·귀금속 또는 증권을 수출 또는 수입한 자를 처벌하도록 규정하고 있고, 같은 법 제3조 제1항 제6호는 '귀금속'이라 함은 '금이나 금합금의 지금, 유통되지 아니하는 금화 기타 금을 주재료로 하는 제품 및 가공품'을 말한다고 규정하고 있다. 따라서 금이나 금합금의 지금에 해당하지 않는 순수한 '팔라듐괴'는 외국환거래법에서 규정하고 있는 '귀금속'에 해당하지 않는다. 외국환거래법이 적용되지 않는 '팔라듐괴'의 밀수출미수행위에 대하여는 관세법 제271조 제2항, 제269조 제3항 제1호를 적용하여 처벌하고, 이 경우 범인이 소유 또는 점유하는 그 물품은 같은 법 제282조 제2항의 규정에 의하

여 필요적으로 몰수하여야 한다.

[**원심판결**] 인천지법 2008.10.16. 선고 2008노762 판결

[주 문]

원심판결을 파기하고, 사건을 인천지방법원 본원 합의부에 환송한다.

[이 유]

상고이유를 판단한다.

원심은, 제1심법원이 피고인의 '황금괴' 밀수출미수행위와 '팔라듐괴' 밀수출미수행위를 구분하지 아니한 채 두 행위에 대하여 각각 관세법 위반죄와 외국환거래법 위반죄가 성립한다고 판단하였음을 전제로, '귀금속' 등의 수출입 및 통관에 관한 한 외국환거래법이 관세법의 특별법이므로, 통관에 필요한 절차를 거치지 않고 귀금속 등을 수출입한 행위에 대해서는 외국환거래법상 무허가·신고 수출입죄가 성립할 뿐 관세법 위반죄는 성립하지 않는다는 이유로 제1심판결을 파기하고, 이 사건 공소사실 중 관세법 위반의 점에 대하여 무죄로 판단하였다.

그러나 원심의 이러한 판단은 다음과 같은 이유로 수긍하기 어렵다.

외국환거래법 제28조 제1항 제3호는 같은 법 제17조의 규정에 의한 신고를 하지 아니하거나 허위로 신고하고 지급수단·귀금속 또는 증권을 수출 또는 수입한 자를 처벌하도록 규정하고 있고, 같은 법 제3조 제1항 제6호는 '귀금속'이라 함은 '금이나 금합금의 지금, 유통되지 아니하는 금화 기타 금을 주재료로 하는 제품 및 가공품'을 말한다고 규정하고 있으므로, 금이나 금합금의 지금에 해당하지 않는 순수한 '팔라듐괴'는 외국환거래법에서 규정하고 있는 "귀금속"에 해당하지 않으며, 따라서 외국환거래법이 적용되지 않는 '팔라듐괴'의 밀수출미수행위에 대하여는 관세법 제271조 제2항, 제269조 제3항 제1호를 적용하여 처벌하고, 이 경우 범인이 소유 또는 점유하는 그 물품은 같은 법 제282조 제2항의 규정에 의하여 필요적으로 몰수하여야 한다.

그리고 이 사건 공소장의 기재(특히, 적용법조란에 몰수의 근거규정으로 관세법 제282조 제2항 외에 형법 제48조 제1항을 별도로 기재하고 있는 점)를 기록에 비추어 살펴보면, 검사는 이 사건 '황금괴'의 밀수출미수행위에 대하여는 외국환거래법 위반죄로, '팔라듐괴'의 밀수출미수행위에 대하여는 관세법 위반죄로 각 의율하여 위 각 죄의 상상적 경합범으로 기소한 것이라고 볼 여지도 충분하고, 제1심판결 역시 이 사건 공소사실의 기재를 위와 같이 이해하여 각 벌금형을 선택한 후 형이 더 중한 외국환거래법 위반죄에서 정한 형으

로 피고인의 처단형을 정한 것으로 보이므로, 원심으로서는 석명을 통하여 이 사건 공소사실 및 이에 적용될 적용법조를 미리 특정한 후 판단에 나아갔어야 할 것이다.

그럼에도 원심은, 이 사건 공소사실 중 '팔라듐괴' 밀수출미수행위로 인한 관세법 위반의 점에 대하여 그 판시와 같은 이유로 무죄로 판단하고, 나아가 필요적으로 몰수하여야 할 '팔라듐괴'(증 제3 내지 10호)를 몰수하지 않고 말았으니, 원심의 이와 같은 판단에는 외국환거래법상 귀금속의 정의에 관한 법리를 오해하거나 이 사건 공소사실 및 제1심판결의 취지를 오해해서 판결 결과에 영향을 미친 위법이 있고, 이 점을 지적하는 취지인 상고이유의 주장은 이유 있다.

그리고 이 사건에서 원심판결 중 '팔라듐괴'의 밀수출미수행위로 인한 외국환거래법 위반의 점에 대한 유죄 부분과 관세법 위반의 점에 대한 무죄 부분을 위와 같은 이유로 파기하는 이상, 그와 상상적 경합관계에 있는 '황금괴'의 밀수출미수행위로 인한 '외국환거래법 위반의 점'에 대한 유죄 부분 또한 함께 파기하기로 한다.

그러므로 원심판결을 파기하고 사건을 다시 심리·판단하게 하기 위하여 원심법원에 환송하기로 하여, 관여 대법관의 일치된 의견으로 주문과 같이 판결한다.

대법관　　김능환(재판장) 양승태 박시환(주심) 박일환

7　거주자와 비거주자의 구분

(1) 거주자

거주자는 대한민국에 주소 또는 거소를 둔 개인과 대한민국에 주된 사무소를 둔 법인으로 다음과 같은 사람이나 조직을 포함한다(영 10-1).

① 비거주자의 대한민국에 있는 지점, 출장소, 그 밖의 사무소는 거주자이다.

② 대한민국 재외공관은 대한민국의 영역 밖에 있더라도 거주자이다.

---

3) 2009.1.30. 외국환거래법 제17조의 개정(2009.2.4. 시행) 이후부터는 귀금속의 수출입에 대하여는 관세법을 적용한다.

4) 2009.1.30. 외국환거래법 제17조의 개정(2009.2.4. 시행) 이후부터는 귀금속의 수출입에 대하여는 관세법을 적용한다.

③ 국내에 주된 사무소가 있는 단체·기관, 그 밖에 이에 준하는 조직체는 거주자이다.

④ 대한민국 재외공관에서 근무할 목적으로 외국에 파견되어 체재하고 있는 대한민국 국민은 대한민국의 영역 밖에서 근무하더라도 거주자이다.

⑤ 비거주자이었던 자로서 입국하여 국내에 3개월 이상 체재하고 있는 대한민국 국민은 거주자이다.

⑥ 그 밖에 영업 양태, 주요 체재지 등을 고려하여 거주자로 판단할 필요성이 인정되는 대한민국 국민으로서 기획재정부장관이 정하는 자는 거주자이다.

⑦ 국내에서 영업활동에 종사하고 있는 외국인은 거주자이다.

단, 「대한민국과 아메리카합중국 간의 상호방위조약 제4조에 의한 시설과 구역 및 대한민국에서의 합중국군대의 지위에 관한 협정」에 따른 미합중국군대 및 이에 준하는 국제연합군(이하 "미합중국군대 등"이라 한다), 미합중국군대 등의 구성원·군속·초청계약자와 미합중국군대 등의 비세출자금기관·군사우편국 및 군용은행시설에 근무하는 자는 국내에서 근무하더라도 거주자에서 제외한다.

⑧ 6개월 이상 국내에서 체재하고 있는 외국인은 거주자이다.

단, 국내에 있는 외국정부의 공관 또는 국제기구에서 근무하는 외교관·영사 또는 그 수행원이나 사용인은 대한민국의 영역 내에서 근무하더라도 거주자에서 제외한다. 외국정부 또는 국제기구의 공무로 입국하는 자는 거주자에서 제외한다.

⑨ 거주자에 의하여 주로 생계를 유지하는 동기 가족은 해당 거주자의 구분에 따라 거주자로 구분한다.

⑩ 해외체재자

ⓐ 상용, 문화, 공무, 기술훈련, 국외연수(6월 미만의 경우에 한함)를 목적으로 외국에 체재하는 대한민국 국민으로서 체재기간이 30일을 초과하여 외국에 체재하는 자(다만, 국내거주기간이 5년 미만인 외국인거주자는 제외)

ⓑ 국내기업 및 연구기관 등에 근무하는 자로서 그 근무기관의 업무를 위하여 외국에 체재하는 국내거주기간 5년 미만인 외국인거주자와 외국의 영주권 또는 장기체류자격을 취득한 재외국민으로서 체재기간이 30일을 초과하여 외국에 체재하는 자

⑪ 해외유학생

ⓐ 영주권자가 아닌 국민 또는 국내 거주기간 5년 이상인 외국인이 외국의 교육기관·연구기관 또는 연수기관에서 6월 이상의 기간에 걸쳐 수학하거나 학문·기술을 연구 또는 연수할 목적으로 외국에 체재하는 자

ⓑ ⓐ에 해당되지 않은 자로서, 유학경비를 지급하는 부모가 영주권자가 아닌 국민인 거주자인 경우로서 외국의 교육기관·연구기관 또는 연수기관에서 6월 이상의 기간에 걸쳐 수학하거나 학문·기술을 연구 또는 연수할 목적으로 외국에 체재하는 사

(2) 비거주자

비거주자는 외국에 주소 또는 거소를 둔 개인이나 외국에 주된 사무소를 둔 법인으로 다음과 같은 사람이나 조직을 포함한다(영 10-2).

① 외국에 있는 국내법인 등의 영업소 및 그 밖의 사무소는 비거주자이다.

② 외국에 있는 주된 사무소가 있는 단체·기관, 그 밖에 이에 준하는 조직체는 비거주자이다.

③ 국내에 있는 외국정부의 공관과 국제기구는 대한민국 영역 내에 있더라도 비거주자이다.

④ 「대한민국과 아메리카합중국 간의 상호방위조약 제4조에 의한 시설과 구역 및 대한민국에서의 합중국군대의 지위에 관한 협정」에 따른 미합중국군대 및 이에 준하는 국제연합군(이하 "미합중국군대 등"), 미합중국군대 등의 구성원·군속·초청계약자와 미합중국군대 등의 비세출자금기관·군사우편국 및 군용은행시설은 대한민국 영역 내에 있더라도 비거주자이다.

⑤ 외국에서 영업활동에 종사하고 있는 대한민국 국민은 비거주자이다.

⑥ 외국에 있는 국제기구에서 근무하고 있는 대한민국 국민은 비거주자이다.

⑦ 2년 이상 외국에 체재하고 있는 대한민국 국민은 비거주자이다.

이 경우 일시 귀국의 목적으로 귀국하여 3개월 이내의 기간 동안 체재한 경우 그 체재기간은 2년에 포함되는 것으로 본다.

⑧ 그 밖에 영업양태, 주요 체재지 등을 고려하여 비거주자로 판단할 필요성이 인정되는 자로서 기획재정부장관이 정하는 자는 비거주자로 인정된다.

⑨ 다음에 해당하는 외국인은 비거주자이다.
  - 국내에 있는 외국정부의 공관 또는 국제기구에서 근무하는 외교관·영사 또는 그 수행원이나 사용인
  - 외국정부 또는 국제기구의 공무로 입국하는 자
  - 거주자였던 외국인으로서 출국하여 외국에서 3개월 이상 체재 중인 자
⑩ 비거주자에 의하여 주로 생계를 유지하는 동거 가족은 해당 비거주자의 구분에 따라 비거주자로 구분한다.
⑪ 해외이주법에 의한 해외이주자로서 외국 국적을 취득한 대한민국 국민은 해외동포로서 비거주자이다.
⑫ 대한민국 국민으로서 외국의 영주권 또는 이에 준하는 자격을 취득한 대한민국 국민은 해외동포로서 비거주자이다.

(3) 거주자와 비거주자의 구분

외국환거래법에서 말하는 '거주자'와 '비거주자'의 구분은 대부분 명확하다. 하지만 해외로 이민을 갔다가 다시 귀국한 경우나, 두 나라 이상에서 사업을 하면서 국내와 해외에 동시에 주소를 두고 있는 경우처럼 전문가조차 판단하기 어려운 사례도 종종 발생한다.

특히 사업을 하는 분들은 외국환거래법보다는 세법상의 거주자 개념에 더 익숙하다. 세법상 거주자 여부에 따라 세무처리 방식과 조세 효과가 달라지기 때문에 이를 더 중요하게 여기는 경향이 있다. 그러다 보니 외국환거래법상 거주자·비거주자 개념을 정확히 알지 못하는 경우가 많다.

물론 대부분의 대한민국 국민이나 법인은 외국환거래법상 '거주자'에 해당한다. 하지만 국내에도 주소가 있고 동시에 해외에도 주소가 있는 특수한 사정이 있다면, 자신이 외국환거래법상 '거주자'인지 '비거주자'인지에 대해 꼭 관심을 가져야 한다. 이 판단에 따라 외국환신고 의무 여부가 달라지기 때문이다.

자신의 상황만 보고 "나는 비거주자일 것 같다"며 신고 의무가 없다고 단정 짓고 신고를 하지 않는다면 큰 리스크를 감수하게 된다. 외국환검사 기관이 해당 사례를 '거주자'로 해석할 경우, 미신고에 따른 위반이 될 가능성이 높기 때문이다.

따라서 이런 특수한 상황에서는 반드시 전문가의 자문을 구해야 하며, 기획재정부 등

관계 행정기관으로부터 유권해석을 받아 자신이 '비거주자'임을 공식적으로 인정받은 경우에만 비거주자로서 외국환신고 의무를 이행하는 것이 바람직하다.

(4) 거주자와 비거주자 구분에 대한 세법 규정과 외국환거래법 규정의 관계

세법에서도 거주자와 비거주자의 구분은 매우 중요하다. 예를 들어 소득세법에서는 개인의 경우 거주자와 비거주자를 구분하고, 법인의 경우에는 내국법인과 외국법인으로 구분하도록 정의하고 있다. 그리고 소득세법에서는 법인에 대한 거주자 구분을 법인세법에 따라 따르도록 하고 있다.

외국환거래에 관여하는 사람들에게는 일반적으로 세법상의 거주자·비거주자 개념이 더 익숙하다. 외국환거래법의 규정과 내용이 일부 유사한 점도 많기 때문이다. 하지만 주의할 점은 외국환거래법에 따른 신고의무는 세법상의 거주자·비거주자 구분과는 별개로 판단된다는 것이다.

즉, 외국환거래법에서 정한 신고의무는 세법이 아닌, 외국환거래법 자체에서 규정한 거주자·비거주자 구분에 따라 결정되므로, 세법상의 기준만 보고 신고 의무 여부를 판단해서는 안 된다. 반드시 외국환거래법상의 기준을 기준으로 삼아야 한다.

★
소득세법상의 거주자와 비거주자의 정의(소득세법 제1조의2)

1. "거주자"란 국내에 주소를 두거나 183일 이상의 거소(居所)를 둔 개인을 말한다.
2. "비거주자"란 거주자가 아닌 개인을 말한다.
3. "내국법인"이란 「법인세법」 제1조 제1호에 따른 내국법인을 말한다.
4. "외국법인"이란 「법인세법」 제1조 제3호에 따른 외국법인을 말한다.

소득세법상의 주소와 거소의 판정(소득세법 시행령 제2조)

① 주소는 국내에서 생계를 같이 하는 가족 및 국내에 소재하는 자산의 유무 등 생활관계의 객관적 사실에 따라 판정한다.
② 거소는 주소지 외의 장소 중 상당기간에 걸쳐 거주하는 장소로서 주소와 같이 밀접한 일반적 생활관계가 형성되지 아니한 장소로 한다.
③ 국내에 거주하는 개인이 다음의 어느 하나에 해당하는 경우에는 국내에 주소를 가진 것으로 본다.

1. 계속하여 183일 이상 국내에 거주할 것을 통상 필요로 하는 직업을 가진 때

2. 국내에 생계를 같이하는 가족이 있고, 그 직업 및 자산상태에 비추어 계속하여 183일 이상 국내에 거주할 것으로 인정되는 때

④ 국외에 거주 또는 근무하는 자가 외국국적을 가졌거나 외국법령에 의하여 그 외국의 영주권을 얻은 자로서 국내에 생계를 같이하는 가족이 없고 그 직업 및 자산상태에 비추어 다시 입국하여 주로 국내에 거주하리라고 인정되지 아니하는 때에는 국내에 주소가 없는 것으로 본다.

⑤ 외국을 항행하는 선박 또는 항공기의 승무원의 경우 그 승무원과 생계를 같이하는 가족이 거주하는 장소 또는 그 승무원이 근무기간 외의 기간 중 통상 체재하는 장소가 국내에 있는 때에는 당해 승무원의 주소는 국내에 있는 것으로 보고, 그 장소가 국외에 있는 때에는 당해 승무원의 주소가 국외에 있는 것으로 본다.

법인세법상의 내국법인과 외국법인의 정의(법인세법 제1조)

1. "내국법인"이란 본점, 주사무소 또는 사업의 실질적 관리장소가 국내에 있는 법인을 말한다.

2. "비영리내국법인"이란 내국법인 중 다음 각 목의 어느 하나에 해당하는 법인을 말한다.

　가. 「민법」 제32조에 따라 설립된 법인

　나. 「사립학교법」이나 그 밖의 특별법에 따라 설립된 법인으로서 「민법」 제32조에 규정된 목적과 유사한 목적을 가진 법인(대통령령으로 정하는 조합법인 등이 아닌 법인으로서 그 주주(株主) · 사원 또는 출자자(出資者)에게 이익을 배당할 수 있는 법인은 제외한다)

　다. 「국세기본법」 제13조 제4항에 따른 법인으로 보는 단체(이하 "법인으로 보는 단체"라 한다)

3. "외국법인"이란 외국에 본점 또는 주사무소를 둔 단체(국내에 사업의 실질적 관리장소가 소재하지 아니하는 경우만 해당한다)로서 대통령령으로 정하는 기준에 해당하는 법인을 말한다.

4. "비영리외국법인"이란 외국법인 중 외국의 정부 · 지방자치단체 및 영리를 목적으로 하지 아니하는 법인(법인으로 보는 단체를 포함한다)을 말한다.

(5) 거주자와 비거주자 구분이 명백하지 않은 경우

부부가 홍콩으로 이민을 가서 그곳에서 생활하고 있었지만, 국내에 거주 중인 자녀들을 돌보기 위해 국내에도 주소를 두고 자주 귀국하면서 자녀들을 챙긴 사례가 있었다. 이 부부는 국내에 자주 오긴 했지만 한 번에 3개월 이상 머무른 적은 없었다. 이런 경우

대부분의 당사자들은 자신이 해외 이민자이기 때문에 당연히 비거주자라고 생각하고 외국환신고의무를 이행하지 않는 경우가 많다.

하지만 해외 이민자라고 하더라도 국내에 주소가 있거나 가족이 남아 있는 경우에는 '비거주자'로 단정 짓기 어렵기 때문에 주의가 필요하다.

실제로 검찰은 위 사례에서 국내에 주소 또는 거소가 있는 경우에는 외국에 주소나 거소가 있더라도 '거주자'로 보는 것이 명백하다며, 이 부부가 외국환신고를 하지 않은 것을 '구 외국환관리법 위반'으로 보고 형사처벌을 위한 공소를 제기한 바 있다.

그러나 1심과 2심 재판부는 이 부부를 비거주자로 인정했고, 대법원도 같은 입장을 취했다. 대법원은 "외국 이민자가 단순히 국내에 주소나 거소가 있다고하여 거주자임이 명백한 것이 아니고, 거주자와 비거주자의 구분이 명백하지 아니한 경우에 해당한다"고 보았다. 대법원은 "'거주자와 비거주자의 구분이 명백하지 아니한 경우'란 대한민국 내에 주소 또는 거소를 둔 개인 또는 주된 사무소를 둔 법인 아닌 경우만을 가리키는 것은 아니고, 대한민국 내에 주소, 거소 또는 사무소를 두고 있는 경우라도 대한민국 외에도 주소, 거소 또는 사무소를 함께 두는 등의 사정으로 거주자와 비거주자의 구분이 명백하지 아니한 이 사건과 같은 경우도 포함한다고 보는 것이 상당하다"고 판시하였다.[5]

즉, 이와 같이 국내와 해외에 모두 일정한 생활 기반이 있는 경우에는 단순히 '국내에 주소가 있다'는 이유만으로 거주자로 판단하지 않고, 실제 생활의 중심이 어디에 있는지를 종합적으로 살펴보아야 한다는 것이 대법원의 판단이다.

(6) 거주자 및 비거주자의 구분이 불명확하여 위헌인지

외국환 신고의무를 부담하는 외국환거래 당사자로서 외국환거래법 위반혐의로 세관의 외환조사를 받은 후 검찰조사를 받고 기소되어 재판을 받아야 하는 입장에서는 거주자와 비거주자로 구분하여 외국환 신고의무를 부여하는 것이 불명확하다고 느낄 수 있다.

실제로 외국환거래법의 거주자와 비거주자 규정이 불명확하여 죄형법정주의가 요구하는 명확성의 원칙에 위배되어 위헌이라는 이유로 헌법소원을 청구한 사례가 있다.

사례에서는 ○○○은 ××× 등과 공모하여 재정경제부장관에게 신고하지 아니하고, ○○

---

5) 대법원 1999.4.9. 선고 99도362 판결

주식회사가 30년간 독점하여 북한 통천지역의 경공업지구 조성부지, 통천비행장 부지의 사용권, 철도·통신·전력·관광사업 등의 개발·운영 권 등을 취득하는 것을 내용으로 하여 2000.5.3. 북한의 조선아시아태평양위원회(이하 '아태위원회'라 한다)와 체결한 경제협력사업권에 관한 잠정합의(이하 '이 사건 잠정합의'라 한다)의 대가 명목으로 2000.6.9. 미화 2억 달러를 Bank of China 마카오지점에 개설된 아태위원회 지정의 3개 명의의 계좌로 송금하는 방법으로 그 지급을 하고, 같은 날 미화 5천만 달러를 △△ 주식회사 런던지사를 통하여 Raiffcisen Zentral Bank의 Wien지점 등에 개설된 아태위원회 지정의 2개 명의의 계좌로 송금하고, 미화 1억 달러를 위 △△ 주식회사 싱가포르지점을 통하여 HSBC의 미국 RNNY 지점 등에 개설된 아태위원회 지정의 8개 명의의 계좌로 송금하는 방법으로 그 지급을 하였다는 공소사실 등으로 서울지방법원에 공소제기되었다[서울지방법원 2003고합642, 2003고합933(병합) 특정경제범죄가중처벌 등에 관한 법률위반(배임) 등].

헌법재판소는 헌법 소원에 대한 결정에서 "거주자 및 비거주자의 개념은 외국환거래법 전반에 걸쳐 사용되고 있는 외국환관리의 기본적인 개념이다. 즉, 외국환관리의 원리는 거주자와 비거주자 간의 채권·채무 관계를 규제하는 것인바, 거주자와 비거주자를 구분하는 거주성(居住性) 개념은 국적과는 관계없이 일정 기간을 거주하고 있거나 거주할 의사를 가지고 있고 경제적으로 밀착되어 있는 지역을 기준으로 한다. 즉, 외국 국적을 가진 사람이 대한민국에 경제이익의 중심을 두고 있는 경우에는 외국인이라고 하여도 거주자로 취급되므로, 거주성의 개념이 국적과 논리 필연적인 관계에 있는 것은 아니다. 법은 거주자 개념의 중요성을 감안하여 거주자와 비거주자의 개념을 정의하고 있다. 즉, 제3조 제1항 제12호의 규정에 의하면 "거주자"라 함은 대한민국 안에 주소 또는 거소를 둔 개인과 대한민국 안에 주된 사무소를 둔 법인을 말하고, 동 조항 제13호의 규정에 의하면 "비거주자"라 함은 거주자 외의 개인 및 법인을 말하는데, 다만 비거주자의 대한민국 안의 지점·출장소 기타의 사무소는 법률상 대리권의 유무에 불구하고 거주자로 본다.

이와 같은 거주자 개념 정의는 앞에서 본 거주성의 기본적인 원리에 따른 것이고, 이들 조항에 포함된 단어들은 대부분 법률용어로서 서술적인 개념을 사용하고 있어 그 의미에 혼동을 초래할 정도로 불명확한 것은 없다고 할 것이므로, 죄형법정주의가 요구하는 명확

성의 원칙에 위배되는 것이라고 할 수 없다."고 판시하였다.[6)]

　따라서 외국환거래 당사자가 스스로 거주자인지 비거주자인지 불명확하여 외국환거래법에 따른 신고의무를 부담하는지 명확하지 않다고 생각하는 경우에는 자신의 판단으로 외국환거래법에 따른 신고의무를 처리하는 것은 바람직하지 않다. 이러한 경우 외국환거래 당사자가 전문가의 도움을 받아 기획재정부나 한국은행 등 정부기관에 거주자인지 아니면 비거주자인지에 대하여 질의하여 그 질의 결과에 따라 외국환거래법에 따른 신고의무를 처리하는 것이 바람직히다.

 **참고판례**

1-7. '거주자' 및 '비거주자' 판단 결정례
(대전지방법원 2023.8.3. 2023라20050 결정[외국환거래법 위반])

[주 문]

이 사건 항고를 기각한다.

[이 유]

1. 항고이유의 요지

　가. 외국환거래법 제16조 제4호의 수범자는 거주자인데, 위반자는 2015.12.28. 이후 일본에서 거의 대부분 장기간 체류하고 있으며 일본에서 주식회사를 설립하여 경제활동을 영위하고 있는바, 비거주자에 해당한다. 그리고 비거주자인 위반자가 자신의 농협계좌에서 일본에 있는 ATM기로 자신의 카드를 이용하여 예금을 수차례 인출한 것은 1인의 자기거래에 불과하고 외국환거래법 제16조 소정의 채권·채무를 결제한 경우에 해당하지 아니한다.

　나. 가사 위반자의 행위가 과태료 부과대상이 된다고 하더라도, 위반자는 자산의 행위가 외국환거래법 위반인지 알지 못하였고, 카드사측에서 위반자의 행위가 불법이라고 하지 아니하여 위반행위를 계속한 것이어서, 위반행위에 고의·과실이 없다.

　다. 나아가 외국환거래법 제32조의 과태료 상한은 1억 원이고, 위반자의 행위는 단일하고 계속된 범의 하에 동종의 행위를 일정기간 반복한 것으로서 이는 포괄일죄에 해당함에도, 위반자의 행위를 포괄일죄로 보지 않고 개개의 행위로 보아 1억 원을 초

---

6) 헌재 2005.6.30. 2003헌바114

과하여 과태료를 부과한 것은 위법하다.

2. 판단

가. 외국환거래법 위반 여부에 관한 판단

1) 외국환거래법의 인적 대상은 거주자와 비거주자로 구분되며, 그 구분에 따라 달리 규정하고 있다. 거주자와 비거주자의 개념 중 그 거주성은 경제주체가 단순히 어디에 살고 있느냐 하는 법률상의 국적이나 지리적 영역보다는 경제활동장소, 즉 이익의 거점 또는 경제활동의 중심이 어디에 있느냐에 따라 구분되어야할 것이다.

2) 위반자는 자신이 비거주자라고 주장하므로, 위반자의 이익의 거점이 국내에 있는지 국외에 있는지에 관하여 살펴보기로 한다.

이 사건 기록에 의해 인정되는 다음과 같은 사정들, 즉 ① 위반자는 대한민국 국적자로서 일본에 있으면서도 국내에 배우자, 자녀와 함께 주민등록을 두고 있고 국민건강보험자격을 유지하고 있는 점, ② 위반자는 일본뿐만 아니라 국내 주소에 기반하여 2개의 개인사업자등록을 하였고, 국내 인터넷 포털사이트에 해외구매대행사이트를 개설하여 국내 소비자에게 주문유인활동, 판매촉진활동 등을 제공하고, 물품대금은 위반자의 국내은행계좌를 통해 수취하는 등 국내 고객에게 물품을 판매하여 온 점, ③ 위반자가 지정거래외국환은행을 통해 물품 판매대금 및 국내 가상화폐거래소에서의 판매대금을 지급해 온 것 중 2020년 6월경부터 2022년 8월경까지 미화 5만 달러 이상을 61회에 걸쳐 송금해왔는데, 외국환거래법 제15조, 외국환거래규정에 의해 비서주사에게 요하는 취득경위 입증서류를 제출하지 않고 이루어진 점 등을 종합하여 보면, 위반자의 이익의 거점은 국내에 있다고 보이므로, 외국환거래법상의 거주자에 해당한다고 할 것이다.

3) 외국환거래법 제16조 제4호에 의하면 외국환업무취급기관등을 통하지 아니하고 지급 또는 수령을 하는 경우에는 대통령령으로 정하는 바에 따라 그 지급 또는 수령의 방법을 기획재정부장관에게 미리 신고하여야 하나, 위반자는 신고 없이, 2021.1.4.부터 2021.6.25.까지 일본내 편의점 ATM기에서 본인의 국내은행 계좌에 연결된 체크카드를 이용하여 비트코인 구입용 대금을 총 94건(편의점 ATM기 한도로 인해 총 27,456회 인출, 하루에 한 건으로 계산시 94건)에 걸쳐 인출하였고, 위 금액을 일본의 비트플라이어 연결계좌에 송금하고 비트코인을 매수 후 국내 가상화폐거래소의 전자지갑으로 보낸 후 바로 매도하고 판매대금은 국내 가상화폐거래소와 연동된 국내계좌로 입금하였고, 그 주기가 하루에 한 번씩

이었던바, 이는 외국환거래법 제16조 제4호를 위반한 것이라 할 것이다.

나. 고의·과실 여부에 관한 판단

질서위반행위규제법 제7조는 '고의 또는 과실이 없는 질서위반행위는 과태료를 부과하지 아니한다'고 규정하고 동법 제8조는 '자신의 행위가 위법하지 아니한 것으로 오인하고 행한 질서위반행위는 그 오인에 정당한 이유가 있는 때에 한하여 과태료를 부과하지 아니한다'고 규정하고 있으나, 위반자가 자신의 행위가 외국환거래법에 의하여 과태료가 부과되는 행위에 해당한다는 점을 몰랐다는 사정은 이른바 법률의 부지에 불과하고, 위반자 주장의 사유만으로 자신의 행위가 위법하지 아니한 것으로 오인한 데에 정당한 이유가 있는 때라고 보기 부족하다.

다. 과태료 금액의 적정 여부에 관한 판단

외국환거래법 제16조 제4호는 외국환업무취급기관등을 통하지 아니하고 지급 또는 수령을 할 때마다 신고를 하여야 하는 것인 점, 신고의무를 위반한 금액이 특정 금액을 초과하는 경우는 과태료 대상이던 각 개별적 행위가 곧바로 형사법의 제재가 가해지는 행위로 탈바꿈하게 되므로 포괄일죄의 성립 여부에 관하여 신중하게 판단하여야 하는 점, 위 가의 3)항에서 본 바와 같이 위반자가 하루에 한 번 기준으로 비트코인을 매수한 것을 기준으로 1개의 죄가 성립한다고 봄이 타당하고, 질서위반행위에 대하여 정한 과태료를 각각 부과한다고 정하고 있으므로, 각 위반행위별로 과태료를 부과하여 합산한 제1심에 위법이 있다고 볼 수 없다.

3. 결론

그렇다면, 제1심의 결정은 정당하므로 이 사건 항고를 기각하기로 하여 주문과 같이 결정한다.

1-8. 거주자와 비거주자의 구분이 명백하지 아니한 경우
(대법원 1999.4.9. 선고 99도362 판결[외국환관리법 위반])

[판시사항]

대한민국 내·외에 주소, 거소 또는 사무소를 함께 두고 있는 경우가 구 외국환관리법 제3조 제2항 소정의 '거주자와 비거주자의 구분이 명백하지 아니한 경우'에 해당하는지 여부(적극)

[판결요지]

구 외국환관리법(1998.9.16. 법률 제5550호 외국환거래법 부칙 제3조로 폐지) 제3조 제2

항이 규정하는 '제1항 제12호 및 제13호의 규정에 의한 거주자와 비거주자의 구분이 명백하지 아니한 경우'란 대한민국 내에 주소 또는 거소를 둔 개인 또는 주된 사무소를 둔 법인 아닌 경우만을 가리키는 것은 아니고, 대한민국 내에 주소, 거소 또는 사무소를 두고 있는 경우라도 대한민국 외에도 주소, 거소 또는 사무소를 함께 두는 등의 사정으로 거주자와 비거주자의 구분이 명백하지 아니한 경우도 포함한다.

[**원심판결**] 서울지법 1998.12.24. 선고 98노1262, 10768 판결

[주 문]

상고를 기각한다.

[이 유]

상고이유를 판단한다.

원심은 공소외 김천동이 남편되는 공소외 신수원과 함께 1988.경 홍콩으로 이민가서 그곳에서 거주하면서 신성모텔을 경영하고 있으며 국내에 거주하는 자녀들의 뒷바라지를 위하여 자주 귀국하기는 하지만 계속하여 국내에서 3개월 이상 머무르지는 않고 출국하는 방식을 취하여 온 사실을 인정한 후, 폐지된 구 외국환관리법(법 제4447호) 제3조 제1항 제12호 및 제13호, 제2항 그 법의 시행령 제8조 제3항 단서 제1호, 세3호의 비거주자라고 판단한 제1심을 유지하였다.

상고이유의 주장은 국내에 주소 또는 거소를 둔 경우에는 거주자와 비거주자의 구분이 명백하기 때문에 위의 시행령 제8조 제3항 제1호가 적용될 여지가 없다는 것이나.

그러나 그 법 제3조 제2항이 규정하는 '제1항 제12호 및 제13호의 규정에 의한 거주자와 비거주자의 구분이 명백하지 아니한 경우'란 대한민국 내에 주소 또는 거소를 둔 개인 또는는 주된 사무소를 둔 법인 아닌 경우만을 가리키는 것은 아니고, 대한민국 내에 주소, 거소 또는 사무소를 두고 있는 경우라도 대한민국 외에도 주소, 거소 또는 사무소를 함께 두는 등의 사정으로 거주자와 비거주자의 구분이 명백하지 아니한 이 사건과 같은 경우도 포함한다고 보는 것이 상당하다.

상고이유에서 든 판례는 이 사건과 구체적 사안을 달리하는 것이어서 이 사건에 원용하기에 적절하지 아니하다.

결국, 원심이 김천동을 위의 법리에 따라 비거주자라고 판단한 데에는 거주자와 비거주자에 관한 법리오해의 잘못이 없다.

그러므로 상고를 기각하기로 관여 법관 의견이 일치되어 주문에 쓴 바와 같이 판결한다.

대법관   김형선(재판장) 정귀호 이용훈 조무제(주심)

1-9. 재외동포가 비거주자에 해당하지 않는 경우
(대법원 1980.5.27. 선고 80도884 판결[무역거래법 위반 · 외국환관리법 위반])

[판시사항]

가. 수입자유화와 무역거래법 위반

나. 외국환관리법 제21조 소정의 비거주자가 아니라고 한 사례

[판결요지]

가. 고철수입이 자유화되었다 하더라도 그 수입을 위하여는 무역거래법 제6조의 허가를 받아야 하며 그 허가를 받음에 있어 사위 기타 부정한 행위가 있으면 같은법 제33조에 규정된 죄는 성립되는 것이고 고철수입의 자유화만으로써 피고인이 그 이전에 사위의 방법으로 범해한 것이 소멸된다고 할 수는 없다

나. 재일교포로서 일본에 주소를 두고 있다고 하더라도 국내에서 주민등록을 하고 처와 함께 거주하면서 영업을 하여 종합소득세까지 납부하여 왔다면 국내에 거주하는 사람으로 보아도 무방하다.

[원심판결] 부산지방법원 1979.12.27. 선고 79노2844 판결

[주 문]

각 상고를 기각한다.

[이 유]

(1) 피고인 1의 상고이유에 대하여,

논지 중 사실과 정상에 관한 것은 적법한 상고이유가 되지 아니하고 1980.1.1.부터 고철수입이 자유화됨으로써 피고인에 대한 무역거래법 위반죄가 소멸된 것이라고 하나 그 자유화라고 함은 종래 실수요자에 한하여 수입이 인정되던 것이 실수요자가 아닌 일반사람에게도 자유수입이 인정된다는 것일 뿐 그 수입을 위하여는 같은 법 제6조에 의한 허가를 받아야 하는 것인데 그 허가를 받음에 있어서 사위 기타 부정한 행위가 있으면 같은 법 제33조에 규정한 죄는 성립되는 것이라고 봄이 상당하므로 위의 고철수입의 자유화만으로써 피고인이 그 이전에 사위의 방법으로 범행한 것이 소멸된다고 할 수는 없고 이점에 관한 논지는 이유없다.

(2) 피고인 2의 상고이유에 대하여,

　　같은 피고인에 대한 무역거래법 위반의 공소사실을 유죄로 인정한 원심의 조처를 기록에 대조하여 보면 수긍이 가고 거기에 아무런 위법이 없다. 비록 같은 피고인이 이 사건에서 문제된 고철을 매수한 것이기는 하나 처음부터 사위 기타 부정한 행위로써 범행에 가담한 것임은 상피고인들의 공판정에서의 진술에 의하여 인정되는 바이므로 원심이 증거없이 사실인정을 한 것이라는 논지는 이유없다.

(3) 검사의 상고이유에 관하여,

　　논지에서 말하는 공소 외 맹홍주가 재일교포로서 일본에 그 주소를 둔 사람이라 하더라도 그가 부산시 서구 남부민동 30에 주민등록을 하여 그 처와 함께 거주하면서 공예사와 보세창고업에 종사하면서 종합소득세까지 납부하여 왔다면 또한 국내에 거주하는 사람이라 보아도 무방하다 할 것이므로 같은 취지의 원심인정은 상당하고 거기에 채증법칙을 위배한 위법이 있음을 찾아볼 수 없다.

　　따라서 그는 외국환관리법 제21조에 규정한 비거주자가 아니므로 그에게 문제된 고철대금을 외환은행을 통하지 않고 지급하였다 해서 같은 법 위반이 될 수도 없으므로 거기에 같은 법에 대한 법리오해가 있다는 논지 이유없다.

　　이리하여 각 상고는 모두 이유없으므로 기각하기로 관여법관의 의견이 일치되어 주문과 같이 판결한다.

대법관　　양병호(재판장) 안병수 유태흥 서윤홍

대법관 서윤홍은 해외출장중이므로 서명날인 불능임 대법관 양병호(재판장)

1-10. 거주자로 인정되는 해외 영주권자

(대법원 1982.3.23. 선고 81도1450 판결[특정범죄가중처벌등에관한법률 위반 등])

[판시사항]

가. 확정된 행정판결과 모순 저촉되는 형사재판의 가부(소극)

나. 피고사건이 미결이나 청산종결등기가 경료된 회사의 당사자 능력

[판결요지]

가. 납세의무자에 대한 조세포탈의 형사사건이 계속 중 포탈세액에 관한 부과처분을 취소하는 행정판결이 확정된 이상 형사재판에서 별도로 행정판결과 모순 저촉되는 납세의무의 범위를 확정할 수는 없다 할 것이다.

나. 회사가 해산 및 청산등기 전에 재산형에 해당하는 사건으로 소추당한 후 청산종결의
　　등기가 경료되었다고 하여도 그 피고사건이 종결되기까지는 회사의 청산사무는 종료
　　되지 아니하고 형사소송법상 당사자 능력도 존속한다고 할 것이다.

[참조조문]

가. 행정소송법 제13조 나. 상법 제264조

[전 문]

[피고인, 상고인] 피고인 1 외 3인

[변호인] 변호사 김윤행(피고인들에 대한)

[원심판결] 서울고등법원 1981.2.19. 선고 76노2101 판결

[주 문]

원심판결 중 피고인 1, 피고인 2 주식회사에 대한 부분을 각 파기하고, 이 부분 사건을
서울고등법원에 환송한다.

피고인 3, 피고인 4 주식회사의 상고를 각 기각한다.

[이 유]

생략.

3. 피고인 3의 외국환관리법 위반의 점에 관한 상고이유를 본다.

　　외국환관리법 및 동법 시행령에 의하여 위임된 외국환관리규정 제1의11조 제1항 제4
　　호에 의하면, 영주권을 얻어 외국에 체재하고 있는 자라도 입국하여 3개월 이상 체재한
　　경우에는 거주자로 보게 되어 있는 바, 기록에 편철된 출입국에 관한 사실증명원(1155
　　정)의 기재에 의하면, 피고인은 여러 차례에 걸쳐서 3개월 이상씩 국내에 체류하였을
　　뿐만 아니라 1966년 이래 수시로 출입국하면서 1년 중 대부분을 국내에서 보내고 있고
　　1972.11.7 국내에 풍전정밀공업사라는 공장을 설립하여 경영하고 있는바, 위 규정 제1
　　－12조의 제1항 제1호에 의하면, 외국인이라도 국내에 있는 사업소에 근무하거나 국내
　　에서 영업에 종사하는 자는 거주자로 보고 있는 규정의 취지에 비추어 볼 때 피고인은
　　거주성이 있다 할 것이고, 이와 반대되는 논지는 이유없으며, 원심판결이 유지한 제1심
　　판결 거시 증거에 의하면 판시사실을 인정하기에 충분하고 여기에 논지와 같은 채증법
　　칙위배로 인한 사실오인이나 추징의 법리를 오해한 잘못은 없으므로(변호인이 든 판례
　　는 본 건에 적절하지 아니하다) 상고 논지 이유없다.

따라서 피고인 3과 피고인 4 주식회사의 상고는 모두 이유없으므로 각 기각하고, 원심 판결 중 피고인 1, 피고인 2 주식회사에 대한 부분을 각 파기하고, 이 부분을 서울고등법원으로 환송하기로 하여 관여법관의 일치된 의견으로 주문과 같이 판결한다.

대법관　강우영(재판장) 이정우 신정철

제 2 장

외국환 지급과 수령에 대한 의무

(1) 경상거래와 자본거래에 수반하는 외국환거래

외국환거래는 외화를 지급하거나 수령하는 거래를 말하며, 이는 주로 무역(상품)거래, 용역(서비스)거래, 자본거래에 수반되어 발생한다.

먼저, **상품거래**는 국가 간에 이루어지는 물품 매매로서, 일반적으로 물품에 대한 매매계약이나 임대차계약 등을 근거로 이루어진다. 예를 들어, 한국 기업이 미국 회사로부터 기계를 수입하거나, 반대로 수출하는 경우가 여기에 해당한다.

다음으로, **용역(서비스)거래**는 국경을 넘어서 용역을 제공하거나, 특허·상표 등의 지식재산권을 사용하게 해주고 그에 대한 대가를 받는 거래를 말한다. 이때는 용역공급계약이나 권리사용계약 등이 거래의 근거가 된다. 예를 들어, 한국 회사가 외국 소프트웨어 기업으로부터 사용권을 구매하고 로열티를 지급하는 경우가 이에 해당한다.

이처럼 상품거래와 용역(서비스)거래를 합쳐서 우리는 **경상거래**라고 부른다.

반면, **자본거래**는 국가 간에 자본을 투자하거나 자금을 빌려주고 받는 거래, 또는 유가증권을 사고파는 거래 등을 말한다. 이런 자본거래는 투자계약이나 금전대차계약 등을 근거로 한다. 예를 들어, 한국 기업이 해외 기업에 출자를 하거나, 외국인 투자자가 한국의 주식을 매입하는 경우가 여기에 포함된다.

(2) 무역거래에 수반하는 대금결제 방식

대외거래의 가장 기본이 되는 무역거래에서는 다양한 방식으로 대금을 결제하게 되며, 그 방식에 따라 외국환거래의 형태도 달라진다. 구체적인 무역대금 결제 방식에 대해서는 다음에서 자세히 살펴보자.

1) 화환신용장 방식에 의한 대금결제

화환신용장 방식은 무역 거래에서 가장 일반적이고 대표적인 대금결제 방식이다. 이 방식은 '취소불능 화환신용장'에 따라 대금을 결제하는 형태로, 운송서류의 제시를 전제로 대금 지급이 이루어진다.

거래는 보통 일람불 신용장(sight L/C) 또는 기한부 신용장(usance L/C)에 따라 진행된다. 수출상은 수입상과 상품 수출 계약을 체결한 후, 대금을 안전하게 회수하기 위해 신용장을 받게 된다. 이때 사용하는 것이 바로 '화환신용장(documentary letter of credit)'이다.

화환신용장 방식에서는 수출상이 발행하는 환어음에 대해 신용장을 개설한 은행이 대금 지급을 보증하기 때문에, 수출상 입장에서는 대금을 안전하게 받을 수 있다는 장점이 있다. 반대로 수입상 입장에서도 신용장에서 요구하는 조건이 충족되어야만 대금이 지급되기 때문에, 수출상이 그 조건에 맞는 물품을 정확하게 공급할 것이라는 신뢰를 가질 수 있다.

또한, 수입상은 수출상이 선적서류와 환어음을 제출한 후에 대금을 결제하게 되므로, 물품이 실제로 선적되었는지를 확인한 뒤 결제할 수 있어 거래에 있어 안정성을 확보할 수 있다.

결국, 화환신용장 방식은 수출입 양측 모두에게 일정한 신뢰와 안전성을 제공하는 결제방식으로서 국제무역에서 널리 활용되고 있다.

2) 추심결제방식

추심결제방식은 취소불능 화환신용장 없이 수출입 당사자 간의 매매계약을 바탕으로, 화환어음을 통해 대금을 결제하는 방식이다. 이 방식은 은행이 대금 지급을 보장하지 않으며, 순수하게 수출상과 수입상 간의 계약에 따라 이루어진다. 은행은 단지 어음을 대신 받아주고, 대금을 추심하는 역할만 수행한다.

추심결제방식은 선적서류를 수입상에게 언제 인도하는지에 따라 두 가지로 나뉜다. 하나는 어음 **지급과 동시에 서류를 인도하는** D/P(Document against Payment; **지급인도조건**) 방식이고, 다른 하나는 어음을 **인수하는 것만으로 서류를 인도**하는 D/A(Document against Acceptance; **인수인도조건**) 방식이다.

㉠ 지급인도조건(D/P)

지급인도조건은 수출상이 물품을 선적한 후, 준비한 선적서류와 함께 수입상을 지급인으로 하는 환어음을 작성하여 자신이 거래하는 외국환은행에 추심을 의뢰하는 방식이다. 수출상 은행은 이 어음과 서류를 수입상과 거래하는 은행(추심은행)에 다시 보내게 된다.

추심은행은 이때 수입상에게 대금을 먼저 지급받은 후, 그 대가로 선적서류를 인도한다. 그리고 받은 대금을 수출상 측 은행으로 송금함으로써 수출상은 대금을 회수하게 된다.

ⓒ 인수인도조건(D/A)

인수인도조건은 추심은행이 수입상으로부터 어음을 **지급하기로 약속**(인수)받는 것만으로 선적서류를 인도하는 방식이다. 이후 어음의 만기일에 수입상이 실제로 대금을 지급하면, 그 돈이 수출상에게 전달되어 결제가 완료된다. 이 방식은 수입상에게 일정 기간의 **외상 거래 기회**를 제공하는 효과가 있다.

과거에는 국제무역 거래 대부분이 은행이 대금 지급을 보장하는 신용장 방식에 의존했지만, 최근에는 다양한 결제방식이 등장하면서 추심결제방식도 널리 사용되고 있다. 특히 신용장 개설에 따른 비용 부담이나 복잡한 절차를 피하고자 하는 경우, 신용도가 높은 기업들 사이에서는 추심결제방식이 실무적으로 선호되는 추세이다.

3) 송금방식

송금방식은 취소불능 화환신용장 방식이나 추심결제방식과는 다른 대금결제 방식으로서, 수출입 대금을 외화로 직접 영수하거나 지급하는 형태를 말한다. 이 방식은 수출입 당사자 간의 신뢰를 바탕으로 이루어지며, 은행이 대금 지급을 보장하지는 않는다.

송금방식은 크게 두 가지 형태로 나눌 수 있나. 하나는 **단순송금방식**이고, 다른 하나는 **대금교환조건부 수출입**(COD 및 CAD) 방식이다.

⊙ 단순송금방식

단순송금방식은 수출입 대금을 물품 선적 전에 외화, 수표 등으로 미리 영수하거나 지급한 후 일정 기간 내에 그에 상응하는 물품을 수출입하는 방식이다. 예를 들어, 수입상이 미리 외화를 지급하고 일정 시점에 수출상이 물품을 선적하는 구조다.

이 방식은 거래 상대방에 대한 신뢰가 충분히 확보되어 있을 때 주로 사용된다.

ⓒ 대금교환조건부 수출입(COD 및 CAD)

이 방식은 물품을 인도하면서 또는 인도한 이후에 수출입 대금을 외화로 수령하거나 지급하는 조건으로 진행된다. 상대적으로 위험성이 크기 때문에 과거에는 중동지역 국가와의 거래처럼 특수한 경우에 제한적으로 사용되었다. 이 방식은 다시 다음 두 가지로 나뉜다.

- **현금결제방식**(COD, Cash on Delivery)

  수출상이 물품을 선적한 후, 선적서류를 해외지사나 대리점 또는 거래은행에 송부하고, 물품이 목적지에 도착하면 수입상이 상품의 품질을 직접 확인한 후 대금을 현금으로 지급하는 방식이다. 우리나라 내수 거래에서도 흔히 볼 수 있는 형태이다.

- **서류상환방식**(CAD, Cash Against Document)

  수출상이 물품을 수출한 후, 선적을 입증할 수 있는 선하증권(B/L), 상업송장, 포장명세서 등 주요 선적서류를 수입상이나 그 대리점, 또는 거래은행에 제시하고, 서류와 교환으로 대금을 지급받는 방식이다. COD 방식과 달리, **현금과 물품을 직접 교환하는 대신, 운송서류를 근거로 대금을 결제**받는 구조이다. 유럽에서는 일종의 D/P(지급인도조건) 방식으로 활용되기도 한다.

송금방식은 거래의 단순성과 신속성에서 장점이 있지만, 은행의 지급보증이 없기 때문에 상대방에 대한 신뢰 확보가 매우 중요하다. 최근에는 기업 간 신뢰가 높아지고, 신용장 개설에 따른 비용 부담을 줄이려는 경향이 커지면서 이 방식도 점차 널리 사용되고 있다.

4) 기타 결제방식

국제무역에서는 신용장 방식, 추심 방식, 송금 방식 외에도 다양한 결제방식이 활용되고 있다. 대표적인 예로는 **국제팩토링결제방식과 중장기 연불방식**이 있다.

㉠ 국제팩토링결제방식에 의한 수출입

국제팩토링(factoring)이란 제조업자(공급자)가 외상으로 물품을 판매한 후 발생한 외상매출채권을 팩토링회사(factor)에 일괄 양도함으로써, 그에 대한 다양한 금융서비스를 제공받는 새로운 결제방식이다.

팩토링회사는 구매업자에 대한 **신용조사, 지급보증(신용위험 인수), 채권관리 및 회수, 양도한 채권금액 범위 내에서의 금융지원, 관련 사무 대행** 등의 서비스를 수행한다.

최근에는 국제 신용 환경이 개선되면서, 국제 무역에서도 이런 팩토링 서비스를 활용하는 사례가 점점 늘어나고 있다. 특히 소규모 수출기업이나 신용 확보가 어려운 경우에 유용하게 활용되고 있다.

ⓛ 중장기 연불방식에 의한 수출입

중장기 연불방식이란, 수출입 거래에서 물품 대금의 전부 또는 일부를 일정 기간에 걸쳐 **분할 지급**하는 조건으로 계약하는 방식이다. 쉽게 말해, 수입상이 수출상으로부터 물품을 공급받은 후, 대금을 몇 차례에 나누어 장기적으로 결제하는 구조이다.

이는 일반적인 **기한부 신용장**(usance L/C) **방식이나 서류 인수 조건**(D/A) 방식보다 더 긴 지급 기한을 제공하는 형태이며, **수출업자가 수입업자에게 신용을 공여**한다는 점에서 일종의 신용거래로 볼 수 있다.

이 방식은 보통 고가의 자본재(예: 설비, 기계류) 수출이나 정부 간 거래, 장기 프로젝트성 계약에서 자주 사용된다.

기타 결제방식은 상황과 업종, 거래 규모에 따라 선택적으로 활용되며, 각각의 방식에 따른 신용 위험과 금융 비용을 면밀히 고려하여 결정하는 것이 중요하다.

(3) 외국환거래에 대한 규제

우리나라는 부존자원이 부족하고 내수시장 규모가 작고, 무역의존도[7]가 높기 때문에, 1960년대부터 대외거래에 의존하여 경제 성장을 이끌어왔다.

---

7) 무역의존도는 한나라의 경제가 무역에 의존하고 있는 정도를 표시하는 지표를 말한다. 무역의존도는 일반적으로 국민소득 또는 국민총생산에 대한 수출입총액의 비율을 계산하여 산출한다.

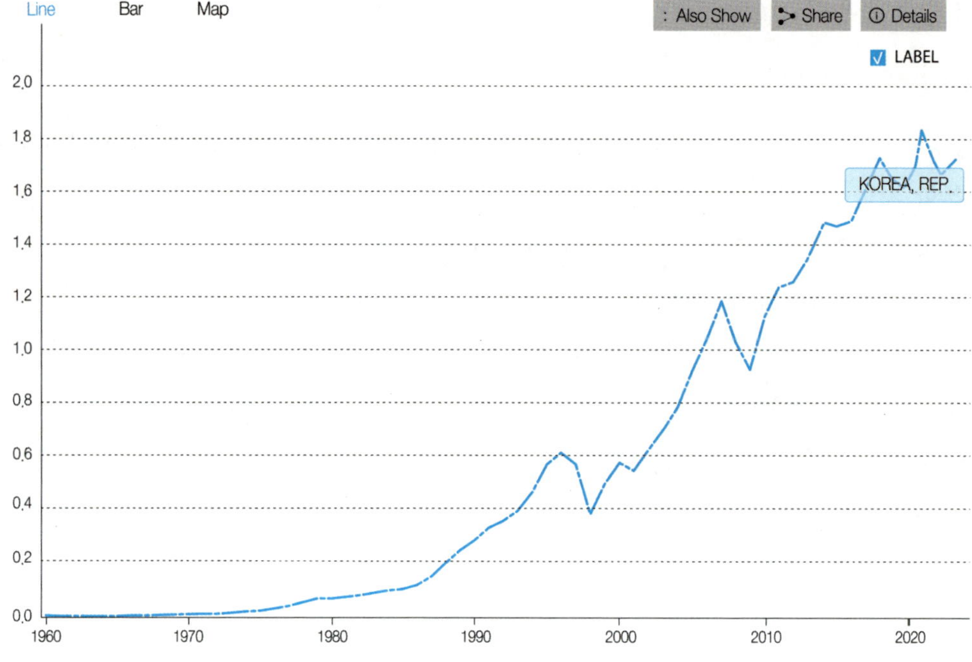

〔그래프 1〕 한국의 GDP(자료 출처: World Bank)

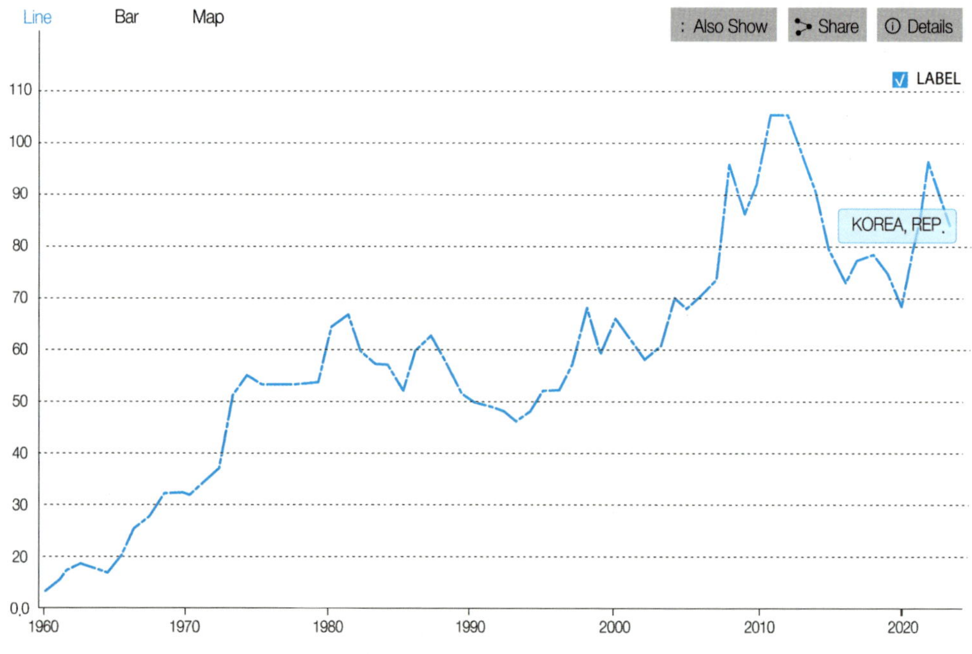

〔그래프 2〕 한국의 무역의존도(자료출처: World Bank)

이러한 배경 속에서 외국환거래법은 대외거래의 자유를 보장하고 시장 기능을 활성화함으로써, 국제수지의 균형을 맞추고 통화 가치를 안정시키는 것을 주요 목적으로 하고 있다.

대외거래에 따른 외국환의 이동은 단순한 대금 수수 이상의 의미를 가진다. 외환의 유입과 유출은 국가의 통화가치, 국제수지뿐 아니라 국부의 증가 또는 감소와도 직접적으로 연결되기 때문에 외국환거래법은 이에 대한 **필요한 규제**를 하고 있다.

1) 외국환거래의 규제 방식

외국환거래법은 크게 다음 세 가지 영역에서 규제를 한다.

① 원인행위(투자계약 등 거래의 근거가 되는 계약)
② 외국환의 지급 또는 수령 행위
③ 외국환의 지급 또는 수령 방법

1998년에 제정된 후 지속적으로 개정되어온 현행 외국환거래법은 **대외거래의 자유와 시장 기능 활성화**를 중심 가치로 삼고 있다. 이에 따라 **경상거래**는 원칙적으로 규제하지 않고, **지급·수령 행위** 중심으로 관리한다. 반면, **자본거래**는 원인행위 단계에서부터 규제 대상이 된다.

i) 원인행위에 대한 규제

원인행위에 대한 규제는 주로 자본거래에 집중된다. 외국환거래법 제18조 및 외국환거래규정 제7장에서 관련 내용을 다루고 있다. 예컨대, 투자계약이나 대출계약 체결 전 신고가 요구되는 경우가 이에 해당한다.

ii) 지급 및 수령 행위에 대한 규제

지급 및 수령 행위는 외국환거래법 제15조에 근거하여 규제하고 있으며, 구체적인 방식은 외국환거래규정 제4장에서 다루고 있다. 이는 경상거래와 자본거래 모두에 적용된다.

iii) 지급 및 수령 방법에 대한 규제

지급이나 수령의 방식에 대해서는 경상거래나 자본거래에 따르는 지급 및 수령 방법을 모두 포함한 것으로 외국환거래법 제16조 및 외국환거래규정 제5장에서 규정하고 있다. 예를 들어, 외국환은행을 거치지 않거나 상계방식 등은 일정 조건에서 사전 신고 의무가 발생한다.

2) 외국환 수령 또는 지급에 대한 주요 규제 내용

외국환을 수령하거나 지급하는 행위는 대한민국의 외환보유고 및 국제수지에 영향을 미치므로, 다음과 같은 규제 원칙이 적용된다.

i) 일반 경상거래에 따른 수령 또는 지급의 경우

일반적인 상품이나 서비스 거래(경상거래)에 따른 외국환 수령 또는 지급은 기본적으로 증빙서류만 갖추면 자유롭게 허용된다. 별도의 사전 신고 없이도 거래가 가능하다. 다만, 다음과 같은 공통적인 요건은 반드시 지켜야 한다.

- 증빙서류 제출 의무

  거주자든 비거주자든, 법령에서 면제되는 경우를 제외하고는 외국환거래에 따른 증빙서류를 제출해야 한다.

- 신고 불이행 시 보고 의무

  외국환 수령 또는 지급에 필요한 신고를 사전에 이행하지 않은 경우, 위반 사실을 관할 제재기관(세관, 금융감독원 등)에 보고한 후에야 거래를 진행할 수 있다.

ii) 자본거래에 따른 수령 또는 지급의 경우

자본거래에 따라 외국환을 수령 또는 지급하는 경우(예: 외국인 투자, 금전대차, 증자, 채권 등)에는 다음의 절차를 따라야 한다.

- 사전 신고 의무

  실제로 외국환을 주고 받기 전에, 구체적으로 투자계약이나 금전대차계약 등 원인행위가 발생하기 전에 반드시 신고대상기관(예를 들어 외국환은행 등)에 사전 신고 의무를 이행하여야 한다.

iii) 국제평화·안전 유지 관련 수령 또는 지급의 경우

외국환의 수령 또는 지급이 국제평화, 안보, 제재이행 등 국제적 의무와 관련된 경우에는 원칙적으로 한국은행 총재의 허가를 받아야 한다. 이는 국가 간 제재조치나 국제연합의 결의 이행과 관련된 경우에 해당한다.

iv) 대북거래의 경우

북한과의 거래에 따른 외국환 수령 또는 지급은 일반적인 외국환거래와는 달리, 반드시 「대북투자 등에 관한 외국환거래지침」을 따라야 한다. 이는 남북 간의 특수한 관계와 국가안보상 고려에 따른 별도 규율이다.

2 외국환 지급과 수령의 허가 및 절차

1) 국제법규와 국내법령의 준수

외국환거래에 대하여 자유화가 많이 이루어졌지만 기획재정부장관은 국제법규의 이행과 국제 평화 및 안전을 위해 지급 또는 수령에 대하여 허가를 받도록 할 수 있는 권한이 있다. 기획재정부장관은 다음의 어느 하나에 해당한다고 인정되는 경우에는 국내로부터 외국에 지급하려는 거주자·비거주자, 비거주자에게 지급하거나 비거주자로부터 수령하려는 거주자에게 그 지급 또는 수령을 할 때 대통령령으로 정하는 바에 따라 허가를 받도록 할 수 있다(법 15-2).

① 우리나라가 체결한 조약 및 일반적으로 승인된 국제법규를 성실하게 이행하기 위하여 불가피한 경우
② 국제 평화 및 안전을 유지하기 위한 국제적 노력에 특히 기여할 필요가 있는 경우

기획재정부장관은 위 규정에 따라 국제법규 이행과 국제 평화 및 안전 유지를 위해 지급 또는 수령의 허가를 받도록 하는 경우에는 허가를 받아야 하는 사유와 지급 또는 수령의 종류 및 범위를 정하여 고시하여야 한다(영 29-1). 이와 같은 법령을 근거로 기획재정부장관은 국제평화 및 안전유지 등의 의무이행을 위한 지급 및 영수허가지침(기획재정부 고시 제2017-39호, 2017.12.28. 일부개정)을 고시하여 운영하고 있다. 이에 따라 기획재정부는 국제연합결의 등에 따른 금융제재대상자 등에 대한 외국환의 지급 및 영수에 대하여는 행위 전에 허가를 받도록 규정하고 있다.

또한 외국환거래규정은 조약 및 일반적으로 승인된 국제법규와 국내법령에 반하는 행위와 관련한 외국환의 지급 및 영수를 하여서는 아니된다(정 4-1-②)고 규정하여 외국환

거래 행위가 국제법규와 국내법령을 준수하여 이루어져야 함을 규정하고 있다.

2) 외국환 지급과 수령의 허가 및 절차

외국환거래법의 주무부처인 기획재정부의 장관은 외국환거래법의 적용을 받는 지급 또는 수령과 관련하여 환전절차, 송금절차, 재산반출절차 등 필요한 사항을 정할 수 있다(법 15-1). 또한 기획재정부장관은 외국환거래법의 효율적인 운영과 실효성 확보를 위하여 필요하다고 인정되는 경우에는 사무처리나 지급 또는 수령의 절차와 그 밖에 필요한 사항을 정할 수 있다(법 25-1).

또한 기획재정부장관은 국제법규의 이행과 국제 평화 및 안전을 위해 지급 또는 수령에 대하여 허가를 받도록 할 수 있는 권한이 있다(법 15-2).

이와 같이 기획재정부장관이 정하는 외국환거래법의 적용을 받는 지급 또는 수령과 관련하여 환전절차, 송금절차, 재산반출절차 등과 국제법규의 이행과 국제 평화 및 안전을 위해 지급 또는 수령에 대하여 허가를 받는 등 외국환의 지급 및 수령에 대한 허가 및 절차에 대하여는 외국환거래규정 제4장(지급과 수령)에서 정하는 규정에 따라야 한다.

3 외국환 지급과 수령에 따른 의무[8]

1) 외국환거래에 대한 증빙서류 제출의무 면제

대외거래를 하거나 개인적인 목적으로 외국환을 지급하거나 수령하고자 하는 경우 외국환은행을 이용하여 해외송금(지급)이나 외화영수(수령)을 하는 것이 일반적이다. "외국환은행"이라 함은 금융회사 등의 외국환업무를 영위하는 국내영업소를 말한다(정 1-2-16). "외국환은행을 통한 지급 등"이라 함은 외국환은행을 통하여 지급·추심 또는 수령을 하거나 외국환은행에 개설된 계정간의 이체에 의한 방법으로 지급 등을 하는 것을 말한다(정 1-2-17).

대외거래를 하거나 개인적인 목적으로 외국환을 지급하거나 수령하고자 하는 거주자와 비거주자는 지급 1건 또는 수령 1건 당 금액이 미화 5천불 이하인 경우 또는 연간

---

8) 외국환거래규정 제4-2조 제2항 내지 제4항

누계금액이 미화 10만불 이내인 경우에는 외국환은행에 대외거래에 대한 지급 등의 사유와 금액을 입증하는 서류(이하 "증빙서류")를 제출하지 않아도 지급 또는 수령을 할 수 있다(정 4-3-1). 대외거래를 하지 않고 개인적인 목적으로 해외의 친인척이나 지인으로부터 증여를 하거나 받는 경우에도 외환 송금(지급)이나 외환 영수(수령) 1건당 미화 5천불 이하 또는 연간 누계금액 10만불 이내이면 외국환거래법상 증빙서류를 제출하는 의무가 면제된다.

비거주자 또는 외국인 거주자가 외국환거래규정에 따른 신고를 요하지 않는 거래를 하면서 외국에 있는 자금을 국내로 반입하기 위하여 건당 미화 5천불을 초과하여 수령하는 경우에도 증빙서류 제출의무가 면제된다. 여기서 외국환거래규정에 따른 신고를 요하지 않는 거래란 외국환거래규정에 따른 신고의무가 없는 거래를 의미하며, 이러한 거래에 대해서만 해외에 있는 자금을 국내에 반입할 때에는 미화 5천불을 초과하더라도 증빙서류는 받지 않겠다는 것이다.

2) 외국환거래에 대한 증빙서류 제출의무

대외거래를 하면서 지급 1건 또는 수령 1건 당 금액이 미화 5천불을 초과하는 지급 등을 하고자 하는 거주자와 비거주자는 외국환은행의 장에게 지급 등의 사유와 금액을 입증하는 증빙서류를 제출하여야 한다. 연간 누계금액이 미화 10만불을 초과하는 경우에도 증빙서류를 제출하는 것이 원칙이다. 다만, 연간 누계금액이 미화 10만불을 초과하더라도 서류를 통해 외국환은행이 당해 거래의 내용과 금액을 확인할 수 있는 경우에는 증빙서류를 제출하지 아니할 수 있다.

증빙서류는 다양하다. 무역거래의 경우 계약서, 상업송장 또는 수입신고필증 등과 같이 거래 사유와 금액을 알 수 있는 서류면 된다. 용역거래의 경우에는 계약서, 상업송장 등과 같은 서류를 말한다. 하지만 자본거래의 경우 각각의 거래에 따른 신고서와 필요 첨부서류를 제출하여 수리를 받은 후에 지급하거나 송금할 수 있다.

그러나 비거주자 또는 외국인거주자가 지급을 하는 경우에는 지급 1건 당 금액이 미화 5천불을 초과하여 증빙서류를 제출하는 외에도 취득 경위 입증서류를 갖추어야 지급을 할 수 있다(정 4-4-1).

〔표 7〕 외국환거래 증빙서류 제출의무

당사자	금액	증빙서류 제출의무	근거 규정
거주자와 비거주자	지급 또는 수령 건당 미화 5천불 이하	없음	정 4-2-1
	지급 또는 수령 건당 미화 5천불 초과	증빙서류(계약서, 송품장, 수입신고필증 등 지급 등의 사유와 금액을 확인할 수 있는 서류) 제출	
비거주자 또는 외국인 거주자	외국환거래규정에 따른 신고를 요하지 않는 거래로서 외국에 있는 자금을 국내로 반입하기 위하여 건당 미화 5천불을 초과하여 수령	없음	정 4-2-1-단
거주자	외국환거래규정에 따른 신고를 필요로 하지 않는 수령(다만, 동일자·동일인 기준 미화 10만불을 초과하는 경우에는 서면에 의하여 외국환은행의 장으로부터 수령사유를 확인받아야 함)	없음	정 4-3-1-2
정부 또는 지방자치단체	지급 또는 수령	없음	정 4-3-1-3
거주자	거래 또는 행위가 발생하기 전에 하는 지급(이 경우 거래 또는 행위발생 후 일정한 기간내에 지급 증빙서류를 제출하여 정산하여야 함. 다만, 그 지급금액의 100분의 10 이내에서는 정산의무를 면제할 수 있음)	없음	정 4-3-1-4
수출기업	전년도 수출실적이 미화 3천만불 이상인 기업의 송금방식 수출대금의 수령 및 전년도 수입실적이 미화 3천만불 이상인 기업의 송금방식 수입대금의 지급(다만, 「새만금사업 추진 및 지원에 관한 특별법」 제2조 제1호에 따른 새만금사업지역 내에 소재한 기업의 경우 전년도 수출 또는 수입실적이 미화 1천만불 이상인 경우로 함). 다만, 지급등의 증빙서류 제출을 면제받은 기업은 관련 지급등의 증빙서류를 5년간 보관하여야 함	없음	정 4-3-1-5

당사자	금액	증빙서류 제출의무	근거 규정
거주자 또는 비거주자	「외국인투자촉진법」상 외국인투자기업 및 외국기업 국내지사의 설립을 위하여 비거주자가 지출한 비용의 반환을 위한 지급과 해외직접투자 및 해외지사 설립을 위하여 거주자가 지출한 비용의 회수를 위한 수령. 다만, 지출비용을 수령 또는 지급한 외국환은행을 통하여 지급등을 하여야 함	없음	정 4-3-1-6
해외이주자	관할세무서장으로부터 발급받은 자금출처확인서의 범위 이내에서 해외이주비를 지급하는 경우	없음	정 4-3-1-7
비거주자 또는 외국인거주자(배우자와 직계존비속을 포함한다)	외국으로부터 외국환거래규정에서 정한 바에 따라 수령 또는 휴대수입한 대외지급수단 범위 이내의 지급 (다만, 비거주자의 경우 최근 입국일 이후 수령 또는 휴대수입한 대외지급수단에 한함)	외국환은행장의 취득경위 입증서류 확인	정 4-4-1-1
비거주자 또는 외국인 거주자	대외지급수단매매신고서에 의하여 한국은행총재에게 신고한 범위 이내의 지급	외국환은행장의 취득경위 입증서류 확인	정 4-4-1-2
비거주자 또는 외국인 거주자	국내에서의 고용, 근무에 따라 취득한 국내보수 또는 자유업 영위에 따른 소득 및 국내로부터 지급받는 사회보험 및 보장급부 또는 연금 기타 이와 유사한 소득범위 이내에서 지정거래외국환은행을 통해 지급하는 경우(다만, 「외국인근로자의 고용 등에 관한 법률」에 따른 출국만기보험 수령은 지정거래외국환은행을 통하지 아니하여도 됨)	외국환은행장의 취득경위 입증서류 확인	정 4-4-1-3
주한 외교기관	국내에서 징수한 영사수입 기타 수수료의 지급	외국환은행장의 취득경위 입증서류 확인	정 4-4-1-4
비거주자 또는 외국인 거주자	외국환은행에 대외지급수단 매각실적 범위내의 지급	외국환은행장의 취득경위 입증서류 확인	정 4-4-1-5

당사자	금액	증빙서류 제출의무	근거 규정
비거주자	본인의 확인서를 증빙서류에 갈음하여 제출한 후 외국환은행으로부터 외국환을 매입한 비거주자의 지급	외국환은행장의 취득경위 입증서류 확인	정 4-4-1-6
비거주자 또는 외국인 거주자	자본거래, 직접투자 및 부동산 취득규정에 따라 대외지급이 인정된 자금의 지급	외국환은행장의 취득경위 입증서류 확인	정 4-4-1-7
비거주자인 재외동포	관할세무서장으로부터 발급받은 부동산매각자금확인서 또는 자금출처 확인서의 범위 이내에서 지정거래외국환은행을 통해 지급하는 경우	외국환은행장의 취득경위 입증서류 확인	정 4-4-1-8
비거주자 또는 외국인 거주자	취득경위 입증서류 확인후 지급하는 사유에 해당되지 않는 경우 연간 미화 5만불(제4-5조 제6항 단서규정의 금액을 포함) 범위 내에서 지정거래외국환은행 또는 신용카드사를 통해 지급할 수 있음(다만, 신용카드사를 통해 지급하는 경우에는 거래신용카드사를 지정하여야 함)	없음	정 4-4-2
비거주자 또는 외국인 거주자	미화 1만불 이내 매입한 외화의 지급	없음	정 4-4-3-1
외국인 거주자	미화 1만불 이내의 해외여행경비 지급	없음	정 4-4-3-2
외국인 거주자	자금의 취득경위를 입증하는 서류를 제출하여 체신관서를 통하여 지급	없음	정 4-4-3-3

참고사례 1

증빙서류 미제출 사례

가. 위반 내용

「외국환거래법」 제15조 제1항 및 「외국환거래규정」 제4 – 3조 제1항에 따르면, 전년도 수출실적 또는 수입실적이 미화 3천만 달러 이상인 기업은 **송금방식으로 수출입대금을 지급하거나 수령할 때** 증빙서류를 제출하지 않아도 되는 특례를 적용받을 수 있다. 하지만 이 특례는 **물품의 수출입 거래에 한정**되는 것이다.

A사는 전년도 수입실적이 미화 3천만 달러를 초과하여, **물품 수입대금**에 대해서는 증빙서류 없이 외화를 지급할 수 있었다. 그러나 이 회사는 **해외 현지법인 B사에 용역대가를 지급**하면서, 이를 물품 수입과 동일하게 간주하고 증빙서류를 제출하지 않았다. 이러한 지급은 **용역거래에 해당하므로, 외국환은행에 증빙서류를 반드시 제출해야 했음에도 불구하고 이를 생략하여 위반**이 발생하였다.

나. 유의사항

물품의 수출입 대금이 아닌 **용역거래** 또는 **자본거래**의 대금을 송금할 때에는, 전년도 수출입 실적이 3천만 달러 이상인 기업이라 하더라도 **증빙서류를 반드시 제출해야 한다.** 즉, 외화를 지급하거나 수령하기 전에 해당 거래가 어떤 원인행위에 근거한 것인지 반드시 검토하고, **증빙서류 제출의무 대상에 해당하는지 여부를 정확히 확인하는 절차를 거쳐야 한다.**

참고사례 2

허위 증빙서류 제출 사례

가. 위반 내용

수출회사 A사는 해외 거래처로부터 **판매 리베이트**를 요구받자, 이를 정당한 거래처럼 보이게 하기 위해 **허위 광고용역 계약서와 대금청구서**를 작성하였다. 그리고 외국환은행에 해당 서류를 제출하며, **페이퍼컴퍼니 계좌로 리베이트 명목의 외화를 송금**하였다. 또 다른 사례로, 수출회사 B사의 구매부서 직원 C는 **회사 자금을 빼돌릴 목적으로**, 실제 존재하지 않는 중개 수수료 명목으로 **허위 계약서 및 청구서를 작성**하고 외국환은행에 이를 제출해 대금을 지급하였다.

두 사례 모두 외국환은행을 기망하고 허위의 증빙서류를 제출하여 외화를 송금한 행위로서, 외국환거래법상 **중대한 위반행위**에 해당한다.

나. 유의사항

외환거래를 수행할 때에는 **지급 또는 수령의 원인이 되는 거래나 행위를 정확히 파악**해야 한다.

또한, **외환거래와 실제 상거래가 일치하는지 여부를 확인**하고, 제출된 계약서나 청구서가 실제 거래를 반영하는지 **진위 여부를 반드시 검토**해야 한다.

이러한 점검 절차를 통해 **불필요한 법 위반 리스크를 줄이고**, 기업의 외환관리 신뢰도도 높일 수 있다.

3) 외국환 지급 및 수령 전 원인행위 등에 대한 신고의무

외국환의 지급이나 수령을 하고자 하는 자는 당해 지급이나 수령을 하기에 앞서 당해 지급이나 수령 또는 그 원인이 되는 거래, 행위가 외국환거래법령, 규정 및 타법령 등에 의하여 신고 등을 하여야 하는 경우에는 그 신고 등을 먼저 하여야 한다.

〔표 8〕 외국환거래법에 따른 신고의무

당사자	거래	신고의무	근거 규정
지급 또는 수령하는 법인 또는 개인	경상거래(무역거래, 용역거래)	지급 등 방법에 대한 신고의무	정 제5장
	자본거래	지급 또는 수령 전 원인행위에 대한 신고의무(증빙서류 제출과 별개)	정 4-2-2
	국제평화 및 안전유지 등의 의무이행을 위한 지급 및 영수허가	지급 또는 수령 전 원인행위에 대한 신고의무(증빙서류 제출과 별개)	지급 및 영수허가지침
	대북투자	지급 또는 수령 전 원인행위에 대한 신고의무(증빙서류 제출과 별개)	외국환거래 지침

대외거래를 하면서 외국환을 지급하거나 수령하는 자는 지급 또는 수령에 대한 증빙서류를 제출하는 것과 별개로 지급 또는 수령을 하게 된 거래[9]에 대하여 신고의무를 이행하

---

9) 현행 외국환거래법령에서는 자본거래, 국제평화 및 안전유지 등의 의무이행을 위한 지급 및 영수허가, 대북투

여야 하는 것이다. 여기서 주의할 것은 외국환거래법령에 따른 신고 의무자는 외국환은행이 아니고 외국환의 지급이나 수령을 하고자 하는 자이기 때문에 외국환은행에서 신고의무에 대한 안내를 하지 않았더라도 외국환은행은 아무런 법적 책임이 없고, 신고 의무를 이행하지 않은 외국환을 지급 또는 수령한 개인이나 법인이 신고의무를 위반한 법적 책임을 지게 된다는 것이다. 특히 법인사업자나 개인사업자의 경우 외국환송금이나 영수행위를 한 직원에게 책임을 묻는 것이 아니고 법인의 대표나 개인사업자 대표에게 위반 책임을 묻기 때문에 외국환거래법에 따른 신고의무에 대하여는 CEO가 직접 챙겨야 한다.

4) 외국환거래법 위반시 제재받은 후 지급 또는 영수 의무

① 제재 후 지급 또는 영수

외국환을 지급 또는 수령을 하고자 하는 자가 당해 지급 등과 관련하여 필요한 신고 등을 이행하지 않는 등 법, 영 및 이 규정을 위반한 경우에는 당해 위반사실을 제재기관의 장(금융감독원장을 포함)에게 보고하고 필요한 신고절차를 사후적으로 완료한 후 지급 등을 할 수 있다. 다만, 수령을 하고자 하는 경우에는 외국환은행을 경유하여 위반사실을 제재기관의 장에게 보고한 후 수령할 수 있다.

〔표 9〕 외국환거래법령 위반시 지급 및 수령

거래	위반시 지급	위반시 영수	근거 규정
경상거래(무역거래, 용역거래)	제재기관에 보고 및 사후 신고절차 완료 후	외국환은행 경유 제재기관에 보고 후	정 4-2-3
자본거래	제재기관에 보고 및 사후 신고절차 완료 후	외국환은행 경유 제재기관에 보고 후	정 4-2-2
국제평화 및 안전유지 등의 의무이행을 위한 지급 및 영수허가	제재기관에 보고 및 사후 신고절차 완료 후	외국환은행 경유 제재기관에 보고 후	정 4-2-3
대북투자	제재기관에 보고 및 사후 신고절차 완료 후	외국환은행 경유 제재기관에 보고 후	정 4-2-3

대외거래를 하면서 외국환을 지급하고자 하는 법인이나 개인이 외국환거래법령에 따른 신고의무를 위반한 사실을 외국환은행이 확인한 경우에는 외국환은행의장, 금융감독

자가 이에 해당함.

원장, 세관장과 같은 제재기관에 위반사실을 보고하고 필요한 신고절차를 사후에 완료하여야 외국환 송금을 할 수 있는 것이다.

대외거래를 하면서 외국환을 수령하고자 하는 법인이나 개인이 외국환거래법령에 따른 신고의무를 위반한 사실을 외국환은행이 확인한 경우에는 외국환은행을 경유하여 위반사실을 제재기관의 장에게 보고한 후 수령할 수 있다.

② 지급 또는 영수의 중단

외국환을 지급 또는 수령을 하고자 하는 자가 당해 지급 등과 관련하여 필요한 신고 등을 이행하지 않는 등 위반사실을 보고받은 제재기관의 장은 위반한 당사자가 제재(외국환거래법 제19조 제2항에 따른 외국환거래 또는 행위 정지·제한, 허가취소)를 받을 우려가 있거나 기타 제재의 실효성 확보를 위하여 필요하다고 인정되는 경우 제재처분 확정시까지 지급 등을 중단시킬 수 있다.

5) 거주자의 지급 및 영수절차의 예외

거주자의 지급 및 영수절차에 관련하여 예외적으로 증빙서류 제출이 면제되는 지급 및 영수는 아래와 같다.

〔표 10〕 증빙서류 제출의무가 면제되는 지급 및 영수(정 4-3-1)

당사자	금액	증빙서류 제출의무	비고
거주자	연간 누계금액이 미화 10만불 이내(거주자의 신고예외 자본거래금액 포함)인 경우	면제	외국환은행의 장에게 설명 및 확인받을 의무
	연간 누계금액이 미화 5만불을 초과하는 지급으로서 당해 거래의 내용과 금액을 서류를 통해 외국환은행의 장이 확인할 수 있는 경우	면제	외국환은행의 장에게 설명 및 확인받을 의무
	외국환거래규정에 따른 신고를 필요로 하지 않는 동일자·동일인 기준 미화 2만불 이하의 수령	면제	외국환은행의 장에게 설명 및 확인받을 의무
	외국환거래규정에 따른 신고를 필요로 하지 않는 미화 동일자·동일인 기준 2만불 초과하는 수령	면제	외국환은행의 장의 서면 수령사유확인으로 대체 외국환은행의 장에게 설명 및 확인받을 의무

당사자	금액	증빙서류 제출의무	비고
정부 또는 지방자치단체	지급 또는 수령	면제	
거주자	거래 또는 행위가 발생하기 전에 하는 지급 금액의 10% 범위 이내	면제 가능	
거주자	거래 또는 행위가 발생하기 전에 하는 지급 금액	사후제출	일정한 기간 내에 지급증 빙서류 제출하여 정산
거주자	해외여행경비, 이주비, 재외동포 국내재산반 출거래에 따른 지급	면제	정 4-5~4-7에서 별도 규정
거주자	전년도 수출실적이 미화 3천만불 이상인 기 업의 송금방식 수출대금의 수령	면제	증빙서류 5년 보관
거주자	전년도 수입실적이 미화 3천만불 이상인 기 업의 송금방식 수입대금의 지급	면제	증빙서류 5년 보관
거주자 (새만금사업 지역 내에 소재한 기업)	전년도 수출 또는 수입실적이 미화 1천만불 이상 기업의 수출대금의 수령 또는 수입대금 의 지급	면제	증빙서류 5년 보관
거주자	「외국인투자촉진법」상 외국인투자기업 및 외국기업 국내지사의 설립을 위하여 비거주 자가 지출한 비용의 반환을 위한 지급	면제	지출비용을 수령한 외국환 은행을 통하여 지급

6) 지정 거래외국환은행을 통한 지급 및 수령 의무

외국환거래규정에 따른 신고를 필요로 하지 않는 거래로서 연간 누계금액이 미화 5만 불 이내인 경우나 연간 누계금액이 미화 5만불을 초과하는 지급으로서 당해 거래의 내 용과 금액을 서류를 통해 외국환은행의 장이 확인할 수 있는 경우에 지급을 하고자 하는 자는 거래외국환은행을 지정하여야 한다.

외국환거래규정에 따라 거래외국환은행을 지정한 경우에는 당해 외국환은행을 통하 여 지급 등(휴대수출입을 위한 환전을 포함한다)을 하여야 한다.

7) 비거주자(외국인거주자)의 지급 절차(정 4-4)

① 연간 미화 5만불 이내의 지급

비거주자 및 외국인거주자는 연간 미화 5만불(신용카드로 지급한 해외여행경비나 해

외 여행지에서 외국통화 인출금액 포함) 범위 내에서 지정거래외국환은행을 통해 지급
할 수 있다.

② 연간 미화 5만불 초과하는 지급

비거주자 및 외국인거주자는 연간 미화 5만불을 초과하는 지급에 대하여는 아래와 같
이 자금의 취득경위를 입증하는 서류(이하 "취득경위 입증서류")를 제출하여 외국환은
행 장의 확인을 받은 경우에 한하여 지급할 수 있다.

〔표 11〕 비거주자(외국인거주자)의 지급 절차(정 4-4-1)

당사자	지급 금액	취득경위 입증서류	외국환은행의 장의 확인
비거주자(외국인거주자)	외국으로부터 외국환거래규정에 따라 수령 또는 휴대수입한 대외지급수단 범위 이내	제출	필요
비거주자	최근 입국일 이후 수령 또는 휴대수입한 대외지급수단	제출	필요
비거주자(외국인거주자)	대외지급수단매매신고서에 의해 한국은행총재에게 신고한 범위 이내	제출	필요
비거주자(외국인거주자)	국내에서의 고용, 근무에 따라 취득한 국내보수 또는 자유업 영위에 따른 소득 및 국내로부터 지급받는 사회보험 및 보장급부 또는 연금 기타 이와 유사한 소득범위 이내에서 지정거래외국환은행을 통해 지급하는 경우	제출	필요
비거주자(외국인거주자)	주한 외교기관이 징수한 영사수입 기타 수수료의 지급	제출	필요
비거주자(외국인거주자)	국내에 있는 외국정부의 공관과 국제기구, 미군 및 국제연합군 등, 국내 외국정부의 외교관 등으로부터 외국환은행이 대외지급수단을 매입한 경우 매각실적 범위 내	제출	필요
비거주자	국내에 있는 외국정부의 공관과 국제기구, 미군 및 국제연합군 등, 국내 외국정부의 외교관 등이 외국환은행에 본인의 확인서를 제출하여 외국환을 매각한 범위 내	제출	필요
비거주자(외국인거주자)	외국환거래규정의 자본거래, 현지금융, 직접투자 및 부동산 취득에 관한 규정에 따라 대외지급이 인정된 자금의 지급	제출	필요

③ 지급의 예외 규정

외국환은행이 비거주자에게 외국환 매각실적이 없더라도 미화 1만불 이내의 금액은
내국지급수단을 대가로 외국환을 매각할 수 있는데 비거주자가 이때 매입한 외화는 지

급할 수 있다(정 4-4-3).

외국인거주자의 미화 1만불 이내의 해외여행경비를 지급할 수 있다(정 4-4-3).

8) 해외여행경비 지급절차(정 4-5)

① 해외여행자의 구분

외국환거래규정상 "해외여행자"는 다음과 같이 구분한다.

〔표 12〕 해외여행자의 구분(정 1-2-40)

구분	정의	체재기간	비고
해외체재자	상용, 문화, 공무, 기술훈련, 국외연수를 목적으로 외국에 체재하는 자	30일 초과 (6월 미만)	국내거주기간이 5년 미만인 외국인거주자는 제외
해외체재자	국내기업 및 연구기관 등에 근무하는 자로서 그 근무기관의 업무를 위하여 외국에 체재하는 국내거주기간 5년 미만인 외국인거주자와 외국의 영주권 또는 장기체류 자격을 취득한 재외국민	30일 초과	
해외유학생	영주권자가 아닌 국민 또는 국내 거주기간 5년 이상인 외국인인 경우로서 외국의 교육기관·연구기관 또는 연수기관에서 6월 이상의 기간에 걸쳐 수학하거나 학문·기술을 연구 또는 연수할 목적으로 외국에 체재하는 자	6월 이상	
해외유학생	유학경비를 지급하는 부모가 영주권자가 아닌 국민인 거주자인 경우로서 외국의 교육기관·연구기관 또는 연수기관에서 6월 이상의 기간에 걸쳐 수학하거나 학문·기술을 연구 또는 연수할 목적으로 외국에 체재하는 자	6월 이상	
일반해외여행자	해외체재자나 해외유학생에 해당하지 아니하는 거주자인 해외여행자		

② 해외여행경비 휴대 출국

"해외여행경비"라 함은 해외여행자가 지급할 수 있는 해외여행에 필요한 경비를 말한다(정 1-2-39).

해외여행자는 해외여행경비를 미화 1만불까지는 신고하지 않고 휴대하여 출국할 수 있으며, 미화 1만불을 초과하는 경우에는 세관에 신고하고 출국(휴대수출)할 수 있다.

③ 외국환은행을 통한 해외여행경비 지급

일반해외여행자가 아래의 어느 하나인 경우에는 외국환은행을 통하여 해외여행경비를 외국에 지급할 수 있다.

〔표 13〕 일반해외여행자의 외국환은행을 통한 해외여행경비 지급(정 4-5)

당사자	해외여행경비	외국환은행을 통한 지급	비고
정부, 지방자치단체	기관의 예산으로 지급되는 금액	가능	
「공공기관의 운영에 관한 법률」에 따라 지정된 공공기관	기관의 예산으로 지급되는 금액	가능	
한국은행, 외국환은행	기관의 예산으로 지급되는 금액	가능	
한국무역협회·중소기업협동조합중앙회·언론기관(국내 신문사, 통신사, 방송국에 한함)·대한체육회·전국경제인연합회·대한상공회의소	기관의 예산으로 지급되는 금액	가능	
수출·해외건설 등 외화획득을 위한 여행자	주무부장관 또는 한국무역협회의 장이 필요성을 인정하여 추천하는 금액	가능	
방위산업체 근무자	주무부장관 또는 한국무역협회의 장이 필요성을 인정하여 추천하는 금액	가능	
기술·연구목적 여행자	주무부장관 또는 한국무역협회의 장이 필요성을 인정하여 추천하는 금액	가능	
일반해외여행자	외국에서의 치료비	가능	
일반해외여행자	당해 수학기관에 지급하는 등록금, 연수비와 교재대금 등 교육관련 경비	가능	
일반해외여행자	외국에 소재한 여행업자, 숙박업자, 운수업자에 대한 해외여행경비의 지급	가능	소속 임직원의 일반해외여행경비에 대해서 당해 법인이 지급하는 경우를 포함

여기서 "공공기관"이라 함은 「공공기관의 운영에 관한 법률」에 따라 지정된 공공기관을 말한다(정 1-2-28).

여행업자 또는 교육기관 등(국내 해외연수알선업체를 포함)과의 계약에 의하여 해외여행을 하고자 하는 해외여행자는 해외여행경비의 전부 또는 일부를 당해 여행업자 또는 교육기관 등에게 외국환은행을 통하여 지급할 수 있다.

여행업자 또는 교육기관 등은 동 경비를 외국의 숙박업자·여행사 또는 해외연수기관(외국의 연수알선업체를 포함)에 지정거래외국환은행을 통하여 지급하거나 휴대수출하여 지급할 수 있다(정 4-5-3).

④ 해외체재자 및 해외유학생의 해외여행경비 지급

해외체재자 및 해외유학생이 해외여행경비를 지급하고자 하는 경우에는 거래외국환은행을 지정하여야 하며, 해외체재 또는 해외유학을 입증할 수 있는 서류를 제출하여야 한다. 다만, 해외유학생은 이후에도 매연도별로 외국교육기관의 장이 발급하는 재학증명서 등 재학사실을 입증할 수 있는 서류를 제출하여야 한다(정 4-5-2).

⑤ 해외여행경비의 환전과 매각 등

여행업자 또는 교육기관 등이 해외여행자와의 계약에 의한 필요 외화 소요경비를 환전하고자 하는 경우에는 지정거래외국환은행의 장으로부터 환전금액이 해외여행자와의 계약에 따른 필요 외화 소요경비임을 확인받아야 한다(정 4-5-4).

지정거래외국환은행의 장은 위의 규정에 의하여 해외여행경비를 매각하는 경우로서 해외여행자가 외국인거주자인 경우에는 당해 해외여행자의 여권에 매각금액을 표시하여야 한다. 다만, 1백만원 이하에 상당하는 외국통화를 매각하는 경우에는 그러하지 아니하다(정 4-5-5).

⑥ 신용카드 등에 의한 해외여행경비 지급

해외여행자는 해외여행경비를 신용카드 등(여행자카드 포함)으로 지급(현지에서의 외국통화 인출을 포함)할 수 있다. 다만, 외국인거주자의 경우 한국은행총재에게 신고한 금액범위 이내에서 해외여행경비를 신용카드 등으로 지정거래외국환은행을 통하여 지급할 수 있다(정 4-5-6).

법인은 당해 법인의 예산으로 소속 임직원(일반해외여행자에 한함)에게 해외여행경비를 지급할 경우 법인명의로 환전하여 지급하거나, 법인명의의 신용카드 등(여행자카드 포함)으로 지급할 수 있다(정 4-5-7).

9) 외국환거래내역의 관계기관 통보

개인이나 기업이 외국환은행을 통하여 외화를 송금하거나 수령하는 경우 그 외국환거래내역은 국세청장, 관세청장, 금융감독원장에게 통보된다. 모든 외국환거래 내역이 통보되는 것은 아니지만 일정 금액이상의 외국환거래는 매월별로 관계기관에 통보된다. 개인이나 기업의 외국환거래 내역을 매월별로 통보받은 국세청, 관세청, 금융감독원은 외국환거래 내역을 분석하여 각 기관이 가지고 있는 정보와 대조하여 점검함으로써 문제가 있는지 확인하는 것이다.

① 국세청장에 대한 통보

외국환은행의 장은 다음의 하나에 해당하는 지급 등의 경우에는 매월별로 익월 10일 이내에 지급 등의 내용을 국세청장에게 통보하여야 한다. 다만, 정부 또는 지방자치단체의 지급 등은 그러하지 아니하다(법 21, 영 36, 정 4-8-1).

〔표 14〕 국세청장에 대한 통보사항

의무자	통보대상	통보내용	통보기한
외국환은행의 장	국세청장	지급 및 수령의 금액이 지급인 및 수령인별로 연간 미화 1만불을 초과하는 경우	매월별로 익월 10일 이내
외국환은행의 장	국세청장	해외예금거래에 의한 지급금액이 지급인별로 연간 미화 1만불을 초과하는 경우	매월별로 익월 10일 이내
외국환은행의 장	국세청장	건당 미화 1만불을 초과하는 금액을 외국환은행을 통하여 지급 등(송금수표에 의한 지급 등을 포함)을 하는 경우	매월별로 익월 10일 이내

② 관세청장에 대한 통보

외국환은행의 장은 다음의 하나에 해당하는 지급 등의 경우에는 매월별로 익월 10일까지 관세청장에게 통보하여야 한다. 다만, 정부 또는 지방자치단체의 지급은 그러하지 아니하다(법 21, 영 36, 정 4-8-2).

의무자	통보대상	통보내용	통보기한
외국환은행의 장	관세청장	수출입대금의 지급 또는 수령	매월별로 익월 10일까지
외국환은행의 장	관세청장	외국환은행을 통한 용역대가의 지급 또는 수령	매월별로 익월 10일까지
외국환은행의 장	관세청장	증빙서류를 제출하지 않는 지급 및 수령(연간 미화 10만불 이내)	매월별로 익월 10일까지
외국환은행의 장	관세청장	신고를 필요로 하지 않는 수령	매월별로 익월 10일까지
외국환은행의 장	관세청장	건당 미화 1만불을 초과하는 해외이주비의 지급	매월별로 익월 10일까지
외국환은행의 장	관세청장	건당 미화 1만불을 초과하는 금액을 외국환은행을 통하여 지급 등(송금수표에 의한 지급을 포함)을 하는 경우	매월별로 익월 10일까지

③ 금융감독원장에 대한 통보

외국환은행의 장은 다음의 하나에 해당하는 지급 등의 경우에는 매월별로 익월 10일까지 금융감독원장에게 통보하여야 한다. 다만, 정부 또는 지방자치단체의 지급은 그러하지 아니하다(법 21, 영 36, 정 4-8-2).

〔표 16〕 금융감독원장에 대한 통보사항

의무자	통보대상	통보내용	통보기한
외국환은행의 장	금융감독원장	증빙서류를 제출하지 않는 지급(연간 미화 5만불 이내)금액이 지급인별로 연간 미화 1만불을 초과하는 경우	매월별로 익월 10일까지
외국환은행의 장	금융감독원장	해외예금거래에 의한 지급금액이 지급인별로 연간 미화 1만불을 초과하는 경우	매월별로 익월 10일까지
외국환은행의 장	금융감독원장	해외유학생 및 해외체재자의 해외여행경비 지급금액이 연간 미화 10만불을 초과하는 경우	매월별로 익월 10일까지
외국환은행의 장	금융감독원장	건당 미화 1만불을 초과하는 금액을 외국환은행을 통하여 지급 등(송금수표에 의한 지급을 포함)을 하는 경우	매월별로 익월 10일까지

1) 국제평화 및 안전유지 등의 의무이행을 위한 지급 및 영수허가 지침의 목적

국제평화 및 안전유지 등의 의무이행을 위한 지급 및 영수허가지침은 외국환거래법 제15조 제2항 및 동법시행령 제29조 제1항에 의거 대한민국이 국제사회의 일원으로 우리나라가 체결한 조약 및 일반적으로 승인된 국제법규의 성실한 이행과 국제평화 및 안전유지를 위한 국제적 노력에 기여하기 위하여 제2조 제1항에 의한 금융제재대상자 등과 같은 조 제2항에 규정된 자에 대한 지급 및 영수의 제한에 관한 사항을 규정함을 목적으로 한다.

2) 지침의 적용범위

국제평화 및 안전유지 등의 의무이행을 위한 지급 및 영수허가지침은 다음에 해당하는 개인 및 단체 등과 거주자 및 비거주자 간의 지급 및 영수에 대하여 적용한다.

〔표 17〕 금융제재대상자

근거	금융제재대상
외국환은행 제751호 및 제1907호(각 1992년, 2009년: 소말리아 및 에리트리아의 평화와 안전에 위협이 되는 자에 대한 제재)	국제연합 안전보장이사회 또는 동 이사회 결의 제751호(1992년) 및 제1907호(2009년)에 의하여 구성된 위원회(Security Council Committee)가 지명한 자
국제연합 안전보장이사회 결의 제1267호, 1989호 및 2253호(각 1999년, 2011년 및 2015년: ISIL, 알카에다 관계자 등에 관한 제재)	국제연합 안전보장이사회 또는 동 이사회 결의 제1267호(1999년), 제1989호(2011년) 및 제2253호(2015년)에 의하여 구성된 위원회가 지명한 자
국제연합 안전보장이사회 결의 제1518호(2003년: 후세인 정권 관계자 등에 대한 제재)	국제연합 안전보장이사회 또는 동 이사회 결의 제1518호(2003년)에 의하여 구성된 위원회가 지명한 자
국제연합 안전보장이사회 결의 제1521호(2003년: 라이베리아 평화와 안전에 위협이 되는 자에 대한 제재)	국제연합 안전보장이사회 또는 동 이사회 결의 제1521호(2003년)에 의하여 구성된 위원회가 지명한 자
국제연합 안전보장이사회 결의 제1533호(2004년: 민주콩고공화국 내전 관련자에 대한 제재)	국제연합 안전보장이사회 또는 동 이사회 결의 제1533호(2004년)에 의하여 구성된 위원회가 지명한 자

근거	금융제재대상
국제연합 안전보장이사회 결의 제1572호 (2004년: 코트디부아르 평화와 안전에 위협이 되는 자에 대한 제재)	국제연합 안전보장이사회 또는 동 이사회 결의 제1572호(2004년)에 의하여 구성된 위원회가 지명한 자
국제연합안전보장이사회 결의 제1591호 (2005년: 수단의 평화와 안전에 위협이 되는 자에 대한 제재)	국제연합 안전보장이사회 또는 동 이사회 결의 제1591호(2005년)에 의하여 구성된 위원회가 지명한 자
국제연합 안전보장이사회 결의 제1718호 (2006년: 북한 미사일·핵·대량살상무기 관련자에 대한 제재)	국제연합 안전보장이사회 또는 동 이사회 결의 제1718호(2006년)에 의하여 구성된 위원회가 지명한 자
국제연합 안전보장이사회 결의 제2231호 (2015년: 이란의 핵확산 민감활동 또는 핵무기 운반체계 개발 중단 합의 등과 관련한 이사회 의결)	국제연합 안전보장이사회 또는 동 이사회 결의 제2231호(2015년)에 의하여 구성된 위원회가 지명한 자
국제연합 안전보장이사회 결의 제1970호 (2011년: 카다피 정권에 대한 제재)	국제연합 안전보장이사회 또는 동 이사회 결의 제1970호(2011년)에 의하여 구성된 위원회가 지명한 자
국제연합 안전보장이사회 결의 제1988호 (2011년: 아프가니스탄의 평화와 안전에 위협이 되는 탈리반 관계자 등에 대한 제재)	국제연합 안전보장이사회 또는 동 이사회 결의 제1988호(2011년)에 의하여 구성된 위원회가 지명한 자
국제연합 안전보장이사회 결의 제2127호 (2013년: 중앙아프리카공화국 평화와 안전에 위협이 되는 자에 대한 제재)	국제연합 안전보상이사회 또는 동 이사회 결의 제2127호(2013년)에 의하여 구성된 위원회가 지명한 자
국제연합 안전보장이사회 결의 제2140호 (2014년: 예멘 평화와 안전에 위협이 되는 자에 대한 제재)	국제연합 안전보장이사회 또는 동 이사회 결의 제2140호(2014년)에 의하여 구성된 위원회가 지명한 자
국제연합 안전보장이사회 결의 제2206호 (2015년: 남수단의 평화와 안전에 위협이 되는 자에 대한 제재)	국제연합 안전보장 이사회 또는 동 이사회 결의 제2206호(2015년)에 의하여 구성된 위원회가 지명한 자
미합중국이 대통령명령(Executive Order) 제13224호	지명한 자 중 기획재정부장관이 동 지침에 따라 지정한 자
미합중국이 대통령명령(Executive Order) 제13382호 및 이란금융제재규정(IFSR)	지명한 자 중 기획재정부장관이 동 지침에 따라 지정한 자
미합중국이 대통령명령(Executive Order) 제13573호 및 제13582호	지명한 자 중 기획재정부장관이 동 지침에 따라 지정한 자
유럽연합이사회(The Council of the European Union)가 지명한 자	지명한 자 중 기획재정부장관이 동 지침에 따라 지정한 자

근거	금융제재대상
	그 밖에 국가의 안전 및 국민의 생명을 보호하기 위해 외교부장관, 통일부장관, 산업통상자원부장관 및 금융위원회위원장을 포함한 관계중앙행정기관의 장과 협의를 거쳐 기획재정부장관이 동 지침에 따라 지정한 자
	이란에 거주하는 개인 또는 이란에 소재하는 단체

3) 금융제재대상자 등에 대한 지급 및 영수의 허가

거주자 및 비거주자가 금융제재대상자 등에게 지급하고자 하거나 금융제재대상자 등으로부터 영수하고자 하는 경우(금융제재대상자 등의 예금·신탁 및 금전대차 등 자본거래와 관련하여 발생하는 금융기관과의 지급 및 영수를 포함한다) 및 금융제재대상자 등이 국내에서 외국에 지급하고자 하거나 외국으로부터 영수하고자 하는 경우에는 외국환거래규정에도 불구하고 한국은행총재의 허가를 받아야 한다.

〔표 18〕 금융제재대상자 등에 대한 지급 및 영수 허가

당사자	거래내용	허가사항
거주자 및 비거주자	금융제재대상자 등에게 지급하고자 하는 경우	한국은행총재의 허가
거주자 및 비거주자	금융제재대상자 등으로부터 영수하고자 하는 경우(금융제재대상자 등의 예금·신탁 및 금전대차 등 자본거래와 관련하여 발생하는 금융기관과의 지급 및 영수를 포함)	한국은행총재의 허가
거주자 및 비거주자	금융제재대상자 등이 국내에서 외국에 지급하고자 하는 경우	한국은행총재의 허가
거주자 및 비거주자	금융제재대상자 등이 외국으로부터 영수하고자 하는 경우	한국은행총재의 허가

4) 이란관련 개인 및 단체 등에 대한 지급 및 영수의 허가

거주자가 이란에 거주하는 개인 또는 이란에 소재하는 단체에게 지급하고자 하거나 이란에 거주하는 개인 또는 이란에 소재하는 단체로부터 영수하고자 하는 경우 거래외국환은행의 장은 해당 금융거래상대방, 선적물품 입항항구 및 운송 선사 등 지급·영수와 관련된 사항을 확인하여야 한다.

당사자	거래내용	확인의무
거주자	이란에 거주하는 개인 또는 이란에 소재하는 단체에게 지급하고자 하거나 이란에 거주하는 개인 또는 이란에 소재하는 단체로부터 영수하고자 하는 경우	거래외국환은행의 장은 해당 금융거래상대방, 선적물품 입항 항구 및 운송 선사 등 지급·영수와 관련된 사항을 확인

거래외국환은행의 장은 확인을 위하여 제출받은 서류가 허위 또는 위조·변조되거나 금융제재대상자등과의 거래임을 확인한 경우에는 해당 거주자와의 지급 또는 영수를 거부할 수 있으며, 제재기관의 장에게 보고하여야 한다.

 참고사례

미국 금융제재 위반사례: BNP Paribas 금융제재 위반 사건(2014년)

- **위반 내용**

BNP Paribas는 수단, 이란, 쿠바 등 미국의 금융 제재 대상국과 수년간 불법적인 금융 거래를 중개하거나 송금하였으며, 거래액은 약 100억 달러 규모였으며, 이 중 일부는 미국 금융시스템을 우회하여 처리되었다. 금융제재 위반 사실에는 내부 보고서와 서류를 조작하거나 삭제해 제재를 회피한 사실을 은폐한 정황도 포함되었다.

- **적용 법률**

미국의 International Emergency Economic Powers Act (IEEPA) 및 Trading with the Enemy Act (TWEA) 위반
미국 재무부 해외자산통제국(OFAC)의 제재 프로그램 위반

- **제재 결과**

2014년, 약 89억 달러(약 9조 원)의 벌금이 부과되었다.(미국 역사상 가장 큰 규모의 금융 제재 벌금 중 하나)
미국 달러 기반 거래 중단 조치가 일시 적용되었고, BNP Paribas의 국제 신인도에 심각한 손상이 발생하였다.

- **시사점**

미국의 금융제재 위반은 단순한 벌금 문제가 아닌 글로벌 거래 시스템에서의 퇴출 위험을 수반한다. 특히 미국 달러 결제 시스템(SWIFT, CHIPS 등)에 대한 접근 제한은 글로벌 은행에 치명적일 수 있다. 금융기관뿐 아니라 수출입 기업들도 미국 제재 대상과의 거래시 OFAC의 SDN 리스트 확인 및 제재 위험 분석이 필수적이다.

5 대북투자 등에 관한 외국환거래 신고 의무

1) 대북투자 등에 관한 외국환거래지침의 목적

대북투자 등에 관한 외국환거래지침은 남북교류협력에관한법률의 규정에 의거, 거주자 또는 거주자가 외국환거래규정에 의하여 설립한 해외현지법인이 북한에 투자를 목적으로 수행하는 행위 또는 거래(북한지역 사무소 설치를 포함한다)에 관하여 외국환거래법을 준용함에 있어 그 특례를 정함을 목적으로 한다.

2) 지침의 적용범위

대북투자 등에 관한 외국환거래지침은 거주자와 외국환거래규정에 따라 신고하여 설립한 현지법인의 북한지역에의 투자 및 북한지역 사무소의 설치·운영에 대하여 적용한다. 다만, 거주자 또는 현지법인이 금융·보험업을 영위하는 경우와 대북투자 업종이 금융·보험업인 경우는 제외한다.

3) 대북투자의 방법

거주자와 현지법인의 북한지역에의 투자(이하 "대북투자")는 다음에 정하는 방법으로 할 수 있다.

당사자	투자방법
거주자와 현지법인	1. 북한의 법령에 의하여 설립된 법인(설립 중인 법인을 포함한다)의 증권 또는 출자지분 등을 취득하는 방법 2. 제1호의 법인에 대하여 투자사업 수행에 필요한 자금(상환기간 1년 이상에 한함)을 대부하는 방법 3. 북한지역에 지점을 설치 또는 확장하기 위하여 그 지점에 자금을 지급하는 방법 4. 제1호 내지 제3호의 방법에 의하지 아니하고 북한지역에서 사업을 영위하기 위한 자금을 지급하는 방법

4) 법인설립 등의 방법에 의한 투자

① 투자의 요건

남북교류협력에관한법률에 의하여 통일부장관은 협력사업이 다음의 요건에 합치하는지 여부에 대하여 기획재정부장관과 협의한다.

〔표 21〕 대북투자의 요건

구분	요건	협의
대북투자	1. 대북투자를 하고자 하는 자가 신용정보의이용및보호에관한법률에 의한 금융거래 등 상거래에 있어서 약정한 기일 내에 채무를 변제하지 아니한 자로서 종합신용정보 집중기관에 등록된 자가 아닐 것 2. 투자자가 대북투자를 하고자 하는 분야에서 투자수행능력이 있을 것 3. 시설투자의 금액, 부동산취득, 소요운전자금 등 자금운용계획과 소요자금의 조달방법이 적정할 것 4. 생산 및 매출계획이 시설규모와 시장수요 등에 비추어 적정할 것 5. 투자원금 및 과실의 회수가 가능하고 이익계획이 적정할 것	통일부장관과 기획재정부장관 협의

② 투자의 신고

대북투자를 하고자 하는 자(현지법인의 경우에는 그 현지법인의 설립허가를 받은 거주자)는 남북교류협력에관한법률에 의한 협력사업 승인 또는 신고 수리 후 별지 제1호의 서식에 따라 지정거래외국환은행의 장에게 신고를 하여야 한다. 신고한 내용을 변경하고자 하는 경우에도 또한 같다.

대북투자신고를 하고자 하는 자는 대북투자신고서에 다음의 서류를 첨부하여 지정거래외국환은행의 장에게 제출하여야 한다.

〔표 22〕 대북투자 신고서 첨부서류

구분	첨부서류
대북투자 신고서	1. 남북교류협력에관한법률시행규칙 제13조의 규정에 의한 통일부장관의 협력사업 승인서 사본 또는 동법시행규칙 제14조의 규정에 의한 통일부장관의 협력사업 신고수리서 사본 2. 투자에 관한 최종합의서 사본. 다만, 외국환은행의 장이 부득이 하다고 인정하는 경우에는 생략할 수 있다. 3. 자금조달 및 운용계획을 포함한 사업계획서(부속명세서가 있는 경우 그 부속명세서). 다만, 협력사업 신고 수리를 받은 경우는 협력사업 업종이 한국표준산업분류에 따른 제조업인 경우에만 해당한다. 4. 신고한 내용을 변경하고자 하는 경우에는 통일부장관의 변경승인서 또는 변경신고수리서 사본 5. 제7조의2 제2항에 의한 대부투자를 하는 경우에는 비거주자원화계정 개설 증빙서류

③ 대북투자의 사후관리

기획재정부장관은 지정거래외국환은행의 장으로 하여금 대북투자사업의 실태를 파악하고 대북투자사업 실적을 분석·검토하며 관리대장을 기록·비치하게 하는 등 대북투자에 대한 적절한 관리를 실시하게 할 수 있다.

대북투자자는 다음의 보고서를 다음에서 정한 기일 내에 지정거래외국환은행의 장에게 제출하여야 한다. 다만, 대북투자자 또는 북한 현지법인이 휴·폐업, 소재불명 등으로 인해 보고서 등을 제출하는 것이 불가능하다고 지정거래외국환은행의 장이 인정하는 경우에는 당해 휴·폐업 또는 소재불명 등의 기간에 다음의 1의 보고서 또는 서류를 제출하지 아니할 수 있다.

〔표 23〕 대북투자자의 사후관리 보고서

당사자	보고서	제출기한
대북투자자	증권(채권)취득보고서[별지 제2호 서식]	투자금액 납입 또는 대여자금 제공 후 6월 이내
대북투자자	송금(투자)보고서[별지 제3호 서식]	송금(투자) 즉시(투자금액을 현지금융으로 조달하는 경우 투자시점)

당사자	보고서	제출기한
대북투자자	연간 사업실적 및 결산보고서	회계기간 종료 후 5월 이내[10]
대북투자자	청산보고서(금전대여의 경우 원리금 회수내용을 포함)[별지 제5호 서식]	청산자금 수령 또는 원리금회수 후 즉시
대북투자자	기타 지정거래외국환은행의 장이 대북투자의 사후관리에 필요하다고 인정하여 요구하는 서류	

5) 지급 등에 대한 방법

거주자가 비거주자에게 지급 등을 할 목적으로 북한지역에서 영업 중인 외국환은행 북한지점이 개설한 대외계정으로 지급 등을 하는 경우, 인정된 거래에 한하여 외국환거래규정 제5-10조에 불구하고 한국은행총재 신고를 면제할 수 있다.

6) 자본거래

거주자가 대북투자 활성화를 위하여 설립된 투자관리기관과 금전대차계약에 따른 채권의 발생 등에 관한 거래를 하고자 하는 경우 외국환거래규정 제7-16조에 불구하고 한국은행총재에 신고를 요하지 아니한다.

7) 북한지사의 설치

남북교류협력에관한법률에 의하여 통일부장관은 북한지사 실지의 경제적 타당성 등에 대하여 기획재정부장관과 협의한다.

북한지점을 설치하고자 하는 자는 남북교류협력에관한법률에 의한 승인 또는 신고 수리를 받은 후 별지 제6호 서식에 따라 지정거래외국환은행의 장에게 신고를 하여야 한다. 신고한 내용을 변경하고자 하는 경우에도 또한 같다.

8) 현지금융

거주자 또는 남북교류협력에관한법률에 의하여 통일부장관의 협력사업 승인 또는 신고 수리를 받아 북한에 설치한 현지법인(이하 "북한 현지법인") 및 북한지점이 승인 또

---

10) 다만, 지정거래외국환은행의 장은 부동산관련업 이외의 투자사업으로서 투자금액의 합계가 미화 50만불 이하인 경우에는 연간사업실적 및 결산보고서의 제출을 면제할 수 있으며, 미화 100만불 이하인 경우에는 결산보고서 대신 소재지, 대표자, 매출액, 인원 현황 등 기본적 사항만 기재한 약식보고서를 제출할 수 있음.

는 신고 수리된 협력사업의 수행을 위하여 현지금융을 받고자 하는 경우에는 다음 [표 24]에서 정한 자가 당해 현지금융에 대하여 외국환은행의 보증이 있는 경우에는 지급보증은행의 장의 인증, 외국환은행의 보증이 없는 경우에는 지정거래외국환은행의 장의 인증을 받아야 한다.

다만, 북한 현지법인 또는 북한지점(이하 "북한 현지법인 등")이 거주자의 보증 또는 담보제공 없이 현지금융을 받고자 하는 경우에는 그러하지 아니한다.

1. 거주자가 승인받은 대북투자자금 조달을 목적으로 북한 및 해외에서 외화자금을 차입하는 경우에는 그 거주자
2. 북한 현지법인 등이 현지금융을 받는 경우에는 당해 북한 현지법인 등을 설치한 거주자. 다만, 북한 현지법인 등을 설치한 거주자

〔표 24〕 대북투자 현지금융시 신고의무

당사자	거래내용	신고의무
거주자가 승인받은 대북투자자금 조달을 목적으로 북한 및 해외에서 외화자금을 차입하는 경우에는 그 거주자	당해 현지금융에 대하여 외국환은행의 보증이 있는 경우	지급보증은행의 장의 인증
	당해 현지금융에 대하여 외국환은행의 보증이 없는 경우	지정거래외국환은행의 장의 인증
북한 현지법인 등이 현지금융을 받는 경우에는 당해 북한 현지법인 등을 설치한 거주자	당해 현지금융에 대하여 외국환은행의 보증이 있는 경우	지급보증은행의 장의 인증
	당해 현지금융에 대하여 외국환은행의 보증이 없는 경우	지정거래외국환은행의 장의 인증

 참고사례

대북투자 위반사례: 최천곤 사건(2023년)

- **인물 소개**

최천곤 씨는 한국계 러시아인으로, 과거 한국 국적자였으나 러시아 국적을 취득한 후 북한과의 불법 금융 활동에 관여한 것으로 알려졌다.

- **위반 행위**

북한의 불법 금융활동을 지원하기 위해 위장회사인 '한내울란'(몽골 소재)을 설립하였다.

또한, 유엔 안보리 제재 대상인 북한 조선무역은행의 러시아 블라디보스토크 대표인 '서명'과 공동으로 무역회사 '앱실론'(러시아 소재)을 설립하여 대북 합작투자 활동을 진행하였다. 이러한 행위는 유엔 안보리 대북 제재를 위반한 것으로 평가되었다.

• 정부 조치

2023년 6월 28일, 우리 정부는 최천곤 씨를 대북 독자제재 대상으로 지정하였다. 함께 제재 대상으로 지정된 기관은 '한내울란'과 '앱실론', 그리고 조력자인 '서명' 씨다. 정부조치는 외국환거래법과 공중 등 협박목적 및 대량살상무기확산을 위한 자금조달행위의 금지에 관한 법률에 따른 것으로, 해당 대상자들과의 외국환거래 또는 금융거래를 위해서는 한국은행 총재 또는 금융위원회의 사전 허가가 필요하며, 이를 위반할 경우 관련법에 따라 처벌받을 수 있다.

• 시사점

이 사건은 한국 정부가 한국계 개인을 대북 독자제재 대상으로 지정한 첫 사례로, 외국환거래법 위반에 대한 정부의 강력한 대응을 보여준다. 북한과의 거래 또는 투자를 고려하는 기업이나 개인은 외국환거래법 및 관련 제재 규정을 철저히 준수해야 하며, 위반 시 심각한 법적 제재를 받을 수 있다는 점에 유의해야 한다.

제 3 장

지급 등의 방법에 대한 신고 의무

　무역거래, 용역거래 및 자본거래 등 대외거래에 따른 외국환거래는 거래 당사자 간에 거래 건별로 외국환은행을 통하여 지급과 수령하는 것이 원칙이다. 그러나 실제 상거래에서는 거래 당사자가 아닌 제3자에게 지급하거나 제3자로부터 수령(제3자 지급 또는 영수)하거나 거래 금액의 일부를 다른 채권 또는 채무와 상계한 후 차액만을 지급하거나 수령하는 경우(상계 지급 또는 영수), 실제 거래 이행 전에 선급금을 지급하거나 수령하는 경우(기간 초과 지급 또는 영수), 외국환은행을 이용하지 않고 당사자 간에 직접 지급하거나 수령하는 경우(외국환은행을 통하지 않는 지급 또는 영수), 외화표시 수표 등을 수출하거나 수입하여 지급하거나 수령하는 경우 등 다양한 거래 방법이 사용된다.

　외국환거래법에서는 거래 당사자 간에 거래 건별로 외국환은행을 통하여 지급과 수령하는 외국환거래에 대하여는 원칙적으로 신고의무를 부여하지 않고 있다. 또한 실제 상거래에서 발생하는 다양한 거래 방법에 대하여는 상 관행의 존중 및 거래편의를 위하여 이를 허용하되, 거래를 하기 전에 신고의무를 부여하고 있다(법 16).

★

외국환거래법 제16조 (지급 또는 수령의 방법의 신고)

거주자 간, 거주자와 비거주자 간 또는 비거주자 상호 간의 거래나 행위에 따른 채권·채무를 결제할 때 거주자가 다음 각 호의 어느 하나에 해당하면(제18조에 따라 신고를 한 자가 그 신고된 방법으로 지급 또는 수령을 하는 경우는 제외한다) 대통령령으로 정하는 바에 따라 그 지급 또는 수령의 방법을 기획재정부장관에게 미리 신고하여야 한다. 다만, 외국환수급 안정과 대외거래 원활화를 위하여 대통령령으로 정하는 거래의 경우에는 사후에 보고하거나 신고하지 아니할 수 있다. 〈개정 2017.1.17.〉

1. 상계 등의 방법으로 채권·채무를 소멸시키거나 상쇄시키는 방법으로 결제하는 경우
2. 기획재정부장관이 정하는 기간을 넘겨 결제하는 경우
3. 거주자가 해당 거래의 당사자가 아닌 자와 지급 또는 수령을 하거나 해당 거래의 당사자가 아닌 거주자가 그 거래의 당사자인 비거주자와 지급 또는 수령을 하는 경우
4. 외국환업무취급기관 등을 통하지 아니하고 지급 또는 수령을 하는 경우

외국환거래법의 위임을 받은 외국환거래법 시행령은 지급 또는 수령의 방법을 신고하려는 자는 기획재정부장관이 정하여 고시하는 신고 서류를 기획재정부장관에게 제출하여야 한다(영 30).

외국환거래규정 지급 등의 방법에 대한 규정에 의한 신고를 하고자 하는 자는 별지 제5-1호 서식의 지급 등의 방법(변경)신고서에 신고기관이 정하는 관계서류를 첨부하여 신고기관에 제출하여야 한다. 신고내용을 변경하고자 하는 경우에도 같다(정 5-3).

(1) 지급 및 수령의 방법에 대한 신고의 예외

외국환거래법 시행령의 위임을 받은 외국환거래규정에서는 지급 및 수령의 방법에 대한 신고를 요하지 않는 예외를 규정하고 있다.

〔표 25〕지급 및 수령의 방법에 대한 신고 예외

당사자	신고예외 대상	비고
자본거래의 신고를 한 자	자본거래 신고내용에 포함된 지급 등의 방법으로 지급 및 수령을 하는 경우	외국환은행의 장에게 신고를 한 경우는 신고 필요
한국은행, 외국환은행, 체신관서, 소액해외송금업자, 기타 전문외국환업무를 등록한 자 및 종합금융회사	외국환업무와 관련하여 지급 및 수령을 하는 경우	
거주자 또는 비거주자	조약 또는 일반적으로 승인된 국제법규에서 정하는 지급 및 수령의 방법으로 지급 및 수령을 하는 경우	
거래당사자	거래당사자의 일방이 신고한 경우	
정부 또는 지방자치단체	수입대금을 지급하는 경우	
수입자	「공공차관의도입및관리에관한법률」에 의한 차관자금으로 수입대금을 지급하는 경우	
수출자 또는 수입자	수출승인면제(대외무역관리규정 별표 3) 및 수입승인면제(별표 4)에서 정한 물품의 수출입대금을 지급 또는 수령하는 경우	

 **참고판례**

3-1. 대법원 2003.10.10. 선고 2003도3516 판결[외국환거래법 위반 등]

[**판시사항**]

생략

[12] 재정경제부장관의 허가를 받지 아니하고 정상적인 무역대금을 가장하여 외화를 국외로 반출하는 경우에 구 외국환거래법(2000.10.23. 법률 제6277호로 개정되기 전의 것) 제27조 제1항 제10호, 제18조 제2항 제2호를 적용한 원심판결에 법령 적용을 잘못한 위법이 있음을 이유로 이를 파기한 사례

[13] 특정경제범죄가중처벌 등에 관한 법률 제4조 제1항 소정의 '국내에 반입하여야 할 대한민국 또는 대한민국국민의 재산'의 의미

[14] 피고인이 수입 선급금 명목으로 해외로 반출한 외화를 주식에 투자하여 조성한 재산 중 일부를 다른 외국으로 송금한 경우, 위 주식 매각대금의 일부인 외화를 피고인이 법령에 의하여 국내에 반입하여야 할 의무를 부담하는 재산이라고 볼 수 없다고 한 사례

생략

[**원심판결**] 서울고법 2003.6.9. 선고 2003노367 판결

[**주 문**]

1. 원심판결 중 피고인 1, 피고인 2에 대한 유죄 부분, 무죄 부분 중 별지 목록 기재 각 점에 대한 부분을 제외한 나머지 무죄 부분, 피고인 3에 대한 유죄 부분, 피고인 4, 피고인 5, 피고인 6, 피고인 7, 피고인 8에 대한 부분을 모두 파기하고, 이 부분 사건을 서울고등법원에 환송한다.
2. 원심판결 중 피고인 1, 피고인 2에 대한 별지 목록 기재 각 점에 대한 무죄 부분과 피고인 3, 같은 피고인 9에 대한 검사의 상고를 모두 기각한다.

[**이 유**]

생략

자. 피고인 1의 미화 합계 200만 달러 상당의 외국환거래법 위반의 점에 대한 판단

(1) 원심판결 이유에 의하면, 원심은 피고인 1은 1999.9. 초순경 무역거래를 가장하여 인도네시아 소재 아스트라 인터내셔날(ASTRA INTERNATIONAL) 등의 증권을 취득하는 데 사용할 미화 200만 달러를 홍콩으로 송금하기로 마음먹고, 재정경제부장관의 허가를 받지 아니하고, 1999.9.3.경 보성인터내셔날이 보성인터내셔날 홍콩(Bosung International HK Ltd.)으로부터 면바지 20만 장을 수입하는 것으로 가장하여 그 선급금으로 미화 100만 달러를 송금하고, 같은 해 10.27.경 주식회사 엘아이엠엠인터내셔날이 보성인터내셔날 홍콩으로부터 니트셔츠 10만 장을 수입하는 것으로 가장하여 그 선급금으로 미화 100만 달러를 송금하였다는 공소사실을 유죄로 인정한 제1심판결을 그대로 유지하였다.

(2) 기록에 의하면, 피고인 1이 증권 취득에 사용할 목적으로 물건을 수입하는 것으로 가장하여 위 각 금원을 선급금 명목으로 송금한 사실은 이를 인정할 수 있다.

그러나 직권으로 살피건대, 이 사건 공소사실에 대하여 검사는 공소장에 그 적용법조를 구 외국환거래법(2000.10.23. 법률 제6277호로 개정되기 전의 것) 제27조 제1항 제10호, 제18조 제2항 제2호를 기재하였고 제1심 및 원심도 위 공소사실에 대하여 같은 법조를 적용하였는바, 위 조항은 거주자가 재정경제부장관의 허가를 받지 아니하고 비거주자에 대하여 금전의 대여 또는 채무의 보증계약을 한 경우의 처벌조항으로 이 사건 공소사실과 같이 재정경제부장관의 허가를 받지 아니하고 정상적인 무역대금을 가장하여 외화를 국외로 반출하는 경우에는 위 조항을 적용할 수 없다 할 것이므로, 원심

판결에는 외국환거래법에 관한 법리를 오해하여 법령 적용을 잘못한 위법이 있다.

차. 피고인 1의 미화 30만 달러 상당의 재산국외도피의 점에 대한 판단

(1) 원심판결 이유에 의하면, 원심은 피고인 1이 2000.5. 초순경 위 피고인의 개인 투자업체인 미국 소재 멀티미디어 위즈사(Multimedia Wiz Ltd.)에서 미화 30만 달러 상당의 자금이 급히 필요하게 되자, 위 자.항에서 본 바와 같이 수입 선급금 명목으로 송금되었기 때문에 국내로 다시 반입되어야 하는 위 미화 200만 달러로 매입한 인도네시아 주식 매각대금 미화 195만 5,866달러 중 미화 30만 달러를 홍콩에서 미국으로 송금하기로 마음먹고, 재정경제부장관의 허가를 받지 아니하고, 2000.5. 초순경 보성인터내셔날 홍콩 명의로 개설된 외환은행 홍콩지점 계좌에 예치하고 있던 보성인터내셔날과 엘아이엠엠인터내셔날 소유의 수입 선급금 중 미화 30만 달러(원화 3억 3,288만원 상당)를 미국 소재 위 멀티미디어 위즈사로 송금함으로써 그 회수를 곤란하게 하여 법령에 위반하여 국내에 반입되어야 할 대한민국 국민의 재산을 국외에서 처분하여 도피시켰다는 공소사실을 유죄로 인정한 제1심판결을 그대로 유지하였다.

(2) 그러나 특정경제범죄가중처벌 등에 관한 법률 제4조 제1항에 의하면 "법령에 위반하여 대한민국 또는 대한민국국민의 재산을 국외에 이동하거나 국내에 반입하여야 할 재산을 국외에서 은익 또는 처분하여 도피시킨 때" 처벌하도록 규정하고 있는바, 위 규정의 '국내에 반입하여야 할 대한민국 또는 대한민국국민의 재산'이라 함은 법령에 의하여 거주자가 국내에 반입하여야 할 의무를 부담하는 대한민국 또는 대한민국국민의 재산만을 의미한다고 보아야 할 것인바, 위 공소사실 기재와 같이 위 피고인이 미국으로 송금한 미화 30만 달러가 위 피고인이 해외로 반출한 미화 200만 달러를 주식에 투자하여 조성한 재산 중 일부라면 위 주식 매각대금 또는 그 중 일부인 위 미화 30만 달러를 위 피고인이 법령에 의하여 국내에 반입하여야 할 의무를 부담하는 재산이라고 볼 수는 없다.

그럼에도 불구하고, 원심이 위 미화 30만 달러를 위 피고인이 법령에 의하여 국내에 반입하여야 할 의무를 부담하는 재산이라고 보아 이 부분 공소사실에 관하여 유죄를 선고한 것은 특정경제범죄가중처벌 등에 관한 법률 제4조 제1항에 규정된 국내에 반입하여야 할 재산에 관한 법리를 오해하여 판결 결과에 영향을 미친 위법을 저지른 경우에 해당한다 할 것이므로, 이 점에 관한 위 피고인의 상고이유의 주장은 그 이유 있다.

생략

대법관　고현철(재판장) 변재승 윤재식(주심) 강신욱

상계 등에 대한 신고 의무

1) 상계와 상호계산의 개념 및 차이

① 상계

상계란 거래 당사자가 서로 상대방에 대하여 채권과 채무를 가지는 경우에 양자의 채권과 채무를 같은 액수만큼 소멸시키는 것을 말한다.

[사례] 상계거래

거래 당사자 A가 B와 거래하면서 상품 수출에 따른 채권 미화 10,000달러가 있는데, B로부터 용역을 제공받아 미화 5,000달러의 채무가 있는 경우 A는 미화 10,000달러를 수령하고, 미화 5,000달러를 지급하는 것이 원칙이다. 그런데 거래 당사자 A와 B가 상계하기로 합의하는 경우 수출채권 미화 10,000달러에서 용역 채무 미화 5,000달러만큼 상계하여 소멸시킨 후 차액인 미화 5,000달러를 결제하는 것이다.

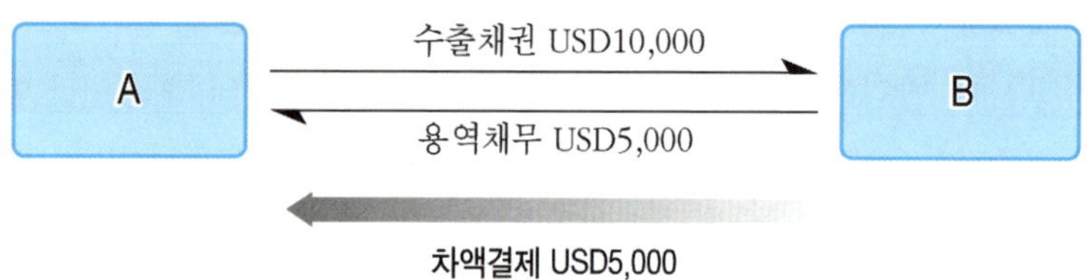

② 상호계산

상호계산이란 거래 당사자 간에 거래가 빈번하게 발생하여 일정기간 동안 발생한 거래의 채권과 채무를 각각 결제하지 않고 같은 액수만큼 소멸시킨 후 차액만을 결제하는 것을 말한다.

[사례] 상호계산거래

거래 당사자 A가 B와 빈번하게 거래하면서 상품 수출에 따른 채권이 1.5. 미화 10,000달러, 1.12. 미화 30,000달러, 1.18. 미화 25,000달러 등 계속하여 발생하고, B로부터 용역을 제공받아 1.7. 미화 13,000달러, 1.15. 미화 7,000달러, 1.21. 미화 11,000달러 등 채무가 계속하여 발생하는 경우 A는 각 수출거래마다 결제금액을 수령하고, 각 용역 거래마다 용역대금을 지급하는 것이 원칙이다. 그런데 거래 당사자 A와 B가 1개월마다 상호계산하기로 합의하는 경우 1월의 수출채권 총금액, 1월의 용역채무 총금액만큼 상계하여 소멸시킨 후 차액이 미화 5,000달러인 경우 그 차액만을 결제하는 방식이 상호계산거래이다.

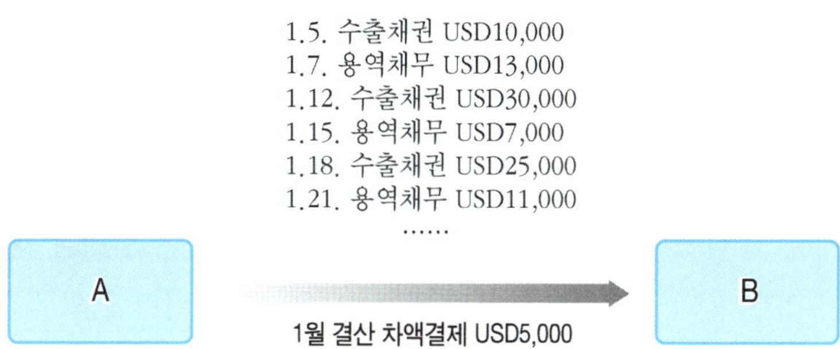

〔표 26〕 상계와 상호계산의 개념

구분	개념	차이점
상계	거래 당사자가 서로 상대방에 대하여 채권과 채무를 가지는 경우에 양자의 채권과 채무를 같은 액수만큼 소멸시키는 것	• 이미 거래가 이루어져 발생한 채권과 채무금액을 동일액만큼 소멸시킨 후 차액만을 결제 • 외국환은행·한국은행 신고 의무
상호계산	거래 당사자 간에 거래가 빈번하게 발생하여 일정기간 동안 발생한 거래의 채권과 채무를 각각 결제하지 않고 같은 액수만큼 소멸시킨 후 차액만을 결제하는 것	• 일정기간 발생한 채권과 채무를 정기적으로 동일액만큼 소멸시킨 후 차액만을 결제 • 지정거래외국환은행에 신고 의무
다자간 상계	셋 이상의 당사자 간의 채권·채무를 일괄하여 상계하는 것	• 한국은행 신고

③ 다자간 상계

다자간 상계란 셋 이상의 당사자 간에 상호 발생하는 채권과 채무를 일괄하여 상계하는 것을 말한다. 다자간 상계는 주로 다국적기업이 본사와 지사 또는 지사 상호간에 발생하는 채권과 채무를 일괄적으로 결제하기 위해 이용하는 경우가 많다. 이 경우 그룹 내에 중앙 집중적인 상계센터(Netting Center)를 설립하여 상계센터에서 본사와 지사 간의 채권과 채무 및 상계금액을 총괄하여 관리하는 방식으로 운영하는 것이 일반적이다. 다국적기업의 본사 또는 지사가 아닌 독립적인 기업들 간에도 3자 이상의 거래 당사자 간에 발생하는 채권과 채무를 다자간 상계를 통해 일괄적으로 결제하는 것이 가능하다.

외국환거래법에서는 기업이 본·지사 간 또는 거래상대방과 채권과 채무 금액을 상계한 후 차액만 결제하므로 외국환거래에 따른 비용 절감이 가능하고, 환위험(외환리스크) 관리를 하는 기업의 입장에서는 편리한 측면이 있기 때문에 다자간 상계를 허용하고 있다. 다자간 상계의 경우 상호계산방식으로 채권과 채무를 차액 정산하는 것은 불가능하고 한국은행에 상계신고를 하여야 한다.

2) 상계 등에 대한 신고 의무

상계, 상호계산 및 다자간 상계에 의하여 지급 및 수령을 하는 방법은 채권과 채무 금액이 소멸되어 정부가 외국환거래 내역을 정확히 파악하기 어려워 외국환거래 규모와 잔액에 대한 관리 등 대책을 수립하는 것이 어렵고, 거래를 악용하여 외국환을 불법적으로 유출하거나 유입하는 행위가 있을 수 있으므로 행위 전에 신고하도록 하여 이를 관리하고 있다. 실제로 수입자가 물품을 수입하면서 수입대금(채무)과 과거 수입한 물품에 대한 클레임 금액(채권)을 상계하여 차액만을 지급하면서 지급한 차액을 실제 거래금액인 것처럼 과세가격으로 신고하여 수입물품에 대한 관세를 누락하는 사례가 많이 있다. 이 경우 외국환거래법에 의한 상계신고의무 위반과 관세법 위반(관세포탈)이 발생할 수 있는 것이다.

① 신고 예외

외국환거래법이 모든 상계거래에 대하여 신고의무를 부여하고 있는 것은 아니다. 다음의 상계거래에 대하여는 신고의무가 없다.

〔표 27〕 상계에 대한 신고 예외(정 5-4-1)

당사자	상계거래	신고의무
거주자와 비거주자	일방의 금액이 **미화 5천불**(분할하여 지급과 수령을 하는 경우에는 각각의 지급과 수령의 금액을 합산한 금액) **이하인 채권 또는 채무를 상계**하고자 하는 경우	없음
거주자	거주자와 비거주자 간의 거래 또는 행위에 따른 채권 또는 채무를 **상호계산계정을 통하여 당해 거래의 당사자인 비거주자에 대한 채무 또는 채권으로 상계**하고자 하는 경우	없음
수출자 또는 수입자	**연계무역, 위탁가공무역 및 수탁가공무역에 의하여 수출대금과 관련 수입대금을 상계**하고자 하는 경우	없음
수출자 또는 수입자	**물품의 수출입대금과 당해 수출입거래에 직접 수반되는 중개 또는 대리점 수수료 등을 상계**하고자 하는 경우	없음

당사자	상계거래	신고의무
거주자	**거주자 간에 외화표시 채권 또는 채무를 상계**하고자 하는 경우	없음
거주자	조세에 관한 법률 등에 따라 **거주자가 비거주자 간 소득에 대한 원천징수 후 잔액을 지급 또는 수령**하는 경우	없음

〔표 28〕 상계에 대한 기타 신고 예외(정 5-4-1)

당사자	상계거래	신고의무
신용카드발행업자	외국에 있는 신용카드발행업자로부터 수령할 금액과 당해 외국에 있는 신용카드발행업자에게 지급할 금액(거주자의 신용카드 대외지급대금, 사용수수료 및 회비)을 상계하거나 그 상계한 잔액을 지급 또는 수령하는 경우	없음
보험사업자 및 특정 보험사업자(공제사업자를 포함)	외국의 보험사업자와의 재보험계약에 의하여 재보험료, 재보험금, 대행중개수수료, 대행업무비용, 공탁금 및 공탁금 이자 등을 지급 또는 수령함에 있어서 그 대차를 차감한 잔액을 지급 또는 수령하는 경우	없음
거주자	파생상품거래에 의하여 취득하는 채권 또는 채무를 당해 거래상대방과의 반대거래 또는 당해 장내파생상품시장에서 동종의 파생상품거래에 의하여 취득하는 채무 또는 채권과 상계하거나 그 상계한 잔액을 지급 또는 수령하는 경우	없음
외국항로에 취항하는 국내의 항공 또는 선박회사	외국에서 취득하는 외국항로의 항공임 또는 선박임과 경상운항경비를 상계하거나 그 상계한 잔액을 지급 또는 수령하는 경우	없음
승차권 등 판매자	국내외철도승차권 등(선박, 항공기 또는 교통수단 등의 이용권을 포함한다)의 판매대금과 당해 거래에 직접 수반되는 수수료를 상계하고자 하는 경우	없음
국내 통신사업자	외국에 있는 통신사업자로부터 수령할 통신망 사용대가와 당해 통신사업자에게 지급할 통신망 사용대가를 상계하거나 그 상계한 잔액을 지급 또는 수령하는 경우	없음
거주자	조세에 관한 법률등에 따라 거주자와 비거주자간 거래와 관련하여 발생한 소득에 대한 원천징수 후 잔액을 지급 또는 수령하는 경우	없음
거주자	거주자와 비거주자간 국내 소송 · 중재 등에 따른 지급 등과 관련하여 소송비용 등을 상계하거나 그 상계한 잔액을 지급 또는 수령하는 경우	없음
해운대리점	외국 선박회사를 대리하면서 국내에서 징수한 선박임과 국내에서 지급한 경상운항경비를 상계하거나 상계한 잔액을 외국 선박회사와 지급 또는 수령하고자 하는 경우	없음

② 상계 및 다자간 상계에 대한 신고 의무

⒜ 상계에 대한 신고 의무

위의 상계에 대한 신고 예외 거래를 제외하고는 거주자가 수출입, 용역거래, 자본거래 등 대외거래를 함에 있어서 계정의 대기 또는 차기에 의하여 결제하는 등 비거주자에 대한 채권 또는 채무를 비거주자에 대한 채무 또는 채권으로 상계하고자 하는 경우 외국환은행의 장에게 사후보고하여야 한다(정 5-4-2).

│ **거래사례** │

유정씨앤씨(주)는 미국의 ABC Company로부터 냉장고를 수입해서 국내에 판매하고 있고 동사에 액정TV를 수출하고 있음. 금번 미결제 채권 및 채무를 상계방식으로 일괄 결제하기로 하였음. 이와 관련하여 유정씨앤씨(주)는 미결제 채권 US$1,000,000과 채무 US$1,500,000의 차액인 US$500,000은 송금하고 나머지 US$1,000,000은 채권 및 채무를 상계하는 방식으로 결제하기 위해 한국은행에 상계신고를 하는 사례(자료출처: 한국은행 외국환거래 신고 편람 2007.1. p.32~35의 내용을 필자가 일부수정)

【지급 등의 방법(변경)보고서 작성 사례】

〔별지 제5-1호 서식〕

<table>
<tr><td colspan="4" align="center">지급 등의 방법(변경)보고서</td><td colspan="2">처리기간</td></tr>
<tr><td rowspan="4">거
래
내
용</td><td>Ⓐ 거 래 종 류</td><td colspan="4">■ 수출거래 ■ 수입거래 □ 용역거래 □ 자본거래</td></tr>
<tr><td rowspan="2">Ⓑ 계 약 상 대 방</td><td>상호 및 대표자성명</td><td colspan="3">ABC Company, Bill James</td></tr>
<tr><td>주 소, 전 화 번 호</td><td colspan="3">1122 Battery Street, San Francisco
1-309-387-0000</td></tr>
<tr><td>Ⓑ 결 제 방 법</td><td colspan="4">□ 신용장(L/C) □ 추심(D/P, D/A) □ 송금 □ 기타( )</td></tr>
<tr><td rowspan="9">지
급
등
의
방
법</td><td>Ⓒ 금　　　　　액</td><td>계약금액</td><td></td><td>신고금액</td><td>U$1,000,000</td></tr>
<tr><td rowspan="3">(1)일정기간을 초
　과하는 지급 또
　는 영수</td><td>결제기간</td><td>당초기간</td><td>변경</td><td></td></tr>
<tr><td>결제시기</td><td>당초시기</td><td>변경</td><td></td></tr>
<tr><td>결제방법</td><td colspan="3">□ 외국환은행을 통한 방법 □ 기타( )</td></tr>
<tr><td rowspan="3">Ⓓ
(2)상계에 의한 계정
　의 대기, 차기</td><td rowspan="2">계정의 구분
및 대차기금액</td><td>貸記</td><td>U$1,500,000</td><td rowspan="2">잔액</td></tr>
<tr><td>借記</td><td>U$1,000,000</td><td>U$500,000</td></tr>
<tr><td>결제방법</td><td colspan="3">■ 외국환은행을 통한 방법 □ 기타( )</td></tr>
<tr><td rowspan="2">(3)기 타</td><td>구 분</td><td colspan="3">□ 제3자 지급
□ 외국환은행을 통하지 아니하는 지급</td></tr>
<tr><td>결제시기</td><td colspan="3"></td></tr>
<tr><td>변경</td><td colspan="5"></td></tr>
</table>

외국환거래법 제16조의 규정에 의하여 위와 같이 신고합니다.

20××년 8월 18일

Ⓔ 신고인 유정씨앤씨(주) 대표이사 신민호

(또는 유정씨앤씨(주)의 대리인 공일규) 인

(전화 02-333-3333)

한국은행총재 귀하

(외국환은행의 장)

210mm×297mm

Ⓕ 〈첨부서류〉 1. 사유서 2. 수출입계약서 사본 1부

3. 지급 등의 방법에 관한 입증서류 1부

Ⓐ **거래종류**

- 상계의 대상이 되는 채권 및 채무의 원인이 되는 거래를 기재한다. 위의 경우에는 수출채권 US $1,000,000과 수입채무 US $1,500,000이 상계처리 대상이기 때문에 수출거래 및 수입거래 항목에 각각 표시한다.

Ⓑ **계약상대방 및 결제방법**

- 계약상대방의 상호, 주소, 연락전화번호를 기재하며 결제방법란은 해당사항이 없으므로 기재하지 않는다.

Ⓒ **금액**

- 계약금액은 해당 사항이 없으므로 기재하지 않으며 신고금액은 상계대상 채권과 채무 중에서 상계되는 금액(위의 경우에는 채권 US $1,000,000)을 기재한다.

Ⓓ **상계에 의한 계정의 대기, 차기**

- 계정의 구분 및 대차기 금액 : 貸記에는 상계대상 채무금액, 借記에는 상계대상 채권금액, 잔액에는 대기 및 차기 금액의 차액을 기재한다.
  * 잔액은 항상 양의 값으로 기재하며 채권이 채무보다 클 경우는 잔액은 수취액을 그 반대의 경우에는 지급액을 의미한다.
- 결제방법 : 상계 후 나머지 잔액의 수취 또는 지급시의 결제방법을 기재한다.

Ⓔ **신고인 관련부분**

- 개인의 경우는 신고인의 성명을 기재하고 서명 또는 날인, 법인의 경우는 상호와 대표이사명을 기재하고 법인 인감을 날인한다. 만약 대리인이 신고하는 경우에는 '유정씨앤씨(주)의 대리인 공일규'라고 기재하고 대리인 공일규가 날인 또는 서명

Ⓕ **첨부서류**

- 사유서 : 특별한 양식은 없으며 A4 용지 1매 정도 분량으로 해당 신청 사유를 정확하고 상세하게 기재한다.
- 신고인 및 거래(계약) 상대방의 실체확인서류 : 개인의 경우에는 신분을 증명할 수 있는 주민등록증이나 여권 또는 운전면허증 사본, 법인의 경우에는 법인등기부등본*
  * 대리인이 신고할 경우에는 동 서류 외에 당해 신고행위에 대한 권한을 위임하는 내용의 위임장(비거주자는 영사관 발행 또는 현지에서 공증받은 위임장)을 추가 제출
- 상계합의서 : 대상 채권과 채무를 상계처리 하겠다는 거주자와 비거주자의 적법한 의사표시를 확인할 수 있는 문서나 이메일 전문 등

> – 상계대상 채권·채무 확인서류
> - 수출채권: 수출계약서, 수출신고서, Invoice 등
> - 수입채무: 수입계약서, 수입신고서, B/L, Invoice 등
> - 용역계약: 용역계약서, Invoice, 납부세액확인서 등
> - 자본거래: 관련계약서, 인정된 거래임을 확인하는 서류

ⓑ 다자간 상계에 대한 신고 의무

다국적 기업의 상계센터를 통하여 상계하거나 다수의 당사자의 채권 또는 채무를 상계하고자 하는 경우에는 한국은행총재에게 신고하여야 한다(정 5-4-3).

ⓒ 신고내용에 대한 관계기관 통보

상계 및 다자간 상계 신고를 받은 한국은행총재 또는 외국환은행의 장은 동 신고내용을 다음 반기 첫째 달 말일까지 국세청장 및 관세청장에게 통보하여야 한다(정 5-4-4).

ⓓ 서류보관 의무

상계를 실시하는 자는 관계증빙서류를 5년간 보관하여야 한다(정 5-4-5).

③ 상호계산에 대한 신고 의무

상대방과의 거래가 빈번하여 상호계산방법으로 지급 등을 하고자 하는 자는 상호계산신고서(별지 제5-2호 서식)를 지정거래외국환은행의 장에게 제출하여야 하며, 폐쇄하고자 하는 경우에도 신고하여야 한다(정 5-5-1).

ⓐ 상호계산계정의 폐쇄

지정거래외국환은행의 장은 상호계산을 실시하는 자가 외국환거래법·영·규정 및 기타 법령에 규정하는 사항을 위반하거나 그 거래실적·거래내용이나 기타 사정에 비추어 상호계산계정의 존속이 필요 없다고 인정되는 경우에는 그 상호계산계정을 폐쇄할 수 있다(정 5-5-2).

폐쇄된 계정의 대차기잔액 처리에 관하여는 계정 폐쇄 후 3월 이내에 지정거래외국환은행의 장에게 신고한 후 지급하거나 수령하여야 한다.

ⓑ 관계기관에 통보

상호계산계정에 대한 신고를 받은 지정거래외국환은행의 장은 동 신고사실을 국세

청장 및 관세청장에게 통보하여야 한다(정 5-5-4).

ⓒ 상호계산계정의 대차기 항목

상호계산계정을 통하여 대기 또는 차기할 수 있는 항목은 상호계산상대방과의 채권 또는 채무로 한다. 다만, 외국환거래법·영 및 규정에 의하여 지급, 지급방법 및 자본거래에 있어 신고를 요하는 경우에는 신고하여야 한다(정 5-6-1).

ⓓ 상호계산계정의 기장 시점

상호계산계정의 기장은 당해 거래가 물품의 수출입 또는 용역의 제공을 수반하는 경우에는 그 수출입 또는 용역제공의 완료 후 30일 이내, 기타의 경우에는 당해 거래에 따른 채권·채무의 확정 후 30일 이내에 행하여야 한다(정 5-6-2).

ⓔ 상호계산계정의 결산

상호계산계정의 결산은 회계기간의 범위 내에서 월단위로 결산주기를 정하여 실시하여야 한다. 다만, 필요한 경우 회계기간의 범위 내에서 결산주기를 달리 정할 수 있다(정 5-7-1).

상호계산계정의 결산에 있어서의 대기 및 차기잔액은 각 상대방별 계정의 대차기잔액을 합산한 금액으로 한다(정 5-7-2).

상호계산계정의 대차기잔액은 매 결산기간 종료 후 3월 이내에 지정거래외국환은행의 장에게 신고한 후 지급하거나 수령하여야 한다(정 5-7-3).

ⓕ 결산보고서 제출의무

상호계산을 실시하는 자는 결산보고서 등 지정거래외국환은행의 장이 정하는 보고서를 지정거래외국환은행의 장에게 제출하여야 한다(정 5-7-4).

ⓖ 서류보관의무

상호계산을 실시하는 자는 장부 및 관계증빙서류를 5년간 보관하여야 한다.

상호계산 결산보고서 미제출 사례

가. 위반 내용

「외국환거래법」 제16조 제1호 및 「외국환거래규정」 제5－7조에 따르면, 상호계산을 실시하는 자는 회계기간 내에서 **결산주기를 정하고 그에 따라 정기적으로 결산을 진행해야 하며**, 결산보고서를 비롯한 **지정거래외국환은행장이 정하는 서류를 해당 은행에 제출해야 한다.**

상호계산계정의 결산 시에는 대기(기초) 및 차기(기말) 잔액을 각 거래 상대방별로 계산한 후 합산해야 하며, 그 결과로 도출된 대차기잔액은 **결산기간 종료 후 3개월 이내에 지정거래외국환은행장에게 신고한 후** 지급 또는 수령하여야 한다.

그런데 수입업체 A사는 상호계산 신고를 한 후, 결산기간이 종료되었음에도 불구하고 **결산보고서를 제출하지 않고**, 대차기잔액 신고만 마친 뒤 바로 대금을 지급하였다. 이는 기획재정부장관이 정한 절차를 위반한 행위로 간주된다.

나. 유의사항

상호계산 신고를 한 기업은 **결산주기별로 반드시 결산보고서 등 관련 서류를 지정거래외국환은행장에게 제출해야 하며**, 대차기잔액 역시 신고를 완료한 후에만 지급 또는 수령이 가능하다.

또한 상호계산계정을 더 이상 사용하지 않게 되었을 경우에는 **반드시 상호계산계정 폐쇄 신고를 이행해야 한다.**

따라서 매 결산 주기마다 보고 의무를 꼼꼼히 이행하고, 신고 대상 여부를 철저히 확인하는 절차가 필요하다.

상계 미신고 사례

가. 위반 내용

「외국환거래법」 제16조 제1호 및 「외국환거래규정」 제5－4조에 따르면, 수출입이나 자본거래 등 대외거래 과정에서 비거주자에 대한 **채권과 채무를 상계(相計) 방식으로 정산하**려는 경우에는, 반드시 **외국환은행장에게 사전에 신고하거나,** 불가피하게 먼저 처리한 경우에는 1개월 이내에 **사후보고를 해야 한다.**

하지만 수출업체 A사는 해외 구매자로부터 받을 수출대금과 그에게 지급할 특허사용료를 **상계 처리하면서도 이를 외국환은행에 신고하지 않았다.**

또한 수출업체 B사 역시, 해외 구매업체 C사로부터 받을 수출대금 채권과 C사의 지분 취득과 관련한 채무를 상계하면서도 사전신고나 사후보고를 하지 않아 지급 방법에 대한 신고의무를 위반하였다.

나. 유의사항

회계처리상 채권 회수나 채무 지급이 발생한 경우에는 **해당 거래일 기준으로 타발 수령(해외에서 들어온 외화)이나 당발 지급(국내에서 보낸 외화)** 내역과 서로 대조해보고, 수출채권이 현금이 아닌 **상품, 용역, 권리 등으로 반제(변제)되는 경우에는 상계가 발생한 것으**로 간주되므로, 반드시 사전신고 또는 사후보고 절차를 이행해야 한다.

상계는 단순 회계처리처럼 보일 수 있지만, 외국환거래법상에서는 명확한 신고 대상이므로, 실무적으로는 **수출입 대금 정산 방식이 상계인지 여부를 항상 점검하는 습관이 필요하다.**

3) 상계 등에 대한 실무 사례 및 판례

〔표 29〕 상계 등에 대한 실무 사례

실무 사례	내용	신고의무
하자 클레임에 대한 수입대금 상계	과거 수입물품의 하자에 대한 클레임을 제기하여 수출자가 과거의 클레임 금액을 현재의 수입대금에서 차감	외국환은행 신고
위약금 등에 대한 수입대금 상계	물품의 수입에 직접 수반되는 위약금, 해약금, 손해배상금, 보상금 등을 수입대금에서 차감	외국환은행 신고
수출물품 하자에 대한 상계	수출물품에 하자가 있어 하자물품 금액을 수출대금에서 차감	외국환은행 신고

실무 사례	내용	신고의무
석유화학제품 북아웃 거래	석유화학제품이 여러 당사자를 거쳐 거래되면서 최초 매도인과 최후의 매수인이 동일하게 되어 제품의 이동없이 정산하여 차액만 주고 받는 경우	신고의무 없음
수입대금과 다른 거래의 중계수수료 상계	수입자인 A사가 수출자 B사에 대한 수입대금 지급할 채무를 수출자 B사와 다른 수입자 C사간 수출입거래에 A사가 제공한 중개용역에 대하여 수출자 B사로부터 수취하여야 할 중개수수료 채권을 상계(당해 거래에 직접 수반되는 중개수수료가 아님)	외국환은행 신고
다국적기업 본사와 지사간 상계	미국 본사와 한국 지사(현지 법인) 간에 수출입거래가 빈번하여 수입대금과 수출대금을 상계	외국환은행 신고
영업경비공제후 송금	해외 본사의 국내지사인 수입자가 해외 본사에 지급해야 할 수입대금에서 해외본사가 지급하고자 하는 영업경비를 공제하고 송금하는 경우(본사가 지급해야 할 영업경비, 마케팅 지원금, 직원의 해외체류 비용 등은 거래로 발생하는 채무, 즉 거래에 따라 쌍방간 발생하는 채권, 채무가 아니라 일방적인 지급 항목에 불과하므로 상계신고 대상이 아님(항공사 등의 경상운항경비인 경우 상계 신고예외에도 해당)	신고의무 없음
수입대금에서 당해 건 수수료 등을 공제하고 지급	수입업자 A가 대리점 계약에 의거 수출업자 B에게서 받게 될 커미션, 리베이트 등(일정량 이상을 판매할 경우 받는 판매장려금 성격) 계약된 일정금액을 물품 수입대금에서 공제 후 송금하는 경우(외국환거래규정 제54조 제7호(상계신고예외) 물품의 수출입대금과 당해 수출입거래에 직접 수반되는 중개 또는 대리점 수수료 등을 상계하고자 하는 경우에 해당하여 신고면제)	신고의무 없음
대여금과 외주가공비의 상계	한국은행종재에게 금전대차 신고 후 베트남 소재 현지법인에 총 미화 80만불을 대여한 후, 동 현지법인에 지급할 외주가공비 31억원 상당 중 상기 미화 80만불 상당을 공제하고 지급한 경우(거주자와 비거주자 양 당사자간에 채권과 채무를 상계하는 경우 외국환은행장 신고 사항임. 상기와 같이 자본거래 채권(대여금)과 경상거래에 따른 채무(외주가공비)를 상계하는 경우에도 해당됨)	외국환은행 신고
해외법인에 대한 투자금과 다수인의 대외채무 상계	회생절차를 진행 중인 회사 A는 채권단에 대한 물품대금 채무 상환을 위해 홍콩 소재 해외 현지법인 B의 지분(83.3%) 및 전환사채를 처분하기로 결정하고, 보유 중인 현지법인 B의 주식 지분으로 비거주자인 채권자 37개사의 물품대금을 금액에 비례하여 일괄하여 정산(정산금액: 6,441만달러)하고, 보유 중인 현지법인 B의 전환사채와 비거주자인 채권자 40개사의 물품대금을 금액에 비례하여 일괄하여 정산(정산금액: 1,079만달러)한 경우(다국적기업의 상계센터를 통하여 상계하거나 다수의 당사	한국은행총 재신고

실무 사례	내용	신고의무
	자의 채권 또는 채무를 상계하는 경우 한국은행총재 신고 사항임(상계시 비거주자별로 각 위반금액이 50억원을 초과하는 경우 형사처벌 대상임))	
수출채권과 보증금의 상계	A사는 수출업체로서 중국업체(B회사)에 제품을 수출함. B회사와 처음 영업개시하는 시점에서 영업보증금으로 10만불을 받고 거래를 시작하였고, 현재 B회사에 D/A 90일 조건으로 판매한 수출채권 약 11만불이 미 결제되고 있는 상태임. 상기 미회수 수출채권을 최초 받았던 보증금으로 상계처리하고자 하는데 이에 적용되는 규정은 무엇인지?(사례의 영업보증금은 그 성격상 수출거래에 직접 수반되는 중개 또는 대리점 수수료 등에 포함되기 어려움. 따라서 규정 제54조 제2항에 따라 외국환은행에 상계신고를 하여야 함)	외국환은행 신고
신제품 개발 성공 미지급 자금의 상계	A사는 B사와 협의 하에 신제품 개발 계약을 하면서 신제품 개발에 성공할 경우 USD 1,000,000을 지급하기로 하였다. 그런데 개발에 실패하여 B사에 대한 미수금 USD 600,000을 상계처리하고, 나머지 USD 400,000(USD 1,000,000 − USD 600,000)은 지불하지 않아도 되는 계약을 체결함. 미수금 상계 후 남은 미지급금을 잡이익으로 잡으려고 할 때는 어떤 방법으로 상계 신고를 해야 하는지?(우선 내용상 A가 B사와 맺은 개발계약상에 지급하기로 한 백만불은 개발이 성공할 경우의 채무이지 실패했을 때에도 지급해야 할 채무는 아님. 만약 A사가 개발계약상 개발이 실패한 경우에도 60만불을 지급하기로 약정했다면 이는 A사와 B사에 대한 채무로 볼 수 있음. 상계란 채무로서 채권을 결제하는 경우이므로 A사가 개발의 실패에도 불구하고 B사에게 채무가 있는지 확인해 보아야 함. 또 회계상 미지급금으로 계상하더라도 외국환거래법상 대외지급이 가능한 채무가 되는 것은 아님. 확인 후 만약 채무가 있다면 이는 중고기계의 수출채권과 상계가 가능하며 신청서 제출서류를 구비하여 외국환은행에 신고하면 됨)	신고의무 없음
위탁가공무역시의 상계	당사는 중국에 있는 해외법인과 유상사급 형태의 거래를 하고자 함. 원재료를 당사에서 수출하고 중국공장에서 조립한 후 재매입하고자 함. 별다른 신고없이 당 채권채무를 상계할 수 있는지?(본 거래가 위탁가공무역에 해당될 경우에는 규정 제5−4조 제1항 제5호에 의거 신고없이 상계 가능함)	신고의무 없음
사용후 반환조건 물품 수입시 상계	A사는 외국에서 30억원짜리 기계를 수입해서 3년간 사용하고 무환으로 다시 반환하는 조건으로 30억원짜리 기계를 할인해서 20억원에 수입하고자 함. 수입 통관할 때 과세는 30억원으로 신고하면 문제가 없는데 실제 A사에서는 대금결제는 20억원만 함. 그리고 수출(반환)할 때는 대금결제 없이 무환으로 수출함.	신고의무 없음

실무 사례	내용	신고의무
	이 경우 수입 결제시 상계로 신고해야 하는지?(상계는 거주자가 비거주자와 일정시점에서 비거주자에 대한 수출입면장 등 관련 서류가 증빙될 경우 외국환은행장에게 상계신고하고 결제가 가능함. 따라서 본건의 경우 수출채권이 없으므로 상계의 요건에 해당되지 않음)	
주재원 급여 소득세 원천징수후 지급시 상계	당사는 외투법인으로서 영국 모회사와의 주재원 관리계약을 체결하고 영국에서 파견된 주재원에 대한 일 급여를 영국 모회사에서 직접 지급한 후 그 금액을 한국 당사에 청구함. 청구되는 금액은 당사의 장부에 급여계정으로 처리되며 한국의 거주자로서 갑종근로소득으로 원천세를 신고하고 있음. 주재원별 납부해야 하는 원천징수분 소득세 및 주민세는 당사가 세무서에 선납한 후 영국 모회사에 청구함. 정기적으로 주재원 급여를 영국모회사에 송금시 당사는 주재원 소득세 및 주민세를 차감하고 송금할 예정임. 이 경우 상계신고를 해야 하는지?(영국 모회사에게 지급해야 할 주재원 급여 등에 대해 지급의 사유와 금액을 입증하는 서류를 외국환은행에 제출하고 송금하면 됨. 여기서 원천 납부한 세금과 관련하여 상계가 일어날 여지는 없음)	신고의무 없음
용역 선수금의 상계	당사는 오파상으로 오파 commission을 홍콩으로 받음. 회사 사정상 운영자금이 부족하여 홍콩으로부터 선수금을 $500,000정도 받고, 매달 발생하는 오파 커미션에서 상계코자 함. 선수는 다음달, 상계는 내년 9월 정도부터 하려고 함. 선수시 신고해야 하는지? 상계시 신고해야 하는지? 어떤 절차를 거치고, 서류를 작성구비해야 하는지?(용역대가인 오파 commission을 선수금으로 받는 것은 외국환거래법령상 신고대상이 아님. 선수금 수령 이후 발생하는 오파 commission을 선수금에서 제외해 나가는 것은 상계대상이 아님)	신고의무 없음
외투기업 본사와 상계	A사는 100% 외투기업이며, 본·지사간 거래, 지사간 거래의 채권·채무 외환거래를 본사(스웨덴) 상계센터를 통해 하고 있음. 일정한 term에 따라 각각의 채권과 채무를 지급/수령하고 있는데, 상계센터에서는 단순히 한쪽 지사의 채권을 상대편에 건네주는 역할이 아닌, 일종의 중간 은행과 같은 역할을 하고 있는데 상계신고 대상인지?(다국적 기업의 상계센터를 통하여 상계하거나 다수의 당사자의 채권 또는 채무를 상계하고자 하는 경우 한국은행총재 신고대상임)	한국은행 총재신고

Q. 해외거래처와 수출채권 및 수입채무를 상계하고자 할 경우 그 방법 및 절차는 어떻게 되나요?

A. 거주자가 비거주자와 상계방식으로 수출입채권·채무를 결제하고자 할 경우에는 수출입의 형태가 연계무역, 위탁가공무역이 아닌 경우에 한해 한국은행에 신고하여야 함.
한편 해외거래처와 지속적으로 거래가 이루어지고 향후 발생할 채권·채무를 정기적으로 차액 정산하고자 하는 경우에는 외국환은행에 상호계산계정을 만들어 상계를 할 수 있음.

Q. 경상거래와 자본거래에서 생긴 채권·채무도 서로 상계할 수 있나요?

A. 상계는 거주자가 비거주자와의 대외거래에 따른 채권·채무를 일정 시점에서 계정의 대기 및 차기에 의해 차액만 결제하는 것으로 상계대상 채권·채무는 어떤 종류의 대외거래(수출입거래, 용역거래, 자본거래)에 따라 발생한 것이라도 상관없음. 다만 그 대외거래는 「외국환거래법」 상 인정된 거래신고 등을 하였거나 신고 등을 요하지 아니하는 거래이어야 함.

Q. 다자간 상계의 개념은?

A. 상계는 거주자와 비거주자간의 채권·채무를 건별로 결제하지 않고 대등액 범위 내에서 소멸시킨 후 잔액만을 결제하는 제도로서 두 당사자간의 채권·채무만을 상계하는 양자간 상계(Bilateral netting)와 셋 이상의 당사자간의 채권·채무를 일괄하여 상계하는 다자간 상계(Multilateral netting)로 구분함.
다자간 상계는 주로 다국적기업이 본사와 지사 또는 지사 상호간에 발생하는 채권·채무를 일괄적으로 결제하기 위해 이용하며 통상 그룹내에 중앙집중적인 상계센터(Netting center)를 설립하여 동 센터에서 본지사간의 채권·채무 상계금액을 총괄 관리하는 방식으로 운영하는 한편 본사 또는 계열사가 아닌 기업들 간에도 3자 이상의 일반적인 거주자와 비거주자간 채권·채무의 다자간 상계를 통해 일괄적으로 결제하는 것도 가능하며 한국은행 총재 신고대상임.

Q. 상계와 상호 계산의 차이점은 무엇입니까?

A. 상계는 거주자와 비거주자간 이미 발생한 채권·채무를 총액계산하지 않고 차액만 지급 또는 수령하는 것이고 상호계산은 거주자와 비거주자간의 지속적으로 반복거래가 이루어지는 경우 향후 발생할 채권·채무를 정기적으로 차액 정산하는 것으로 각각 지정거래외국환은행 신고사항임. 상계는 이미 거래가 이루어져 발생한 채권·채무금액을 차액결제한다는 점에서 앞으로 발생할 채권·채무를 차액결제하기 위해 이용하는 상호계산과 구분되며, 다자간의 거래에 대해서는 상호계산으로 채권·채무를 차액 정산하는 것은 불가능하고 상계신고를 한국은행 총재에게 하여야 함.

Q. 물품수입에 따른 수입채무와 무상으로 물품을 제공받을 권리의 상계도 가능한가요?

A. 무상으로 제공받은 권리가 거래관계에서 발생한 단순한 가격할인에 해당되는 경우에는 상계에 해당하지 않으나 무상으로 물품을 제공받을 권리가 독립적인 권리로 구분할 수 있는 경우에는 상계가 가능하며 지정거래외국환은행의 장에게 신고하여야 함.

Q. (사실관계) ① 다국적 기업의 국내자회사 갑(甲)은 해외본사 A를 포함한 10여개의 해외 계열회사와 수출, 수입 및 용역 등 경상거래를 수행해 오던 중 서로간의 외화 채권·채무 건이 월간 15,000건 내외에 이르러 업무 부담이 가중되어 옴 ② 이를 해소하기 위하여 1999년 11월 본사A는 각 해외 계열사들과 甲과의 거래에서 발생한 채권·채무를 매월 양수 및 인수하기로 합의하고 이를 甲에게 매월 통지하여 양 당사자가 구체적인 내역을 확인하여 최종확정하기로 함. ③ 동 과정을 거쳐 甲과 본사A간의 관계로 전환된 채권·채무를 매월 단위로 상호계산신고를 하고 그 차액을 지급 또는 수령하여 왔음.

이와 같이 甲이 해외본사가 양수 인수한 채권·채무를 상호계산의 방법으로 지급등을 한 것이 외국환거래법규에 비추어 적법한 것인지?

A. 외국환거래규정 제5-10조에 따르면 '인정된 거래에 따른 채권의 매매 및 양도, 채무의 인수가 이루어진 경우(비거주자간의 외화채권의 이전을 포함)'에는 제3자 지급등의 방법 신고의 예외로 규정되어 있는 바 '비거주자간 외화채권의 이전'은 인정된 거래에 해당하고 별도의 제3자 지급등의 신고없이 대금의 지급등을 할 수 있음. 또한 甲이 본사A와의 결제를 위하여 동 규정 제5-5조에 따른 상호계산신고를 한 경우 별도의 상계신고없이 상호 계산에 따라 정산할 수 있음.

유권해석 사례 1

연간 구매계약에 의한 분할 수입물품의 대금을 일정기간 별로 정산하는 경우 상계신고 비대상(기획재정부 외환제도과-703, 2011.11.28.)

1. 질의내용:

◆ 사실관계

- 국내 동 전선(Copper Rod) 제조업체인 'A'는 스위스 소재 'B'로부터 전기동(Copper Cathode)을 수입하기 위하여 신용장결제조건으로 연간 구매 계약을 체결('B'는 연간 계약물량을 분할하여 공급)

- 계약조건에 따라 'B'는 총 계약물량의 일부를 'A'에게 분할선적하고, 선하증권 및 견적송장을 발행하여 'A'에게 송부

○ 'A'는 'B'로부터 우리나라에 도착된 외국물품 '전기동'의 선하증권 및 견적송장으로 세관에 잠정수입신고함('전기동'은 잠정수입신고 대상품목).
○ 견적송장을 수취한 'A'는 'B'에게 신용장대금을 T/T 송금
○ 'B'는 계약조건에 따라 일정기간 경과 후 확정된 물품대금을 확정송장을 발행하여 'A'에게 송부
 → 확정물품대금은 'A'와 'B'의 계약조건에 따라 런던금속거래소(LME: London Metal Exchange)의 시세를 반영하여 선적월 평균가격 또는 선적일 이후 1월 평균가격에 이윤을 합한 금액으로 결정
○ 확정송품장을 수취한 'A'는 세관에 확정가격신고를 함.
○ 'A'와 'B'는 연간구매계약에 따른 매 건 분할 선적물품의 최종대금(확정가격 – 확정가격)을 일정기간별로 정산하여 지급 또는 영수함.

◆ 쟁점
○ 거주자(A)와 비거주자(B)가 수입물품 정산 대금을 건별로 지급 또는 영수하지 아니하고 일정기간별(월 또는 분기)로 정산하여 지급 또는 영수한 행위가 상계 신고대상에 해당하는지 여부

2. 회신내용

◆ 결론
○ 상계 신고대상에 해당되지 않음.

◆ 이유
○ 동일한 계약건으로 인해 중간 정산하는 경우로서 일정기간 후 가격이 결정되는 대상물품의 성격상 계약 조건에 따라 관련된 변수(시세를 반영하여 선적월 평균가격 기준으로 확정가격 결정)를 반영하여 최종적으로 지급하여야 할 물품대금을 산정하는 기술적인 방법에 불과함.

유권해석 사례 2

일정기간별 다수 채권 채무 상계의 신고 대상기관은 외국환은행
(기획재정부 외환제도과-600, 2012.9.24.)

1. 질의내용

◆ 사실관계
○ 국내 A는 이태리 소재 B로부터 M상표가 부착된 가방류를 수입하고 있으며, 국내 면세점인 C도 B로부터 가방류를 수입

* A, B, C는 다국적기업이 아님.

- A는 B의 제품을 C에 수입 알선하고, C에 매장관리(판매직원 파견) 등을 하여 주는 대가로 B로부터 C가 수입한 금액의 30%를 수수료로 수취
- A는 B에 지급할 수입물품 대금(채무)과 B로부터 받을 면세점 매장관리 수수료(채권)를 분기단위로 정산하여 차액을 지급 또는 수령

  * 분기별로 보면, A가 B에 지급할 물품대금(채무)은 선하증권 단위로 여러 건이고, A가 B로부터 수령할 수수료(채권)도 선하증권 단위로 여러 건이며, 상계금액은 미화 50만불 이하임.

◆ 쟁점
- 거주자가 비거주자에게 지급하여야 할 수입물품 대금(채무) 여러 건과 비거주자로부터 받아야 할 수수료(채권) 여러 건을 분기별로 모아서 상계함에 있어 상계금액이 미화 50만불 이하인 바, 「일괄 상계」 해당여부

2. 회신내용

◆ 결론
- 일괄상계에 해당되지 않으며 외국환은행 신고대상

◆ 이유
- 외국환거래규정 제54조 세2항 제1호에서 거주자가 일방의 금액이 미화 50만불 이하인 상계대상 채권 또는 채무를 상계하고자 하는 경우 외국환은행장에게 신고하도록 하고 있고,
- 동 규정 제3항에서 국내 기업과 외국기업간의 채권 또는 채무를 일괄하여 상계하거나 다수의 당사지의 채권 또는 채무를 상계하고자 하는 경우에는 한국은행총재신고로 규정하고 있으나,
- '일괄상계'는 '다국적 기업의 해외결제센타(Netting Center)를 통하여 채권·채무를 상계하는 것'('11.6. 23/한국은행 유권해석사례)을 의미함.

> **│ 참고사항 │**
>
> - 외국환거래규정 제5-4조 제2항 제1호(상계 금액 50만불 이하의 경우 외국환은행장에게 신고)는 삭제('14.1.1. 시행)되어, 현재는 상계 금액에 관계 없이 외국환은행장에게 신고하며,
> - 다국적기업의 상계센터를 통한 상계 및 다수의 당사자의 채권·채무를 상계하는 경우만 한국은행총재 신고사항으로 규정됨.

크레딧메모 금액 차감후 수입대금 지급은 상계신고 비대상
(기획재정부 외환제도과-441, 2013.9.6.)

1. 질의내용

◆ 사실관계

- 거주자 A(거주자)는 국내 전자부품 수입업체, B(비거주자)는 해외 전자부품 공급업체 C(비거주자)는 해외 물류업체

- A는 B에게 반도체 부품을 주문하고, B는 주문받은 물품에 대하여 Ship& Debit 거래*에 따라 대리점 유통 가격으로 A사에 판매하여 동 가격으로 수입신고

  * Ship& Debit 거래: 반도체 제조업체들이 유통업체들에게 일단 자신들이 일률적으로 적용하는 표준적인 공급가격(DP)으로 물품을 매도하되 개별 물품 거래에 대하여 별도로 견적가격(QP 또는 SP)을 정하여 유통업체들이 실수요자들에게 해당 물품을 견적가(QP 또는 SP)로 판매하는 경우 이에 대한 차액(DP - QP)을 지급하여 주는 거래

- A는 국내 거래처에 수입된 전자부품을 판매하면서 SP(견적가격, B사가 지정한 판매 단가로서 통상적으로 수입가격 보다 낮게 책정)가격으로 판매를 하겠다고 B에게 판매 보고

- A사로부터 판매 보고를 받은 B사는 판매 손실부분(수입가격과 국내 판매가격 차액)에 대하여 '크레딧 메모(CREDIT MEMO)'를 A사에 발행

- B사가 발행한 크레딧 메모 금액을 근거로, A사는 해당 수입신고번호 수입대금에서 크레딧 메모 금액을 차감한 금액을 C사에 지급(3자 지급)

- A사는 수입대금 지불시 B사로부터 수입한 모델에 대한 '크레딧 메모' 금액이 확정된 경우에만 그 차액을 수입대금으로 지급

  *A, B간 계약서(비독점 대리점 계약)에 Ship& Debit 및 '크레딧 메모' 조항은 미언급

◆ 쟁점

- A가 B로부터 수입한 물품의 대금을 지급함에 있어, 해당 수입신고 금액에서 B사로부터 받은 같은 수입신고 건의 '크레딧 메모' 금액을 차감한 금액을 지급한 행위가 상계 신고대상인지 여부

2. 회신내용

◆ 결론

- 상계 신고대상에 해당되지 않음.

◆ 이유
  ○ 상계의 대상은 병존하는 각기 다른 계약건의 채권과 채무를 동시에 상쇄하여 서로의 권리
    관계를 소멸시키는 것으로서, A사가 수입대금을 지불하지 않은 상태에서 B로부터 크레딧
    메모(손실 보전 목적)를 받은 금액을 수입대금에서 차감하여 지불한 것은 동일한 계약 건
    에 대한 '지급금액 조정(변경) 사항'임.

유권해석 사례 4

이전가격 정책에 일정한 영업이익 지급과 커미션 상쇄시 상계신고 대상
(기획재정부 외환제도과-498, 2015.9.11.)

1. 질의내용

◆ 사실관계
  ○ A는 국내 전자통신화학계측기 수입자, B는 해외 수출자로서 A와 최상위 지배회사(미국)
    가 같은 특수 관계가 있는 비거주자
  ○ 국내 전자통신화학계측기 수입자 A는 B로부터 수입하여 판매하는 전자통신화학계측기에
    대하여 동사의 이전가격(Transfer Price) 정책상 회계연도 말에 영업이익률이 15%를 초과
    하면 B에게 초과분을 돌려주고, 15%를 하회하면 B로부터 하회분을 회수하는 ROE(Return
    on Operating Expense, 이하 ROE 이라 함) 계약을 체결
  ○ 또한, 별개로 대리점 계약(Distributor Agreement)을 체결하여 해외 수출자가 국내 독점
    대리인인 A사를 통하지 않고 국내 고객에게 판매하는 경우, 오퍼수수료 등 명목으로 매월
    일정률의 커미션(Indent Commision)을 수령
  ○ A는 '09년~12년까지 전자통신화학계측기를 수입 판매하여 영업이익률 15% 초과의 수익
    이 발생하였으나. ROE계약에 따라 B에게 지급하여야 하는 이익분을 송금하지 않고
  ○ B로부터 대리점 계약에 의해 월별로 수령하고 있는 커미션 금액 중 미지급한 초과수익분
    만큼 일정기간 커미션을 미수령

◆ 쟁점
  ○ 거주자 A가 비거주자인 B에게 송금하여야 할 영업이익률 15% 초과이익분과 B로부터 수
    령하여야 할 오퍼수수료 등을 소멸 상쇄시킨 것이 상계 신고대상인지 여부

2. 회신내용

◆ 결론
  ○ 별건 계약시 상계신고 대상에 해당

◆이유

  o 질의 내용과 같이 거주자가 비거주자와 수입거래에서 일정한 영업이익을 보장하는 ROE계약(이전가격 조정)을 체결한 경우로서 이전가격 조정에 따라 발생하는 채무와 별건의 대리점 계약에 따라 발생하는 채권을 상쇄하고 거래대금의 지급등을 하는 경우에는 외국환거래법 제16조 제1호에 따라 상계신고가 필요함.

  o 그러나 거주자가 비거주자와 대리점계약에 따른 영업이익(대리점 수수료)을 일정하게 보장하는 것을 내용으로 하는 ROE(이전가격 조정) 조건을 정하여 다음 연도의 수수료를 조정하는 경우에는 계약조건에 따라 최종적으로 지급하여야 할 대금을 산정하는 기술적인 방법에 불과하므로, 거주자와 거래 상대방간 상기 방법에 따른 정산은 외국환거래법령상 신고를 요하는 상계에 해당되지 않은 것으로 판단됨.

(1) 요약

　　해외 광고(매체)사에게 광고비를 지급하면서 수수료를 공제한 금액으로 상계지급한 것으로 의심받은 사례

(2) 사실관계

　　A씨는 대기업 B사의 대표이사로서 B사와 해외광고(매체)사인 C사의 계약서에는 B사의 수수료를 공제한 금액을 지급한다고 기재

　　－ 해외 광고(매체)사 C사가 광고비를 청구한 Invoice에는 B사의 매체대행 수수료는 청구하지 않음.

　　－ B사는 공제한 수수료를 채권·채무를 상계한 것으로 처리하지 않음.

(3) 세관, 검찰 및 법원의 판단

　　상계에 해당하여 외국환거래법 위반

(1) 석유화학제품 선적분을 구매하는 동시에 판매하는 계약을 체결하여 실물이동을 하지 않고 정한 기준가와 판매가, 구매가 중 적은 금액을 상계하고 그 차액을 정산하여 결제하는 북아웃 거래

(2) 사실관계

　　A 대기업은 2010.4.경 싱가포르에 있는 비거주자인 B사로부터 2010.5. 선적할 C화학제품 2,000톤을 톤당 미화 1,280달러에 구매하는 계약을 체결

A 대기업은 2010.5.경 싱가포르에 있는 비거주자인 D사에게 2010.5. 선적할 C화학제품 2,000톤을 톤당 1,280달러에 판매하는 계약을 체결한 후 거래 체인의 업체들이 실물 선적 시기와 선적항을 구매한 업체에 통지를 하면서 거래 체인의 불상의 판매업체가 판매계약한 C화학제품을 다시 구매 계약한 사실을 사후 확인하고는 거래 체인의 해당 구간 업체 간에는 실물 이동의 불필요성을 인식하고 C화학제품 2,000톤을 매수인에게 현실적으로 인도한 것으로 간주하고 기준가를 톤당 미화 1,280달러로 정하여 기준가와 판매가와 구매가 중 적은 금액을 상계하고 그 차액을 정산 결제하기로 합의한 북 아웃(Book Out)거래를 하여, A 대기업의 비거주자인 B에 대한 채권에 해당하는 기준가 미화 2,560,000달러와 채무에 해당하는 구매대금 미화 2,560,000달러를 정산하여 결제하고, 대기업 A의 비거주자인 D사에 대한 채무에 해당하는 기준가 미화 2,560,000달러와 채권에 해당하는 판매대금 2,560,000달러를 정산하여 결제하고, 그때부터 35회에 걸쳐 석유화학제품 거래에 따른 채권, 채무 미화 합계 160,000,000달러를 정산하여 그 차액을 결제하였음.

(3) 세관, 검찰 및 법원의 판단

상계에 해당하여 외국환거래법 위반임.

(4) 대법원의 판단

상계에 해당하지 않음.

━○ 외국환조사 사례   3. 카지노용품 수입대금과 카지노칩 수출대금을 상계한 사례

(1) 요약

카지노용품 수입대금과 카지노칩 대금을 상계지급한 것으로 의심받은 사례

(2) 사실관계

A씨는 중소기업인 B사의 대표로서 B사의 모회사로서 D국의 중소기업인 C사의 대표를 겸하면서 2007.12. 말경부터 2010.8. 말경까지 B사가 C사로부터 수입한 카지노용품 대금을 C사에게 지급하고, B사가 C사에 수출한 카지노칩 대금을 B사로부터 회수하는 결제 과정에서 신고절차 거치지 않고 약 30억원 상당의 채권채무액을 상계처리한 후 차액을 지급하였다고 의심받은 사례

(3) 세관의 판단

미신고 상계지급하여 외국환거래법 위반임.

(4) 검찰의 판단

미신고 상계지급하여 외국환거래법 위반임.

(1) 요약

선급 선박임차료 채무와 대지급한 선박매매대금에 대한 환급금 채권을 상계하였다고 의심받은 사례

(2) 사실관계

A씨는 B선사의 대표이고, 거주자인 B선사는 C사로부터 선박을 220억원에 구매하는 매매계약을 체결한 매수인임. B선사는 매수인 지위를 비거주자인 D사에 양도하는 계약을 체결하면서 C사에 대하여 D사가 지급할 선박매매대금의 70% 지급에 대한 보증을 하는 한편 D사로부터 선박을 용선하는 임대차계약을 체결하면서 선급임차료로 선박매매대금의 30%를 지급하기로 하였음. D사가 제때에 대출을 받지 못하여 C사에 선박매매대금을 지급하지 못하게 되자 B선사는 220억원의 70%인 154억원을 C사에 대지급하였음. 이후 D사는 대출을 완료하여 B선사에게 B선사가 대지급한 선박매매대금 154억원을 상환하여야 하는 채무를 부담하면서 동시에 선급 임차료 66억원에 대한 채권을 가지게 됨. B선사는 비거주자인 D사와 상호 채권과 채무를 상계하여 차액을 지급받으면서 상계신고를 하지 않았다고 의심받은 사례

(3) 세관의 판단

미신고 상계지급으로 외국환거래법 위반임.

(4) 검찰의 판단

미신고 상계지급으로 외국환거래법 위반임.

 **참고판례**

3-2. 상계의 의미 등

(대법원 2014.8.28. 선고 2013도9374 판결[외국환거래법 위반])

[판시사항]

[1] 채권·채무를 소멸시키거나 상쇄시키는 결제방법이 '상계 등의 방법'에 의한 것이 아닌 경우, 외국환거래법상 사전신고의무 대상인 결제방법에 해당하는지 여부(소극)

[2] 외국환거래법 제16조 제1호에서 정한 '상계 등'의 의미 및 어떠한 거래가 같은 호의 '상계 등의 방법'에 해당하는지 판단할 때 고려하여야 할 사항

[판결요지]

[1] 외국환거래법은 제16조 제1호에서 거주자와 비거주자 간의 거래나 행위에 따른 채

권·채무를 결제할 때 '상계 등의 방법으로 채권·채무를 소멸시키거나 상쇄시키는 방법으로 결제하는 경우'에 해당하면 그 방법을 미리 신고하여야 한다고 규정하고, 제29조 제1항 제6호에서 제16조 제1호에 따른 신고의무를 위반한 자를 처벌하도록 규정하고 있다. 이와 같은 규정에 따른 처벌의 대상은 '채권·채무를 소멸시키거나 상쇄시키는 결제방법' 중에서 '상계 등의 방법'에 의한 것이므로, 채권·채무를 소멸시키거나 상쇄시키는 방법에 해당하더라도 '상계 등의 방법'에 의한 것이 아닌 이상 여기에서 정한 결제방법에 해당한다고 볼 수 없다.

[2] 외국환거래법 제16조 제1호는 채권·채무를 소멸시키거나 상쇄시키는 방법으로 결제하는 경우에 해당하는 구체적인 사례로서 상계를 규정하는 예시적 입법형식을 취하고 있는데, 외국환거래법 규율영역의 복잡다양성 등을 고려하여 그러한 규정형식의 필요성을 인정하더라도 그 규정이 형벌법규에 해당되는 이상 의미를 피고인들에게 불리한 방향으로 지나치게 확장 내지 유추해석하는 것은 죄형법정주의의 원칙에 비추어 허용되지 아니한다. 따라서 외국환거래법 제16조 제1호에서 정한 '상계 등'이란 채권·채무를 소멸시키거나 상쇄시키는 결제방법 중에서 법률적으로 상계와 일치하지는 아니하지만 상계와 유사한 개념으로서 상계와 동일한 법적 평가를 받거나 적어도 상계라는 표현으로 충분히 예측가능할 만큼 유사한 행위유형이 되어야 하는 것으로 해석하여야 한다.

그리고 외국환거래법이 이와 같이 상계 등의 결제방법에 대하여 신고의무를 규정한 취지는 허위의 채권·채무를 내세우는 등의 방법으로 외환을 불법적으로 유출하거나 유입하는 것을 막고자 하는 데 있으므로, 어떠한 거래가 외국환거래법 제16조 제1호의 '상계 등의 방법'에 해당하는지 여부를 판단할 때 거래로 인하여 외환이 불법적인 유출 또는 유입의 가능성이 있는지도 함께 고려하여야 한다.

[**원심판결**] 서울중앙지법 2013.7.12. 선고 2013노603 판결

[주 문]

원심판결을 파기하고, 사건을 서울중앙지방법원 합의부에 환송한다.

[이 유]

상고이유(상고이유서 제출기간이 경과한 후에 제출된 상고이유보충서의 기재는 상고이유를 보충하는 범위 내에서)를 판단한다.

1. <u>외국환거래법은 제16조 제1호에서 거주자와 비거주자 간의 거래나 행위에 따른 채권·채무를 결제할 때 '상계 등의 방법으로 채권·채무를 소멸시키거나 상쇄시키는 방법으로 결제하는 경우'에 해당하면 그 방법을 미리 신고하여야 한다고 규정하고, 제29조 제</u>

1항 제6호에서 제16조 제1호에 따른 신고의무를 위반한 자를 처벌하도록 규정하고 있다. 이와 같은 규정에 따른 처벌의 대상은 '채권·채무를 소멸시키거나 상쇄시키는 결제방법' 중에서 '상계 등의 방법'에 의한 것이므로, 채권·채무를 소멸시키거나 상쇄시키는 방법에 해당하더라도 '상계 등의 방법'에 의한 것이 아닌 이상 여기에서 정한 결제방법에 해당한다고 볼 수 없다.

외국환거래법 제16조 제1호는 채권·채무를 소멸시키거나 상쇄시키는 방법으로 결제하는 경우에 해당하는 구체적인 사례로서 상계를 규정하는 예시적 입법형식을 취하고 있는데, 외국환거래법 규율영역의 복잡다양성 등을 고려하여 그러한 규정형식의 필요성을 인정하더라도 그 규정이 형벌법규에 해당되는 이상 그 의미를 피고인들에게 불리한 방향으로 지나치게 확장 내지 유추해석하는 것은 죄형법정주의의 원칙에 비추어 허용되지 아니한다. 따라서 외국환거래법 제16조 제1호 소정의 '상계 등'이란 채권·채무를 소멸시키거나 상쇄시키는 결제방법 중에서 법률적으로 상계와 일치하지는 아니하지만 상계와 유사한 개념으로서 상계와 동일한 법적 평가를 받거나 적어도 상계라는 표현으로 충분히 예측가능할 만큼 유사한 행위유형이 되어야 하는 것으로 해석하여야 할 것이다. 그리고 외국환거래법이 이와 같이 상계 등의 결제방법에 대하여 신고의무를 규정한 취지는 허위의 채권·채무를 내세우는 등의 방법으로 외환을 불법적으로 유출하거나 유입하는 것을 막고자 하는 데 있으므로, 어떠한 거래가 외국환거래법 제16조 제1호 소정의 '상계 등의 방법'에 해당하는지 여부를 판단할 때 그 거래로 인하여 외환의 불법적인 유출 또는 유입의 가능성이 있는지 여부도 함께 고려하여야 한다.

2. 이 사건 공소사실의 요지는, 「① 피고인 1은 거주자로서 한국은행총재에게 신고하지 아니하고 공소외 1 주식회사(이하 '공소외 1 회사'라 한다)가 2007.9.14.경 싱가포르에 있는 비거주자인 '○○'(○○ Asia Pte Ltd.)사로부터 2007.11. 선적할 벤젠 3,000톤을 톤당 미화 980달러에 구매하는 계약을 체결하고 그 무렵 싱가포르에 있는 비거주자인 '△△△'(△△△ Asia Pte Ltd.)사에 위 벤젠 3,000톤을 톤당 미화 1,022.09달러에 판매하는 계약을 체결한 후, '△△△'사가 '○○'사에 판매한 위 벤젠 3,000톤을 공소외 1 회사를 통하여 다시 위와 같이 구매한 사실을 확인하고 실물이동의 불필요성을 인식하고는 위 벤젠 3,000톤을 거래체인('△△△' → '○○' → 공소외 1 회사 → '△△△')의 각 매수인에게 현실적으로 인도하는 대신 위 업체들 사이에서 톤당 미화 993달러로 정한 기준가로 계산한 벤젠 3,000톤의 기준가 상당액의 지급을 실물인도에 갈음하기로 하고, 기준가 상당액 지급채무와 구매가 지급채무를 대등액에서 소멸시켜 그 차액을 정산 결제하는 '써클 아웃'(Circle Out) 거래를 하기로 합의하여, 공소외 1 회사의 '○○'

사에 대한 채권에 해당하는 기준가 미화 2,979,000달러(993달러 × 3,000톤)와 채무에 해당하는 구매대금 2,940,000달러(980달러 × 3,000톤)를 2,940,000달러의 범위에서 소멸시키고 그 차액 39,000달러를 '○○'사로부터 입금받고, 같은 방법으로 공소외 1 회사의 '△△△'사에 대한 채무인 기준가 금액과 '△△△'사의 구매대금을 소멸시키고 그 차액을 입금받은 것을 비롯하여 총 667회 걸쳐 이른바 '북 아웃'(Book Out. 'A-X-A'와 같이 2당사자 사이의 거래가 순환되어 실물이동을 생략하는 방식), '써클 아웃'[Circle Out. 'A-B-C-X-A'와 같이 3당사자 이상의 거래가 순환되어 중간거래당사자(B-C-X) 간의 실물이동을 생략하는 방식], '쇼튼 체인'[Shorten Chain. 'A-B-C-D-E'와 같이 거래가 순환되지는 아니하나 거래체인이 길어져 중간 단계(B-C-D)의 실물이동을 생략하는 방식)] 유형의 거래(이하 '이 사건 거래'라 한다)를 하여 채권·채무 합계 3,492,794,539달러를 소멸시켜 그 차액을 결제하고, ② 피고인 2는 거주자로서 한국은행총재에게 신고하지 아니하고 2011.7.8.부터 위와 같은 방법으로 총 73회에 걸쳐 채권·채무 합계 491,845,219달러를 소멸시켜 그 차액을 결제하고, ③ 피고인 회사는 사용인인 피고인 1, 2가 피고인 회사의 업무에 관하여 위와 같이 247회에 걸쳐 채권·채무 합계 1,642,802,566달러를 소멸시켜 그 차액을 결제함으로써, 피고인들은 한국은행총재에게 신고하지 아니하고 거주자와 비거주자 간의 거래 또는 행위에 따른 채권·채무의 결제에 있어서 상계 등에 의하여 채권·채무를 소멸시키거나 상쇄시키는 방법으로 결제하였다」는 것이다.

3. 원심은, ① 외국환거래법 제16조 제1호는 '상계 등의 방법으로 채권·채무를 소멸시키거나 상쇄시키는 방법으로 결제하는 경우' 그 지급 또는 수령의 빙법을 미리 신고하도록 규정하여 신고대상인 채권·채무를 소멸시키거나 상쇄시키는 방법을 상계만으로 국한하지 아니하고 있는 점, ② 상계의 본질은 목적물의 수수를 생략하고 차감계산 즉 정산을 하는 것인 점, ③ 민법상 상계의 요건을 갖추고 있지 아니한 경우에도 다수당사자 사이의 계약으로 순환적으로 대립하는 채권을 소멸시킬 수 있고, 양 채권이 동종의 목적을 가질 것도 필요로 하지 아니하여 물건의 인도의무를 목적으로 하는 채권과 금전채권을 그 물건의 가액을 평가하여 대등액에서 정산하기로 하는 내용도 가능하므로 이 사건 거래는 거래당사자 간의 상계 유사 정산계약의 일종으로 볼 수 있는 점, ④ 외국환거래법의 하위규정인 외국환거래규정에서도 민법상 상계개념에 해당하지 아니하는 일괄상계, 다수당사자 간의 상계, 상호계산을 신고대상에 포함시키고 있는 점 등에 비추어, 외국환거래법 제16조 제1호 소정의 사전신고대상인 결제방법에는 민법상 상계뿐만 아니라 채권·채무를 실제 인도 또는 지급 없이 상쇄하여 결제하는 경우를 포함하고

있다고 보아야 한다는 이유를 들어, 사전신고 없이 이루어진 이 사건 거래에 대하여 피고인들에게 미신고 상계 등으로 인한 외국환거래법 위반죄가 성립된다고 판단하였다.

4. 그러나 원심의 판단은 다음과 같은 이유에서 그대로 수긍하기 어렵다.

원심은, 이 사건 거래가 민법상 상계의 개념에 포섭될 수 없다고 하면서도 '기준가로 계산한 거래목적물의 기준가 상당액의 지급을 실물인도에 갈음하기로 하고, 기준가 상당액의 지급채무와 판매 내지 구매대금 지급채무를 대등액에서 소멸시켜 그 차액을 결제하였다'는 범죄사실을 인정함으로써 이 사건 거래가 외국환거래법 제16조 제1호 소정의 '상계 등'의 결제방법에 해당된다고 보았다.

원심이 채택한 증거와 기록에 의하여 알 수 있는 다음과 같은 사정, 즉 ① 이 사건 거래 중 '북 아웃', '써클 아웃'의 경우는 거래가 순환되는 것이므로 순환되는 거래 써클 내에 있는 거래당사자가 자신의 전자에 대하여 기존 매매계약상의 책임을 추궁하는 것은 별다른 의미가 없고, '쇼튼 체인'의 경우에는 생략되는 거래체인 밖의 당사자들 사이에 별도로 매매계약을 체결하게 되는데, 이는 생략되는 거래체인에 속한 거래당사자들로 하여금 기존 매매계약 당사자로서의 지위에서 벗어나게 함으로써 계약으로부터의 모든 책임, 청구, 요구를 면하게 하려는 취지로 볼 수 있는 점, ② 이 사건 거래당사자가 약정한 '기준가'라는 것도 현실적으로 발생한 거래가격이 아니라 정산을 위한 도구 개념에 불과하므로 당사자가 실제로 기준가로 계산한 금전지급채무의 발생을 의도한 것은 아니라고 보이는 점, ③ 이 사건 거래당사자는 이 사건 거래를 합의하면서 상계를 의미하는 'set off'라는 용어를 사용하지 아니하고, 의무를 면한다는 'release'라는 용어를 사용하였고, 거래당사자 간 합의내용 역시 거래당사자가 약정한 기준가와 원래 거래금액과의 차액의 정산을 제외하고는 계약으로부터의 모든 책임, 청구, 요구를 서로 면하게 한다는 취지인 점, ④ 회계상으로도 피고인 회사는 이 사건 거래를 복수의 재화거래가 아닌 하나의 단일한 용역거래로 보아 그 거래 내용을 하나의 영업이익 내지 비용으로 계상하여 처리한 점, ⑤ 감독기관인 한국은행도 2007.6.21. 공소외 2 주식회사의 '북 아웃' 거래에 관한 상계신고에 대하여, '당건은 상계처리가 적용되지 아니하며, 계약 cancel에 대한 penalty로 지급처리하면 된다'는 취지로 그 수리를 거부한 점 등에 비추어 보면, '북 아웃', '써클 아웃', '쇼튼 체인'으로 이루어진 이 사건 거래에서 당사자들은 목적물인도의무를 금전지급채무로 변경하여 이러한 금전지급채무와 매매대금 지급채무를 대등액에서 소멸시키려 한 것이 아니라 이 사건 거래로 인한 이익 내지 손실의 정산 외에는 모든 계약상의 의무를 해소하여 더 이상 이행하지 아니하기로 합의한 것으로 봄이 타당하다. 여기에 이 사건 거래는 동일한 석유화학제품의 매수 및 매도에 따른 차익 또는 차손만

을 정산하는 것이어서 그로 인하여 외환의 불법적인 유출이나 유입의 가능성이 있다고
보기 어려운 점을 아울러 고려하여 보면, 피고인들이 이 사건 거래를 통하여 거래당사자
들 사이의 채권·채무를 정산한 것은 상계와 동일한 법적 평가를 받거나 상계라는 표현
으로 충분히 예측할 수 있는 채권·채무의 소멸 내지 상쇄방법에 해당하는, 외국환거래
법 제16조 제1호 소정의 '상계 등의 결제방법'에 해당한다고 보기는 어렵다.
그럼에도 원심은 피고인들의 이 사건 거래가 외국환거래법 제16조 제1호 소정의 '상계
등의 방법으로 채권·채무를 소멸시키거나 상쇄시키는 방법으로 결제하는 경우'에 해
당한다고 보아 피고인들에 대한 이 사건 공소사실을 유죄로 인정하였으니, 이러한 원심
의 판단에는 미신고 상계 등으로 인한 외국환거래법 위반죄에 관한 법리를 오해하여 판
결에 영향을 미친 위법이 있다. 이를 지적하는 상고이유의 주장은 이유 있다.
5. 그러므로 나머지 상고이유에 대한 판단을 생략한 채 원심판결을 파기하고, 사건을 다시
   심리·판단하게 하기 위하여 원심법원에 환송하기로 하여 관여 대법관의 일치된 의견
   으로 주문과 같이 판결한다.
대법관　김소영(재판장) 신영철 이상훈(주심) 김용덕

3-3. 광고비의 상계지급

(대법원 2012.9.27. 선고 2011도11064 판결[외국환거래법 위반])

[판시사항]

갑 주식회사 임원인 피고인이, 갑 회사가 을 주식회사로부터 받은 광고비 전액 중 해외
광고매체사로부터 수령할 수수료를 공제한 잔액만을 지급하는 방법으로 해외 광고매체사
와 사이에 채권·채무를 결제하면서 이를 신고하지 아니하였다고 하여 구 외국환거래법
위반으로 기소된 사안에서, 위와 같은 처리 방법이 같은 법 제16조 제1호에 규정된 '상계
등의 방법으로 채권·채무를 소멸시키거나 상쇄시키는 방법으로 결제하는 경우'에 해당한
다고 한 사례

[원심판결] 서울중앙지법 2011.8.10. 선고 2010노4960 판결

[주 문]

상고를 기각한다.

[이 유]

상고이유를 판단한다.

원심은, 이 사건 공소사실 기재와 같이 이 사건 거래 과정에서 해외 광고매체사가 광고비 중 공소외 1 주식회사(이하 '공소외 1 회사')의 수수료를 제외한 나머지 금액에 대한 송장을 공소외 1 회사에 보내고, 공소외 1 회사가 공소외 2 주식회사(이하 '공소외 2 회사')로부터 광고비 전액을 받아 그 중 위 송장 기재 금액만을 해외 광고매체사에 지급한 행위에 대하여, 그 판시와 같은 사실관계 등을 토대로, 공소외 1 회사가 공소외 2 회사로부터 광고비로 받은 금전은 불특정물로서 공소외 1 회사는 해외 광고매체사에 대해 광고비 상당의 금전지급의무를 부담하는 것인데, 공소외 1 회사가 해외 광고매체사에 위 공소사실 기재와 같은 방법으로 수수료를 제외한 나머지 광고비만을 지급하는 것은 공소외 1 회사와 해외 광고매체사 사이에 광고비에서 매체수수료를 공제하고 지급하기로 하는 상관행 내지 명시적 또는 묵시적 약정에 따라 현실적인 외환의 이동 없이 계정의 차감 정리를 통해 이를 결제하는 것으로서 외국환거래법 제16조 제1호가 정한 상계에 해당하여 신고대상이라는 취지로 판단하였다.

원심이 인정한 위와 같은 거래의 내용 및 기록에 의하면, 공소외 1 회사는 공소외 2 회사에 대하여 해외 광고매체사의 광고료를 청구하고 지급받을 권리가 있지만 공소외 1 회사에 귀속될 수수료는 해외 광고매체사에 대해서만 청구할 수 있을 뿐 공소외 2 회사에 대해서 청구할 권리는 없다 할 것이다. 따라서 공소외 1 회사가 공소외 2 회사로부터 지급받은 광고료에서 해외 광고매체사로부터 수령할 수수료를 공제한 잔액만을 송금하고 그 수수료를 지급받은 것으로 처리하는 것은, 그것이 원심 판시와 같이 반드시 상계에 해당한다고 할 것은 아니라 하더라도 적어도 외국환거래법 제16조 제1호에 규정된 '상계 등의 방법으로 채권·채무를 소멸시키거나 상쇄시키는 방법으로 결제하는 경우'에는 해당하는 것으로 봄이 상당하다. 따라서 그에 따른 신고의무를 위반한 것으로 본 원심판결에 상고이유의 주장과 같이 외국환거래법의 신고대상에 관한 법리를 오해하는 등으로 판결에 영향을 미친 위법은 없다.

이에 상고를 기각하기로 하여, 관여 대법관의 일치된 의견으로 주문과 같이 판결한다.
대법관   김창석(재판장) 양창수 박병대(주심) 고영한

3-4. 선박용선료와 매매대금 상계미신고

(대법원 2011.7.14. 선고 2011도2136 판결[외국환거래법 위반] [공2011하,1679])

[판시사항]

[1] 외국 선박을 취득하면서 편의치적의 방법으로 외국 가국적을 취득한 후 국내에 반입하여 사용에 제공한 경우, 구 관세법 제241조 제1항의 '수입'에 해당하는지 여부(적극)

[2] 관세가 부과되지 않는 물품을 적법한 수입신고 절차 없이 통관하는 경우, 구 관세법의 무신고수입죄에 해당하는지 여부(적극)

[3] 피고인 갑 주식회사의 이사 피고인 을이 중국 해운회사에게서 중국 국적 선박을 구입한 다음, 선명을 변경하고 캄보디아 가국적을 취득한 후 국내로 반입하면서 외국적 외항선이 수리를 위하여 입항하는 것처럼 허위신고하여 밀수입한 사안에서, 피고인들의 행위가 구 관세법상 무신고수입죄에 해당한다고 본 원심판단을 수긍한 사례

[4] 중국 국적 선박을 구입한 피고인이 매도인인 중국 해운회사에 선박을 임대하여 받기로 한 용선료를 재정경제부장관에게 미리 신고하지 아니하고 선박 매매대금과 상계한 사안에서, 위 행위가 구 외국환거래법 위반죄에 해당한다고 본 원심판단을 수긍한 사례

[**판결요지**]

[1] 외국 선박을 국내 거주자가 취득하면서 편의치적의 방법으로 외국에 자신의 명의로 선박을 등록하여 외국의 가국적을 취득한 다음 이를 국내에 반입하여 사용에 제공하게 한 때에도 구 관세법(2010.12.30. 법률 제10424호로 개정되기 전의 것) 제241조 제1항의 '수입'에 해당한다.

[2] 구 관세법(2010.12.30. 법률 제10424호로 개정되기 전의 것, 이하 '구 관세법'이라 한다) 등 관계 법령에서 정하는 적법한 절차를 밟아 수입하는 경우 관세가 부과되지 않는 물품에 해당한다고 하더라도, 적법한 수입신고 절차 없이 통관하는 경우에는 무신고수입으로 인한 구 관세법 위반죄에 해당한다.

[3] 피고인 갑 주식회사의 이사 피고인 을이 국내외항의 선박운항사업에 사용할 목적으로 중국 해운회사에게서 중국 국적 중고 화물선을 구입한 다음, 선명을 변경하고 캄보디아 가국적을 취득한 후 국내로 반입하면서 외국적 외항선이 국내에 수리를 위하여 입항하는 것처럼 허위신고하여 밀수입한 사안에서, 피고인들의 행위가 구 관세법(2010.12.30. 법률 제10424호로 개정되기 전의 것)상 무신고수입죄에 해당한다고 본 원심판단을 수긍한 사례

[4] 중국 국적 선박을 구입한 피고인이 매도인인 중국 해운회사에 선박을 임대하여 받기로 한 용선료를 재정경제부장관에게 미리 신고하지 아니하고 선박 매매대금과 상계한 사안에서, 위 행위가 구 외국환거래법(2008.2.29. 법률 제8863호로 개정되기 전의 것) 제16조 제1호를 위반하여 구 외국환거래법 제28조 제1항 제2호에 해당한다고 본 원심판단을 수긍한 사례

[**원심판결**] 서울중앙지법 2011.1.26. 선고 2010노4166 판결

[주 문]

상고를 모두 기각한다.

[이 유]

상고이유를 판단한다.

생략

2. 피고인 1의 외국환거래법 위반의 점에 대하여

가. 원심판결 이유에 의하면, 원심은 적법하게 채택한 증거들을 종합하여 그 판시와 같은 사실을 인정한 다음, 피고인 1이 2007.12.21.경부터 같은 해 12.27.경까지 사이에 매도인인 광주신주해운유한공사에 2개월 동안 이 사건 선박을 임대하여 받기로 한 용선료 중국 통화 1,200,000위안에 상당하는 미화 162,162달러를 재정경제부장관에게 미리 신고하지 아니하고 이 사건 선박의 매매대금과 상계하였고, 피고인 1의 이러한 행위는 구 외국환거래법 위반죄에 해당한다고 판단하였다. 원심의 위와 같은 판단은 정당한 것으로서 수긍할 수 있고, 거기에 논리와 경험의 법칙에 위반하여 자유심증주의의 한계를 벗어났거나 구 외국환거래법 위반에 관한 법리를 오해한 위법 등이 있다고 볼 수 없다.

나. 형법 제16조에서 자기가 행한 행위가 법령에 의하여 죄가 되지 아니한 것으로 오인한 행위는 그 오인에 정당한 이유가 있는 때에 한하여 벌하지 아니한다고 규정하고 있는 것은 일반적으로 범죄가 되는 경우이지만 자기의 특수한 경우에는 법령에 의하여 허용된 행위로서 죄가 되지 아니한다고 그릇 인식하고 그와 같이 그릇 인식함에 정당한 이유가 있는 경우에는 벌하지 아니한다는 취지이다. 그리고 이러한 정당한 이유가 있는지 여부는 행위자에게 자기 행위의 위법의 가능성에 대해 심사숙고하거나 조회할 수 있는 계기가 있어 자신의 지적 능력을 다하여 이를 회피하기 위한 진지한 노력을 다하였더라면 스스로의 행위에 대하여 위법성을 인식할 수 있는 가능성이 있었음에도 이를 다하지 못한 결과 자기 행위의 위법성을 인식하지 못한 것인지 여부에 따라 판단하여야 할 것이고, 이러한 위법성의 인식에 필요한 노력의 정도는 구체적인 행위정황과 행위자 개인의 인식능력 그리고 행위자가 속한 사회집단에 따라 달리 평가되어야 한다(대법원 2006.3.24. 선고 2005도3717 판결 등 참조).

원심판결 이유에 의하면, 원심은, 피고인 1이 공소외인을 통하여 한국은행에 이 사건 선박의 매매대금 지급을 신고하는 과정에서 주식회사 한국외환은행(이하 '외환은행'이라 한다)의 담당자에게 이 사건 선박의 매매대금 일부를 상계한다는 취지를 설명한 다음 그 담당자의 안내에 따라 그대로 한국은행에 신고하였다고 볼 만한 자료가 없고, 설령 외환은행 담당자의 안내에 따라 그대로 신고를 하였다고 하더라도 그러한 사정만으로 이 사건 선박의 매매대금 지급의 신고에 관하여 피고인 1이 자신의 행위가 죄가 되지 아니하는 것으로 오인하였거나 그와 같은 오인에 정당한 이유가 있었다고 할 수 없다는 취지로 판단하였다. 앞서 본 법리에 비추어 살펴보면 원심의 위와 같은 판단은 정당한 것으로서 수긍할 수 있고, 거기에 형법 제16조의 법률의 착오에 관하여 오해한 위법이 있다고 볼 수 없다.

3. 결론

그러므로 상고를 모두 기각하기로 하여 관여 대법관의 일치된 의견으로 주문과 같이 판결한다.

대법관　박시환(재판장) 차한성 신영철(주심) 박병대

3-5. 외국환거래법상 상계의 의미

(대법원 2012.9.27. 선고 2011도11064 판결[외국환거래법 위반])

[판시사항]

주식회사 임원인 피고인이 甲회사가 乙주식회사로부터 받은 광고비 전액 중 해외 광고매체사로부터 수령할 수수료를 공제한 잔액만을 지급하는 방법으로 해외 광고매체사와 사이에 채권·채무를 결제하면서 이를 신고하지 아니하였다고 하여 구 외국환거래법위반으로 기소된 사안에서, 위와 같은 처리 방법이 같은 법 제16조 제1호에 규정된 '상계 등의 방법으로 채권·채무를 소멸시키거나 상쇄시키는 방법으로 결제하는 경우'에 해당한다고 한 사례

[이 유]

(중략)

원심이 인정한 위와 같은 거래의 내용 및 기록에 의하면, 공소외 회사는 공소외 2 회사에 대하여 해외 광고 매체사의 광고료를 청구하고 지급받을 권리가 있지만 공소외 1 회사에 귀속될 수수료는 해외 광고매체사에 대해서만 청구할 수 있을 뿐 공소외 2 회사에 대해서 청구할 권리는 없다 할 것이다. 따라서 공소외 1 회사가 공소외 2 회사로부터 지급받은 광고료에서 해외 광고매체사로부터 수령할 수수료를 공제한 잔액만을 송금하고 그 수수료를 지급받은 것으로 처리하는 것은, 그것이 원심 판시와 같이 반드시 상계에 해당한다고 할 것은 아니라 하더라도 적어도 외국환거래법 제16조 제1호에 규정된 '상계 등의 방법으로 채권·채무를 소멸시키거나 상쇄시키는 방법으로 결제하는 경우'에는 해당하는 것으로 봄이 상당하다. 따라서 그에 따른 신고의무를 위반한 것으로 본 원심판결에 상고이유의

주장과 같이 외국환거래법의 신고대상에 관한 법리를 오해하는 등으로 판결에 영향을 미친 위법은 없다.

3 기간초과 지급 등에 대한 신고 의무

1) 지급시기에 따른 대외거래(무역거래)의 대금결제방법

대외거래를 하는 거주자가 거래 상대방이 계약을 이행하는 것과 동시에 지급하거나 수령하는 경우에는 별도로 신고를 요하지 않는다. 그러나 외국환거래법에서는 거래상대방이 계약을 이행하기 전에 지급하거나 수령하는 경우 또는 계약을 이행한 후에 지급하거나 수령하는 경우 중에서 일정기간을 초과하는 경우에는 행위 전에 신고의무를 부여하고 있다.

대외거래에서 가장 기본적인 무역거래에서 매도인의 물품의 인도를 현물에 의한 인도와 물품에 대한 권리를 화체한 권리증권에 의한 인도로 구분하는 것이 일반적이다. 전자를 현물에 의한 현실적인도라 하고 후자를 서류에 의한 상징적인도라 한다. 대금지급시기에 따른 결제방법은 매도인이 물품 또는 서류에 의한 인도에 대하여 대금을 지급하는 시기에 따라 결제방법을 분류하는 것이다. 즉 물품 또는 서류의 인도와 상환으로 대금을 지급하는 동시지급, 인도이전에 대금을 결제하는 선지급, 인도가 이루어지고 나서 일정기간 경과 후에 결제하는 후지급방법, 그리고 결제시기가 혼합된 결제방법 등으로 구분해볼 수 있다.

ⓐ 선지급

선지급 조건이란 수출상이 물품을 선적 또는 인도하기 전에 미리 수입상이 대금을 지급하는 결제 조건을 의미하며 다음과 같은 것들이 선지급 조건으로 분류할 수 있다.

1) CWO(Cash With Order)

수입상이 상품을 주문함과 동시에 수출상의 대리인 등에게 현금으로 결제하는 방법이다.

2) 단순 송금 방식(Remittance Base)

수입상이 수출상에게 상품에 대한 주문과 함께 T/T(Telegraphic Transfer : 전신환) 등에 의하여 송금하여 결제하는 방법이다.

3) 전대 신용장 방식(red clause L/C, packing L/C)

신용장의 일종으로 수출상이 신용장상의 수익자로 신용장을 수취하면 물품의 인도나 선적의무의 이행이 없어도 신용자의 대금이 결제할 수 있도록 하는 문언이 기재되어 있는 전대신용장에 의해 대금을 결제하는 방식을 의미한다.

(b) 동시지급

동시지급조건이란 수출상이 물품의 선적 또는 인도나 물품에 대한 권리를 화체한 선적서류의 인도와 동시에 대금 결제가 이루어지는 결제방법이다.

1) COD(Cash On Delivery : 현물 상환지급)

수출상이 약정 물품을 수입상에게 현물로 인도하는 것과 동시에 현금으로 결제하는 방법이다.

2) CAD(Cash Against Documents : 선적서류 상환지급)

수출상이 약정 물품을 선적하고 구비한 B/L 등 선적서류를 수입상에게 인도함과 동시에 수입상이 대금을 지급하는 방법이다.

3) 일람지급신용장 및 일람불 매입신용장

신용장거래에서 서류가 일람지급은행에게 제시됨과 동시에 신용장금액의 지급이 이루어지는 일람지급신용장에 의한 대금결제와 매입신용장이 일람출급어음의 발행을 수권한 경우 신용장에서 명시된 서류와 개설은행을 지급인으로 일람출급어음을 제시하여 제시된 서류가 신용장 조건과 일치하는 경우 어음대금의 결제가 이루어진다.

4) D/P(Documents against payment)

추심결제방식에서 어음이 매수인에게 제시되었을 때 어음대금의 지급이 있어야 선적서류를 인도하는 방법이다.

(c) 후지급

물품의 선적 또는 인도나 선적서류의 인도가 있은 후 일정기간이 경과하고 난 후 대금결제가 이루어지는 외상거래조건이다.

1) 단기 연지급조건

단기와 중장기의 시간적 한계가 명확하지는 않으나 통상 물품의 선적, 인도 또는 운송서류의 인도 후 1년 이내에 결제하는 조건을 의미한다.

2) 신용장방식

발행된 환어음의 기간(Tenor)이 기한부이거나 서류의 제시 후 일정기일 이후에 대금지급이 이루어지는 신용장이 후지급에 해당한다. 환어음의 발행과 지급을 확약하는 방식에 따라 인수 신용장, 연지급신용장, 기한부매입신용장으로 구분할 수 있다.

① 인수신용장(Acceptance L/C) : 어음이 지급인에게 제시되면 즉시 인수가 이루어지고 만기일이 도래하면 지급할 것을 약속하는 신용장이다.

② 연지급신용장(Deferred payment L/C) : 서류제시 후 일정기간이 경과한 후에 지급이 이루어지는 것을 약정하고 있는 신용장으로 환어음의 발행지시는 없다.

③ 기한부매입신용장(Usance Negotiation L/C) : 환어음의 매입이 이루어지고 나서 어음의 만기일에 대금지급이 이루어지는 신용장을 말한다.

④ 어음을 요구하는 경우 첨부된 기한부어음의 지급기일에 따라

    ㉠ 일람후 정기출급(at-days after sight)

    ㉡ 일부후 정기출급(at-days after date of draft)

    ㉢ 확정일후 정기출급(at-days after date of B/L)

    ㉣ 확정일 출급(on a fixed date)으로 구분할 수 있다.

3) 인수도 방식(D/A : documents against acceptance)

추심결제방식에서 어음을 추심할 때 어음제시가 있어도 지급인은 대금지급을 하지 않고 어음의 인수만 하면 운송서류가 인도되어 어음 만기일에 대금지급을 하는 조건이다.

4) 국제팩토링 결제방식

팩토링(factoring)이란 제조업자(supplier)가 구매업자(debtor)에게 상품 등을 외상으로 판매한 후 발생되는 외상매출채권을 팩토링회사(factor)에게 일괄 양

도함으로써 팩토링회사로부터 구매업자에 관한 신용조사 및 신용위험인수(지급보증), 채권의 관리 및 대금회수, 양도한 채권금액 범위 내에서의 금융지원과 기타 사무처리대행 등의 서비스를 제공받는 새로운 금융기법을 의미한다.

5) 중장기 연불조건

통상적으로 물품의 선적이나 인도 후 1년 초과 10년 때로는 20년 이내의 기간에 결제되는 조건으로 플랜트(Plant : 화학공장설비), 선박, 철도차량 등 거래 단위가 큰 중공업 제품의 거래에 주로 쓰인다.

6) 청산결제

청산결제(Open Accoun)란 거래가 빈번하게 이루어지는 매매 당사자 간에 매 거래할 때마다 물품대금을 결제하지 않고 이것을 장부상에서 상쇄하고 일정기간마다 그 차액만을 청산하여 결제하는 방식이다. 외국환거래법에서는 상호계산이라고 한다.

(d) 결제시기의 혼합

혼합결제조건은 선지급, 동시지급 및 후지급방식을 혼합한 결제조건을 말한다.

1) 누진지급방식

물품의 대금을 일시에 지급하지 않고 계약시, 선적시, 도착시 등으로 또는 공정 즉 완성도에 따라 분할하여 지급하는 방식이다.

2) 분할지급 신용장(Payment by Installment L/C)

지급 기한이 서로 다른 복수의 환어음을 요구하여 수회에 걸쳐 분할하여 지급이 이루어지도록 하는 신용장이다.

2) 신고 예외거래

거주자가 수출입대금의 지급 등을 하고자 하는 경우에는 신고를 요하지 아니한다(정 5-8-1).

3) 기간초과 지급 또는 수령에 대한 신고의무

대외거래의 거래상대방이 계약을 이행하는 것을 기준으로 일정기간을 초과하는 모든 거래에 대하여 외국환거래법에 따라 신고를 하여야 하는 것은 아니다. 다음의 방법으로 지급 또는 수령을 하고자 하는 자는 한국은행총재에게 신고하여야 한다.

일정기간을 초과하는 지급 또는 수령에 대하여 한국은행에 신고 의무를 부여하는 수출 대금의 신속하고 정확한 회수, 수입물품에 대한 과도한 연지급방식에 의한 수입에 대하여 정부가 확인함으로써 무역거래를 가장한 금전대차 등과 같은 자본거래를 방지하기 위한 것이다.

〔표 30〕 기간초과 수령에 대한 신고(정 5-8)

당사자	거래금액	내용	신고의무
수출자	계약건당 미화 10만불을 초과하는 수출대금	물품의 선적 전 1년을 초과하여 수령하고자 하는 경우	한국은행 총재 신고

* 수출입 상대방의 귀책 등 불가피한 사유로 인정되는 경우에는 1년을 초과한 날로부터 3월 이내에 사후신고를 할 수 있음.

─○ 신고서 작성 방법　일정기간을 초과하는 지급 등의 방법

| 거래사례 |

유정씨앤씨(주)는 2026.7.5. 미국의 ABC사에 특수장비 US $ 1,000,000을 발주하고 장비제조에 소요되는 기간을 감안 장비인수는 2027.7.9.에 하되, 수입대금은 2026.7.5. 착수금조로 US $ 500,000을 송금하며 나머지 금액은 2027.7.1. 및 장비인수시 각각 US $ 250,000를 송금하기로 하였음.
이와 관련하여 유정씨앤씨(주)는 동 장비 수입을 위한 착수금 송금을 위해 한국은행에 지급 등의 방법(기획재정부장관이 정하는 기간을 초과하는 지급 등의 방법) 신고를 하는 사례(자료출처: 한국은행 외국환거래 신고 편람 2007.1. p.48~51의 내용을 필자가 일부수정)

【기간초과지급 등: 지급 등의 방법(변경) 신고서】

〔별지 제5-1호 서식〕

<table>
<tr><td colspan="4" align="center"><h2>지급 등의 방법(변경) 신고서</h2></td><td colspan="2" align="center">처리기간</td></tr>
<tr><td rowspan="5">거래내용</td><td colspan="2">Ⓐ 거 래 종 류</td><td colspan="3">□ 수출거래 ■ 수입거래 □ 용역거래 □ 자본거래</td></tr>
<tr><td rowspan="2">Ⓑ 계약상대방</td><td>상호 및 대표자성명</td><td colspan="3">ABC Company, Bill James</td></tr>
<tr><td>주 소, 전 화 번 호</td><td colspan="3">1122 Battery Street,San Francisco
1-309-387-0000</td></tr>
<tr><td colspan="2">Ⓑ 결 제 방 법</td><td colspan="3">□ 신용장(L/C) □ 추심(D/P, D/A) ■ 송금 □ 기타( )</td></tr>
<tr><td colspan="2">Ⓒ 금　　　액</td><td>계약금액</td><td>U$1,000,000</td><td>신고금액　　U$750,000</td></tr>
<tr><td rowspan="9">지급 등의 방법</td><td rowspan="3">Ⓓ
(1)일정기간을 초과하는 지급 또는 영수</td><td>결제기간</td><td>당초기간</td><td colspan="2">2026.7.5 – 2027.7.9　변경</td></tr>
<tr><td>결제시기</td><td>당초시기</td><td colspan="2">변경</td></tr>
<tr><td>결제방법</td><td colspan="3">■ 외국환은행을 통한 방법 □ 기타( )</td></tr>
<tr><td rowspan="3">(2)상계에 의한 계정의 대기, 차기</td><td rowspan="2">계정의 구분 및 대차기금액</td><td>貸記</td><td></td><td rowspan="2">잔액</td></tr>
<tr><td>借記</td><td></td></tr>
<tr><td>결제방법</td><td colspan="3">□ 외국환은행을 통한 방법 □ 기타( )</td></tr>
<tr><td rowspan="2">(3)기 타</td><td>구 분</td><td colspan="3">□ 제3자 지급
□ 외국환은행을 통하지 아니하는 지급</td></tr>
<tr><td>결제시기</td><td colspan="3"></td></tr>
<tr><td colspan="2">변경</td><td colspan="3"></td></tr>
<tr><td colspan="6">외국환거래법 제16조의 규정에 의하여 위와 같이 신고합니다.

2026년 6월 30일
　　Ⓔ 신고인 유정씨앤씨(주) 대표이사 신민호
　　（또는 유정씨앤씨(주)의 대리인 공일규） 인
　　（전화 02-333-3333）
한국은행총재 귀하
（외국환은행의 장）</td></tr>
</table>

210mm×297mm

Ⓕ 〈첨부서류〉 1. 사유서 2. 수출입계약서 사본 1부
          3. 지급 등의 방법에 관한 입증서류 1부

작성요령

Ⓐ **거래종류**

– 기획재정부장관이 정하는 기간을 초과하는 지급 등의 원인이 되는 채권이나 채무발생의 거래종류를 기재하며 위의 경우는 유정씨앤씨(주)의 ABC사에 대한 수입거래가 기획재정부장관이 정하는 기간을 초과하는 지급 등의 원인이 되었으므로 "수입거래"란에 표시한다.

Ⓑ **계약상대방 및 결제방법**

– 계약상대방의 상호, 주소, 연락전화번호를 기재하며 거래종류별 대금결제방법에 표시한다.

Ⓒ **금액**

– 계약금액에는 계약금액 전체(위의 경우는 US$1,000,000)를 기재하며 신고금액에는 계약금액 중 "기획재정부장관이 정하는 기간 등을 초과하는 지급 등"에 해당되는 금액(위의 경우에는 물품인수 전 1년 초과로 지급하게 되는 US$500,000 외에 인수 전까지 지급하게 되는 총액인 US$750,000)을 기재한다.

Ⓓ **일정기간을 초과하는 지급 또는 영수**

– 결제기간(결제시기): 일정기간을 초과하는 지급 또는 영수가 이루어지는 기간이나 시기를 기재하며 위의 경우 1년 동안 분할 지급하므로 첫 번째 대금지급시점부터 마지막 대금지급시점까지를 기재한다.

  * 변경부분은 한국은행에 기 신고한 결제기간이나 결제시기가 변경되는 경우 변경신고서 작성시 기재하는 부분이다.

– 결제방법: 결제방법란에는 지급이나 수취시 선택하는 결제방법에 표시한다.

Ⓔ **신고인 관련부분**

– 개인의 경우는 신고인의 성명을 기재하고 서명 또는 날인, 법인의 경우는 상호와 대표이사명을 기재하고 법인 인감을 날인한다. 만약 대리인이 신고하는 경우에는 '유정씨앤씨(주)의 대리인 공일규'라고 기재하고 대리인 공일규가 날인 또는 서명한다.

Ⓕ **첨부서류**

– 사유서: 특별한 양식은 없으며 A4 용지 1매 내외의 분량으로 해당 신청 사유를 정확하

고 상세하게 기재한다.

- 신고인 및 거래(계약) 상대방의 실체확인서류: 개인의 경우에는 신분을 증명할 수 있는 주민등록증이나 여권 또는 운전면허증 사본, 법인의 경우에는 법인등기부등본, 사업자등록증
  - 국내기업의 경우에는 법인등기부등본, 해외법인 등의 경우는 이에 준하는 서류(예: "Certificate of Incorporation" 등)
  * 만약 대리인이 신고할 경우에는 동 서류 외에 당해 신고행위에 대한 권한을 위임하는 내용의 위임장(비거주자는 영사관 발행 또는 현지에서 공증받은 위임장)을 추가 제출한다.
- 기간을 초과하는 지급 등을 입증할 수 있는 서류: 당해 지급의 원인이 되는 수출입계약서 및 Invoice 등의 근거자료

〔표 31〕 기간 초과 지급에 대한 신고

당사자	거래금액	내용	신고의무
수입자	계약건당 미화 10만불을 초과하는 수입대금	선적서류 또는 물품의 수령 전 1년을 초과하여 송금방식에 의하여 지급하고자 하는 경우	한국은행 신고*

* 불가피한 사유로 인정되는 경우에는 1년을 초과한 날로부터 3월 이내에 사후신고를 할 수 있음.

4) 기간초과 지급 및 수령 신고내용에 대한 관계기관 통보의무

기간초과 지급 및 수령 신고를 받은 한국은행총재는 매월별로 익월 10일 이내에 동 신고사실을 국세청장 및 관세청장에게 통보하여야 한다(정 5-8-3).

5) 기간 초과 지급 또는 수령에 대한 실무 사례

〔표 32〕 기간 초과 지급 또는 수령에 대한 실무 사례

실무 사례	내용	신고의무
기계설비 수입대금 선지급	50만불의 기계설비에 대한 수입계약을 체결하면서 계약체결 시 10만불을 선지급하고, 계약체결 후 6개월 이내에 기계 설비의 50%를 수입하면서 20만불 지급, 계약 체결 후 1년 6개월 이내에 나머지 50%를 수입하면서 잔금 20만불을 지급	한국은행 신고

기간 초과 지급 등의 방법 미신고 사례

가. 위반 내용

「외국환거래법」 제16조 제2호 및 「외국환거래규정」 제5-8조에 따르면, **계약 건당 미화 10만 달러를 초과하는 수출입대금**을 아래와 같은 방식으로 지급하거나 수령하고자 할 경우에는 **한국은행 총재에게 사전에 신고하여야** 한다.

- 수출대금: 선적일 전 1년을 초과하여 수령하려는 경우
- 수입대금: 선적서류 또는 물품 수령일 전 1년을 초과하여 지급하려는 경우

하지만 수입업체 A사는 해외 와인 판매자로부터 와인을 수입하기로 계약하면서, **와인을 수령하기 1년 이상 전에 수입대금을 선지급**하였다. 그럼에도 불구하고 **한국은행에 기간 초과 지급에 대한 신고를 하지 않아 외국환거래법상 신고의무를 위반**하였다.

또한 수출업체 B사는 해외 현지법인과 기계류 수출계약을 체결한 후, **선적 예정일보다 10개월 앞서 수출대금을 미리 수령**하였다. 그러나 이후 기계류 제작을 위한 부품 수급에 문제가 생겨 **실제 선적이 3개월 이상 지연**되었고, 이에 따라 **수출대금을 선적 전 1년 이상 보유하게 되었음에도 사후신고를 하지 않아 역시 신고의무를 위반**하게 되었다.

나. 유의사항

계약 건당 미화 10만 달러를 초과하는 수출입거래에서 선급금(수입대금 선지급)을 하거나 선수금(수출대금 선수령)을 받을 경우에는, 반드시 **수출입 이행계획 또는 실질적인 수출입 진행 상황을 확인**해야 한다.

만약 선적이나 수령 시점이 늦어져서 1년을 초과하게 될 가능성이 있는 경우에는, 사전에 또는 불가피한 경우 사후에라도 **한국은행에 '기간 초과 지급 또는 수령'에 대한 신고를 이행해야** 한다.

이를 누락할 경우, 외국환거래법 위반으로 간주되어 과태료 등 제재 대상이 될 수 있으므로, **수출입 일정과 자금 흐름을 연동한 외환관리 체계가 중요하다.**

Q. 해외지사와의 물품 수출입대금 결제시 어떤 제한이 있나요?

A. 해외지사와의 수출입대금 결제시 다음에 해당될 경우에는 한국은행에게 사전신고하여야 함.
- 수출대금 수령의 경우는 본사가 지사로부터 계약건당 미화 5만달러를 초과하는 수출대금을 물품의 선적전에 수령하거나 무신용장 인수인도조건방식 수출로서 결제기간이 물품 선적후 또는 수출환어음 일람 후 3년을 초과하는 경우
- 수입대금 지급의 경우는 계약건당 미화 2만달러 초과 수입대금을 선적서류 또는 물품 수령 전 1년을 초과하여 송금 방식으로 지급할 경우, 계약건당 미화 5만불을 초과하는 미가공 재수출할 목적으로 금을 수입하는 경우로서 수입대금을 선적서류 또는 물품의 수령일로부터 30일을 초과하여 지급하거나 내수용으로 30일을 초과하여 연지급 수입한 금을 미가공 재수출하고자 하는 경우

Q. 송금후 1년내에 수입물품이 선적될 예정이지만, 상황이 불확실하여 1년후에 선적이 될 수도 있다면 지금 신고를 해야 하나요?

A. 거주자가 계약건당 미화 2만달러를 초과하는 수입대금을 선적서류 또는 물품의 수령 전 1년을 초과하여 송금방식에 의하여 지급하고자 하는 경우 일정기간 초과지급에 대해 한국은행에 신고를 하여야 하므로 현재에는 1년 내에 수입물품을 수령할 예정이라면 일단은 신고없이 대금을 송금함. 단, 불가피한 사유가 인정되는 경우에는 1년을 초과한 날로부터 3월 이내에 사후신고를 할 수 있음.

Q. 해외업체와의 수출계약 일부가 해지되어 기존에 수령한 선수금을 일부 반환하고자 하는 경우 어떤 절차가 필요 한가요?

A. 수출대금 초과 수령금(수출선수금 및 착수금의 반환을 포함) 및 수출품 반송에 따른 반환금 등은 한국은행에 별도 신고절차 없이 외국환은행에 관련 증빙서류를 제출하고 지급 가능

Q. 물품을 공급하기 전에 수출대금을 미리 받는 데에는 전혀 제한이 없나요?

A. 거주자가 물품을 수출·입하고 동 수출입 대금을 결제하는 데에는 원칙적으로 결제방식과 결제기간 등에 제한 없음. 다만, 일부 본·지사간(국내에 본점을 둔 국내기업과 동 기업의 해외지사나 현지법인간) 수출입 거래 등 다음과 같은 특별한 거래를 하고자 하는 경우에는 한국은행에 신고하여야 함.
계약 건당 미화 5만불을 초과하는 수출거래로서
- 본·지사간 수출대금을 무신용장 인수인도조건방식(D/A)으로 물품의 선적후 또는 수출환어음 일람 후 3년을 초과하는 수령

- 본·지사간 수출선수금 수령(수출대금의 물품 선적전 수령)
- 본·지사간이 아닌 수출대금의 물품 선적전 1년을 초과하는 수령(다만, 선박, 철도차량, 항공기, 대외무역법에 의한 산업설비는 신고대상에서 제외. 불가피한 사유로 인정되는 경우는 1년을 초과하는 날로부터 3개월내 사 후신고 가능)

외국인수수입에 대한 기간초과지급 신고 비대상
(기획재정부 외환제도과-38, 2014.1.27.)

1. 질의내용

◆ 사실관계

○ A(거주자)는 국내 소재 원유 정제설비 등 플랜트 건설사, B(비거주자)는 영국 소재 귀금속 구매대행 및 판매사, C(비거주자)는 미국 소재 촉매 제조사, D(비거주자)는 UAE 소재 플랜트 건설 공사의 발주처

○ A는 D로부터 수주한 UAE 윤활기유 플랜트 프로젝트를 수행하면서, 탈 왁스공정(Iso dewaxing)의 촉매 제조에 사용되는 귀금속인 백금 및 팔라듐(이하 '귀금속'이라 한다)을 구매하여, 촉매 투입 6개월 전까지 촉매 제조사인 미국 소재 C에게 공급하기로 함.

○ A는 귀금속 시장가격의 등락에 따른 손실을 최소화하기 위해 시장가격 상황을 체크하다가 2010.8.20. B에게 귀금속 구매를 의뢰하면서 구매대금 미화 9,668,984불을 B에게 지급

○ 2010.8.20. B는 해당 물품을 구매 완료 후, A에게 'A 명의의 메탈계정*에 구매한 물품을 보관하고 있음'을 확인하는 구매확인서(CERTIFICATE OF PURCHASE)를 A에게 송부(귀금속의 소유·처분권은 A에게 있음)

  * "메탈계정(METAL ACCOUNT)"이란 백금 등 귀금속 거래시 주로 사용되는 것으로, 판매인(구매대리인)이 구매자 명의로 해당 메탈을 구매하여 보관 중임을 보증하며 물품 이동은 실물이동 또는 메탈계정간 이체 방식으로 인수됨.

○ A는 UAE 소재 플랜트 건설공정에 맞추어 물품 구매일(2010.8.20.)로부터 1년을 초과한 2011.9.29. B에게 'A 명의의 메탈계정을 C 명의로 변경할 것'을 지시(메탈계좌 이체 방식)함으로써, C에게 해당 귀금속을 공급

  * 메탈계정 명의변경으로 귀금속의 소유권이 이전됨.

  - A는 수입대금을 B에게 지급할 때에 '선급금(자산계정)'으로 회계처리하였다가, 촉매제조회사인 C에게 공급한 시점인 2011.9.29.에서야 '매출원가(비용계정)'로 대체 회계처리

◆ 쟁점

　○ 거주자 A가 추후 제3국에서 사용될 귀금속을 미리 구매하기 위하여 비거주자 B에게 구입
　　대금을 지급한 행위의 기간초과지급신고 대상여부

2. 회신내용

◆ 결론

　○ 기간초과지급 신고 비대상

◆ 이유

　○ 외국환거래규정 제5-8조 제2호 나목의 '물품의 수령일 해석시 대외무역관리규정 제2조 제12
　　호의 외국인수수입에 해당하는 경우에는 '물품의 소유권이전일'을 수령일로 보고 있음(유권
　　해석 외환제도과-97, 2013.2.26.).

　○ 사실관계와 같이 거주자 A가 비거주자 B를 통해 구매한 백금이 A명의 메탈계정에 보관된
　　시점에 소유권이 이전(수령일)된 것으로 판단됨.

　○ 다만, 동 거래의 외국인수수입 해당여부는 산업통상부 확인 후 적용 가능함.

│ 참고사항 │

○ 관련 유권해석(기획재정부 외환제도과-97, 2013.2.26.)

　(질의) 외국환거래규정 제58조 제1항 제2호 나목에서 선적서류 또는 물품의 수령 전에 2만불
　　　을 초과하여 송금방식에 의하여 지급할 경우 '수령'의 의미

　(답변) 통상적으로 국내로 물품을 수입하는 경우 선적서류 또는 물품의 수령일 중 먼저 도래
　　　하는 날찌를 기준으로 적용함. 다만, 대외무역관리규정 제2조 제12호에 따라 수입대
　　　금은 국내에서 지급되지만 수입물품 등은 외국에서 인수하거나 제공받는 '외국인수수
　　　입'에 해당하는 경우에는 물품의 소유권이전일을 수령일로 볼 수 있음.

유권해석 사례 2

본ㆍ지사간 연불수출거래 기간초과지급 신고 비대상
(기획재정부 외환제도과-272, 2015.5.8.)

1. 질의내용

◆ 사실관계

　○ A사는 일본현지에 해외 직접투자하여 설립한 현지법인 B사에 2013.11.9. 중고 선박을 2년
　　거치 10년 분할상환 조건으로 수출함(계약내용 참조)

〈계약내용〉
- 계약일자: 2013.11.1. 수출신고 수리일: 2013.11.9. 선적일자: 2013.11.12.
- 결제조건: 구매대금과 이자는 계약서 '부속서 1'에 명시된 대금지급 일정에 따라 판매자의 계좌로 지불함.
- 상환일정: 2014.2.~2015.11.(2년) 이자지급, 2016.2.~2025.11.(10년) 원금과 이자를 매 분기별로 함께 지급
- 최초수령: 계약상 일정에 따라서 2014.2.11. B의 국내 외화 보통예금 계좌에서 A의 외화 보통예금 계좌로 1회차 이자 USD221,808.22 이체

◆ 쟁점
○ A사가 해외 현지법인 B사에 중고 선박을 수출하고 외국환은행에 개설된 계정간 이체방식으로 12년 간 원금 및 이자를 상환하도록 하는 것이 외상수출채권 매입방식에 해당하여 한국은행총재 신고대상인지 여부

2. 회신내용
◆ 결론
○ 기간초과지급 신고 비대상

◆ 이유
○ 외국환거래규정 제5-8조 제2호 나목의 '물품의 수령일' 해석시 대외무역관리규정 제2조 제12호의 "외국인수수입에 해당하는 경우에는 '물품의 소유권이전일'을 수령일로 보고 있음(유권해석 외환제도과-97, 2013.2.26.).
○ 사실관계와 같이 거주자 A가 비거주자 B를 통해 구매한 백금이 A명의 메탈계정에 보관된 시점에 소유권이 이전(수령일)된 것으로 판단됨.
○ 다만, 동 거래의 외국인수수입 해당여부는 산업통상부 확인 후 적용 가능함.

> **│ 참고사항 │**
>
> ○ 관련 유권해석(기획재정부 외환제도과-97, 2013.2.26.)
> (질의) 외국환거래규정 제58조 제1항 제2호 나목에서 선적서류 또는 물품의 수령 전에 2만불을 초과하여 송금방식에 의하여 지급할 경우 '수령'의 의미
> (답변) 통상적으로 국내로 물품을 수입하는 경우 선적서류 또는 물품의 수령일 중 먼저 도래하는 날짜를 기준으로 적용함. 다만, 대외무역관리규정 제2조 제12호에 따라 수입대금은 국내에서 지급되지만 수입물품 등은 외국에서 인수하거나 제공받는 "외국인수수입"에 해당하는 경우에는 물품의 소유권이전일을 수령일로 볼 수 있음.

(1) 요약

합성천연가스 플랜트 특수 보일러 설비 선급금 등을 선적 전 1년 기간 초과하여 지급한 것으로 의심받은 사례

(2) 사실관계

계약 건당 2만불을 초과하는 수입대금을 선적서류 또는 물품의 수령 전 1년을 초과하여 송금방식으로 지급하고자 하는 경우, 외국환거래규정 제5-8조의 규정에 의거 한국은행총재에게 신고하여야 하며, 불가피한 사유로 인정되는 경우에는 1년을 초과한 날로부터 3월 이내에 사후신고하여야 함.

A씨는 대기업인 B건설사의 대표로서 2011.11. C국의 D사와 합성천연가스(SNG) 플랜트 건설사업과 관련하여 특수 보일러 공급계약을 체결하면서, 계약서의 내용에 따라 2011.9. 선급금으로 계약금액의 25%에 해당하는 금액 59억원, 2012.1. 중간지급금으로 계약금액의 25%에 해당하는 금액 57억원을 송금방식(T/T)으로 지급하였고, 물품은 2013.6. 수입신고되었음에도, 위 선급금 및 중간지급금을 물품의 수령 전 1년을 초과하여 송금방식으로 지급하면서 한국은행총재에게 신고하지 않은 것으로 의심받은 사례

(3) 세관의 판단

기간 초과 지급 미신고 외국환거래법 위반임.

(4) 검찰의 판단

기간 초과 지급 미신고 외국환거래법 위반임.

(1) 요약

본·지사간 철강 수출대금 선수금 수령을 신고하지 않았다고 의심받은 사례

(2) 사실관계

본·지사 간의 수출거래로서 계약건당 미화 5만불을 초과하는 수출대금을 물품의 선적 전에 수령하고자 하는 경우에는 한국은행총재에게 신고하여야 함. A씨는 대기업 B사의 대표로서 B사의 C국 현지법인 D사의 자회사인 E사에게 납품하는 철강제품의 대가로서 2011.12. 수출대금 77억원 상당을 D사로 수령한 후 2012.1.경 수출물품을 선적하였음에도 한국은행총재에게 위와 같은 사실을 신고하지 않은 것으로 의심받은 사례

(3) 세관의 판단

　본·지사간 선수금 수령신고의무 미이행 외국환거래법 위반임.

(4) 검찰의 판단

　본·지사간 선수금 수령신고의무 미이행 외국환거래법 위반임.

(1) 요약

　본·지사간 시멘트 수출대금 선수금 수령을 신고하지 않았다고 의심받은 사례

(2) 사실관계

　본·지사 간의 수출거래로서 계약건당 미화 5만불을 초과하는 수출대금을 물품의 선적 전에 수령하고자 하는 경우에는 한국은행총재에게 신고하여야 함. A씨는 대기업 B사의 대표로서 B사의 미국 현지법인 C사에게 수출하는 시멘트제품의 대가로서 2008.1.~2008.2. 기간 중 수출대금 미화 15억원을 수령한 후 물품 선적은 2008.3.경에 수출물품을 선적하였음에도 한국은행총재에게 위와 같은 사실을 신고하지 않은 것으로 의심받은 사례

(3) 세관의 판단

　본·지사간 선수금 수령신고의무 미이행 외국환거래법 위반임.

(4) 검찰의 판단

　본·지사간 선수금 수령신고의무 미이행 외국환거래법 위반임.

4　제3자 지급 및 수령에 대한 신고 의무

　대외거래를 하는 당사자는 무역거래나 용역거래의 상대방에게 직접 거래대금을 지급하거나 상대방으로부터 거래대금을 수령하는 것이 일반적이다. 그러나 거래당사자 중 일방의 요청으로 거래당사자가 아닌 제3자에게 지급을 하거나 제3자로부터 수령을 하는 경우 또는 거래당사자가 아님에도 거래당사자의 요청으로 거래당사자의 거래대금을 대신하여 지급하거나 수령하는 경우가 있을 수 있는데 외국환거래법에서는 이러한 경우 지급 또는 수령 행위를 하기 전에 신고의무를 부여하고 있다. 실제로 제3자 지급 및 수령에 대한 신고의무는 상계에 대한 신고의무와 더불어 외국환거래법 신고의무 위반이 가

장 많이 발생하는 유형이므로 법인이나 개인 기업의 대표는 각별히 유의하여야 한다.

외국환거래법에서는 '제3자 지급 및 수령' 행위가 국내 자본의 유출, 마약 등 불법자금의 세탁, 관세 등 조세의 회피수단으로 악용될 소지가 크기 때문에 신고 예외사항을 제외하고는 모두 한국은행에 신고하도록 하여 엄격하게 관리하고 있다.

1) 신고 예외 거래(정 5-10-1)

① 거주자와 비거주자 간 거래의 결제를 위하여 당해 거래의 당사자가 아닌 비거주자로부터 수령하는 경우에는 신고의무가 없다.

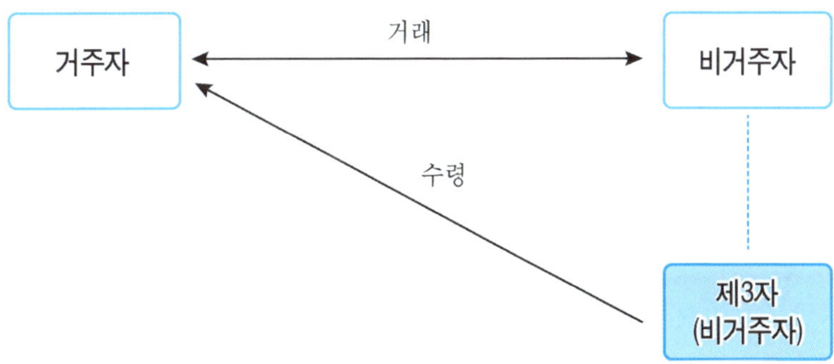

② 거주자와 거주자 간 거래의 결제를 위하여 당해 거래의 당사자가 아닌 비거주자로부터 수령하는 경우에는 신고의무가 없다.

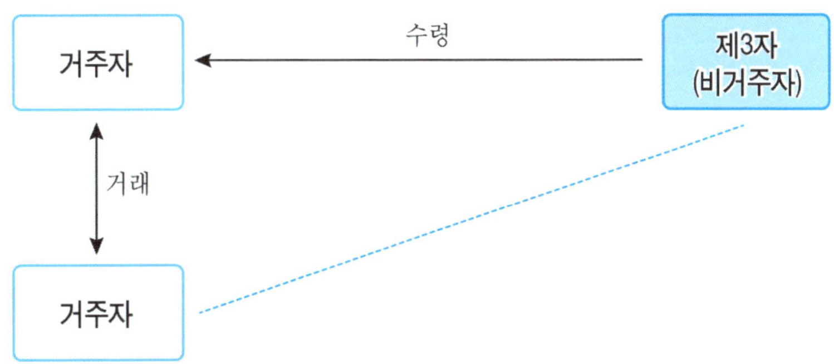

③ 거주자와 거주자 간 거래의 결제를 위하여 당해 거래의 당사자가 아닌 거주자로부터 수령하거나 거주자에게 지급을 하는 경우에는 신고의무가 없다.

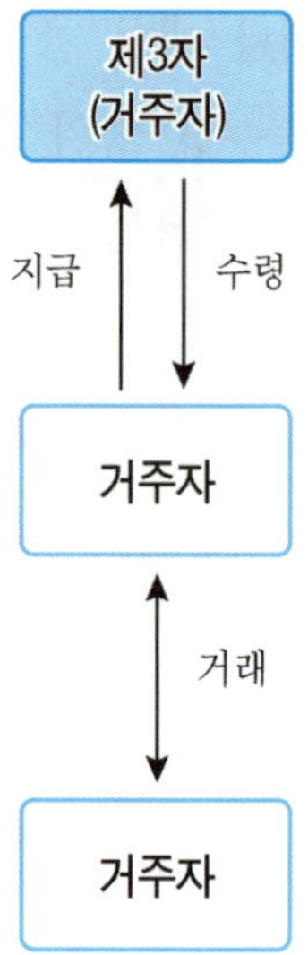

④ 비거주자 간 거래의 결제를 위하여 당해 거래의 당사자인 비거주자로부터 수령하
는 경우에는 신고의무가 없다.

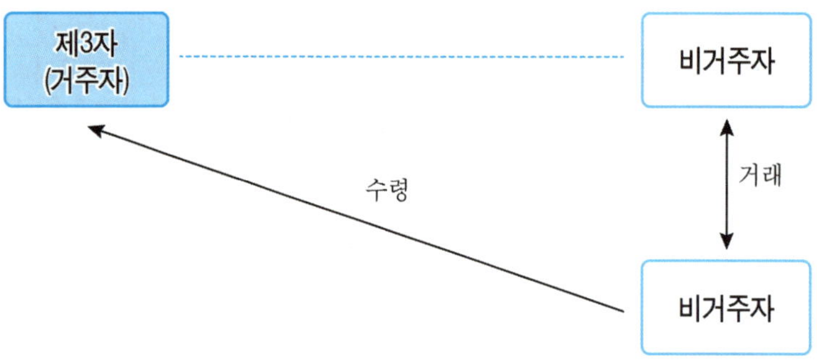

⑤ 거래당사자가 아닌 제3자가 거주자와 비거주자 간 거래의 결제를 위하여 당해 거
래의 당사자인 비거주자로부터 수령하는 경우에는 신고의무가 없다.

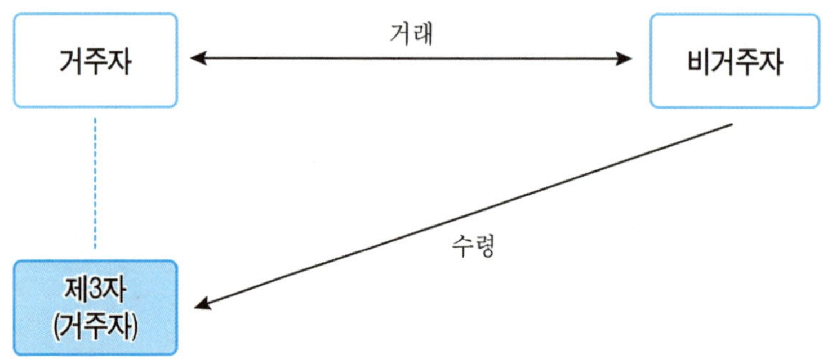

〔표 33〕 신고 예외 제3자 지급 및 수령

당사자	제3자 거래내용	신고의무
거주자 및 비거주자	**미화 5천불 이하의 금액을 제3자 지급 또는 수령을 하는 경우**	없음
당해 거래의 당사자인 거주자	거주자 간 또는 거주자와 비거주자 간 거래의 결제를 위하여 당해 거래의 당사자가 아닌 비거주자로부터 수령하는 경우	없음
당해 거래의 당사자인 거주자	당해 거래의 당사자가 아닌 거주자로부터 결제대금을 수령하는 경우	없음
당해 거래의 당사자인 거주자	거주자 간 거래의 결제를 위하여 당해 거래의 당사자가 아닌 거주자와 지급 또는 수령을 하는 경우	없음
당해 거래의 당사자가 아닌 거주자	비거주자 간 또는 거주자와 비거주자 간 거래의 결제를 위하여 당해 거래의 당사자인 비거주자로부터 수령하는 경우	없음
수입대행업체(거주자)에게 단순수입대행을 위탁한 거주자(납세의무자)	수입대행계약시 미리 정한 바에 따라 수입대금을 수출자인 비거주자에게 지급하는 경우	없음
거주자	인터넷으로 물품 수입을 하고 수입대금은 국내 구매대행업체를 통하여 지급하는 경우	없음
수입대금을 받은 구매대행업체	수출자에게 수입대금을 지급하는 경우	없음
비거주자	비거주자가 인터넷으로 판매자인 다른 비거주자로부터 물품을 구매하고 구매대금을 거주자인 구매대행업체를 통하여 지급하는 경우	없음
구매대금을 받은 거주자인 구매대행업체	판매자인 다른 비거주자에게 구매대금을 지급하는 경우	없음
거주자인 정유회사 및 원유, 액화천연가스 또는 액화석유가스 수입업자	외국정부 또는 외국정부가 운영하는 기업으로부터 원유, 액화천연가스 또는 액화석유가스를 수입함에 있어 당해 수출국의 법률이 정한 바에 따라 수입대금을 수출국의 중앙은행에 지급하는 경우	없음
해운대리점 또는 선박관리업자	비거주자인 선주(운항사업자를 포함)로부터 수령한 자금으로 국내에 입항 또는 국내에서 건조중인 선박(이하 '외항선박')의 외항선원 급여 등 해상운항경비를 외항선박의 선장 등 관리책임자에게 지급하는 경우	없음
당해 거래의 당사자인 거주자	거주자인 통신사업자와 비거주자인 통신사업자간 통신망 사용대가의 결제를 위하여 당사자가 아닌 비거주자와 지급 등을 하는 경우	없음

---

11) 상거래의 안정성을 확보하기 위하여 중립적인 제3자로 하여금 거래대금을 일시적으로 예치하였다가 일정 조

당사자	제3자 거래내용	신고의무
「정보통신망 이용촉진 및 정보보호 등에 관한 법률」에 따라 등록된 통신과금서비스제공자	거주자 또는 비거주자의 전자적 방법에 의한 재화의 구입 또는 용역의 이용에 있어 그 대가의 정산을 대행하기 위해 지급 등을 하는 경우	없음
거주자	외국환은행 또는 이에 상응하는 외국 금융기관 명의로 개설된 에스크로 계좌[11]를 통해 비거주자와 지급 등을 하는 경우	없음
해외광고 및 선박관리업무를 대리·대행하는 자	해외광고 및 선박관리 대리대행계약에 따라 지급 또는 수령하는 경우	없음
다국적기업	다국적기업의 상계센터를 통한 상계로서 한국은행총재에게 상계 신고를 이행한 후 상계잔액을 해당 센터에 지급하는 경우	없음

〔표 34〕 신고 예외 기타 제3자 지급 및 수령

당사자	제3자 거래내용	신고의무
외국환은행	당해 외국환은행의 해외지점 및 현지법인의 여신과 관련하여 차주, 담보제공자 또는 보증인으로부터 여신원리금을 회수하여 지급하고자 하는 경우	없음
거주자인 예탁결제원(예탁기관)	비거주자가 발행한 주식예탁증서의 권리행사 및 의무이행과 관련된 내국지급수단 또는 대외지급수단을 지급 또는 수령하는 경우	없음
거래당사자(회원)	회원으로 가입된 국제적인 결제기구와 지급 또는 수령하는 경우	없음
대한민국 재외공관	외교통상부의 신속 해외송금 지원제도 운영 지침에 따라 국민인 비거주자에게 긴급경비를 지급하는 경우	없음
정부	「국제개발협력기본법」에 따른 국제개발협력과 관련한 자금을 거래당사자가 아닌 자에게 지급하는 경우	없음

〔표 35〕 신고 예외 인정된 거래에 따른 제3자 지급 및 수령

당사자	제3자 거래내용	신고의무
거래당사자	인정된 거래에 따른 채권의 매매 및 양도, 채무의 인수가 이루어진 경우	없음
비거주자	인정된 거래에 따른 비거주자 간의 외화채권의 이전	없음
거주자	인정된 거래에 따라 외국에 있는 부동산 또는 이에 관한 권리를 취득하고자 하는 거주자가 동 취득대금을 당해 부동산 소재지 국가에서 부동산계약 중개·대리업무를 영위하는 자에게 지급하는 경우	없음

건이 충족되면 당초 약정한 대로 자금의 집행이 이루어지는 계좌를 말한다.

당사자	제3자 거래내용	신고의무
거주자	인정된 거래에 따라 외국에서 외화증권을 발행한 거주자가 원리금 상환 및 매입소각 등을 위하여 자금관리위탁계약을 맺은 자에게 지급하고자 하는 경우	없음
외화증권을 취득하고자 하는 자	인정된 거래에 따라 관련자금을 예탁결제원에게 지급하는 경우	없음
주식 또는 지분을 취득하는 자	주식 또는 지분을 취득하는 경우 동 취득대금을 「외국인투자촉진법」에 의한 외국인투자기업(국내자회사를 포함), 외국기업국내지사, 외국은행국내지점 또는 사무소가 본사(본사의 지주회사나 방계회사를 포함)에게 직접 지급하는 경우	없음
해외현지법인을 설립하거나 해외지사를 설치하고자 하는 거주자	설립 및 설치 자금을 해외직접투자와 관련된 대리관계가 확인된 거주자 또는 비거주자에게 지급하는 경우	없음

2) 제3자 지급 및 수령에 대한 신고의무

제3자 지급 및 수령에 대한 이해를 돕기 위해 거래도로 나타내면 아래와 같다.

㉠ 거주자와 비거주자 간 거래에 관련하여 거주자가 제3자에게 지급하는 경우 신고대상 제3자 지급거래이다.

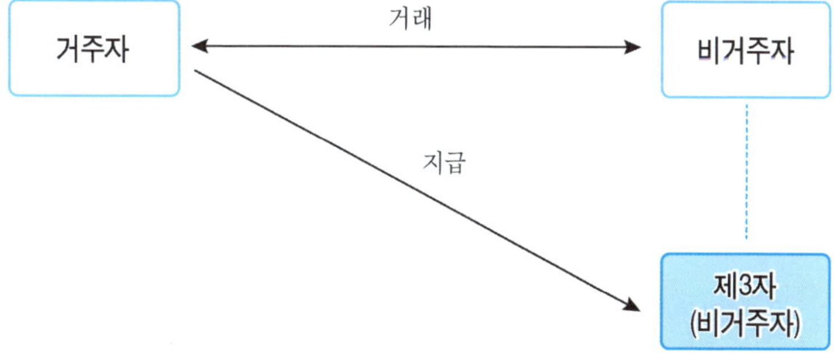

ⓛ 거주자와 비거주자 간 거래에 관련하여 거주자인 제3자가 거래당사자인 비거주자에게 지급하는 경우 신고대상 제3자 지급거래이다.

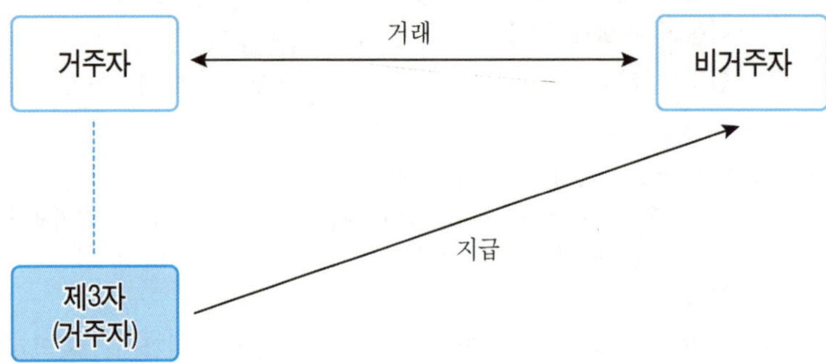

ⓒ 거주자와 비거주자 간 거래에 관련하여 거주자인 제3자가 거래당사자인 거주자로부터 지급받는 경우 신고대상 제3자 지급거래이다.

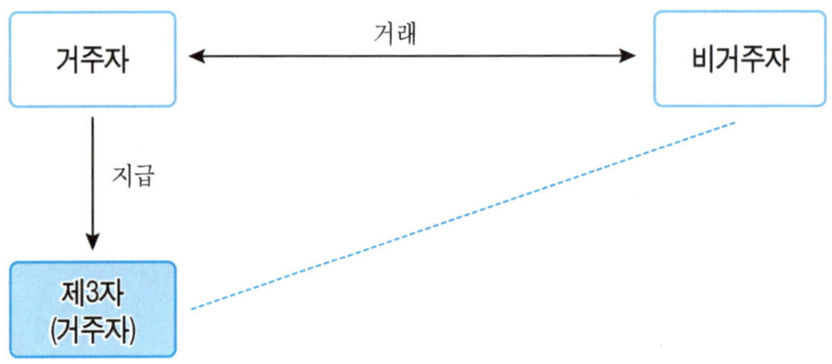

ⓡ 비거주자 간 거래에서 거래당사자가 아닌 거주자인 제3자가 비거주자에게 지급하는 경우 신고대상 제3자 지급거래이다.

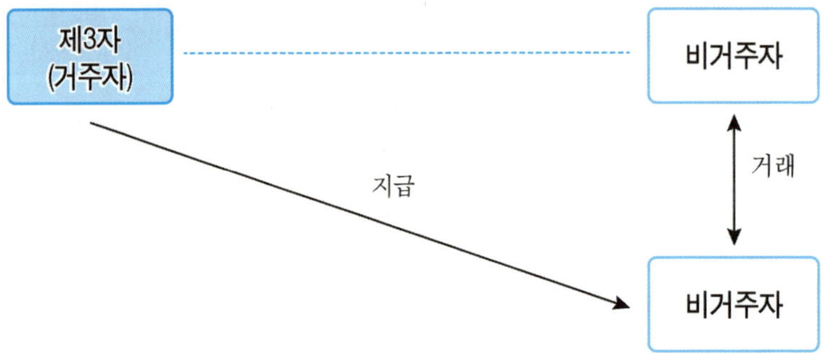

㉤ 거주자 간 거래에서 거래당사자인 거주자가 비거주자인 제3자에게 지급하는 경우에도 신고 대상인 제3자 지급거래에 해당한다.

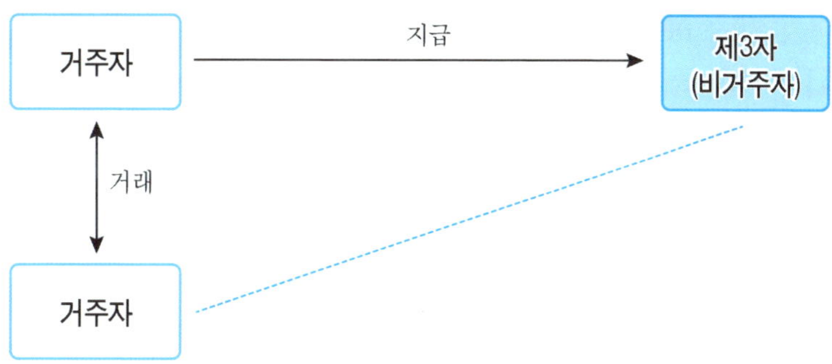

① 외국환은행에 대한 신고의무

신고 예외에 해당하는 경우를 제외하고 거주자가 미화 3천불을 초과하고 미화 1만불 이내의 금액(분할하여 지급 등을 하는 경우에는 각각의 지급 등의 금액을 합산한 금액)을 제3자와 지급 등을 하려는 경우에는 외국환은행의 장에게 신고하여야 한다(정 5-10-2).

② 한국은행 총재에 대한 신고의무

거주자가 미화 1만불을 초과하는 금액을 제3자와 지급 등을 하려는 경우에는 한국은행총재에게 신고하여야 한다(정 5-10-3).

[표 36] 제3자 지급 및 수령에 대한 신고의무(정 5-10-2~3)

당사자	제3자 거래내용	신고의무
거주자	미화 5천불을 초과하고 미화 1만불 이내의 금액(분할하여 지급 등을 하는 경우에는 각각의 지급 등의 금액을 합산한 금액)을 제3자와 지급 또는 수령을 하려는 경우	외국환은행 신고
거주자	미화 1만불을 초과하는 금액을 제3자와 지급 또는 수령을 하려는 경우	한국은행 총재 신고
거주자	다국적회사인 비거주자와의 거래의 결제를 위하여 당해 거래의 당사자가 아닌 다국적회사의 자금관리전문회사로 지정된 자에게 지급하는 경우	지급일로부터 1개월 이내에 제3자 지급등 신고를 사후 보고 가능

| 거래사례 |

유정씨앤씨(주)는 미국 DEF사에게 수입채무 US＄1,000,000가 있으나 DEF사의 요청으로 수입채무 US＄1,000,000 중 US＄500,000을 미국 ABC사에게 지급하기 위해 한국은행에 제3자 지급신고를 하는 사례(자료출처: 한국은행 외국환거래 신고 편람 2007.1. p.39∼42의 내용을 필자가 일부수정)

【제3자지급: 지급 등의 방법(변경) 신고서】

〔별지 제5-1호 서식〕

<table>
<tr><td colspan="3" rowspan="2" style="text-align:center">지급 등의 방법(변경) 신고서</td><td>처리기간</td></tr>
<tr><td></td></tr>
<tr><td rowspan="5">거래내용</td><td>Ⓐ 거 래 종 류</td><td colspan="3">□ 수출거래 ■ 수입거래 □ 용역거래 □ 자본거래</td></tr>
<tr><td rowspan="2">Ⓑ 계 약 상 대 방</td><td>상호 및 대표자성명</td><td colspan="2">ABC Company, Bill James</td></tr>
<tr><td>주 소, 전 화 번 호</td><td colspan="2">1122 Battery Street, San Francisco
1-309-387-0000</td></tr>
<tr><td>Ⓑ 결 제 방 법</td><td colspan="3">□ 신용장(L/C) □ 추심(D/P, D/A) ■ 송금 □ 기타( )</td></tr>
<tr><td>Ⓒ 금　　　액</td><td>계약금액 U$1,000,000</td><td colspan="2">신고금액 U$500,000</td></tr>
</table>

지급 등의 방법	(1) 일정기간을 초과하는 지급 또는 영수	결제기간	당초기간		변경	
		결제시기	당초시기		변경	
		결제방법	■ 외국환은행을 통한 방법 □ 기타( )			
	(2) 상계에 의한 계정의 대기, 차기	계정의 구분 및 대차기금액	貸記		잔액	
			借記			
		결제방법	□ 외국환은행을 통한 방법 □ 기타( )			
	Ⓓ (3) 기 타	구 분	■ 제3자 지급 □ 외국환은행을 통하지 아니하는 지급			
		결제시기	20××.7.1 - 20××.7.7			
변경						

외국환거래법 제16조의 규정에 의하여 위와 같이 신고합니다.

20××년 6월 30일
Ⓔ 신고인 유정씨앤씨(주) 대표이사 신민호
(또는 유정씨앤씨(주)의 대리인 공일규) 인
(전화 02-333-3333)
한국은행총재 귀하
(외국환은행의 장)

210mm×297mm

Ⓕ 〈첨부서류〉1. 사유서　2. 수출입계약서 사본 1부　3. 지급 등의 방법에 관한 입증서류 1부

Ⓐ **거래종류**

- 제3자 지급 등의 원인이 되는 채권이나 채무발생의 거래종류를 기재하며 위의 경우는 유정씨앤씨(주)의 DEF사에 대한 수입거래가 제3자 지급 등의 원인이 되고 있으므로 수입거래란에 표시한다.

Ⓑ **계약상대방 및 결제방법**

- 계약상대방은 제3자 지급 대상 업체를 기재하며 계약상대방의 상호, 주소, 연락전화번호를 기재한 후 거래종류별 대금결제방법에 표시한다.

Ⓒ **금액**

- 계약금액에는 원인채권이나 채무의 금액 전체(위의 경우는 US＄1,000,000)를 기재하며 신고금액에는 계약금액 중 제3자 지급 등의 대상이 되는 금액(위의 경우는 US＄500,000)만을 기재한다.

Ⓓ **기타**

- 구분: 제3자 지급 부분에 표시한다.
- 결제시기: 결제예정시기를 기재. 결제가 분할지급의 형태로 이루어지면 지급스케줄을 별첨으로 첨부하여 기재한다.

Ⓔ **신고인 관련부분**

- 개인의 경우는 신고인의 성명을 기재하고 서명 또는 날인, 법인의 경우는 상호와 대표이사명을 기재하고 법인 인감을 날인한다. 만약 대리인이 신고하는 경우에는 '유정씨앤씨(주)의 대리인 공일규'라고 기재하고 대리인 공일규가 날인 또는 서명한다.

Ⓕ **첨부서류**

- 사유서: 특별한 양식은 없으며 A4 용지 1매 정도 분량으로 해당 신청 사유를 정확하고 상세하게 기재한다.
- 신고인 및 거래(계약) 상대방의 실체확인서류: 개인의 경우에는 신분을 증명할 수 있는 주민등록증이나 여권 또는 운전면허증 사본, 법인의 경우에는 법인등기부등본, 사업자등록증
  - 국내기업의 경우에는 법인등기부등본, 해외법인 등의 경우는 이에 준하는 서류(예: "Certificate of Incorporation" 등)
  - * 만약 대리인이 신고할 경우에는 동 서류 외에 당해 신고행위에 대한 권한을 위임하는 내용의 위임장(비거주자는 영사관 발행 또는 현지에서 공증받은 위임장)을 추가 제출한다.
- 제3자 지급 등에 관한 합의서: 이는 제3자 지급 등에 관련된 거래당사자들이 동 방식으

로의 대금 결제에 동의한다는 의사표시가 있는 문서 또는 이메일 전문 등
- 제3자 지급 등의 대상이 되는 채권·채무 확인서류
  • 수출채권: 수출계약서, 수출신고서, Invoice 등
  • 수입채무: 수입계약서, 수입신고서, B/L, Invoice 등
  • 용역계약: 용역계약서, Invoice, 납부세액확인서 등
  • 자본거래: 관련계약서, 인정된 거래임을 확인하는 서류
- 제3자 지급 등의 사유에 대한 증빙서류: 이는 제3자 지급 등이 일어난 원인을 증빙하는 제반 문서를 의미한다. 예를 들어 거주자(A)가 비거주자(B)에게 수입채무가 있음에도 다른 거주자(A')가 지급을 하게 되는 경우 등에는 다른 거주자(A')가 거주자(A)에 대하여 그러한 지급행위를 하게 되는 원인관계 입증 문서가 필요하다.

3) 제3자 지급 및 수령 신고에 대한 관계기관 통보

제3자 지급 및 수령 신고를 받은 외국환은행의 장 또는 한국은행총재는 매월별로 익월 10일 이내에 동 신고사실을 국세청장 및 관세청장에게 통보하여야 한다(정 5-10-5).

〔표 37〕 제3자 지급 및 수령에 대한 실무 사례

실무 사례	내용	신고의무
수입대금 제3자 지급	수입대금 미화 1.5만불을 해외 수출회사 법인계좌가 아닌 수출회사 대표 개인 계좌로 지급	한국은행 총재 신고
수입대금 제3자 지급	수입대금 미화 1.5만불을 해외 수출회사(개인사업자) 사업용 계좌로 지급	없음
수입대금 제3자 지급	수입대금 미화 1.5만불을 해외 수출회사(개인사업자) 사업용 계좌가 아닌 수출회사 대표 개인 계좌로 지급	한국은행 총재 신고
용선료 제3자 지급	선박회사(용선자)가 선박소유자(SPC)와 용선계약을 맺고 용선료 150만불을 실제 선박소유자에게 지급	한국은행 총재 신고
수입대금 제3자 지급	수입자가 해외 수출자 A와 수입계약을 체결한 후 물품 공급은 A의 공장인 B가 한 후 수입대금을 A에게 지급	없음
다국적기업 파견 보수 직원 정산을 위한 지급	다국적기업 본사가 한국의 지사에 직원을 파견하여 파견 직원들이 한국 지사의 업무를 처리. 본사는 파견 직원들에게 보수를 지급하고, 지급한 보수를 한국 지사에게 청구하고 한국 지사는 파견 직원들의 용역 제공에 대한 보수 1.2만불을 본사로 지급	한국은행 총재 신고

실무 사례	내용	신고의무
국내 본사의 물품대금 제3자 지급	국내 지점이 수입하는 물품 대금 30만불을 국내 본사가 해외거래처에 대신하여 지급	한국은행 총재 신고
세관공매대금 제3자 지급	외국의 수출자가 수출거래를 위하여 화물을 선적하여 우리나라의 보세구역에 반입하였으나, 거래처가 선정되지 않는 등의 이유로 화물의 소유권을 계속 보유한 상태로 보세구역 장치기간이 경과되어 관세법에 따라 강제매각되었을 경우, 그 매각대금에서 제세금과 제비용을 공제한 잔액은 원본선하증권 소유자인 외국의 수출자에게 교부하여야 하는 상황이 발생함. 이 상황에서 외국의 수출자가 국내 거주자에게 상기 매각대금 수령을 위임하여 국내 거주자가 세관에 매각대금 지급을 청구하는 경우 대금 수령의 위임을 받은 국내거주자에게 지급하는 경우(관세법의 규정에 의하여 세관과 해당 외국수출업자와의 채권채무관계가 발생함. 이에 거래당사자인 세관이 거래당사자가 아닌 거주자에게 지급할 경우에는 제3자 지급에 해당됨.(다만 외국의 수출자와 국내 거주자간에 인정된 거래에 따른 채권의 양도가 이루어진 경우는 제3자 지급 신고예외에 해당하여 신고하지 않아도 됨)	한국은행 총재 신고
이익금 송금시의 제3자 지급	A사는 중국계은행으로 중국 △△항공이라는 항공사와 거래를 하고 있으며, A사가 이 항공사의 지정거래외국환은행임. 이 항공사는 항공티켓 판매 후 수익금을 A사에 예치하고 있는 상태인데 이 금액의 일부를 본점이 아닌 미국에 있는 지사로 송금을 하고자 함. 이 경우 A사에서 어떠한 절차를 거쳐야 하는지? ① 해외기업 국내 지사 결산이익 송금으로 판단 구비서류를 받아야 하는지? ② 제3자 지급에 해당되어 처리를 해야 하는지 그렇다면 사전 신고 사항인지? (외국환거래규정 제9-35조에는 설치신고를 한 지점이 결산순이익금을 외국에 송금하고자 하는 경우에는 지정거래외국환은행을 통하여 송금하여야 한다고 규정하고 있음. 동조 제2항에는 당해 지점의 대차대조표 및 손익계산서, 납세 증명 등을 첨부할 것을 요구하고 있는 바, 수익금을 바로 송금하기는 불가능함. 결산순이익금의 대외송금도 본사에 대한 것을 전제로 하고 있으므로 다른 지사에 송금할 경우 제3자 지급에 해당되어 사전신고해야 함)	한국은행 총재 신고
제3자 영수시 제3자 지급	A사는 선박 AGENT 및 무역업을 영위하는 법인으로서 외국적 선박이 국내에 입항시 서비스의 제공과 제반 정상 외국선사(B)의 요청에 의해 국내의 화주(C)가 외국선사로 송금해야 할 금액을 A사에 지급을 하는게 원칙이지만, 현	신고의무 없음

| --- | --- | --- |
	지의 사정상 외국의 선사(B)의 요청에 의해 국내의 화주 (C)가 외국선사로 송금해야 할 금액을 A사로 송금을 함. 위와 같은 경우에는 국내의 화주(C)와 A사가 '제3자 지급 등에 의한 지급 등의 방법에 의하여 신고를 해야 하는지? (송금하는 측과 송금받는 측) (▶ A사가 외국 선사(B)로부터 지급받아야 할 수수료 등 을 제3자인 거주자(C)로부터 수령하는 경우에는 외국환 거래규정 제5-10조 제3호 단서에 해당되어 신고절차 없 이 가능함. C사는 국내 B에 지급하여야 할 금액을 A에게 지급하므로 '제3차 지급' 신고를 하여야 하며, 이는 지급을 하기 전에 신고절차가 완료되면 됨)	
제3자 송금시 제3자 지급	"I"는 중국 생산자(A)로부터 옷을 수입하여 미국(B)으로 수출하려 함. 중국의 생산자(A)는 직접 알고 있는 것은 아 니고 홍콩에 있는 거래처(B)로부터 소개를 받아 수입하려 는 것임. 옷을 만드는데 소요되는 경비에는 원단 값과 임가 공비가 있는데, 돈을 지급함에 있어서 임가공비는 "I"가 직 접 중국 생산자(A)에게 지급하지만, 원단 값은 홍콩에 있 는 거래처(C)가 우선 중국 생산자(A)에게 지급하고 그 돈 을 "I"가 홍콩 거래처(C)에게 지급할 다른 돈과 합하여 나 중에 T/T 송금할 생각임. 이 거래가 외국환거래법상 제3 자 지급에 문제가 있는지 여부?(▶ 한국의 회사가 중국회 사와 수입계약을 맺은 후 대금 송금은 제3자인 비거주자 홍콩회사에 하는 경우에는 규정 제5-10조에 의하여 한국 은행 총재에 대하여 사전에 제3자 지급신고를 해야 함)	한국은행 총재 신고
수입대금 제3자 지급	본인이 미국으로부터 5만불에 달하는 물품을 수입하면서 물품대금을 모두 송금할 형편이 되지 않아 2만불은 자신 의 명의로 지급하고 나머지 3만불은 타인 두 사람의 명의 를 빌려 만오천불씩 송금하였음. 제3자 지급문제가 발생 하지는 않는지?(거주자가 비거주자로부터 수입을 하면서 수입대금의 일부를 당해 거주자가 아닌 다른 거주자가 지 급하는 것은 외국환거래법령상 제3자 지급개념에 해당이 됨. 한국은행에 사전신고사항임)	한국은행 총재 신고
수입대금 제3자 지급	외국환거래시 해외거주의 A사로부터 물품을 수입한 후 대금결제를 하려고 하는데, A사에서는 국내 거주자인 B 라는 회사와 채권채무관계에 있어서 물품대금을 B라는 국 내회사에 지급해 달라는 요청을 받았을 경우에 현행 외국 환거래법상 이러한 거래에 문제가 없는지?(▶ 본인 거주자 (수입상)와 비거주자(수출상)간 거래의 결제를 위하여 당	한국은행 총재 신고

실무 사례	내용	신고의무
	해 거래의 당사자인 거주자가 비거주자(수출상)와 채권채무관계가 있는 제3의 거주자에게 지급하는 제3자 지급으로서, 외국환거래규정 제5-10조에 의거 한국은행 총재에게 신고하여야 함. 다만, 비거주자와 국내 제3자의 거주자 간에 인정된 거래에 따른 채권의 양수도가 이루어진 경우라면 신고예외에 해당함(규정 제5-10조 제1항 제7호))	
수출자의 국내 현지법인 계좌 지급시 제3자 지급	국내 물품수입업자 '갑', 해외 수출자 '을', 해외 수출자의 국내 외투법인 '병', 갑은 을과 원자재 구매계약을 체결하고 을은 물품을 선적하여 갑에게 공급, 한편 을과 병은 모, 자회사 관계로서 채권, 채무가 상당수 발생, 을은 갑으로부터 받아야 할 물품수출대금을 갑이 직접 병에게 송금하도록 송장을 작성하여 갑에게 청구함. 같은 국내 은행간 자금이체를 통하여 을에게 지급하여야 할 물품대금을 국내에 있는 병에게 송금. 위와 같은 거래구조에서 갑이 병에게 국내자금이체를 통하여 지급하는 3자간의 지급형태는 정당한 것인지? 거주자 계정에의 입금은 제한이 없다는 규정을 적용할 수 있는지?(상기 거래의 경우 외국환거래규정 제5-10조에 따라 사전 한국은행총재에게 제3지급과 관련된 지급등의 방법 신고를 하여야 함)	한국은행 총재 신고
거주자의 제3자 영수시 제3자 지급	당사는 전자제품을 제조하여 수출하는 중소벤처기업임. 최근 러시아인근 바이어에게서 수출계약조건을 받았는데 대금지급을 바이어의 한국 인사를 통하여 지급할 수 있다면, 거래를 하겠다고 함. 직접 송금은 불안정한 바이어 내국상황상 많은 불편이 따르기 때문임. 이 경우 바이어의 한국인사가 '원화로 대금을 송금 내지 현찰입금할 경우와 '외화 송금 내지 현찰 입금"의 경우 모두 제3자 지급으로 한국은행장에게 신고의무가 발생하는 것인지? 또한, 신고의무를 이행치 못할 경우 어떠한 제재조치가 있는지?(▶ 거주자와 비거주자간 거래의 결제를 위하여 당해 거래의 당사자가 아닌 거주자가 수출대금(외화)을 당해 거래의 당사자인 거주자에게 지급하는 것은 외국환거래법 제16조 제3호에서 정한 제3자 지급 등의 범위에 해당 안 됨. 또는 외국환거래규정 제5-10조 제1항 제3호 단서 규정에 따라 신고예외)	신고의무 없음
수출자의 제3국 계좌로 송금시 제3자 지급	당사는 원재료를 싱가폴에 있는 A사로부터 수입을 하고 있음. 문제는 송금시 A사의 싱가폴 계좌가 아닌 A사의 미국내에 있는 은행 계좌로 송금을 요청받았음. 이 경우 3자 지급건에 해당되는지?(▶ 본건 내용은 외국환거래규정상 '제3자 지급'에 해당되지 아니함)	신고의무 없음

실무 사례	내용	신고의무
비거주자간 외화채권 이전시 제3자 지급	브랜드 의류 다국적기업(A)의 한국법인(B)은 다국적기업(A)의 홍콩법인(C)과 브랜드 의류 수입을 위한 구매대행계약을 체결하고 선적금액의 7%를 C에게 수수료로 지급하기로 함. 그런데 한국법인(B)은 구매대행 수수료를 홍콩법인(C)이 아닌 싱가폴 소재 다국적기업 본사(A)로부터 DEBIT NOTE를 받아 A에게 지급하고 있음. 왜냐하면 구매대행인의 홍콩법인(C)의 채권이 일정한 사유로 싱가폴 소재 다국적기업 본사(A)에게 양도되었기 때문임. 이런 경우에도 3자지급에 해당하여 사전에 한국은행에 신고를 하여야 하는지? 신고를 하면 어떠한 증빙서류를 첨부해야 하는지?(▶ 비거주자간 외화채권의 이전에 따라 거주자가 비거주인 A사에게 채권대금을 지급하는 것은 '외국환거래규정 제5-10조 제1항 제7호에 따라 제3자 지급등에 의한 지급등의 방법 신고 예외사항에 해당되어 별도의 신고가 불필요함)	신고의무 없음
수출자 대리인에게 P/O 양도후 제3자 지급	① 거주자 A는 비거주자 B로부터 물품을 수입하는 조건으로 주문서(Purchase order)를 발행하여 B의 국내 대리인 C에게 송부 ② B는 C명의로 B/L을 발행하고, C는 이 B/L을 A에게 양도하면, A가 자기 명의로 수입통관하고 수입대금은 C에게 지급한 경우 3자 지급 여부, 수출자의 국내 대리점에게 수입대금을 지급한 경우 제3자 지급 해당여부(▶ 대리점의 설치는 본점이 체결한 수출입계약과 관련하여 본점이 이행해야 할 물품대금의 수령, 하자보수 책임 등 국내 절차를 대리하기 위한 목직으로 이루어진 짐에 비추어 국내 수입업자가 물품대금을 대리점에 지급한 행위는 본점과 수출입계약에 있어 당사자에 대한 지급으로 볼 수 있음)	신고의무 없음
거래 관계없는 비거주자의 채무보전시 제3자 지급	① 거주자이며 운임계약의 비당사자인 A가 있고, 비거주자이며 운임계약의 당사자인 B와 C(선사회사)가 있는 경우에 B와 C가 운임계약을 체결하였고, B가 C에게 운임비를 지불하였음. ② 그런데, A와 B사이에 특별한 계약관계가 있는 바, B가 사용한 운임비를 A가 보전해 주어야 하는 관계임. 이 경우 A가 B에게 운임비를 지불한 것은 A와 B사이의 별도 계약에 의한 단순 경상거래인지, B가 C에게 지불할 운임을 A가 대신 지불한 제3자 지급에 해당하는지(▶ 비거주자간의 거래에서 거주자가 별도의 반대급부 없이 비거주자의 채무(운임비) 등을 보전해 주는 경우 이전거래에 해당하는 바, 외국환거래규정 제7-46조 제2항에 따라 한국은행 총재에게 사전 신고가 필요함)	한국은행 총재 신고

제3자 지급 등의 방법 미신고 사례

가. 위반 내용

「외국환거래법」 제16조 제3호 및 「외국환거래규정」 제5-10조에 따르면, 거주자가 **해당 거래의 당사자가 아닌 자와 외화를 지급하거나 수령**하는 경우, 또는 **비거주자와의 거래에서 당사자가 아닌 거주자가 개입**하는 경우에는, '신고 예외 거래'에 해당하지 않는 이상, 외국환은행 또는 한국은행에 **제3자 지급 또는 수령에 관한 신고를 해야 한다.**

하지만 아래 사례에서는 이와 같은 신고의무를 이행하지 않아 위반이 발생하였다.

- 수입업체 A사는 다국적 기업의 국내 법인으로서, 수입대금은 거래 당사자인 해외 특수관계자 B사에게 정상적으로 지급하였다.

  그러나 TP(이전가격) 조정금액은 **또 다른 특수관계자 C사에게 별도로 지급**하면서, 이에 대해 제3자 지급 신고를 하지 **않았다.**

  A사는 "C사는 그룹 내 자금관리전문회사이므로 신고 예외에 해당한다"고 주장하였지만, 법집행기관은 자금관리 전문성의 요건과 객관적 근거 부족을 이유로 사전신고 불이**행으로 최종 판단**하였다.

- 수입업체 D사는 수출업체 E사의 요청에 따라, **거래 당사자가 아닌 해외의 F사에게 수**입대금을 지급하였다.

  D사는 "E사와 F사 간에는 외화채권 양도가 있었기 때문에 신고 예외 거래에 해당한다"고 주장했으나, **외화채권의 매매 또는 양도 사실을 확인할 수 있는 증빙이 부족**하였기 때문에 법집행기관은 **제3자 지급 신고 불이행에 해당한다**고 최종 판단하였다.

나. 유의사항

수출입 및 외환거래를 수행할 때에는 **거래 상대방과 실제 외환 지급 대상이 일치하는지 여부를 건별로 관리**해야 하며, 거래 구조가 불일치하는 경우에는 반드시 '**제3자 지급 신고 예외 거래**'에 해당하는지 여부를 확인한 후, 필요 시 외국환은행 또는 한국은행에 신고를 해야 한다.

특히, 다국적 기업의 경우 **자금관리 전문회사를 통한 자금 집행 구조가 자주 발생**하는데, 이 회사가 **실제로 자금관리전문회사로 인정받기 위해서는** 다음과 같은 요건을 갖추어야 한다.

- 그룹 내에서 **자금관리 계약**이 체결되어 있어야 하고
- 자금관리 업무가 **연속성·일관성을 갖추고 수행되고 있어야 한다.**

또한 비거주자 간의 외화채권 양도, 채권의 매매, 채무 인수 등 **신고 예외로 인정받기 위한 조건이 충족되었는지**를 반드시 사전에 검토해야 한다.
지급 전에 관련 **계약서, 사전통지서 등 증빙서류**를 갖추고, 외국환은행에 제출하여 **정식 지급신청**을 해야 한다.

유권해석 사례 1

채권이전에 따른 대금지급의 제3자 지급등 신고 비대상
(기획재정부 외환제도과-493, 2010.8.27.)

1. 질의내용

◆ 사실관계
- 수입자(I)와 노르웨이 소재 수출자(X)간에 장비 공급계약 체결
- 대금지급 관련 수정계약 체결후, 수입자(I)는 수출입은행 보증서를 발급받아 수출자에 송부
- 수출자(X)와 은행(B)간 채권이전(양도) 계약 체결
- 은행(B)은 수출자(X)에게 채권이전에 따른 대금 지급
- 수입자(I)는 물품대금을 제3자인 은행(B)에 지급

◆ 쟁점
- 수입자(I)가 은행(B)에게 물품대금을 지급한 행위의 제3자 지급 신고 대상 여부

2. 회신내용

◆ 결론
- 제3자 지급 신고를 요하지 않음.

◆ 이유
- 외국환거래규정 제5-10조 제1항 제6호에 따르면 '인정된 거래에 따른 채권의 매매 및 양도가 이루어진 경우'에는 제3자 지급신고를 요하지 않음이 규정되어 있고 여기서의 '인정된 거래'에는 '비거주자간의 외화 채권의 이전도 포함(동 호에 규정됨)'되어 있는바,
- 수출자인 X가 B은행에 수출관련 외화채권을 양도하는 것은 '비거주자간 외화채권의 이전'

이면서 이는 '인정된 거래'에 해당하므로 국내 거주자인 수입자 I가 B에게 대금을 지급하는 것은 제3자 지급 신고를 요하지 않음.

| 참고사항 |

ㅇ '인정된 거래에 따른 채권의 매매 및 양도가 이루어진 경우' 제3자지급 신고 예외로 규정한 현행 조문은 제5-10조 제1항 제7호임.

유권해석 사례 2

수출자 페이퍼컴퍼니 명의 국내 대외계정에 지급시 제3자 지급등 신고 대상
(기획재정부 외환제도과-545, 2010.10.1.)

1. 질의내용

◆ 사실관계

ㅇ 우리나라에서 러시아를 상대로 수산물 중계무역업을 하는 RAIN사는 러시아의 수산회사 K사가 공해상에서 어획한 수산물을 제3국으로 판매하는 대행계약을 유선 또는 이메일 방식으로 체결

ㅇ RAIN사는 중국 등지로 판매처를 물색, 구매자를 선정한 뒤 국내 보세구역에 수산물을 반입한 후, RAIN사를 수출자로 하여 중국 등지로 수출(반송)하거나, RAIN사를 수출자로 계약한 후 수산물을 국내로 반입하지 않고 공해상에서 중국 등 구매자에게 직접 발송하고, 수산물 대금은 RAIN사가 중국 등에서 국내로 영수

ㅇ K사는 RAIN사로부터 수산물 판매대금을 러시아로 회수하지 않고, BVI국, 벨리제 등의 조세피난처에 PAPER COMPANY(이하 P.C.)를 설립하고, P.C.명의로 한국내 은행에 대외계정을 개설한 후, 송품장상의 물품공급자를 P.C.사인 것처럼 임의로 작성, 동 송품장을 이용하여 P.C.사 명의의 예금계좌로 입금시키도록 RAIN사에 지시

ㅇ RAIN사는 동 지시에 따라 P.C.사 명의의 대외계정에 물품대금 입금

◆ 쟁점

ㅇ RAIN사가 거래당사자인 K사에게 지급하지 않고 K사가 BVI, 벨리제 등에 PAPER COMPANY 명의로 국내 은행에 개설된 대외계정에 물품대금을 결제한 것이 제3자지급 신고 대상인지 여부

2. 회신내용

◆ 결론

ㅇ 제3자 지급 신고대상임.

◆ 이유

ㅇ 러시아 업체 K사가 국내 중계업체 RAIN사와 계약을 체결한 거래당사자임이 확인된 경우,

ㅇ RAIN사가 거래 당사자가 아닌 비거주자인 PAPER COMPANY에 대금을 지급하는 것은 외국환거래규정 제5-10조에 따른 제3자 지급 신고사항임.

유권해석 사례 3

수출자의 국내대리인에게 지급하는 경우 제3자 지급등 신고 비대상
(기획재정부 외환제도과-391, 2011.6.29.)

1. 질의내용

◆ 사실관계

ㅇ 국내 면세점 운영인 'A'는 일본 소재 'B'로부터 현물인도조건(COD)으로 물품을 구매하는 조건으로 주문서(P/O)를 발행하여 'B'의 국내대리인 'C'에게 송부(P/O 상 거래 당사자는 'A' 및 'B)

ㅇ 주문서를 수취한 'C'는 'B'에게 주문서상의 물품의 선(기)적을 요청하였고, B는 C의 요청에 따라 외국물품을 국내 'A'에게 송부

ㅇ 'B'로부터 우리나라에 도착된 외국물품의 항공화물운송장 또는 선하증권상의 수하인은 'C'로 되어있고 "C"는 동 항공화물운송장 또는 선하증권을 'A'에게 양도하였으며 'A'는 세관에 수입신고하여 통관

　→ 수입신고서상 수입자는 "A" 명의이고 수출자(공급자)는 "B" 명의임.

ㅇ 수입통관 후 "A"는 동 거래에 따른 대금을 'C'에게 외화 또는 원화로 지급하였으며, "C"는 'A'로부터 지급받은 동 대금 중 수수료 명목으로 5% 정도를 제외한 나머지 대금을 "B"에게 지급

　→ 구매주문을 위한 실질적 가격의 결정은 "A"와 "B"간에 사전에 결정되었고, "C"가 "A"에게 양도한 항공화물운송장 또는 선하증권 상 물품에 대한 실질적 소유 및 처분의 권한은 "B"가 소유

◆ 쟁점

ㅇ 거주자(A)가 비거주자(B)가 아닌 제3자(C)에게 물품대금을 지급한 행위가 제3자 지급에

해당하는지 여부

2. 회신내용

◆ 결론

ㅇ 제3자 지급 신고를 요하지 않음.

◆ 이유

ㅇ 대리점의 설치는 본점이 체결한 수출입계약과 관련하여 본점이 이행해야 할 물품대금의 수령, 하자보수 책임 등 국내 절차를 대리하기 위한 목적으로 이루어진 점에 비추어 국내 수입업자가 물품대금을 대리점에 지급한 행위는 본점과의 수출입계약에 있어 당사자에 대한 지급'으로 볼 수 있을 것으로 판단됨.

공동배선 여객선사간 국내 지점을 통한 선임지급의 경우 제3자 지급등 신고 대상
(기획재정부 외환제도과-531, 2012.8.24.)

1. 질의내용

◆ 사실관계

ㅇ A는 일본 B와 공동배선 여객선사로 한일간 고속여객선(각 3척씩 소유, 총 6척)을 공동 운항, A는 부산, B는 일본 매표카운터 운영·공동판매

ㅇ 양사는 해상운송업 업무제휴계약을 체결하고 승선티켓 판매수입은 사후에 월단위로 계산하여 지급수령하고 있음.

　* 판매수입 배분기준: 한국승객은 A, 일본승객은 B, 기타 승객은 4(A) : 6(B)

　- A는 B와 C간 내부 약정에 따라 B에게 지급할 선임을 C(B의 국내 지점, 법인)의 원화계좌에 원화로 송금하며, C는 동 자금을 한국에서의 경비로 100% 사용

　- B는 A 일본지점에 엔화로 송금. A 일본지점은 동 자금 중 20%는 일본 현지에서 사용하고, 80%은 한국으로 송금

◆ 쟁점

ㅇ 거주자 A가 비거주자 B에게 지급하여야 할 선임을 다른 거주자 C(B의 국내지점, 법인)의 원화계좌로 지급한 것이 외국환은행을 통하지 않은 지급(한국은행 총재 신고)에 해당되는지 여부

2. 회신내용

◆ 결론

　ㅇ 제3자 지급 신고대상

◆ 이유

　ㅇ 거주자 A사가 비거주자 B사에게 지급할 승선티켓 판매 수입 정산금(이하 "선임"이라 한
다)을 거래 당사자가 아닌 거주자 C사(B사의 국내지점)의 원화계좌에 원화로 송금하는 경
우로 외국환은행을 통하지 않는 지급 신고대상은 아니며, 제3자 지급에 해당함.

　※ 참고로 정상적인 국내 원화계좌로 대외 지급을 하는 것은 기획재정부 유권해석('07.9 /
환치기계좌 거래) 사례와 다름.

│ 참고사항 │

ㅇ 환치기계좌 관련 유권해석('07.9)

거주자가 비거주자와 외화표시 수입거래에 따른 대금지급을 다른 비거주자(또는 다른 거주
자)의 원화 계좌(일명 환치기계좌)에 입금하여 수입대금을 결제한 결과가 발생하였을 경우,
외국환거래규정 제5−11조 제3항에 의거하여 외국환은행을 통하지 아니한 지급에 대한 한국
은행총재 신고대상임.

유권해석 사례 5

다국적기업 현지법인간 지급의 제3자 지급등 신고 대상
(기획재정부 외환제도과−600, 2012.9.24.)

1. 질의내용

◆ 사실관계

　ㅇ 다국적기업인 D그룹은 해외 현지법인으로 국내에 A(거주자), 영국에 B(비거주자), 네덜
란드에 C(비거주자) 등을 설치·운영

　　− A는 물품을 국내로 수입하여 판매하는 회사

　　− B는 물품을 생산하고, 세계 각지로 공급하는 회사(생산·공급센터)

　　− C는 D그룹 내 생산·공급센터가 받은 주문 상황을 총괄 관리하고, 주문받은 물품의 배
송과 관련한 송장작성, 선하증권(B/L) 발행 업무를 처리하며, 물품대금의 수령 업무를
총괄하는 회사

　ㅇ D그룹 내에는 C와 여타 해외법인(A를 포함) 간에 상호 거래와 관련하여 Commissionaire
Agreement(구매중개인 계약, 2005.9.1.)가 체결. C로 하여금 영국, 아일랜드, 이탈리아 및

북미의 생산·공급센터에서 생산한 제품을 판매함에 있어 각 해외 법인들과 다음과 같은 서비스를 제공하기로 계약하였고, 연 1회 위의 용역관련 수수료를 A, B로부터 수수

<계약 주요 내용(D그룹 내에서 C의 역할)>
- 수주 및 주문처리: 주문접수, 관련센터와 연락, 주문확인서 발송, 고객(제3고객 및 D그룹 시장내 회사)에게 주문상황 통보
- 송장 작성 및 문서화: C의 명의로 상업송장을 작성하고 관련문서를 통합하여 고객에게 교부
- 현금수령 및 배부: 수령대금 관리 및 배분, 환거래에 따라 발생하는 모든 위험은 상표권자 가 부담

○ A와 B는 물품 Purchasing Agreement(구매계약, 2003.5월)을 체결
- A가 체결된 수량의 범위 내에서 그룹 내부 전산망을 이용하여 B에게 매입주문서를 보내면, B는 물품을 생산 후 한국으로 선적
- A는 청구서를 받은 날로부터 120일 이내에 B가 지정하는 계좌로 지급
○ A가 B에게 물량을 주문하면 C는 내부 전산망 확인한 후, A를 구매자로 송장을 작성 및 A를 수하인으로 하여 B/L 발행 후 A에게 송부
- A는 C로부터 위 무역관련 서류들을 송부받아 해외공급자를 C로 하여 수입신고 통관을 한 후, 물품대금을 C에 송금하면
- C는 다시 B에게 물품대금을 지급하고, A와 B에게 용역수행에 따른 수수료(Commission)를 청구하여 수령
○ A, B간 물품 구매계약에 따른 수출채권에 대하여 B, C는 별도 매매 또는 양도 계약을 체결하지는 않으며 A가 C에게 물품 대금을 지급하는 것은 상기 그룹 내 계약 내용에 따른 것임.

◆ 쟁점
○ A(거주자, 매수인)와 B(비거주자, 매도인)간의 물품 매매계약에 따른 채권채무를 결제함에 있어 A가 수입물품 대금을 다른 비거주자인 C에게 지급한 행위가 제3자 지급 신고대상 여부

2. 회신내용
◆ 결론
○ 제3자 지급 신고대상

◆ 이유
○ A(거주자, 매수인)와 B(비거주자, 매도인)간 물품계약 조건에 따라 A는 B가 지정하는 계

좌인 C로 지급하고, C는 다시 B로 물품대금을 지급 후, A와 B로부터 수수료를 청구하여 수령하는 사실관계로 볼 때 거래의 당사자는 A와 B이며, C는 중개인 즉 제3자로 판단됨.

◆ C를 제3자로 판단한 이유
　○ C는 D그룹 내부계약에 따라 C의 명의로 송장(Invoice)을 작성, B/L을 선사로부터 발행받아 A에게 송부, 거래대금 수령 등 업무를 총괄담당하고 있어 실질적 거래의 당사자로 보이나 아래 사유로 중개인 즉 제3자로 판단
　　① A－B간 거래에 따른 B의 수출채권에 대한 별도의 매매 양도계약이 없고
　　② A로 받은 거래대금을 다시 B로 송금하고 수수료를 청구하여 수령하는 점
　　③ 부실채권 등 모든 신용위험과 환거래위험을 C가 아닌 B가 부담하는 점

유권해석 사례 6

단순 대리관계에 있는 업체를 통한 해외인터넷쇼핑몰 구매 대금 결제의 제3자 지급등 신고 대상(기획재정부 외환제도과－352, 2013.7.3.)

1. 질의내용

◆ 사실관계
　○ A(거주자)는 국내 전자부품 수입업체, B(비거주자)는 해외 전자부품 공급업체, C(거주자)는 B와 국내용역의 대리 계약업체
　　＊ 계약의 내용에 B와 C는 독립적인 회사로 C는 B의 국내 용역(국내에서 이뤄지는 공급자의 서비스 전반)을 제공하고, 일정 수수료를 수취
　○ A는 B의 해외 사이트(전자부품 판매 전문 인터넷쇼핑몰)에서 물품을 주문
　○ B는 주문받은 물품을 A에게 직접 배송하면서 국내거주자인 C의 국내계좌로 수입대금 입금요청
　○ C의 계좌로 수입대금이 입금되면, B는 C에게 수입대금과 관련된 인보이스를 인터넷을 통해 전달
　○ C는 이를 국내은행에 제시하고, C의 계좌로부터 국내은행 B의 비거주자 자유원계정으로 해당금액을 입금
　　＊ B와 C간의 ‘용역의 계약서’에는 수입물품의 대금과 관련된 용역(수입물품결제대행 등)의 제공은 포함되어 있지 않음.
　○ B는 C에게 B의 서명과 도장 및 수입대금이 적시된 출금신청서와 해외송금신청서를 우편을 통해 보내고, C는 위의 서류로 B의 국내은행 ‘비거주자 자유원계정’에서 수입대금을 인출한 후 B의 미국계좌로 해외 송금

◆ 쟁점
  ○ A가 C에게 수입대금 지급한 행위의 제3자 지급 신고대상 여부
  ○ 제3자 지급 신고대상인 경우 C의 제3자 지급 신고의무 여부
  ○ 제3자 지급 신고대상인 경우 A와 C에게 제3자지급 위반 과태료를 각각 부과할 수 있는지 여부

2. 회신내용

◆ 결론
  ○ 제3자 지급 신고대상

◆ 이유
  ○ A(거주자, 수입자)가 B(비거주자, 해외공급자)로부터 수입한 물품의 수입대금을 B와 국내 용역의 계약 관계(단순 대리관계)인 거주자 C에게 지급한 행위는 법 제16조 제3호에 해당하는 제3자 지급에 해당하며,
  ○ 외국환거래규정 제5-10조 제1항 단서의 신고예외에 해당하지 않으므로 '제3자지급등 신고대상'임.
  ○ C에게도 신고의무가 있고 거주자 A, B 및 비거주자 C 모두 과태료 부과 등 제재가능
  ○ 제3자지급등의 거래구조에서 제3자인 거주자도 거래당사자로서 한국은행총재에게 신고할 수 있으며, 실제 신고를 통해 제3자 지급·수령이 이루어지고 있는 점을 고려할 때 제3자인 거주자 C도 신고의무가 있으며, 이의 위반으로 과태료 처분시 거주자 A, C, 비거주자 B 모두 과태료 부과 등 제재가 가능함.

유권해석 사례 7

독립채산제 예외 적용이 허가된 해외 현지법인에 지급하는 경우 제3자 지급등 신고 비대상(기획재정부 외환제도과-532, 2013.11.1.)

1. 질의내용

◆ 사실관계
  ○ A(거주자)는 국내 구매자, B(거주자)는 다국적기업 그룹의 국내 법인, C(비거주자)는 B의 홍콩지점으로 독립채산제 예외 적용 허가받음, D(비거주자)는 다국적기업 그룹의 제품 배송센터
    * B, C, D는 다국적기업 그룹의 일원으로 서로 특수관계기업

○ 일반적인 계약서는 존재하지 않으나, 구매주문서(P/O)를 A가 B앞으로 발행(수신자를 의미하는 'TO' 란은 없고 'ATTN'가 B임)
○ B는 접수한 P/O를 다국적기업 그룹 전산망에 C를 매출자로 입력하고, A에게 선적기한 회신(E-Mail)(별도 공급일정 협의시에는 A와 B가 협의)
○ D는 전산망에 입력된 자료를 근거로 A에게 물품을 선적하고 B/L과 상업송장 발행(D가 송하인, A가 수하인(구매인))하여, A는 D가 발행한 B/L과 상업송장으로 세관에 수입신고
○ D는 C를 지급인으로 하여 선적물품에 대한 금융송장(Financial Invoice) 발행
○ B는 C를 수익자로 하여 대금청구서(Debit Note)를 A에게 발행, 이와 별도로 C명의로 된 금융송장(Financial Invoice)을 A에게 발행
○ A는 B가 발행한 대금청구서(Debit Note)를 근거로 C가 국내은행에 개설한 비거주자 외화계정에 송금
○ C는 D에게 물품대금 송금(A가 송금한 금액과 D가 C에게 발행한 송장 차액을 수취)

◆ 쟁점
○ A가 수입물품대금을 비거주자 C에게 지급한 행위의 제3자 지급 신고대상 여부(독립채산채 예외 적용 허가를 받은 C의 거래당사자로서의 지위 인정 여부)

2. 회신내용

◆ 결론
○ 제3자 지급 신고대상 아님.

◆ 이유
○ 외국환거래법규상 '영업활동 영위 여부에 따라 지점과 사무소로 구분하는 만큼 비독립채산제 지점이라 하더라도 영업활동(지점명의 계약, 대금수령)은 가능하고 다만, 본사로부터 영업기금 수령, 해외차입 불가 결산순이익금 처분규정 미적용됨.
○ 외국환관리법규(규정 제136조 제2항)상 독립채산제 지점 → 비독립채산제 지점으로 변경 가능(외국환거래법으로 개정('99.4)시 경과규정에 따라 비독립채산제 적용에 관한 효력은 유효)
○ Financial Invoice(금융송장), P/O(주문서), Debit Note(대금청구서상) 지급인을 A로 수익자를 C로 명기하고 있으므로 동 거래의 당사자는 거주자 A와 비거주자 C간 거래로 판단됨.

선박건조대금의 제3자 지급등 신고 비대상(기획재정부 외환제도과-333, 2017.4.20.)

1. 질의내용

◆ 사실관계

○ 국내 해운회사 A는 선박금융을 위해 파나마에 SPC(특수목적법인) B를 설립하고, A와 B는 건조 예정인 LNG운반선 1척에 대하여 20년 기간 동안 국적취득조건부나용선 계약을 체결

> 〈국적취득조건부나용선계약〉
> 선박의 건조에는 막대한 자본이 투자되므로 일시에 선박건조자금을 조달하기 어려운 경우, 용선기간을 장기로 하고 용선료에 선박대금을 포함시켜 용선하여 운항한 후 용선기간 만료 시에 소유권을 이전받는 계약, 주로 해외 금융제공자가 편의치적국에 설립한 Paper Company(SPC)를 통해 등록한 선박을 연불구매 형태로 하되, 표면상으로는 나용선 계약을 체결하여 선박대금을 용선료 명목으로 지불하고 구매대금 완납 후에 선박 소유권을 이전받음.

○ B는 국내 조선소 C와 선박건조계약을 체결하고, C는 B의 지급불능을 대비해 A와 선박 건조에 따른 이행 보증계약(Performance geruantee)을 체결

○ C는 B에 선박건조에 따른 1차 선박대금 12,486,000달러를 청구하였으나, B사가 금융권으로부터의 자금 조달이 원활하지 않자,

○ A는 B를 대신해 C에 1차 선박대금을 지급한다는 지급합의서를 B와 체결하고, C에 1차 선박대금 12,486,000달러를 지급함.

◆ 쟁점

○ 거주자 A가 비거주자 B를 대신하여 선박대금을 C에게 지급한 행위가 외국 제3자지급 신고 대상에 해당 여부

2. 회신내용

◆ 결론

○ 제3자 지급 신고를 요하지 않음.

◆ 이유

○ 국내 조선소와 외국특수목적법인 간 선박건조 계약에 따른 선박건조 대금을 다른 거주자가 지급하는 경우 제3자 지급 등에 해당

ㅇ 다만, 거주자가 외국환거래규정 제7－17조 내지 제7－19조에 따라 신고등을 이행한 보증거래(인정된 거래)에 따라 채권자에게 대위변제를 하는 경우에는 보증계약의 당사자 간 거래에 해당하므로 외국환거래법 제16조 제3호에 따른 신고의무가 발생하지 않음.

ㅇ 보증계약에 따른 대위변제는 주채무 변제 불이행 시 발생하는바, 질의내용과 관련하여 보증계약에 따른 대위변제 조건 등을 성취하였는지 확인하여 판단할 필요가 있음.

(1) 요약

자전거를 수입하면서 해외 거래처의 관계회사에 수입대금을 지급하여 제3자 지급으로 의심받은 사례

(2) 사실관계

A씨는 B자전거 회사의 대표로서 2007.5. C국의 수출업체인 D사와 자전거 완제품에 대한 수입계약을 체결하고, 동 계약에 따라 자전거 완제품 및 하자보증용 부품을 수입한 대금을 지급하면서, 2007.6.부터 2009.4.까지 기간 동안 7.9억원을 수입거래의 당사자가 아닌 관계회사인 E사에게 수입대금을 지급함으로써 제3자 지급을 한 것으로 의심받은 사례

(3) 세관의 판단

제3자 지급 미신고 외국환거래법 위반임.

(4) 검찰의 판단

증거 불충분하여 불기소 결정함.

5 외국환은행을 통하지 아니하는 지급 및 수령에 대한 신고 의무

외국환거래법에서는 대외거래에 따른 외국환거래를 외국환은행을 통하여 하도록 하고 있다. 외국환거래법은 외국환은행으로 하여금 외국환거래 내역을 일정기간마다 국세청장, 관세청장 및 금융감독원장에게 보고하도록 하여 정부당국이 대외거래에 따른 외국환거래를 관리하고 있다.

거주자가 외국환은행을 통하지 아니하고 지급이나 수령을 하는 경우에는 위와 같은 외국환은행을 이용하는 외국환거래와 달리 거래 내용에 대한 확인이나 통계수집 등이 이루어질 수 없어 정부의 외국환 관리가 곤란하게 되므로 외국환거래법에서는 외국환은

행을 통하지 아니하는 지급에 대하여는 신고예외 사항을 제외하고는 한국은행에 신고하도록 의무를 부여하고 있다. 외국환은행을 통하지 아니하는 수령에 대하여는 신고 예외 대상으로 규정하고 있다.

1) 신고 예외거래(정 5-11-1)

거주자가 외국환은행을 통하지 아니하고 지급수단을 수령하고자 하는 경우에는 신고를 요하지 아니한다.

〔표 38〕 신고예외 외국환은행을 통하지 아니하는 지급수단 수령

당사자	내용	신고의무
거주자	외국환은행을 통하지 아니하고 **지급수단**을 수령하고자 하는 경우	없음

거주자가 다음의 경우에 외국환은행을 통하지 아니하고 지급을 하고자 하는 경우에는 신고를 요하지 아니한다(정 5-11-1).

〔표 39〕 신고예외 외국환은행을 통하지 아니하는 지급(정 5-11-1)

당사자	내용	신고의무
거주자	외항운송업자와 승객 간에 외국항로에 취항하는 항공기 또는 선박 안에서 매입, 매각한 물품대금을 직접 지급 또는 수령하는 경우	없음
해외여행자(여행업자 및 교육기관 등을 포함) 또는 해외이주자(해외이주예정자 포함) 및 재외동포	1만불 이하의 해외여행경비, 해외이주비 및 국내재산을 외국에서 직접 지급하는 경우	없음
해외체재자, 해외유학생 및 여행업자(교육기관 등을 포함)	지정거래외국환은행의 확인을 받아 1만불을 초과하는 대외지급수단을 휴대수출하여 지급하는 경우	없음
해외이주자, 해외이주예정자 및 재외동포	지정거래외국환은행의 확인을 받아 1만불을 초과하는 대외지급수단을 휴대수출하여 지급하는 경우	없음
일반해외여행자(외국인 거주자 제외)	관할세관의 장에게 신고한 후 1만불을 초과하는 대외지급수단을 휴대수출하여 지급하는 경우	없음
정부, 지방자치단체 등 (정 4-5-1-i)	기관의 예산으로 지급되는 1만불을 초과하는 해외여행경비를 휴대수출하여 지급하는 경우	없음

당사자	내용	신고의무
해외체재자 및 해외유학생	지정거래외국환은행의 장이 확인한 금액을 초과(초과금액이 1만불 이하)하여 휴대수출하여 지급하는 경우	없음
해외체재자 및 해외유학생	지정거래외국환은행의 장이 확인한 금액을 초과(초과금액이 1만불 초과)하여 관할세관의 장에게 신고한 후 휴대수출하여 지급하는 경우	없음
거주자	인정된 거래에 따른 지급을 위하여 송금수표, 우편환 또는 유네스코쿠폰으로 지급하는 경우	없음
거주자	외국에서 보유가 인정된 대외지급수단으로 인정된 거래에 따른 대가를 외국에서 직접 지급하는 경우	없음
거주자	거주자와 비거주자 간에 국내에서 내국통화로 표시된 거래를 함에 따라 내국지급수단으로 지급하고자 하는 경우	없음
수출승인 또는 수입승인 면제(대외무역관리규정 별표 3 및 별표 4)(물품을 외국에서 수리 또는 검사를 위하여 출국하는 자)	외국환은행의 확인을 받은 후 외국통화 및 여행자수표를 휴대수출하여 당해 수리 또는 검사비를 외국에서 직접 지급하는 경우	없음
외국항로에 취항하는 항공 또는 선박회사	외국환은행의 확인을 받은 후 외국통화를 휴대수출하여 외국에서 운항경비를 직접 지급하는 경우	없음
원양어업자	외국환은행의 확인을 받은 후 어업규정준수 여부 확인 등을 위하여 승선하는 상대국의 감독관 등에게 지급하여야 할 경비를 휴대수출하여 지급하는 경우	없음
거주자	외국환은행의 확인을 받은 후 영화, 음반, 방송물 및 광고물을 외국에서 제작함에 필요한 경비를 대외지급수단을 휴대수출하여 외국에서 직접 지급하는 경우	없음
스포츠경기, 현상광고 주최자	외국환은행의 확인을 받은 후 스포츠경기, 현상광고 등과 관련한 상금을 당해 입상자에게 직접 지급하는 경우	없음
외국인거주자(비거주자를 포함)	외국환은행의 확인을 받은 후 지정거래외국환은행으로부터 매입한 대외지급수단을 휴대수출하여 지급하는 경우	없음
해운대리점 또는 선박관리업자	외국환은행의 확인을 받은 후 비거주자인 선주(운항사업자를 포함)로부터 수령한 자금으로 국내에 입항 또는 국내에서 건조중인 선박(이하 '외항선박')의 외항선원 급여 등 해상운항경비를 외항선박의 선장 등 관리책임자에게 지급하는 경우	없음
해외예금 및 해외신탁 보유 거주자	신고한 해외예금 및 신탁거래를 통해 인정된 외화자금을 직접 예치·처분하는 경우	없음

당사자	내용	신고의무
거주자	인정된 거래에 따른 대가를 당해 예금기관이 발행한 외화수표 또는 신용카드 등으로 국내에서 직접 지급하는 경우	없음
신용카드 보유자	본인명의의 신용카드 등(여행자카드 포함)으로 외국에서의 해외여행경비 지급	없음
신용카드 보유자	본인명의의 신용카드 등(여행자카드 포함)으로 국제기구, 국제단체, 국제회의에 대한 가입비, 회비 및 분담금을 지급하는 경우	없음
신용카드 보유자	본인명의의 신용카드 등(여행자카드 포함)으로 외국간행물에 연구논문, 창작작품 등의 발표, 기고에 따른 게재료 및 별책대금 등 제경비 지급	없음
신용카드 보유자	본인명의의 신용카드 등(여행자카드 포함)으로 기타 비거주자와의 인정된 거래(자본거래를 제외한다)에 따른 결제대금을 국내에서 지급(국내계정에서 지급하는 것을 의미)하는 경우	없음
부가가치세 등 환급창구 운영사업자	외국인관광객등에대한부가가치세 및 개별소비세특례규정에 의해 환급금을 직접 지급하는 경우	없음
법인소속의 해외여행자 (일반해외여행자에 한함)	법인의 예산으로 해외여행을 하기 위해 당해 법인명의로 환전한 해외여행경비를 휴대수출하여 지급하는 경우	없음
원양어업자	원양어로자금 조달을 위한 현지금융의 원리금 또는 어로경비 및 해외지사의 유지활동비를 외국에서 직접 수출하는 어획물의 판매대금으로 상환하거나 지급하는 경우	없음
거주자	소액해외송금업자를 통해 지급하는 경우	

확인요청을 받은 외국환은행의 장은 지급수단의 취득사실을 확인하고 당해 거주자에게 별지 제6-1호 서식의 외국환신고(확인)필증을 발행·교부하여야 한다(정 5-11-2).

2) 한국은행 신고의무

거주자가 외국환은행을 통하지 아니하고 지급 또는 수령을 하고자 하는 경우(물품 또는 용역의 제공, 권리의 이전 등으로 비거주자와의 채권·채무를 결제하는 경우를 포함)에는 한국은행총재에게 신고하여야 한다(정 5-11-3).

〔표 40〕 한국은행 신고대상인 외국환은행을 통하지 아니하는 지급

당사자	내용	신고의무
거주자	외국환은행을 통하지 아니하고 지급 또는 수령을 하고자 하는 경우	한국은행

신고서 작성 방법   외국환은행을 통하지 않는 지급 등의 방법

│ 거래사례 │

유정씨앤씨(주)는 미국의 ABC사에 대한 수입채무 US＄1,000,000 중 US＄500,000을 지급하려 하였으나 미국의 천재지변으로 은행송금이 불가능하게 되어 직원이 휴대 수출하여 미국에서 직접 지급하기로 하고 한국은행에 "외국환은행을 통하지 않는 지급 등의 방법" 신고를 하는 사례(자료출처: 한국은행 외국환거래 신고 편람 2007.1. p.56~61의 내용을 필자가 일부수정)

【지급 등의 방법(변경) 신고서】

〔별지 제5-1호 서식〕

<table>
<tr><td colspan="4" align="center">지급 등의 방법(변경) 신고서</td><td colspan="2">처리기간</td></tr>
<tr><td rowspan="5">거래내용</td><td colspan="2">Ⓐ 거 래 종 류</td><td colspan="3">□ 수출거래 ■ 수입거래 □ 용역거래 □ 자본거래</td></tr>
<tr><td rowspan="2">Ⓑ 계 약 상 대 방</td><td colspan="2">상호 및 대표자성명</td><td colspan="2">ABC Company, Bill James</td></tr>
<tr><td colspan="2">주 소, 전 화 번 호</td><td colspan="2">1122 Battery Street,San Francisco
1-309-387-0000</td></tr>
<tr><td colspan="2">Ⓑ 결 제 방 법</td><td colspan="3">□ 신용장(L/C) □ 추심(D/P, D/A) □ 송금 ■ 기타(현금)</td></tr>
<tr><td colspan="2">Ⓒ 금 액</td><td>계약금액</td><td>U$1,000,000</td><td>신고금액   U$500,000</td></tr>
<tr><td rowspan="9">지급 등 의 방 법</td><td colspan="2" rowspan="3">(1)일정기간을 초과하는 지급 또는 영수</td><td>결제기간</td><td colspan="2">당초기간   변경</td></tr>
<tr><td>결제시기</td><td colspan="2">당초시기   변경</td></tr>
<tr><td>결제방법</td><td colspan="2">□ 외국환은행을 통한 방법 □ 기타( )</td></tr>
<tr><td colspan="2" rowspan="3">(2) 상계에 의한 계정의 대기, 차기</td><td rowspan="2">계정의 구분 및 대차기금액</td><td colspan="2">貸記</td></tr>
<tr><td colspan="2">借記   잔액</td></tr>
<tr><td>결제방법</td><td colspan="2">□ 외국환은행을 통한 방법 □ 기타( )</td></tr>
<tr><td colspan="2" rowspan="2">Ⓓ
(3)기 타</td><td>구 분</td><td colspan="2">□ 제3자 지급
■ 외국환은행을 통하지 아니하는 지급</td></tr>
<tr><td>결제시기</td><td colspan="2">2026.7.1 – 2026.7.7</td></tr>
<tr><td>변경</td><td colspan="5"></td></tr>
<tr><td colspan="6">외국환거래법 제16조의 규정에 의하여 위와 같이 신고합니다.

2026년 6월 30일
Ⓔ 신고인 유정씨앤씨(주) 대표이사 신민호
(또는 유정씨앤씨(주)의 대리인 공일규) 인
(전화 02-333-3333)
한국은행총재 귀하
(외국환은행의 장)</td></tr>
</table>

210mm×297mm

Ⓕ 〈첨부서류〉 1. 사유서 2. 수출입계약서 사본 1부
         3. 지급 등의 방법에 관한 입증서류 1부

Ⓐ **거래종류**

- 외국환은행을 통하지 아니하는 지급 등의 원인이 되는 채권이나 채무발생의 거래종류를 기재하며 위의 경우는 유정씨앤씨(주)의 ABC사에 대한 수입거래가 원인이 되었으므로 수입거래란에 표시한다.

Ⓑ **계약상대방 및 결제방법**

- 계약상대방의 상호, 주소, 연락 전화번호를 기재하며 결제방법란에는 기타에 표시하고 구체적인 지급방법을 괄호 안에 기재한다.

Ⓒ **금액**

- 계약금액란에는 원인채권이나 채무금액 전체(위의 경우는 US $1,000,000)를 기재하며 신고금액란에는 계약금액 중 외국환은행을 통하지 아니하는 지급 등의 대상이 되는 금액(위의 경우는 US $500,000)을 기재한다.

Ⓓ **기타**

- 구분: 외국환은행을 통하지 아니하는 지급 부분에 표시한다.
- 결제시기: 결제 예정시기를 기재하며 만약 결제가 분할지급의 형태로 이루어지면 지급 스케줄을 별첨으로 첨부하여 기재한다.

Ⓔ **신고인 관련부분**

- 개인의 경우는 신고인의 성명을 기재하고 서명 또는 날인, 법인의 경우는 상호와 대표이사명을 기재하고 법인 인감을 날인한다. 만약 대리인이 신고하는 경우에는 '유정씨앤씨(주)의 대리인 공일규'라고 기재하고 대리인 공일규가 날인 또는 서명한다.

Ⓕ **첨부서류**

- 사유서: 특별한 양식은 없으며 A4 용지 1매 정도 분량으로 해당 신청 사유를 정확하고 상세하게 기재한다.
- 신고인 및 거래(계약) 상대방의 실체확인서류: 개인의 경우에는 신분을 증명할 수 있는 주민등록증이나 여권 또는 운전면허증 사본, 법인의 경우에는 법인등기부등본, 사업자등록증
  • 국내기업의 경우에는 법인등기부등본, 해외법인 등의 경우는 이에 준하는 서류(예: "Certificate of Incorporation" 등)
  * 만약 대리인이 신고할 경우에는 동 서류 외에 당해 신고행위에 대한 권한을 위임하는 내용의 위임장(비거주자는 영사관 발행 또는 현지에서 공증받은 위임장)을 추가 제출한다.
- 신고사유를 입증하는 서류: 이는 구체적인 사안에 따라 다소 차이가 날 수 있으나, 대표

적인 것으로는 다음과 같은 것이 있다.

- 해당 거래내용 및 신고금액을 확인할 수 있는 증빙서류(수출입계약서, 수출입신고서, Invoice 등)
- 기타 외국환은행을 통하지 않고 지급하는 사유에 대한 입증서류

3) 관계기관 통보의무

① 국세청장에 대한 통보

신고를 받은 관할세관의 장 및 지급 등의 방법(변경)신고필증을 교부한 한국은행총재는 매월별로 익월 10일 이내에 동 신고사실을 국세청장에게 통보하여야 한다.

② 관세청장에 대한 통보

신고를 받은 관할세관의 장 및 지급 등의 방법(변경)신고필증을 교부한 한국은행총재는 매월별로 익월 10일 이내에 동 신고사실을 관세청장에게 통보하여야 한다.

4) 외국환은행을 통하지 않는 지급 및 수령에 대한 실무 사례 및 판례

실무사례 1 환치기

1. 환치기란 무엇인가?

환치기는 외국환업무취급기관, 즉 은행을 통하지 않고도 외국으로 돈을 보내는 비공식적인 송금 방식이다. 국내에서는 환치기업자에게 송금할 금액을 현금으로 직접 전달하거나 계좌로 입금하고, 해외에서는 환치기업자가 정한 환율에 따라 그에 상응하는 외화를 현지에서 지급받는 구조이다. 외견상 국외로 돈이 이동한 것처럼 보이지 않기 때문에 금융당국의 감시를 피하기 쉽다.

환치기는 국제적으로 널리 알려진 방식이며, 국가마다 명칭이 다르다. 예를 들어 인도에서는 '화왈라(hawala)', 파키스탄에서는 '훈디(hundi)', 호주에서는 '역송금(back-to-back remittance)'이라고 부른다. 그러나 이는 외국환거래법상 정의된 법정 용어는 아니다.

2. 환치기의 송금 구조

환치기 거래는 다음과 같은 방식으로 이루어진다.

① 상호 공모

한국의 수입자와 중국의 수출자가 사전에 환치기를 이용하기로 협의한다. 이는 주로

마약, 밀수대금이나 물품대금의 이면 결제 등 불법거래에서 활용된다.

② 원화 입금

한국의 송금자가 환치기 전문조직의 국내 계좌에 원화를 입금하거나, 최근에는 직접 현금을 전달하는 경우도 많다.

③ 입금 통보

환치기 조직의 국내 계좌주는 해외 조직에 입금 사실을 통보한다.

④ 현지 화폐 지급

해외 환치기 계좌주는 입금 통보를 받은 후, 현지 자금 수요자에게 해당 금액을 자국 통화로 지급한다.

3. 환치기에 대한 처벌 규정

환치기는 현행 외국환거래법상 명백한 위법 행위로 다음과 같은 처벌을 받을 수 있다.

- 환치기 운영 자체

  외국환업무를 기획재정부장관에게 등록하지 않고 수행하는 것은 외국환거래법 제8조 제1항 및 제27조 위반으로 처벌된다.

- 환치기계좌를 통한 지급 및 영수 행위

  제3자 지급·수령 또는 외국환업무취급기관을 통하지 않은 지급에 해당되므로, 외국환거래법 제16조 제3호·제4호 위반이며, 제29조 또는 제32조에 따라 형사처벌 대상이 된다.

- 자금출처 불명 시 가중처벌 가능성

  환치기를 이용한 송금의 목적이나 반대급부가 불명확한 경우, 특정경제범죄가중처벌법 제4조(재산 국외도피)나 범죄수익은닉규제법 제3조로도 처벌될 수 있다.

4. 사람들이 환치기를 이용하는 이유

① 익명성

사인 간 거래로 이루어지기 때문에 관세청이나 금융감독기관에 정보가 통보되지 않아 외환거래의 추적이 어렵다.

② 신속성

외국환은행을 통한 송금은 하루 이상 소요되는 반면, 환치기는 입금 확인만 되면 해외에서 즉시 수취가 가능하다.

③ 편리성

정식 송금은 수출·입, 유학 등 용도에 맞는 증빙서류를 제출해야 하지만, 환치기는 전화나 인터넷만으로 간편하게 처리할 수 있다.

④ 경제성

송금 수수료가 외국환은행보다 낮거나 비슷한 수준이다. 특히 중국이나 동남아 지역에서는 환치기 수수료가 일반 은행보다 저렴한 경우가 많다.

위와 같이 환치기는 겉보기에는 편리하고 저렴한 수단으로 보일 수 있으나, 법적으로는 명백한 불법행위이며, 위반 시 중대한 처벌을 받을 수 있다. 실수로라도 연루되지 않도록 반드시 주의해야 한다.

〔표 41〕 외국환은행을 통하지 않는 지급 및 수령에 대한 실무 사례

실무 사례	내용	신고의무
환치기업자를 통한 송금	수입대금 결제를 하기 위하여 사설 송금업자를 통하여 지급	한국은행 신고
수출대금 현지 수령	수출대금 중 일부인 미화 15,000불을 직원이 현지 방문시 수령하여 반입	한국은행 신고의무 없음. 미화 반입시 세관신고 대상
가상자산(암호화폐) 수령	해외 사설거래소의 전자지갑에서 거주자의 전자지갑으로 가상자산(암호화폐)을 수령(대외거래의 결제를 위해 수령하는 경우에는 한국은행 총재 신고대상)	신고의무 없음
가상자산(암호화폐) 지급	거주자의 전자지갑에서 해외의 전자지갑으로 가상자산(암호화폐)을 지급(대외거래의 결제를 위해 지급하는 경우에는 한국은행 총재 신고대상)	신고의무 없음
신용카드 등에 의한 지급	외국환거래규정 제5−11조 제1항 제9호 라목에서는 거주자가 신용카드 등으로 비거주자와의 인정된 거래에 따른 결제대금을 국내에서 지급하는 경우 신고를 요하지 아니하는 것으로 규정하고 있는데, 신고예외에 해당하는 경우는 신용카드로 다음과 같이 지급(국내계좌에서 대금결제)하고자 하는 경우는 외국환거래규정 제5−11조 제1항 제9호 라목에 해당함. ㉠ 비거주자로부터 물품을 구입하면서 신용카드 번호를 국내에서 전화로 불러주거나 종이에 적어 팩스로 송부하는 방법으로 결제하는 경우 ㉡ 비거주자로부터 수입하여 판매할 물품을 구입하면서 해외에서 직접 신용카드로 결제하는 경우	신고의무 없음

실무 사례	내용	신고의무
수출입대금 환치기계좌 지급	거주자가 비거주자와의 수출입거래에 따른 대금지급 및 수령을 다른 비거주자(또는 다른 거주자)의 원화계좌(일명 환치기 계좌)에 입출금하는 형태로 하고자 하는 경우 외국환거래규정 제5-11조 제3항의 규정에 따라 한국은행총재에게 신고하여야 하는지?(외국환거래규정 제5-11조 제1항에서는 거주자가 외국환은행을 통하지 아니하고 지급수단을 수령하고자 하는 경우 신고 예외사항으로 규정하고 있으며, 동조 제3항에서는 외국환은행을 통하지 아니하고 지급을 하고자 하는 경우 신고하도록 규정하고 있음. 거주자가 비거주자와의 외화표시 수입거래에 따른 대금지급을 다른 비거주자(또는 다른 거주자)의 원화계좌(일명 환치기계좌)에 입금하여 수입대금을 결제한 결과가 발생하였을 경우, 규정 제5-11조 제3항에 의거하여 한국은행총재에게 신고하여야 함)	한국은행 총재 신고
해외 불법체류자에 대한 송금 및 영수	미국에 불법체류하고 있는 사람이 거주자인 저에게 돈 미화 50,000불을 송금할 테니 그분 가족에게 전달을 해달라고 함. ① 미국에서 불법체류하고 있는 사람이 그 사람 국가로 돈을 송금할 수 있는지? ② 역으로 우리나라에서 불법체류자들이 자기네 나라로 돈을 송금할 수 있는지? ③ 저에게 ㅇㅇ은행에 외화계좌가 있긴 한데 제일은행에서 외국에서 돈이 들어오면 저의 계좌로 돈을 바로 입금해주는지? 입증자료를 요구하진 않는지?(▶① 미국내 불법체류자의 외국으로의 송금 가능여부에 대해서는 타 법률과 충돌되는 사안이므로 현행법상 불가 ② 국내 불법체류자들의 경우 국내에서 벌어들인 소득이 동 외국인거주자의 적법한 소득으로 인정되기 어려우므로 본국으로 송금은 불가능함. ③ 거주자가 외국으로부터 2만불을 초과하는 자금을 수령하였을 경우 동 수령과 관련하여 취득경위를 입증하는 서류를 외국환 은행장에게 제시하여야만 함)	①, ② 송금 및 영수 불가 ③ 취득경위를 입증하는 서류를 외국환 은행장에게 제시

실무 사례	내용	신고의무
헤지등 파생상품거래	회사는 영업에 필요한 유류를 국내 정유회사를 통하여 구매하고 있음. 최근 유가상승으로 인하여 헤지 거래를 고려 중에 있음. 그러나 구매하는 유류제품의 특성상 헤지 비용이 많이 들기 때문에 원유(Crude Oil)를 통하여 Proxy Hedge를 고려 중에 있음. 거래 상대방은 국내 정유회사로 구매계약 체결시 아래와 같은 거래가 가능한 지를 확인하고자 함. - 계약기간: 1년 - 회사 A는 계약기간 동안 매월 $55/Barrel을 정유회사에게 지급함. - 정유회사는 계약기간 동안 매월 종가를 회사 A에게 지급함. - 정산: 매월 $55와 매월 현물종가 차액을 서로 정산함. - 정산대금지급: 원화로 정산 ① 이 경우 원화로 정산하므로 외환거래법에 적용대상이 아닌지? ② 거래내용이 상품(commodity)거래이므로 한국은행에 신고/허가를 받아야 하는지? (▶ 상기 거래는 거주자간의 상품파생거래로 외국환거래규정 제7-40조 제2항 제2호 가목에 의해 한국은행 총재 신고사항임. 비록 원화로 정산을 하더라도 계약 자체가 달러화 기준으로 작성되어 있다면 거주자간의 외화거래임)	①, ② 한국은행 총재 신고
외국 현지백화점 현품 확인후 현금 구입 시 외국환신고	① 일본으로부터 물품을 수입하여 인터넷 쇼핑몰을 통하여 판매하는 업자가 사전에 구매할 종류, 수량, 가격, 구매처를 결정하지 않고 일본 현지 백화점에서 물품을 확인하고 현금으로 구입하는 경우에도 사전에 한국은행에 외국환은행을 통하지 않는 지급 신고를 하여야 하는지? ② 만약 사전 신고대상일 경우 지급상대방이나 금액이 확정되지 않고 지급 증빙서류도 없는 상태인데 어떤 방법으로 신고를 하여야 하는지? ③ '건당 미화 1만불 이하의 경상거래에 따른 대가를 대외지급수단으로 직접 지급하는 경우	한국은행 총재 신고

실무 사례	내용	신고의무
	에는 외국환은행을 통하지 않은 지급 신고를 요하지 아니하도록 되어 있는바, 백화점내 여러 매장에서 건당 1만불 이하로 구매(합계액은 1만불 초과)한 경우에도 위 규정을 적용하여 줄 수 있는지? (▶ 건당 1만불 초과의 경상거래에 대한 대가를 대외지급수단으로 은행을 통하지 않고 직접 지급하는 경우에는 사전에 한국은행 총재에게 외국환은행을 통하지 아니하는 지급 신고를 하여야 함. 다만, 동 신고의 경우 거래의 특성상 사전 구매 계획(물품, 수량, 예상 금액) 등을 근거로 신고가 가능할 것이지만, 추후 동 물품의 구매 및 수입증빙서류 제출하여야 할 것임. 백화점내 개별 매장이 백화점과는 독립된 개별 거래 주체로 인정받지 못한 경우에는 동 거래상대방은 개별 매장이 아닌 전체 백화점으로 보아야 할 것인 바, 역시 신고가 필요함)	
외국 현지 물품대금 현금지급시 외국환신고	중국과 무역을 하는 개인사업체 대표임. 무역을 하다 보면 대금지급을 신용장이나 전신환송금(T/T) 방식이 아닌 현지에서 직접 물품대금을 지급하여야 할 경우가 발생함. 이러한 경우 기획재정부장관에게 신고를 하도록 되어 있는데 구체적인 설차가 어떻게 되는지?(▶ 거주자와 비거주자간 건당 미화 1만불을 초과하는 경상거래에 따른 대가를 외국환은행을 통하지 아니하고 대외지급·수단으로 직접 지급하고자 하는 경우에는 외국환거래규정 제5-11조 제3항에 따라 사전 한국은행 총재에게 지급등의 방법(변경) 외국환은행을 통하지 아니하는 지급 신고를 하여야 함)	한국은행 총재 신고
휴대반출한 현금 지급시 외국환신고	A사는 수출 수입업체로 대부분 수입대금을 외국환은행을 통하여 외화송금방식을 택하고 있으나 불가피하게 달러 현찰로 휴대하여(본사 현지법인) 직접 현지(중국)에 가서 수입대금을 지급할 때가 있음. 이때 한국은행에 어떤 신고 절차를 거쳐야 하는지?(▶ 외국환거래규정 제5-11조 제1항 제9호 및 제3항에 따라 거주자와 비거주	한국은행 총재 신고

실무 사례	내용	신고의무
	자간 건당 미화 1만불 초과의 경상거래에 따른 대가를 대외지급수단으로 직접 지급하고자 하는 경우에는 사진 한국은행 총재에게 외국환은행을 통하지 아니하는 지급 신고를 하여야 함)	
클레임 대금 현품으로 보상시 외국환신고	국내의 A사가 외국의 B사에게 제품을 수출 후 대금을 회수함. 그리고 일정기간 후 B는 동 제품을 소비자에게 판매하였으나, 고객으로부터 클레임을 제기 당하여 A에게 물품대금과 기회비용(손해비용)을 청구함(당초 수출한 물품의 회수는 불가능한 상태임). 이러한 경우 현금으로 지급하지 아니하고 물품대금과 기회비용에 상응하는 동일물품 또는 규격이 상이한 물품으로 보상하고자 하는데 외국환은행을 통하지 않은 지급에 해당이 되는지? 또한 동일한 사항이나 물품대금만을 클레임으로 청구하여 동일물품 또는 규격이 상이한 물품으로 보상하고자 하는 경우도 외국환은행을 통하지 않은 지급에 해당이 되는지? (A사가 부담해야 하는 클레임 채무를 동종 물품 수출에 따른 채권으로 상계하고자 하는 경우에는 한국은행 총재에게 상계에 따른 지급 등의 방법 신고를 하여야 함. 그러나 동 채무를 물품 수출에 따른 채권으로 상계하는 것이 아니라 단지 물품의 제공으로 결제하고자 하는 경우에는 외국환거래규정 제5−11조 제3항에 따라 한국은행 총재에게 외국환은행을 통하지 아니하는 지급등의 신고를 하여야 함)	한국은행 총재 신고
중국에서 손실보상액 직접 영수시 외국환 신고	A사는 무역업체로서 중국의 업체들과 많은 거래를 함. 최근 중국의 한 거래처의 계약파기로 인한 손실에 대한 보상을 청구하기 위한 소송을 준비하던 차에 해당 거래처로부터 소송 과정없이 손실에 대한 보상액(미화 약 4만불 상당) 지급확약을 받았으나 거래처는 위엔화로만 지급 가능하다고 함. 〈질의〉 A사가 해당 자금을 회수하기 위하여 거래처로부터의 위엔화 송금이 불가능할 경우 A사가 직원의 출장 등을 통한 인편을 이용한 회수만 가능한 것인지 아니면 다른 가능한 방법이 있는지?(▶ 거주자가 외국환은행을 통하여 외	외국환은행 증빙 서류 확인 / 관할세관장 신고

실무 사례	내용	신고의무
	국환을 수령하는 경우 수령사유에 대하여 외국환은행을 통하여 확인하고 있으며, 경상거래 관련 손해배상액의 수령과 관련하여 동 수령사유를 입증하는 증빙 서류 등의 확인을 통하여 수령이 가능함. 다만, 외국환은행을 통하지 아니하고 수령할 경우에는 금액에 따라서 관련절차가 달라질 수 있는 바, 미화 1만불을 초과하는 지급수단을 휴대 수입하는 경우에는 관할세관의 장에게 신고하여야 함.	
달러를　휴대반출시 외국환신고	외국환은행을 통하지 아니하는 지급신고를 하고, 달러를 휴대해서 반출할 때에도 세관에 신고를 해야 하는지?(▶ 국민인 거주자가 미화 1만불을 초과하여 지급수단(대외지급수단, 내국통화 및 원화표시여행자수표를 말함)을 휴대하여 수출하는 경우 관할세관장에게 신고하여야 하지만, 한국은행에 외국환은행을 통하지 아니하는 지급방법등을 신고한 경우에는 세관 신고 없이 외화를 휴대하여 반출한 뒤 일정한 지급에 이용할 수 있음)	한국은행 총재 신고시 관할세관장 신고 불요

〔표 42〕 외국환은행을 통하지 않는 지급 및 수령에 대한 판결례

판결례	내용	신고의무
해외여행경비 국내지급 (대법원 2005.12.9. 선고 2005도6234 판결)	해외여행경비를 결제하기 위하여 비거주자의 국내 원화계좌에 입금하여 지급	한국은행 신고
대법원 2007.2.23. 선고 2005도9823 판결	1만달러 이하의 미화를 휴대수출하여 물품수입거래의 대금을 지급	없음

해외예금으로 직접 지급한 용역대금의 신고대상 여부

법령질의서

접수일자: 2013 – 06 – 26

제목: 해외예금으로 직접 지급한 용역대금의 신고대상 여부

질의요지: 국내 외국환은행에 개설(거래) 신고 후 예치한 해외 예금으로 비거주자인 해외 건설업자에게 미화 1만불 초과의 용역대금을 직접 지급하는 행위가 외국환거래법 제16조 제4호에 의한 한국은행총재 신고대상인지 여부

해석대상 법령/규칙: 외국환거래법 제16조(지급 또는 수령의 방법의 신고)

관련법령 근거규정

상세내용

○ (갑론) 동 해외예금이 외국환은행을 통해 예치신고 후 송금되었다 하더라도 미화 1만불 초과의 용역거래 대가를 외국환은행을 통하지 않고 비거주자인 해외 건설업체에 직접 지급하는 행위는 (신고를 했거나 신고가 불필요한) '인정된 거래'가 아니므로 외국환거래법 제16조 제4호에 의거 한국은행총재 신고대상임.

○ (을론) 외국환거래규정(이하 '규정'이라 함) 제5 – 11조 제1항 제4호에서는 거주자가 외국에서 보유가 인정된 대외지급수단으로 인정된 거래*에 따른 대가를 외국에서 직접 지급하는 경우에는 신고를 요하지 아니한다고 규정하고 있으므로 본 사안은 한국은행총재 신고대상이 아님.

  * 인정된 거래(규정 제1 – 2조 제25호): 법 및 영과 이 규정에 의해 신고등을 하였거나 신고등을 요하지 아니하는 거래

첨부파일

법령회신

회신부서: 외환조사(총괄)과

회신일자: 2013 – 07 – 01

회신서 내용

1. 부산세관 심사총괄과 – 2074호('13.6.26)와 관련입니다.

2. 위 호 관련 사안은 귀 세관 의견 중 〈을론(신고대상 아님)〉에 해당되는 것으로 판단되니 관련 업무에 참고하시기 바랍니다. 끝.

본 질의회신 사례는 개별적 사안에 대한 답변으로 구체적 사실관계에 따라 해석이 달라질 수 있

음을 알려드립니다.

(자료 출처: 관세청 관세법령정보포털)

유권해석 사례 2

외국환은행을 통하지 아니한 지급 등에 대한 질의

접수일자: 2012 - 08 - 16

제목: 외국환은행을 통하지 아니한 지급 등에 대한 질의

질의요지: 거주자 A사가 비거주자 B사에게 지급하여야 할 선임을 다른 거주자 C사(B사의 국내지점, 법인)의 원화계좌로 지급한 것이 외국환거래규정 제5-11조 제3항에 따른 한국은행총재 신고대상인지 여부

해석대상 법령/규칙: 외국환거래법 제16조(지급 또는 수령의 방법의 신고)

상세내용

☐ 거래관계

- A사는 일본 B사와 공동배선 여객선사임.
  - 한·일간 고속여객선(각 3척씩 소유, 총 6척)을 공동 운항, A사는 부산, B사는 일본 매표카운터 운영·공동판매
- 양사는 해상운송업 업무제휴계약*을 체결하고 승선티켓 판매수입은 사후에 월단위로 계산하여 지급·수령하고 있음.
  - * 판매수입 배분기준: 한국승객은 A사, 일본승객은 B사, 기타 승객은 4(A) : 6(B) − A사는 'B사와 C사간 내부 약정'에 따라 B사에게 지급할 선임을 C사의 원화계좌에 원화로 송금하며, C사는 동 자금을 한국에서의 경비로 100% 사용 − B사는 A사 일본지점에 엔화로 송금, A사 일본지점은 동 자금 중 20%는 일본 현지에서 사용하고, 80%은 한국으로 송금

☐ 질의 내용

[갑론] 한국은행총재 신고대상이다.

- 외국환거래법 목적 달성을 위하여 거래 당사자간의 외환거래는 최소한의(또는 적절한) 범위 내에서 관계 당국에서 자금흐름을 파악할 수 있어야 할 것임.
  - 그에 따라, 외국환거래규정 등에서 일정한 신고 또는 신고예외 기준(금액 또는 거래 형태)을 정하고 있음.
- 따라서, '외국환은행을 통하여 지급을 한다'라고 할 때, 지급 또는 수령행위의 창구인 외국환은행이 이러한 지급 또는 수령이 외환거래라는 사실을 최소한이라도 인식할 수 있어야 할 것이나,

○ 본건 거래는 비록 국내은행이 외국환업무를 영위할 수 있기는 하지만, 국내은행에 개설된 거주자의 원화계좌로 원화로 지급됨에 있어 국내은행은 이 지급행위가 외국환거래임을 인식할 수 없으므로 외국환은행을 통하여 지급하였다고 볼 수 없는 것으로 사료됨〈기재부 유권해석(2007.9.)〉. 거주자가 비거주자와 외화표시 수입거래에 따른 대금지급을 다른 비거주자(또는 다른 거주자)의 원화계좌(일명 환치기계좌)에 입금하여 수입대금을 결제한 결과가 발생하였을 경우, 외국환거래규정 제5-11조 제3항에 의거하여 한국은행 총재 신고대상임.

○ 또한, 본건 거래는 외국환거래규정 제5-11조 제1항 각호(1~13)에 해당되지 않기 때문에 같은 조 제3항에 따라 한국은행총재 신고대상임.

[을론] 한국은행총재 신고대상이 아니다.

○ 외국환거래규정 제5-11조(신고 등)는 지급수단을 휴대반출입하여 직접 지급하는 등의 경우, 즉 은행을 통하지 않고 지급등을 하는 경우를 규정한 것이므로 동 조를 적용할 수 없음.

○ 다만, 종전 기재부 유권해석(2007.9.)은 환치기용 국내 원화계좌를 통한 입출금 자금 흐름의 불투명성과 동 계좌 자체의 불법성에 따라 판단된 것이므로,

- 본건 거래와 같이 업체의 정상적인 국내 원화계좌로 대외 지급을 하는 것은 동 유권해석을 적용할 수 없음 → 관세청 의견: [갑론]

회신서내용

- 제목: 외국환은행을 통하지 아니한 지급 등에 대한 질의에 대한 검토의견
- 내용: ○ 거주자 A사가 비거주자 B사에게 지급할 '승선티켓 판매 수입 정산금'(이하 "선임"이라 한다)을 거래 당사자가 아닌 거주자 C사(B사의 국내지점)의 원화계좌에 원화로 송금하는 경우

　　　　○ 외국환은행을 통하지 않는 지급 신고대상은 아니며, 제3자 지급에 해당되므로 외국환거래규정 제5-10조 제1항의 규정에 따라 '한국은행 신고사항'임.

　　　　※ 참고로 정상적인 국내 원화계좌로 대외 지급을 하는 것은 기재부 유권해석(2007.9. / 환치기계좌 거래) 사례와 다름.

(자료출처: 리걸엔진 AI판례 검색, 공동배선 여객사간 국내 지점을 통한 선임지급의 경우 제3자 지급 등 신고대상 유권해석 사례(p.168)와 동일사례, 다른 유권해석 질의임)

외국환은행을 통하지 않는 지급 신고예외(기획재정부 유권해석)

1. 외국환거래규정 제5－11조 제1항 제9호 라목에서는 거주자가 신용카드등으로 비거주자와의 인정된 거래에 따른 결제대금을 국내에서 지급하는 경우 신고를 요하지 아니하는 것으로 규정하고 있습니다.
2. 귀 청에서 질의하신 바와 같이 신용카드로 다음과 같이 지급(국내계좌에서 대금 결제)하고자 하는 경우는 외국환거래규정 제5－11조 제1항 제9호 라목에 해당(신고예외에 해당)함을 알려드립니다.
   가. 비거주자로부터 물품을 구입하면서 신용카드 번호를 국내에서 전화로 불러주거나 종이에 적어 팩스로 송부하는 방법으로 결제하는 경우
   나. 비거주자로부터 수입하여 판매할 물품을 구입하면서 해외에서 직접 신용카드로 결제하는 경우

(자료출처: 기획재정부 유권해석 사례집)

횐치기 계좌 통해 입금받은 수입대금 신고의무(기획재정부 유권해석)

질의사항:

거주자가 비서주사와의 수출입서래에 따른 대금시급 빛 수령을 다른 비거수자(또는 다른 거주자)의 원화계좌(일명 환치기 계좌)에 입출금하는 형태로 하고자 하는 경우 외국환거래규정 제11조 제3항의 규정에 따라 한국은행총재에게 신고하여야 하는지에 대해 질의

답변:

가. 외국환거래규정(이하 "규정"이라 함) 제5－11조 제1항에서는 거주자가 외국환은행을 통하지 아니하고 지급수단을 수령하고자 하는 경우 신고예외사항으로 규정하고 있으며, 동조 제3항에서는 외국환은행을 통하지 아니하고 지급을 하고자 하는 경우 신고하도록 규정하고 있습니다(신고사항은 제외).
나. 거주자가 비거주자와의 외화표시 수입거래에 따른 대금지급을 다른 비거주자(또는 다른 거주자)의 원화계좌(일명 환치기 계좌)에 입금하여 수입대금을 결제한 결과가 발생하였을 경우, 규정 제5－11조 제3항에 따라 한국은행총재에게 신고하여야 함을 알려드립니다.

(자료출처: 기획재정부 유권해석사례집)

은행을 통하지 아니하는 지급 등의 방법 미신고 사례

가. 위반 내용

「외국환거래법」 제16조 제4호 및 「외국환거래규정」 제5-11조에 따르면, 거주자가 외국환은행을 통하지 않고 외화를 지급하거나, 물품·용역의 제공 또는 권리 이전 등으로 **비거주자와 채권·채무를 결제**하려는 경우에는 그 거래가 '신고 예외 거래'에 해당하지 않는 이상 **한국은행 총재에게 사전 신고**를 하여야 한다.

하지만 다음과 같은 사례에서는 신고의무를 이행하지 않아 위반이 발생하였다.

- 수출입업체 A사는 해외 현지법인 B사에게 자금을 대여한 뒤, **대여기간이 만료되었을 때 기계 및 장비를 대물변제** 형식으로 받아 회수하였다.

  그러나 이처럼 **현금이 아닌 자산으로 대여금을 회수**하는 방식은 은행을 통하지 아니하는 지급에 해당함에도 불구하고, A사는 이를 신고하지 않아 위반이 되었다.
- 수입업체 C사는 해외 판매업체 D사로부터 통신장비를 수입하면서, 일부 수입대금은 외국환은행을 통해 정상적으로 지급하였다.

  그러나 나머지 금액은 **국내에 입국한 D사의 대표 C에게 직접 지급**하였고, 이 과정에서 **외국환은행을 통하지 아니하는 지급임에도 불구하고 신고를 하지 않아** 위반으로 적발되었다.

나. 유의사항

다음과 같은 방식으로 거래가 이루어지는 경우에는 '은행을 통하지 아니하는 지급'에 해당할 수 있으므로 특별히 유의해야 한다.

- 수입채무를 결제하면서 현금 대신 자산계정(예: 재고, 고정자산 등)으로 처리하는 경우
- 수출채권을 회수할 때 현금이 아닌 미착품, 물품, 권리 등으로 반제(변제)하는 경우

이러한 방식은 모두 **외국환은행을 통하지 않는 결제 방법**에 해당할 수 있다.

따라서 외화를 지급하거나 수령할 때 **실제 지급수단이 은행을 거치는지**, 혹은 **신고 예외 거래에 해당하는지 여부**를 반드시 확인해야 한다.

그리고 은행을 통하지 않고 외환을 결제하려는 경우에는 **사전에 신고의무가 있는지 여부를 판단**하고, 필요한 경우 반드시 **한국은행 또는 외국환은행에 신고 절차를 이행**해야 한다.

신고된 해외 예금계좌에서 용역대금을 직접 지급하는 경우 외국환은행을 통하지 않은 지급등 신고 비대상

1. 질의내용

◆ 사실관계

○ 대상업체 외 1개 업체가 25%, 75%의 비율로 투자하여 베트남 현지법인 설립 이후 대상업체가 동 현지 법인과 공장 건설용역 계약 체결

○ 대상업체는 상기 베트남 공장을 건설하기 위해 베트남 현지 건설업체와 하도급계약 체결

○ 동 건설공사와 관련하여 현지 건설업체에 지급된 용역대금은
  - 대상업체의 한국 내 주거래 외국환은행 베트남 계좌 개설(해외예금)
  - 대상업체 현지 직원이 공사이행 점검 후 상기 계좌에서 용역대금 지급

◆ 쟁점

○ 외국환은행에 개설(거래) 신고후 예치한 해외 예금으로 비거주자인 해외 건설업자에게 미화 1만불 초과의 용역대금을 직접 지급하는 행위가 외국환거래법 제16조 제4호에 의한 한국은행총재 신고대상인지 여부

2. 회신내용

◆ 결론

○ 외국환은행을 통하지 않은 지급 신고대상 아님.

◆ 이유

○ 현행 외국환거래법령(규정 포함)상 해외건설 용역거래를 신고대상으로 규정하고 있지 않고, 본 사안은 동 용역거래 대금을 해외에 보유가 인정된 예금계좌로부터 외국에서 직접 지급한 것임.*

* 외국환거래규정 제5-11조 제1항 제4호

(1) 요약

자동차 부품사 대표가 완성차 회사 임원에게 납품 리베이트 38억원 상당을 환치기로 제공한 사례

(2) 사실관계

A씨는 자동차 부품 중견기업인 B사의 대표로 C국의 완성차 회사의 임원인 한국계 미국인 D씨를 만나 380억원 상당의 자동차 부품을 납품하는 계약을 체결하면서 자동차 부품 납품을 조건으로 10% 수준의 리베이트를 지급하기로 약속한 후 B사의 회사자금 38억원 상당을 속칭 '환치기'를 통해 C국의 완성차 회사의 임원인 한국계 미국인 D씨에게 전달한 것으로 의심받은 사례

(3) 검찰의 판단

미신고 외국환은행을 통하지 않는 지급으로 외국환거래법 위반임.

(4) 법원의 판단

미신고 외국환은행을 통하지 않는 지급으로 외국환거래법 위반임.

 참고판례

3-6. 국내 개설 계좌에 해외현지 여행경비 지급시 외국환신고의무
(대법원 2005.12.9. 선고 2005도6234 판결)

[판시사항]

국내 여행사로부터 여행객을 위한 외국 현지의 호텔 및 식당의 예약 등에 관한 여행수속의 알선의뢰를 받은 甲이 외국에서 여행업을 하는 乙에게 위 여행수속을 다시 의뢰한 후, 성사되는 경우 그에 필요한 경비를 내에 개설되어 있는 乙의 원화계좌에 입금하여 지급하기로 한 사안에서, 그와 같은 거래에 의한 지급이 외국환거래법 및 외국환거래규정이 정하고 있는 신고의 예외사유인 "거주자와 비거주자간에 국내에서 국내 통화로 표시된 거래를 함에 따라 내국지급수단으로 지급하고자 하는 경우"에 해당한다고 할 수 없다고 한 사례

[판결요지]

국내 여행사로부터 여행객을 위한 외국 현지의 호텔 및 식당의 예약 등에 관한 여행수속의 알선의뢰를 받은 외국에서 여행업을 하는 乙에게 위 여행수속을 다시 의뢰한 후, 성사되는 경우 그에 필요한 경비를 국내에 개설되어 있는 乙의 원화계좌에 입금하여 지급하기로 한

사안에서, 그와 같은 거래에 의한 지급이 외국환거래법 및 외국환거래규정이 정하고 있는
신고의 예외사유인 거주자와 비거주자간에 국내에서 내국통화로 표시된 거래를 함에 따라
내국지급수단으로 지급하고자 하는 경우에 해당한다고 할 수 없다고 한 사례

6 지급수단 등의 수출입에 대한 신고 의무

대외거래에서는 일반적으로 외국환을 이용하여 외국환은행을 통하여 거래대금을 지급하거나 수령하는 것이 일반적이다. 여기서 "외국환"이란 대외지급수단, 외화증권, 외화파생상품 및 외화채권을 말하고(법 3-1-13), "대외지급수단"이란 외국통화, 외국통화로 표시된 지급수단, 그 밖에 표시통화에 관계없이 외국에서 사용할 수 있는 지급수단을 말한다(법 3-1-4).

그러나 일부 대외거래에서는 거래 당사자 간에 직접 지급수단이나 증권을 수출하거나 수입하여 대금을 지급하거나 수령하는 경우가 있다. 여기서 "지급수단"이라 함은 정부지폐·은행권·주화·수표·우편환·신용장과 환어음·약속어음·여행자카드·상품권·기타 지급받을 수 있는 내용이 표시된 우편 또는 전신에 의한 지급지시 등을 말한다. 다만, 액면가격을 초과하여 매매되는 금화 등은 지급수단인 주화에서 제외한다. "증권"이란 "지급수단"에 해당하지 아니하는 것으로서 「자본시장과 금융투자업에 관한 법률」 제4조에 따른 증권과 무기명양도성예금증서, 그 밖에 재산적 가치가 있는 권리가 표시된 증권 또는 증서로서 투자의 대상으로 유통될 수 있는 것(영 4)을 말한다.

외국환거래법에서는 거주자 또는 비거주자가 대외거래를 위하여 지급수단과 증권을 수출하거나 수입하는 경우 신고 예외사항을 제외하고는 관할세관의 장이나 외국환은행의 장의 확인을 받도록 규정하고 있다.

1) 신고 예외사항(정 6-2-1)

거주자 또는 비거주자가 다음의 어느 하나에 해당하는 지급수단과 증권을 수출입하는 경우에는 신고를 요하지 아니한다(정 6-2-1).

〔표 43〕 신고예외 지급수단 및 증권 수출입

당사자	내용	신고의무
거주자 또는 비거주자	미화 1만불 이하의 지급수단과 증권을 수입하는 경우	없음
거주자 또는 비거주자	미화 1만불 이하의 내국통화, 원화표시여행자수표 및 원화표시자기앞수표를 수입하는 경우	없음
거주자 또는 비거주자	약속어음·환어음·신용장을 수입하는 경우	없음
거주자 또는 비거주자	미화 1만불 이하의 지급수단(대외지급수단, 내국통화, 원화표시자기앞수표 및 원화표시여행자수표를 말함) 및 외국환은행의 장의 확인 절차를 거친 대외지급수단을 수출하는 경우	없음
거주자 또는 비거주자	외국환은행을 통하지 않는 지급 및 수령 규정에 따라 인정된 대외지급수단을 수출하는 경우	없음
거주자	거주자가 취득[12]한 본사의 주식이나 국제수익증권 등을 수출입하는 경우	없음
거주자	미화 5만불 상당액 이내의 외국통화 또는 내국통화를 지급수단으로 사용하지 아니하고 자가화폐수집용·기념용·자동판매기시험용·외국전시용 또는 화폐수집가 등에 대한 판매를 위하여 수출입하고자 하는 경우	없음
거주자	수출대금 및 용역대금의 수령을 위하여 외국통화표시수표를 휴대수입 이외의 방법으로 수입하는 경우	없음
비거주자	가장 최근 입국시 휴대수입한 범위(최초 출국시에 한함) 내 또는 국내에서 인정된 거래에 의하여 취득한 대외지급수단을 수출하는 경우	없음
비거주자	외국환거래법의 적용을 받지 않는 거래에 의하여 취득한 채권을 처분하고자 발행한 수표를 수출하는 경우	없음
비거주자	입국시 휴대수입하거나 국내에서 매입한 원화표시여행자수표를 수출하는 경우	없음
주한 미합중국 군대 및 이에 준하는 국제연합군	한미행정협정과 관련한 근무 또는 고용에 따라 취득하거나 외국의 원천으로부터 취득한 대외지급수단 또는 당해 국가의 공금인 대외지급수단을 수출하는 경우	없음
외국인거주자	외국환거래법의 적용을 받지 않는 거래에 의하여 취득한 대외지급수단을 수출하는 경우	없음
거주자 또는 비거주자	수출물품에 포함 또는 가공되어 「대외무역법」에서 정하는 바에 의해 내국지급수단을 수출하는 경우	없음
외국인투자기업	「외국인투자촉진법」에 의하여 취득한 기명식증권을 수출입하는 경우	없음

당사자	내용	신고의무
자본거래의 신고를 한 자	자본거래 신고한 바에 따라 기명식증권을 수출입하는 경우	없음
한국은행·외국환은행 또는 체신관서	외국환거래법에 따라 인정된 업무를 영위함에 있어 대외지급수단을 수출입하는 경우	없음
외국환은행	외국환은행해외지점, 외국환은행현지법인 또는 외국금융기관(외국환전영업자를 포함)과 내국통화를 수출입하는 경우	없음
국내에 있는 외국정부의 공관과 국제기구 등[13]	대외지급수단을 수출입하는 경우	없음
비거주자	인정된 거래에 따른 대외지급을 위하여 송금수표 또는 우편환을 수출하는 경우	없음

2) 관할세관장에 대한 신고사항

거주자 또는 비거주자가 지급수단 및 증권을 수출 또는 수입함에 있어 다음에 해당하는 경우에는 관할세관의 장에게 신고하여야 한다(정 6-2-2).

〔표 44〕 세관장 신고대상 지급수단 및 증권 수출입

당사자	내용	신고의무
거주자 또는 비거주자	미화 1만불을 초과하는 지급수단(대외지급수단과 내국통화, 원화표시여행자수표 및 원화표시자기앞수표를 말함)을 휴대수입하는 경우	관할 세관장 신고
국민인 거주자	미화 1만불을 초과하는 지급수단(대외지급수단, 내국통화, 원화표시여행자수표 및 원화표시자기앞수표를 말함)을 휴대수출하는 경우	관할 세관장 신고

---

12) 「외국인투자촉진법」에 의한 외국인투자기업(국내자회사를 포함한다), 제9장 제3절에 의한 외국기업국내지사, 외국은행국내지점 또는 사무소에 근무하는 자가 본사(본사의 지주회사나 방계회사를 포함한다)의 주식 또는 지분을 취득(정 7-31-1-x)

13) 국내에 있는 외국정부의 공관과 국제기구(영 10-2-1), 「대한민국과 아메리카합중국 간의 상호방위조약 제4조에 의한 시설과 구역 및 대한민국에서의 합중국군대의 지위에 관한 협정」에 따른 미합중국군대 및 이에 준하는 국제연합군(이하 "미합중국군대 등"), 미합중국군대 등의 구성원·군속·초청계약자와 미합중국군대 등의 비세출자금기관·군사우편국 및 군용은행시설(영 10-2-1), 국내에 있는 외국정부의 공관 또는 국제기구에서 근무하는 외교관·영사 또는 그 수행원이나 사용인(영 10-2-6), 외국정부 또는 국제기구의 공무로 입국하는 자(영 10-2-6)

3) 외국환은행의 장의 확인사항

비거주자나 외국인거주자가 미화 1만불을 초과하는 대외지급수단을 국내에서 취득하는 경우에는 당해 취득사실에 대하여 외국환은행의 장의 확인을 받아야 한다.

〔표 45〕 외국환은행의 장의 확인대상 지급수단 및 증권 수출입

당사자	내용	신고의무
비거주자[14]	국내에서 미화 1만불을 초과하는 대외지급수단을 대외계정 및 비거주자외화신탁계정의 인출 등으로 취득하거나 송금을 수령하는 경우	외국환은행의 장의 확인
비거주자	외국으로부터 외국환거래규정에서 정한 바에 따라 국내에서 미화 1만불을 초과하는 대외지급수단을 수령 또는 휴대수입하는 경우	외국환은행의 장의 확인
외국인거주자	국내에서 미화 1만불을 초과하는 대외지급수단을 대외계정 및 비거주자외화신탁계정의 인출 등으로 취득하거나 송금을 수령하는 경우	외국환은행의 장의 확인
외국인거주자	외국으로부터 외국환거래규정에서 정한 바에 따라 미화 1만불을 초과하는 대외지급수단을 국내에서 수령 또는 휴대수입하는 경우	외국환은행의 장의 확인
외국인거주자	해외여행경비 지급을 위하여 미화 1만불을 초과하는 대외지급수단을 국내에서 취득하는 경우	외국환은행의 장의 확인
해외체재자 및 해외유학생	해외여행경비 지급을 위하여 미화 1만불을 초과하는 대외지급수단을 국내에서 취득하는 경우	정 5-11에 따라 외국환은행의 장의 확인

4) 외국환은행의 장의 외국환신고(확인)필증 발행·교부 의무

거주자 또는 비거주자가 지급수단 및 증권을 수출 또는 수입함에 있어 거주자나 비거주자로부터 신고를 받거나 확인요청을 받은 관할세관의 장 또는 외국환은행의 장은 지급수단의 신고 및 취득사실을 확인하고 당해 거주자 또는 비거주자에게 별지 제6-1호

---

14) 국내에 있는 외국정부의 공관과 국제기구(영 10-2-1), 「대한민국과 아메리카합중국 간의 상호방위조약 제4조에 의한 시설과 구역 및 대한민국에서의 합중국군대의 지위에 관한 협정」에 따른 미합중국군대 및 이에 준하는 국제연합군(이하 "미합중국군대 등"), 미합중국군대 등의 구성원·군속·초청계약자와 미합중국군대 등의 비세출자금기관·군사우편국 및 군용은행시설(영 10-2-1), 국내에 있는 외국정부의 공관 또는 국제기구에서 근무하는 외교관·영사 또는 그 수행원이나 사용인(영 10-2-6), 외국정부 또는 국제기구의 공무로 입국하는 자(영 10-2-6)는 제외

서식의 외국환신고(확인)필증을 발행·교부하여야 한다.

5) 관계기관 통보의무

외국환신고(확인)필증을 발행·교부한 세관의 장은 매월별로 익월 10일 이내에 동 신고사실을 국세청장에게 통보하여야 한다(정 6-2-5).

내국통화를 수출입한 외국환은행의 장은 매분기 내국통화수출입실적을 종합하여 다음 분기 첫째 달 10일까지 한국은행총재에게 보고하여야 한다(정 6-2-6).

6) 관할세관의 장에 대한 신고의무

외국환은행의 장의 확인을 받는 경우(정 6-2)를 제외하고 거주자 또는 비거주자가 지급수단 등을 수출입하고자 하는 경우에는 관할세관의 장에게 신고하여야 하며, 국제우편물로 수입되어 수입된 사실을 알지 못하는 등 불가피한 사유로 인정되는 경우에는 지급수단이 수입된 날로부터 30일 이내에 사후 보고를 할 수 있다(정 6-3-1).

관할세관의 장에게 신고를 하고자 하는 자는 외국환거래규정 별지 제6-2호 서식의 지급수단 등의 수출입(변경) 신고서에 다음의 서류를 첨부하여 당해 신고기관에 제출하여야 한다. 신고한 내용을 변경하고자 하는 경우에도 같다(정 6-3-2).

〔표 46〕관할세관의 장에 대한 신고시 첨부서류

당사자	첨부서류	신고의무
거주자 또는 비거주자	당해 지급수단 등의 수출입사유나 원인이 되는 거래 또는 행위의 증빙서류	관할세관의 장
거주자 또는 비거주자	정상적인 거래관행에 부합하는지 여부 등 수출입의 필요성을 입증하는 서류	관할세관의 장

─○ **신고서 작성 방법**　**지급수단 등의 수출입**

| **거래사례** |

유정씨앤씨(주)는 미국 ABC.Co.Ltd에 자체 개발한 치료약 제조기술을 양도하고 그 대가로 US$1,500,000을 특급우편을 통해 외화수표로 수취함. 이에 유정씨앤씨(주)는 거래 외국환은행을 통해 동 외화수표를 추심하기 위해 한국은행에 지급수단 등의 수입 허가를 신청함(자료출처: 한국은행 외국환거래 신고 편람 2007.1. p.64~67의 내용을 필자가 일부수정).

【지급수단 등의 수출입(변경) 신고서】

〔별지 제6-2호 서식〕

<table>
<tr><td colspan="3" rowspan="2">지급수단 등</td><td>Ⓐ ① 종　　　　류</td><td colspan="2">외화수표</td></tr>
<tr><td>② 수　　　　량</td><td colspan="2">1매</td></tr>
<tr><td>Ⓑ ③ 수 출 입 금 액</td><td colspan="2">U$1,500,000-</td></tr>
<tr><td>④ 대 가 결 제 방 법</td><td colspan="2"></td></tr>
<tr><td colspan="3" rowspan="3">Ⓒ 상대처</td><td>⑤ 상　　　　호</td><td colspan="2">미국 ABC.Co.Ltd</td></tr>
<tr><td>⑥ 대　표　자</td><td colspan="2">Bill James</td></tr>
<tr><td>⑦ 소　재　지</td><td colspan="2">1122 Battery Street, San Francisco, USA</td></tr>
<tr><td colspan="4">⑧ 기　타(또는 변 경 내 용)</td><td colspan="2"></td></tr>
</table>

제목: 지급수단 등의 수출입(변경) 신고서　／　처리기간

외국환거래법 제17조의 규정에 의하여 위와 같이 신고합니다.

2026년 6월 30일

Ⓓ 신청인 주 소 : 서울시 강남구 언주로 723번지

상 호 : 유정씨앤씨(주)

성 명 : 신민호

(또는 유정씨앤씨(주)의 대리인 공일규)　　　인

(전화 123 - 4567)

세관의 장 귀하

<table>
<tr><td>〈첨부서류〉 1. 사유서
2. 거래당사자의 실체확인서류
3. 원인거래 입증서류(계약서, 신고서 등)
4. 수출입 소요량 입증서류
5. 지급수단 사본(필요시)
6. 기타 세관의 장이 필요하다고 인정하는 서류</td><td>신 고 번 호</td><td></td></tr>
<tr><td></td><td>신 고 금 액</td><td></td></tr>
<tr><td></td><td>신 고 일 자</td><td></td></tr>
<tr><td></td><td>유 효 기 간</td><td></td></tr>
</table>

210mm×297mm

Ⓐ **종류**

- 수출입하고자 하는 지급수단 등의 종류('외화수표', '주권', '사채권' 등)를 구체적으로 기재한다.

Ⓑ **수출입금액**

- 수출입대상이 되는 지급수단 등의 액면총액을 기재한다.

Ⓒ **상대처**

- 상대처는 지급수단 등을 보내거나 받게 되는 상대방을 의미하며 위의 경우는 US＄1,500,000의 외화수표를 유정씨앤씨(주)에게 우편으로 보내는 미국 ABC.Co.Ltd가 된다.

Ⓓ **신청인**

- 개인의 경우는 신청인의 성명을 기재하고 서명 또는 날인, 법인의 경우는 상호와 대표이사명을 기재하고 법인 인감을 날인한다. 만약 대리인이 신청하는 경우에는 '유정씨앤씨(주)의 대리인 공일규'라고 기재하고 대리인 공일규가 날인 또는 서명한다.

Ⓔ **기타 첨부서류**

- 사유서: 특별한 양식은 없으며 A4 용지 1매 정도 분량으로 해당 신청 사유를 정확하고 상세하게 기재한다.
- 신청인 및 거래(계약) 상대방의 실체확인서류: 개인의 경우에는 신분을 증명할 수 있는 주민등록증이나 여권 또는 운전면허증 사본, 법인의 경우에는 법인등기부등본, 사업자등록증
  - 국내기업의 경우에는 법인등기부등본, 해외법인 등의 경우는 이에 준하는 서류(예: "Certificate of Incorporation" 등)
  - * 만약 대리인이 신청할 경우에는 동 서류 외에 당해 신고행위에 대한 권한을 위임하는 내용의 위임장(비거주자는 영사관 발행 또는 현지에서 공증받은 위임장)을 추가 제출한다.
- 지급수단 등의 수출입의 원인거래·행위에 대한 입증서류, 수출입을 입증하는 서류
- 외화수표 실물 사본 등
- 기타 지급수단 등의 수출입이 정상적인 거래관행에 부합되는지 여부 등 수출입의 필요성을 입증하는 서류

7) 관할세관의 장의 수출입제한 조치

세관의 장은 입출국하는 자가 지급수단 등을 수출입할 때에는 질문, 증빙서류 제시요구 등을 통하여 지급수단 등의 수출입 신고를 하였는지 여부를 확인하여야 하며 신고를

하여야 하는 수출입으로서 신고를 하지 아니하고 수출입하는 경우에 대하여는 외국환은행의 장의 확인을 받게 하거나(정 6-4), 당해 지급수단 등의 수출 또는 수입을 제한하는 등 필요한 조치를 할 수 있다.

유권해석 사례 1

외국통용 주화의 지급수단 등의 수출입신고대상 여부

접수일자: 2009-08-05

제목: 외국통용 주화의 지급수단 등의 수출입신고대상 여부

질의요지: 필리핀 주화를 "동 스크랩"으로 수입신고한 건에 대하여 지급수단 등의 수출입신고 대상 해당여부

해석대상 법령/규칙: 외국환거래법 제17조(지급수단 등의 수출입 신고)

회신서 내용:

- 제목: 외국통용 주화의 지급수단 등의 수출입신고대상 여부 질의회신
- 내용: 수입자가 필리핀 정부 당국으로부터 주화를 원자재로 사용할 수 있다는 승인(확인)을 받았거나 필리핀 법률에 주화를 원자재로 사용하는데 아무런 제한이 없는 경우에는 지급수단 등의 수출입신고 대상이 아니며, 그렇지 못한 경우에는 지급수단 등의 수출입신고 대상에 해당됨을 알려드립니다.

(자료출처: 리걸엔진 - AI판례검색)

유권해석 사례 2

미화 1만불 초과 외화표시 개인수표 휴대 수입시 신고의무
(기획재정부 외제 41271-116, '01.10.31.)

접수일자: 2009-08-05

질의사항: 비거주자가 미화 1만불을 초과하는 외화표시 개인수표(Personal Check)를 휴대수입하는 경우 외국환거래규정 제6-2조 제1항의 규정에 의한 지급수단등의 휴대수입신고사항인지?

답변: 비거주자가 1만불을 초과하는 외환표시 개인수표를 휴대수입하는 경우에는 외국환거래규정 제6-2조 제2항에 따라 관할세관의 장에게 신고해야 하며, 관할세관의 장은 외국환신고 필증을 발급하면서 우회적인 외화유출을 방지하기 위해 동 비거주자의 출국시 동 신고

필증상 신고금액을 휴대수출할 경우 세관에서 확인해야 할 사항을 기재하는 것은 가능하다고 판단됩니다.

미화 1만불 초과 물품 대금 휴대 출국시 신고의무(기획재정부)

질의사항: 거주자가 미화 1만불을 초과하는 물품대금을 휴대하여 수출하는 경우 관할세관의 장 신고(허가)대상인지, 한국은행총재 신고대상인지 여부에 대해 질의

답변: 가. 외국환거래규정(이하 "규정"이라 함) 제62조 제1항 제5호에서 거주자가 제5-11조의 규정에 의하여 인정된 대외지급수단을 수출하는 경우 신고예외로 규정하고 있습니다.

　　　나. 따라서, 거주자가 미화 1만불을 초과하는 물품대금(경상거래대금)을 규정 제11조 제3항에 따라 한국은행총재에게 신고(외국환은행 통하지 아니하는 지급등의 방법 신고)한 후 휴대수하고자 하는 경우에는 별도의 관할세관의 장 신고를 요하지 아니합니다.

─○ 외국환조사 사례　1. 미달러화 밀반출 미수 사례

(1) 요약

　　미화 22만 달러를 세관에 신고하지 않고 밀반출하려다가 미수에 그친 사례

(2) 사실관계

　　40대 남성인 A씨는 2018년 8월 인천국제공항에서 제주공항을 이용해 필리핀 마닐라로 출국하면서 미화 22만 달러(한화 2억4800만원)를 세관에 신고없이 반출하려다 출국 전에 적발된 사례

(3) 세관의 판단

　　무신고 지급수단반출로 외국환거래법 위반임.

(4) 검찰의 판단

　　무신고 지급수단반출로 외국환거래법 위반임.

(5) 법원의 판단

　　무신고 지급수단반출로 외국환거래법 위반임.

3-7. 미화 휴대 결제 거래에 대한 신고의무

(대법원 2007.2.23. 선고 2005도9823 판결[외국환거래법 위반])

[판시사항]

[1] 거주자가 미화 1만 달러 이하의 외국통화 등 대외지급수단을 소지하고 출국하여 외국에서 물품을 구입하는 등 경상거래를 하고 그에 따른 대가를, 외국환업무취급기관을 통하지 아니하고, 외국에서 직접 지급하는 경우에 외국환거래법 제16조에 의한 신고의무가 있는지 여부(소극)

[2] 외국환거래규정 제5-11조 제1항 각 호 사유들의 관계

[3] 중국으로 출국할 때마다 미화 1만 달러 이하를 소지하고 출국하여 수입물품에 대한 착수금을 각 지급한 경우, 각 지급행위는 외국환거래규정 제5-11조 제1항 제4호에 해당하여 외국환거래법 제16조에 의한 신고의무가 없다고 한 사례

[원심판결] 부산지법 2005.12.2. 선고 2005노3208 판결

[주 문]

원심판결 중 각 외국환거래법 위반의 점에 관한 부분을 파기하고, 이 부분 사건을 부산지방법원 본원 합의부에 환송한다. 나머지 상고를 기각한다.

[이 유]

상고이유를 본다.

1. 상고이유 제1점에 관하여

　　원심판결 이유를 기록에 비추어 살펴보면, 원심이 이 사건 공소사실 중 판시 각 관세법 위반의 점에 대하여 모두 유죄로 인정한 것은 정당하고, 거기에 상고이유로 주장하는 바와 같은 채증법칙 위배로 인한 사실오인 등의 위법이 없다.

2. 상고이유 제2점에 관하여

　　가. 외국환거래법 제16조는 "거주자와 비거주자 간 또는 비거주자 상호 간의 거래 또는 행위에 따른 채권·채무의 결제에 있어서 거주자가 다음 각 호의 1에 해당하는 경우(제18조의 규정에 의하여 허가를 받았거나 신고를 한 자가 그 허가 또는 신고된 방법으로 지급 등을 하는 경우를 제외한다)에는 대통령령이 정하는 바에 의하여 그 지급 등의 방법에 대하여 재정경제부장관에게 미리 신고하여야 한다. 다만, 통상

적으로 행하여지는 거래로서 재정경제부장관이 정하는 경우에는 그러하지 아니하다."고 규정하면서 본문 제4호에서 "외국환업무취급기관을 통하지 아니하고 지급 등을 하는 경우"를 들고 있고, 외국환거래법 제16조 단서의 위임에 따라 제정된 외국환거래규정(1999.3.31. 재정경제부 고시 제1999-9호로 제정되고, 2002.7.2. 재정경제부 고시 제2002-12호로 개정된 것, 이하 같다) 제5-11조 제1항은 "거주자가 외국환은행을 통하지 아니하고 지급수단을 영수하고자 하는 경우 및 다음 각 호의 1에 해당하는 방법으로 지급을 하고자 하는 경우에는 신고를 요하지 아니한다."고 규정하면서 그 제4호에서 "거주자가 외국에서 보유가 인정된 대외지급수단으로 인정된 거래에 따른 대가를 외국에서 직접 지급하는 경우"를 들고 있으므로, 거주자가 "외국에서 보유가 인정된 대외지급수단"으로 "인정된 거래"에 따른 대가를 외국환업무취급기관을 통하지 아니하고 외국에서 직접 지급하는 경우에는 외국환거래법 제16조에 의한 신고를 할 의무가 없다.

나. 그런데 거주자가 미화 1만 달러 이하의 외국통화 등 대외지급수단을 소지하고 외국으로 출국하는 경우에는 외국환거래법 제17조에 의한 허가를 받거나 신고를 할 의무가 없는데[외국환거래법 제17조, 외국환거래법 시행령 제29조 제2항 및 그 위임에 따라 제정된 외국환거래규정 제6-2조 제1항 제3호 참조], 이와 같이 적법하게 수출된 대외지급수단이 외국환거래규정 제5-11조 제1항 제4호의 "외국에서 보유가 인정된 대외지급수단"에 해당하지 아니한다고 볼 수는 없고, 또 외국환거래의 원인행위에 관한 같은 호 소정의 요건인 "인정된 거래"에 관하여는 외국환거래규정 제1 2조 제22호는 "외국환거래법 및 같은 법 시행령과 외국환거래규정에 의하여 신고 등을 하였거나 신고 등을 요하지 아니하는 거래"라고 규정하고 있는바, 외국환거래법 및 같은 법 시행령과 외국환거래규정상 이 사건과 같은 경상거래를 신고할 의무가 있다고 볼 근거도 찾아볼 수 없다.
그렇다면 거주자가 미화 1만 달러 이하의 외국통화 등 대외지급수단을 소지하고 외국으로 출국하여 외국에서 물품을 구입하는 등 경상거래를 하고 그에 따른 대가를 외국환업무취급기관을 통하지 아니하고 외국에서 직접 지급하더라도, 이는 외국환거래규정 제5-11조 제1항 제4호 소정의 "거주자가 외국에서 보유가 인정된 대외지급수단으로 인정된 거래에 따른 대가를 외국에서 직접 지급하는 경우"에 해당하므로 외국환거래법 제16조에 의한 신고 의무가 있다고 볼 수 없다.

다. 한편, 외국환거래규정 제5-11조 제1항 제8호는 "거주자와 비거주자 간 또는 거주자와 다른 거주자 간의 건당 미화 1천 달러 이하의 경상거래에 따른 대가를 대외지급수단으로 직접 지급하는 경우"에 외국환거래법 제16조에 의한 신고의무가 면제되는 것으로 규정하고 있으므로, 거주자가 비거주자와 사이에 건당 미화 1천 달러가 넘는 경상거래에 따른 대가를 외국환업무취급기관을 통하지 아니하고 외국통화 등 대외지급수단으로 직접 지급하는 경우에는 외국환거래법 제16조에 의한 신고를 하여야 할 의무를 부담하는 것이 원칙이나, 외국환거래규정 제5-11조 제1항 각 호의 사유들은 외국환업무취급기관을 통하지 아니하고 지급 등을 하더라도 재정경제부장관에게 신고를 요하지 아니하는 사유를 열거한 것으로서 그 중 어느 하나에 해당하는 한, 제5-11조 제1항 각 호 중 다른 조항에 의하여 신고의무가 면제되는 것인지 여부를 따질 필요는 없는 것이므로, 앞서 본 바와 같이 외국환거래규정 제5-11조 제1항 제4호에 의하여 신고의무가 면제된 이상 같은 항 제8호의 반대해석에 의하여 신고의무가 있다고 해석할 수는 없다(대법원 2006.9.28. 선고 2004도8435 판결 등 참조).

라. 이 사건 기록에 의하면, 피고인은 중국으로 출국할 때마다 미화 1만 달러 이하를 소지하고 출국하여, 수입물품에 대한 착수금을 각 지급하였다는 취지로 주장하고 있을 뿐, 피고인이 이와 달리 외국환거래법상 적법한 방법에 의하지 아니하고 외국통화 등 대외지급수단을 소지하고 중국으로 출국하였다고 볼 만한 자료가 없으므로, 사정이 이와 같다면, 피고인의 위 각 지급행위는 외국환거래규정 제5-11조 제1항 제4호에 해당하여 결국 피고인에게 외국환거래법 제16조에 의한 신고 의무가 있다고 볼 수 없을 것이다.

이와 달리 피고인에게 외국환거래법 제16조에 의한 신고의무가 있음을 전제로 이 사건 공소사실 중 판시 각 외국환거래법 위반의 점을 유죄로 인정한 원심판결에는 외국환거래법 제16조에 관한 법리오해의 위법이 있다 할 것이고, 이 점을 지적하는 취지의 상고이유의 주장은 이유 있다.

따라서 원심판결 중 각 외국환거래법 위반의 점에 관한 부분은 더 이상 유지될 수 없다고 할 것이므로 파기를 면할 수 없다.

3. 결론

그러므로 원심판결 중 각 외국환거래법 위반의 점에 관한 부분을 파기하고, 이 부분 사건을 다시 심리·판단하게 하기 위하여 원심법원으로 환송하고, 나머지 상고를 기각하기로 하여 관여 대법관의 일치된 의견으로 주문과 같이 판결한다.

대법관　　김능환(재판장) 김용담 박시환(주심) 박일환

3-8. 엔화 현금결제 거래에 대한 신고의무

(대법원 2006.9.28. 선고 2004도8435 판결[외국환거래법 위반])

[판시사항]

[1] 거주자가 미화 1만 달러 이하의 외국통화 등 대외지급수단을 소지하고 출국하여 외국에서 물품을 구입하는 등 경상거래를 하고 그에 따른 대가를 외국환업무취급기관을 통하지 아니하고 외국에서 직접 지급하는 경우에 외국환거래법 제16조에 의한 신고의무가 있는지 여부(소극)

[2] 외국환거래규정 제5-11조 제1항 각 호 사유들의 관계

[3] 일본으로 출국할 때마다 미화 1만 달러 이하에 해당하는 일본국 엔화를 소지하여, 일본에서 물품을 구입하고 엔화로 그 대가를 지급한 다음, 귀국시 관세를 납부하고 위 물품을 반입하여 판매한 경우, 각 지급행위는 외국환거래규정 제5-11조 제1항 제4호에 해당하여 외국환거래법 제16조에 의한 신고의무가 없다고 한 사례

[판결요지]

[1] 거주자가 미화 1만 달러 이하의 외국통화 등 대외지급수단을 소지하고 외국으로 출국하여 외국에서 물품을 구입하는 등 경상거래를 하고 그에 따른 대가를 외국환업무취급기관을 통하지 아니하고 외국에서 직접 지급하더라도, 이는 외국환거래규정 제5-11조 제1항 제4호 소정의 "거주자가 외국에서 보유가 인정된 대외지급수단으로 인정된 거래에 따른 대가를 외국에서 직접 지급하는 경우"에 해당하므로 외국환거래법 제16조에 의한 신고의무가 있다고 볼 수 없다.

[2] 외국환거래규정 제5-11조 제1항 각 호의 사유들은 외국환업무취급기관을 통하지 아니하고 지급 등을 하더라도 재정경제부장관에게 신고를 요하지 아니하는 사유를 열거한 것으로서, 그 중 어느 하나에 해당하는 한 제5-11조 제1항 각 호 중 다른 조항에 의하여 신고의무가 면제되는 것인지 여부를 따질 필요는 없으므로, 외국환거래규정 제5-11조 제1항 제4호에 의하여 신고의무가 면제된 이상 같은 항 제8호의 반대해석에 의하여 신고의무가 있다고 해석할 수는 없다.

[3] 일본으로 출국할 때마다 미화 1만 달러 이하에 해당하는 일본국 엔화를 소지하여, 일본에서 물품을 구입하고 엔화로 그 대가를 지급한 다음, 귀국시 관세를 납부하고 위 물품을 반입하여 판매한 경우, 각 지급행위는 외국환거래규정 제5-11조 제1항 제4호에 해당하여 외국환거래법 제16조에 의한 신고의무가 없다고 한 사례

[원심판결] 인천지법 2004.11.18. 선고 2004노2251 판결

[주 문]

원심판결을 파기하고, 사건을 인천지방법원 본원 합의부에 환송한다.

[이 유]

상고이유를 본다.

1. 외국환거래법 제16조는 "거주자와 비거주자 간 또는 비거주자 상호 간의 거래 또는
   행위에 따른 채권·채무의 결제에 있어서 거주자가 다음 각 호의 1에 해당하는 경우
   (제18조의 규정에 의하여 허가를 받았거나 신고를 한 자가 그 허가 또는 신고된 방법
   으로 지급 등을 하는 경우를 제외한다)에는 대통령령이 정하는 바에 의하여 그 지급
   등의 방법에 대하여 재정경제부장관에게 미리 신고하여야 한다. 다만, 통상적으로 행하
   여지는 거래로서 재정경제부장관이 정하는 경우에는 그러하지 아니하다."고 규정하면
   서 본문 제4호에서 "외국환업무취급기관을 통하지 아니하고 지급 등을 하는 경우"를
   들고 있고, 외국환거래법 제16조 단서의 위임에 따라 제정된 외국환거래규정
   (1999.3.31. 재정경제부 고시 제1999-9호로 제정되고, 2002.7.2. 재정경제부 고시
   제2002-12호로 개정된 것, 이하 같다) 제5-11조 제1항은 "거주자가 외국환은행을
   통하지 아니하고 지급수단을 영수하고자 하는 경우 및 다음 각 호의 1에 해당하는 방
   법으로 지급을 하고자 하는 경우에는 신고를 요하지 아니한다."고 규정하면서 그 제4
   호에서 "거주자가 외국에서 보유가 인정된 대외지급수단으로 인정된 거래에 따른 대
   가를 외국에서 직접 지급하는 경우"를 들고 있으므로, 거주자가 "외국에서 보유가 인
   정된 대외지급수단"으로 "인정된 거래"에 따른 대가를 외국환업무취급기관을 통하지
   아니하고 외국에서 직접 지급하는 경우에는 외국환거래법 제16조에 의한 신고를 할
   의무가 없다.

2. 그런데 거주자가 미화 1만 달러 이하의 외국통화 등 대외지급수단을 소지하고 외국으로
   출국하는 경우에는 외국환거래법 제17조에 의한 허가를 받거나 신고를 할 의무가 없는
   데{외국환거래법 제17조, 외국환거래법 시행령 제29조 제2항 및 그 위임에 따라 제정된
   외국환거래규정 제6-2조 제1항 제3호 참조}, 이와 같이 적법하게 수출된 대외지급수단
   이 외국환거래규정 제5-11조 제1항 제4호의 "외국에서 보유가 인정된 대외지급수단"
   에 해당하지 아니한다고 볼 수는 없고, 또 외국환거래의 원인행위에 관한 같은 호 소정
   의 요건인 "인정된 거래"에 관하여는 외국환거래규정 제1-2조 제22호는 "외국환거래
   법 및 같은 법 시행령과 외국환거래규정에 의하여 신고 등을 하였거나 신고 등을 요하
   지 아니하는 거래"라고 규정하고 있는바, 외국환거래법 및 같은 법 시행령과 외국환거

래규정상 이 사건과 같은 경상거래를 신고할 의무가 있다고 볼 근거도 찾아볼 수 없다. 그렇다면 거주자가 미화 1만 달러 이하의 외국통화 등 대외지급수단을 소지하고 외국으로 출국하여 외국에서 물품을 구입하는 등 경상거래를 하고 그에 따른 대가를 외국환업무취급기관을 통하지 아니하고 외국에서 직접 지급하더라도, 이는 외국환거래규정 제5－11조 제1항 제4호 소정의 "거주자가 외국에서 보유가 인정된 대외지급수단으로 인정된 거래에 따른 대가를 외국에서 직접 지급하는 경우"에 해당하므로 외국환거래법 제16조에 의한 신고의무가 있다고 볼 수 없다.

3. 한편, 외국환거래규정 제5－11조 제1항 제8호는 "거주자와 비거주자 간 또는 거주자와 다른 거주자 간의 건당 미화 1천 달러 이하의 경상거래에 따른 대가를 대외지급수단으로 직접 지급하는 경우"에 외국환거래법 제16조에 의한 신고의무가 면제되는 것으로 규정하고 있으므로, 거주자가 비거주자와 사이에 건당 미화 1천 달러가 넘는 경상거래에 따른 대가를 외국환업무취급기관을 통하지 아니하고 외국통화 등 대외지급수단으로 직접 지급하는 경우에는 외국환거래법 제16조에 의한 신고를 하여야 할 의무를 부담하는 것이 원칙이나, 외국환거래규정 제5－11조 제1항 각 호의 사유들은 외국환업무취급기관을 통하지 아니하고 지급 등을 하더라도 재정경제부장관에게 신고를 요하지 아니하는 사유를 열거한 것으로서 그 중 어느 하나에 해당하는 한, 제5－11조 제1항 각 호 중 다른 조항에 의하여 신고의무가 면제되는 것인지 여부를 따질 필요는 없는 것이므로, 앞서 본 바와 같이 외국환거래규정 제5－11조 제1항 제4호에 의하여 신고의무가 면제된 이상 같은 항 제8호의 반대해석에 의하여 신고의무가 있다고 해석할 수는 없다 (결국, 위 제8호는 외국환거래규정 제5－11조 제1항 각 호의 어느 하나에도 해당하지 아니하는 지급 등의 경우, 예컨대 경상거래에 따른 대가를 대외지급수단으로 국내에서 직접 지급하는 경우 혹은 외국환거래법 제17조에 의한 허가를 받거나 신고하지 아니한 채 미화 1만 달러 이상의 외국통화 등 대외지급수단을 수출하여 지급한 경우 등에 적용될 뿐이라 할 것이다).

4. 이 사건 기록에 의하면, 피고인은 일본으로 출국할 때마다 미화 1만 달러 이하에 해당하는 일본국 엔화를 소지하고 출국하여, 일본에서 중고 카메라 등을 구입하고 위 일본국 엔화로 그 대가를 지급한 다음, 귀국시 관세를 납부하고 위 중고 카메라 등을 반입하여 판매하였다고 주장하고 있을 뿐, 피고인이 이와 달리 외국환거래법상 적법한 방법에 의하지 아니하고 외국통화 등 대외지급수단을 소지하고 일본으로 출국하였다고 볼 만한 자료가 없으므로, 사정이 이와 같다면, 피고인의 위 각 지급행위는 외국환거래규정 제5－11조 제1항 제4호에 해당하여 결국, 피고인에게 외국환거래법 제16조에 의한 신고의

무가 있다고 볼 수 없을 것이다.

그럼에도 원심은 피고인이 휴대반출한 일본국 엔화가 미화 1만 달러 이하에 해당하여 그 수출시 외국환거래법 제17조의 규정에 의하여 신고의무가 면제되더라도, 외국환거래법 제16조의 지급 등의 방법의 신고에 관한 사항이 문제되는 이 사건 공소사실에 대하여서까지 신고의무가 면제된다고 볼 수는 없으며, 달리 피고인의 위 거래가 외국환거래법 제16조 단서에 해당한다고 볼 아무런 자료가 없다는 이유로, 이 사건 공소사실을 유죄로 인정한 제1심판결의 결론을 그대로 유지하였는바, 이러한 원심판결에는 외국환거래법 제16조에 관한 법리오해의 위법이 있다 할 것이고, 이 점을 지적하는 취지의 상고이유의 주장은 이유 있다.

5. 그러므로 원심판결을 파기하고, 사건을 다시 심리·판단하게 하기 위하여 원심법원에 환송하기로 하여, 관여 대법관의 일치된 의견으로 주문과 같이 판결한다.

대법관　고현철(재판장) 양승태 김지형(주심) 전수안

3-9. 대외지급수단 휴대수출 미수의 책임

(대법원 2013.10.11. 선고 2011도13101 판결[외국환거래법 위반])

[판시사항]

비거주자인 재외동포가 미화 1만 불을 초과하는 국내재산 내지 대외지급수단을 휴대수출하여 지급하고자 하는 경우, 관할세관의 장에게 신고하여야 할 의무가 있는지 여부(원칙적 적극) 및 예외적으로 신고를 요하지 아니하는 경우

[판결요지]

외국환거래법 제17조, 외국환거래법 시행령 제31조 제2항, 외국환거래규정(1999.3.31. 재정경제부 고시 제1999-9호로 제정되고, 2010.8.20. 기획재정부 고시 제2010-17호로 개정된 것. 이하 같다) 제4-7조 제1항, 제2항, 제4항, 제5-11조 제1항 제2호 (가)목 (2), 제2항, 제6-2조 제1항 제5호 (가)목, 제6-3조 제1항의 문언 및 취지를 종합하여 보면, 비거주자인 재외동포가 미화 1만 불을 초과하는 국내재산 내지 대외지급수단을 휴대수출하여 지급하고자 하는 경우 원칙적으로 관할세관의 장에게 이를 신고하여야 할 의무가 있고, 다만 외국환거래규정 제5-11조가 규정하는 절차에 따라 지정거래외국환은행의 장의 확인이 담긴 외국환신고(확인)필증의 발행·교부가 있는 경우에는 그와 같은 신고를 요하지 아니한다고 해석하여야 한다.

[원심판결] 인천지법 2011.9.9. 선고 2011노2064 판결

[주 문]

원심판결을 파기하고 사건을 인천지방법원 본원 합의부에 환송한다.

[이 유]

상고이유를 판단한다.

1. 외국환거래법 제17조는 "기획재정부장관은 이 법의 실효성을 확보하기 위하여 필요하다고 인정되어 대통령령으로 정하는 경우에는 지급수단 또는 증권을 수출 또는 수입하려는 거주자나 비거주자로 하여금 그 지급수단 또는 증권을 수출 또는 수입할 때 대통령령으로 정하는 바에 따라 신고하게 할 수 있다."고 규정하고, 그 위임에 따른 외국환거래법 시행령 제31조 제2항은 "기획재정부장관은 지급수단 등의 수출 또는 수입에 대하여 신고를 하게 하는 경우에는 신고를 하여야 하는 지급수단 등의 수출 또는 수입의 범위와 기준, 그 밖에 필요한 사항을 정하여 고시하여야 한다."고 규정하고 있다. 위 시행령의 위임에 따라 제정된 외국환거래규정(1999.3.31. 재정경제부 고시 제1999-9호로 제정되고, 2010.8.20. 기획재정부 고시 제2010-17호로 개정된 것. 이하 같다) 제6-3조 제1항은 "제6-2조의 규정을 제외하고 거주자 또는 비거주자가 지급수단 등을 수출입하고자 하는 경우에는 관할세관의 장에게 신고하여야 한다."고 규정하는데, 제6-2조 제1항 제5호 (가)목에 의하면, 비거주자가 제5-11조의 규정에 의하여 인정된 대외지급수단을 수출하는 경우에는 신고를 요하지 아니한다는 취지로 규정되어 있다. 따라서 비거주자가 대외지급수단을 수출하는 경우 원칙적으로 이를 관할세관의 장에게 신고하여야 하지만, 외국환거래규정 제5-11조의 규정에 의한 절차를 이행한 경우에는 그 신고의무가 없다.

나아가 외국환은행을 통하지 아니한 지급의 절차를 규정하는 외국환거래규정 제5-11조 제1항은 "다음 각 호의 1에 해당하는 방법으로 지급을 하고자 하는 경우에는 신고를 요하지 아니한다."고 하면서 "재외동포가 해외여행경비, 해외이주비 및 국내재산을 외국에서 직접 지급하는 경우. 다만, 미화 1만 불을 초과하는 대외지급수단을 휴대수출하여 지급하는 경우는 다음 각 목의 1에 한한다."(제2호)고 정하며, 이에 따른 '가목'에서는 "지정거래외국환은행의 장의 확인"을 규정하면서 "(2) 해외이주자, 해외이주예정자 및 재외동포가 대외지급수단을 휴대수출하여 지급하는 경우"를 들고 있다. 이 경우 "제1항의 규정에 의하여 확인요청을 받은 외국환은행의 장은 지급수단의 취득사실을 확인하고 당해 거주자에게 별지 제6-1호 서식의 외국환신고(확인)필증을 발행·교부하여야 한다."(제2항). 한편 '재외동포의 국내재산 반출절차'를 규정한 외국환거래규정 제4

-7조는 재외동포가 본인 명의로 보유하고 있는 국내예금을 국외로 반출하고자 하는 경우, 거래외국환은행을 지정하고(제1항) 재외동포재산반출신청서를 제출할 것(제2항)을 요구하는 이외에, 그 자금은 제5-11조의 규정에 의하여 휴대수출할 수 있다(제4항)는 취지로 규정하고 있다.

결국 위와 같은 법령 규정들의 문언 및 그 취지를 종합하여 보면, **비거주자인 재외동포가 미화 1만 불을 초과하는 국내재산 내지 대외지급수단을 휴대수출하여 지급하고자 하는 경우 원칙적으로 관할세관의 장에게 이를 신고하여야 할 의무가 있고, 다만 제5-11조가 규정하는 절차에 따라 지정거래외국환은행의 장의 확인이 담긴 외국환신고(확인)필증의 발행·교부가 있는 경우에는 그와 같은 신고를 요하지 아니한다고 해석하여야 할 것이다.**

2. 원심판결 이유와 원심이 적법하게 채택·유지한 증거들에 의하면, 피고인은 대한민국 국민인 비거주자로서 일본 영주권을 취득한 재외동포인데 2010.11.11. 자기 명의의 국민은행 예금계좌에서 인출한 20,355,000원을 일화 1,500,000엔(미화 18,048달러 상당)으로 환전하여 출금한 사실, 당시 피고인은 거래외국환은행 지정신청서, 재외동포재산반출신청서 등의 서류를 국민은행 담당자에게 작성·제출한 사실, 그런데 은행 담당자인 공소외인은 피고인에게 외국환거래규정 제5-11조 제2항의 규정에 의한 외국환신고(확인)필증을 발행·교부하지 않았던 사실, 피고인은 2010.11.16. 08:30경 인천공항에서 출발하는 항공편을 통하여 일본으로 출국하면서 위 1,500,000엔을 휴대하였으나, 이를 공항 세관에 신고하지 않았다가 보안검색과정에서 적발된 사실 등을 알 수 있다.

이러한 사실관계를 앞서 본 법리에 비추어 보면, **피고인은 거래외국환은행 지정신청서와 재외동포재산반출신청서를 작성·제출하였을 뿐 이로써 외국환거래규정 제5-11조가 규정하는 지정외국환은행의 장의 확인을 받은 것으로 볼 수 없으므로, 피고인으로서는 여전히 관할세관의 장에게 위 일화의 휴대수출 내지 반출 사실을 신고하여야 할 의무가 있다고 할 것이며, 피고인이 그와 같은 신고의무를 이행하지 않은 채 위 일화를 소지하고 출국하려다가 보안검색대에서 적발된 이상 외국환거래법 제29조 제2항, 제1항 제7호에 정한 지급수단 휴대수출 미수의 죄책을 부담하여야 한다고 할 것이다.**

그럼에도 원심은 이와 달리, 피고인이 거래외국환은행을 지정하고 그 은행장에게 재외동포재산반출신청서를 제출한 것만으로 지정거래 외국환은행장의 확인을 받는 등 법령이 요구하는 절차를 모두 마쳤다고 단정한 나머지 피고인은 관할세관의 장에게 위 외화의 휴대수출을 신고할 의무가 없다고 판단하여 피고인에게 무죄를 선고하였으니, 이러한 원심판결에는 재외동포의 지급수단 휴대수출이나 국내재산의 반출절차에 관한 법리를 오해하여 판결 결과에 영향을 미친 위법이 있다. 이 점을 지적하는 상고이유 주장은 이유 있다.

3. 그러므로 원심판결을 파기하고 사건을 다시 심리·판단하도록 원심법원에 환송하기로 하여 관여 대법관의 일치된 의견으로 주문과 같이 판결한다.

대법관　양창수(재판장) 박병대 고영한(주심) 김창석

3-10. 외화 휴대반출 실행의 착수시기

(대법원 2001.7.27. 선고 2000도4298 판결[외국환거래법 위반 등])

[판시사항]

[1] 유죄판결 이유에 명시할 증거설시의 정도

[2] 외환을 휴대하여 반출하는 경우 실행의 착수시기

[판결요지]

[1] 판결에 범죄사실에 대한 증거를 설시함에 있어 어느 증거의 어느 부분에 의하여 어느 범죄사실을 인정한다고 구체적으로 설시하지 아니하였다 하더라도 그 적시한 증거들에 의하여 판시 범죄사실을 인정할 수 있으면 이를 위법한 증거설시라고 할 수 없다.

[2] 외국환거래법 제28조 제1항 제3호에서 규정하는, 신고를 하지 아니하거나 허위로 신고하고 지급수단·귀금속 또는 증권을 수출하는 행위는 지급수단 등을 국외로 반출하기 위한 행위에 근접·밀착하는 행위가 행하여진 때에 그 실행의 착수가 있다고 할 것인데, 피고인이 일화 500만 ¥은 기탁회물로 부치고 일화 400민 ¥은 휴대용 가빙에 넣어 국외로 반출하려고 하는 경우에, 500만 ¥에 대하여는 기탁화물로 부칠 때 이미 국외로 반출하기 위한 행위에 근접·밀착한 행위가 이루어졌다고 보아 실행의 착수가 있었다고 할 것이지만, 휴대용 가방에 넣어 비행기에 탑승하려고 한 나머지 400만 ¥에 대하여는 그 휴대용 가방을 보안검색대에 올려 놓거나 이를 휴대하고 통과하는 때에 비로소 실행의 착수가 있다고 볼 것이고, 피고인이 휴대용 가방을 가지고 보안검색대에 나아가지 않은 채 공항 내에서 탑승을 기다리고 있던 중에 체포되었다면 일화 400만 ¥에 대하여는 실행의 착수가 있다고 볼 수 없다.

[원심판결] 부산고법 2000.9.7. 선고 2000노384 판결

[주 문]

원심판결을 파기하고, 사건을 부산고등법원으로 환송한다.

[이 유]

1. 사실오인의 점 등에 대하여

판결에 범죄사실에 대한 증거를 설시함에 있어 어느 증거의 어느 부분에 의하여 어느 범죄사실을 인정한다고 구체적으로 설시하지 아니하였다 하더라도 그 적시한 증거들에 의하여 판시 범죄사실을 인정할 수 있으면 이를 위법한 증거설시라고 할 수 없다고 할 것인바(대법원 1973.11.13 선고 73도2216 판결, 1983.7.12. 선고 83도995 판결 각 참조), 원심판결에서 유죄의 증거로 든 증거들을 기록에 비추어 살펴보면, 피고인에 대한 판시 범죄사실을 넉넉히 인정할 수 있으므로 원심의 사실인정과 판단은 정당한 것으로 수긍이 되고 거기에 상고이유로 주장하는 바와 같이 증거의 요지 기재에 관한 법령을 위반한 잘못이 있다거나, 관세포탈액의 산정을 잘못한 위법이 있다고 볼 수 없고, 그 밖에 심리를 제대로 하지 아니한 채 채증법칙을 위반하거나 자유심증주의를 남용하여 사실을 잘못 인정한 위법이 있다고 볼 수 없다.

2. 외국환거래의 점에 대하여

또한 피고인은 제1심 법정에서 재정경제부장관이 정한 기준환율에 의하지 아니하고 외국환거래를 하였다는 점을 시인하고 있고, 그 환전목적물인 엔화가 압수되어 있다는 취지의 압수조서가 그 보강증거가 될 수 있으며, 또한 당시의 기준환율을 범죄사실에 반드시 명시하여야만 하는 것은 아니라고 할 것이어서 이 부분 원심판결에 외국환거래법의 법리를 오해하였다거나 증거 없이 사실을 인정한 위법이 있다고 볼 수 없다.

3. 외국환수출의 점에 대하여

원심이 인용한 제1심판결의 채용 증거들을 기록에 비추어 살펴보면, 피고인은 일화 500만 ￥은 기탁화물로 부치고 일화 400만 ￥은 휴대용 가방에 넣어 국외로 반출하려고 하였던 것으로 넉넉히 인정할 수 있고, 외국환거래법 제28조 제1항 제3호에서 규정하는, 신고를 하지 아니하거나 허위로 신고하고 지급수단·귀금속 또는 증권을 수출하는 행위는 지급수단 등을 국외로 반출하기 위한 행위에 근접·밀착하는 행위가 행하여진 때에 그 실행의 착수가 있다고 할 것인데, 기록에 의하면 **피고인이 일본으로 출국하기 위해 김해국제공항 1층에 도착하여 비행기표에 좌석을 지정받는 등 출국을 위한 탑승 수속을 하면서 일화 500만 ￥을 감춰 놓은 김 상자를 기탁화물로 부친 이상 그 일화 500만 ￥에 대하여는 이미 이를 국외로 반출하기 위한 행위에 근접·밀착한 행위가 이루어졌다고 보아야 하므로 그 실행의 착수가 있었다고 할 것이지만, 나머지 일화 400만 ￥은 피고인이 휴대용 가방에 넣어 가지고 비행기에 탑승하려고 하였으므로 이 부분에 대하여는 일화 400만 ￥이 들어 있는 휴대용 가방을 보안검색대에 올려 놓거나 이**

를 휴대하고 통과하는 때에 비로소 실행의 착수가 있다고 볼 것이고, 피고인이 위 휴대용 가방을 가지고 보안검색대로 나아가지 않은 채 공항 내에서 탑승을 기다리고 있던 중에 체포되었다면 위 일화 400만 ¥에 대하여는 실행의 착수가 있었다고 볼 수는 없다고 할 것이다.

법리가 위와 같음에도 불구하고 원심판결은 위 일화 400만 ¥ 부분에 대해서도 실행의 착수가 있다고 보고 이 부분 죄에 대해서도 유죄로 단정하였으니, 원심판결에는 외국환거래법 제28조 제1항 제3호에서 규정하는 외국환 등의 수출죄의 실행의 착수 시기에 관한 법리를 오해함으로써 판결에 영향을 미친 위법이 있다고 할 것이다.

4. 결론

그러므로 나머지 상고이유에 대하여 나아가 판단할 필요 없이 원심판결은 더 이상 유지될 수 없게 되었다 할 것이고, 원심판결 중 외국환수출의 죄에 대하여 파기사유가 있는 이상 이와 형법 제37조 전단의 경합범 관계를 이루고 있는 나머지 죄에 대하여도 함께 파기를 하여야 하므로 원심판결을 파기하고, 사건을 원심법원에 환송하기로 하여 관여 법관의 일치된 의견으로 주문과 같이 판결한다.

대법관　　손지열(재판장) 송진훈 윤재식(주심) 이규홍

자본거래에 대한 신고 의무

 정부는 IMF 구제금융위기를 겪은 후 경직된 외국환관리체제의 기본틀을 가지고 있던 구 외국환관리법을 폐지하고 우리 경제에 필요한 외자를 원활히 유치할 수 있도록 외국인의 국내투자환경을 개선하고 금융기관과 기업의 국내외 외환거래를 단계적으로 전면 자유화함으로써 국가경쟁력을 강화하는 한편, 이에 따른 부작용을 최소화하기 위하여 외자를 취급하는 금융기관에 대한 건전성 감독을 강화하고, 평상시 외자유출입 상황의 지속적인 동향 점검과 국내외 경제상황의 급격한 변동시에 효과적으로 대처할 수 있는 각종 안전장치를 강화할 수 있도록 1998.9.16. 법률 제5550호로 외국환거래법을 제정하여 1999.4.1.부터 시행하였다. 구 외국환관리법에서는 자본거래에 대하여 허가제와 신고제를 병용하면서 허가제를 폭넓게 적용하였으나, 외국환거래법에서는 허가제의 경우 그 대상을 최소한으로 축소하여 자본거래를 대폭 자율화하였다. 이후 지속적으로 외국환거래법을 개정하면서 자본거래의 자유화 기조를 유지 및 확대하고 있다.

 외국환거래법령 상 "자본거래"란 다음의 하나에 해당하는 거래 또는 행위를 말한다(법 3-19).

〔표 47〕 외국환거래법령 상 자본거래

거래유형(근거)	거래내용	비고
예금거래 등 (법 3-19)	예금계약, 신탁계약, 금전대차계약, 채무보증계약, 대외지급수단·채권 등의 매매계약(파생상품거래 제외)에 따른 채권의 발생·변경 또는 소멸에 관한 거래	거주자 간 거래는 외국환과 관련된 경우로 한정
증권거래 등 (법 3-19)	증권의 발행·모집, 증권 또는 이에 관한 권리의 취득(파생상품거래 제외)	거주자 간 거래는 외국환과 관련된 경우로 한정
파생상품거래 (법 3-19)	파생상품거래	거주자 간의 파생상품거래는 외국환과 관련된 경우로 한정
부동산거래 (법 3-19)	거주자에 의한 외국에 있는 부동산이나 이에 관한 권리의 취득 또는 비거주자에 의한 국내에 있는 부동산이나 이에 관한 권리의 취득	

거래유형(근거)	거래내용	비고
기타 (법 3-19, 영 9-1)	법인의 국내에 있는 본점, 지점, 출장소, 그 밖의 사무소와 외국에 있는 사무소 사이에 이루어지는 사무소의 설치·확장 또는 운영 등과 관련된 행위와 그에 따른 자금의 수수(授受) 사무소를 유지하는 데에 필요한 경비나 경상적 거래와 관련된 자금의 수수 1. 집기구매대금, 사무실 임대비용 등 사무소를 유지하는 데에 직접 필요한 경비의 지급 또는 수령 2. 물품의 수출입대금과 이에 직접 딸린 운임·보험료, 그 밖의 비용의 지급 또는 수령 3. 용역거래의 대가와 이에 직접 딸린 비용의 지급 또는 수령	
기타 (법 3-19, 영 9-2-1)	예금거래 등이 아닌 거래로서 거주자와 비거주자 간 또는 거주자 간의 임대차·담보제공·보험·조합, 그 밖에 이와 유사한 계약에 따른 채권의 발생·변경 또는 소멸에 관한 거래	거주자 간의 거래인 경우에는 외국통화로 표시되거나 지급받을 수 있는 채권의 발생·변경 또는 소멸에 관한 거래에 한정
기타 (법 3-19, 영 9-2-2)	거주자와 비거주자 간 또는 거주자 간의 상속·유증 또는 증여에 따른 채권의 발생·변경 또는 소멸에 관한 거래	거주자 간의 거래인 경우에는 외국통화로 표시되거나 지급받을 수 있는 채권의 발생·변경 또는 소멸에 관한 거래에 한정
기타 (법 3-19, 영 9-2-3)	비거주자 간의 거래로서 내국통화로 표시되거나 지급받을 수 있는 채권의 발생·변경 또는 소멸에 관한 거래	
기타 (법 3-19, 영 9-2-4)	거주자에 의한 다른 거주자로부터의 외화증권 또는 이에 관한 권리의 취득	
기타 (법 3-19, 영 9-2-5)	비거주자에 의한 다른 비거주자로부터의 내국통화로 표시되거나 지급받을 수 있는 증권 또는 이에 관한 권리의 취득	
기타 (법 3-19, 영 9-2-6)	개인의 국내에 있는 영업소 및 그 밖의 사무소와 외국에 있는 영업소 및 그 밖의 사무소 간의 법 제3조 제1항 제19호 마목에 해당하는 행위 및 그에 따른 자금의 수수(授受)	

거래유형(근거)	거래내용	비고
기타 (법 3-19, 영 9-2-7)	거주자와 외국에 있는 학교 또는 병원 간의 학교 또는 병원의 설립·운영 등과 관련된 행위 및 그에 따른 자금의 수수	
기타 (법 3-19, 영 9-2-8)	그 밖에 거주자와 비거주자 간의 채권의 발생·변경 또는 소멸에 관한 거래(물품의 수출·수입 및 용역거래는 제외)나 거주자 간의 외국통화로 표시되거나 지급받을 수 있는 채권의 발생·변경 또는 소멸에 관한 거래로서 기획재정부장관이 인정하는 거래	

이와 같이 외국환거래법령상 자본거래는 거래 유형이나 거래 내용이 매우 다양하여 그 간의 지속적인 자유화 정책에도 불구하고 아직까지는 신고제의 기본적인 틀을 유지하고 있다. 무역거래나 용역거래와 같은 경상거래에 비하여 자본거래는 다양한 거래 유형이나 내용을 악용하여 국내 자본을 불법적으로 유출하거나 유입하여 외환보유고나 국제수지에 영향을 미칠 가능성이 있음에도 정부가 그 거래내용이나 진실성을 파악하기가 용이하지 않기 때문이다.

(1) 신고 및 허가 예외 자본거래

외국환거래법령 및 규정에서는 다음의 자본거래를 신고나 허가를 요하지 않는 자본거래로 규정하고 있다.

〔표 48〕 신고 및 허가 예외 자본거래(정 7-2)

당사자	자본거래	비고
거주자	자본거래 건당 지급 및 수령 금액(분할하여 지급 등을 하는 경우에는 각각의 지급 등의 금액을 합산한 금액)이 미화 5천불 이내인 경우	
거주자 (외국인 거주자 제외)	자본거래 건당 지급금액이 미화 5천불 초과 10만불 이내이고, 연간 지급누계금액이 10만불을 초과하지 않는 경우	지급시 지정거래외국환은행의 장으로부터 거래의 내용을 확인받아야 함
거주자	자본거래 건당 수령금액이 미화 5천불 초과 10만불 이내이고, 연간 수령누계금액이 미화 10만불을 초과하지 않는 경우	수령시 지정거래외국환은행의 장으로부터 거래내용을 확인받아야 함.

당사자	자본거래	비고
한국은행	외국환업무로서 행하는 거래	
외국환업무취급기관	외국환업무로서 행하는 거래 및 동 외국환업무취급기관을 거래상대방으로 하는 거래	외국환업무취급기관 및 자본거래에서 신고하도록 규정되어 있는 경우에는 신고한 경우에 한함
환전영업자	외국환거래규정에 따라 환전업무로서 행하는 거래	
소액해외송금업자	외국환거래규정에 따라 소액 해외송금업무로서 행하는 거래	
외국환평형기금	외국환거래법령 및 규정에 의하여 행하는 거래	
자본거래 당사자	거래당사자의 일방이 신고 등을 한 거래	신고인이 정해진 경우 해당 신고인이 자본거래 신고 등을 한 거래
거주자와 비거주자 간 기타 자본거래에 대하여 한국은행총재에게 신고한 거주자	자금통합관리를 위하여 미화 5천만불 이내에서 지정거래외국환은행을 통하여 비거주자와 행하는 해외예금, 금전대차, 담보제공거래 및 외국환은행에 대한 담보제공	

(2) 거주자 간 자본거래시 외국환은행을 통한 지급 및 수령 의무

거주자가 비거주자와 자본거래를 하는 경우에는 외국환은행을 통하여 지급 또는 수령을 하는 것이 일반적이다. 거주자 간 외국환거래법에 의한 자본거래를 하는 경우에는 당사자 간 직접 지급 또는 수령을 하기 쉬우나 외국환거래법에서는 거주자 간 자본거래 내역을 정확하게 파악하기 위하여 당사자 간 거주자 간 자본거래 또는 행위에 따른 대금의 지급 또는 수령은 외국환은행을 통하여 지급·수령하도록 의무를 규정하고 있다(정 7-3).

〔표 49〕 거주자 간 자본거래에 대한 신고의무(정 7-3-1)

당사자	자본거래	(신고)의무
거주자와 거주자 간	자본거래 건당 지급·수령금액이 미화 5천불 초과하는 경우	외국환은행 통한 지급·수령 의무
거주자와 거주자 간	자본거래 건당 지급·수령금액이 미화 5천불 초과하여 외국환은행을 통하지 않고 지급 또는 수령하는 경우	한국은행 신고

당사자	자본거래	(신고)의무
거주자와 거주자 간	자본거래 건당 지급·수령금액이 미화 5천불 이하인 경우	없음
외국에 체재하고 있는 거주자 간	금전대차거래의 경우	없음
거주자와 외국인거주자 간	거주자가 해외여행경비의 지급에 충당하기 위하여 외국인거주자로부터 대외지급수단을 증여받는 경우(외국에서 발행된 항공권, 선표, 여객운임선급통지서(P.T.A), 항공권교환증을 포함)	없음
거주자와 거주자 간	증권시장에 상장된 외화증권을 한국거래소를 통하여 취득하는 경우	없음

(3) 자본거래 신고 절차

자본거래 신고절차는 다음과 같은 순서로 이루어진다.

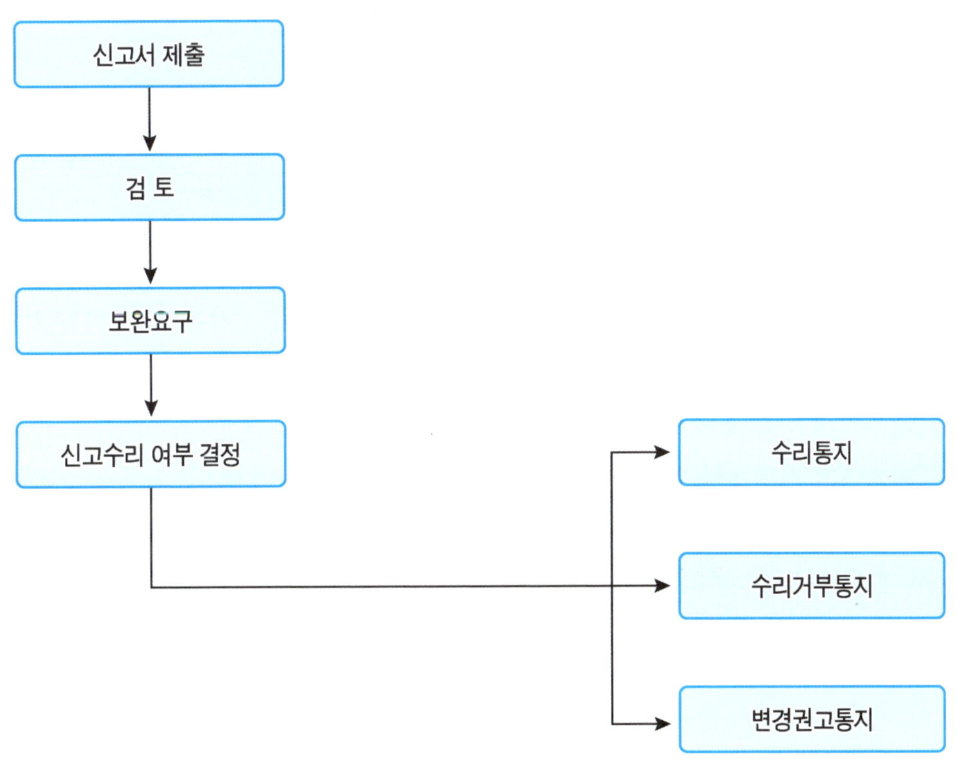

1) 신고서 제출

자본거래를 하려는 자는 대통령령으로 정하는 바에 따라 기획재정부장관에게 신고하여야 한다. 다만, 외국환수급 안정과 대외거래 원활화를 위하여 다음의 자본거래는 사후에 보고하거나 신고하지 아니할 수 있다(법 18-1).

〔표 50〕 사후보고(또는 신고예외) 자본거래(영 32 - 2)

당사자	자본거래	비고
외국환업무취급기관	외국환업무로서 수행하는 거래	외환거래질서를 해할 우려가 있거나 급격한 외환유출입을 야기할 위험이 있는 거래로서 기획재정부장관이 고시하는 경우에는 신고
거주자 또는 비거주자	기획재정부장관이 정하여 고시하는 금액 미만의 소액 자본거래	
해외에서 체재 중인 자	비거주자와의 예금거래	
거주자 또는 비거주자	추가적인 자금유출입이 발생하지 아니하는 계약의 변경 등으로서 기획재정부장관이 경미한 사항으로 인정하는 거래	
기타	그 밖에 기획재정부장관이 정하여 고시하는 거래	외국환거래규정

자본거래의 신고를 하려는 자는 기획재정부장관이 정하여 고시하는 신고 서류를 기획재정부장관에게 제출하여야 한다. 이 경우 신고의 절차 및 방법 등에 관한 세부 사항은 기획재정부장관이 정하여 고시한다(영 32-1).

외국환거래법 시행령의 위임을 받은 외국환거래규정에서는 자본거래의 신고수리를 받고자 하거나 신고를 하고자 하는 자는 다음의 신고(수리)서를 당해 자본거래의 신고(수리)기관에 제출하여야 한다. 또한, 신고내용을 변경하고자 하는 경우에는 변경사항 및 변경사유를 첨부하여 당해 신고(수리)기관 또는 보고기관에 제출하여야 한다(정 7-4).

ⓐ 예금, 신탁계약에 따른 채권의 발생 등에 관한 거래 : 별지 제7-1호 서식

ⓑ 금전의 대차계약에 따른 채권의 발생 등에 관한 거래 : 별지 제7-2호 서식

ⓒ 채무의 보증계약에 따른 채권의 발생 등에 관한 거래 : 별지 제7-3호 서식

ⓓ 대외지급수단, 채권 기타의 매매계약에 따른 채권의 발생 등에 관한 거래 : 별지 제7-4호 서식

ⓔ 증권의 발행 또는 모집 : 별지 제7-5호 서식

ⓕ 증권취득 : 별지 제7-6호 서식

ⓖ 파생상품거래 : 별지 제7-7호 서식

ⓗ 담보계약에 따른 채권의 발생 등에 관한 거래 : 별지 제7-8호 서식

ⓘ 임대차계약에 따른 채권의 발생 등에 관한 거래 : 별지 제7-9호 서식

ⓙ 증권대차계약에 따른 채권: 별지 제7-11호 서식

※ 구체적인 서식내용은 부록 참조

2) 신고수리 여부 결정권

기획재정부장관은 자본거래 신고 규정(법 18-1)에 따라 신고하도록 정한 사항 중 거주자의 해외직접투자와 해외부동산 또는 이에 관한 권리의 취득의 경우에는 투자자 적격성 여부, 투자가격 적정성 여부 등의 타당성을 검토하여 신고수리 여부를 결정할 수 있다(법 18-3).

3) 보완 요구권

기획재정부장관은 자본거래에 대한 신고내용을 심사를 할 때 신고 내용이 불명확하여 심사가 곤란하다고 인정되는 경우에는 지체 없이 상당한 기간을 정하여 보완을 요구할 수 있으며, 신고인이 이 기간에 보완을 하지 아니하면 신고 서류를 반려할 수 있다(영 32-4).

4) 결정 내용의 통지의무

기획재정부장관은 자본거래 신고에 대하여 30일의 처리기간에 다음 중 하나에 해당하는 결정을 하여 신고인에게 통지하여야 한다(법 18-4, 영 32-3).

1. 신고의 수리

2. 신고의 수리 거부

3. 거래 내용의 변경 권고

기획재정부장관은 자본거래에 대한 신고수리 여부를 결정할 때에는 30일의 처리기간에 신고수리, 거부 또는 거래 내용의 변경 권고 여부를 정하여 신고인에게 통지하여야 한다.[15] 이 경우 투자 업종, 투자 유형, 투자 규모 등을 고려하여 정형화된 해외직접투자로 인정되는 것으로 미리 고시한 경우에 해당하면 요건심사를 생략할 수 있다(영 32-3).

5) 거래내용 변경 권고에 대한 신고인의 수락 여부 통지의무

거래 내용의 변경 권고를 받은 자는 변경 권고를 받은 날부터 10일 이내에 해당 변경 권고에 대한 수락 여부를 기획재정부장관에게 알려야 하며, 그 기간에 수락 여부를 알리지 아니하면 수락하지 아니한 것으로 본다(영 32-5).

6) 자본거래의 변경 또는 중지 명령결정 통지의무

기획재정부장관은 거래 내용의 변경 권고를 받은 자로부터 수락하지 아니한다는 통지를 받은 때에는 통지를 받은 날(통지가 없는 경우에는 신고인이 변경 권고를 받은 날부터 10일이 지난 날)부터 10일 이내에 해당 자본거래의 변경 또는 중지를 명할 것인지의 여부를 결정하여 신고인에게 알려야 한다(영 32-6).

7) 자본거래 신고 및 신고수리 기한

자본거래 신고와 신고수리(申告受理)는 지급 또는 수령 절차(법 15-1) 이전에 완료하여야 한다(법 18-2).

8) 신고 수리거부의 효과

기획재정부장관이 신고의 수리거부 결정을 한 경우 그 신고를 한 거주자는 해당 거래를 하여서는 아니 된다(법 18-5).

9) 거래내용의 변경권고의 효과

거래내용의 변경을 권고하는 통지를 받은 자가 해당 권고를 수락한 경우에는 그 수락한 바에 따라 그 거래를 할 수 있으며, 수락하지 아니한 경우에는 그 거래를 하여서는 아니 된다(법 18-6).

---

15) 보완요구에 따라 보완에 걸리는 기간은 30일의 처리기간에 산입하지 아니한다(영 32-7).

10) 수리 여부 미통지의 효과

자본거래 신고 처리기간에 기획재정부장관의 통지가 없으면 그 기간이 지난 날에 해당 신고가 수리된 것으로 본다(법 18-7).

(4) 자본거래의 내신고수리

무역거래나 용역거래와 달리 자본거래를 하는 당사자들은 매우 신중한 절차를 거쳐서 합의에 이르고 계약을 체결한 후 이를 이행하게 된다. 외국환거래법에서는 자본거래에 대한 의향서(Letter of Intent), 합의각서(Memorandom of Understanding) 등 단계로부터 본계약 체결까지의 기간을 준비기간(1년 이내)으로 인정하여 본계약 체결 전이라도 당사자 간 합의단계부터 자본거래의 신고를 할 수 있도록 내신고수리 절차를 규정하고 있다.

자본거래의 신고수리기관은 자본거래의 신고수리를 함에 있어서 내신고수리를 하여 일정기간의 준비기간이 경과한 후에 본신고수리를 할 수 있다(정 7-5-1). 여기서 "일정기간의 준비기간"이라 함은 당해 자본거래에 관한 당사자 간의 합의, 예약, 가계약 등 이후 본계약 체결 전까지의 기간을 말하며 그 기간은 1년을 초과할 수 없다(정 7-5-2).

(5) 자본거래에 대한 실무 사례 및 판례

〔표 51〕 자본거래에 대한 실무 사례

실무 사례 및 판례	내용	신고의무
중계무역을 가장한 실질적 자본거래 (대법원 2010.5.27. 선고 2009도4311 판결)	외관상으로만 중계무역 형식을 취하여 콩을 수출하고 대금을 수취하는 것처럼 하면서 실제로는 선이자를 공제한 외화를 입금받는 방식으로 차입하여 자본거래	미화 3천만불 초과 시 기재부장관 신고
채권의 소멸에 관한 거래의 의미	채권의 소멸에 관한 거래라 함은 반드시 채권의 소멸을 가져오는 별개의 법률행위로 인하여 채권이 소멸되는 경우뿐만 아니라 변제로 인하여 채권이 소멸되는 경우도 이에 해당	

예금계약은 예금자가 금융기관에 대하여 금전의 보관을 위탁하여 금융기관이 예입금의 소유권을 취득하고 예금자에게 이와 같은 금액을 반환할 것을 약정하는 계약을 말한다. 해외여행이나 해외 체제, 해외 거주 등이 많이 늘어난 요즈음 외국의 금융기관들에 예금계약에 의한 해외 예금거래를 하는 경우가 많이 늘어나고 있다.

신탁계약이란 위탁자인 신탁 설정자가 수탁자인 신탁을 인수하는 자에게 재산을 신탁하여 재산권을 수탁자에게 이전하거나 처분하여 수탁자로 하여금 수익자의 이익이나 다른 목적을 위하여 신탁재산에 대한 권리를 관리하거나 처분하게 하는 계약관계를 말한다. 우리나라에서는 법률에 의한 부동산신탁 등만 허용되고 있는데, 이와 달리 신탁제도가 발달한 서구에서 해외 보유 중인 재산을 신탁거래를 하는 경우가 있다.

거주자가 하는 해외예금계약에 의한 해외예금거래와 해외신탁계약에 의한 해외신탁거래, 비거주자가 하는 국내예금계약에 의한 국내예금거래와 국내 신탁계약에 의한 국내 신탁거래는 모두 자본거래로서 외국환거래법령 및 규정의 적용을 받는다.

외국환거래규정에서는 예금과 신탁거래를 ① 국내 예금 및 국내 신탁거래와 ② 해외 예금 및 해외신탁 거래로 구분하고 있다.

(1) 국내예금 및 국내신탁

1) 신고 불요 국내예금 및 국내신탁 거래

거주자 또는 비거주자가 국내에서 다음의 하나에 해당하는 예금거래 및 신탁거래를 하고자 하는 경우에는 신고를 요하지 아니한다(정 7-6-1).

〔표 52〕 국내예금 및 국내신탁거래에 대한 신고의무

당사자	거래내용	신고의무
거주자 또는 비거주자	외국환거래규정 예치 및 처분사유에 따라 외국환은행 및 종합금융회사와 예금거래 및 금전신탁거래를 하는 경우	없음
국민인 비거주자	국내에서 사용하기 위하여 내국통화로 예금거래 및 신탁거래를 하는 경우	없음

당사자	거래내용	신고의무
거주자 또는 비거주자	거주자와 국내에서 예금거래 및 신탁거래를 하고자 하는 경우	한국은행(총재)신고의무

2) 국내예금 및 국내신탁 거래에 대한 신고의무

위 신고예외 대상을 제외하고 거주자 또는 비거주자가 거주자와 국내에서 예금거래 및 신탁거래를 하고자 하는 경우에는 한국은행총재에게 신고하여야 한다(정 7-6-2).

거주자와 국내에서 신탁거래(거주자 간의 원화신탁거래를 포함한다)를 하는 자가 신탁계약이 만료됨에 따라 금전이 아닌 자산 또는 이에 대한 권리를 취득하고자 하는 경우에는 외국환거래규정에서 정하는 바에 따라 신고 등을 하여야 한다(정 7-6-3).

3) 계정의 종류에 따른 예치가능 지급수단 및 처분

외국환은행이 거주자 또는 비거주자를 위하여 개설할 수 있는 예금계정 및 금전신탁계정의 종류는 예금 및 신탁(정 2-6의2)에서 규정하고 있다. 외국환거래규정은 거주자 또는 비거주자의 계정에 따라 예치할 수 있는 지급수단(정 7-8)과 계정의 처분사유(정 7-9)를 규정하고 있다. 계정 종류별로 예치가능 지급수단 및 처분가능 사유를 정리하면 다음 표와 같다.

〔표 53〕 계정별 예치가능 지급수단 및 처분가능 사유

계정	개설 가능자	예치가능 지급수단	처분가능 사유
거주자계정 및 거주자외화 신탁계정	거주자	1. 취득 또는 보유가 인정된 대외지급수단 2. 내국지급수단을 대가로 하여 외국환은행 등으로부터 매입한 대외지급수단	처분제한 없음. 다만, 대외지급(대외계정 및 비거주자외화신탁계정으로의 이체를 포함)을 하고자 하는 경우에는 지급과 수령(제4장) 규정에 따름.
대외계정 및 비거주자 외화 신탁계정	비거주자, 개인인 외국인 거주자, 한국 재외공관 근무자·가족	1. 외국으로부터 송금되어 온 대외지급수단 2. 인정된 거래에 따라 대외지급이 인정된 대외지급수단 3. 국내금융기관과 외국환은행해외지점, 외국환은행현지법인, 외국금융기관(이하 '외국환은행해외지점 등') 간 또는 외국환은행해	1. 외국에 대한 송금 2. 다른 외화예금계정 및 외화신탁 계정에의 이체 3. 대외지급수단으로의 인출 또는 외국환은행 등으로부터의 다른 대외지급수단의 매입 4. 외국환은행 등에 내국지급수단을 대가로 한 매각

계정	개설 가능자	예치가능 지급수단	처분가능 사유
		외지점 등 간 외화 결제에 따라 취득한 대외지급수단 4. 국내에서 증권의 발행으로 조달한 자금 5. 비거주자 본인 명의 업무용외화계좌로부터의 이체	5. 기타 인정된 거래에 따른 지급 6. 국내금융기관과 외국환은행해외 지점, 외국환은행현지법인, 외국금융기관(이하 '외국환은행해외지점 등') 간 또는 외국환은행해외지점 등 간 외화결제에 따른 지급
해외이주자 계정	해외이주자	1. 해외이주자 및 해외이주예정자의 자기명의 재산 2. 재외동포의 자기명의 국내재산을 처분하여 취득한 내국지급수단을 대가로 외국환은행 등으로부터 매입한 대외지급수단	1. 해외이주비 지급절차(정 4-6)의 규정에 의하여 인정된 해외이주비 송금(송금수표 및 여행자수표 인출을 포함) 및 인정된 국내 재산의 송금 2. 외국환은행 등에 내국지급수단을 대가로 한 매각
비거주자 원화계정	비거주자	다음의 내국지급수단 1. 비거주자가 국내에서 취득한 내국지급수단(외국으로부터 수입 또는 수령한 대외지급수단을 대가로 하여 취득한 내국지급수단을 포함) 2. 비거주자가 차관공여계약서(대외경제협력기금법시행령에 의한)에 따라 지급받은 내국지급수단	1. 내국지급수단으로의 인출 또는 거주자원화계정 및 다른 비거주자원화계정으로의 이체 2. 차관공여계약서에서 정하는 바에 따라 지급된 비거주자원화계정 예치금으로 비거주자가 외국환을 매입하거나 매입한 외국환을 외국환은행을 통한 외국으로의 송금 기타 인정된 거래에 사용하는 경우 3. 외국에 대한 비거주자원화계정으로 발생한 이자송금을 위하여 외국환은행 등에 대외지급수단을 대가로 한 매각
비거주자 자유원계정과 비거주자 원화신탁 계정	비거주자	다음의 내국지급수단 1. 비거주자(외국인거주자를 포함)가 외국으로부터 송금하거나 휴대반입한 외화자금 또는 본인 명의의 대외계정 및 비거주자외화신탁계정에 예치된 외화자금을 내국지급수단을 대가로 매각한 자금 2. 비거주자(경상거래대금의 추심·결제업무를 수행하는 외국환은행	1. 외국환은행 등에 대외지급수단을 대가로 한 매각 2. 내국통화표시 경상거래대금 또는 내국통화표시 재보험거래대금 지급 3. 비거주자(외국인거주자를 포함) 본인 명의의 다른 비거주자자유원계정, 투자전용 비거주자원화계정, 비거주자원화신탁계정 및 비거주자 본인명의

계정	개설 가능자	예치가능 지급수단	처분가능 사유
		해외지점, 외국환은행현지법인, 외국금융기관을 포함)가 내국통화표시 경상거래대금 또는 내국통화표시 재보험거래대금으로 취득한 내국지급수단 3. 비거주자 본인 명의의 다른 비거주자자유원계정, 투자전용비거주자원화계정 및 업무용 원화계좌로부터의 이체 4. 국제금융기구의 경우 한국은행 내에 있는 본인 명의의 비거주자원화계정으로부터의 이체(대외지급이 인정된 자금에 한함) 5. 인정된 자본거래에 따라 국내에서 취득한 자금으로서 대외지급이 인정된 자금 6. 비거주자(자금의 수령을 지시받은 외국에 있는 금융기관 포함)가 외환동시결제시스템을 통한 결제 또는 이와 관련된 거래에 따라 취득한 내국지급수단 7. 차입(정 2-6)한 원화자금(다만, 거주자로부터 보증 또는 담보제공을 받아 차입한 원화자금은 제외) 8. 외국에 소재한 공인된 거래소에서 거래되는 증권·장내파생상품의 원화결제에 따라 취득한 자금 9. 국내에서 증권의 발행으로 조달한 자금 10. 외국인투자자가 국채 또는 통화안정증권(한국은행법 제69조)의 매매를 국제예탁결제기구에 위탁하여 투자하는 경우로서, 국제예탁결제기구 명의의 투자전용비거주자원화계정으로부터 이체되어온 자금. 다만, 국제예탁결제기구 명의의 투자전용비거주자원화계정 내 본인 명의의 고객계좌에 예치된 자금에 한함.	의 업무용 원화계좌로의 이체 4. 국제금융기구의 경우 한국은행 내에 있는 본인 명의의 비거주자원화계정으로의 이체 5. 인정된 거주자에 대한 원화자금 대출 6. 외국에서 국내로 지급의뢰된 건당(동일자, 동일인 기준) 미화 2만불 상당 이하 원화자금의 지급(외국환은행해외지점, 외국환은행현지법인, 외국금융기관 명의의 계정에 한함) 7. 외환동시결제시스템을 통한 결제 또는 이와 관련된 거래를 위한 자금의 이체(자금의 지급을 지시받은 외국에 있는 금융기관의 처분을 포함) 8. 차입한 원화자금의 원리금 상환 9. 외국에 소재한 공인된 거래소에서 거래되는 증권·장내파생상품의 원화결제를 위한 자금의 지급 10. 증권의 원리금상환, 증권의 매입 및 증권발행 수수료 등 발행비용의 지급 11. 신용카드 등의 사용에 따른 대금 지급(카드사용대금 결제 및 현금 인출에 한함) 12. 외국환은행이 비거주자자유원계정의 예치금을 담보로 제공받아 원화대출한 경우, 담보권의 행사를 위한 외국환은행의 예치금 처분 13. 외국인투자자가 국채 또는 통화안정증권의 매매를 국제예탁결제기구에 위탁하고자 하는 경우, 국제예탁결제기구 명의의 투자전용비거주자원화 계정으로의 이체

계정	개설 가능자	예치가능 지급수단	처분가능 사유
		11. 한국은행과 외국 중앙은행 간 통화스왑자금을 활용한 비거주자 간 내국통화표시 금전대차 계약과 관련하여 취득한 내국지급수단 12. 외국환은행해외지점, 외국환은행현지법인 또는 외국금융기관이 외국환은행에 내국통화를 수출한 대가로 취득한 내국지급수단 13. 한국거래소가 개설한 금현물시장에서 거래되는 금현물의 매매와 관련하여 취득한 내국지급수단 14. 청산은행이 다른 청산은행 명의의 비거주자자유원계정으로부터 지급받은 내국지급수단 15. 상대국 현지통화 직거래은행이 현지통화 직거래(LCT) 체제에 의해 허용된 거래에 따라 취득한 내국지급수단 16. 국내에 본점을 둔 외국환은행의 해외지점, 현지법인 또는 외국 금융기관에 예치된 본인의 외화자금을 매각하여 취득한 내국지급수단 17. 해외외국환업무취급기관에 본인의 외화자금을 매각하여 취득한 내국지급수단 18. 업무용원화계좌로부터 이체된 내국지급수단(본인의 내국지급수단을 이체받는 경우도 포함)	14. 한국은행과 외국중앙은행간 통화스왑 자금을 활용한 비거주자 간 내국통화표시 금전대차 계약과 관련된 내국지급수단의 지급(외국환은행해외지점, 외국환은행현지법인 명의의 계정의 경우 당해 외국환은행해외지점 및 현지법인이 금전대차 관련 대금의 결제업무를 수행하는 경우를 포함) 15. 외국환은행해외지점, 외국환은행현지법인 또는 외국금융기관이 외국환은행으로부터 내국통화를 수입한 대가의 지급(외국환은행해외지점, 외국환은행현지법인 명의의 계정의 경우 당해 외국환은행해외지점 및 현지법인이 내국통화 수입 관련 대금의 결제업무를 수행하는 경우를 포함) 16. 한국거래소가 개설한 금현물시장에서 거래되는 금현물의 매매와 관련한 내국지급수단의 지급 17. 청산은행 명의의 비거주자자유원계정으로부터 다른 청산은행 명의의 비거주자자유원계정으로의 이체 18. 상대국 현지통화 직거래은행이 현지통화 직거래(LCT) 체제에 의해 허용된 거래를 위한 지급 19. 국내에 본점을 둔 외국환은행의 해외지점·현지법인 또는 외국 금융기관에 본인의 외화자금을 예치하기 위한 원화자금 매각 20. 해외외국환업무취급기관에

계정	개설 가능자	예치가능 지급수단	처분가능 사유
			대외지급수단을 대가로 한 매각 21. 업무용원화계좌로의 이체 22. 제1호 내지 제21호를 제외하고 이 규정에 의해 인정된 거래에 따른 지급

4) 외국환은행의 확인

다음의 하나에 해당하는 경우에는 외국환은행이 외국환을 매입하고자 하는 경우에는 매각하고자 하는 자의 당해 외국환의 취득이 신고 등의 대상인지 여부를 확인하여야 한다.

- 거주자계정 및 거주자외화신탁계정에 예금 및 신탁을 예수 또는 수탁하는 경우(다만, 다른 거주자계정 및 거주자외화신탁계정으로부터의 이체는 제외)
- 외국환은행 등에 내국지급수단을 대가로 매각하기 위해 대외계정 및 비거주자외화신탁계정을 처분하는 경우

외국환은행이 외국인거주자 또는 비거주자로부터 취득경위를 입증하는 서류를 제출하지 않는 대외지급수단을 매입하는 경우에는 당해 매각을 하고자 하는 자가 대외지급수단매매신고서(별지 제7-4호 서식)에 의하여 한국은행총재에게 신고하여야 한다. 외국환은행은 외국인거주자 또는 비거주자로부터 외국환을 매입하는 경우에는 1회에 한하여 외국환매입증명서·영수증·계산서 등 외국환의 매입을 증명할 수 있는 서류를 발행·교부하여야 한다.

대외지급수단의 대외계정 및 비거주자외화신탁계정에 예치와 관련하여 외국환은행 등은 비거주자 또는 외국인거주자의 지급(정 4-4-1~2)에 해당하는지 여부를 확인하여야 한다.

(2) 해외예금 및 해외신탁

1) 신고불요 해외예금 및 해외신탁거래

거주자가 비거주자와 해외에서 다음에 해당하는 예금거래 및 신탁거래를 하고자 하는 경우에는 신고를 요하지 아니한다(정 7-11-1).

당사자	거래내용	신고의무
외국에 체재하고 있는 거주자	외화예금 또는 외화신탁거래를 하는 경우	없음
거주자	거주자가 비거주자로부터의 외화자금차입과 관련하여 외화예금거래를 하는 경우	없음
해외장내파생상품거래를 하고자 하는 거주자	해외장내파생상품거래와 관련하여 외국에 있는 금융기관과 외화예금거래를 하는 경우	없음
국민인 거주자	거주자가 되기 이전에 외국에 있는 금융기관에 예치한 외화예금 또는 외화신탁계정을 처분하는 경우	없음
거주자	외국에서의 증권발행과 관련하여 예금거래를 하는 경우	없음
거주자	증권투자, 현지 사용목적 외화자금차입, 해외직접투자 및 해외지사와 관련하여 외화예금거래를 하는 경우	없음
예탁결제원	거주자가 취득한 외화증권을 외국에 있는 증권예탁기관 또는 금융기관에 예탁·보관하고 동 예탁·보관증권의 권리행사를 위하여 외화예금거래를 하는 경우	없음
거주자	인정된 거래에 따른 지급을 위하여 외화예금 및 외화신탁계정을 처분하는 경우	없음
외국환업무취급기관	외환동시결제시스템을 통한 결제와 관련하여 외국환업무취급기관이 CLS은행 또는 외환동시결제시스템의 비거주자 회원은행과 복수통화(원화 포함)예금 또는 원화예금거래를 하는 경우	없음
거주자	인정된 거래에 따라 외국에 있는 부동산 또는 이에 관한 권리를 취득하고자 하거나 이미 취득한 거주자가 신고한 내용에 따라 당해 부동산 취득과 관련하여 국내에서 송금한 자금으로 외화예금거래를 하는 경우	없음
예탁결제원, 증권금융회사 또는 증권대차거래의 중개업무를 영위하는 투자매매업자 또는 투자중개업자	증권대차거래와 관련하여 외화예금거래를 하는 경우	없음
외화예금거래 신고를 한 거주자	인정된 거래에 따라 해외에서 취득한 자금을 예치하는 경우	없음
거주자	국내에 본점을 둔 외국환은행해외지점 또는 현지법인 금융기관, 외국 금융기관에 예치하는 경우	없음

2) 신고대상 해외예금 및 해외신탁거래

　신고불요 거래에 해당하는 경우를 제외하고 거주자가 해외에서 비거주자와 외화예금 거래를 하고자 하는 경우에는 지정거래외국환은행의 장(또는 한국은행총재)에게 신고하여야 한다. 다만, 국내에서 송금한 자금으로 예치하고자 하는 경우에는 지정거래외국환은행을 통하여 송금하여야 한다.

〔표 55〕 해외예금 및 해외신탁거래에 대한 신고의무(정 7 - 11 - 2)

당사자	거래내용	신고의무
거주자	해외에서 비거주자와 외화예금거래를 하고자 하는 경우	지정거래외국환은행의 장에게 신고
기관투자가, 전년도 수출입 실적이 미화 5백만불 이상인 자, 해외건설업자, 외국항로에 취항하고 있는 국내의 항공 또는 선박회사, 원양어업자	건당(동일자, 동일인 기준) 미화 5만불을 초과하여 국내에서 송금한 자금으로 예치하고자 하는 경우	지정거래외국환은행의 장에게 신고
거주자(기관투자가, 전년도 수출입실적이 미화 5백만불 이상인 자 등)	건당(동일자, 동일인 기준) 미화 5만불을 초과하여 국내에서 송금한 자금으로 예치하고자 하는 경우	한국은행(총재)에게 신고 지정거래외국환은행 통한 송금
거주자	해외에서 비거주자와 신탁거래를 하고자 하는 경우	한국은행(총재)에게 신고
해외에서 비거주자와 신탁거래를 하는 거주자	신탁계약기간이 만료됨에 따라 금전이 아닌 자산 또는 이에 대한 권리를 취득하고자 하는 경우	한국은행(총재)에게 신고

┃ 거래사례 ┃

유정씨앤씨(주)는 해외현지에서의 수입대금결제 편의제고를 위해 현지은행인 ABC Bank에 예금
계좌를 개설하고 US＄500,000을 국내에서 송금하기 위해 한국은행에 해외예금 거래 신고를 함
(자료출처 : 한국은행 외국환거래 신고 편람 2007.1. p.76~79의 내용을 필자가 일부수정).

【해외예금 거래 신고서】

〔별지 제7-1호 서식〕

<table>
<tr><td colspan="3" align="center">해외 예금 거래 신고서</td><td>처리기간</td></tr>
<tr><td colspan="3"></td><td></td></tr>
<tr><td rowspan="3">Ⓐ
신
청
인</td><td>상호및대표자성명</td><td colspan="2">유정씨앤씨(주) 대표이사 신민호
(또는 유정씨앤씨(주)의 대리인 공일규)　　　인</td></tr>
<tr><td>주 소(소 재 지)</td><td colspan="2">서울시 강남구 언주로 723번지
(전화번호)123-4567</td></tr>
<tr><td>업 종 (직　업)</td><td colspan="2">무역업</td></tr>
<tr><td rowspan="6">신
청
내
역</td><td>Ⓑ 예금(신탁) 개설인</td><td colspan="2">유정씨앤씨(주)</td></tr>
<tr><td>예 치 (처 분) 금 액</td><td colspan="2">U$500,000-</td></tr>
<tr><td>예치(처분)후잔액</td><td colspan="2">U$500,000-</td></tr>
<tr><td>예 치 (처 분) 사 유</td><td colspan="2">현지업체들에 대한 대금지급상의 편의 도모</td></tr>
<tr><td>Ⓒ 지 급 상 대 방</td><td colspan="2">(성명) ABC Bank
(주소) 1122 Battery Street,San Francisco,USA</td></tr>
<tr><td>Ⓓ 송 금 은 행</td><td colspan="2">00 은행 00지점</td></tr>
<tr><td colspan="4" align="center">외국환거래법 제18조의 규정에 의하여 위와 같이 신고합니다.

2026년 6월 30일
한국은행총재 귀하
(외국환은행의 장)</td></tr>
<tr><td colspan="2"></td><td>신　고　번　호</td><td></td></tr>
<tr><td colspan="2" rowspan="3"></td><td>신　고　금　액</td><td></td></tr>
<tr><td>유　효　기　간</td><td></td></tr>
<tr><td colspan="2" align="center">신고기관 : 한국은행총재 인</td></tr>
</table>

210mm×297mm

Ⓔ 〈첨부서류〉　1. 거래 또는 행위 증빙서류
　　　　　　　　　2. 기타 신고기관의 장이 필요하다고 인정하는 서류 〈신설〉

Ⓐ **신청인**

- 개인의 경우는 신청인의 성명을 기재하고 서명 또는 날인, 법인의 경우는 상호와 대표이
  사명을 기재하고 법인 인감을 날인한다. 만약 대리인이 신청하는 경우에는 '유정씨앤씨
  (주)의 대리인 공일규'라고 기재하고 대리인 공일규가 날인 또는 서명한다.

Ⓑ **예금개설인**

- 해외예금계좌를 개설하고자 하는 자의 성명(상호) 및 주소(연락처)를 기재한다.

Ⓒ **지급상대방**

- 개설하고자 하는 해외예금을 취급하게 될 해외은행명을 기재한다.

Ⓓ **송금은행**

- 해외예금에 해당하는 금액을 송금하고 관리할 은행(지정거래외국환은행)을 기재한다.

Ⓔ **첨부서류**

- 사유서 : 특별한 양식은 없으며 A4 용지 1매 정도 분량으로 해당 신청 사유를 정확하고
  상세하게 기재한다.
- 신청인 및 거래(계약) 상대방의 실체확인서류 : 개인의 경우에는 신분을 증명할 수 있는
  주민등록증이나 여권 또는 운전면허증 사본, 법인의 경우에는 법인등기부등본, 사업자등록증
  • 국내기업의 경우에는 법인등기부등본, 해외법인 등의 경우는 이에 준하는 서류(예 :
    "Certificate of Incorporation" 등)
  * 만약 대리인이 신청할 경우에는 동 서류 외에 당해 신고행위에 대한 권한을 위임하는 내용의
    위임장(비거주자는 영사관 발행 또는 현지에서 공증받은 위임장)을 추가 제출한다.
- 예금(신탁)거래 계약서
  • 예금거래의 경우 해당 예금에 대한 청약서 또는 거래은행의 계좌개설 약정서 등의 서
    류를 준비한다.
- 기타 예금 및 신탁거래 행위의 타당성을 입증하는 서류 등

3) 보고의무

  해외에서 예금거래를 하는 자가 해외에서 건당 미화 1만불을 초과하여 입금한 경우에
는 입금일부터 30일 이내에 해외입금보고서를 지정거래외국환은행의 장에게 제출하여
야 하며, 지정거래외국환은행의 장은 다음 연도 첫째 달 말일까지 한국은행총재에게 보
고하여야 한다(정 7-12-1).

해외에서 예금거래를 하는 자(기관투자가는 제7-35조에 의한 보고로 갈음) 및 해외에서 신탁거래를 하는 자(기관투자가는 제7-35조에 의한 보고에 갈음) 중 다음의 하나에 해당하는 자는 지정거래외국환은행을 경유하여 다음 연도 첫째 달 말일까지 잔액현황보고서를 한국은행총재에게 제출하여야 한다.

- 법인: 연간 입금액 또는 연말 잔액이 미화 50만불을 초과하는 경우
- 법인 이외의 자: 연간 입금액 또는 연말 잔액이 미화 10만불을 초과하는 경우

4) 기관통보의무

한국은행총재는 해외입금보고서 및 잔액현황보고서를 국세청장 및 관세청장에게 통보하여야 한다(정 7-12-3).

(3) 예금 및 신탁거래에 대한 유권해석 사례

유권해석 사례 1

해외예금 계좌로 입금받은 수출대금 신고의무(기획재정부)

1. 질의

거주자가 해외예금 계좌를 개설한 후 수출대금을 외국에서 해외예금 계좌로 입금받은 경우 외국환거래법상의 신고의무가 있는가?

2. 답변

신고의무가 없음.

○ 거주자가 해외에서 비거주자와 해외예금거래를 하기 위해서는 지정거래은행에 신고를 하여야 하는 바, 동 규정은 최초 해외예금 거래시 신고를 하도록 한 것으로, 매 입금시마다 신고하도록 규정한 것은 아님(법 18, 영 30, 정 7-11 ②).

  * 국내에서 송금하는 금액이 건당 5만불을 초과할 경우에는 별도로 한국은행 신고 후 지정거래은행 통해 송금하도록 규정하고 있음(정 57-11 ③).

○ 한편, 신고를 하고 해외예금 계좌를 개설 후 국내에서 자금을 송금할 경우 지정거래 은행을 통하도록 하고 있는 반면, 외국에서 해외예금 계좌로 예치할 경우에는 과거에는 사후 보고 규정이 있었으나(재경부고시 제2002-12호 57-12), 동 조항은 일몰 조항으로서 2005.12.31. 효력을 상실하여(재경부고시 제2000-22호 부칙) 별도의 신고·보고 등의 절차가 필요 없음. 다만, 해외예금을 출금하여 처분시에는 처분사유에 따라 외국환거래법령상의 신고 등을 거쳐야 함.

에스크로 법령에 따른 해외예금거래 등의 외국환신고 대상 여부
(기획재정부 외환제도과-267, 2012.5.2.)

1. 질의내용

◆ 사실관계

○ 국내 'A'는 미국 'B'에 담배를 수출함에 있어 미국 에스크로 법령에 따라 'A'가 일정액을 미국 정부 계좌에 예치(2000년~)

┃ 담배 에스크로(TOBACCO ESCROW) ┃

- MSA(Master Settlement Agreement) – 정부의 담배회사를 상대로 한 의료재정 청구소송으로 먼저 합의한 4개 주를 제외한 46개 주와 6개 미국령 및 5대 메이저 담배회사가 향후 25년간 2,060억 달러의 손해배상금을 지불하기로 합의(MSA)
- 에스크로 법령(Escrow Statute) – MSA에 가입하지 않은 담배회사는 MSA 분담금 대신 갑당 약 0.40불을 자산 10억불 이상의 금융 기관에 예치토록 주 법령으로 규정(11년 기준은 갑당 0.55불)

○ 'B'는 'A'로부터 수입한 담배에 각 주 정부의 담배소비세 인지를 부착하여 판매하는 바, 담배소비세 인지가 부착된 담배 수량에 따라 제조자인 'A'는 해당 시 정부에 일정 금액을 예치

○ 'A'가 미국 정부 측으로부터 예치해야 할 금액을 통보받고 미국 소재 은행과 에스크로(에이전트) 협약을 맺어 개설해 둔 'A' 명의 해외 계좌로 보증금 명목으로 해당 예치금(미화)을 일괄 송금하면

＊당해 년도 판매분에 대해 분기 혹은 익년 4월에 납부

미국 소재 협약 은행은 'A'의 해외 모계좌로 일괄 송금된 금액에서 각 주별 예치할 금액을 해당 주가 관리 하는 계좌로 각각 입금

＊이때 주별 계좌도 "A" 명의임.

○ 현행 법률상 정부의 계좌로 입금된 예치금은 담배 제조사의 자산이지만 25년 동안 인출이 불가하며, 향후 흡연소송이 제기되어 제조자('A')가 패소할 경우 소송비용 및 피해보상에 사용되나 예치금 원금이 보전되는 범위 내에서는 'X'가 임의로 MMF 등 채권이나 미국 국채 등에 투자할 수 있고, 여기서 발생하는 이자수익 등은 국내 'X'가 회수하고 있는 등 일정 부분 자율 운영권이 있음. 이러한 방식으로 "A"는 미국 내에 미화 127백만불 상당의

잔액(2011.12.31. 기준 잔액)을 보유하고 있으며, "A"는 해외 계좌에 대하여 1년마다 본사 소재지를 관할하는 서대전세무서에 해외예금잔액보고서를 제출

◆ 쟁점

① 미국 에스크로 법령에 따라 'X'가 예치금 명목으로 자사 명의의 해외 계좌, 주 정부 계좌로 송금 예치하는 행위가 지정거래외국환은행의 장에게 신고하여야 하는 '해외예금거래'에 해당하는지 여부

② 상기 행위가 한국은행총재에게 신고하여야 하는 '거주자와 비거주자 간의 담보에 관한 거래'에도 해당하는지 여부 회신내용

2. 회신내용

◆ 결론

① 해외예금거래 신고대상

② 채무보증계약에 따른 신고 불요

◆ 이유

○ 해외예금거래

－국내 A사가 미국소재 현지은행에 A사 명의의 해외계좌를 개설하고 상기 예치금을 건당(동일자, 동일인 기준) 미화 5만불을 초과하여 송금하고자 하는 경우, 규정 제11조 제2항, 제3항에 따라 지정거래외국환은행의장(전년도 수출입실적이 미화 5백만불 이상인 자) 또는 한국은행총재에게 신고하여야 함.

－또한, 상기 규정에 따라 해외예금거래를 하는 자는 외국환거래규정 제7－12조에 따라 해외입금보고서 잔액현황보고서를 당해 보고기관에 제출하여야 함.

○ 채무보증계약

－미국의 주정부는 장래 담배관련 재정부담 소송이 발생할 경우 그 채무를 담보하기 위하여, 미국 현지법령(에스크로 법령)에 따라 국내 A사를 비롯한 담배수출업자에게 담배 매출액의 일정액을 예치금으로 송금 예치토록 하고 있으며,

－국내 "A"사 명의의 해외 모(母)계좌, 미국 주정부 계좌로 송금·예치하는 행위는 물품의 수출을 함에 있어서 25년간 인출이 불가능하여 사실상 거주자가 비거주자에게 예금담보를 제공한 것으로 인정되는 바, 외국환거래규정 제7－17조 제6호의 거주자가 비거주자와 물품의 수출, 수입 또는 용역거래를 함에 있어서 보증을 하는 경우에 해당하는 바, 채무의 보증계약에 따른 신고는 요하지 아니함.

3. 참고사항

○ 에스크로 계좌 관련 외국환거래규정 제5-10조 제1항 제22호의 거주자가 외국환은행 또는
이에 상응하는 외국 금융기관 명의로 개설된 에스크로 계좌(상거래의 안전성을 확보하기
위하여 중립적인 제3자로 하여금 거래대금을 일시적으로 예치하였다가 일정 조건이 충족되
면 당초 약정한 대로 자금의 집행이 이루어지는 계좌를 말한다)를 통해 비거주자와 지급
등을 하는 경우

▶ 제3자지급 등의 신고 예외 대상임.

유권해석 사례 3

미신고 해외예금계좌를 통한 대금 수령시 외국환신고
(기획재정부 외환제도과-183, 2011.3.28.)

1. 질의내용

◆ 사실관계

○ 거주자(A)는 Z국 수입자(Y)와 중계무역 수입계약을, E국 수출자(X)와 중계무역 수출계
약을 체결하고, E국 수출자(X)는 수입자(Y)에게 물품수출

○ 수입자(Y)는 싱가폴에 개설된 거주자(A)의 국외계좌에 중계무역 수입대금 지급하고, 거
주자(A)는 동 싱가폴 계좌에서 수출자(X)에게 중계무역 수출대금 지급

  * 거주자 국외계좌는 2007년도 개설, 중계무역 행위는 계좌개설시부터 현재까지 지속적으로 발생

◆ 쟁점

○ 거주자가 비거주자와 해외예금거래를 하는 경우 최초 해외예금거래를 신고하지 않은 경우,
최초 해외예금거래만 신고 대상인지, 그 이후의 예금거래 행위 전부가 신고 대상인지 여부

2. 회신내용

◆ 결론

○ 해외예금거래 신고 대상임.

◆ 이유

○ 해외예금계좌 개설시 최초 해외예금거래를 신고한 경우에는 이후 예금거래에 대하여 신고
의무가 면제되나

○ 최초 예금거래 신고를 하지 않고 이후 계속하여 신고없이 예금거래가 있었다면, 신고의무가
있는 예금거래는 최초 예금행위에 국한되는 것이 아니라 이후 각각 예금거래마다 신고의무
가 있음.

〔표 56〕 예금 및 신탁거래에 대한 실무 사례

실무 사례 및 판례	내용	신고의무
기재부 유권해석 (외환제도혁신팀 – 486, 2007.8.9.)	거주자가 해외예금 개설신고 시 신고를 한 후, 동 계좌에 수출대금 수령 시 신고하지 않은 행위에 대해, "최초 해외 예금거래 시 신고를 하도록 한 것으로 매 입금 시마다 신고하도록 규정한 것은 아니다."	지정거래외국환은행(또는 한국은행 총재)에 신고
기획재정부 유권해석 (외환제도과 –183, 2011.3.28.)	최초 해외예금거래를 신고한 경우에 한해 이후 예금거래에 대하여 신고의무가 면제된다는 의미로 최초 예금거래신고를 하지 않고 이후 계속하여 신고 없이 예금거래가 있었다면, 신고의무가 있는 예금거래는 최초 예금행위에 국한되는 것이 아니라 이후 각 각 예금거래 마다 신고의무가 있음.	지정거래외국환은행(또는 한국은행 총재)에 신고

예금신탁거래 관련 한국은행 질의응답 사례

Q. 국내 거주자가 외국은행에 예금을 할 수 있나요?

A. 거주자는 해외에서 다음과 같은 예금 및 신탁거래를 자유롭게 할 수 있음.
거주자의 외화예금 및 신탁 공공차관, 해외장내파생상품거래 증권발행, 증권투자, 현지금융, 해외 직접투자와 관련한 외화예금, 인정된 거래에 따른 지급을 위한 외화예금 및 외화신탁계정의 처분 등 거주자가 위와 같이 허용된 거래를 제외하고 해외에서 외화예금을 하고자 하는 경우 지정거래외국환은행에 신고하여야 하며, 지정거래외국환은행을 통하여 송금하여야 함.
한편 거주자가 해외에서 다음과 같은 예금 및 신탁거래를 하고자 하는 경우 한국은행에 신고하여야 함.
 – 거주자가 건당(동일자, 동일인 기준) 미화 5만달러를 초과하여 국내에서 송금한 자금으로 예치하는 경우
 – 기관투자가, 수출입실적 미화 5백만달러 이상인 자, 해외건설업자, 항공 또는 선박회사, 원양어업자 제외(단, 지정거래외국환은행을 통한 송금 필요)

Q. 선박수출계약과 관련하여 해외에 Escrow account를 개설하여 예금할 수 있는지?

A. 거주자가 계약건당 미화 2만달러를 초과하는 수입대금을 선적서류 또는 물품의 수령 전 1년을 초과하여 송금방식에 의하여 지급하고자 하는 경우 일정기간 초과지급에 대해 한국은행에 신고를 하여야 하므로 현재에는 1년 내에 수입물품을 수령할 예정이라면 일단은 신고없이 대금을 송금함. 단, 불가피한 사유가 인정되는 경우에는 1년을 초과한 날로부터 3월 이내에 사후신고를 할 수 있음.
예금 재원이 외국 취득자금이거나 국내 송금액으로 건당(동일자, 동일인 기준) 미화 5만달러를

초과하지 않는 경우에는 지정거래외국환은행에 해외예금거래를 신고해야 함. 예금 재원이 국내송금액으로 건당(동일자, 동일인 기준) 미화 5만달러를 초과하는 경우는 한국은행에 해외예금거래를 신고해야 함.

다만, 기관투자가 해외건설업자 국내의 항공 또는 선박회사, 원양어업자와 예금주인 거주자의 전년도 수출실적이 미화 5백만달러 이상이면 지정거래외국환은행에 해외예금거래를 신고, 그러나 상기 Escrow account 비거주자가 지정한 일정용도 이외에는 인출이 불가능하여 사실상 거주자가 비거주자에게 예금담보를 제공한 것으로 인정됨. 따라서 이 경우 거주자는 일정한 해외건설업자 등이 아닌 경우 예금거래 신고와 비거주자에 대한 담보제공 신고를 한국은행에 하여야 함.

Q. 거주자가 수입대금을 지급함에 있어 비거주자에게 원화로 지급이 가능한지요?

A. 거주자가 비거주자에게 수입대금을 원화로 지급하고자 하는 경우 비거주자가 국내 외국환은행에 개설한 비거주자자유원계정에 원화를 입금하는 방법으로 지급할 수 있음.

이 경우 비거주자는 동 원화자금을 환전하여 대외송금도 가능(외국환거래규정 제7-8조 및 제7-9조 참조)

Q. 원화표시 수출입거래의 결제절차는?

A. 거주자가 비거주자에게 수출대금을 원화로 지급하고자 하는 경우 비거주자가 국내 외국환은행에 개설한 비거주자자유원계정에 원화를 입금하는 방법으로 지급할 수 있음.

이 경우 비거주자는 동 원화자금을 환전하여 대외송금도 가능(외국환거래규정 제7-8조 및 제7-9조 참조)

비거주자자유원계정은 외국환은행을 통한 계좌간 이체 방식에 의해 내국통화표시 경상거래대금의 입금 및 지급이 가능하므로 동 절차에 의해 원화표시 수출입 거래대금을 결제할 수 있음(외국환거래규정 제7-8조 제5항, 제7-9조 제5항).

Q. 해외예금 신고를 한 거주자는 어떤 보고 의무가 있나요?

A. 거주자가 외국환거래규정 제7-11조에 따라 해외예금 신고를 하고 해외에서 건당 미화 1만불을 초과하며 입금한 경우 또는 국내로 회수하여야 하는 대외채권을 회수하지 않고 해외에서 입금한 경우에는 입금일로부터 30일 이내에 해외입금보고서를 지정거래외국환은행의 장에게 제출하여야 함(외국환거래규정 제7-12조 제1항).

또한, 연간 입금액 또는 연말 잔액이 미화 50만불을 초과하는 법인 및 동 금액이 10만불을 초과하는 개인은 다음 연도 첫째달 말일까지 지정거래외국환은행을 경유하여 잔액현황보고서를 한국은행총재에게 제출하여야 함(외국환거래규정 제7-12조 제2항).

(1) 요약

　　해외 현지법인 명의로 개설된 예금계좌에 예금하면서 예금거래를 미신고하였다고 의심받은 사례

(2) 사실관계

　　A씨는 중견기업 B사의 대표로 해외직접투자신고한 후 인도네시아에 현지법인인 봉제공장을 건설하면서 C은행 인도네시아 지점에 개설된 현지법인 명의 계좌에 10억원을 예금하면서 외국환은행의 장에게 해외예금거래신고를 이행하지 않았다고 의심받은 사례

(3) 세관의 판단

　　외국환거래법 해외예금거래 신고의무 위반임.

(4) 검찰의 판단

　　외국환거래법 위반 증거불충분하여 무혐의 결정함.

(1) 요약

　　석유 중계무역 수익금을 해외직접투자 미신고한 특수목적법인 계좌로 빼돌린 것으로 의심받은 사례

(2) 사실관계

　　A씨는 국내 중소기업인 B사의 대표로서 C국에 특수목적법인 D사를 설립한 후 D사명의의 은행계좌를 개설한 후 2006.2.경부터 2008.5.경까지 E국의 수출자들로부터 석유화학제품을 구입한 뒤 이를 되 판 수익금 도합 118억원 상당을 신고하지 아니하고, C국에 특수목적법인 D사 명의 계좌로 입금시키는 방법으로 외국환거래법령에 위반하여 국내로 반입하여야 할 재산을 국외로 빼돌린 것으로 의심받은 사례

(3) 세관의 판단

　　해외직접투자 및 예금거래 미신고 외국환거래법 위반, 특경가법 제4조(재산국외도피) 위반

(4) 검찰의 판단

　　해외직접투자 및 예금거래 미신고 외국환거래법 위반, 특경가법 제4조(재산국외도피) 위반은 증거불충분하여 무혐의

(1) 요약

미신고 특수목적법인 명의의 해외예금계좌를 이용해 1조 1,000억원대 선박유를 공급한 것으로 의심받은 사례

(2) 사실관계

일정한 시설 등을 구비한 등록 업체만이 선박유류매매거래가 가능함. A씨를 비롯한 8인은 2008년경부터 선박유 공급업체로 등록하지 아니하고, B국, C국, D국 등 해외에 해외직접투자 미신고 특수목적법인을 설립한 후 미신고 특수목적법인 명의의 예금계좌를 개설한 후 미신고 특수목적법인이 선박회사에 선박유를 공급하면서 선박유 판매·구매대금을 미신고 특수목적법인 명의의 해외계좌를 이용해 영수·지급하는 방법으로 1조 1,000억원대의 선박유를 거래한 것으로 의심받은 사례

(3) 세관의 판단

무신고 해외예금거래로 외국환거래법 위반

(1) 요약

해외 현지법인 수익금 중의 일부를 개인 명의의 적금에 예치하여 비자금을 조성하였다고 의심받은 사례

(2) 사실관계

A사는 일반건설, 플랜트건설 등을 목적으로 설립된 법인이고, B씨는 A사의 대표이사인데, B씨는 A사를 모회사로 하여 2009.4. 베트남에 자본금 1억원의 현지법인 C사를 설립한 후 C사가 베트남 현지에서 벌어들인 수익금 중 일부를 국내로 송금하지 않고 2012.2. 베트남 은행에 B씨 개인 명의의 정기적금에 한화 약 10억원을 가입하여 별도로 비자금으로 관리하는 방법으로 국내로 회수하여야 할 자금을 정상적으로 회수하지 아니하고 불법적인 방법으로 빼돌렸다고 의심받은 사례

(3) 세관의 판단

대외채권회수의무 위반하여 외국환거래법 위반, 10억원은 특경가법 제4조(재산국외도피) 위반

(4) 검찰의 판단

외국환거래법 위반과 특경가법 제4조(재산국외도피) 위반은 증거불충분하여 무혐의 결정함.

(1) 요약

외국 회사의 에이전트로서 판매수수료를 해외 계좌로 입금받아 유용했다고 의심받은 사례

(2) 사실관계

A씨는 제지기계를 판매하는 중소기업 D사의 대표이사로, 2005.5.경 브리티쉬버진아일랜드에 L사를 설립한 후 싱가포르 H은행에 L사 명의의 미화 예금계좌와 유로화 예금계좌를 개설한 후 B국 소재 제지기계 제작사인 B사의 한국 에이전트로 활동하면서 2009년에 국내 N사에 제지기계 12대를 납품하면서 국내에서 B사로부터 받아야 하는 수수료 중 약 80만유로를 L사의 유로화 계좌로 지급받아 국내에 반입하지 않은 사례

(3) 세관의 판단

외국환거래법 제7조에 따른 채권회수의무를 위반하였고, 동 금액을 불법적으로 은닉하여 처분하여 재산국외도피한 것으로 판단함.

(4) 검찰의 판단

외국환거래법 위반과 특경가법 제4조(재산국외도피) 위반은 증거불충분하여 혐의 없음.

(1) 요약

의류판매 거래선 유지에 따른 수수료를 해외 개인 계좌에 입금받아 비자금을 조성하였다고 의심받은 사례

(2) 사실관계

A씨는 중소기업인 의류 제조회사의 대표로 홍콩 B사와 수출입 실적이 전혀 없음에도 불구하고 물품대금으로 8회에 걸쳐 20만불 상당을 지급하였고, 친인척인 C씨가 운영하는 D사의 현지공장(베트남, 인도네시아)과 수출입 거래를 많이 하면서 홍콩 B사에 2008.5. 미화 15,000달러를 '계열사간 서비스 대가' 명목으로 송금하는 등의 방법으로 2007.1.부터 2009.5.까지 25차례에 걸쳐 미화 49만달러를 외환은행 홍콩지점 E사 명의의 계좌로 빼돌려 개인 비자금을 조성하였음.

(3) 세관의 판단

혐의 없음으로 내사종결

(1) 요약

해외에 설립한 SPC 명의로 취득한 선박의 용선료, 운항수입금을 해외에서 운용하였다고 의심받은 사례

(2) 사실관계

A씨는 중견기업인 B사의 대표로서 외국환거래법을 위반하여 해외 투자 신고 없이 싱가포르 등 해외에 C 사 등 다수의 SPC(Special Purpose Company)를 설립한 다음, 2003.5.부터 2008.5.까지의 기간 동안 국내회사인 B사의 자금으로 취득한 선박을 용선(배를 빌려주는 것)하여 주면서 받은 용선료 약 100억원과 B사의 자금으로 취득한 선박을 직접 운항하여 벌어들인 운항수입금 약 253억원과 위 선박들을 매각한 대금 약 293억원 및 일부 선박을 담보로 차입한 자금 약 230억원을 국내로 반입하여야 함에도 이를 반입하지 아니하고 해외에서 사용하다가, B사가 국내에서 경영위기를 겪게 되었을 때 국내로 반입하여 B사의 경영자금으로 사용하였음.

(3) 세관의 판단

해외직접투자 미신고 및 대외채권회수의무 위반, 특경가법 제4조 위반임.

(1) 요약

해외 SPC 명의 계좌에 중계무역 마진과 원자재구매 수수료를 빼돌렸다고 의심받은 사례

(2) 사실관계

대기업 A사의 대표이사인 B씨는 2009.11. 해외직접투자신고를 하지 않고 홍콩에 SPC인 C사를 설립하고 홍콩 C사 명의로 은행계좌를 개설한 후, 2010.9.~2012.7. 기간 동안 대기업 A사의 자회사인 D사 관련 중계무역 거래 마진 19억, 대기업 A사의 관계회사인 E사의 원자재구매 수수료 10.6억 등 미화 약 29.6억 상당의 비자금을 조성한 후 홍콩 C사 명의 은행계좌로 빼돌렸다고 의심받은 사례

(3) 세관의 판단

대외채권회수의무 위반하여 외국환거래법 위반, 29.6억원은 특경가법 제4조(재산국외도피) 위반임.

(4) 검찰의 판단

외국환거래법 위반과 특경가법 제4조(재산국외도피) 위반은 증거불충분하여 무혐의

4-1. 본사명의 비밀계좌 예금행위 신고의무

(대법원 1988.6.21. 선고 88도551 판결[외국환관리법 위반 등])

[판시사항]

가. 주형에 대하여 선고를 유예하지 않으면서 이에 부가할 몰수, 추징에 대해서만 선고를 유예할 수 있는지 여부(소극)

나. 특정경제범죄가중처벌등에관한법률 제4조 소정 재산국외도피죄의 성립시기

다. 공동정범의 성립요건인 공모의 의의

라. 본사가 외국회사 등으로부터 받을 거래수입금 등을 해외지사에서 송금받아 해외지사가 개설한 본사 명의 비밀예금구좌에 예금한 행위가 외국환관리법 제23조 제2호에 저촉되는 것인지 여부(적극)

[판결요지]

가. 형법 제59조에 의하더라도 몰수는 선고유예의 대상으로 규정되어 있지 아니하고 다만 몰수 또는 이에 갈음하는 추징은 부가형적 성질을 띠고 있어 그 주형에 대하여 선고를 유예하는 경우에는 그 부가할 몰수 추징에 대하여도 선고를 유예할 수 있으나, 그 주형에 대하여 선고를 유예하지 아니하면서 이에 부가할 몰수 추징에 대하여서만 선고를 유예할 수는 없다.

나. 특정경제범죄가중처벌등에관한법률 제4조 제1항의 재산국외도피죄는 재산을 국외에서 은닉한다는 인식을 가지고 국내에 반입하여야 할 재산을 국외에서 은닉(또는 처분) 도피시켰다면 이미 그 범죄는 성립이 되고 그 후 그 재산의 일부가 국내에 다시 반입된 여부나 혹은 애초부터 그 은닉된 재산을 다시 국내로 반입하여 소비할 의사가 있었는지 여부는 정상참작의 사유는 될지언정 그 범죄의 성립에는 영향을 미치지 아니한다.

다. 공동정범의 주관적 성립요건으로서의 공모는 공범자사이에 암묵리에 서로 협력하여 공동범의를 실현하려는 의사가 상통하면 족하고, 반드시 공범자들이 사전에 각자의 분담행위를 정하는 등 직접적인 모의를 하여야만 하는 것은 아니다.

라. 내국법인의 본사가 외국회사 또는 외국인과 직접 거래한 결과 그에 관련하여 받을 운송관련수입 등을 본사의 해외지사에서 이를 송금받아 위 해외지사가 개설한 비밀예금구좌에 예금하였다면 위 해외지사는 본사가 직접 수금하여야 할 수입금 등을 외국은행

에 위 해외지사 명의로 개설한 예금구좌에 입금하여 예금채권발생의 당사자가 된 것으로서 위 행위는 전적으로 본사의 업무 및 재산에 관하여 행한 것이라고 보여지므로 비록 위 예금채권발생이 형식적으로는 비거주자인 해외지사와 다른 비거주자인 외국은행과의 사이에 이루어진 것이라고 하더라도 위 해외지사의 행위는 곧 본사의 행위로 취급되는 것이고 따라서 위와 같은 예금채권 발생의 당사자가 되는 행위는 외국환관리법 제23조 제2호에 저촉되는 것임을 면할 수 없다.

[**원심판결**] 서울고등법원 1988.2.23. 선고 87노3573 판결

[주 문]

원심판결을 파기하고, 사건을 서울고등법원에 환송한다.

[이 유]

상고이유를 판단한다.

생략

라. 외국환관리법 위반의 점에 관하여,

국내에 주사무소를 둔 내국법인은 외국환관리법상 거주자에 해당하거나 그 내국법인의 해외지사는 비거주자에 해당한다함은 소론과 같다.

그런데 외국환관리법 제3조 제1항은 「이 법은 대한민국 내에 주사무소를 둔 법인, 대리인, 사용인과 기타의 종업원이 외국에서 그 법인의 재산 또는 업무에 관하여 행한 행위에도 직용한다」고 규정하고 있다.

이 규정의 취지는 외국환관리법의 목적을 달성하기 위하여는 대한민국에 있는 자의 대한민국 내에 있어서의 행위에 관하여 외국환관리법을 적용하는 것만으로는 부족하고 거주자인 법인이 자신의 대리인, 사용인, 종업원 등을 사용함에 의하여 그 법적효과를 향수하면서 형식적으로는 본법의 적용을 회피하려는 경우(특히 그 사용인 등이 외국에 있는 비거주자인 경우에 외국에 있어서 다른 비거주자와 행한 행위 등에 관하여) 이를 방지할 필요가 있게 되므로 외국환관리법의 적용에 있어서 일정한 경우 즉 위 법 제3조에서 정한 요건에 해당하는 경우에 이를 거주자인 법인의 행위로서 취급하려는 것이라고 할 것이다. 따라서 비록 외국환관리규정 제114조 제2항 제1호에서 내국법인의 해외지사를 비거주자로 정하고 있다 하더라도 위 법 제3조에 따라 그 해외지사가 다른 비거주자와 행한 행위에 관하여는 일정한 경우 거주자인 법인의 행위로 취급되어 위 법이 적용되는 경우가 있다고 할 것이다.

원심판결이 들고 있는 증거에 의하면, **공소외 회사 본사가 외국회사 또는 외국인과 직접 거래한 결과 그에 관련하여 받을 운송관련 수입 등을 공소외 회사의 해외지사인 뉴욕지사에서 이를 송금받아 위 해외지사가 개설한 공소외 회사 명의의 판시 비밀예금구좌**(공소외 회사 본사 사장이 아닌 해외지사장 및 지사 경리직원 공동명의로 개설되어 그 두 사람이 아니면 예금을 찾을 수 없다)**에 이를 예금한 사실을 알 수 있는 바, 위 사실에 의하면 위 해외지사는 공소외 회사 본사가 직접 수금하여야 할 위 수입금 등을 외국은행에 위 해외지사 명의로 개설한 판시 예금구좌에 입금하여 예금채권발생의 당사자가 된 것으로서 위 행위는 전적으로 공소외 회사 본사의 업무 및 재산에 관하여 행한 것이라고 보여지므로 비록 위 예금채권발생이 형식적으로는 비거주자인 위 해외지사와 다른 비거주자인 외국은행과의 사이에 이루어진 것이라고 하더라도 위 해외지사의 행위는 곧 공소외 회사 본사의 행위로 취급되는 것이고 따라서 위와 같은 예금채권발생의 당사자가 되는 행위는 외국환관리법 제23조 제2호에 저촉되는 것임을 면할 수 없다 할 것이다.**

이 점에 관한 원심의 이유 설시는 다소 미흡하나 결국 위와 같은 예금채권발생의 당사자가 된 행위를 외국환관리법 제23조 제2호에 의율한 원심의 조치는 정당하고, 거기에 소론과 같은 법리오해, 이유불비 등의 위법이 있다고 할 수 없다.

논지는 모두 이유 없음에 귀착된다.

3. 따라서 검사의 상고는 그 이유가 있으므로 피고인들에 대한 원심판결을 파기하고, 사건을 원심법원에 환송하기로 하여 관여법관의 일치된 의견으로 주문과 같이 판결한다.

대법관　김달식(재판장) 정기승 최재호

4-2. 수출대금 해외계좌 은닉

(대법원 2008.2.15. 선고 2006도7881 판결[외국환거래법 위반 등])

[판시사항]

[1] 재산국외도피죄를 규정한 특정경제범죄 가중처벌 등에 관한 법률 제4조 제1항에서 말하는 '국내에 반입하여야 할 대한민국 또는 대한민국 국민의 재산' 및 '재산의 은닉'의 의미

[2] 국내회사가 수출대금을 외국의 유령회사 명의로 개설한 비밀예금구좌에 예금한 후 다시 외국의 피고인 명의 계좌로 수출대금을 이전한 사안에서, 외국의 유령회사 명의의 예금계약을 피고인 또는 국내회사의 행위로 보아 위 행위는 특정경제범죄 가중처벌 등에 관한 법률 제4조 제1항 재산국외도피죄의 구성요건에 해당한다고 본 사례

[3] 범죄수익 등의 은닉·가장죄를 규정한 범죄수익은닉의 규제 및 처벌 등에 관한 법률 제3조 제1항 제1호에서 말하는 ‘범죄수익 등의 가장행위’의 의미

[4] 재산국외도피죄의 범죄수익은 법령에 의하여 국내에 반입하여야 할 의무를 부담하는 재산이므로, 재산국외도피 범행에 관한 수사 도중 외국의 피고인 명의 계좌로 은닉한 자금을 국내회사 명의 계좌에 수출대금 명목으로 송금한 경우에는 피고인에게 범죄수익은닉의 규제 및 처벌 등에 관한 법률 제3조 제1항 제1호에 정한 범죄수익 등의 가장행위에 대한 범의가 있었다고 볼 수 없다고 한 사례

[**원심판결**] 부산고법 2006.10.26. 선고 2006노462 판결

[주 문]

원심판결을 파기하고, 사건을 부산고등법원에 환송한다.

[이 유]

상고이유를 판단한다.

1. 외국환거래법 위반의 점에 대하여

　가. 상고이유 제1점

　　　이 사건 외국환거래법 위반죄와 같은 포괄일죄의 공소시효는 최종의 범죄행위가 종료한 때로부터 진행한다는 것이 당원의 확립된 견해인바(대법원 2002.10.11. 선고 2002도2939 판결 등 참조), 이와 달리 포괄일죄의 공소시효는 최초의 범죄행위가 종료한 때로부터 기산되어야 한다거나 포괄일죄를 구성하는 개개의 범죄행위에 대하여 각각 공소시효가 진행되어야 한다는 상고이유의 주장은 독자적인 견해에 불과하여 받아들일 수 없다.

　나. 상고이유 제2, 3점

　　　원심은, 그 판시와 같이 피고인이 영국령 버진아일랜드의 법령에 따라 설립한 유령회사(paper company)인 ○○인더스트리스 명의로 홍콩 소재 홍콩상하이은행에 예금계좌를 개설한 후 그 계좌에 자신이 국내에서 운영하는 공소외 1 ○○물산 주식회사의 수출대금을 예금한 행위는 형식적으로는 외국환거래법 소정의 비거주자인 ○○인더스트리스와 다른 비거주자인 홍콩상하이은행 사이에 이루어진 것이라 하더라도 ○○인더스트리스의 위 예금계약은 외국환거래법 소정의 거주자임이 명백한 피고인 또는 공소외 1 ○○물산 주식회사의 행위로 봄이 상당하고, 한편 그 판시와 같이 피고인이 1년 중 상당기간을 외국에 체재하였다는 사정만으로는 피고

인을 외국환거래법 시행령 제10조 제2항 제5호 (가)목 또는 (다)목 소정의 비거주자에 해당하거나 외국환거래규정 제7-11조 제1항 제1호 소정의 외국에 체재하고 있는 거주자에 해당하는 것으로 볼 수 없다고 판단하였다. 관계 법령과 기록에 비추어 보면, 원심의 이러한 판단은 정당한 것으로 수긍이 가고, 거기에 상고이유에서 주장하는 바와 같이 관련 법리를 오해하는 등의 위법이 없다. 이 부분 상고논지는 모두 이유 없다.

다. 상고이유 제4점

관계 법령에 비추어 보면, 원심이 이 사건 외국환거래법 위반의 공소사실 가운데 건당 미화 5만 달러 이상의 예금거래만이 외국환거래법상 신고의 대상이 된다는 피고인의 주장을 그 판시와 같이 배척한 것은 정당하고, 상고이유에서 드는 외국환거래법의 입법 취지와 외국환거래법 제7조, 동법 시행령 제12조 제1항, 외국환거래규정 제7-11조 제3항의 규정 등에 근거하더라도 피고인의 위 주장과 같은 해석을 도출해 내기는 어렵다. 이 부분 상고이유의 주장도 받아들일 수 없다.

2. 특정경제범죄 가중처벌 등에 관한 법률위반(재산국외도피)의 점에 대하여

가. 상고이유 제5점

이 사건 특정경제범죄 가중처벌 등에 관한 법률위반(재산국외도피, 이하 '재산국외도피'라고만 한다)의 공소사실에 '외국환거래법령에 위반하여'라고만 기재되고 그 구체적 위반 조항이 적시되지 않았음은 상고이유가 지적하는 바와 같다. 그러나 그 공소사실과 적용법조, 심리의 경과 등을 종합해 보면, 이 사건 재산국외도피의 공소사실에 포함된 외국환거래법령 위반행위는 원심이 판시한 바와 같이 피고인이 지정거래외국환은행의 장에 대한 신고 없이 비거주자인 홍콩 소재 홍콩메릴린치사와 외화예금거래를 하고 또 중국에 소재한 부동산에 관한 권리를 취득한 행위로서 외국환거래법 제18조 제1항에 위반한 것임을 특정할 수 있어, 그에 대한 피고인의 방어권 행사에 실질적 불이익이 있었다고 볼 수 없다. 따라서 비록 위 공소사실에 외국환거래법령의 어떤 조항을 위반하였는지 구체적으로 기재하지 않았다고 하더라도 그 공소제기가 효력이 없다거나 그로 인하여 판결 결과에 영향이 있었다고 할 수 없다. 위 공소제기의 적법성에 관한 상고논지는 받아들일 수 없다.

특정경제범죄 가중처벌 등에 관한 법률(이하 '특경법'이라 한다) 제4조 제1항은 "법령에 위반하여 대한민국 또는 대한민국 국민의 재산을 국외에 이동하거나 국내에 반입하여야 할 재산을 국외에서 은익 또는 처분하여 도피시킨 때"를 그 구성요건으로 하고 있는바, 위 규정의 '국내에 반입하여야 할 재산'이라 함은 법령에 의하

여 거주자가 국내에 반입하여야 할 의무를 부담하는 대한민국 또는 대한민국 국민의 재산을 의미한다(대법원 2003.10.10. 선고 2003도3516 판결 참조). 따라서 위 규정의 '국내에 반입하여야 할 재산'이 대한민국의 재산만을 의미한다고 하면서 이를 전제로 이 사건 재산국외도피의 범죄사실이 위 규정의 구성요건에 해당할 여지가 없다고 주장하는 상고논지는 받아들일 수 없다.

그리고 이 사건 재산국외도피의 범죄사실에 포함된 외국환거래법령 위반의 사실이 이 사건 외국환거래법 위반죄의 범죄사실과 모순된다는 상고이유의 주장은 독단적인 견해에 불과하다. 같은 취지의 원심 판단은 정당하므로, 이에 관한 상고논지도 받아들일 수 없다.

나. 상고이유 제6, 7점

특경법 제4조 제1항 소정의 재산국외도피죄에서 말하는 '재산의 은닉'은 재산의 발견을 불가능하게 하거나 곤란하게 만드는 것을 말하고, 재산의 소재를 불명하게 하는 경우뿐만 아니라 재산의 소유관계를 불명하게 하는 경우도 포함한다(대법원 2005.5.13. 선고 2004도7354 판결 참조).

이러한 법리와 기록에 비추어 살펴보면, 피고인이 ○○인더스트리스 명의 계좌에 예금하였던 공소외 1 ○○물산 주식회사의 수출대금 중 100만 달러를 인출하여 홍콩 소재 홍콩메릴린치사에 개설한 피고인 명의 계좌에 이를 예치해 둔 행위가 재산국외도피죄의 구성요건에 해당한다고 본 원심의 판단은 정당하고, 거기에 상고이유에서 주장하는 바와 같이 재산국외도피죄의 구성요건에 관한 법리를 오해한 위법이 없다.

그리고 공소외 1 ○○물산 주식회사의 수출대금을 ○○인더스트리스 명의 계좌에 예금한 행위가 재산국외도피죄에 해당하지 않는다는 사정은 그 후 ○○인더스트리스 명의 계좌로부터 위와 같이 피고인 명의 계좌로 공소외 1 ○○물산 주식회사의 수출대금을 이전한 행위가 재산국외도피죄에 해당하는지 여부와는 무관하다는 취지의 원심판단도 수긍할 수 있다.

이 부분 상고이유의 주장은 모두 이유 없다.

다. 상고이유 제8, 9점

이 사건 재산국외도피의 점에 대한 공소제기가 적법하기 위하여는 그 공소사실에 포함된 외국환거래법령의 위반행위에 대하여 외국환거래법 위반죄로 별도의 공소가 제기되어야 한다거나 위 외국환거래법령의 위반행위는 그 자체로 외국환거래법에 의한 처벌대상이 되므로 이 사건 재산국외도피의 범행은 위 외국환거래법령 위반행위의 불가벌적 사후행위라고 보아야 한다는 상고이유의 주장은 모두 독자적인 견해에 불과하여 받아들일 수 없다.

그리고 기록에 비추어 살펴보면, 원심이 그 판시와 같은 이유로 이 사건 재산국외도피의 범행이 이 사건 외국환거래법 위반죄의 불가벌적 사후행위에 해당하지 않는다고 판단한 것도 정당하고, 거기에 상고이유에서 주장하는 바와 같이 관련 법리를 오해한 위법이 없다. 상고논지는 모두 이유 없다.

3. 범죄수익은닉의 규제 및 처벌 등에 관한 법률위반의 점에 대하여

이 사건 범죄수익은닉의 규제 및 처벌 등에 관한 법률(이하 '범죄수익규제법'이라 한다) 위반의 공소사실은, '피고인은 이 사건 재산국외도피죄의 범죄사실과 같이 국외에서 도피한 재산인 범죄수익을 수출대금인 것처럼 국내로 송금하여 적법하게 취득한 재산으로 가장함과 동시에 도피한 재산이 아닌 것처럼 가장하기로 마음먹고, 피고인 명의의 홍콩 메릴린치사 예금계좌를 관리하고 있던 공소외 2에게 예금계약을 해지하여 그 계좌에 있는 돈을 모두 인출한 후 정상적인 수출대금인 것처럼 가장하여 공소외 1 ○○물산 주식회사 명의의 기업은행 계좌로 송금할 것을 지시하고, 그에 따라 공소외 2가 피고인 명의 계좌에 은닉되어 있던 범죄수익 중 미화 합계 501,799.43 달러를 출금한 후 정상적인 수출대금인 것처럼 가장하여 위 공소외 1 ○○물산 주식회사 명의의 기업은행 계좌로 송금함으로써 범죄수익의 취득 또는 처분에 관한 사실을 가장하였다'는 것인바, 원심은 그 채용 증거에 의하여 이를 유죄로 인정한 제1심판결을 그대로 유지하였다.

그러나 원심의 판단은 다음과 같은 이유로 수긍하기 어렵다.

범죄수익규제법 제3조 제1항 제1호는 "범죄수익 등의 취득 또는 처분에 관한 사실을 가장한 자"를 처벌하고 있는바, 여기서 말하는 '범죄수익 등의 가장행위'라 함은 범죄수익 등의 취득 또는 처분의 원인이나 범죄수익 등의 귀속에 관하여 존재하지 않는 사실을 존재하는 것처럼 위장하는 것을 의미한다.

그런데 기록에 의하면, 피고인은 이 사건 재산국외도피의 범행에 의하여 공소외 1 ○○물산 주식회사의 수출대금 중 미화 100만 달러를 홍콩메릴린치사에 개설한 피고인 명의 계좌에 은닉하여 두었는데, 이 사건 수사과정에서 재산국외도피의 혐의로 조사를 받게 되자 위 피고인 명의 계좌에 예치하여 둔 자금의 잔액을 모두 인출하여 위 공소사실과 같이 이를 국내의 공소외 1 ○○물산 주식회사 명의 계좌에 수출대금 명목으로 송금한 다음 바로 수사기관에 그와 같은 자금의 예치 및 국내반입 경위를 사실대로 밝히고 그에 관한 자료도 제출한 사실을 알 수 있다. 이와 같이 이 사건 재산국외도피죄의 범죄수익은 원래 공소외 1 ○○물산 주식회사의 수출대금으로서 국내로 반입되어 공소외

1 ○○물산 주식회사에 귀속되어야 할 재산임이 분명하므로, 이를 공소외 1 ○○물산 주식회사의 국내 계좌에 수출대금 명목으로 송금하였다고 하여 이를 가지고 범죄수익 등의 취득 또는 처분원인이나 그 귀속에 관한 사실을 가장하였다고 보기 어렵고, 위와 같은 범죄수익 등의 국내반입 경위와 그 전후의 정황까지 더하여 보면 그 범죄수익 등의 가장행위를 인정하기 더욱 어려우며, 피고인에게 그에 관한 범의가 있었다고도 볼 수 없다.

또한, 기록에 의하면, 피고인이 위와 같이 수사 도중에 이 사건 재산국외도피죄의 범죄수익을 국내로 반입한 이유는 이 사건 재산국외도피의 범죄사실이나 그 범죄수익을 숨기기 위함이 아니라 사후에라도 이를 국내로 반입하면 재산국외도피의 혐의를 벗어나거나 선처를 받을 수 있을 것으로 판단하였기 때문임을 알 수 있으므로, 피고인이 수사기관에서 위와 같이 범죄수익 등을 국내로 반입한 사정을 들어 재산국외도피 혐의를 일시 부인한 바 있다고 하여, 이로써 피고인에게 그 범죄수익 등 가장행위에 대한 범의가 있었다고 볼 수 없다.

따라서 이 사건 범죄수익규제법 위반의 공소사실을 유죄로 인정한 원심의 판단에는 범죄수익규제법 제3조 제1항 제1호 소정의 범죄수익 등 가장행위의 구성요건과 그 범의에 관한 법리를 오해함으로써 판결 결과에 영향을 미친 위법이 있다고 할 것이다. 이를 지적하는 상고이유의 주장은 이유 있다.

그렇다면 원심판결 중 범죄수익규제법 위반의 점은 파기되어야 할 것인바, 원심은 판시 각 죄를 실체적 경합범으로 보아 피고인에 대하여 1개의 형을 선고한 제1심판결을 그대로 유지하였으므로, 결국 원심판결 전부를 파기할 수밖에 없다.

4. 결론

그렇다면 범죄수익은닉규제법 위반의 점에 대한 나머지 상고이유의 판단을 생략한 채 원심판결을 파기하고, 사건을 다시 심리·판단하게 하기 위하여 원심법원에 환송하기로 하여 관여 대법관의 일치된 의견으로 주문과 같이 판결한다.

대법관　박일환(재판장) 박시환(주심) 김능환

4-3. 미신고 해외예금계좌에 입금된 중개수수료

(대법원 2010.9.9. 선고 2007도3681 판결[외국환거래법 위반 등])

[판시사항]

[1] 특정경제범죄 가중처벌 등에 관한 법률 제4조 제1항 후단의 재산국외도피죄에서 '국내에 반입하여야 할 재산'의 의미

[2] 어떠한 행위가 특정경제범죄 가중처벌 등에 관한 법률 제4조 제1항의 '재산국외도피'에 해당하는지 여부의 판단 기준
[3] 피고인이 비거주자인 외국회사와의 중개거래에 의하여 취득한 중개수수료를 국내로 반입하지 않고 국외에서 은닉·도피시켰다는 특정경제범죄 가중처벌 등에 관한 법률 위반의 공소사실에 대하여, 이를 유죄로 인정한 원심판결에 법리오해 및 심리미진의 위법이 있다고 한 사례

[판결요지]

[1] 특정경제범죄 가중처벌 등에 관한 법률 제4조 제1항은 '법령에 위반하여 대한민국 또는 대한민국 국민의 재산을 국외에 이동하거나 국내에 반입하여야 할 재산을 국외에서 은닉 또는 처분하여 도피시킨 때'를 재산국외도피죄의 구성요건으로 규정하고 있는데, 그 문언상 '법령에 위반하여'는 재산국외도피의 행위태양인 '국외 이동 또는 국외에서의 은닉·처분'과 함께 '국내에 반입하여야 할 재산'도 수식하는 것으로 해석하여야 하므로, 제4조 제1항 후단의 국외에서의 은닉 또는 처분에 의한 재산국외도피죄는 법령에 의하여 국내로 반입하여야 할 재산을 이에 위반하여 은닉 또는 처분시킨 때에 성립한다. 그러므로 **'국내에 반입하여야 할 재산'이란 법령에 의하여 국내에 반입하여야 할 의무를 부담하는 대한민국 또는 대한민국 국민의 재산을 의미한다. 이와 달리 '국내에 반입하여야 할 재산'을 법령상 국내로의 반입의무 유무와 상관없이 국내로의 반입이 예정된 재산을 의미하는 것으로 확장하여 해석하는 것은 형벌법규를 지나치게 유추 또는 확장해석하여 죄형법정주의의 원칙에 어긋나는 것으로서 허용될 수 없다.**
[2] 재산국외도피사범에 대한 징벌의 정도를 강화하고 있는 점이나 국가경제의 발전과 세계화 추세 등에 따라 외환거래에 관한 규제가 크게 완화된 점 등에 비추어, 어떠한 행위가 특정경제범죄 가중처벌 등에 관한 법률 제4조 제1항의 재산국외도피에 해당하는지를 판단할 때에는, 당시 행위자가 처하였던 경제적 사정 내지 그 행위를 통하여 추구하고자 한 경제적 이익의 내용 등 그러한 행위에 이르게 된 동기, 행위의 방법 내지 수단이 은밀하고 탈법적인 것인지 여부, 행위 이후 행위자가 취한 조치 등 여러 사정을 두루 참작하여 엄격하고 신중하게 판단하여야 한다.
[3] 피고인이 비거주자인 외국회사와의 중개거래에 의하여 취득한 중개수수료를 지정거래 외국환은행장에게 신고하지 아니한 외국은행의 예금계좌로 입금받음으로써 이를 국내로 반입하지 않고 국외에서 은닉·도피시켰다는 특정경제범죄 가중처벌 등에 관한 법률 위반의 공소사실에 대하여, 피고인은 현지 영업비용을 원활하게 조달할 의사로 이 수수료를 외국은행 계좌로 입금받은 것이고, 위 계좌가 회계장부에 계상되지 아니하여 과세자료에

는 반영되지 않았으나, 그 명의가 피고인의 실명으로 되어 있을 뿐 아니라 송장 등 무역관
계서류에 기재되어 있어 그 존재를 쉽게 확인할 수 있는 사정에 비추어, 위 행위가 구 외국
환거래법(2009.1.30. 법률 제9351호로 개정되기 전의 것) 위반죄나 조세범 처벌법 위반죄
를 구성함은 별론으로 하고, 이 수수료가 당시 적용되던 법령이 정한 회수대상채권에 해당
하는지 여부가 불분명하여 재산국외도피죄를 구성한다거나 그 범의가 있었다고 단정하기
어려움에도, 이와 달리 판단하여 유죄로 인정한 원심판결에 법리오해 및 심리미진의 위법
이 있다고 한 사례

[**원심판결**] 서울고법 2007.4.19. 선고 2006노804 판결

[주 문]

원심판결을 파기하고, 사건을 서울고등법원에 환송한다.

[이 유]

상고이유를 살펴본다.

1. 특정경제범죄 가중처벌 등에 관한 법률 위반(재산국외도피)의 점에 대하여

　　가. 형벌법규의 해석은 엄격하여야 하고 명문규정의 의미를 피고인에게 불리한 방향으
　　　　로 지나치게 확장해석하거나 유추해석하는 것은 죄형법정주의 원칙에 어긋나는 것
　　　　으로서 허용되지 아니한다(대법원 2009.12.10. 선고 2009도3053 판결 등 참조).
　　　　특정경제범죄 가중처벌 등에 관한 법률(이하 '특경법'이라고만 한다) 제4조 제1항
　　　　은 "법령에 위반하여 대한민국 또는 대한민국 국민의 재산을 국외에 이동하거나 국
　　　　내에 반입하여야 할 재산을 국외에서 은닉 또는 처분하여 도피시킨 때"를 재산국외
　　　　도피죄의 구성요건으로 규정하고 있는바, 위 규정의 문언상 '법령에 위반하여'는 재
　　　　산국외도피의 행위태양인 '국외 이동 또는 국외에서의 은닉·처분'과 함께 '국내에 반
　　　　입하여야 할 재산'도 수식하는 것으로 해석하여야 하고, 따라서 제4조 제1항 후단의
　　　　국외에서의 은닉 또는 처분에 의한 재산국외도피죄는 법령에 의하여 국내로 반입하
　　　　여야 할 재산을 이에 위반하여 은닉 또는 처분시킨 때에 성립한다고 할 것이다. 그
　　　　러므로 '국내에 반입하여야 할 재산'이라 함은 법령에 의하여 국내에 반입하여야 할
　　　　의무를 부담하는 대한민국 또는 대한민국 국민의 재산을 의미하는 것으로 보아야
　　　　한다(대법원 2003.10.10. 선고 2003도3516 판결 참조). 이와 달리 '국내에 반입하여
　　　　야 할 재산'을 법령상 국내로의 반입의무 유무와 상관없이 국내로의 반입이 예정된
　　　　재산을 의미하는 것으로 확장하여 해석하는 것은 형벌법규를 지나치게 유추 또는

확장해석하여 죄형법정주의의 원칙에 어긋나는 것으로서 허용될 수 없다.

한편, 외국환거래법은 제7조에서 "기획재정부장관은 비거주자에 대한 채권을 보유하고 있는 거주자로 하여금 그 채권을 추심하여 국내로 회수하게 할 수 있고, 회수대상채권의 범위·회수기한과 그 밖에 필요한 사항은 대통령령으로 정한다"고 함으로써 거주자에 대하여 제한적인 채권회수의무를 부과하고 있다. 따라서 거주자가 비거주자와의 거래에 기하여 취득한 채권을 국내로 반입하지 아니한 행위가 특경법 제4조 제1항 후단의 재산국외도피죄를 구성하기 위해서는 문제된 채권이 외국환거래법 제7조 소정의 국내회수의무가 부과된 채권이어야 한다.

나. 이 사건에 관하여 보건대, 이 사건 특경법 위반(재산국외도피)의 공소사실의 요지는 피고인이 비거주자인 외국회사와의 중개거래에 의하여 원심판결의 [범죄일람표 1] 기재와 같이 취득한 이 사건 중개수수료를 지정거래 외국환은행의 장에게 신고하지 아니한 외국은행의 예금계좌로 입금받음으로써 이를 국내로 반입하지 않고 국외에서 은닉하여 도피시켰다는 것이다.

앞서 본 법리에 의하면 이 부분 공소사실이 유죄로 인정되기 위해서는 먼저 이 사건 중개수수료가 외국환거래법 제7조 소정의 회수대상채권에 해당한다는 사실이 인정되어야 한다.

그런데 이 사건 당시 적용되던 구 외국환거래법 시행령(2005.12.28. 대통령령 제19192호로 개정되기 전의 것) 제12조는, 외국환거래법 제7조 제2항 소정의 회수대상채권의 범위를 1건당 미화 5만 달러에 상당하는 금액을 초과하는 채권 중 기획재정부장관이 정하여 고시하는 채권으로 하고, 위 회수대상채권을 보유하고 있는 거주자는 당해 채권의 만기일 또는 조건 성취일부터 6월 이내에 이를 국내로 회수하여야 한다고 규정하고 있으며, 한편 2000.12.29. 재정경제부고시 제2000-22호로 전부 개정된 외국환거래규정은 제1-3조에서 회수대상채권을 건당 미화 5만 달러를 초과하는 채권으로 규정하였다가 이후 2002.7.2. 재정경제부고시 제2002-12호로 개정되면서 건당 미화 10만 달러를 초과하는 채권으로 회수대상채권의 범위를 변경하였는바, 이 부분 공소사실이나 위 [범죄일람표]의 기재 내용만으로는 위 [범죄일람표] 상의 각 중개수수료가 당시 적용되던 외국환거래법령 소정의 회수대상채권에 해당하는지 여부가 불분명하고, 원심에 이르기까지 이에 관한 심리가 이루어지지 아니하였다.

다. 또한 특경법 제4조 제1항의 재산국외도피죄의 입법 취지가 국내의 재산을 해외에 도피시킴으로써 국부에 손실을 가져오는 행위를 처벌함으로써 국가재산을 보호하려는 데에 있다는 점을 고려하더라도, 그 법정형이 1년 이상의 유기징역 또는 당해 범죄행위의 목적물의 가액의 2배 이상 10배 이하에 상당하는 벌금으로 중하게 설정되어 있을 뿐만 아니라 특경법 제10조에서 범행 대상인 재산을 필요적으로 몰수하고 그 몰수가 불능인 때에는 그 가액을 추징하도록 규정하고 있는 등 **재산국외도피 사범에 대한 징벌의 정도를 강화하고 있는 점이나 국가경제의 발전과 세계화 추세 등에 따라 외환거래에 관한 규제가 크게 완화된 점 등에 비추어 볼 때, 어떠한 행위가 특경법 제4조 제1항 소정의 재산국외도피에 해당하는지를 판단함에 있어서는 당시 행위자가 처하였던 경제적 사정 내지 그 행위를 통하여 추구하고자 한 경제적 이익의 내용 등 그러한 행위에 이르게 된 동기, 행위의 방법 내지 수단이 은밀하고 탈법적인 것인지 여부, 행위 이후 행위자가 취한 조치 등 여러 사정을 두루 참작하여 엄격하고 신중하게 판단하여야 할 것이다.**

이 사건의 경우 원심판결 이유 및 기록에 의하면, **피고인은 현지 영업비용을 원활하게 조달할 의사로 이 사건 중개수수료를 외국은행 계좌로 입금받은 것이고, 위 은행 계좌가 회계장부에 계상되지 아니하여 과세자료에는 반영되지 않았으나, 그 명의가 피고인의 실명으로 되어 있을 뿐 아니라 송장 등 무역관계서류에 기재되어 있어 위 계좌의 존재를 쉽게 확인할 수 있음을 알 수 있는바, 이러한 사정에 비추어 볼 때 피고인의 이 부분 공소사실 기재의 행위가 외국환거래법 위반죄나 조세범 처벌법 위반죄를 구성함은 별론으로 하고, 원심이 유죄의 근거로 들고 있는 사정만으로는 특경법 제4조 제1항 후단의 재산국외도피죄를 구성한다거나 피고인에게 국내에 반입하여야 할 재산을 국외에서 은닉하여 도피시킨다는 범의가 있었다고 단정하기 어렵다.**

라. 그럼에도 원심은 특경법 제4조 제1항의 '국내에 반입하여야 할 재산'에는 외국환거래법 제7조 등에 의하여 거주자의 비거주자에 대한 채권 추심 및 국내회수의무가 있는 경우 뿐만 아니라, 거주자와 비거주자 사이의 계약관계 등에 기한 채권 추심 및 회수에 의하여 국내에 반입되어야 할 재산도 포함된다고 보아, '국내에 반입하여야 할 재산'을 법령에 의하여 국내로의 반입의무가 부과된 재산으로 한정하지 아니함으로써 이 사건 중개수수료가 법령상 반입하여야 할 의무가 있는 재산에 해당하는지 여부를 심리하지 아니한 채 판시와 같은 이유로 이 사건 특경법 위반(재산국외도피)의 점을 유죄로 인정하였다.

이와 같은 원심판결에는 특경법 제4조 제1항의 '국내에 반입하여야 할 재산'의 해석에 관한 법리를 오해하여 필요한 심리를 다하지 아니하였거나 재산국외도피의 범의 등에 관한 법리를 오해하여 판결 결과에 영향을 미친 위법이 있다고 할 것이다. 한편 원심이 들고 있는 대법원 2005.5.13. 선고 2004도7354 판결은, 거주자가 실질적 계약자로서 비거주자와 계약을 체결하면서 그 계약 명의를 비거주자로 한 사안에서 당해 계약관계에 기한 권리가 거주자에게 귀속되어 거주자가 이를 추심, 회수하여야 함을 판단한 것으로, 특경법 제4조 제1항의 '국내에 반입하여야 할 재산'의 해석에 관한 일반 법리를 설시한 것으로는 보이지 아니하여, 이 법원의 위 판단과 저촉되는 것이라고 할 수 없다.

2. 범죄수익은닉의 규제 및 처벌 등에 관한 법률 위반의 점에 대하여

이 사건 범죄수익은닉의 규제 및 처벌 등에 관한 법률 위반의 점은 이 사건 중개수수료가 특경법 위반(재산국외도피)죄에 관계된 자금임을 전제로 하고 있으나, 앞서 본 것과 같이 이 사건 특경법 위반(재산국외도피)의 점을 유죄로 인정한 원심판결을 그대로 유지할 수 없는 이상, 원심이 이와 다른 전제에서 이 사건 범죄수익은닉의 규제 및 처벌 등에 관한 법률 위반의 점에 관한 공소사실을 유죄로 인정한 것은 범죄수익에 관한 법리를 오해한 나머지 판결에 영향을 미친 위법이 있어 그대로 유지될 수 없다고 할 것이다.

3. 파기의 범위

그렇다면 특경법 위반(재산국외도피)의 점과 범죄수익은닉의 규제 및 처벌 등에 관한 법률 위반의 점에 대한 각 나머지 상고이유의 판단을 생략하고 원심판결을 파기하되, 원심은 위 각 공소사실과 외국환거래법 위반의 범죄사실을 형법 제37조 전단의 경합범의 관계에 있는 것으로 보아 하나의 형을 선고하였으므로, 원심판결은 전부 파기되어야 한다.

4. 결론

그러므로 원심판결을 파기하고 사건을 다시 심리·판단하게 하기 위하여 원심법원에 환송하기로 관여 대법관의 의견이 일치되어 주문과 같이 판결한다.

대법관   신영철(재판장) 박시환 안대희(주심) 차한성

대외거래의 규모가 커지고 내용이 다양해지면서 국내기업(거주자)이 해외의 거래처(비거주자)와 자금을 빌려주거나 자금을 빌리는 금전대차거래가 증가하고 있다. 또 국내기업(거주자)이 베트남에 현지법인을 설립하고 국내 공장 설비를 베트남으로 이전하여 공장을 가동하려는데 운영자금을 베트남 현지에 있는 은행(비거주자)으로부터 대출하려고 하는데 차주인 베트남 현지법인이 제공할 담보가 없으니 본사인 국내기업(거주자)의 지급보증을 요구하여 비거주자에 대하여 보증거래하는 경우도 많다. 외국환거래법에서는 금전대차거래와 보증거래에 대하여 신고예외거래를 제외하고는 지정거래외국환은행의 장이나 기획재정부장관에게 신고하도록 의무를 규정하고 있다.

(1) 금전대차거래에 대한 신고

1) 신고 예외 금전대차거래

거주자가 금전의 대차계약에 따른 채권의 발생 등에 관한 거래를 하고자 하는 경우로서 다음의 하나에 해당하는 경우에는 신고를 요하지 아니한다(정 7 – 13).

〔표 57〕 신고 예외 금전대차거래(정 7 – 13)

당사자	거래내용	신고의무
거주자	다른 거주자와 금전의 대차계약에 따른 외국통화로 표시되거나 지급을 받을 수 있는 채권의 발생 등에 관한 거래를 하고자 하는 경우	없음
거주자	비거주자와 차관계약(외국인투자촉진법)을 체결하거나 공공차관협약(공공차관의도입및관리에관한법률)을 체결하는 경우	없음
거주자	비거주자와 차관공여계약(대외경제협력기금법)을 체결하는 경우	없음
국민인거주자와 국민인 비거주자 간	국내에서 내국통화로 표시되고 지급되는 금전의 대차계약을 하는 경우	없음
대한민국정부의 재외공관 근무자, 그 동거가족 또는 해외체재자 및 해외유학생	체재함에 필요한 생활비 및 학자금 등의 지급을 위하여 비거주자와 금전의 대차계약을 하는 경우	없음

당사자	거래내용	신고의무
국제유가증권결제기구에 가입한 거주자	유가증권거래의 결제와 관련하여 비거주자로부터 일중대출(intra-day credit) 또는 일일대출(over-night credit)을 받는 경우	없음
거주자	인정된 거래에 따라 부동산을 취득(정 9-39-2[16])하면서 취득자금에 충당하기 위해 취득부동산을 담보로 비거주자로부터 외화자금을 차입하는 경우	없음
거주자 회원은행, 외국환 업무취급기관	외환동시결제시스템을 통한 결제와 관련하여 거주자 회원은행이 CLS은행으로부터 CLS은행이 정한 일정 한도의 원화 지급포지션(Short Position)을 받거나 비거주자에게 일중 원화신용공여(Intra-day Credit) 또는 일일 원화신용공여(Over-night Credit)를 하는 경우	없음
외국인투자기업	국내에 있는 과세당국에 해외본사의 세금을 대납하기 위해 해외본사에게 상환기간이 1년 이하인 대출을 하는 경우	없음

2) 신고대상 금전대차거래

① 거주자의 외화자금차입

• 신고의무

신고예외 금전대차거래에 해당하는 경우를 제외하고 지방자치단체, 영리법인 등에 해당하는 거주자가 비거주자로부터 외화자금을 차입(외화증권 및 원화연계외화증권 발행을 포함)하고자 하는 경우에는 지정거래외국환은행의 장에게 신고하여야 한다. 다만, 미화 5천만불(차입신고시점으로부터 과거 1년간의 누적차입금액을 포함)을 초과하여 차입하고자 하는 경우에는 지정거래외국환은행을 경유하여 기획재정부장관에게 신고하여야 한다(정 7-14-1).

---

16) 1. 거주자가 주거 이외의 목적으로 외국에 있는 부동산을 취득하는 경우 2. 거주자 본인 또는 거주자의 배우자가 해외에서 2년 이상 체재할 목적(신고당시 2년 이상 해외에서 체재하고 있는 배우자가 체재할 목적을 포함)으로 주거용 주택을 취득하는 경우(거주자의 배우자 명의의 취득을 포함) 3. 외국에 있는 부동산을 임차하는 경우(임차보증금이 있는 경우로 한함)

당사자	거래내용	신고의무
거주자(지방자치단체, 공공기관)	비거주자로부터 외화자금(외화증권 및 원화연계외화증권발행을 포함)을 차입하고자 하는 경우	지정거래외국환은행에게 자금 수령일로부터 1개월 이내에 거래사실 보고
거주자(공공목적의 달성을 위해 정부 또는 지자체·공공기관이 설립하거나 출자·출연한 법인 또는 정부업무수탁법인, 영리법인)	비거주자로부터 외화자금(외화증권 및 원화연계외화증권발행을 포함)을 차입하고자 하는 경우	지정거래외국환은행에게 자금 수령일로부터 1개월 이내에 거래사실 보고
거주자(영리법인)	비거주자로부터 외화자금(외화증권 및 원화연계외화증권발행을 포함)을 차입하고자 하는 경우	지정거래외국환은행에게 자금 수령일로부터 1개월 이내에 거래사실 보고
거주자(외국인투자촉진법에 의한 일반제조업체)	한도(외국인투자금액의 100분의 50) 범위 내에서 비거주자로부터 상환기간이 1년 이하(자금인출일부터 기산한다)인 단기외화자금을 차입하고자 하는 경우	지정거래외국환은행의 장에게 신고
거주자(기획재정부장관으로부터 조세감면 결정을 받은 외국인투자기업으로서 고도의 기술을 수반하는 사업 및 산업지원서비스업을 영위하는 업체)	한도(외국인투자금액 이내, 외국인투자비율이 3분의 1 미만인 기업은 외국인투자금액의 100분의 75 이내) 범위내에서 비거주자로부터 상환기간이 1년 이하(자금인출일부터 기산한다)인 단기외화자금을 차입하고자 하는 경우	지정거래외국환은행의 장에게 신고
정유회사 및 원유, 액화천연가스 또는 액화석유가스 수입업자	원유, 액화천연가스 또는 액화석유가스의 일람불방식, 수출자신용방식(Shipper's Usance) 또는 사후 송금 방식 수입대금결제를 위하여 상환기간이 1년 이하의 단기 외화자금을 차입하는 경우	거래외국환은행의 장[17] 신고
직전분기말 자기자본이 1조 원 이상인 투자매매업자 또는 투자중개업자	비거주자로부터 5천만불 초과의 외화자금을 상환기간 1년 초과 조건으로 차입하는 경우	기획재정부장관에게 신고
거주자(개인 및 비영리법인)	비거주자로부터 외화자금을 차입하고자 하는 경우	지정거래외국환은행을 경유하여 한국은행총재에게 신고
거주자(비영리법인)	비영리법인의 현지 사용목적 현지차입의 경우	지정거래외국환은행의 장에게 거래가 있었던 날로부터 1개월 이내에 거래사실을 보고

당사자	거래내용	신고의무
외화자금차입신고하는 지방자치단체, 공공기관, 공공목적의 달성을 위해 정부 또는 지자체, 공공기관이 설립하거나 출자·출연한 법인 또는 정부업무수탁법인	미화 5천만불 초과의 외화자금을 차입하고자 하는 경우	기획재정부장관과 사전협의 후 신고

• 지정거래외국환은행장/한국은행총재의 보고의무

지정거래외국환은행의 장은 매분기 거주자계정 또는 외화예금계정의 예치·인출 및 상환상황을 한국은행총재에게 보고하여야 하며, 한국은행총재는 이를 종합하여 다음 분기 첫째달 20일 이내에 기획재정부장관에게 보고하여야 한다(정 7-14-10).

• 기획재정부장관의 지도권한

기획재정부장관은 외화차입신고를 하는 자 중 원화조달목적으로 외화자금을 차입한 거주자에 대하여 환율변동위험방지를 위해 필요한 조치를 취하도록 지도할 수 있다.

• 금전대차신고내용의 열람

외국환은행의 장 및 한국은행총재는 필요 시 외화차입신고내용을 국세청장에게 열람하도록 하여야 한다.

• 차입자금사후관리

– 차입자금신고용도 사용의무

외화를 차입한 거주자는 조달한 외화자금을 지정거래외국환은행에 개설된 거주자계정에 예치한 후 신고시 명기한 용도로 사용하여야 한다. 다만, 경상거래대금의 대외지급, 해외직접투자를 위해 조달한 자금은 국내에 본점을 둔 외국환은행의 해외지점·현지법인 또는 외국금융기관에 예치 후 지급하거나 비거주자에게 직접 지급할 수 있으며, 외화증권발행에 의하여 조달한 자금은 국내에 본점을 둔 외국환은행의 해외지점·현지법인에 예치할 수 있다(정 7-14-8).

---

17) L/C 방식인 경우에는 L/C 개설은행을 말하며 D/P·D/A 방식인 경우에는 수입환어음 추심은행, 사후송금방식인 경우에는 수입대금 결제를 위한 송금은행

- 차입자의 현황보고의무

  경상거래대금의 대외지급, 해외직접투자를 위해 조달한 자금을 국내에 본점을
  둔 외국환은행의 해외지점·현지법인 또는 외국금융기관에 예치 후 지급하거나
  비거주자에게 직접 지급한 자, 외화증권발행에 의하여 조달한 자금은 국내에 본
  점을 둔 외국환은행의 해외지점·현지법인에 예치한 자는 동 계정의 예치·인출
  및 상환상황을 지정거래외국환은행의 장에게 보고하여야 한다(정 7-14-9).

② 현지법인 등의 외화자금 차입

• 현지법인 등

  - 거주자의 현지법인(거주자의 현지법인이 100분의 50 이상 출자한 자회사를 포함)
  - 거주자의 해외지점(기획재정부고시 제2025-4호, 2025.2.10. 개정)

• 보고의무

  현지법인등이 현지금융을 받고자 하는 경우에는 현지법인 등을 설치한 거주자(국내
다른 기업과 공동출자하여 현지법인 등을 설치한 경우에는 출자지분이 가장 많은 기업,
출자지분이 같은 경우에는 자기자본이 가장 큰 기업)가 현지금융을 받은 날로부터 1개
월 이내에 지정거래외국환은행의 장에게 보고하여야 하며, 주채무계열 소속 기업체는
부득이한 경우를 제외하고 주채권은행을 현지금융관련 거래외국환은행으로 지정하여야
한다.

• 인정된 거래에 대해서는 보고 불필요

  거주자가 비거주자와 채무의 보증계약에 따른 채권의 발생등에 관한 거래를 하고자
하는 경우로서 외국환은행의 장에게 거래가 있었던 날로부터 1개월 이내에 거래사실을
보고하여 인정된 거래에 대해서는 보고를 요하지 아니한다(정 7-14의2-1 단서).

• 거주자의 보증 및 담보없는 현지금융 보고 불필요

  현지법인등이 거주자의 보증 및 담보를 받지 아니하고 현지금융을 받는 경우에는 보
고를 요하지 아니한다. 다만, 해외지점 및 거주자의 투자비율이 100분의 50 이상인 현지
법인이나 현지법인이 100분의 50 이상 출자한 자회사에 해당하는 현지법인의 경우에는
현지법인등을 설치한 거주자가 당해 현지법인등의 현지금융 차입 및 상환 반기보를 다

음 반기 첫째달 말일까지 지정거래외국환은행의 장에게 보고하여야 한다(정 7-14의2-2).

• 현지금융 차입금 사용절차

현지금융을 받은 자는(현지법인등을 설치한 거주자를 포함한다) 차입한 자금을 신고 또는 보고한 바에 따라 사용하여야 하며, 현지금융의 차입 및 상환 반기보를 당해 거주자의 지정거래외국환은행의 장에게 다음 반기 첫째달 말일까지 보고하여야 한다(정 7-14의2-3).

• 현지금융 원금 등 송금절차

현지금융을 받은 자 또는 현지금융관련 보증등을 제공한 자가 그 원금 및 이자와 부대비용을 국내에서 외국에 지급하고자 하는 경우에는 지정거래외국환은행을 통하여 송금하여야 한다. 다만, 외국환은행이 보증과 관련하여 대지급하는 경우에는 그러하지 아니하다(정 7-14의2-5).

③ 비거주자 원화자금 차입

신고예외 금전대차거래에 해당하는 경우를 제외하고 거주자가 비거주자로부터 원화자금을 차입하고자 하는 경우에는 지정거래외국환은행의 장에게 신고하여야 한다. 다만, 10억원(차입신고시점으로부터 과거 1년간의 누적차입금액을 포함한다)을 초과하여 차입하고자 하는 경우에는 지정거래외국환은행을 경유하여 기획재정부장관에게 신고하여야 한다(정 7-15-1).

거주자가 비거주자로부터 원화자금을 차입하는 경우에는 비거주자자유원계정에 예치된 내국지급수단에 한한다(정 7-15-2).

④ 거주자의 비거주자에 대한 대출

신고예외 금전대차거래를 제외하고 외국 법인에 투자한 거주자가 해당 외국법인에 대하여 상환기간을 1년 미만으로 하여 금전을 대여하는 경우에는 지정거래외국환은행의 장에게 자금을 지급한 날로부터 1개월 이내에 거래사실을 보고하여야 한다(정 7-16-1).

신고예외 금전대차거래를 제외하고 거주자가 비거주자에게 대출을 하고자 하는 경우(제2장에서 외국환업무취급기관의 외국환업무로서 허용된 경우 제외)에는 한국은행총재에게 신고하여야 한다. 다만, 이 항에 의한 신고사항 중 다른 거주자의 보증 또는 담보를 제공받아 대출하는 경우 및 10억원을 초과하는 원화자금을 대출하고자 하는 경우에는 대출을 받고자 하는 비거주자가 신고하여야 한다(정 7-16-1).

3) 외화차입 신고서

외화차입 신고를 하고자 하는 자는 차입시 금전의 대차계약신고서[증권발행의 경우에는 증권발행신고서]에 차입자금의 용도를 명기하여 신고기관 등에 제출하여야 한다 (정 7-14-7).

○ 신고서 작성 방법   외화자금차입

| 거래사례 |

개인사업자인 '유정씨앤씨' '신민호'는 2026.7.1. 거래관계가 있는 미국 ABC.Co.Ltd로부터 기계설비 구입을 위해 US＄100,000을 연 5.5%의 금리로 1년간 차입 후 만기시에 원금과 이자를 상환하기로 하고 한국은행에 금전대차계약 신고를 하는 사례(자료출처 : 한국은행 외국환거래 신고 편람 2007.1. p.83~87의 내용을 필자가 일부수정)

〔별지 제7-2호 서식〕

<table>
<tr><td colspan="3" align="center">금전의 대차계약신고서</td><td>처리기간</td></tr>
<tr><td rowspan="3">Ⓐ
신
고
인</td><td>상호 및 대표자 성명</td><td colspan="2">유정씨앤씨 신민호
(또는 신민호의 대리인 공일규)　인</td></tr>
<tr><td>주 소(소 재 지)</td><td colspan="2">서울시 강남구 언주로 723번지
(전화번호 : 123-4567)
(E-mail : custra@naver.com)</td></tr>
<tr><td>업 종 (직 업)</td><td colspan="2">제조업</td></tr>
<tr><td rowspan="10">신
고
내
역</td><td>Ⓑ　　차　　주</td><td colspan="2">유정씨앤씨 신민호
(□기관투자가 □일반법인 ■개인 □기타( ))</td></tr>
<tr><td>Ⓑ　　대　　주</td><td colspan="2">ABC. Co. Ltd
(□기관투자가 ■일반법인 □개인 □기타( ))</td></tr>
<tr><td>Ⓒ 통 화 및 금 액</td><td colspan="2">□표시통화(❶USD ②EUR ③JPY ④기타통화( ))
□금 액(US$100,000-)
■외화(❶미화 1천만달러 이하 ②미화 1천만달러 초과)
□원화(①10억원 이하 ②10억원 초과)</td></tr>
<tr><td>Ⓓ 차 입 / 대 출 일</td><td colspan="2">2026년 7월 1일</td></tr>
<tr><td>Ⓔ 적 용 금 리</td><td colspan="2">5.5%(년)</td></tr>
<tr><td>Ⓕ 대 차 기 간</td><td colspan="2">2026년 7월 1일에서 2027년 6월 30일(1년)</td></tr>
<tr><td>Ⓖ 사 용 용 도</td><td colspan="2">기계설비 구입자금</td></tr>
<tr><td>Ⓗ 상 환 방 법</td><td colspan="2">만기일 일시상환</td></tr>
<tr><td>Ⓘ 거주자의 보증 또는
담보유무</td><td colspan="2">■보증·담보 없음 □보증제공 □담보제공</td></tr>
<tr><td colspan="3" align="center">외국환거래법 제18조의 규정에 의하여 위와 같이 신고합니다.

2026년 6월 30일
기획재정부장관(한국은행총재 또는 외국환은행장) 귀하</td></tr>
<tr><td colspan="2"></td><td>신 고 번 호</td><td></td></tr>
<tr><td colspan="2"></td><td>신 고 금 액</td><td></td></tr>
<tr><td colspan="2"></td><td>신 고 일 자</td><td></td></tr>
<tr><td colspan="2"></td><td>유 효 기 간</td><td></td></tr>
<tr><td colspan="2"></td><td>기 타 참 고 사 항</td><td></td></tr>
<tr><td colspan="4">신 고 기 관 :</td></tr>
</table>

* 음영부분은 기재하지 마십시오. 210㎜×297㎜

Ⓙ 〈첨부서류〉 1. 거래 사유서 2. 금전대차 계약서
　　　　　　　 3. 대주 및 차주의 실체확인서류(법인등기부등본, 사업자등록증, 주민등록등본 등)
　　　　　　　 4. 보증 또는 담보 제공시 해당 신고서
　　　　　　　 5. 기타 신고기관의 장이 필요하다고 인정하는 서류

작성요령

Ⓐ **신고인**

－ 개인의 경우는 신고인의 성명을 기재하고 서명 또는 날인, 법인의 경우는 상호와 대표이
　사명을 기재하고 법인 인감을 날인한다. 만약 대리인이 신고하는 경우에는 '신민호의 대
　리인 공일규'라고 기재하고 대리인 공일규가 날인 또는 서명한다.

Ⓑ **차주 및 대주**

－ 차주 및 대주는 각각 기관투자가*, 일반법인, 개인으로 구분하여 표시하고 기타의 경우( )
　내에 별도로 기재한다.

　* 기관투자가 : 외국환은행, 종합금융회사, 증권회사, 자산운용회사·투자회사, 보험사업자 등

Ⓒ **통화 및 금액**

－ 통화 및 금액은 실제 표시통화를 USD, EUR, JPY로 구분하여 표시하고 기타 통화는
　표시통화 ( )내에 직접 기재한다. 차입통화가 USD가 아닌 경우에는 차입통화의 차입일
　현재의 USD환산액을 금액 ( )내에 직접 표시한다(환산시에는 차입일 현재 외국환중개
　회사가 고시하는 매매기준율을 적용)

－ 외회는 미화 1친만달러 이하인 경우, 미화 1천만달러 초과인 경우로 나누어 표시하고,
　원화는 10억원 이하인 경우, 10억원 초과인 경우로 나누어 표시

Ⓓ **차입/대출일**

－ 차입/대출일은 계약서상 차주에게 자금이 입금되는 날짜를 기재한다.

Ⓔ **적용금리**

－ 적용금리는 계약서상 표시금리로서 고정금리의 경우는 연율로 기재하고 변동금리는 3개
　월 Libor에 스프레드를 가감하는 방식으로 기재한다.

Ⓕ **대차기간**

－ 금전차입 기간을 기재한다.

Ⓖ **사용용도**

－ 차입자금의 사용용도를 기재한다.

Ⓗ **상환방법**

 – 차입자금 상환방법을 '만기일 일시상환', '3회 분할상환' 등으로 기재한다.

Ⓘ **거주자의 보증 또는 담보유무**

 – 금전차입에 대하여 거주자의 보증 또는 담보가 있는 경우에 표시한다.

Ⓙ **첨부서류**

 – 사유서 : 특별한 양식은 없으며 A4 용지 1매 정도 분량으로 해당 신청 사유를 정확하고 상세하게 기재한다.

 – 금전대차계약서

   대주와 차주 간의 대차계약서(Loan Agreement)를 준비한다.

 – 대주 및 차주의 실체확인서류(법인등기부등본, 사업자등록증, 주민등록등본 등)

 – 보증 또는 담보 제공시 해당 신고서 : 거주자의 보증 또는 담보 제공이 있는 경우 해당 신고서 첨부한다.

 – 기타 신고기관의 장이 필요하다고 인정하는 서류 : 신고사실의 확인을 위해 신고기관이 요청하는 서류

─○ 신고서 작성 방법 비거주자에 대한 대출

│ 거래사례 │

유정씨앤씨(주)는 미국에 있는 관계회사인 ABC Co.Ltd에 운영자금 용도로 US $500,000을 Libor+200bp의 금리로 6개월간 대여해 주기로 하고 한국은행에 비거주자에 대한 금전대차계약 신고를 하는 사례(자료출처 : 한국은행 외국환거래 신고 편람 2007.1. p.90~94의 내용을 필자가 일부수정)

【금전의 대차계약 신고서】

〔별지 제7-2호 서식〕

<table>
<tr><td colspan="3" align="center"><h1>금전의 대차계약신고서</h1></td><td>처리기간</td></tr>
<tr><td rowspan="4">Ⓐ
신
고
인</td><td colspan="2">상호 및 대표자 성명</td><td colspan="2">유정씨앤씨(주) 대표이사 신민호
(또는 유정씨앤씨(주)의 대리인 공일규)　　인</td></tr>
<tr><td colspan="2">주 소 (소 재 지)</td><td colspan="2">서울시 강남구 언주로 723번지
　　　　　　　　　　(전화번호 : 123-4567)
　　　　　　　(E-mail : custra@naver.com)</td></tr>
<tr><td colspan="2">업 종 (직 업)</td><td colspan="2">무역업</td></tr>
</table>

<table>
<tr><td rowspan="11">신
고
내
역</td><td>Ⓑ　　　차　　　주</td><td>ABC Co. Ltd.
(□기관투자가 ■일반법인 □개인 □기타( ))</td></tr>
<tr><td>Ⓑ　　　대　　　주</td><td>유정씨앤씨(주)
(□기관투자가 ■일반법인 □개인 □기타( ))</td></tr>
<tr><td>Ⓒ통 화 및 금 액</td><td>□표시통화(❶USD ②EUR ③JPY ④기타통화( ))
□금 액(US$500,000-)
■외화(❶미화 1천만달러 이하 ②미화 1천만달러 초과)
□원화(①10억원 이하 ②10억원 초과)</td></tr>
<tr><td>Ⓓ차 입 / 대 출 일</td><td>2026년 7월 1일</td></tr>
<tr><td>Ⓔ적 용 금 리</td><td>Libor+200bp</td></tr>
<tr><td>Ⓕ대 차 기 간</td><td>2026년 7월 1일에서 2026년 12월 31일(6개월)</td></tr>
<tr><td>Ⓖ사 용 용 도</td><td>운영자금</td></tr>
<tr><td>Ⓗ상 환 방 법</td><td>만기일 일시상환</td></tr>
<tr><td>Ⓘ 거주자의 보증 또는
담보유무</td><td>■보증·담보 없음 □보증제공 □담보제공</td></tr>
</table>

외국환거래법 제18조의 규정에 의하여 위와 같이 신고합니다.
2026년 6월 30일
기획재정부장관(한국은행총재 또는 외국환은행장) 귀하

신 고 번 호	
신 고 금 액	
신 고 일 자	
유 효 기 간	
기 타 참 고 사 항	
신 고 기 관 :	

* 음영부분은 기재하지 마십시오. 210㎜×297㎜

Ⓙ 〈첨부서류〉 1. 거래 사유서 2. 금전대차 계약서
　　　　　　　3. 대주 및 차주의 실체확인서류(법인등기부등본, 사업자등록증, 주민등록등본 등)
　　　　　　　4. 보증 또는 담보 제공시 해당 신고서
　　　　　　　5. 기타 신고기관의 장이 필요하다고 인정하는 서류

작성요령

Ⓐ **신고인**

　－ 개인의 경우는 신고인의 성명을 기재하고 서명 또는 날인, 법인의 경우는 상호와 대표이
　　사명을 기재하고 법인 인감을 날인한다. 만약 대리인이 신고하는 경우에는 '유정씨앤씨
　　(주)의 대리인 공일규'라고 기재하고 대리인 공일규가 날인 또는 서명한다.

Ⓑ **차주 및 대주**

　－ 차주 및 대주는 각각 기관투자가*, 일반법인, 개인으로 구분하여 표시하고 기타의 경우 ( )
　　내에 별도로 기재한다.

　　* 기관투자가 : 외국환은행, 종합금융회사, 증권회사, 자산운용회사·투자회사, 보험사업자 등

Ⓒ **통화 및 금액**

　－ 통화 및 금액은 실제 표시통화를 USD, EUR, JPY로 구분하여 표시하고 기타 통화는
　　표시통화 ( )내에 직접 기재. 차입통화가 USD가 아닌 경우에는 차입통화의 차입일 현
　　재의 USD환산액을 금액 ( )내에 직접 표시한다.(환산시에는 차입일 현재 외국환중개회
　　사가 고시하는 매매기준율을 적용)

　－ 외화는 미화 1천만달러 이하인 경우, 미화 1천만달러 초과인 경우로 나누어 표시하고,
　　원화는 10억원 이하인 경우, 10억원 초과인 경우로 나누어 표시한다.

Ⓓ **차입/대출일**

　－ 차입/대출일은 계약서상 차주에게 자금이 입금되는 날짜를 기재한다.

Ⓔ **적용금리**

　－ 적용금리는 계약서상 표시금리로서 고정금리의 경우는 연율로 기재하고 변동금리는 3개
　　월 Libor에 스프레드를 가감하는 방식으로 기재한다.

Ⓕ **대차기간**

　－ 금전차입 기간을 기재한다.

Ⓖ **사용용도**

　－ 차입자금의 사용용도를 기재한다.

Ⓗ **상환방법**

- 차입자금 상환방법을 '만기일 일시상환', '3회 분할상환' 등으로 기재

Ⓘ **거주자의 보증 또는 담보유무**

- 금전차입에 대하여 거주자의 보증 또는 담보가 있는 경우에 표시한다.

Ⓙ **첨부서류**

- 사유서 : 특별한 양식은 없으며 A4 용지 1매 정도 분량으로 해당 신청 사유를 정확하고 상세하게 기재한다.
- 대주 및 차주의 실체확인서류(법인등기부등본, 사업자등록증, 주민등록등본 등)
- 보증 또는 담보 제공시 해당 신고서 : 거주자의 보증 또는 담보 제공이 있는 경우 해당 신고서 첨부
- 기타 신고기관의 장이 필요하다고 인정하는 서류 : 신고사실의 확인을 위해 신고기관이 요청하는 서류

(2) 채무의 보증계약

1) 신고 예외 채무보증거래

다음의 채무의 보증계약에 따른 채권의 발생 등에 관한 거래를 하고자 하는 경우에는 신고를 요하지 아니한다(정 7-17).

〔표 59〕 신고 예외 채무보증거래(정 7-17)

당사자	거래내용	신고의무
거주자	거주자가 비거주자와 물품의 수출·수입 또는 용역거래를 함에 있어서 보증을 하는 경우	없음
거주자	거주자의 수출, 해외건설 및 용역사업 등 외화획득을 위한 국제입찰 또는 계약과 관련한 입찰보증 등을 위하여 비거주자가 보증금을 지급하거나 이에 갈음하는 보증을 함에 있어서 보증 등을 하는 비거주자가 부담하는 채무의 이행을 당해 거주자 또는 계열관계에 있는 거주자가 보증 또는 부담하는 계약을 체결하는 경우	없음
거주자	비거주자와 해외건설 및 용역사업, 물품수출거래를 함에 있어 당해 비거주자(입찰대행기관 및 수입대행기관을 포함한다)와 보증 등을 하는 경우	없음

당사자	거래내용	신고의무
거주자	거주자(채권자)와 거주자(채무자)의 거래에 대하여 거주자가 외국통화표시 보증을 하는 경우	없음
거주자	거주자의 수출거래와 관련하여 외국의 수입업자가 외국환은행으로부터 역외금융대출을 받음에 있어 당해 거주자가 그 역외금융대출에 대하여 당해 외국환은행에 외국통화표시 보증을 하는 경우[18]	없음
국내에 본점을 둔 시설대여회사	당해 시설대여회사 현지법인에 대한 외국환은행의 역외금융대출에 대하여 본사의 출자금액 범위 내에서 외국통화표시 보증을 하는 경우	없음
거주자	외국환거래규정에 의해 인정된 거래를 함에 따라 비거주자로부터 보증을 받는 경우(단 주채무계열 소속 상위 30대 계열기업체의 외화자금차입계약에 관하여 동 계열 소속 다른 기업체가 보증하고자 하는 경우에는 신고)	없음
거주자	자금차입계약에 관하여 거주자가 비거주자에게 보증을 하는 경우	없음
주채무계열 소속 상위 30대 계열 소속 기업체	주채무계열 소속 상위 30대 계열기업체의 외화자금차입계약에 관하여 동 계열 소속 다른 기업체가 보증하고자 하는 경우	외국환은행의 장 신고
거주자	거주자가 지급(정 4-5~4-7은 제외)을 위한 외국통화표시 보증을 하는 경우	없음
거주자	거주자가 인정된 임차계약을 함에 따라 국내의 다른 거주자가 외국통화표시 보증을 하거나 시설대여회사가 외국의 시설대여회사와 국내의 실수요자간의 인정된 시설대여계약에 대하여 외국통화표시 보증을 하는 경우	없음
거주자의 계열기업	거주자의 약속어음매각과 관련하여 당해 거주자의 계열기업이 외국통화표시 대외보증을 하는 경우	없음
거주자	비거주자가 한국은행총재에게 신고하고 외국환은행으로부터 대출을 받음에 있어, 거주자가 보증 또는 담보를 제공하는 경우	없음
거주자	해외장내파생상품거래에 필요한 자금의 지급에 갈음하여 비거주자가 지급 또는 보증을 함에 있어서 지급 또는 보증을 하는 비거주자가 부담하는 채무의 이행을 당해 거주자 또는 당해 거주자의 계열기업이 보증 또는 부담하는 계약을 체결하는 경우	없음

---

18) 당해 외국환은행은 수출관련 역외금융대출보증에 관한 보고서를 매분기별로 익월 20일까지 한국은행총재에게 제출하여야 한다.

당사자	거래내용	신고의무
거주자	파생상품거래에 관하여 거주자가 비거주자에게 보증을 하는 경우	없음
국민인 거주자	국민인 거주자와 국민인 비거주자 간에 다른 거주자를 위하여 내국통화로 표시되고 지급되는 채무의 보증계약을 하는 경우	없음
증권금융회사	비거주자에게 보증하는 경우	없음
거주자 및 거주자의 현지법인이나 해외지점	비거주자와 해외건설 및 용역사업, 물품수출거래를 함에 있어 당해 비거주자(입찰대행기관 및 수입대행기관을 포함한다)와 보증등을 하는 경우	없음

2) 신고 대상 채무보증거래

거주자가 비거주자와 다음의 채무의 보증계약에 따른 채권의 발생 등에 관한 거래를 하고자 하는 경우에는 외국환은행의 장에게 거래가 있었던 날로부터 1개월 이내에 거래 사실을 보고하여야 한다(정 7-18-1).

〔표 60〕 신고 대상 채무보증거래(정 7-18)

당사자	거래내용	신고의무
거주자	거주자와 비거주자의 거래 또는 비거주자 간 거래에 관하여 거주자가 채권자인 거주자 또는 비거주자와 채무의 보증계약에 따른 채권의 발생 등에 관한 거래를 하고자 하는 경우	거래일로부터 1개월 이내에 외국환은행의 장에게 거래사실 보고
국내에 본점을 둔 투자매매업자·투자중개업자	당해 투자매매업자·투자중개업자 현지법인의 인정된 업무에 수반되는 현지차입에 대하여 보증을 하는 경우[19]	거래일로부터 1개월 이내에 외국환은행의 장에게 거래사실 보고
거주자 또는 계열관계에 있는 거주자	거주자의 현지법인이 외국의 시설대여회사로부터 인정된 사업수행에 필요한 시설재를 임차함에 있어서 당해 현지법인이 부담하는 채무의 이행을 당해 거주자 또는 계열관계에 있는 거주자가 보증하는 경우	거래일로부터 1개월 이내에 외국환은행의 장에게 거래사실 보고

---

19) 보증금액은 당해 현지법인에 대한 거주자의 출자금액의 300% 이내에 한한다.

당사자	거래내용	신고의무
국내에 본점을 둔 시설대여회사	당해 시설대여회사 현지법인의 인정된 업무에 수반되는 현지차입에 대하여 본사의 출자금액 범위 내에서 보증을 하는 경우	거래일로부터 1개월 이내에 외국환은행의 장에게 거래사실 보고
지방자치단체, 공공기관, 정부 또는 지자체, 공공기관이 설립하거나 출자·출연한 법인 또는 정부업무수탁법인, 영리법인	현지금융 관련 거주자가 보증(담보 포함)을 하는 경우	거래일로부터 1개월 이내에 외국환은행의 장에게 거래사실 보고
거주자의 현지법인(거주자의 현지법인이 100분의 50 이상 출자한 자회사를 포함), 거주자의 해외지점	현지금융 관련 거주자가 보증(담보 포함)을 하는 경우	거래일로부터 1개월 이내에 외국환은행의 장에게 거래사실 보고
주채무계열 소속 상위 30대 계열 소속 기업체	주채무계열 소속 상위 30대 계열기업체의 상환기간이 1년을 초과하는 장기외화자금차입계약과 관련하여 동 계열 소속 다른 기업체가 보증하고자 하는 경우	보증하고자 하는 자가 차입자의 지정거래외국환은행에게 거래일로부터 1개월 이내에 거래사실 보고
거주자 또는 당해 여신을 받는 비거주자	교포 등에 대한 여신과 관련하여 거주자 또는 당해 여신을 받는 비거주자가 국내에 있는 금융기관에 미화 20만불 이내에서 원리금의 상환을 보증하고자 하는 경우[20]	거래일로부터 1개월 이내에 외국환은행의 장에게 거래사실 보고
보증 제공자	보증을 제공한 자가 대지급을 하고자 하는 경우	지정거래외국환은행을 통한 송금[21]
거주자	위의 경우를 제외하고 거주자와 비거주자의 거래 또는 비거주자간 거래에 관하여 거주자가 채권자인 거주자 또는 비거주자와 채무의 보증계약(외국환은행에 보증 또는 담보를 제공하는 행위를 포함, 국민인 비거주자에 대한 원화자금대출과 동일인 기준 10억원 이하의 원화자금대출은 제외)에 따른 채권의 발생등에 관한 거래를 하고자 하는 경우	한국은행 총재에게 신고[22]

---

20) 이 경우 거래외국환은행의 지정은 여신을 받는 자의 명의로 하고, 해외에서도 하나의 외국환은행해외지점 또는 현지법인금융기관 등을 거래금융기관으로 지정하여야 한다.

| 거래사례 1 |

유정씨앤씨(주)는 거래회사인 Ganada Company가 외국소재 금융기관인 ABC Bank와 체결한 선물환 계약의 이행을 보증하기 위해 한국은행에 보증계약 신고를 하는 사례(자료출처 : 한국은행 외국환거래 신고 편람 2007.1. p.100~104의 내용을 필자가 일부수정)

---

21) 외국환은행이 대지급하는 경우에는 지정거래외국환은행을 통하지 아니하고 송금할 수 있다.
22) 한국은행총재는 필요시 동 신고내용을 국세청장에게 열람하도록 하여야 한다.

【보증계약신고서】

〔별지 제7-3호 서식〕

<table>
<tr><td colspan="2" rowspan="2" style="text-align:center"><h1>보증계약신고서</h1></td><td>처리기간</td></tr>
<tr><td></td></tr>
</table>

ⓐ 신고인	상호 및 대표자 성명	유정씨앤씨(주) 대표이사 신민호 (또는 유정씨앤씨(주)의 대리인 공일규)　　인
	주 소(소 재 지)	서울시 강남구 언주로 723번지 　　　　　　　　　　(전화번호 : 123-4567) 　　　　　　　　　(E-mail : custra@naver.com)
	업 종 (직 업)	무역업
ⓐ 신고내역	ⓑ 보 증 채 권 자	ABC Bank (□거주자/■비거주자)
	ⓒ 보 증 채 무 자	유정씨앤씨(주) (■거주자/□비거주자)
	ⓓ 보 증 수 혜 자	Ganada Company (□거주자/■비거주자)
	ⓔ 보 증 금 액	₩500,000,000-
	ⓕ 보 증 기 간	2026.7.31 - 2029.7.30
	ⓖ 보 증 용 도	□주채무계열소속 30대 계열기업체의 단기외화차입에 대한 보증 ■비거주자 간 거래에 대한 보증 □역외금융회사의 거래 및 채무이행에 관한 직·간접적 보증 □기타( )
	ⓗ 상 환 방 법	현금상환

외국환거래법 제18조의 규정에 의하여 위와 같이 신고합니다.

2026년 6월 30일

한국은행총재(외국환은행장) 귀하

	신 고 번 호	
	신 고 금 액	
	신 고 일 자	
	유 효 기 간	
	기 타 참 고 사 항	
신 고 기 관 :		

* 음영부분은 기재하지 마십시오. 210㎜×297㎜

ⓘ 〈첨부서류〉 1. 보증 사유서

　　　　　　2. 보증관련 계약서

　　　　　　3. 신고인 및 거래관계인의 실체확인서류(법인등기부등본, 사업자등록증 등)

　　　　　　4. 보증채무 이행에 따른 구상채권 회수방안

　　　　　　5. 기타 신고기관의 장이 필요하다고 인정하는 서류

Ⓐ **신고인**

- 개인의 경우는 신고인의 성명을 기재하고 서명 또는 날인, 법인의 경우는 상호와 대표이사명을 기재하고 법인 인감을 날인한다. 만약 대리인이 신고하는 경우에는 '유정씨앤씨(주)의 대리인 공일규'라고 기재하고 대리인 공일규가 날인 또는 서명한다.

Ⓑ **보증채권자**

- 보증계약상 채권자로 설정되어 있는 자를 기재하며 위의 경우는 ABC Bank가 유정씨앤씨(주)에게 보증계약상의 채무이행을 요구할 수 있으므로 보증채권자가 된다.
- '거주자/비거주자' 구분에 해당 거주성을 표기하며 위의 경우는 '비거주자'

Ⓒ **보증채무자**

- 보증계약상 채무자로 설정되어 있는 자를 기재하며 위의 경우는 유정씨앤씨(주)가 Ganada Company의 선물계약이행을 ABC Bank에 보증하였으므로 보증채무자가 된다.
- '거주자/비거주자' 구분에 해당 거주성을 표기하며 위의 경우는 '거주자'

Ⓓ **보증수혜자**

- 보증계약상 보증채무자로부터 신용보완을 받는 수혜자이며 위의 경우는 Ganada Company가 이에 해당한다.
- '거주자/비거주자' 구분에 해당 거주성을 표기하며 위의 경우는 '비거주자'

Ⓔ **보증금액**

- 보증계약상 보증채무자의 대지급액 한도를 기재한다.

Ⓕ **보증기간**

- 보증계약상 보증채무자가 보증수혜자를 위하여 보증채권자에게 부담하는 보증계약상 의무의 최대기간을 기재하며 기간을 특정하여야 한다.

Ⓖ **보증용도**

- 보증채무가 발생하게 된 원인 거래를 간략히 기재한다.

Ⓗ **상환방법**

- 보증수혜자의 의무불이행시 보증채무자의 보증채권자에 대한 대지급방법을 기재한다.

Ⓘ **첨부서류**

- 보증 사유서 : 특별한 양식은 없으며 A4 용지 1매 내외의 분량으로 해당 신청 사유를 정확하고 상세하게 기재한다.

- 보증 계약서
- 신고인 및 거래(계약) 상대방의 실체확인서류 : 개인의 경우에는 신분을 증명할 수 있는
  주민등록증이나 여권 또는 운전면허증 사본, 법인의 경우에는 법인등기부등본, 사업자등록증
  - 국내기업의 경우에는 법인등기부등본, 해외법인 등의 경우는 이에 준하는 서류(예 :
    "Certificate of Incorporation" 등)
  * 만약 대리인이 신고할 경우에는 동 서류 외에 당해 신고행위에 대한 권한을 위임하는 내용의
    위임장(비거주자는 영사관 발행 또는 현지에서 공증받은 위임장)을 추가 제출한다.
- 보증채무 이행에 따른 구상채권 회수방안 : 보증채무자가 대지급을 할 경우 보증수혜자
  에 대한 구상채권의 회수 가능성을 확인할 수 있는 보증수혜자의 재무상황 입증서류 등
- 기타 신고기관의 장이 필요하다고 인정하는 서류 : 사유서에 있는 내용을 증빙할 수 있
  는 서류로서 주로 적절한 내부의사결정과정을 거쳤는지를 확인할 수 있는 서류(내부품
  의서, 이사회의사록 등)

| 거래사례 2 |

☐ Ganada Corporation은 유정씨앤씨(주)의 미국 내 업체로 미국의 ABC사와 합작투자계약을
  체결하였으며 이 과정에서 ABC사는 Ganada Corporation의 투자계약상의 의무이행을 담보(피
  담보채무액 ₩500,000,000 -)하기 위하여 본사인 유정씨앤씨(주)에 담보제공을 요구하였음
☐ 이에 따라 유정씨앤씨(주)는 ○○은행에 예치되어있는 정기예금을 담보로 제공하고자 한국
  은행에 담보제공 신고를 한 사례(자료출처 : 한국은행 외국환거래 신고 편람 2007.1. p.105~
  109의 내용을 필자가 일부수정)

〔별지 제7-8호 서식〕

<table>
<tr><td colspan="3" rowspan="2"><h1>담 보 제 공 신 고 서</h1></td><td>처리기간</td></tr>
<tr><td></td></tr>
<tr><td rowspan="3">Ⓐ
신
고
인</td><td>상호 및 대표자 성명</td><td colspan="2">유정씨앤씨 (주) 대표이사 신민호
(또는 유정씨앤씨(주)의 대리인 공일규)　　인</td></tr>
<tr><td>주 소 (소 재 지)</td><td colspan="2">서울시 강남구 언주로 723번지
（전화번호 : 123-4567 ）
（E-mail : custra@naver.com）</td></tr>
<tr><td>업 종 (직 업)</td><td colspan="2">무역업</td></tr>
<tr><td rowspan="10">신
고
내
역</td><td>Ⓑ 담 보 제 공 자</td><td colspan="2">유정씨앤씨(주) （■거주자/□비거주자）</td></tr>
<tr><td>Ⓒ 담 보 취 득 자</td><td colspan="2">ABC Company （□거주자/■비거주자）</td></tr>
<tr><td>Ⓓ 담보제공 수혜자</td><td colspan="2">Ganada Corporation （□거주자/■비거주자）</td></tr>
<tr><td>Ⓔ 담 보 물 종 류</td><td colspan="2">□부동산 □동산 □증권 ■예금(현금) □기타( )</td></tr>
<tr><td>담 보 소 재 지</td><td colspan="2">○○은행</td></tr>
<tr><td>수　　　　　량</td><td colspan="2">정기예금 1건</td></tr>
<tr><td>Ⓕ 담 보 가 액</td><td colspan="2">₩500,000,000-</td></tr>
<tr><td>Ⓖ 담 보 제공기간</td><td colspan="2">2026.7.31 - 2029.7.30</td></tr>
<tr><td>Ⓗ 담 보 제 공 용 도</td><td colspan="2">□주채무계열소속 30대 계열기업체의 단기외화차입에 대한 담보제공
■비거주자 간 거래에 대한 담보제공
□역외금융회사의 거래 및 채무이행에 관한 직·간접적 담보제공
□기타( )</td></tr>
<tr><td colspan="3" style="text-align:center">외국환거래법 제18조의 규정에 의하여 위와 같이 신고합니다.

2026년 6월 30일
한국은행총재(외국환은행장) 귀하</td></tr>
<tr><td colspan="2" rowspan="6"></td><td>신 고 번 호</td><td></td></tr>
<tr><td>신 고 금 액</td><td></td></tr>
<tr><td>신 고 일 자</td><td></td></tr>
<tr><td>유 효 기 간</td><td></td></tr>
<tr><td>기 타 참고사항</td><td></td></tr>
<tr><td colspan="2">신 고 기 관 :</td></tr>
</table>

* 음영부분은 기재하지 마십시오. 210㎜×297㎜

① 〈첨부서류〉 1. 담보제공 사유서
            2. 담보제공 계약서
            3. 신고인 및 거래관계인의 실체확인서류(법인등기부등본, 사업자등록증 등)
            4. 담보물 입증서류
            5. 기타 신고기관의 장이 필요하다고 인정하는 서류

Ⓐ **신고인**

- 개인의 경우는 신고인의 성명을 기재하고 서명 또는 날인, 법인의 경우는 상호와 대표이사명을 기재하고 법인 인감을 날인한다. 만약 대리인이 신고하는 경우에는 '유정씨앤씨(주)의 대리인 공일규'라고 기재하고 대리인 공일규가 날인 또는 서명

Ⓑ **담보제공자**

- 담보제공계약상 담보를 제공하는 자의 성명(상호), 주소, 전화번호를 기재하며 위의 경우에는 유정씨앤씨(주)
- '거주자/비거주자' 구분에 해당 거주성을 표기하며 위의 경우는 '거주자'

Ⓒ **담보취득자**

- 담보제공계약상 담보를 취득하는 자의 성명(상호), 주소, 전화번호를 기재하며 위의 경우에는 ABC사
- '거주자/비거주자' 구분에 해당 거주성을 표기하며 위의 경우는 '비거주자'

Ⓓ **담보제공수혜자**

- 담보취득자에게 원인거래에 대한 채무를 부담하는 자의 성명(상호), 주소, 전화번호를 기재하며 위의 경우에는 Ganada Corporation
- '거주자/비거주자' 구분에 해당 거주성을 표기하며 위의 경우는 '비거주자'

Ⓔ **담보물종류**

- 제공되는 담보의 종류를 부동산, 동산, 증권, 예금(현금) 등으로 구분하여 기재하며 제공되는 담보가 여러 종류이거나 다수인 경우에는 '기타(별첨)'으로 기재하고 별첨을 이용하여 그 내역을 구체적으로 기재

Ⓕ **담보가액**

- 담보제공의 원인이 되는 거래의 채무가액(피담보채무가액)을 기재하며 위의 경우에는 ₩500,000,000

Ⓖ **담보제공기간**

- 담보가 제공되는 기간을 표시하며 위의 경우와 같이 기간이 정해져 있는 경우는 그 기간을 명시한다.
- 만약 담보제공기간이 특정한 사건에 연계되어 있는 경우에는 그러한 내용을 기재한다.("차주가 대출금을 변제 할 때까지" 등)

Ⓗ **담보제공 용도**

- 해당하는 용도 구분란에 표기하며 해당사항이 없을 경우 기타의 ( )에 담보제공 용도를 간략히 기재한다.

Ⓘ **첨부서류**

- 담보제공 사유서 : 특별한 양식은 없으며 A4 용지 1매 내외의 분량으로 해당 신고 사유를 정확하고 상세하게 기재한다.
- 담보제공 계약서
- 신고인 및 거래(계약) 상대방의 실체확인서류 : 개인의 경우에는 신분을 증명할 수 있는 주민등록증이나 여권 또는 운전면허증 사본, 법인의 경우에는 법인등기부등본, 사업자등록증
  - 국내기업의 경우에는 법인등기부등본, 해외법인 등의 경우는 이에 준하는 서류(예 : "Certificate of Incorporation" 등)
  * 만약 대리인이 신고할 경우에는 동 서류 외에 당해 신고행위에 대한 권한을 위임하는 내용의 위임장(비거주자는 영사관 발행 또는 현지에서 공증받은 위임장)을 추가 제출
- 담보물 입증서류 : 예를 들어 예금이면 통장사본, 부동산이면 부동산 등기부등본 등
- 기타 신고기관의 장이 필요하다고 인정하는 서류 : 사유서에 있는 내용을 증빙할 수 있는 서류로서 주로 적절한 내부 의사결정과정을 거쳤는지를 확인할 수 있는 서류(내부품의서, 이사회의사록 등) 등

3) 채무보증 신고내용의 열람

한국은행총재는 필요시 채무보증 신고내용을 국세청장에게 열람하도록 하여야 한다.

(3) 금전대차 및 보증거래에 대한 실무 사례 및 판례

〔표 61〕 금전대차 및 보증거래에 대한 실무 사례 및 판례

실무 사례 및 판례	내용	신고의무
금전대차계약성립 여부 (대법원 2010.5.27. 선고 2007도10056 판결)	'금전의 대차계약'이 성립하였는지 여부는 계약의 형식이 아닌 계약의 내용으로 판단하여야 할 것인바, 거주자와 비거주자가 대차계약이 아닌 다른 계약의 형식을 빌렸다 하더라도 그 계약 내용이 일방이 금전을 대여하고 타방이 이를 반환하기로 하는 것이라면 이는 위 조항의 '금전의 대차계약'에 해당	지정거래외국환은행(또는 한국은행총재)에 신고
중계무역 위장 자본거래 신고의무 (대법원 2010.5.27. 선고 2009도4311 판결)	외관상으로만 중계무역 형식을 취하고 있을 뿐 실질적으로는 자본거래에 해당하는 경우에도 구 외국환거래법 (2008.2.29. 법률 제8863호로 개정되기 전의 것) 제18조 제1항 본문의 '신고의무'의 대상이 된다고 할 것이고, 비록 위 거래과정에서 신용장이 개설되고 외화 차입금이 지정 거래은행에 입금되었다고 하더라도 이를 들어 지정거래 외국환은행의 장에게 신고된 것과 동일시하거나 신고의무가 면제된 것으로 볼 수 없다.	지정거래외국환은행(또는 한국은행총재)에 신고
입찰보증 신고의무	칠레 육군의 소구경 탄약 입찰은 칠레 국방부에 등록된 입찰에 초청받은 업체만 가능. 당사는 입찰참가자격이 없어 입찰 참가 자격이 있는 칠레 소재 A 업체를 통해 입찰에 참가할 예정임. A 업체에서 당사의 Back Guarantee 없이는 입찰청으로 Bid bond 를 발급할 수 없다는 입장을 고수하고 있어 당사에서는 A 업체로 Bid bond 를 개설계획	없음.

3자 보증 문의

〈질의〉

당사는 서울 소재의 종합상사입니다.

당사가 칠레 육군의 소구경 탄약 입찰 참여를 하는 과정에서 문의사항이 있어서 글을 남깁니다.

동 입찰은 칠레 국방부에 등록된 입찰에 초청받은 업체만 가능하여 당사는 참여가 불가능합니다. 이에 입찰 참가 자격이 있는 칠레 소재 A업체를 통해 입찰에 참가하고자 합니다. 그런데 이 A업체에서 당사의 Back Guarantee 없이는 입찰청으로 Bid bond를 발급할 수 없다는 입장을 고수하고 있어 당사에서는 A업체로 Bid bond를 개설해야 합니다.

이 경우 한국은행 신고가 필요할지, A업체 보증서 개설을 위해 A업체와와 당사가 맺어야하는 계약서나 Consortium agreement 등 어떤 증빙서류가 필요할지 문의드립니다.

〈회신〉

거주자의 수출 등 외화획득을 위한 국제입찰 또는 계약과 관련된 입찰보증 등을 위하여 비거주자가 보증금을 지급하거나 이에 갈음하는 보증을 함에 있어서 부담하는 채무의 이행을 해당 거주자가 보증 또는 부담하는 계약을 체결하는 경우 별도의 보증 신고를 요하지 않습니다(외국환거래규정 제7-17조 제7호).

따라서 문의하신 내용처럼 국내업체의 수출계약을 위해 칠레 A업체가 bid bond(입찰보증금)를 발급함에 있어서 국내업체가 보증하는 경우, 외국환거래법상 별도의 신고를 요하지 않습니다.

● 한국은행 질의응답 사례

Q. 국내기업이 외국으로부터 외화를 차입하면서 관계회사가 지급보증을 하게 될 경우 어떻게 해야 하나요?

A. 거주자가 비거주자로부터 (규정 제7-14조 및 제7-15조의 규정에 따라) 외화자금을 차입하는 경우 다른 보증 또는 담보(이하 보증 등)를 제공하는 것은 신고대상은 아님. 그러나 다음과 같은 경우에는 신고등의 절차를 밟아야 함. 주채무계열 소속 30대 계열 기업체의 장기외화자금 차입시 동 계열 소속 다른 기업체가 보증등을 할 경우에는 지정거래외국환은행에 신고하여야 하며, 단기외화자금 차입시 동 업체의 보증등의 행위는 한국은행에 신고를 하여야 함.

Q. 비거주자간의 거래에 있어서 국내 거주자가 보증할 때 절차는 어떻게 해야 하나요?

A. 거주자와 비거주자간 거래에 있어서 국내 거주자가 보증할 경우는 세 가지 경우로 나누어서 생각해 보아야 함.
첫째는 외국환은행이 보증할 경우,
둘째는 외국환은행 이외의 자가 보증할 경우,
셋째는 비거주자간 거래에 대한 보증이 현지금용에 해당되는 경우임.
– 외국환은행이 비거주자간 거래에 대해 보증할 경우에는
  (ⅰ) 거주자가 외국환은행에 보증 또는 담보를 제공하지 않는 경우라면 신고할 필요가 없음.
  (ⅱ) 비거주자간 거래에 대하여 보증시 비거주자의 국내 재산을 담보로 제공받아서 보증할 경우에는 한국은행 신고사항이 됨.
  (ⅲ) 또한 비거주자간 거래에 대하여 거주자의 담보 등을 제공받고 보증할 경우도 한국은행 신고사항임.

- 외국환은행 이외의 거주자가 비거주자간 거래에 대하여 보증하는 것은 한국은행 신고사항임. 한편 외국환은행(또는 외국환은행 이외의 거주자)이 비거주자간 거래에 대하여 보증을 해주는 경우라도 그것이 외국환거래 법령상의 현지금융에 해당되는 경우에는 거래외국환은행에 대한 신고만으로 가능함.
- 현지금융이란 거주자, 거주자의 해외지점 또는 거주자의 현지법인이 외국에서 사용하기 위하여 외국에서 자금을 차입(증권발행에 의한 경우를 포함)하거나 지급보증을 받는 것을 의미함.

Q. 비거주자가 국내재산을 담보로 국내은행 해외지점에서 자금 차입이 가능한지?

A. 비거주자가 국내은행의 해외지점 또는 해외 현지법인으로부터 자금을 차입하면서 국내은행에 국내부동산, 주식 등을 담보로 제공하기 위해서는 차주 및 담보제공자 구분에 따라 다음의 신고절차를 이행하여야 함.
- 비거주자인 차주가 자기 소유 국내재산을 담보로 제공하는 경우에는 한국은행에 신고하여야 함.
- 다만, 비거주자가 국민이거나 국민인 비거주자가 전액 출자하여 현지에 설립한 법인(이하 교포등)인 경우에는 담보제공금액이 미화 20만달러를 초과할 경우에만 한국은행에 신고차주 이외의 비거주자가 자기 소유 재산을 담보로 제공할 경우에는 금액에 상관없이 한국은행에 신고하여야 함. 비거주자가 국내 재산을 담보로 제공하는 방식에는 대주은행의 본점인 국내은행이 담보관리를 맡는 경우와 국내은행이 비거주자의 국내재산을 담보로 제공받고 보증서를 발급하는 경우가 있으며 신고등의 절차는 동일함.

Q. 비거주자와 경상거래를 함에 있어서 담보를 제공하거나 보증을 하는 경우에 신고하여야 합니까?

A. 거주자가 비거주자와 물품의 수출, 수입 또는 용역거래 등과 같은 경상거래를 함에 있어서, 거주자가 본인의 국내 부동산을 비거주자에게 담보로 제공하는 경우에는 비거주자의 국내부동산에 대한 담보권 취득에 해당되어 비거주자가 외국환은행에 신고하여야 함.
- 그러나 부동산 이외의 재산을 담보로 제공하는 경우에는 신고없이도 담보제공이 가능함. 한편 경상거래를 위해 거주자가 비거주자와 보증계약을 하는 경우에는 신고 없이 가능함.

Q. 거주자와 비거주자간 자본거래에서 발생한 손해에 대해 거주자가 거래 상대방에게 책임을 부과하지 않는 면책 조항을 포함하는 보증계약도 신고사항인지?

A. 일반적으로 면책조항(Indemnity)은 거주자가 손해를 입은 경우 면책받는 자에게 손해배상을 청구하지 않는다는 의미로서, 동 항목이 포함된 계약은 보증유사계약으로 기타자본거래에 해당되어 한국은행 신고사항임.

또한, 연간 입금액 또는 연말 잔액이 미화 50만불을 초과하는 법인 및 동 금액이 10만불을 초과하는 개인은 다음 연도 첫째달 말일까지 지정거래외국환은행을 경유하여 잔액현황보고서를 한국은행총재에게 제출하여야 함(외국환거래규정 제7-12조 제2항).

Q. 건설사업의 국제입찰을 위하여 입찰보증(보증금 예치 또는 담보제공)을 하는 경우 신고가 필요한가요?

A. 거주자가 비거주자와 해외건설 및 용역사업, 물품 수출입 거래를 함에 있어 당해 비거주자(입찰 대행기관 및 수입 대행기관을 포함)와 보증 등을 하는 경우는 채무보증의 신고예외 사유에 해당되어 별도의 신고를 요하지 않음(외국환거래규정 제7-17조 제11호).

* 비거주자에게 보증 또는 담보를 제공하거나 비거주자로부터 보증 또는 담보를 제공받는 경우

유권해석 사례 1

국제 입찰 보증을 해외금융기관에 의뢰한 경우 채무보증계약 신고 비대상(기획재정부)

1. **사실관계**

   거주자인 A가 해외건설 입찰을 위해 발주처인 B에게 공사이행 보증서를 제출해야 하는 경우, A는 B에 대한 보증서 발급을 해외의 금융기관(은행 혹은 보험사) C에게 의뢰하게 됨.

2. **질의**

   이때 A와 C간에 보증서 발급 계약을 체결함에 있어 채무 이행상황 발생시 B에 대한 채무부담은 C가 먼저 이행하고 C가 이행한 채무를 다시 A가 부담하도록 명시한다면 외국환거래규정 제7-17조 제7호에 의거 채무의 보증신고 예외가 되는지 여부

3. **답변**

   거주자(A)가 해외건설 등 외화획득을 위한 국제입찰 또는 계약과 관련한 입찰보증 등을 위하여 비거주자(C)로 하여금 보증금 지급에 갈음하는 보증을 하도록 하고 입찰보증 등을 하는 비거주자가 부담하는 채무의 이행을 위해 당해 거주자(A)가 보증 또는 부담하는 계약을 체결하는 경우에는 외국환거래규정 제7-17조 제7호에 의거 채무의 보증계약 신고는 요하지 않음.

(4) 현지금융거래에 대한 실무사례 및 판례

〔표 62〕 현지금융거래에 대한 실무 사례 및 판례

실무 사례 및 판례	내용	신고의무
현지법인의 현지 금융거래	거주자인 국내기업 A사는 현지법인 B사를 설립하였음. B사가 현지 사업에 활용하기 위하여 현지금융기관으로부터 대출을 받으면서 국내 기업 A사가 담보나 지급보증을 제공하지는 않음.	없음
현지법인을 위한 이행보증거래	거주자인 국내기업 A사는 현지법인 B사를 설립하였음. B사가 현지에서 입찰에 참가하기 위하여 국내기업 A사가 B사를 위한 이행보증서를 제출함.	한국은행총재에게 신고

● 한국은행 질의응답 사례

현지금융 관련

〈질의〉

태국에 있는 국내 어느 거주자의 현지법인의 현지금융을 위하여 국내 은행의 p-bond로 standby-L/C를 발급하고자 준비 중이나 해당 현지법인이 정상적인 해외투자절차를 거치치 않아(신고를 하지 않았던 것으로 판단됨) 외국환거래규정에 현지금융에 해당될 수 없는 것으로 사료됩니다. 해당 은행에서는 위의 사유로 보증관련 한 신고를 외국환은행이 아닌 한국은행 신고사항이라며 현시점에서는 보증서 발급을 거절하고 있고 관련 근거는 제7-19조를 이야기하고 있습니다. 제2-8조 제3항에 인정된 거래에 관하여 보증을 하는 경우에는 신고 예외 사항이라는 조항도 있는데 이 경우 어떠한 규정을 적용하는 것이 올바른 것인지요?

1. 국내 어느 거주자의 자금으로 태국에 해외현지법인을 설립
2. 해외투자 신고절차를 거치지 않았으며 자금이 어떠한 경위로 태국으로 가게 되었는지는 확인불가

이처럼 현지금융의 조항에서 예외가 된다면 보증서 발급이 어려운가요? 한국은행으로 신고 요청한다면 상기의 경우는 불가능한 것인지 명확한 답을 원합니다.

〈회신〉

거주자(개인 제외)의 현지법인이 현지금융을 받고자 하는 경우 중에서 외국환은행의 보증이 있는 경우에는 외국환거래규정 제8-2조 제1항 제2호 가목에 따라 지정거래외국환은행의 장에게 신고하여야 합니다. 만일 거주자 개인의 현지법인인 경우 외국환은행의 보증과 관련하여 동 규정 제2-8조가 적용됩니다.

당초 현지법인 설치 시 필요한 해외직접투자 신고를 거치지 않은 경우 관련 사실을 제재기

관의 장에게 보고하고 필요한 신고절차를 완료한 후 이후에 현지금융 관련 신고를 하시기 바랍니다.

차입금에 대한 담보제공신고 후 차입금 단순만기연장 시 재신고 여부

〈질의〉

당사의 현지법인은 한국계은행의 해외지점으로부터 현지금융을 조달하고, 한국본사는 동 차입에 대해 예금을 담보로 제공하였습니다.

이에 대해 한국본사는 '담보제공신고서'를 외국환은행에 제출하였습니다.

이와 관련하여 외국환거래법 제3조(정의), 동법 제18조(자본거래의 신고), 동법 시행령 제9조(자본거래), 외국환거래규정 제8-2조(신고 등)에서는 발생·변경·소멸에 대해서 신고하도록 정하고 있는 것으로 알고 있습니다.

당사는 신고서의 담보제공기한을 '관련 현지금융 전액 상환 시까지'로 기재하였는바, 동 차입금의 약정 연장의 경우에는 기 신고내용에 어떠한 변경도 없으므로 신고대상이 아닌 것으로 이해하였지만, 은행측은 기존 신고서와 내용에 변경이 없더라도 차입약정이 연장되었을 경우에는 재신고를 하여야 한다는 입장입니다.

이에 다음의 사항에 대해 문의 드립니다.

(1) 담보제공신고의 내용변경이 전혀 없이 기존차입금이 단순만기연장 될 경우에도 법규상 발생·변경·소멸에 해당되어 재신고를 해야 하는지요?

(2) 만약 재신고를 해야 하는 상황이라면, 기존 담보제공신고를 소멸신고를 해야 하는지요?

상기 사항에 대해 어떻게 해야 하는지 설명 바랍니다.

〈회신〉

1. 지정거래외국환은행은 담보제공신고에 따라 차입한 자금에 대한 사용 및 차입원리금의 정당한 상환 여부에 대한 사후관리 의무가 있습니다(외국환거래규정 제8-2조 제3항). 차입금의 만기연장에 대한 신고는 지정거래외국환은행의 사후관리를 위해서 필요한 조치이며, 변경신고의 의무가 있다고 판단됩니다(동 규정 제8-2조 제4항).

2. 신고절차에 대한 실무적인 내용은 소관기관인 지정거래외국환은행에 문의하시기 바랍니다.

Q. 거주자가 비거주자로부터 원화차입이 가능합니까?

A. 거주자가 비거주자로부터 원화자금을 차입할 수 있는 경우는 비거주자의 비거주자자유원계정에 예치된 원화자금에 한하여 차입할 수 있음. 이 경우 기획재정부장관에게 신고하여야 함. 다만, 국민인 거주자와 국민인 비거주자간에 국내에서 원화로 표시되고 원화로 지급되는 금전의 대차계약을 하는 경우에는 허가 및 신고를 요하지 않는 사항으로 자유롭게 할 수 있음.

Q. 비영리법인이나 개인도 해외차입을 할 수 있는지?

A. 거주자가 비거주자로부터 원화자금을 차입할 수 있는 경우는 비거주자의 비거주자자유원계정에 예치된 원화 자금에 한하여 차입할 수 있음. 이 경우 기획재정부에게 신고하여야 함. 차입금액 및 용도에 대한 제한은 없으나 다른 거주자의 보증 또는 담보를 제공받아 차입하고자 하는 경우 보증 또는 담보제공에 대한 신고가 필요하지 않으나 차입자 자신이 담보를 제공할 경우는 담보제공행위도 한국은행총재 신고대상임. 한편 국민인 비거주자를 제외한 비거주자로부터 원화자금(비거주자자유원계정에 예치된 내국지급수단)을 차입하는 경우에는 기획재정부에 신고를 하여야 함.

Q. 거주자들간의 외화표시 금전대차계약을 신고없이 할 수 있나요?

A. 일반적으로 거주자와 비거주자간의 금전대차계약의 경우에는 외국환은행이나 한국은행에 대한 신고 절차가 필요하나 거주자들 간의 외화표시 금전대차계약은 외국환거래법령상 별다른 신고 없이 할 수 있음.
즉 외국환은행이 거주자에게 외화대출을 할 경우에는 신고를 요하지 않으며, 외국환은행이 아닌 거주자간의 외화표시 금전대차계약도 신고를 요하지 않음.

Q. 거주자가 비거주자에게 국내에서 신주인수권부사채를 사모로 발행하고 이를 비거주자가 인수하고자 하는 경우 신고사항은 무엇인지요?

A. 거주자가 비거주자에게 국내에서 외화증권을 사모로 발행하고자 하는 경우에도 거주자가 외국에서 외화증권을 발행하는 것과 마찬가지로 외화자금의 차입절차를 따라야 함. 따라서 증권 발행자는 지정거래외국환은행장에게 신고를 하여야 하며 외화증권 발행금액이 미화 3천만 달러(신고시점부터 과거 1년간의 누적금액 포함)를 초과하는 경우에는 지정거래외국환은행을 경유하여 기획재정부장관에게 신고하여야 함.

Q. 거주자가 외국부동산 취득시 해외에서 모기지론을 받는 경우 신고가 필요한가요?

A. 거주자가 외국부동산취득절차(외국환거래규정 제9-39조 제2항)에 따라 외국환은행에서 신고수

리를 받고 외국부동산을 취득하면서 소요자금에 충당하기 위해 취득부동산을 담보로 비거주자
로부터 외화자금을 차입하는 경우에는 별도의 금전대차 신고는 요하지 않음(외국환거래규정 제7
−13조 제7항).

Q. 거주자가 비거주자로부터 차입한 외화자금을 국내로 반입하지 아니하고 해외에서 예
금할 수 있나요?

A. 외화를 차입한 거주자는 조달한 외화자금을 지정거래외국환은행에 개설된 거주자계정에 예치
한 후 신고시 명기한 용도로 사용하여야 함. 해외부동산 취득자금에 충당하기 위해 취득부동산
을 담보로 한 외화차입은 제외
  - 다만, 경상거래대금의 대외지급, 해외직접투자를 위해 조달한 자금은 국내에 본점을 둔 외국
    환은행의 해외지점, 현지법인 또는 외국 금융기관에 예치후 지급하거나 비거주자에게 직접
    지급할 수 있으며, 외화증권발행에 의하여 조달한 자금은 국내에 본점을 둔 외국환은행의
    해외지점, 현지법인에 예치할 수 있음(외국환거래규정 제7−14조 제7항). 그러나 이 경우에도
    동 해외예금계정의 예치, 인출 및 상환 상황을 지정거래외국환은행에 보고하여야 함(외국환
    거래규정 제7−14조 제8항).

유권해석 사례 1

**다국적 기업간 상호계산 방식에 의한 운영자금의 이전시 자본거래(금전대차거래) 해당
여부(기획재정부 외환제도과−442, 2013.9.6.)**

1. 질의내용

◆ 사실관계

〈기본 거래관계〉

ㅇ 다국적기업 C는 국내에 거주자(대만에 비거주자) 등 설치·운영
  - A는 B를 대신하여 국내 유지·보수 용역 수행 및 수리용 부품 구입

〈계약의 주요 내용〉
- C는 전체 관계사 간 채권·채무의 정산 및 결제 절차의 운영을 책임지며, 이와 관련하여
  그룹내 은행의 역할 수행

- C
  - 관계사 간 상호계산 계정(Finance Current Account, FCA) 운영
  - 매월의 정산 절차 결과 잔액은 FCA 계정에 대체되어 채권 또는 채무로 가장
  - FCA 계정 잔액에 대하여 그룹이자 정책에 의해 매월 이자 계산

> • 정산 및 결제 절차
>   - 각 관계사는 매월 말 거래처별 상호계산 계정(Business Current Account, BCA) 잔액
>   산출
>   - 각 관계사는 월말 BCA 계정 잔액을 C에 이전(Clearing, 정산)
>   - C는 이전받은 각 관계사의 순잔액(net amount)을 FCA 계정에서 인출(차감 기장) 또
>   는 입금(가산 기장) (Settlement, 결제)
>
> • 각 관계사는 내부적으로 FCA 계정에서의 신용한도를 부여받음.
>   - 월별 대출총액 한도는 C와 각 관계사 간 합의에 의해 정함.

  - B는 모회사 C로부터 물품을 구입, 아시아지역 소비자 및 관계사에 공급
  - C는 물품 생산·공급 총괄 관계회사 채권·채무를 일정기간 경과 후 서로 상계하고 차
    액 관리하는 은행(In-house Bank)의 역할 수행

○ A는 관계사간 채권·채무 정산을 위해 외국환은행에 상호계산계정 신고, 운영
  - 관계사간 Clearing & Settlement Agreement(정산 및 결제협약, 2008.10) 체결

○ 매월 그룹내 상호계산 결산 실시→반기 1회 외국환은행 상호계산 결산 보고
  - 월중 발생 채권·채무는 월말에 거래처별 상호계산 계정(BCA) 거쳐 정산계정(Clearing
    Accoung)에 집중, 전체 거래처간 상호계산 이루어짐.
  - 상호계산 차액은 모회사와의 상호계산 계정(FCA)으로 대체, 기 발생된 계정 잔액과 합
    산관리, FCA 계정에 대체되는 때로부터 이자 계산
    ※ 이때, 월주기 상호계산 결산 절차 외 별도의 회계처리 없음

〈본건 사실관계〉
○ A는 당월 상호계산 결산(상호계산 잔액은 채무상태)이 있기 전 상호계산 차액 명목으로
  국세 납부등 회사 운영자금으로 사용하기 위해 C로부터 자금 수취(채무증가)
○ 증가된 채무는 차후 상호계산 결산 결과 발생되는 A의 채권 또는 A의 현금 지급에 의해
  소멸, 소멸되는 때까지 지급이자 발생

◆ 쟁점
○ 상호계산 방법으로 관계사간 채권·채무를 정산하는 거주자 A가, 회계상 모회사 C에 대한
  상호계산 잔액이 채무인 상태에서 C로부터 자금을 수취하고 이에 따라 채무를 증가시킨
  행위가 외국환거래법 제3조 제1항 제19호 가목의 금전대차계약에 따른 채권의 발생에 관한
  거래 해당 여부

2. 회신내용

◆ 결론

  ○ 자본거래 신고대상

◆ 이유

  ○ 동 거래는 거주자 A와 비거주자 B간 거래에서 발생한 B의 채무를 비거주자 C에게 이전
    후 A와 C간의 상호계산계정을 통해 '국세납부 등 회사 운영자금 목적'으로 비거주자 C로부
    터 자금을 수취(채무증가)하고 이자를 지급한 행위는 거주자의 비거주자로부터의 차입에
    해당하는 자본거래임.

참고판례

4-4. 중계무역을 가장한 금전대차거래

(대법원 2010.5.27. 선고 2009도4311 판결[외국환거래법 위반])

[판시사항]

외관상으로만 중계무역 형식을 취하고 있을 뿐 실질적으로는 자본거래에 해당하는 경우에
도 구 외국환거래법 제18조 제1항 본문의 '신고의무'의 대상이 되고, 위 거래과정에서 신
용장이 개설되고 외화 차입금이 지정 거래은행에 입금되었다고 하여 이와 달리 볼 수 없
다는 이유로, 위 법 위반의 각 범죄사실을 유죄로 인정한 원심판단을 수긍한 사례

[원심판결] 인천지법 2009.5.6. 선고 2009노275 판결

[주 문]

상고를 모두 기각한다.

[이 유]

상고이유를 판단한다.

원심은, 피고인 1이 지정거래 외국환은행의 장에게 신고를 하지 아니하고 2005.12.21.부
터 2007.12.18까지 6회에 걸쳐, 사실은 피고인 회사가 싱가포르 소재 ○○사로부터 달러
화 및 유로화를 차입하는 것임에도 형식적으로는 위 회사에 콩을 수출하고 그 대금을 수
령하는 것처럼 처리하여 위 회사로부터 판시 기재 선이자를 공제한 달러화와 유로화를 피
고인 회사 명의의 계좌로 입금받은 사실을 인정한 다음, 이와 같이 외관상으로만 중계무역
형식을 취하고 있을 뿐 실질적으로는 자본거래에 해당하는 경우에도 구 외국환거래법

(2008.2.29. 법률 제8863호로 개정되기 전의 것) 제18조 제1항 본문의 '신고의무'의 대상이 된다고 할 것이고, 비록 위 거래과정에서 신용장이 개설되고 외화 차입금이 지정 거래은행에 입금되었다고 하더라도 이를 들어 지정거래 외국환은행의 장에게 신고된 것과 동일시하거나 신고의무가 면제된 것으로 볼 수 없다는 이유를 들어, 판시 각 범죄사실을 유죄로 인정한 제1심판결의 결론을 그대로 유지하였다.

관계 법령과 기록에 비추어 살펴보면, 원심의 사실인정 및 판단은 정당하여 수긍이 가고, 거기에 상고이유로 주장하는 바와 같은 채증법칙 위반, 법리오해 등의 위법이 없다.

그러므로 상고를 모두 기각하기로 하여 관여 대법관의 일치된 의견으로 주문과 같이 판결한다.

대법관   신영철(재판장) 박시환 안대희(주심) 차한성

4-5. 금전대차계약 성립의 판단기준

(대법원 2010.5.27. 선고 2007도10056 판결[외국환거래법 위반])

[판시사항]

[1] '수출입거래를 가장한 신용장 개설 방법에 의한 사기죄'와 '분식회계에 의한 재무제표 등을 이용한 신용장 개설 방법에 의한 사기죄'의 죄수 관계

[2] 사기행위로 은행들이 수회에 걸쳐 신용장을 개설하게 하여 각 신용장 대금 상당액의 지급보증을 받은 경우, 특정경제범죄 가중처벌 등에 관한 법률 제3조 제1항에서 정한 '이득액'의 산정 방법

[3] 구 외국환거래법 제18조 제2항 제2호에서 거주자와 비거주자 사이에 '금전의 대차계약'이 성립하였는지 여부의 판단 기준

[판결요지]

[1] 석유를 수입하는 것처럼 가장하여 신용장 개설은행들로 하여금 신용장을 개설하게 하고 신용장 대금 상당액의 지급을 보증하게 함으로써 동액 상당의 재산상 이익을 취득한 행위는 피해자들인 신용장 개설은행별로 각각 포괄하여 1죄가 성립하고, 분식회계에 의한 재무제표 및 감사보고서 등으로 은행으로 하여금 신용장을 개설하게 하여 신용장 대금 상당액의 지급을 보증하게 함으로써 동액 상당의 재산상 이익을 취득한 행위도 포괄하여 1죄가 성립한다고 할 것이나, 위와 같이 '가장거래에 의한 사기죄'와 '분식회계에 의한 사기죄'는 범행 방법이 동일하지 않아 그 피해자가 동일하더라도 포괄일죄가 성립한다고 할 수 없다.

[2] 갑 회사의 임원인 피고인들의 사기행위로 신용장 개설은행들이 수회에 걸쳐 신용장을 개설하여 갑 회사가 각 신용장 대금 상당액의 지급보증을 받음으로써 재산상 이익을 취득하였다면, 그 편취범행으로 취득한 재산상 이익의 가액으로 볼 수 있는 신용장 대금의 합계액이 특정경제범죄 가중처벌 등에 관한 법률 제3조 제1항이 정한 이득액이 되는 것이지, 갑 회사가 이후 신용장 대금을 결제하였다고 하여 그 결제한 대금을 공제하여 이득액을 산정해야 하는 것은 아니다.

[3] 구 외국환거래법(2008.2.29. 법률 제8863호로 개정되기 전의 것) 제18조 제2항 제2호에서 거주자와 비거주자 사이에 '금전의 대차계약'이 성립하였는지 여부는 계약의 형식이 아닌 계약의 내용으로 판단하여야 할 것인바, 거주자와 비거주자가 대차계약이 아닌 다른 계약의 형식을 빌렸다 하더라도 그 계약 내용이 일방이 금전을 대여하고 타방이 이를 반환하기로 하는 것이라면 이는 위 조항의 '금전의 대차계약'에 해당한다.

[**원심판결**] 광주고법 2007.11.9. 선고 (전주)2006노66 판결

[**주 문**]

원심판결 중 유죄 부분 및 외국환거래법 위반의 점에 대한 무죄 부분을 파기하고, 이 부분 사건을 광주고등법원에 환송한다. 검사의 나머지 상고를 기각한다.

[**이 유**]

상고이유를 본다.

1. 피고인들의 상고이유에 대한 판단

　가. 허위 신용장 개설로 인한 특정경제범죄 가중처벌 등에 관한 법률 위반(사기)의 점에 관하여

　　원심이 적법하게 조사한 증거 등에 비추어 원심판결을 살펴보면, 원심이 그 판시와 같은 이유를 들어 피고인들이 마치 공소외 주식회사가 석유를 수입하는 것처럼 가장하여 신용장 개설을 의뢰함으로써 신용장 개설은행들을 기망한 행위와 신용장 개설은행들이 신용장을 개설하여 공소외 주식회사의 수입대금을 지급 보증한 행위 사이에 인과관계가 인정된다고 판단한 것과, 신용장 개설은행인 농업협동조합 함열지점의 담당직원들이 공소외 주식회사의 신용장거래가 실제 거래 없이 자금융통을 목적으로 이루어진 것이라는 사실을 알았다고 보기 어렵다고 판단한 조치는 정당한 것으로 수긍할 수 있고, 거기에 상고이유에서 주장하는 바와 같은 신용장의 독립성·추상성 원칙과 LOI(Letter of Indemnity, 파손화물보상장) 조건부 신용장에 관한

법리오해 및 사기죄의 기망행위와 처분행위 사이의 인과관계에 관한 법리오해, 채증법칙 위반 등의 위법이 없다.

나. 회계분식으로 인한 특정경제범죄 가중처벌 등에 관한 법률 위반(사기)의 점에 관하여 원심이 그 판시와 같은 이유를 들어 신용장 개설은행들이 공소외 주식회사의 자금 사정이 어려워졌다는 사실을 이미 알고 있었다고 볼 수 없다는 이유로 회계분식과 신용장 개설행위 사이에 인과관계가 없다는 피고인들의 주장을 배척한 것도 기록에 비추어 정당하고, 거기에 상고이유에서 주장하는 바와 같은 사기죄의 인과관계에 관한 법리오해, 채증법칙 위반 등의 위법이 없다.

다. 죄수와 이득액에 관하여

사기죄에 있어서 동일한 피해자에 대하여 수회에 걸쳐 기망행위를 하여 금원을 편취한 경우, 그 범의가 단일하고 범행 방법이 동일하다면 사기죄의 포괄일죄만이 성립한다(대법원 2006.2.23. 선고 2005도8645 판결 등 참조).

한편, 사기죄는 기망으로 인한 재물의 교부가 있으면 바로 성립하고, 특정경제범죄 가중처벌 등에 관한 법률 제3조 제1항이 정한 '이득액'이란 거기에 열거된 범죄행위로 인하여 취득하거나 제3자로 하여금 취득하게 한 불법영득의 대상이 된 재물 또는 재산상 이익의 가액이지, 궁극적으로 실현된 이익의 가액이 아니다(대법원 2006.5.26. 선고 2006도1614 판결 등 참조).

위와 같은 법리에 비추어 보면, 피고인들이 공소외 주식회사가 석유를 수입하는 것처럼 가장하여 신용장 개설은행의 직원들을 기망하여 신용장 개설은행들로 하여금 신용장을 개설하게 하고 신용장 대금 상당액의 지급을 보증하게 함으로써 동액 상당의 재산상 이익을 취득한 행위는 피해자들인 신용장 개설은행별로 각각 포괄하여 1죄가 성립하고, 분식회계에 의한 재무제표 및 감사보고서 등으로 농업협동조합 함열지점의 직원들을 기망하여 위 농협으로 하여금 신용장을 개설하게 하여 신용장 대금 상당액의 지급을 보증하게 함으로써 동액 상당의 재산상 이익을 취득한 행위도 포괄하여 1죄가 성립한다고 할 것이나, 위와 같이 가장거래에 의한 사기죄와 분식회계에 의한 사기죄는 범행 방법이 동일하지 않아 그 피해자가 동일하더라도 포괄일죄가 성립한다고 할 수 없다.

또한, 피고인들의 사기행위로 신용장 개설은행들이 수회에 걸쳐 신용장을 개설하여 공소외 주식회사가 각 신용장 대금 상당액의 지급보증을 받음으로써 재산상 이익을 취득하였다면, 그 편취범행으로 취득한 재산상 이익의 가액으로 볼 수 있는 신용장 대금의 합계액이 특정경제범죄 가중처벌 등에 관한 법률 제3조 제1항이 정한 이득액이 되는 것이지, 공소외 주식회사가 이후 신용장 대금을 결제하였다고 하여 그 결제한 대금을 공제하여 이득액을 산정해야 하는 것은 아니다.

같은 취지의 원심의 판단은 정당하고, 거기에 상고이유에서 주장하는 것과 같은 포괄일죄에 관한 법리오해, 특정경제범죄 가중처벌 등에 관한 법률 제3조 제1항 소정의 이득액에 관한 법리오해 등의 위법이 없다.

2. 검사의 상고이유에 대한 판단

가. 외국환거래법 위반의 점에 관하여

구 외국환거래법(2008.2.29. 법률 제8863호로 개정되기 전의 것, 이하 같다) 제27조 제1항 제10호는 제18조 제2항에 의한 허가를 받지 아니하고 자본거래를 한 자를 처벌하도록 규정하고 있고, 제18조 제2항 제2호는 거주자와 비거주자 간의 금전의 대차계약에 따른 채권의 발생·변경·소멸에 관한 거래를 하고자 하는 자는 재정경제부장관의 허가를 받도록 규정하고 있다. 여기서 거주자와 비거주자 사이에 '금전의 대차계약'이 성립하였는지 여부는 계약의 형식이 아닌 계약의 내용으로 판단하여야 할 것인바, 거주자와 비거주자가 대차계약이 아닌 다른 계약의 형식을 빌렸다 하더라도 그 계약 내용이 일방이 금전을 대여하고 타방이 이를 반환하기로 하는 것이라면 이는 구 외국환거래법 제18조 제2항 소정의 '금전의 대차계약'에 해당한다고 할 것이다.

원심판결 이유 및 원심이 적법하게 채택한 증거에 의하면, 피고인들은 외국회사와 사이에 공소외 주식회사가 외국회사로부터 실제 수입하지 않은 석유를 수입하고 이를 다시 수출하는 것처럼 중계무역을 가장하여 가공의 신용장을 개설한 다음 신용장거래 방식을 이용하여 자금을 차입하기로 한 사실, 이에 따라 피고인들은 공소외 주식회사가 외국회사로부터 실제 수입하지 않은 석유를 수입하고 이를 다시 수출하는 것처럼 관련 서류를 작성하여 공소외 주식회사의 거래 국내 금융기관인 농업협동조합 함열지점, 한국산업은행, 국민은행, 신한은행 등으로 하여금 외국회사를 수익자로 한 수입신용장을 개설하게 하여 외국회사에 이를 송부하였고, 외국회사 역시 자신의 거래 외국 금융기관으로 하여금 공소외 주식회사를 수익자로 한 수출신용장을 개설하게 하여 공소외 주식회사에 이를 송부한 사실, 공소외 주식회사는 송부받은 수출신용장을 국내 금융기관인 농업협동조합 함열지점에 매입의뢰하여 위 농협으로부터 수출신용장 대금을 지급받음으로써 자금을 차입하였고, 수출신용장의 개설의뢰인인 외국회사는 위 수출신용장 대금을 정상적으로 결제하여 위 농협이 그 지급한 수출신용장 대금을 상환받은 사실, 한편, 수입신용장을 송부받은 외국회사는 공소외 주식회사와의 약정에 따라 송부일로부터 3개월여 후에 외국 금융기관에 매입을 의뢰하여 외국 금융기관으로부터 수입신용장 대금을 지급받았는데, 공소외 주식회사는 위 수입신용장 대금을 결제함으로써 앞서 차입한 자금을 상환하는 한편, 외국회사가 매입의뢰를 연기해 준 데 대한 대가로 이자 명목의 금원을 외국회사에 지급한 사실(수입처인 외국회사와 수출처인 외국회사가 다른 이른바 삼자간 무역 거래의 경우에는 수출처인 외국회사가 수출신용장 대금을 결제하기 위하여 부담하였던 자금을 수입처인 외국회사로부터 회수하고, 수입처인 외국회사가 이를 공소외 주식회사로부터 상환받는 구조를 취함), 이와 같은 방식에 의한 공소외 주식회사의 자금 차입 및 상환은 별지 [범죄일람표(2)] 기재와 같이 수십 차례에 걸쳐 이루어진 사실을 알 수 있다.

위 인정 사실과 같이, **공소외 주식회사의 자금 차입 및 상환이 모두 국내 금융기관에서 이루어지기는 했지만, 공소외 주식회사가 국내 금융기관으로부터 지급받은 수출신용장 대금은 결국 그 개설의뢰인인 외국회사의 부담으로 제공된 것이고, 공소외 주식회사가 외국회사를 위하여 개설하여 준 수입신용장은 외국회사에 대하여 자금 회수의 담보적 기능을 수행한 점, 공소외 주식회사가 외국회사에 지급한 이자 명목의 금원은 공소외 주식회사가 수출신용장 대금을 지급받아 자금을 차입하고 그 차입금을 상당 기간이 경과한 후에 상환한 데 따른 대가로 지급된 것으로서 금전대차의 대가로 볼 수 있는 점, 국내 금융기관은 수입신용장의 개설은행으로서 그 대금의 지급을 보증한 것에 불과한 점, 이 사건 자금의 차입에 따른 실질적·최종적인 정산은 공소외 주식회사와 외국회사 사이에서 이루어지는 것으로 이는 이들 사이의 약정에 따른 것인 점 등을 종합하여 보면, 공소외 주식회사는 비록 중계무역 및 신용장거래의 형식을 취하기는 하였지만 실질적으로는 외국회사로부터 자금을 차용하고 이를 3개월여 후에 변제하기로 한 것으로서 공소외 주식회사와 외국회사 사이에는 금전의 대차관계가 존재하고, 따라서 이 사건 자금의 차입 및 상환은 거주자인 공소외 주식회사와 비거주자인 외국회사 사이의 금전 대차계약에 따른 거래에 해당하여 구 외국환거래법 제18조 제2항의 규제 대상이 된다고 할 것이다.**

이와 달리, 공소외 주식회사가 국내 개설은행으로부터 자금을 차용하고 그 자금을 상환한 것으로 보아 거주자와 비거주자 간의 금전의 대차계약에 따른 거래에 해당하지 않는다고 한 원심의 판단에는 구 외국환거래법상 금전의 대차계약에 관한 법리를 오해한 위법이 있고, 이는 판결 결과에 영향을 미쳤음이 분명하다. 이 점을 지적하는 상고이유는 이유 있다.

나. 회계분식으로 인한 특정경제범죄 가중처벌 등에 관한 법률 위반(사기)의 점에 관하여 원심이 적법하게 조사한 증거 등에 비추어 원심판결을 살펴보면, 원심이 그 판시와 같은 이유로 한국산업은행이 허위 작성된 2003회계연도 재무제표 등에 기망당하여 신용장을 개설한 것이 아니라고 판단한 것은 정당한 것으로 수긍할 수 있고, 거기에 상고이유에서 주장하는 바와 같은 특정경제범죄 가중처벌 등에 관한 법률에 관한 법리오해, 채증법칙 위반 등의 위법이 없다.

3. 결론

그러므로 원심판결 중 외국환거래법 위반의 점에 대한 무죄 부분은 파기되어야 하는데 원심판결 중 유죄 부분은 위 파기 부분과 형법 제37조 전단의 경합범 관계에 있어 하나의 형이 선고되어야 하므로 함께 파기될 수밖에 없어 원심판결 중 유죄 부분과 외국환거래법 위반의 점에 대한 무죄 부분을 파기하고, 이 부분 사건을 다시 심리·판단하게 하기 위하여 원심법원에 환송하며, 검사의 나머지 상고를 기각하기로 하여 관여 대법관의 일치된 의견으로 주문과 같이 판결한다.

대법관   양승태(재판장) 김지형 전수안(주심) 양창수

4-6. 금전대차행위의 판단기준

(대법원 2004.4.23. 선고 2002도2518 판결[외국환관리법 위반])

[판시사항]

[1] 도박죄를 처벌하지 않는 외국 카지노에서의 도박행위의 위법성 여부(적극)

[2] 구 외국환관리법 제21조 제1항 제1호에 규정한 '금전의 대차'에 해당하는지의 판단기준

[3] 외국 호텔의 카지노에서 신용으로 도박을 하기 위하여 호텔로부터 현금 대신 '칩'을 교부받은 행위가 구 외국환관리법에 규정한 금전의 대차에 해당한다고 한 사례

[판결요지]

[1] 형법 제3조는 "본법은 대한민국 영역 외에서 죄를 범한 내국인에게 적용한다."고 하여 형법의 적용 범위에 관한 속인주의를 규정하고 있고, 또한 국가 정책적 견지에서 도박죄의 보호법익보다 좀 더 높은 국가이익을 위하여 예외적으로 내국인의 출입을 허용하는 폐광지역개발지원에관한특별법 등에 따라 카지노에 출입하는 것은 법령에 의한 행위로 위법성이 조각된다고 할 것이나, 도박죄를 처벌하지 않는 외국 카지노에서의 도박이라는 사정만으로 그 위법성이 조각된다고 할 수 없다.

[2] 구 외국환관리법(1998.9.16. 법률 제5550호 외국환거래법 부칙 제3조로 폐지) 제21조 제1항 제1호에 규정한 '금전의 대차'에 해당하는지를 판단함에 있어서는 당사자가 현실적으로 교부받은 물건의 종류만에 의하여 결정할 것이 아니라 당사자의 의사 등까지도 종합하여 판단하여야 한다.

[3] 외국 호텔의 카지노에서 신용으로 도박을 하기 위하여 호텔로부터 현금 대신 '칩'을 교부받은 것이 실질적으로는 금전을 차용하고, 그 금전에 갈음하여 '칩'을 받거나, 차용한 금전을 '칩'으로 교환하여 받은 것으로서 구 외국환관리법(1998.9.16. 법률 제5550호 외국환거래법 부칙 제3조로 폐지)에 규정한 금전의 대차에 해당한다고 한 사례.

[**원심판결**] 서울지법 2002.5.1. 선고 98노491 판결

[**주 문**]

원심판결을 파기하고, 사건을 서울중앙지방법원 합의부로 환송한다.

[**이 유**]

1. 피고인의 상고이유에 대한 판단

　가. 외국환관리법 위반의 부분에 관하여

　(1) 원심은, 그 채용 증거들을 종합하여 피고인이 재정경제원장관의 허가를 받지 아니하고, 미국에서 최로라로부터 1997.3.15.경과 1997.3.19. 각 2만 달러씩 합계 4만 달러를 차용함으로써 거주자와 비거주자 사이의 금전의 대차계약에 따른 채권의 발생에 관한 거래의 당사자가 되었다고 판단하여 이 부분 공소사실을 유죄로 인정하였는바, 기록에 비추어 살펴보면, 원심의 증거의 취사선택과 사실인정은 정당하고, 거기에 심리를 다하지 아니하거나 증거의 취사선택을 잘못하여 사실을 오인한 위법이 있다고 할 수 없다.

　(2) 기록에 의하면, 외국환관리법 위반의 공소사실 중 피고인이 공소외 최로라로부터 1997.3.14.경 8만 4천 달러를 빌렸다는 범죄사실과 원심에서 그 중 1997.3.15.경과 1997.3.19.경 각 2만 달러씩을 빌렸다고 인정한 범죄사실은 일시만 약간 달리할 뿐 기본적 사실관계가 동일하고, 그 심리과정에 비추어 피고인의 방어권 행사에 실질적 불이익을 초래할 염려가 없어 공소장변경 없이도 이를 유죄로 인정할 수 있다 할 것이므로, 원심이 공소장변경 없이 이를 유죄로 인정한 것은 옳고, 거기에 상고이유로 든 주장과 같은 잘못은 없다.

　나. 카지노에서의 도박에 대한 위법성에 관하여

형법 제3조는 "본법은 대한민국 영역 외에서 죄를 범한 내국인에게 적용한다."고 하여 형법의 적용 범위에 관한 속인주의를 규정하고 있고, 또한 국가 정책적 견지에서 도박죄의 보호법익보다 좀 더 높은 국가이익을 위하여 예외적으로 내국인의 출입을 허용하는 폐광지역개발지원에관한특별법 등에 따라 카지노에 출입하는 것은 법령에 의한 행위로 위법성이 조각된다고 할 것이나, 도박죄를 처벌하지 않는 외국 카지노에서의 도박이라는 사정만으로 그 위법성이 조각된다고 할 수 없으므로 , 원심이, 피고인이 상습으로 1996.9.19.부터 1997.8.25.경까지 사이에 판시와 같이 미국의 네바다주에 있는 미라지호텔 카지노에서 도박하였다는 공소사실에 대하여 유죄를 인정한 것도 정당하고, 거기에 상고이유로 주장하는 바와 같이 도박죄의 위법성조각에 관한 법리오해 등의 위법이 있다고 할 수 없다.

2. 검사의 상고이유에 대한 판단

금전의 대차로 인한 외국환관리법 위반의 공소사실 중 무죄 부분에 관하여

  가. 구 외국환관리법(1998.9.16. 법률 제5550호 외국환거래법 부칙 제3조로 폐지됨, 이하 같음) 제30조 제1항 제9호는 제21조 제2항의 규정에 의한 허가를 받지 아니하고, 자본거래를 한 자를 처벌하고, 제21조 제2항은 같은 조 제1항 제1호에서 정한 거주자와 비거주자 간의 예금계약, 신탁계약, 금전의 대차계약, 채무의 보증계약 또는 대외지급수단이나 채권의 매매계약에 따른 채권의 발생·변경 또는 소멸에 관한 거래의 당사자가 되고자 하는 경우에는 재정경제원장관의 허가를 받도록 규정하고 있다.

  나. 원심은, 피고인이 별지(1) 범죄일람표 순번 4의 8만 4천 달러 중 4만 달러를 제외한 나머지 각 금액을 최로라나 정새미용으로부터 미국 화폐로 차용하였다는 외국환관리법 위반의 공소사실에 대하여, 이를 인정할 증거가 부족하고, 피고인은 최로라나 정새미용이 마케팅 책임자로 있는 호텔로부터 위 범죄일람표 기재 각 금액 상당의 '칩'을 차용하였다고 사실을 인정한 다음, '칩'을 차용한 것은 구 외국환관리법상 금전의 대차에 해당한다고 볼 수 없고, 이러한 행위가 <u>구 외국환관리법 제21조 제1항 제1호</u>의 다른 거래에 해당하지도 아니하므로, 피고인이 이에 관한 허가를 받지 아니하였다고 하더라도 이는 범죄로 되지 아니하거나 범죄사실의 증명이 없는 경우에 해당하여 무죄라고 판단하였다.

  다. 그러나 원심의 위와 같은 판단은 다음과 같은 이유에서 수긍하기 어렵다.

    <u>**구 외국환관리법 제21조 제1항 제1호에 규정한 '금전의 대차'에 해당하는지를 판단함에 있어서는 당사자가 현실적으로 교부받은 물건의 종류만에 의하여 결정할 것이 아니라 당사자의 의사 등까지도 종합하여 판단하여야 할 것이다.**</u>

기록에 비추어 살펴보면, 미라지호텔 등의 카지노에서 신용으로 도박을 하기 위하여는 미리 호텔과 차용 한도를 정하고, 그 한도 내에서 호텔로부터 현금 대신 '칩'을 받으면서 미화로 금액을 기재한 마커(marker)라는 것을 작성하여 호텔에 교부하고 이 '칩'을 이용하여 도박을 한다는 것이어서 '칩'은 카지노에서 도박을 함에 있어 현금 대신에 사용되는 증표이므로, 피고인이 호텔로부터 '칩'을 교부받는 것은 금전을 대차하고, 그 금전에 갈음하여 '칩'을 교부받는 것으로 보는 것이 당사자의 의사에도 맞고, 합리적인 해석이라고 할 것이다.

그렇다면 피고인의 행위를 단순히 카지노에서 사용되는 '칩'을 빌린 것으로 볼 것이 아니라, 실질적으로는 피고인이 위 호텔들로부터 금전을 차용하고, 그 금전에 갈음하여 '칩'을 받거나, 차용한 금전을 '칩'으로 교환하여 받은 것으로 보아야 할 것이다. 이와 달리 원심이, 피고인이 차용한 금전 대신에 현실적으로 교부받은 '칩'을 소비대차의 목적물로 단정하고, '칩'이 금전에 해당하지 않는다는 이유만으로 피고인의 행위가 구 외국환관리법에 규정한 금전의 대차에 해당하지 않는다고 판단한 것은 심리를 다하지 아니하였거나, 피고인과 위 호텔들 사이에 이루어진 거래의 의미를 오해하여 판결에 영향을 미친 잘못을 저지른 것이다.

검사의 이 부분에 관한 상고이유의 주장은 이유 있다.

3. 그러므로 원심판결의 무죄 부분은 검사의 나머지 상고이유를 판단할 필요 없이 파기되어야 할 것인바, 이 부분 범죄사실과 원심판결의 유죄 부분은 형법 제37조 전단의 경합범 관계에 있어 하나의 형이 선고되어야 할 것이므로 원심판결 전부를 파기하고, 사건을 다시 심리·판단하게 하기 위하여 원심법원에 환송하기로 하여 관여 대법관의 일치된 의견으로 주문과 같이 판결한다.

대법관   김용담(재판장) 배기원 이강국(주심)

(대법원 1999.12.21. 선고 99도2923 판결[외국환관리법 위반])

[판시사항]

구 외국환관리법 제21조 제1항 제1호 소정의 '대외지급수단의 매매계약'의 당사자가 된 것으로 기소되었으나, 심리한 결과 '달러'를 차용하는 내용의 금전대차계약만을 체결한 다음 그 가액 상당의 '칩'을 교부받은 사실만 인정되는 경우, 법원은 공소장변경 없이 같은 조 소정의 '금전의 대차계약'의 당사자로 된 것으로 인정할 수 있다고 한 사례

[판결요지]

구 외국환관리법 제21조 제1항 제1호 소정의 '대외지급수단의 매매계약'의 당사자가 된 것으로 기소되었으나, 심리한 결과 '달러'를 차용하는 내용의 금전대차계약만을 체결한 다음 그 가액 상당의 '칩'을 교부받은 사실만 인정되는 경우, 법원은 공소장변경 없이 같은 조 소정의 '금전의 대차계약'의 당사자로 된 것으로 인정할 수 있다고 한 사례.

[원심판결] 대구지법 1999.6.15. 선고 99노157 판결

[주 문]

상고를 기각한다.

[이 유]

상고이유를 본다.

1. 관계 증거를 기록에 비추어 살펴보면, 원심이, 구 외국환관리법(1999.4.1. 법률 제5550호 외국환거래법의 시행으로 폐지되기 전의 것, 이하 법이라고 한다) 제33조에 의한 추징이 문제가 된 이 사건 외국환관리법 위반의 범죄사실(원심이 인용한 제1심판결 판시 제1의 나항 각 범죄사실 및 제4의 나항 각 범죄사실)에 관하여, 피고인들이 허가를 받지 아니하고 법 제21조 소정의 자본거래의 당사자가 되어 취득한 것이 '달러'가 아닌 카지노에서 사용되는 '칩'이라고 인정한 조치는 수긍이 가고, 거기에 채증법칙 위배의 위법이 있다고 할 수 없다.

2. 원심판결 이유에 의하면, 원심은, 위 추징이 문제가 된 이 사건 외국환관리법 위반의 공소사실에 관하여, 피고인들이 일명 김 회장과 사이에 '달러'를 차용하는 내용의 금전대차계약만을 체결한 다음 김 회장으로부터 그 가액 상당의 '칩'을 교부받았다고 인정하고 있고(원심은 제1심판결을 파기하고 자판을 하면서 그 범죄사실을 판시함에 있어 이 부분 공소사실을 그대로 인정한 제1심판결 판시 범죄사실을 만연히 인용함으로써 피고인들이 '달러'를 교부받았거나 일부 대외지급수단의 매매계약의 당사자가 된 것으로 잘못 판시를 한 셈이 되나, 이는 원심의 위 사실인정에 비추어 착오에 기인한 것임이 명백하다), 피고인들이 이 부분 공소사실에 관하여 자신들은 금전대차계약의 당사자라고 주장하는 이 사건에 있어서, 이 부분 공소사실 중 피고인들이 법 제21조 제1항 제1호 소정의 '대외지급수단의 매매계약'의 당사자가 된 것이라고 기소된 공소사실{피고인 석광식에 대한 공소사실 나항 (1)의 (나) 및 피고인 2에 대한 공소사실 나항 (2)}에 대하여, 원심으로서는 공소장변경이 없이도 피고인들이 같은 조항 소정의 '금전의 대차

계약'의 당사자로 된 것이라고 인정할 수 있다고 할 것이므로, 원심판결에 상고이유로 지적하는 바와 같은 법리오해의 위법이 있다고 할 수 없다.

상고이유의 주장은 이유 없다.

그러므로 상고를 기각하기로 하여 관여 대법관의 일치된 의견으로 주문과 같이 판결한다.

대법관　유지담(재판장) 지창권 신성택(주심) 서성

4 대외지급수단 등 매매에 대한 신고 의무

국내기업(거주자)이 자신이 보유하고 있는 대외지급수단이나 채권을 다른 국내기업(거주자)에게 매매하는 경우에는 신고 예외거래를 제외하고는 한국은행총재에게 신고하여야 한다(정 7-20).

국내기업(거주자)이 자신이 보유하고 있는 대외지급수단이나 채권을 해외 기업(비거주자)에 매매하고자 하는 경우에도 신고 예외거래를 제외하고는 외국환은행의 장이나 한국은행총재에게 신고하여야 한다(정 7-21).

(1) 신고 예외 대외지급수단 등 매매거래

1) 신고예외 거주자 간 매매거래

거주자가 다른 거주자와 대외지급수단, 채권 기타의 매매 및 용역계약에 따른 외국통화로 표시되거나 지급을 받을 수 있는 채권의 발생 등에 관한 거래를 하고자 하는 경우로서 신고를 요하지 않는 거래는 다음과 같다.

〔표 63〕 신고예외 거주자 간 대외지급수단 등 매매거래

당사자	거래내용	신고의무
거주자와 다른 거주자 간	물품 기타의 매매, 용역계약에 따른 외국통화로 지급받을 수 있는 채권의 발생 등에 관한 거래	없음(외국환은행을 통하여 지급 또는 수령)
거주자 간	지급수단으로 사용목적이 아닌 화폐수집용 및 기념용으로 외국통화를 매매하는 거래	없음(외국환은행을 통하여 지급 또는 수령)

당사자	거래내용	신고의무
해외건설 및 용역 사업자와 면세용 물품제조자 간	해외취업근로자에 대한 면세쿠폰을 매매하는 거래	없음(외국환은행을 통하여 지급 또는 수령)
외국환은행	거주자의 수입대금의 지급을 위하여 유네스코쿠폰을 당해 거주자에게 매각하는 거래	없음(외국환은행을 통하여 지급 또는 수령)
거주자 간	거주자 간 인정된 거래로 취득한 채권의 매매계약에 따른 외국통화로 표시되거나 지급받을 수 있는 채권의 발생 등에 관한 거래	없음(외국환은행을 통하여 지급 또는 수령)
거주자 간	거주자 간 매매차익을 목적으로 하지 않는 거래로서 동일자에 미화 5천불 이내에서 대외지급수단을 매매하는 거래	없음

2) 신고예외 거주자와 비거주자 간 매매거래

거주자가 비거주자와 대외지급수단, 채권의 매매계약에 따른 채권의 발생 등에 관한 거래를 하고자 하는 경우로서 다음에 해당하는 경우에는 신고를 요하지 아니한다(정 7-21-1).

〔표 64〕 신고예외 거주자와 비거주자 간 대외지급수단 등 매매거래

당사자	거래내용	신고의무
거주자와 비 거주자 간	외국환은행해외지점, 외국환은행현지법인, 외국금융기관(외국환전영업자를 포함)이 해외에 체재하는 거주자와 원화표시여행자수표, 원화표시자기앞수표 또는 내국통화의 매매거래를 하는 경우	없음
거주자와 비거주자 간	외국에 체재하는 거주자(재외공관근무자 또는 그 동거가족, 해외체재자를 포함)가 비거주자와 체재에 직접 필요한 대외지급수단, 채권의 매매거래를 하는 경우	없음
거주자와 비거주자 간	거주자가 외국에서 보유가 인정된 대외지급수단 또는 외화채권으로 다른 외국통화표시 대외지급수단 또는 외화채권을 매입하는 경우	없음
거주자와 비거주자 간	거주자가 수출관련 외화채권을 비거주자에게 매각하고 동 매각자금 전액을 외국환은행을 통하여 국내로 회수하는 경우	없음
거주자와 비거주자 간	거주자가 국내외 부동산·시설물 등의 이용·사용과 관련된 회원권, 비거주자가 발행한 약속어음 및 비거주자에 대한 외화채권 등을 비거주자에게 매각하고 동 매각자금을 외국환은행을 통하여 국내로 회수하는 경우	없음

당사자	거래내용	신고의무
거주자와 비거주자 간	거주자가 비거주자에게 매각한 국내의 부동산·시설물 등의 이용·사용과 관련된 회원권 등을 비거주자로부터 재매입하는 경우	없음

(2) 신고대상 대외지급수단 등 매매거래

신고예외 대상거래를 제외하고 거주자가 다른 거주자와 대외지급수단의 매매계약에 따른 외국통화로 표시되거나 지급받을 수 있는 채권의 발생 등에 관한 거래를 하고자 하는 경우에는 한국은행총재에게 신고하여야 한다(정 7-20-2).

신고예외 대상거래를 제외하고 거주자가 거주자 또는 비거주자와 외국의 부동산·시설물 등의 이용·사용 또는 이에 관한 권리의 취득에 따른 회원권의 매입거래를 하고자 하는 경우에는 외국환은행의 장에게 거래가 있었던 날로부터 1개월 이내에 거래사실을 보고하여야 한다(정 7-21-2).

거주자가 비거주자와 대외지급수단 및 채권의 매매계약에 따른 채권의 발생 등에 관한 거래를 하고자 하는 경우에는 한국은행총재에게 신고하여야 한다(정 7-21-3).

〔표 65〕 신고대상 대외지급수단 등 매매거래

당사자	거래내용	신고의무
거주자와 다른 거주자 간	대외지급수단의 매매계약에 따른 외국통화로 표시되거나 지급받을 수 있는 채권의 발생등에 관한 거래를 하고자 하는 경우	한국은행총재에게 신고
거주자가 거주자 또는 비거주자 간	외국의 부동산·시설물 등의 이용·사용 또는 이에 관한 권리의 취득에 따른 회원권의 매입거래를 하고자 하는 경우	외국환은행의 장에게 신고
거주자가 비거주자 간	대외지급수단 및 채권의 매매계약에 따른 채권의 발생 등에 관한 거래를 하고자 하는 경우	한국은행총재에게 신고

> **│ 거래사례 │**
>
> 유정씨앤씨㈜는 미국 ABC사가 부실기업인 미국 XYZ사에 대하여 가지고 있는 대출채권(액면 US $1,000,000)을 투자목적으로 US $500,000에 매입하고자 한국은행에 채권매매 신고를 한 사례(자료출처 : 한국은행 외국환거래 신고 편람 2007.1. p.114~117의 내용을 필자가 일부수정)

【(채권) 매매 신고서】

〔별지 제7-4호 서식〕

<table>
<tr><td colspan="2" rowspan="2" style="text-align:center">(채권) 매매 신고서</td><td>처리기간</td></tr>
<tr><td></td></tr>
<tr><td rowspan="3">Ⓐ
신
청
인</td><td>상호및대표자성명</td><td>유정씨앤씨(주) 대표이사 신민호
(또는 유정씨앤씨(주)의 대리인 공일규)　　　인</td></tr>
<tr><td>주 소(소 재 지)</td><td>서울시 강남구 언주로 723번지
　　　　　　　　　　　(전화번호)123-4567</td></tr>
<tr><td>업 종 (직 업)</td><td>무역업</td></tr>
<tr><td rowspan="7">신
청
내
역</td><td>Ⓑ 매　　각　　인</td><td>(성명)ABC Company
(주소)1122 Battery Street,San Francisco,USA
(전화번호)1-309-387-0000</td></tr>
<tr><td>Ⓒ 매　　입　　인</td><td>유정씨앤씨(주)</td></tr>
<tr><td>Ⓓ매매대상물종류</td><td>ABC사의 XYZ사에 대한 대출채권</td></tr>
<tr><td>Ⓔ 매 매 금 액</td><td>U$500,000-　　　　　　　(미달러화 상당액)</td></tr>
<tr><td>Ⓕ 원 화 금 액</td><td>　　　　　　　　　　(원 화 환 율)</td></tr>
<tr><td>Ⓖ 매 매 사 유</td><td>매입인의 동 채권에 대한 투자</td></tr>
<tr><td colspan="2" style="text-align:center">외국환거래법 제18조의 규정에 의하여 위와 같이 신고합니다.

2026년 6월 30일
한국은행총재 귀하</td></tr>
</table>

신 고 번 호	
신 고 금 액	
유 효 기 간	
년　　월　　일	

신고기관 : 한국은행총재　인

210mm×297mm

Ⓗ 〈첨부서류〉 1. 계약서
　　　　　　　 2. 신청인 및 거래 상대방의 실체를 확인하는 서류
　　　　　　　 3. 기타 한국은행총재가 필요하다고 인정하는 서류

작성요령

Ⓐ **신청인**

  – 개인의 경우는 신청인의 성명을 기재하고 서명 또는 날인, 법인의 경우는 상호와 대표이
   사명을 기재하고 법인 인감을 날인한다. 만약 대리인이 신청하는 경우에는 '유정씨앤씨
   (주)의 대리인 공일규'라고 기재하고 대리인 공일규가 날인 또는 서명

Ⓑ **매각인**

  – 매매대상이 되는 채권 매각인의 성명(상호), 주소, 전화번호를 기재하며 만약 신청인이
   매각인인 경우에는 신청인 본인의 성명이나 상호만 기재한다.

Ⓒ **매입인**

  – 신청인 본인의 성명이나 상호를 기재하며 만약 신청인이 매각인인 경우에는 매입인의
   성명(상호), 주소, 전화번호를 기재한다.

Ⓓ **매매대상물 종류**

  – 매매대상이 되는 채권의 종류를 구체적으로 기재하며 만약 매매대상 채권이 여러 종류
   이거나 다수인 경우에는 별첨을 이용하여 그 내역을 구체적으로 기재한다.

Ⓔ **매매금액**

  – 매매대상 채권금액을 계약시 정한 통화 단위로 기재한다.

Ⓕ **원화금액**

  – 공란으로 비워둔다.

Ⓖ **매매사유**

  – 신청인 관점에서 동 채권을 매입하거나 매각하는 사유를 간략히 기재한다.

Ⓗ **첨부서류**

  – 사유서 : 특별한 양식은 없으며 A4 용지 1매 내외의 분량으로 해당 신청 사유를 정확하
   고 상세하게 기재
  – 신청인 및 거래(계약) 상대방의 실체확인서류 : 개인의 경우에는 신분을 증명할 수 있는
   주민등록증이나 여권 또는 운전면허증 사본, 법인의 경우에는 법인등기부등본, 사업자등
   록증

- 국내기업의 경우에는 법인등기부등본, 해외법인 등의 경우는 이에 준하는 서류(예 : "Certificate of Incorporation" 등)

  * 만약 대리인이 신청할 경우에는 동 서류 외에 당해 신고행위에 대한 권한을 위임하는 내용의 위임장(비거주자는 영사관 발행 또는 현지에서 공증받은 위임장)을 추가 제출한다.
  - 채권매매계약서
  - 기타 필요한 서류

(3) 통보의무

외국환은행의 장은 외국의 부동산·시설물 등의 이용·사용 또는 이에 관한 권리의 취득에 따른 회원권의 매입거래 취득금액이 건당 미화 10만불을 초과하는 경우 국세청장 및 관세청장에게, 건당 미화 5만불을 초과하는 경우 금융감독원장에게 회원권 등의 매매내용을 익월 10일까지 통보하여야 한다(정 7-21-4).

(4) 대외지급수단 등 매매거래에 대한 실무 사례 및 판례

〔표 66〕 대외지급수단 등 매매거래에 대한 실무 사례 및 판례

실무 사례 및 판례	내 용	신고의무
상속자금 송금하는 거래	피상속인 A(거주자)가 국내 예금 20억원을 상속인 B(거주자)와 상속인 C(비거주자)에게 10억씩 상속하는 경우 ① 상속인 B(거주자)가 해외에 있는 상속인 C(비거주자)에게 상속자금을 송금하는 경우 신고사항 ② 상속인 C(비거주자)가 국내에서 현금으로 상속자금 수령 후, 직접 본인(상속인 C)의 해외계좌로 송금하는 경우 신고사항	없음
외국환은행이 거주자에게 대출채권을 매도하는 거래	외국환은행이 비거주자에게 대출을 하여 외환채권을 가지고 있는 상태에서 위 외환채권 중 일부를 여신전문금융업법에 의한 여신전문금융업자가 매입하는 거래	없음
거주자 간 인정된 거래로 취득한 채권의 매매거래	국내업체인 "을"은 해외업체인 "갑"에게 상품을 판매하고 약 US$5만 가량의 외화채권이 있으나 "갑"의 사장이 야반도주하여 회수가 불가한 상황임. 1년이 지난 채권이고 가지고 있어야 도움이 되지 않아 법인세 대손처리를 받기 위해 NPL전문업체(합법적으로 부실채권을 인수하여 추심하는 업체)에 채권매각을 하고자 함.	없음

대외지급수단 매매신고 문의(상속 관련)

〈질의〉

아래 사례에 대하여 신고사항이 있는지 문의 드립니다. (※ 모든 경우 재외동포 아님)

• 피상속인 A(거주자)가 국내 예금 20억원을 상속인 B(거주자)와 상속인 C(비거주자)에게 10억씩 상속하는 경우

① 상속인 B(거주자)가 해외에 있는 상속인 C(비거주자)에게 상속자금을 송금하는 경우 신고사항

② 상속인 C(비거주자)가 국내에서 현금으로 상속자금 수령 후, 직접 본인(상속인 C)의 해외계좌로 송금하는 경우 신고사항

〈회신〉

비거주자가 거주자로부터 상속을 받는 경우는 자본거래 신고 예외에 해당하며 질의 주신 2가지 모두 신고대상거래가 아닙니다.

하지만 상속자금을 대내계정(ex. 비거주자원화계정)에 예치하게 될 경우 대외송금에 제한이 생길 수 있기 때문에 외국환은행과 실무적으로 협의하시어 대외계정(ex. 비거주자자유원계정) 등에 예치 후 송금하시면 됩니다.

외화채권 매입 시 신고대상 유무에 대한 질의

〈사실관계〉

현재, 외국환은행이 비거주자에게 대출을 하여 외환채권을 가지고 있는 상태입니다.

이 상황에서 위 외환채권 중 일부를 여신전문금융업법에 의한 여신전문금융업자가 매입하고자 계획하고 있습니다.

〈질의〉

1. 외국환은행이 최초 비거주자에게 대출할 때에는 신고의무가 없는 것으로 알고 있습니다 (외국환거래규정 제2-6조 제2항). 그렇다면 나아가 외국환은행이 위 외환채권을 여신전문금융업자에게 매도하고자 하는 경우에는 따로 신고 의무가 없는 것인지요?(외국환거래규정 제2-7조 해석 관련)

2. 외국환은행과는 별도로 외환채권을 매입하고자 하는 여신전문금융업자에게 별도의 신고 의무가 있는지요?

〈1〉 외국환은행이 거주자에게 대출채권을 매도하는 것은 신고대상이 아닙니다(외국환거래규정 제2-7조). 따라서, 외국환은행이 거주자인 여신전문금융업자에게 대출채권을 매도할 경우 별도의 신고대상이 아님을 알려드립니다.

〈2〉 외국환업무취급기관이 외국환업무로서 행하는 거래 및 동 외국환업무취급기관을 거래상대방으로 하는 거래는 신고대상이 아닙니다(동 규정 제7-2조 제2호). 따라서, 여신전문금융업자가 외국환업무취급기관 중 하나인 외국환은행으로부터 대출채권을 매입할 경우 별도의 신고대상이 아님을 알려드립니다.

● 한국은행 질의응답 사례

해외부실채권의 채권매매시 신고 여부

〈질의〉

갑 : 해외업체(미국 소재)

을 : 당 사

병 : 국내업체(NPL전문업체)

"을"은 "갑"에게 상품을 판매하고 약 \$5만 가량의 채권이 있으나 "갑"의 사장이 야반도주하여 회수가 불가한 상황입니다. 1년이 지난 채권이고 가지고 있어야 도움이 되지 않아 법인세 대손처리를 받기 위해 NPL전문업체(합법적으로 부실채권을 인수하여 추심하는 업체)에 채권매각을 하고자 합니다.

"을"은 채권을 할인하여 "병"에게 약 \$100에 양도하고자 합니다.

이와 같은 거래에서 한국은행 및 외국환 은행에 매매신고를 하여야 하는지? 아니면 다른 신고 사항이 있는지 문의 드립니다.

또한 해외채권의 매매에 있어서 추가적인 신고를 하여야 "을"과 "병" 사이에 하자가 없습니까? 또 "병"이 해당 금액에 대해 회수하지 못할 경우에도 신고해야하는 것이 있나요?

〈회신〉

거주자 간 인정된 거래로 취득한 채권의 매매거래를 할 경우에는 채권매매 신고대상이 아닙니다(외국환거래규정 제7-20조 제1항 제5호). 따라서, 거주자 을이 경상거래에 따라 취득한 물품대금채권을 다른 거주자 병에게 매각하는 거래를 할 경우 채권매매 신고를 요하지 않음을 알려드립니다.

Q. 국내기업이 해외골프장 회원권을 거주자를 대상으로 판매할 수 있는지?

A. 거주자가 해외골프장 회원권(이용권 포함)을 매입하기 위해서는 거래상대방에 따라 다음의 절차를 이행하여야 함.
비거주자로부터 매입하는 경우에는 외국환은행에 신고하여야 함. 다만, 비거주자가 거주자로부터 매입한 회원권을 재매입하는 경우에는 신고가 필요 없음. 거주자로부터 매입할 경우에는 거주자간 인정된 거래로 취득한 외국 골프장 회원권 매매이므로 신고가 불필요하나 외국골프장 회원권을 판매하는 거주자가 신고를 마치지 않은 경우 인정된 거래로 취득한 회원권의 매매에 해당되지 않으므로 이를 반드시 확인할 필요가 있음.

Q. 국내에 거주하는 개인 간에 대외지급수단을 매매하는 행위를 할 경우, 외국환거래규정에 문제가 되지는 않는지요?

A. 거주자간에 대외지급수단을 화폐수집용 및 기념용으로 매매하거나 매매차익을 목적으로 하지 않는 미화 5천불 이내의 거래를 할 경우에는 신고를 요하지 아니하나 그 이외의 경우에는 한국은행에 신고하여야 함.

Q. 국내에 거주하는 개인끼리 물건을 사고파는데 외화로 주고받을 수 있습니까?

A. 거주자와 다른 거주자간 물품 기타의 매매, 용역계약에 따른 외국통화로 지급받을 수 있는 채권의 발생 등에 관한 거래는 외국환거래법령상 신고 없이 할 수 있음. 따라서 거주자간 외화표시 물품 공급계약을 맺고 동 물품 대금을 외화로 받는 것은 가능함.

Q. 거주자가 외화표시 수출채권을 다른 비거주자에게 매각하려고 하는데 신고를 받아야 하나요?

A. 거주자가 수출관련 외화채권을 외국에 있는 금융기관에 매각하고 동 매각자금 전액을 매각 즉시 외국환은행을 통하여 국내로 회수하는 경우에는 신고를 요하지 않음. 이 경우를 제외하고 거주자가 외화표시 수출채권을 비거주자에게 매각한다면 한국은행에 채권매매신고를 하여야 함.

Q. 국내 수출업체가 수출채권을 다른 국내업체에게 양도하는 경우 신고 등의 절차가 필요한가요?

A. 거주자가 다른 거주자와 인정된 거래로 취득한 채권의 매매계약에 따른 외국통화로 표시되거나 지급받을 수 있는 채권의 발생 등에 관한 거래를 하고자 하는 경우에는 신고예외사항임(외국환거래규정 제7-20조 제1항 제5호).
다만, 이 경우 채권매매에 따른 대금은 외국환은행을 통하여 지급 또는 수령하여야 함(외국환거래규정 제7-20조 제3항).

유권해석 사례 1

대외지급수단 채권 기타의 매매 및 용역계약에 따른 자본거래 신고대상

여행가이드가 외국인 고객을 위해 외화(대외지급수단)를 환전한 경우 처벌여부

（사실관계）

관광가이드가 출장 나온 환전상으로부터 먼저 환전을 한 후, 그 돈으로 외국인 관광객에게 몇 번의 환전을 해준 것으로 의사소통의 어려움이 있는 외국인 관광객의 부탁을 받고(환차익을 목적으로 정기적 또는 비정기적으로 환전서비스를 제공한 것이 아님) 환전소 환율로 환전해준 경우

（질의）

외국환거래법 위반이 되는지?

（답변）

거주자와 비거주자간의 대외지급수단 매매는 매매차익을 목적으로 하지 않은 거래하고 하더라도 외국환거래규정 제7-2조 제3항에 따라 한국은행총재에게 신고하여야 함.

참고판례

4-8. 대외지급수단의 요건 및 사례(대법원 1998.12.22. 선고 98도2460 판결)

[판시사항]

[1] 외국환관리법 제33조 소정의 몰수, 추징의 대상이 되는 대외지급수단의 요건
[2] 카지노에서 사용되는 '칩'이 외국환관리법 제3조 제1항 제11호 소정의 대외지급수단에 해당하지 않는다고 본 사례

[판결요지]

[1] 외국환관리법 제33조 소정의 몰수, 추징의 대상이 되는 대외지급수단으로 인정되기 위하여는 현실적으로 대외거래에서 채권·채무의 결제 등을 위한 지급수단으로 사용할 수 있으며 또한 그 사용이 보편성을 가지고 있어야 한다.
[2] 카지노에서 사용되는 '칩'은 그것에 표시된 금액 상당을 카지노에서 보관하고 있다는

증표에 지나지 않는다는 이유로, 외국환관리법 제3조 제1항 제11호 소정의 대외지급수단에 해당하지 않는다고 본 사례

4-9. 카지노칩 취득 대금 송금
(대법원 2001.9.25. 선고 99도3337 판결[외국환관리법 위반])

[판시사항]

[1] 구 외국환관리법의 적용 범위

[2] 거주자와 비거주자 간의 거래의 결제를 위하여 거주자가 당해 거래의 당사자가 아닌 거주자에 대하여 거래대금을 지급하거나, 당사자가 아닌 거주자로부터 거래대금을 영수하는 경우, 구 외국환관리법 제18조 소정의 허가 대상인지 여부(적극)

[3] 구 외국환관리규정 제7-20조 제3호의 적용 범위

[4] 형법의 적용 범위로서의 내국인의 국외범

[판결요지]

[1] 구 외국환관리법(1998.9.16. 법률 제5550호 외국환거래법 부칙 제3조로 폐지)의 적용 대상은 단순히 외국환의 이동이 수반되는 거래뿐만 아니라 거주자와 비거주자 간의 채권·채무관계에 개재되는 한, 대한민국통화로 표시되거나 지급을 받을 수 있는 거래도 포함된다.

[2] 거주자와 비거주자 간의 거래의 결제를 위하여 거주자가 당해 거래의 당사자가 아닌 거주자에 대하여 거래대금을 지급하거나, 당사자가 아닌 거주자로부터 거래대금을 영수하는 경우도 구 외국환관리법(1998.9.16. 법률 제5550호 외국환거래법 부칙 제3조로 폐지) 제18조 소정의 허가를 받아야 할 경우에 해당된다.

[3] 구 외국환관리규정 제7-20조 제3호에 의하면, '거주자와 비거주자와의 거래의 결제를 위하여 내국지급수단으로 지급 등을 하고자 하는 경우 거주자와 비거주자 간에 국내에서 내국통화로 표시된 거래를 함에 따라 내국지급수단으로 지급 등을 하는 경우'는 허가 또는 신고를 요하지 않는다고 규정되어 있으나, 동 규정은 그와 같은 거래가 국내에서 이루어진 경우만을 허가 또는 신고대상에서 배제하였을 뿐이고, 구 외국환관리법(1998.9.16. 법률 제5550호 외국환거래법 부칙 제3조로 폐지)이 허가 또는 신고대상으로 규정한 피고인이 우리나라 은행에 개설한 예금계좌에 필리핀국에서 환전업을 하는 공소외인의 지시를 받은 국내인으로부터 피고인이 필리핀국 소재 카지노에서 딴 칩의 대금 명목으로 원화를 입금받은 경우에까지 유추될 수 있는 성질의 것은 아니다.

[4] 형법 제3조는 '본법은 대한민국 영역 외에서 죄를 범한 내국인에게 적용한다.'고 하여 형법의 적용 범위에 관한 속인주의를 규정하고 있는바, 필리핀국에서 카지노의 외국인 출입이 허용되어 있다 하여도, 형법 제3조에 따라, 필리핀국에서 도박을 한 피고인에게 우리나라 형법이 당연히 적용된다.

[**원심판결**] 서울지법 1999.7.15. 선고 98노1329 판결

[**주 문**]
상고를 기각한다.

[**이 유**]
1. 외국환관리법 위반의 점에 대하여
　　가. 사실오인 주장에 관하여
　　　　원심 판결과 원심이 인용한 제1심판결의 채용 증거들을 기록에 비추어 살펴보면, 피고인이 재정경제원장관의 허가를 받지 아니하고, 필리핀국 마닐라시에 있는 헤리티지호텔 카지노에서 도박의 도구로 사용되는 칩을 취득하기 위하여 그 곳에서 환전업을 하는 공소외인이 송금하라고 알려 준 국내인의 우리나라 은행 예금계좌에 원화를 송금하였고, 위 공소외인으로부터 도박 자금 명목으로 미화를 차용하기로 하고, 공소외인이 송금하라고 알려 준 국내인의 우리나라 은행 예금계좌로 위 차용금에 대한 변제 명목으로 원화를 입금하였으며, 피고인이 우리나라 은행에 개설한 예금계좌에 공소외인이 지시를 받은 국내인으로부터 그 무렵 피고인이 위 카지노에서 딴 칩의 대금 명목으로 원화를 입금받은 사실이 충분히 인정되므로, 원심판결에 상고이유로 주장하는 바와 같은 사실오인의 위법이 있다고 할 수 없다.
　　나. 법리오해 주장에 관하여
　　　　외국환거래법에 의하여 폐지되기 전의 구 외국환관리법의 적용대상은 단순히 외국환의 이동이 수반되는 거래뿐만 아니라 거주자와 비거주자 간의 채권·채무관계에 개재되는 한, 대한민국통화로 표시되거나 지급을 받을 수 있는 거래도 포함된다고 할 것이며, 거주자와 비거주자 간의 거래의 결제를 위하여 거주자가 당해 거래의 당사자가 아닌 거주자에 대하여 거래대금을 지급하거나, 당사자가 아닌 거주자로부터 거래대금을 영수하는 경우도 구 외국환관리법 제18조 소정의 허가를 받아야 할 경우에 해당된다.
　　　　그리고 외국환거래규정에 의하여 대체되기 전의 구 외국환관리규정 제7-20조 제3

호에 의하면, '거주자와 비거주자와의 거래의 결제를 위하여 내국지급수단으로 지급 등을 하고자 하는 경우 거주자와 비거주자 간에 국내에서 내국통화로 표시된 거래를 함에 따라 내국지급수단으로 지급 등을 하는 경우'는 허가 또는 신고를 요하지 않는다고 규정되어 있으나, 동규정은 그와 같은 거래가 국내에서 이루어진 경우만을 허가 또는 신고대상에서 배제하였을 뿐이고, 외국환관리법이 허가 또는 신고대상으로 규정한 이 사건 거래의 경우에까지 유추될 수 있는 성질의 것은 아니다.

피고인의 이 사건 외국환관리법 위반의 공소사실에 대하여 유죄를 인정한 원심의 조치는 위와 같은 취지를 따른 것으로 보여 정당하고, 거기에 상고이유에서 주장하는 바와 같은 법리오해 등의 위법이 있다고 할 수 없다. 이 점에 관한 상고이유의 주장도 받아들일 수 없다.

2. 상습도박의 점에 대하여

원심 판결과 원심이 인용한 제1심판결의 채용 증거들을 기록에 비추어 살펴보면, 피고인이 상습으로 판시와 같은 도박을 한 사실이 충분히 인정되며, 한편, 형법 제3조는 '본법은 대한민국 영역 외에서 죄를 범한 내국인에게 적용한다.'고 하여 형법의 적용 범위에 관한 속인주의를 규정하고 있는바, 필리핀국에서 카지노의 외국인 출입이 허용되어 있다 하여도, 형법 제3조에 따라, 피고인에게 우리나라 형법이 당연히 적용된다고 할 것이므로(대법원 1986.6.24. 선고 86도403 판결 참조), 이를 전제로 피고인에 대하여 유죄를 인정한 원심판결에 상고이유에서 주장하는 취지와 같은 사실오인이나 법리오해 등의 위법이 있다고 할 수 없다.

3. 그러므로 상고를 기각하기로 하여 관여 법관의 일치된 의견으로 주문과 같이 판결한다.

대법관　손지열(재판장) 송진훈 윤재식(주심) 이규홍

4-10. 채권의 소멸에 관한 거래의 범위

(대법원 2004.6.11. 선고 2001도6177 판결[외국환관리법 위반])

[판시사항]

[1] 구 외국환관리법 제21조 제1항 제1호가 규정한 '채권의 소멸에 관한 거래'의 의미

[2] 비거주자가 거주자 간의 대상지급행위에 공모하여 가담하였다면 비거주자라 하더라도 거주자의 지급방법 위반행위에 대하여 공범으로 처벌될 수 있다고 한 사례

[판결요지]

[1] 구 외국환관리법(1998.9.16. 법률 제5550호로 폐지) 제21조 제1항 제1호 소정의 '채

권의 소멸에 관한 거래'라 함은 반드시 채권의 소멸을 가져오는 별개의 법률행위로 인하여 채권이 소멸되는 경우뿐만 아니라, 변제로 인하여 채권이 소멸되는 경우도 이에 해당한다. [2] 비거주자가 거주자 간의 대상지급행위에 공모하여 가담하였다면 비거주자라 하더라도 거주자의 지급방법 위반행위에 대하여 공범으로 처벌될 수 있다고 한 사례.

[**원심판결**] 서울지법 2001.10.30. 선고 97노8155 판결

[주 문]

원심판결을 파기하고, 사건을 서울중앙지방법원 합의부에 환송한다.

[이 유]

1. 상고이유 제1점에 대하여

원심판결 이유에 의하면 원심은, 구 외국환관리법(1998.9.16. 법률 제5550호로 폐지된 것, 이하 '외국환관리법'이라 한다) 제21조 제1항 제1호 소정의 '채권의 소멸에 관한 거래'의 의미는 단순히 채권의 소멸을 가져오는 지급 등을 의미한다기보다는 별개의 법률행위, 즉 갱개, 채권양도 등으로 인하여 채권이 소멸하는 경우를 의미하는 것이라고 볼 것이므로, 이 사건에서 공소외 1 등이 허가를 받지 아니하고 비거주자인 미라지호텔과 사이에 도박자금 차용계약을 체결하는 행위 자체는 '채권의 발생에 관한 거래'로서 자본거래에 해당된다고 할 것이나, 그 차용계약에 따라 차용금액을 수수하거나 나아가 차용금을 변제받기 위하여 피고인이 공소외 1 등으로부터 도박자금을 지급받은 행위는 '채권의 소멸에 관한 거래'에 해당한다고 볼 수 없다고 판단하였다.

그러나 **외국환관리법 제21조 제1항 제1호 소정의 '채권의 소멸에 관한 거래'라 함은 반드시 채권의 소멸을 가져오는 별개의 법률행위로 인하여 채권이 소멸되는 경우뿐만 아니라, 변제로 인하여 채권이 소멸되는 경우도 이에 해당한다고 보아야 할 것이다.** 그럼에도 불구하고, **원심은 피고인이 공소외 1 등으로부터 차용금을 변제받은 행위가** '**채권의 소멸에 관한 거래**'**에 해당하지 아니한다고 판단하고 말았으니, 거기에는** '**채권의 소멸에 관한 거래**'**에 대한 법리를 오해하여 판결에 영향을 미친 위법이 있다.**

2. 상고이유 제2점에 대하여

원심판결 이유에 의하면 원심은, 이 사건 공소사실에 의하더라도 피고인이 공소외 2에게 자신이 수금한 돈을 보관시킨 후 그에게 수시로 돈을 받을 사람을 알려 주어 그로 하여금 이를 송금하거나 교부하게 하였다는 것일 뿐인바, 그렇다면 결국 공소외 2는 피고인으로부터 위탁받은 돈을 그의 지시에 따라 처분한 것에 불과하므로, 이를 들어 피

고인과 공소외 2 사이에 외국환관리법 소정의 거래가 있었다고 볼 수 없고, 거주자와 비거주자의 행위주체를 준별하고 있는 외국환관리법상 비거주자가 거주자의 지급방법 위반행위에 대하여 공범으로 처벌될 수 없다고 판단하였다.

그러나 외국환관리법 제18조 제1항 제3호는 '거주자와 비거주자 간 또는 비거주자 상호 간의 거래의 결제를 위하여 거주자가 당해 거래의 당사자가 아닌 거주자 또는 비거주자와 지급 등을 하는 경우'에는 대통령령이 정하는 구분에 의하여 그 지급 등의 방법에 대하여 재정경제원장관에게 신고를 하거나 재정경제원장관의 허가를 받아야 한다고 규정하고 있고, 구 외국환관리법시행령(1999.3.30. 대통령령 제16207호로 폐지된 것, 이하 '시행령'이라고 한다) 제27조 제1항 제3호는 외국환관리법 제18조 제1항 제3호에 따른 허가를 받아야 하는 경우로서, 거주자와 비거주자 간 거래의 결제를 위하여 거주자가 당해 거래의 당사자가 아닌 거주자 또는 비거주자에 대하여 지급 등을 하는 방법이라고 규정하고 있다.

그런데 원심이 채택한 증거들을 종합하면, 피고인은 차용인인 거주자 공소외 1 등으로부터 공소사실 제1항과 같이 수령한 도박자금을 미국으로 직접 가져갈 수 없자, 이를 거주자인 공소외 2에게 맡겨 두고, 공소외 2는 피고인의 지시에 따라 이른바 환치기업자인 공소외 3, 공소외 4, 공소외 5, 공소외 6 등에게 위 돈을 교부하거나 송금하였으며, 한편 공소외 3, 공소외 4, 공소외 5는 미국 내 거래처 공소외 7에 대하여, 공소외 6은 미국 내 거래처인 공소외 8에 대하여 각각 채권이 있는데, 그 지급을 받는 대신에 공소외 7과 공소외 8이 미국에서 피고인에게 피고인이 공소외 2를 통하여 공소외 6 등에게 교부한 원화에 상응하는 미화를 교부하고, 피고인이 이를 받아 미라지 호텔에 입금한 사실 등을 알 수 있다.

사정이 이와 같다면, **피고인이 공소외 2와 공모하여 공소외 2가 거주자인 환치기업자 공소외 6 등에게 공소사실과 같이 원화를 교부한 행위는 외국환관리법 제18조 제1항 제3호, 시행령 제27조 제1항 제3호 소정의 거주자와 비거주자 간 거래의 결제를 위하여 거주자가 당해 거래의 당사자가 아닌 거주자에 대하여 지급을 하는 경우에 해당한다고 할 것이고, 비록 피고인은 비거주자라 하더라도 거주자인 공소외 2가 거주자인 환치기업자들에게 한 대상지급행위에 공모하여 가담한 이상, 형법 제33조, 제30조에 의하여 공소외 2와 공동정범으로서의 죄책을 면할 수 없다고 할 것이다.**

그럼에도 불구하고 원심이 그 판시와 같은 이유로 위 공소사실에 대하여 무죄를 선고하였으니, 거기에는 대상지급 및 공범에 관한 법리를 오해하여 판결에 영향을 미친 위법이 있다.

3. 결론

그러므로 원심판결을 파기하고, 사건을 다시 심리·판단하도록 원심법원에 환송하기로
하여, 관여 대법관의 일치된 의견으로 주문과 같이 판결한다.

대법관　유지담(재판장) 배기원 김용담(주심)

4-11. 해외여행경비의 비거주자 국내계좌지급

(대법원 2005.12.9. 선고 2005도6234 판결[외국환거래법 위반])

[**판시사항**]

국내 여행사로부터 여행객을 위한 외국 현지의 호텔 및 식당의 예약 등에 관한 여행수속의
알선의뢰를 받은 갑이 외국에서 여행업을 하는 을에게 위 여행수속을 다시 의뢰한 후, 성사
되는 경우 그에 필요한 경비를 국내에 개설되어 있는 을의 원화계좌에 입금하여 지급하기
로 한 사안에서, 그와 같은 거래에 의한 지급이 외국환거래법 및 외국환거래규정이 정하고
있는 신고의 예외사유인 "거주자와 비거주자 간에 국내에서 내국통화로 표시된 거래를 함
에 따라 내국지급수단으로 지급하고자 하는 경우"에 해당한다고 할 수 없다고 한 사례

[**판결요지**]

국내 여행사로부터 여행객을 위한 외국 현지의 호텔 및 식당의 예약 등에 관한 여행수속의
알선의뢰를 받은 갑이 외국에서 여행업을 하는 을에게 위 여행수속을 다시 의뢰한 후, 성사
되는 경우 그에 필요한 경비를 국내에 개설되어 있는 을의 원화계좌에 입금하여 지급하기
로 한 사안에서, 그와 같은 거래에 의한 지급이 외국환거래법 및 외국환거래규정이 정하고
있는 신고의 예외사유인 "거주자와 비거주자 간에 국내에서 내국통화로 표시된 거래를 함
에 따라 내국지급수단으로 지급하고자 하는 경우"에 해당한다고 할 수 없다고 한 사례.

[**원심판결**] 서울중앙지법 2005.8.3. 선고 2005노1747 판결

[**주 문**]

상고를 기각한다.

[**이 유**]

1. 사실오인의 점에 대하여

외국환거래법 제3조 제1항 제12호, 제13호는 비거주자는 '거주자' 즉 대한민국 안에 주
소 또는 거소를 둔 개인과 대한민국 안에 주된 사무소를 둔 법인 외의 개인 및 법인을

말한다고 규정하고 있는바, 원심판결과 원심이 인용한 제1심판결의 채용 증거들을 기록에 비추어 살펴보면, 피고인은 이 사건 거래의 상대방인 공소외인이 국내에 주소 또는 거소 등을 두지 아니한 비거주자인 사실을 알았다고 충분히 인정할 수 있고, 원심판결에 상고이유로 주장하는 바와 같이 채증법칙을 위반하여 사실을 오인하는 등의 위법이 있다고 할 수 없다.

2. 법리오해의 점에 대하여

외국환거래법 제16조 단서는 통상적으로 행하여지는 거래로서 재정경제부장관이 정하는 경우에는 같은 조 본문에 의한 신고를 요하지 아니한다고 규정하고 있고, 이에 근거한 외국환거래규정(2000.12.29. 재정경제부고시 제2000-22호로 전문 개정된 것) 제5-11조 제1항 제5호는 "거주자와 비거주자 간에 국내에서 내국통화로 표시된 거래를 함에 따라 내국지급수단으로 지급하고자 하는 경우"에는 거주자가 외국환은행을 통하지 아니하고 지급을 하더라도 신고를 요하지 아니한다고 규정하고 있는바, **이 사건 거래는 국내 여행사로부터 여행객을 위한 괌 현지의 호텔 및 식당의 예약 등에 관한 여행수속의 알선의뢰를 받은 피고인이 괌에서 여행업을 하는 공소외인에게 위 여행수속을 다시 의뢰한 후, 성사되는 경우 그에 필요한 경비를 국내에 개설되어 있는 공소외인의 원화계좌에 입금하여 지급하는 거래로서, 거주자가 외국에 거주하는 비거주자에게 여행수속을 의뢰하여 거래가 이루어지는 것이므로, 이를 국내에서 이루어진 거래라고 할 수 없고, 따라서 이 사건 거래에 의한 지급이 위외국환거래규정이 정하고 있는 신고의 예외사유에 해당한다고 할 수 없다.**

결국, 이와 반대의 견해에서 원심판결에 외환거래법상의 신고의 예외사유에 관한 법리를 오해하는 등의 위법이 있다는 상고이유의 주장은 받아들일 수 없다.

3. 결론

그러므로 상고를 기각하기로 하여 관여 법관의 일치된 의견으로 주문과 같이 판결한다.

대법관 　박시환(재판장) 이강국 손지열(주심) 김용담

4-12. 거주자와 비거주간의 채권 발생과 관련이 없는 지급

(대법원 2006.5.11. 선고 2006도920 판결[외국환거래법 위반 등])

[판시사항]

[1] 죄형법정주의와 명확성 원칙의 의미 및 법규범이 명확성 원칙에 위반되는지 여부의 판단 방법

[2] '당해 거주자와 비거주자 간 채권의 발생 등에 관한 거래와 관련이 없는 지급'을 한국

은행총재의 허가사항으로 규정한 구 외국환관리규정 제6－15조의3 제15호가 죄형법정주의가 요구하는 명확성 원칙에 반하는지 여부(소극)

[3] '당해 거주자와 비거주자 간 채권의 발생 등에 관한 거래와 관련이 없는 지급'을 한국은행총재의 허가사항으로 규정한 구 외국환관리규정 제6－15조의3 제15호가 모법의 위임 범위를 벗어난 것인지 여부(소극) 및 위 조항이 헌법상 보장된 진술거부권의 본질적 내용을 침해하는 것인지 여부(소극)

[4] 종전 상고심에서 상고이유의 주장이 이유 없다고 판단되어 배척된 부분에 대한 주장을 다시 상고이유로 삼을 수 있는지 여부(소극)

[판결요지]

[1] 헌법 제12조 및 제13조를 통하여 보장되고 있는 죄형법정주의의 원칙은 범죄와 형벌이 법률로 정하여져야 함을 의미하며, 이러한 죄형법정주의에서 파생되는 명확성의 원칙은 법률이 처벌하고자 하는 행위가 무엇이며 그에 대한 형벌이 어떠한 것인지를 누구나 예견할 수 있고, 그에 따라 자신의 행위를 결정할 수 있도록 구성요건을 명확하게 규정하는 것을 의미한다. 그러나 처벌법규의 구성요건이 명확하여야 한다고 하여 모든 구성요건을 단순한 서술적 개념으로 규정하여야 하는 것은 아니고, 다소 광범위하여 법관의 보충적인 해석을 필요로 하는 개념을 사용하였다고 하더라도 통상의 해석방법에 의하여 건전한 상식과 통상적인 법감정을 가진 사람이면 당해 처벌법규의 보호법익과 금지된 행위 및 처벌의 종류와 정도를 알 수 있도록 규정하였다면 헌법이 요구하는 처벌법규의 명확성에 배치되는 것이 아니다. 또한, 어떠한 법규범이 명확한지 여부는 그 법규범이 수범자에게 법규의 의미 내용을 알 수 있도록 공정한 고지를 하여 예측가능성을 주고 있는지 여부 및 그 법규범이 법을 해석·집행하는 기관에게 충분한 의미내용을 규율하여 자의적인 법해석이나 법집행이 배제되는지 여부, 다시 말하면 예측가능성 및 자의적 법집행 배제가 확보되는지 여부에 따라 이를 판단할 수 있는데, 법규범의 의미내용은 그 문언뿐만 아니라 입법 목적이나 입법 취지, 입법 연혁, 그리고 법규범의 체계적 구조 등을 종합적으로 고려하는 해석방법에 의하여 구체화하게 되므로, 결국 법규범이 명확성 원칙에 위반되는지 여부는 위와 같은 해석방법에 의하여 그 의미 내용을 합리적으로 파악할 수 있는 해석기준을 얻을 수 있는지 여부에 달려 있다.

[2] 구 외국환관리규정(1996.6.1. 재정경제원 고시 제1996－13호) 제6－15조의3 제15호가 한국은행총재의 허가사항으로 규정한 '당해 거주자와 비거주자 간 채권의 발생 등에 관한 거래와 관련이 없는 지급'은 경상적 거래나 자본거래 등 일반적으로 외국환의 지급

등의 원인행위가 되는 거래를 수반하지 않는 외국환의 지급을 뜻하는 것으로 새기는 것이
타당하다. 따라서 위 규정은 구 외국환관리법(1997.12.13. 법률 제5453호로 개정되기 전의
것)의 목적, 외국환거래 제한의 태양과 절차, 구 외국환관리법 제17조의 의미 등에 비추어
관련 법 조항 전체를 유기적ㆍ체계적으로 종합 판단하면 그 의미가 불명확하다고 할 수
없으므로, 죄형법정주의가 요구하는 명확성의 원칙에 위배되는 것이라고 할 수 없다.

[3] 구 외국환관리법(1997.12.13. 법률 제5453호로 개정되기 전의 것) 제17조 제1항은 경
상적 거래와 자본거래에 관련된 지급 등과 위와 같은 거래를 수반하지 않는 지급 등을 모
두 규제 대상으로 하고 있고, 구 외국환관리법 시행령(1997.11.29. 대통령령 제15516호로
개정되기 전의 것) 제26조는 '과다한 외화유출 및 자본의 불법유출ㆍ유입의 가능성이 큰
지급 등으로서 법의 목적을 달성하기 위하여 필요하다고 인정되는 지급 등'을 허가대상
지급 등으로 기준을 정하였으며, 거래를 수반하지 않는 지급의 경우에 특히 외화 유출의
가능성이 있다고 보여지므로, '채권의 발생 등에 관한 거래와 관련이 없는 지급'을 한국은
행총재의 허가사항으로 정한 구 외국환관리규정(1996.6.1. 재정경제원 고시 제1996-13
호) 제6-15조의3 제15호가 구 외국환관리법 또는 구 외국환관리법 시행령의 위임의 범
위를 벗어난 것으로 볼 수 없다. 또한, 거래를 수반하지 않는 외국환 지급 허가의 신청은
구 외국환관리법이나 그 밖의 법령에 범죄로 규정되어 있지 아니할 뿐 아니라, 위와 같은
지급의 경우에도 지급의 수액 및 그 용도 등에 따라 지급이 허가될 가능성이 전혀 없다고
할 수는 없으므로, 위와 같은 지급을 하려는 거주자에 대하여 한국은행총재의 허가를 미리
받도록 규정한 것이 헌법상 보장된 진술거부권의 본질적 내용을 침해하는 것이라고 할 수
는 없다.

[4] 상고심에서 상고이유의 주장이 이유 없다고 판단되어 배척된 부분은 그 판결 선고와
동시에 확정력이 발생하여 이 부분에 대하여는 피고인은 더 이상 다툴 수 없고, 또한 환송
받은 법원으로서도 이와 배치되는 판단을 할 수 없다고 할 것이므로, 피고인으로서는 더
이상 이 부분에 대한 주장을 상고이유로 삼을 수 없다.

[환송판결] 1. 대법원 2004.7.8. 선고 2002도661 판결 / 2. 대법원 2005.6.10. 선고 2005도
946 판결

[원심판결] 서울고법 2006.1.13. 선고 2005노1269 판결

[주 문]

원심판결 중 해외지분증권 매입대금의 송금으로 인한 특정경제범죄 가중처벌 등에 관한

법률 위반(재산국외도피) 부분을 제외한 나머지 부분을 파기하고, 이 부분 사건을 서울고등법원에 환송한다. 해외지분증권 매입대금의 송금으로 인한 특정경제범죄 가중처벌 등에 관한 법률 위반(재산국외도피) 부분에 대한 검사의 상고를 기각한다.

[이 유]

1. 검사의 상고에 대하여

　가. 특정경제범죄 가중처벌 등에 관한 법률 위반(재산국외도피)의 공소사실의 요지

　　(1) 피고인은 제1원심 공동피고인{주식회사 에스디에이 인터내셔널(이하 'SDA'라 한다)의 대표이사}, 공소외 1과 공모하여, 1996.5.경 서울 영등포구(상세 주소 및 건물명 생략) 내 SDA 사무실에서, 사실은 SDA가 바하마에 있는 스티브영 인터내셔널(Steve Young International, 이하 '스티브영'이라 한다) 회사로부터 석유정제시설을 수입하여 독립국가연합 사하공화국에 있는 골드 스팍(Gold Spark) 회사에 수출한 사실이 없음에도, 마치 이를 수입하여 다시 수출하는 것처럼 수출입계약서, 선하증권 등 관계서류를 허위로 작성한 다음, 국내 은행을 통해 외국 은행에 수입신용장을 개설하고 국내 은행 직원으로 하여금 그 외국 은행에 개설된 스티브영의 계좌로 수입대금 명목으로 미화를 송금하기로 하였는바, 이는 거주자와 비거주간의 채권 발생과 관련이 없는 지급으로 한국은행총재의 허가를 받아야 함에도, 1996.5.26. 조흥은행을 통해 미국 체이스맨해튼은행 뉴욕지점에 수입신용장을 개설한 다음, 한국은행총재의 허가 없이 1996.5.30. 조흥은행 직원으로 하여금 체이스맨해튼은행 뉴욕지점에 개설된 스티브영 회사 계좌로 수입대금 명목으로 미화 24,842,800달러를 송금하도록 한 것을 비롯하여, 그 때부터 1997.6.11.까지 사이에 같은 방법으로 9회에 걸쳐 스티브영 회사 계좌로 합계 미화 1억 65,926,739.50달러를 송금함으로써 법령에 위반하여 재산을 해외로 도피하고,

　　(2) 위와 같이 불법적으로 국외 유출한 미화에 대하여 1997.6.경 제1원심 공동피고인으로부터 수사기관에 고발을 하겠다는 협박을 당하자 이에 불안을 느낀 나머지 위 불법 국외유출자금 중 이미 국외에서 개인적으로 사용하여 재반입이 불가능한 자금에 대하여, 외국에서 운영되는 까닭에 그 설립 및 운영상황에 대하여 비밀유지가 용이한 역외펀드를 설립하여 대한생명보험 주식회사(이하 '대한생명'이라 한다)의 회사 공금을 국외로 도피시킨 후 자금세탁과정을 거친 다음, 위장무역으로 해외에 유출하였던 자금이 환수된 것처럼 가장하여 국내로

들여와 향후에 있을 수 있는 수사 및 재판과정에서 위 재산국외도피사건을 은폐하거나 유리한 자료로 활용할 생각으로 공소외 1과 공모하여, 1997.7.경 영국 런던 소재 대한생명 영국주재 사무소에서, 사실은 역외펀드를 이용하여 해외에서 투자하는 것이 아니라 위와 같이 미리 도피시킨 외화를 변제하기 위하여 단지 그러한 형식을 빌려서 미화를 해외로 송금하는 것이어서 거주자와 비거주자 간 채권의 발생 등과 관련이 없는 지급에 해당하므로 한국은행총재의 허가를 받아야 함에도 그 허가 없이, 대한생명 상무 공소외 2, 이사 공소외 3에게 1억 달러를 투자할 역외펀드를 설립할 것을 지시하고, 이에 따라 공소외 2 등이 1997.8.20.경 국제적 조세회피 지역인 영국령 케이만군도에 그랜드 밀레니엄 펀드(Grand Millennium Fund)라는 역외펀드를 설립하자, 1997.8.22.경 및 1997.9.24.경 펀드 명의로 해외에서 지분증권(Unit Certificate)을 2차례에 걸쳐 발행하고, 위 각 일자에 대한생명이 위 지분증권을 미화 각 5,000만 달러에 전액 매입하는 형식으로 미화 합계 1억 달러를 외환은행 뉴욕지점 퀸스게이트 뱅크 앤 트러스트(Queensgate Bank & Trust Co.) 계좌로 송금함으로써 법령에 위반하여 대한민국의 재산을 국외로 도피시켰다.

나. 검사의 기소취지

검사의 기소취지를 요약하면, 피고인의 이 사건 각 미화 송금행위가 '거주자와 비거주자 간 채권의 발생 등에 관한 거래와 관련이 없는 지급'으로서 구 외국환관리규정(1996.6.1. 재정경제원 고시 제1996－13호, 이하 '구 외국환관리규정'이라 한다) 제6－15조의3 제15호(이하 '이 사건 규정'이라 한다)에 해당하므로 한국은행총재의 허가를 받아야 함에도 그러한 허가를 받지 아니한 채 비거주자에게 외국환을 송금함으로써 이 사건 규정의 상위규범인 구 외국환관리법(1997.12.13. 법률 제5453호로 개정되기 전의 것, 이하 '구 외국환관리법'이라 한다) 제17조 제1항에 위반하여 대한민국의 재산을 국외로 이동하였으니, 이는 특정경제범죄 가중처벌 등에 관한 법률 제4조 제1항 소정의 '법령에 위반하여 대한민국 또는 대한민국 국민의 재산을 국외에 이동하거나 국내에 반입하여야 할 재산을 국외에서 은닉 또는 처분하여 도피시킨 때'에 해당한다는 것이다.

다. 원심의 판단

원심은 다음과 같은 이유로 이 사건 규정이 무효라고 판단하였다.
구 외국환관리법 제3조 제1항 제9호, 제21조 제1항 제1호, 구 외국환관리규정 제1－2조 제47호의 규정을 종합하면, 이 사건 규정 중에서 '채권의 발생 등에 관한

거래와 관련이 없는 지급'이라 함은 '모든 종류의 금전채권 또는 금전채무의 발생·
변경·변제·소멸이나 직접 또는 간접의 이전 기타의 처분에 관한 거래와 관련이
없는 지급'을 의미한다.

그런데 금전채권은 통화로 지급할 것을 목적으로 하는 채권이므로 '금전채권'과 '지
급'이라는 개념을 서로 분리하여 생각할 수 없는 점, 이 사건 규정에서 말하는 '거
래'의 개념을 불법행위 등이 아닌 '계약'의 의미로 좁게 파악할 여지가 없지 않으나
구 외국환관리법 제21조 제1항에서는 '거래 또는 행위'를 '거래'라고 표현하고 있음
에 비추어 볼 때 '거래'가 반드시 계약관계만을 의미하는 것은 아닐 뿐만 아니라,
불법행위로 인한 손해배상이나 부당이득 반환을 위한 지급의 경우에도 그것은 금전
채권의 변제·소멸에 관한 것으로서 채권의 발생 등에 관한 거래와 관련이 없다고
하기는 어려운 점, 또한 아무런 대가 없는 지급으로서 증여, 특히 사전에 증여약속
을 함이 없이 통화의 이전을 수반하는 무상성의 합의를 하는 현실증여가 위 규정의
'거래' 개념에서 제외되는 것으로 생각할 수도 있으나 그 경우에도 관념적으로는 채
권계약이 선행하고 곧 이어서 이행되는 것이므로 법리상 일종의 거래 또는 계약관
계에 해당하는 것으로 보아야 할 것인 점, 한편 외국환을 지급받은 상대방이 지급당
사자의 의사에 따라 이를 보관하다가 지급당사자에게 반환하거나 특정 용도에 사용
하여야 할 의무를 부담하게 되는 것이라면 이것 또한, 금전의 보관 및 위탁에 관한
채권채무의 발생과 관련이 없는 것이라고 할 수 없는 점 등을 종합해 보면, 과연
'채권의 발생 등에 관한 거래와 관련이 없는 지급'이라는 것이 개념적으로 또는 현
실석으로 존재할 수 있는지가 의심스러울 뿐만 아니라 그 법률적 의미를 파악하는
것이 극히 곤란하다고 하지 않을 수 없다.

나아가 '채권의 발생 등에 관한 거래와 관련이 없는 지급'이라는 개념이 성립하고
현실적으로 그러한 지급행위가 존재한다고 보는 경우에도, '당해 거주자와 비거주
자 간 채권의 발생 등에 관한 거래와 관련이 없는 지급'이라는 이 사건 규정에 구체
적으로 포섭되는 행위 유형에 대하여는 다양한 해석이 존재할 수 있으나, 그 중 어
느 것에 따르더라도 보통의 판단능력을 갖춘 일반인들이 이 사건 규정에 의하여 허
가를 받아야 하는 행위가 무엇인지 알 수 있을 정도로 법률적 의미가 명확하지 아
니하여 죄형법정주의가 요구하는 형벌법규의 명확성의 원칙에 반할 뿐만 아니라,
외국환관리법령의 규정체계에 비추어 모법의 위임범위를 초과하는 결과에 이르게
된다.

또한, 구 외국환관리법 시행령(1997.11.29. 대통령령 제15516호로 개정되기 전의

것, 이하 '구 외국환관리법 시행령'이라 한다) 제26조 제2항, 제3항 및 구 외국환관리규정 제6-2조 제1항에 의하면 지급의 허가를 받고자 하는 자는 지급금액·지급사유와 상대방 등을 기재한 허가신청서에 지급사유와 금액을 입증하는 서류 등을 첨부하여 재정경제원장관에게 제출하여야 하고, 위 허가신청을 받은 재정경제원장관은 당해 지급이 허가대상인지의 여부, 당해 지급의 사유와 금액, 당해 지급의 원인이 되는 거래 또는 행위의 내용 등을 심사하여 그 허가 여부를 결정하도록 되어 있으므로, 거주자가 당해 거주자와 비거주자 간 채권의 발생 등과 관련 없이 국내로부터 외국에 지급하거나 비거주자에게 지급하고자 하는 경우에는 그 지급의 원인이 되는 거래 또는 행위가 없다고 기재한 허가신청서를 제출하여 그 허가를 받아야 하고, 만일 위 허가를 받지 아니하거나 허위 기타 부정한 방법으로 허가를 받고 위 행위 등과 관련한 지급을 하면 외국환관리법 및 특정경제범죄 가중처벌 등에 관한 법률에 따라 형사처벌을 받도록 규정되어 있는바, 현실적으로는 위와 같이 기재한 허가신청서를 제출하면 허가를 받는 것이 불가능할 것이므로, 결국 그 자체로 자신에게 형사상 불리한 진술을 강요하는 것이 되어 진술거부권의 본질적인 내용을 침해하는 것이다.

이상의 점을 종합하면, 검사가 피고인의 이 사건 각 외화지급행위에 대하여 청구한 적용법조인 이 사건 규정은 형벌법규의 명확성의 원칙에 반하며, 모법인 구 외국환관리법 제17조 제1항 및 구 외국환관리법 시행령 제26조 제1항의 위임범위를 벗어난 것일 뿐만 아니라, 헌법 제12조 제2항이 보장하는 진술거부권의 본질적 내용을 침해하는 것으로서 무효이다.

라. 이 법원의 판단

그러나 위와 같은 원심의 판단은 다음과 같은 이유로 수긍하기 어렵다.

헌법 제12조 및 제13조를 통하여 보장되고 있는 죄형법정주의의 원칙은 범죄와 형벌이 법률로 정하여져야 함을 의미하며, 이러한 죄형법정주의에서 파생되는 명확성의 원칙은 법률이 처벌하고자 하는 행위가 무엇이며 그에 대한 형벌이 어떠한 것인지를 누구나 예견할 수 있고, 그에 따라 자신의 행위를 결정할 수 있도록 구성요건을 명확하게 규정하는 것을 의미한다.

그러나 처벌법규의 구성요건이 명확하여야 한다고 하여 모든 구성요건을 단순한 서술적 개념으로 규정하여야 하는 것은 아니고, 다소 광범위하여 법관의 보충적인 해석을 필요로 하는 개념을 사용하였다고 하더라도 통상의 해석방법에 의하여 건전한 상식과 통상적인 법감정을 가진 사람이면 당해 처벌법규의 보호법익과 금지된 행위 및 처벌의 종류와 정도를 알 수 있도록 규정하였다면 헌법이 요구하는 처벌법규의 명확성에 배치되는 것이 아니다. 또한, 어떠한 법규범이 명확한지 여부는 그 법규범이 수범자에게 법규의 의미내용을 알 수 있도록 공정한 고지를 하여 예측가능성을 주고 있는지 여부 및 그 법규범이 법을 해석·집행하는 기관에게 충분한 의미내용을 규율하여 자의적인 법해석이나 법집행이 배제되는지 여부, 다시 말하면 예측가능성 및 자의적 법집행 배제가 확보되는지 여부에 따라 이를 판단할 수 있는데, 법규범의 의미내용은 그 문언뿐만 아니라 입법 목적이나 입법 취지, 입법 연혁, 그리고 법규범의 체계적 구조 등을 종합적으로 고려하는 해석방법에 의하여 구체화하게 되므로, 결국 법규범이 명확성 원칙에 위반되는지 여부는 위와 같은 해석방법에 의하여 그 의미내용을 합리적으로 파악할 수 있는 해석기준을 얻을 수 있는지 여부에 달려 있다(헌법재판소 2004.11.25. 선고 2004헌바35 결정, 2005.6.30. 선고 2002헌바83 결정 등 참조).

그런데 **구 외국환관리법은 외국환과 그 거래 기타 대외거래를 합리적으로 조정 또는 관리함으로써 대외거래의 원활화를 기하고 국제수지의 균형과 통화가치의 안정을 도모하여 국민경제의 건전한 발전에 이바지함을 목적으로 하고(제1조), 이와 같은 목적을 달성하기 위하여 모든 외국환거래행위에 대하여 '원인행위', '지급 및 영수행위' 그리고 '지급 및 영수방법' 등 3가지 측면에서 절차를 정하고 있는바, 거래의 유형에 따라 경상적 거래에 대하여는 '지급 및 영수행위'를 중심으로, 자본거래에 대해서는 '원인행위'를 중심으로 외국환거래를 규제하고 있다.**

즉, 구 외국환관리법은 자본거래를 원칙적으로 허가대상으로 하면서, 관리를 강력하게 하지 않아도 좋을 거래는 신고대상거래로 분류하는 한편, 관리를 하지 않아도 좋다고 판단되는 자본거래는 허가면제거래로 규정하고 있고(구 외국환관리법 제21조, 구 외국환관리법 시행령 제30조, 구 외국환관리규정 제10장), 구 외국환관리법 제21조에 따라 자본거래의 허가를 받았거나 자본거래의 신고를 마친 거래의 경우에는 해당 거래에 대한 허가 또는 신고만으로 지급 또는 영수(이하 '지급 등'이라 한다)를 할 수 있다(구 외국환관리법 제17조 제2항 제1호).

반면 경상적 거래는 원인행위에 대한 허가 또는 신고가 필요하지 아니하며, 특히 대외무역법에 의하여 인정된 물품의 수출과 수입의 경우에는 별도의 허가 또는 신고 없이 지급 등을 할 수 있다(구 외국환관리법 제17조 제2항 제2호).

다만, 조약 및 일반적으로 승인된 국제법규의 성실한 이행 또는 국제경제질서의 유지를 위하여 불가피한 경우에는 허가를 받거나 또는 신고를 마친 자본거래에 의한 지급과 대외무역법이 정하는 바에 의하여 인정된 물품의 수출·수입에 관한 지급 등의 경우에도 지급 및 영수행위의 규제에 관한 구 외국환관리법 제17조 제1항이 적용된다(제17조 제2항 단서).

한편, 지급 및 영수행위의 규제에 관한 구 외국환관리법 제17조에 의하면, 재정경제원장관은 국제수지의 균형을 유지하기 위하여 필요한 경우, 구 외국환관리법의 실효성을 확보하기 위하여 필요한 경우, 조약 및 일반적으로 승인된 국제법규의 성실한 이행 또는 국제경제질서의 유지를 위하여 불가피한 경우에는 거주자 또는 비거주자로 하여금 지급 등에 관하여 대통령령이 정하는 구분에 의하여 재정경제원장관에게 신고하여야 하도록 하거나 재정경제원장관의 허가를 받도록 할 수 있고(제17조 제1항), 위 규정에 근거한 구 외국환관리법 시행령 제26조는 '거래가 정형화되어 있어 지급 등의 목적이 분명하고 자본의 불법유출·유입의 가능성이 작다고 인정되는 지급 등'은 신고 대상 지급 등으로, '과다한 외화유출 및 자본의 불법유출·유입의 가능성이 큰 지급 등으로서 법의 목적을 달성하기 위하여 필요하다고 인정되는 지급 등'은 허가대상 지급 등으로 기준을 정하면서 재정경제원장관이 위 기준에 의하여 신고를 하거나 허가를 받아야 할 지급 등의 종류와 범위를 정하여 고시하도록 규정하였다.

위와 같은 위임에 따라 제정된 구 외국환관리규정은 제6장 제2절(허가 등을 받아야 하는 지급 등)에서 외국환은행의 장에게 신고하여야 하는 지급 등(제6-15의2), 한국은행총재의 허가를 받아야 하는 지급 등(제6-15의3), 재정경제원장관의 허가를 받아야 하는 지급 등(제6-15의3)을 차례로 나누어 규정하고 있다.

그리고 외국환관리규정 제6-15조의3은 한국은행총재의 허가를 받아야 하는 지급 등으로서 모두 16개 호를 열거하고 있는바, 여기에는 경상적 거래 중 물품거래와 관련된 지급{거주자가 대외무역법이 정하는 바에 의하지 않은 물품의 매매와 관련한 지급 등을 하고자 하는 경우(제1호)}, 경상적 거래 중 용역거래와 관련된 지급{사업 및 경영 상담(컨설팅) 용역 대가 지급(3호), 물품의 수출·수입에 직접 수반하는 중개 또는 대리 등에 따른 수수료 지급의 경우를 제외하고 그 대상 거래 또는 행위금액의 100분의 10과 미화 5만 불을 초과하는 각종 중개, 위탁, 대리, 알선, 대행, 보조 등에 대한 수수료 지급(10호) 등}, 자본거래와 관련한 지급{부동산 처분대금의 지급(5호), 증권의 원리금 배당금, 이자 등의 지급 및 처분대금의 지급(6호), 여신관련 담보제공, 보증에 따른 대지급(7호), 법 제21조 제1항의 각 호에 해당하는 자본거래 이외의 거래 또는 행위로서 이윤, 이자, 이익배당금 및 분배금 등 자본소득을 목적으로 한 거래 또는 행위를 위한 지급(13호) 등}이 포함되어 있고, 위 규정들과 함께 제15호에서 '당해 거주자와 비거주자 간 채권의 발생 등에 관한 거래와 관련이 없는 지급'을 규정하고 있으며, 제1-2조 제47호에서 '채권의 발생 등'이라 함은 채권 또는 채무의 발생·변경·변제·소멸이나 직접 또는 간접의 이전 기타의 처분을 말한다고 규정하고 있다.

위 규정들을 모두 종합하여 살펴보면, 구 외국환관리법 제17조 제1항은 제17조 제2항에 의하여 적용이 배제되는, 대외무역법에 의하여 인정된 물품의 수출·수입에 관한 지급 등과 허가를 받거나 신고를 마친 자본거래에 의한 지급 등을 제외한 모든 외국환의 지급 및 영수행위를 규제대상으로 하고 있다고 할 것인바, 외국환의 지급 및 영수행위는 경상적 거래와 자본거래 등의 국제거래가 원인이 되는 경우가 일반적일 것이지만, 그러한 원인행위 없이 외국환의 지급 및 영수행위를 필요로 하는 경우도 있을 수 있고, 그러한 외국환의 지급 및 영수행위는 원인행위 단계에서 아무런 규제를 받지 아니하므로 지급 및 영수행위 단계에서 이를 규제할 필요성이 적지 아니한 점과 원인행위가 없는 지급의 경우에 특히 외화 유출의 가능성이 있다고 보여지는 점 등에 비추어 보면, 구 외국환관리규정이 한국은행총재의 허가사항으로 규정한 '당해 거주자와 비거주자 간 채권의 발생 등에 관한 거래와 관련이 없는 지급'은 경상적 거래나 자본거래 등 일반적으로 외국환의 지급 등의 원인행위가 되는 거래를 수반하지 않는 외국환의 지급을 뜻하는 것으로 새기는 것이 타당하다.

따라서 이 사건 규정은 앞서 본 바와 같은 이 법의 목적, 외국환거래 제한의 태양과 절차, 법 제17조의 의미 등에 비추어 관련 법 조항 선제를 유기적·체계적으로 종합 판단하면 그 의미가 불명확하다고 할 수 없으므로, 죄형법정주의가 요구하는 명확성의 원칙에 위배되는 것이라고 할 수 없다.

그리고 앞서 본 바와 같이 구 외국환관리법 제17조 제1항은 경상적 거래와 자본거래에 관련된 지급 등과 위와 같은 거래를 수반하지 않는 지급 등을 모두 규제 대상으로 하고 있고, 구 외국환관리법 시행령 제26조는 '과다한 외화유출 및 자본의 불법유출·유입의 가능성이 큰 지급 등으로서 법의 목적을 달성하기 위하여 필요하다고 인정되는 지급 등'을 허가대상 지급 등으로 기준을 정하였으며, 거래를 수반하지 않는 지급의 경우에 특히 외화 유출의 가능성이 있다고 보여지므로, '채권의 발생 등에 관한 거래와 관련이 없는 지급'을 한국은행총재의 허가사항으로 정한 이 사건 규정이 구 외국환관리법 또는 구 외국환관리법 시행령의 위임의 범위를 벗어난 것으로 볼 수 없다.

또한, 거래를 수반하지 않는 외국환 지급 허가의 신청은 구 외국환관리법이나 그 밖의 법령에 범죄로 규정되어 있지 아니할 뿐 아니라, 위와 같은 지급의 경우에도 지급의 수액 및 그 용도 등에 따라 지급이 허가될 가능성이 전혀 없다고 할 수는 없으므로, 위와 같은 지급을 하려는 거주자에 대하여 한국은행총재의 허가를 미리 받도록 규정한 것이 헌법상 보장된 진술거부권의 본질적 내용을 침해하는 것이라고 할 수는 없다.

그럼에도 불구하고, 원심은 그 판시와 같은 이유로 이 사건 규정이 무효라고 판단하였으니, 원심판결에는 구 외국환관리규정 제6－15조의3 제15호의 효력에 관한 법리를 오해한 위법이 있고, 이러한 위법은 원심판결 중 시설수입을 가장한 송금으로 인한 특정경제범죄 가중처벌 등에 관한 법률 위반(재산국외도피)죄 부분에 영향을 미쳤음이 분명하다.

그러나 해외 지분증권의 매입은 구 외국환관리법 제21조 제1항 제3호 소정의 자본거래에 해당하므로, 그 매입대금의 송금은 위 자본거래에 수반된 지급으로서 구 외국환관리규정 제6－15조의3 제15호 소정의 '채권의 발생 등에 관한 거래와 관련이 없는 지급'이라고 할 수 없으며, 피고인이 해외지분증권을 매입하게 된 진정한 목적이 역외펀드를 이용한 해외 투자에 있는 것이 아니라 그 중 일부를 SDA에 송금하여 이 사건 위장무역대금이 국내로 환수된 것처럼 가장하고 나머지 일부를 해외합작투자 사업 등에 사용하려는 데 있었다고 하더라도 달리 볼 수 없다(기록에 의하면, 대한생명은 구 외국환관리규정 제10－49조 제3호 소정의 기관투자가로서 대한생명의 이 사건 해외지분증권의 매입은 구 외국환관리법 제21조 제3항, 구 외국환관리법 시행령 제30조 제5항, 구 외국환관리규정 제10－48조, 제10－50조 제1항 제3호 (가)목에 의하여 허가 또는 신고를 요하지 아니하며, 그 매입대금의 지급 역시 구 외국환관리법 제17조 제2항 제1호에 의하여 허가 또는 신고를 요하지 아니한다). 따라서 이 사건 공소사실 중 해외지분증권 매입대금의 송금으로 인한 특정경제범죄 가중처벌 등에 관한 법률 위반(재산국외도피) 부분은 범죄의 증명이 없는 때에 해당하므로, 원심이 이를 무죄로 인정한 것은 결론에 있어서 옳고, 따라서 앞서 본 바와 같은 원심의 위법은 이 부분 판결에는 영향이 없다고 할 것이다.

2. 피고인의 상고에 대하여

상고심에서 상고이유의 주장이 이유 없다고 판단되어 배척된 부분은 그 판결 선고와 동시에 확정력이 발생하여 이 부분에 대하여는 피고인은 더 이상 다툴 수 없고, 또한 환송받은 법원으로서도 이와 배치되는 판단을 할 수 없다고 할 것이므로, 피고인으로서는 더 이상 이 부분에 대한 주장을 상고이유로 삼을 수 없다고 할 것인바(대법원 2005.3.24. 선고 2004도8651 판결, 2005.10.28. 선고 2005도1247 판결 등 참조), 피고인의 상고이유는 이미 제1차환송판결 및 제2차환송판결에 의하여 그 상고이유가 없다는 이유로 배척되었으므로, 피고인의 상고이유의 주장은 적법한 상고이유라고 할 수 없어 이를 받아들일 수 없다.

3. 파기의 범위

그러므로 원심판결의 무죄 부분 중 시설수입을 가장한 송금으로 인한 특정경제범죄 가중처벌 등에 관한 법률 위반(재산국외도피) 부분은 파기되어야 할 것인바, 이 죄와 원심에서 유죄로 인정된 나머지 죄들은 형법 제37조 전단의 경합범으로서 하나의 형이 선고되어야 할 것이므로, 원심판결 중 해외지분증권 매입대금의 송금으로 인한 특정경제범죄 가중처벌 등에 관한 법률 위반(재산국외도피) 부분을 제외한 나머지 부분은 전부 파기될 수밖에 없다.

4. 결론

그러므로 원심판결 중 해외지분증권 매입대금의 송금으로 인한 특정경제범죄 가중처벌 등에 관한 법률 위반(재산국외도피) 부분을 제외한 나머지 부분을 파기하고, 이 부분 사건을 다시 심리·판단하게 하기 위하여 원심법원에 환송하며, 해외지분증권 매입대금의 송금으로 인한 특정경제범죄 가중처벌 등에 관한 법률 위반(재산국외도피) 부분에 대한 검사의 상고를 기각하기로 하여 관여 법관의 일치된 의견으로 주문과 같이 판결한다.

대법관   김지형(재판장) 강신욱 고현철(주신) 양승태

(1) 통칙

1) 거주자의 증권발행

거주자가 국내에서 외화증권을 발행 또는 모집("발행"이라 함)하고자 하는 경우에는 허가 및 신고를 요하지 아니한다.

거주자가 외국에서 외화증권이나 원화증권을 발행하고자 하는 경우(거주자가 국내에서 발행한 외화증권을 비거주자가 사모로 취득하는 경우를 포함)에는 지정거래외국환은행의 장(단 외화차입 신고를 한 경우에는 지정거래외국환은행의 장으로 함) 등에게 보고 또는 신고등을 하여야 하며, 거주자의 외화자금차입 규정을 준용한다. 다만, 외화증권발행방식에 의하여 미화 5천만불을 초과하는 현지금융을 받고자 하는 경우에는 지정거래외국환은행을 경유하여 기획재정부장관에게 신고하여야 한다(정 7-22-2).

〔표 67〕 거주자의 증권발행거래

당사자	거래내용	신고의무
거주자	국내에서 외화증권을 발행 또는 모집하고자 하는 경우	없음
거주자	외국에서 외화증권을 발행하고자 하는 경우[23]	지정거래외국환은행의 장 등에게 보고 또는 신고
거주자	외화증권발행방식에 의하여 미화 5천만불을 초과하는 현지금융을 받고자 하는 경우	지정거래외국환은행을 경유하여 기획재정부장관에게 신고
거주자	거주자(외국환업무취급기관을 포함)가 외국에서 원화증권을 발행하고자 하는 경우	기획재정부장관에게 신고
증권발행을 한 자	납입을 완료했을 경우	지체없이 증권발행보고서를 신고기관의 장에게 제출

---

23) 거주자가 국내에서 발행한 외화증권을 비거주자가 「자본시장과 금융투자업에 관한 법률」 제9조 제8항에서 규정하는 사모로 취득하는 경우를 포함한다.

2) 비거주자의 증권발행

비거주자가 증권을 발행하고자 하는 경우에는 기획재정부장관에게 신고하여야 한다 (정 7-23-1). 증권의 발행으로 조달한 자금은 신고시 명기한 용도로 사용하여야 한다(정 7-23-3).

〔표 68〕 비거주자의 증권발행 거래

당사자	거래내용	신고의무
비거주자	국내에서 외화증권 또는 원화연계외화증권을 발행(외국에서 기 발행된 외화증권을 증권시장에 상장하는 경우를 포함)하고자 하거나 원화증권을 발행하고자 하는 경우	기획재정부장관에게 신고
비거주자	외국에서 원화증권 또는 원화연계외화증권을 발행하고자 하는 경우	기획재정부장관에게 신고

3) 상장증권의 거래소 간 이동

국내증권시장과 해외증권시장 간에 증권의 이동이 이루어지는 방식으로 증권을 상장하고자 하는 경우에는 최초 상장시점에 1회에 한하여 기획재정부장관에게 신고하여야 한다(정 7-23의2-1). 신고를 한 자는 시장간 유가증권의 이동 또는 전체 증권발행수량의 변동이 발생한 경우 매월별로 다음 달 말까지 기획재정부장관에게 보고하여야 한다(정 7-23의2-2).

(2) 비거주자의 국내 증권 발행절차

1) 증권발행 신고의무

증권을 발행하고자 하는 비거주자는 증권발행신고서에 발행자금의 용도를 기재한 발행계획서를 첨부하여 기획재정부장관에게 제출하여야 한다(정 7-24-1).

2) 주식예탁증서 발행

주식예탁증서를 발행하고자 하는 자는 주식예탁증서의 신주인수권행사에 따른 증권납입대금 및 배당금지급 등 주식예탁증서의 권리행사 및 의무이행에 관련된 자금의 예치 및 처분을 위하여 예탁결제원에 예탁결제원 명의의 원화증권전용외화계정(발행자 명의도 부기함)을 지정거래외국환은행에 개설하도록 요청하여야 하며, 요청받은 예탁결

제원은 지정거래외국환은행에 예탁결제원 명의의 원화증권전용외화계정을 개설하여야
한다.

3) 증권납입대금 예치의무

비거주자가 국내에서 증권을 발행한 경우, 원화증권인 경우에는 비거주자자유원계정
을, 외화증권인 경우에는 대외계정을 개설하여 증권납입대금을 예치하여야 한다(정 7-24
-3).

4) 보고의무

증권발행신고를 한 자가 납입을 완료하였을 경우에는 지체없이 증권발행보고서에 발
행조건 및 비용명세서와 인수기관별 인수내역의 서류를 첨부하여 기획재정부장관에게
제출하여야 한다(정 7-27-1).

예탁결제원은 예탁결제원 명의의 원화증권전용외화계정의 지급 및 수령상황을 매월
외화계정이 개설된 지정거래외국환은행의 장에게 통보하여야 한다(정 7-27-2).

지정거래외국환은행의 장은 예탁결제원 명의의 원화증권전용외화계정의 예치 및 처
분상황을 매월 한국은행총재에게 보고하여야 한다(정 7-27-3).

한국은행총재는 예치 및 처분상황을 종합하여 매월 기획재정부장관에게 보고하여야
한다(정 7-27-4).

5) 해외판매채권의 매매

발행채권의 일부를 해외에서 판매하고자 하는 자는 해외에서의 해외판매채권의 매매
(외화결제에 한함)를 위해 국제적으로 인정되는 결제기구 또는 예탁기관에 해외판매채
권을 예탁할 수 있다(정 7-28-1).

국제적으로 인정되는 결제기구 또는 예탁기관에 해외판매채권을 예탁하고자 하는 자
는 발행신고시에 기획재정부장관에게 신고하여야 한다(정 7-28-2).

(3) 외국에서 원화증권의 발행절차

1) 증권발행 신고의무

거주자가 외국에서 원화증권을 발행하고자 하는 경우에는 증권발행신고서에 발행자

금의 용도를 기재한 발행계획서를 첨부하여 기획재정부장관에게 제출하여야 한다(정 7-29-1).

비거주자가 외국에서 원화증권(원화연계외화증권을 포함하며 이하 이 조에서 같다)을 발행하고자 하는 경우에는 별지 제7-5호 서식의 증권발행신고서에 발행자금의 용도를 기재한 발행계획서를 첨부하여 기획재정부장관에게 제출하여야 한다(정 7-30-1).

〔표 69〕 외국에서의 증권발행 거래

당사자	거래내용	신고의무
거주자	외국에서 원화증권을 발행하고자 하는 경우	증권발행신고서에 발행자금의 용도를 기재한 발행계획서를 첨부하여 기획재정부장관에게 제출
비거주자	외국에서 원화증권(원화연계외화증권을 포함)을 발행하고자 하는 경우	증권발행신고서에 발행자금의 용도를 기재한 발행계획서를 첨부하여 기획재정부장관에게 제출

2) 보고의무

원화증권발행을 신고한 자가 납입을 완료하였을 경우에는 지체없이 증권발행보고서를 기획재정부장관에게 제출하여야 한다(정 7-29-2, 정 7-30-2).

(4) 증권발행거래에 대한 실무사례 및 판례

〔표 70〕 증권발행거래에 대한 실무 사례 및 판례

실무 사례 및 판례	내용	신고의무
거주자의 해외 외화증권 발행시 거래 외국환은행 지정	지정거래외국환은행장에게 신고를 하여야 하며 외화증권발행금액이 미화 3천만달러(신고시점부터 과거 1년간의 누적금액 포함)를 초과하는 경우에는 지정거래외국환은행을 경유하여 기획재정부장관에게 신고	지정거래외국환은행 신고/기획재정부장관 신고

외국환거래법상 "증권의 취득"이란 증권 또는 증권에 부여된 전환권, 신주인수권, 교환권 등의 권리(담보권은 제외)를 취득하는 것을 말한다[24]. 외국환거래법상 증권의 취득은 경영참여를 목적으로 하지 않고 증권이나 증권에 부여된 전환권 등을 취득하는 것을 의미한다. 외국환거래법에서는 외국법인의 경영에 참가하기 위하여 국내 법인이나 개인(거주자)이 외국법인의 주식 또는 출자지분을 취득하는 것은 해외직접투자로서 외국환거래규정 제9장에서 별도로 규정하고 있다[25]. 외국법인이나 개인(비거주자)이 국내 법인의 경영참여 목적으로 주식이나 출자지분을 취득하는 것은 외국인 직접투자로서 외국인투자촉진법이 우선 적용되며 외국인투자촉진법(제30조[26])에서 규정하지 아니하는 사항에 대하여는 외국환거래법의 적용을 받는다.

(1) 거주자의 증권취득

1) 신고예외 증권취득거래

거주자가 비거주자로부터 증권을 취득하고자 하는 경우로서 다음 하나에 해당하는 경우에는 신고를 요하지 아니한다.

〔표 71〕 신고예외 거주자의 증권취득 거래(정 7 - 31)

당사자	거래내용	신고의무
거주자	외화증권투자절차(정 7 - 33)에 따라 외화증권에 투자하는 경우	없음
거주자	비거주자로부터 상속·유증·증여로 인하여 증권을 취득하는 경우	없음
거주자	거주자가 외국환거래규정 증권발행규정에 따라 발행한 증권의 만기 전 상환 및 매입소각 등을 위하여 증권을 취득하는 경우	없음
거주자	인정된 거래에 따라 취득한 주식 또는 지분에 대신하여 합병 후	없음

---

24) 외국환거래규정 제1 - 2조 제33호
25) 외국환거래규정 제7 - 31조 제1항 단서
26) 외국인투자촉진법 중 외국환 및 대외거래에 관한 사항에 관하여는 이 법에 특별한 규정이 없으면 「외국환거래법」에서 정하는 바에 따른다.

당사자	거래내용	신고의무
	존속·신설된 법인의 주식 또는 지분을 비거주자로부터 취득하는 경우	
거주자	외국의 법령에 의한 의무를 이행하기 위하여 비거주자로부터 외화증권을 취득하는 경우	없음
거주자	국민인 비거주자로부터 국내에서 원화증권을 내국통화로 취득하는 경우	없음
거주자	인정된 거래에 따른 대부금의 대물변제, 담보권의 행사와 관련하여 비거주자로부터 외화증권을 취득하는 경우	없음
거주자	비거주자가 국내 또는 국외에서 발행한 만기 1년 이상인 원화증권을 취득하거나 비거주자가 발행한 해외판매채권을 비거주자에게 매각할 목적으로 국내인수회사가 취득하는 경우[27]	없음
거주자	국내기업이 사업활동과 관련하여 외국기업과의 거래관계의 유지 또는 원활화를 위하여 미화 5만불 이하의 당해 외국기업의 주식 또는 지분을 취득하는 경우	없음
외국인투자기업(국내 자회사를 포함), 외국기업국내지사, 외국은행국내지점 또는 사무소에 근무하는 자	본사(본사의 지주회사나 방계회사를 포함)의 주식 또는 지분을 취득하는 경우	없음
거주자	국내유가증권시장에 상장 또는 등록된 외화증권을 비거주자로부터 취득하거나, 거주자의 인정된 거래를 통해 부여된 권리를 거주자가 행사함으로써 주식 또는 지분을 취득하는 경우	없음
거주자	외국환거래규정[28]에 따라 증권을 취득한 비거주자로부터 동 증권을 취득하는 경우	없음

2) 신고대상 증권취득거래

신고예외 증권취득거래를 제외하고 거주자가 비거주자로부터 증권을 취득하고자 하는 경우에는 한국은행총재에게 신고하여야 한다.

한국은행총재는 필요시 거주자의 증권취득거래 신고내용을 국세청장에게 열람하도록 하여야 한다. 다만, 거주자가 보유증권을 대가로 하여 비거주자로부터 증권을 취득하고자 하는 경우에는 교환대상증권의 가격 적정성을 입증하여야 한다.

---

27) 거주자가 원주를 취득하는 경우에는 정 7-33의 규정에 따른다.
28) 외국환거래규정 제7-32조 제1항 제1호, 제2호 및 제11호, 제7-32조 제2항 및 제3항의 규정

〔표 72〕 신고대상 증권취득 거래(정 7-33-4)

당사자	거래내용	신고의무
거주자	거주자가 비거주자로부터 증권을 취득하고자 하는 경우	한국은행총재에게 신고

─○ 신고서 작성 방법   증권취득

│ 거래사례 │

유정씨앤씨(주)는 미국의 첨단 벤처기업인 ABC사에 대한 투자목적으로 ABC사가 발행하는 우선주를 장외에서 주당 US $ 1,000의 가격으로 3,000주를 직접 취득하기 위해 한국은행에 증권 취득계약 신고를 한 사례(자료출처 : 한국은행 외국환거래 신고 편람 2007.1. p.122~129의 내용을 필자가 일부수정)

〔별지 제7-6호 서식〕

<table>
<tr><td colspan="2" rowspan="2"></td><td rowspan="2">증 권 취 득 신 고 서</td><td colspan="2">처리기간</td></tr>
<tr><td colspan="2"></td></tr>
<tr><td rowspan="3">Ⓐ
신
고
인</td><td>상호 및 대표자 성명</td><td colspan="3">유정씨앤씨(주) 대표이사 신민호
(또는 유정씨앤씨(주)의 대리인 공일규)　　인</td></tr>
<tr><td>주 소 (소 재 지)</td><td colspan="3">서울시 강남구 언주로 723번지
　　　　　　　　　　　　(전화번호 : 123-4567)
　　　　　　　　(E-mail : custra@naver.com)</td></tr>
<tr><td>업 종 (직 업)</td><td colspan="3">여신전문금융기관</td></tr>
<tr><td rowspan="11">신
고
내
역</td><td>Ⓑ 증 권 취 득 자</td><td colspan="3">유정씨앤씨(주)</td></tr>
<tr><td>Ⓒ 증권취득상대방</td><td colspan="3">ABC Company
1122 Battery Street,San Francisco,USA
(전화번호)1-309-387-0000</td></tr>
<tr><td>Ⓓ 증 권 취 득 방법</td><td colspan="3">□보유증권대가 교환방식 (□상장·등록증권간 교환/□기타 교환)
■현금 매수방식 □기타( )</td></tr>
<tr><td>Ⓔ 증 권 종 류</td><td colspan="3">■직접기재 (회사명 및 주식종류선주(보통주, 우선주 등))
□비거주자발행 1년 미만 원화 또는 원화연계외화증권</td></tr>
<tr><td>Ⓕ 액 면 가 액</td><td colspan="3">U$0.01-</td></tr>
<tr><td>수　　　　량</td><td colspan="3">3,000주</td></tr>
<tr><td>Ⓖ 취 득 단 가</td><td colspan="3">U$1,000</td></tr>
<tr><td>Ⓗ 취 득 가 액</td><td colspan="3">U$3,000,000-</td></tr>
<tr><td>취 득 사 유</td><td colspan="3">해외 첨단 벤처기업에의 투자</td></tr>
<tr><td colspan="4">외국환거래법 제18조의 규정에 의하여 위와 같이 신고합니다.

2026년 6월 30일

재정경제부장관(한국은행총재 또는 외국환은행장) 귀하</td></tr>
<tr><td colspan="2"></td><td>신 고 번 호</td><td></td></tr>
<tr><td colspan="2"></td><td>신 고 금 액</td><td></td></tr>
<tr><td colspan="2"></td><td>신 고 일 자</td><td></td></tr>
<tr><td colspan="2"></td><td>유 효 기 간</td><td></td></tr>
<tr><td colspan="2"></td><td>기 타 참고사항</td><td></td></tr>
<tr><td colspan="2"></td><td colspan="2">신 고 기 관 :</td></tr>
</table>

* 음영부분은 기재하지 마십시오. 210㎜×297㎜

Ⓘ 〈첨부서류〉 1. 증권취득 사유서

2. 증권취득 계약서

3. 신고인 및 거래관계인의 실체확인서류(법인등기부등본, 사업자등록증 등)

4. 기타 신고기관의 장이 필요하다고 인정하는 서류

Ⓐ **신고인**

- 개인의 경우는 신고인의 성명을 기재하고 서명 또는 날인, 법인의 경우는 상호와 대표이사명을 기재하고 법인 인감을 날인한다. 만약 대리인이 신고하는 경우에는 '유정씨앤씨(주)의 대리인 공일규'라고 기재하고 대리인 공일규가 날인 또는 서명

Ⓑ **증권취득자**

- 증권취득자의 성명(상호)을 기재한다.

Ⓒ **증권취득상대방**

- 매매대상이 되는 증권 취득상대방의 성명(상호), 주소, 전화번호를 기재한다.

Ⓓ **증권취득방법**

- 보유증권을 대가로 교환하는 방식, 현금 매수방식, 기타의 방식으로 구분한다.
- 교환방식인 경우 상장·등록증권 간의 교환인 경우와 기타의 경우(상장·등록증권과 비상장·비등록증권의 교환 또는 비상장·비등록증권 간의 교환)로 나누어 기재한다.

Ⓔ **증권종류**

- 매매대상이 되는 증권의 종류를 구체적으로 기재하며 매매대상 증권이 여러 종류이거나 다수인 경우에는 별첨을 이용하여 그 내역을 구체적으로 기재한다.

Ⓕ **액면가액**

- 증권에 기재되어 있는 액면가(Face Value)를 기재한다.

Ⓖ **취득단가**

- 실제 계약상 취득하는 증권의 주당 가격을 기재한다.

Ⓗ **취득가액**

- 취득단가에 수량을 곱한 금액을 기재한다.

Ⓘ **첨부서류**

- 증권취득 사유서 : 특별한 양식은 없으며 A4 용지 1매 내외의 분량으로 해당 신고 사유를 정확하고 상세하게 기재한다.

- 증권취득 계약서(청약서)
- 신고인 및 거래(계약) 상대방의 실체확인서류 : 개인의 경우에는 신분을 증명할 수 있는
  주민등록증이나 여권 또는 운전면허증 사본, 법인의 경우에는 법인등기부등본, 사업자등
  록증
  - 국내기업의 경우에는 법인등기부등본, 해외법인 등의 경우는 이에 준하는 서류(예 :
    "Certificate of Incorporation" 등)
  * 만약 대리인이 신고할 경우에는 동 서류 외에 당해 신고행위에 대한 권한을 위임하는 내용의
    위임장(비거주자는 영사관 발행 또는 현지에서 공증받은 위임장)을 추가 제출
- 보유증권을 대가로 하여 증권을 취득하는 경우(국내유가증권시장 상장·등록주식과 해
  외적격거래소 상장·등록주식을 교환하는 경우 제외)에는 교환대상증권의 가격적정성
  입증서류
  - 회계법인이나 공인회계사 등 공인기관의 가격평가서(평가주체의 서명 또는 날인
    필요)
  * 평가방법은 증권거래법에 의한 평가를 원칙으로 하되 증권거래법에 의한 평가가 곤란한 경우
    그 사유를 소명하는 것을 전제로 상속세, 증여세법상 평가도 인정하며 동일한 평가주체가 교환
    대상 주식을 같은 기준에 의하여 평가하여야 한다.

3) 보고의무

한국은행총재는 연도별 증권취득현황 등을 다음 연도 둘째 달 말일까지 기획재정부장
관에게 보고하여야 한다(정 7-31-3).

(2) 비거주자의 증권취득

1) 신고예외 비거주자의 증권취득거래

비거주자가 거주자로부터 증권을 취득하고자 하는 경우로서 다음의 하나에 해당하는
경우에는 신고를 요하지 아니한다(정 7-32).

〔표 73〕 신고예외 비거주자의 증권취득거래(정 7-32)

당사자	거래내용	신고의무
비거주자	외국인투자자의 원화증권취득절차[29]에 따라 원화증권을 취득하는 경우[30] (다만, 인정된 증권대차거래를 위하여 외국금융기관에 개설한 계좌에 외화담보를 예치 및 처분하는 경우에는 외국인투자자의 원화증권취득절차에 의한 거래로 간주)	없음
비거주자	「외국인투자촉진법」의 규정에 의하여 인정된 외국인투자를 위하여 거주자로부터 증권을 취득하는 경우	없음
비거주자	거주자로부터 상속·유증으로 증권을 취득하는 경우	없음
비거주자	국내법령에 정하는 의무의 이행을 위하여 국공채를 매입하는 경우	없음
비거주자	거주자가 취득[31]한 본사의 주식(지분 포함)을 당해 거주자로부터 매입하는 경우	없음
비거주자	거주자가 외국에서 발행한 외화증권을 취득하거나, 비거주자의 인정된 거래를 통해 부여된 권리를 비거주자가 행사함으로써 주식 또는 지분을 취득[32]하는 경우	없음
국민인 비거주자	거주자로부터 국내에서 원화증권을 취득하는 경우	없음
비거주자	국내에서 원화증권 및 원화연계외화증권을 발행한 비거주자가 당초 허가를 받거나 신고된 바에 따라 만기 전 상환 등을 위하여 증권을 취득하는 경우	없음
비거주자	비거주자가 발행한 주식예탁증서를 거주자로부터 취득하거나 비거주자가 주식예탁증서의 원주를 거주자로부터 취득하는 경우[33]	없음
비거주자	해외판매채권을 인수한 국내 인수회사로부터 취득하는 경우	없음
비거주자	인정된 거래에 따른 대부금의 대물변제, 담보권의 행사 및 채권의 출자전환[34]과 관련하여 거주자로부터 증권을 취득하는 경우	없음
비거주자	비거주자가 국내유가증권시장에 상장 또는 등록된 외화증권 또는 국내 외국환은행이 발행한 외화 양도성예금증서를 취득하는 경우	없음
비거주자	증권을 취득[35]한 거주자로부터 동 증권을 취득하는 경우	없음

---

29) 정 7-36~39

30) 인정된 증권대차거래를 위하여 외국금융기관에 개설한 계좌에 외화담보를 예치 및 처분하는 경우에는 외국환거래규정 원화증권취득절차에 의한 거래로 간주한다

31) 정 7-31-1-x

32) 정 2-5, 2-10 및 7-22

33) 다만, 비거주자가 발행한 주식예탁증서를 거주자로부터 취득하는 경우에는 외국환거래규정 제7-37조의 규정을 준용한다. 또한 주식예탁증서를 발행한 비거주자가 당해 주식예탁증서를 취득하는 경우에는 외국환거래규정 제7-24조의 규정을 준용한다.

34)「금융산업의 구조개선에 관한 법률」,「기업구조조정촉진법」,「채무자 회생 및 파산에 관한 법률」에 따른 출

2) 신고대상 비거주자의 증권취득거래

신고예외 대상거래에 해당하는 경우를 제외하고 비거주자가 거주자로부터 국내법인의 비상장·비등록 내국통화표시 주식 또는 지분을 「외국인투자촉진법」에서 정한 출자목적물에 의해 취득하는 경우 또는 거주자로부터 증권을 취득하고자 하는 경우에는 외국환은행의 장 또는 한국은행총재에게 신고하여야 한다(정 7-32-2).

〔표 74〕 신고대상 비거주자의 증권취득 거래(정 7-32-2~3)

당사자	거래내용	신고의무
비거주자	거주자로부터 국내법인의 비상장·비등록 내국통화표시 주식 또는 지분을 「외국인투자촉진법」에서 정한 출자목적물에 의해 취득하는 경우로서 「외국인투자촉진법」에서 정한 외국인투자에 해당하지 아니하는 경우	외국환은행장에게 신고
비거주자	거주자로부터 증권을 취득하고자 하는 경우	한국은행총재에게 신고

(3) 거주자의 외화증권투자거래

1) 투자대상 외화증권

거주자가 투자를 할 수 있는 외화증권은 제한을 두지 아니한다(정 7-33-1).

2) 신고예외 거주자의 외화증권투자거래

〔표 75〕 신고예외 거주자의 외화증권투자 거래(정 7-33-2)

당사자	거래내용	신고의무
기관투자가	외화증권을 매매하고자 하는 경우[36]	없음(보고의무 준수[37])
외국환업무취급기관	외국환업무로서 행하는 외환증권투자거래	없음[38]

자전환을 말한다.

35) 정 7-31-1-i 및 xii, 7-31-2
36) 외국환업무취급기관이 외국환업무로서 행하는 거래는 외국환거래규정 제2장에서 정한 절차에 따른다.
37) 다만, 외국환거래규정 제7-35조에 의한 보고의무를 준수하여야 한다.
38) 다만, 외국환거래규정 제7-35조에 의한 보고의무를 준수하여야 한다.

3) 신고대상 거주자의 외화증권투자거래

〔표 76〕 신고대상 거주자의 외화증권투자 거래(정 7 - 33 - 3~4)

당사자	거래내용	신고의무
기관투자자	신용파생결합증권을 매매하고자 하는 경우	한국은행총재에게 신고
일반투자가 (기관투자가 이외)	외화증권을 매매하고자 하는 경우	투자중개업자를 통한 위탁매매의무[39]
일반투자가 (기관투자가 이외)	해외에서 취득한 외화증권을 해외에서 매도하려는 경우 투자매매업자를 상대방으로 하거나 투자중개업자를 통하여 취득한 외화증권이 아닐 것	없음
일반투자가 (기관투자가 이외)	외화증권을 인정된 거래에 따라 취득하였을 것	없음

4) 외화증권투자전용외화계정

① 외화증권투자전용외화계정 이용의무

일반투자가로부터 외화증권의 매매를 위탁받은 투자중개업자는 외국환은행에 개설된 일반투자가명의(투자중개업자의 명의를 부기함) 또는 투자중개업자 명의의 외화증권투자전용외화계정을 통하여 투자관련 자금을 송금하거나 회수하여야 한다(정 7 - 34 - 1).

② 거주자의 투자예탁금 예치

거주자가 외화증권을 매매하고자 할 경우, 증권금융회사 명의의 외화증권투자전용외화계정에 투자자예탁금을 예치할 수 있다(정 7 - 34 - 2).

5) 보고의무

① 기관투자가의 보고의무

기관투자가는 외화증권 투자자금의 원천에 따라 구분하여 매분기별 외화증권의 인수, 매매, 보유, 대여 및 외화예금의 보유, 운영실적과 투자자금의 대외지급 및 국내회수실적[40]을 다음달 10일까지 한국은행총재에게 보고하여야 한다(정 7 - 35 - 1).

---

39) 다만, 「자본시장과 금융투자업에 관한 법률」이 정하는 바에 의하여 외국집합투자증권을 매매하고자 하는 경우에는 투자매매업자 또는 투자중개업자를 상대방으로 하여 외국집합투자증권을 매매할 수 있다.

40) 「국민연금법」 제83조 제5항에 따라 국민연금기금의 관리·운용에 관한 업무를 위탁받은 법인의 경우에는 6개월 전 거래실적에 한한다.

② 투자중개업자 및 투자매매업자의 보고의무

투자중개업자 및 외국집합투자증권을 매매하는 투자매매업자는 일반투자가의 매분기별 외화증권의 투자현황, 매매실적 등(이하 "외화증권투자현황")을 다음 분기 첫째 달 10일까지 한국은행총재 및 금융감독원장에게 보고하여야 한다(정 7-35-2).

③ 한국은행총재의 통보의무

한국은행총재는 보고받은 외화증권투자현황을 종합하여 기획재정부장관에게 통보하여야 한다(정 7-35-3).

(4) 외국인투자자의 국내원화증권투자거래

1) 외국인투자자의 투자대상 국내원화증권

〔표 77〕 외국인투자자의 투자대상 국내원화증권(정 7-36-1)

당사자	거래내용	투자대상 국내원화증권
외국인투자자[41]	(1) 국내원화증권을 취득하거나 국내에서 매각하는 인정된 증권대차거래 또는 환매조건부매매거래 (2) 취득한 증권에 부여된 권리행사 및 상속·유증에 따른 승계취득으로 인하여 국내원화증권을 취득하거나 그 취득증권을 국내에서 매각하는 경우	1. 증권 2. 기업어음 3. 상업어음 4. 무역어음 5. 양도성예금증서 6. 표지어음 7. 종합금융회사 발행어음

2) 외국인투자자의 투자전용대외계정

〔표 78〕 외국인투자자의 투자전용대외계정 외화자금의 처분(정 7-37-2~3)

당사자	투자전용대외계정	예치가능외화자금(정 7-37-2)	처분할 수 있는 경우
외국인투자자	관련된 자금의 지급 등을 위해 외국환은행에 본인 명의 투자전용대외계정 및 투자전용비거주자원화계정(이하 "투자전	1. 외국인투자자가 외국으로부터 송금 또는 휴대반입한 외화자금 2. 본인 명의의 다른 투자전용대외계정·대외계정·비거주자외화신탁계정 및 투자중개업자·투자매매업자의 투자전용외화계정, 한국거래소·예탁결제	1. 내국지급수단을 대가로 한 매각[44] 2. 외국에 대한 송금 3. 본인 명의의 다른 투자전용대외계정·대외계정·비거주자외

---

41) 비거주자(국민인 경우에는 해외영주권을 가진 자에 한함) 또는 증권투자자금의 대외송금을 보장받고자 하는 외국인거주자("외국인투자자")

당사자	투자전용대외계정	예치가능외화자금(정 7-37-2)	처분할 수 있는 경우
	용계정"이라 한다)을 통해 관련자금을 예치·처분[42]가능 (정 7-37-1)	원·증권금융회사·청산회사의 투자전용외화계정에서 이체되어 온 외화자금 3. 취득한 증권의 매각대금·배당금·이자 및 인정된 증권대차거래·환매조건부매매와 관련된 자금 등을 대가로 매입한 외화자금[43] 4. 본인 명의의 투자전용비거주자원화계정·비거주자자유원계정·비거주자원화신탁계정에 예치자금을 대가로 매입한 외화자금	화신탁계정·업무용외화계좌 및 투자중개업자 등의 투자전용외화계정, 한국거래소·예탁결제원·증권금융회사·청산회사의 투자전용외화계정으로의 이체 4. 대외지급수단으로의 인출 또는 다른 대외지급수단의 매입

3) 외국인투자자의 투자전용비거주자원화계정

〔표 79〕 외국인투자자의 투자전용비거주자원화계정 외화자금의 처분(정 7-37-4)

당사자	투자전용비거주자원화계정 예치가능외화자금	처분할 수 있는 경우
외국인투자자	1. 증권의 매각대금·배당금·이자 및 인정된 증권대차거래·환매조건부매매와 관련된 자금 등[45] 2. 본인 명의의 다른 투자전용비거주자원화계정·비거주자자유원계정·비거주자원화신탁계정·업무용외화계좌로부터 이체되어 온 자금 3. 증권매매와 관련한 위탁증거금 4. 본인 명의의 투자전용대외계정에 예치된 외화자금을 내국지급수단을 대가로 매각한 자금 5. 외국인투자자가 국채 또는 통화안정증권의 매매를 국제예탁결제기구에 위탁하여 투자하는 경우로서, 국제예탁결제기구 명의의 투자전용비거주자원화계정으로부터 이체되어	1. 본인 명의 투자전용대외계정으로 이체 2. 증권 취득 관련 자금 또는 인정된 증권대차거래·환매조건부매매와 관련된 자금의 지급을 위한 외국환은행·투자중개업자 등·예탁결제원·증권금융회사·종합금융회사·상호저축은행 또는 체신관서의 원화계정으로의 이체 3. 본인명의의 다른 투자전용비거주자원화계정·비거주자자유원계정·비거주자원화신탁계정으로의 이체 4. 외국인투자자가 국내에서 체재함에 수반하는 생활비, 일상품 또는 용역의 구입 등을 위한 내국지급수단으로의 인출[47]

---

42) 다만, 국제예탁결제기구가 외국인투자자의 위탁을 받아 국채 또는 「한국은행법」 제69조에 따른 통화안정증권을 매매하기 위한 경우에는 당해 국제예탁결제기구 명의의 투자전용계정을 개설하여 관련자금을 예치 및 처분할 수 있다.

43) 외국환은행은 외화를 매각한 다음 날로부터 3영업일 이내에 관련 거래내역을 확인할 수 있다.

44) 다만, 원화계정에 예치하거나, 증권의 취득 및 인정된 증권대차거래·환매조건부매매를 위하여 외국환은행·투자중개업자등·예탁결제원·증권금융회사·종합금융회사·상호저축은행 또는 체신관서의 원화계정으로 이체하는 경우에 한한다.

당사자	투자전용비거주자원화계정 예치가능외화자금	처분할 수 있는 경우
	온 자금[46]	5. 외국환은행으로부터의 증권의 매수
	6. 국내에 본점을 둔 외국환은행의 해외지점, 현지법인 또는 외국 금융기관에 예치된 본인의 외화자금을 매각하여 취득한 내국지급수단	6. 외국인투자자가 국채 또는 통화안정증권의 매매를 국제예탁결제기구에 위탁하고자 하는 경우, 국제예탁결제기구 명의의 투자전용비거주자원화계정 내 본인 명의의 고객계좌로의 이체
	7. 해외외국환업무취급기관에 본인의 외화자금을 매각하여 취득한 원화자금	7. 국내에 본점을 둔 외국환은행의 해외지점·현지법인 또는 외국 금융기관에 본인의 외화자금을 예치하기 위한 원화자금 매각
	8. 증권매매자금 결제와 직접 관련된 경우로서 2영업일 이내 결제자금을 위해 차입한 자금	8. 해외외국환업무취급기관에 대외지급수단을 대가로 한 매각
	9. 당해 외국인투자자와 증권의 보관·관리 업무와 관련된 계약을 맺은 외국 금융기관 명의의 투자전용비거주자원화계정으로부터의 이체	9. 증권매매자금 결제와 직접 관련된 경우로서 2영업일 이내 결제자금을 위해 차입한 자금을 상환하는 경우
	10. 외국인투자자가 주소 또는 거소를 둔 상대국 현지통화 직거래은행 명의의 비거주자자유원계정으로부터 이체된 자금	10. 당해 외국인투자자와 증권의 보관·관리 업무와 관련된 계약을 맺은 외국 금융기관 명의의 투자전용비거주자원화계정으로의 송금
	11. 업무용원화계좌로부터 이체된 본인의 내국지급수단	11. 현지통화 직거래(LCT) 체제에 의해 허용된 거래를 통해 취득한 자금을 상대국 현재통화 직거래은행 명의의 비거주자자유원계정으로 송금하는 경우
		12. 업무용원화계좌로의 이체

4) 외국보관기관의 계정(정 7-37-7)

외국보관기관은 배당금수령 등 보관증권의 권리행사(매매거래는 제외)를 위하여 외국환은행에 보관기관 명의의 대외계정 및 비거주자원화계정을 개설할 수 있다. 다만, 외국보관기관의 대외계정 및 원화계정의 예치 및 처분은 외국인투자자의 투자전용대외계정 및 투자전용비거주자원화계정 간에 상호이체하는 방법에 의하거나 외국예탁기관이 외국인투자자에게 권리를 배분하기 위하여 외국에 개설한 외국예탁기관의 계좌로 이체

---

45) 다만, 외국환은행·투자중개업자 등·예탁결제원·증권금융회사·종합금융회사·상호저축은행 또는 체신관서의 원화계정으로부터 이체하는 방법에 의한다.

46) 다만, 국제예탁결제기구 명의의 투자전용비거주자원화계정 내 본인 명의의 고객계좌에 예치된 자금에 한한다.

47) 내국지급수단으로 인출하는 경우로서 동일자, 동일인 기준 미화 1만불 상당액을 초과하는 내국지급수단을 인출하는 경우에는 금융감독원장에게 통보하여야 한다.

하는 방법에 의한다.

5) 투자중개업자 등 투자전용외화계정(정 7-38-1~2)

투자중개업자 등은 외국인투자자의 국내원화증권 취득 및 매각 또는 인정된 증권대차거래 또는 환매조건부매매를 위하여 외국환은행에 투자중개업자 등의 명의로 투자전용외화계정을 개설할 수 있다. 투자중개업자 등의 투자전용외화계정의 예치 및 처분은 [표 78] 외국인투자자의 투자전용대외계정 외화자금의 처분(정 7-37-2~3)을 준용한다.

6) 보고의무(정 7-39)

① 외국환은행장의 보고의무(정 7-39-1)

외국환은행의 장은 투자전용계정 현황을 증권 종류별로 분리하여 다음 영업일까지 한국은행총재에게 제출하여야 한다. 증권 종류의 구분 및 세부 보고내역 등은 한국은행총재가 정하는 바에 따른다.

② 투자매매업자 및 투자중개업자의 보고의무(정 7-39-2)

투자매매업자·투자중개업자는 증권투자현황(투자전용계정을 포함), 매매실적 등을 투자자별·증권종류별로 분리하여 다음 영업일까지 한국은행총재에게 제출하여야 하며, 한국은행총재는 제출받은 자료 중 통계형자료를 다음 분기 첫째 달 10일까지 금융감독원장에게 통보하여야 한다. 증권종류의 구분 및 세부 보고내역 등은 한국은행총재가 정하는 바에 따른다.

③ 한국은행총재의 보고의무(정 7-39-3)

한국은행총재는 보고받은 투자전용계정현황 및 증권종류별 매매현황을 종합하여 기획재정부장관에게 보고하여야 한다.

④ 국제예탁결제기구의 보고의무(정 7-39-4)

투자전용계정을 개설한 국제예탁결제기구는 매월별로 투자를 위탁한 외국인투자자별 거래 및 보유내역을 다음 달 10일까지 한국은행총재에게 보고하여야 한다.

⑤ 거래내역 보관의무 등(정 7-39-5)

투자전용계정을 개설한 자는 외국인투자자의 거래내역을 5년 동안 보관하여야 하며, 한국은행총재의 자료제출 요구가 있는 경우에는 이에 응해야 한다.

(5) 증권취득거래에 대한 실무사례 및 판례

외국환거래법은 외국인투자자(비거주자)가 원화증권을 취득하고자 하는 경우에는 투자전용계정을 사용하도록 규정하고 있다. 투자전용계정에 자금 예치와 처분에 대하여 일정한 제한을 두는 이유는 외국인투자자가 취득한 증권을 처분한 후 대외송금을 보장해주는 한편 외국인투자자금의 출처와 처분 현황을 모니터링할 필요가 있기 때문이다. 따라서, 국내원화 증권에 투자(증권매각대금의 외국으로 송금을 포함)하거나 인정된 증권대차거래 및 환매조건부매매와 관련된 자금의 지급 및 수령을 하려는 외국인투자자는 외국환은행에 본인 명의의 투자전용대외계정 및 투자전용비거주자 원화계정을 개설한 후 이를 이용하여야 한다.

그러나, 해외에 거주하는 외국인투자자의 경우 외국환거래법의 이러한 규정을 잘 알지 못하여 국내에 대리인(증권회사)을 지정하여 투자절차를 진행하는 경우가 대부분이다. 그런데 국내의 대리인이 외국환거래법 규정을 간과하여 외국인투자자 명의의 투자전용계정이 아닌 계좌를 잘못 안내하는 사례가 간혹 발생한다. 이런 경우 외국인투자자가 외국환거래법 신고의무위반의 책임을 져야 한다. 외국인투자자나 국내의 증권회사 모두 증권취득거래에 대한 외국환거래법 신고의무 위반이 발생하지 않도록 주의하여야 한다.

〔표 80〕 증권취득거래에 대한 실무 사례 및 판례

실무 사례 및 판례	내용	신고의무
비거주자의 증권 취득	비거주자가 국내 D증권회사를 상임대리인으로 지정하여 계좌를 개설하고 국내 D증권회사가 판매한 수익증권에 투자하면서 D증권회사가 안내한 계좌로 증권취득자금을 송금. D증권회사는 과실로 비거주자 명의 투자전용 계정을 개설하지 않고 일반계정을 비거주자에게 안내하여 비거주자가 외국환거래법을 위반하게 된 사례	한국은행 신고

거주자의 증권취득 관련 문의

〈질의〉

거주자의 증권취득 관련하여서 문의사항이 있습니다.

거주자가 취득한 (국내 비상장)주식이 (비상장)해외기업에 합병 후 자회사가 될 예정입니다. 본 사항이 "외국환거래규정 제7-31조 제1항 제4호에 의거 거주자가 인정된 거래에 따라 취득한 주식 또는 지분에 대신하여 합병 후 종속, 신설된 법인의 주식 또는 지분을 비거주자로부터 취득 하는 경우"에 해당하는 것이 맞는지요?

맞다면, 거주자의 증권취득 신고 의무가 면제되는 것인데 거주자는 신고 없이 해외주식 취득 이후 해외주식취득현황보고만 해도 되는지요?

만약에 신고 대상에 해당한다면, 이러한 경우에는 어떠한 외환신고를 해야 하는지 알려주시기 바랍니다.

〈회신〉

질의하신 내용은 외국환거래규정 제7-31조 제1항 제4호(거주자가 인정된 거래에 따라 취득한 주식 또는 지분에 대신하여 합병 후 존속·신설된 법인의 주식 또는 지분을 비거주자로부터 취득 하는 경우에는 신고를 요하지 않는다)의 적용을 받는 것으로 판단됩니다.

따라서 별도의 증권취득 신고는 요하지 않으며, 한국은행에 증권보유현황을 보고하실 필요도 없습니다(동 규정 제7-31조 제3항).

○ **증권 취득 신고 관련 한국은행 질의응답 사례**

Q. 거주자가 보유한 국내 코스닥 등록기업의 주식을 대가로 비거주자가 보유한 미국 나스닥 등록기업의 주식을 취득하는 것이 가능한가요?

A. 거주자가 국내 유가증권시장에 상장 또는 등록된 주식을 대가로 하여 비거주자로부터 해외적격 거래소에 상장 또는 등록된 주식을 취득하는 경우에는 한국은행에 사전 신고가 필요함. 다만, 증권교환방식에 의해 취득하는 경우에는 교환대상증권의 가격 적정성을 입증하는 서류를 제출하여야 함.
  - 교환대상증권 가격 적정성 입증서류 : 회계법인 등 공인기관의 가격평가서

Q. 거주자의 해외주식 취득절차는?

A. 기관투자가가 아닌 거주자의 투자목적 해외주식 취득은 투자중개업자등을 통한 위탁매매방식이

아니라면 한국은행에 신고하여야 함.

Q. 외국인 비거주자가 국내법인의 비상장주식 또는 전환사채를 취득하고자 하는 경우 어떠한 절차를 밟아야 하나요?

A. 외국인 비거주자가 국내법인의 비상장 비등록 주식 또는 지분(이하 주식 등)을 취득하고자 하는 경우에는 그 지분비율에 따라 다른 절차를 거침.

먼저 외국인 비거주자가 국내법인의 비상장주식 등을 10% 이상 취득하고 외국인투자촉진법상의 외국인투자에 해당되는 경우에는 외국인투자촉진법에 의해 외국인투자신고만 함(외국환거래규정상의 신고절차는 필요없음).

한편 비거주자가 거주자로부터 국내법인의 비상장주식 등을 외국인투자촉진법에서 정한 출자목적물에 의해 취득하고 「외국인투자촉진법」에서 정한 외국인투자에 해당되지 않는 경우에는 「외국환거래규정」에 따라 외국환은행에 증권취득 신고를 해야 함.

그러나 외국인 비거주자가 국내법인의 주식이나 지분이 아니고, 전환사채 등을 장외에서 취득하는 경우에는 한국은행에 신고하여야 함.

Q. 거주자가 해외에서 외화증권을 발행하고자 하는 경우 거래외국환은행을 지정하여야 하는지요?

A. 거주자의 해외 외화증권 발행에 대해서는 거주자의 비거주자로부터의 외화자금 차입에 관한 규정이 준용됨에 따라서 거주자가 해외에서 외화증권을 발행하고자 하는 경우에는 지정거래외국환은행장에게 신고를 하여야 하며 외화증권 발행금액이 미화 3천만 달러(신고시점부터 과거 1년간의 누적금액 포함)을 초과하는 경우에는 지정거래외국환은행을 경유하여 기획재정부장관에게 신고하여야 함.

Q. 비거주자(해외영주권자인 국민 포함)가 본인 소유 국내 부동산을 매각한 후 매각자금을 증권회사를 통해 국내 주식에 투자하고자 하는 경우 어떠한 절차가 필요한지요?

A. 비거주자(해외영주권자인 국민 포함)는 외국환은행에 투자전용대외계정 및 투자전용비거주자원화계정을 개설한 후 동 계정을 통하여 신고 없이 원화증권을 취득할 수 있음.

비거주자(해외영주권자인 국민 포함)는 인정된 거래에 따라 취득한 국내부동산 매각자금을 본인 명의의 비거주자자유원계정에 예치한 다음 투자전용비거주자원화계정으로 이체하여 국내 주식에 투자할 수 있음.

Q. 거주자가 해외직접투자로 취득한 현지법인의 주식 일부를 국내기업에 매도하고자 하는 경우 어떠한 신고가 필요한지요?

A. 해외직접투자를 한 거주자는 현지법인의 주식보유 현황에 변경사항이 있는 경우 변경사유가 발

생한 후 3개월 이내에 당해 신고기관의 장에게 보고를 하여야 함(규정 제9-5조 제2항). 신규로 해외직접투자 주식을 취득한 거주자는 동 주식의 비중이 총 주식의 10% 미만일 경우에는 신고를 요하지 않으나 해당 주식비중이 총 주식의 10% 이상이 되는 경우에는 지정거래외국환은행에 해외직접투자 신고를 하여야 함(규정 제7-43조 제1항 제3호, 제9-5조 제1항).

Q. 일반투자가인 거주자가 외국 금융기관이 외국에서 설정한 펀드에 가입하고자 하는 경우 신고사항이 있는지요?

A. 일반투자가인 거주자가 투자중개업자를 통하여 외화집합투자증권을 매매하거나, 투자매매업자 또는 투자중개업자로부터 외국집합투자증권을 매매하는 경우 신고를 요하지 않으나, 그 이외의 경우에는 한국은행에 사전신고하여야 함(규정 제7-31조 제2항, 제7-33조 제3항).
상기 투자가 동 펀드 설정액의 10% 이상인 경우이면 역외금융회사에 대한 직접투자가 되어 개인이 투자할 수 없음.

Q. 외국인투자기업의 국내자회사에 근무하는 직원이 외국본사의 주식을 취득하고자 하는 경우 신고가 필요한가요?

A. 외국인투자촉진법에 의한 외국인투자기업(국내 자회사 포함), 외국기업 국내지사, 외국은행 국내지점 또는 사무소에 근무하는 자가 본사(본사의 지주회사나 방계회사를 포함한다)의 주식 또는 지분을 취득하는 경우 증권취득신고의 예외사항에 해당(규정 제7-31조 제1항 제10호)
* 회사 직원이 아닌 독립사업자는 제외

동 취득대금을 외국인투자기업, 외국기업 국내지사, 외국은행 국내지점 또는 사무소가 외국본사에 직접 지급하는 경우에는 제3자 지급 신고 예외사항에 해당하나 제3의 송금대리인이 이를 대리하는 경우에는 한국은행에 제3자 지급 신고를 하여야 함(규정 제5-10조 제1항).

 **참고판례**

4-13. 증권의 처분행위에 대한 신고의무

(대법원 2017.6.15. 선고 2016도9991 판결[외국환거래법 위반])

[판시사항]

[1] 증권의 '취득행위'가 아닌 취득한 증권의 '처분행위'가 구 외국환거래법상 신고의무 대상인 해외직접투자 또는 자본거래의 개념에 포함되는지 여부(소극)

[2] 외국환거래규정(2012.4.16. 개정 기획재정부 고시 제2012-5호) 제9-5조 제2항을 신고에 따라 외국법인의 증권 등을 취득한 이후 증권을 처분하는 경우에까지 신고의무를

부과하는 규정으로 해석할 수 있는지 여부(소극)

[판결요지]

[1] 구 외국환거래법(2016.3.2. 법률 제14047호로 개정되기 전의 것, 이하 '구 외국환거래법'이라 한다) 제3조 제1항 제18호에서 외국법령에 따라 설립된 법인이 발행한 증권의 '취득'만을 해외직접투자로 정의하고 있을 뿐 취득한 증권의 '처분'을 해외직접투자의 개념에 포함하지 않고 있고, 같은 항 제19호 (나)목도 증권 또는 이에 관한 권리의 '취득'만을 자본거래로 정의하고 있을 뿐 취득한 증권 또는 이에 관한 권리의 '처분'을 자본거래의 개념에 포함하지 않고 있으며, 그 밖에 자본거래의 개념에 관한 구 외국환거래법의 규정 또는 그 위임에 따른 구 외국환거래법 시행령(2012.12.12. 대통령령 제24225호로 개정되기 전의 것)의 규정을 보더라도 증권의 '취득행위'가 아닌 취득한 증권의 '처분행위'가 해외직접투자 또는 자본거래의 개념에 포함된다고 할 수 없다. 이는 이미 취득한 증권을 처분하는 행위도 그 실질이 자본에 관한 거래에 해당하고 그것이 국민경제에 미치는 영향이 증권의 취득행위와 다를 바 없어 이에 대하여도 신고의무를 부과할 현실적인 필요가 있다고 하더라도 달리 볼 수 없다.

[2] 구 외국환거래법(2016.3.2. 법률 제14047호로 개정되기 전의 것, 이하 '구 외국환거래법'이라 한다)과 구 외국환거래법 시행령(2012.12.12. 대통령령 제24225호로 개정되기 전의 것)에서 위임한 사항과 그 시행에 관하여 필요한 사항을 정함을 목적으로 제정된 외국환거래규정(2012.4.16. 개정 기획재정부 고시 제2012-5호) 제9-5조 제1항은 "거주자가 해외직접투자(증액투자 포함)를 하고자 하는 경우에는 다음 각 호의 1에서 정하는 외국환은행의 장에게 신고하여야 한다."라고 규정하고 있고, 같은 조 제2항은 "거주자가 제1항의 규정에 의하여 신고한 내용을 변경하고자 하는 경우 당해 신고기관의 장에게 변경신고를 하여야 한다."라고 규정하고 있으나, 위임법령인 구 외국환거래법과 동법 시행령의 해석상 자본거래 또는 해외직접투자가 아닌 행위에 대하여 행정기관 고시로 신고의무를 새로이 부과하여 그 위반행위를 형사처벌할 수는 없으므로, 위 고시 제9-5조 제2항을 신고에 따라 외국법인의 증권 등을 취득한 이후 증권을 처분하는 경우에까지 신고의무를 부과하는 규정으로 해석할 수 없다.

[원심판결] 수원지법 2016.6.3. 선고 2016노1719 판결

[주 문]

상고를 기각한다.

[이 유]

상고이유를 판단한다.

1. 형벌법규의 해석은 엄격하여야 하고, 명문의 형벌법규의 의미를 피고인에게 불리한 방향으로 지나치게 확장해석하거나 유추해석하는 것은 죄형법정주의의 원칙에 어긋나는 것으로서 허용되지 아니한다(대법원 2011.8.25. 선고 2011도7725 판결 등 참조).

구 외국환거래법(2016.3.2. 법률 제14047호로 개정되기 전의 것, 이하 '구 외국환거래법'이라 한다) 제18조 제1항은 "자본거래를 하려는 자는 대통령령으로 정하는 바에 따라 기획재정부장관에게 신고하여야 한다. 다만 경미하거나 정형화된 자본거래로서 대통령령으로 정하는 자본거래는 사후에 보고하거나 신고하지 아니할 수 있다."라고 규정하고 있고, 제29조 제1항 제6호는 제18조에 따른 신고의무를 위반한 금액이 5억 원 이상의 범위에서 대통령령으로 정하는 금액을 초과하는 자를 처벌하도록 규정하고 있다. 정의규정인 구 외국환거래법 제3조 제1항 제18호는 거주자가 외국법령에 따라 설립된 법인(설립 중인 법인을 포함한다)이 발행한 증권을 취득하거나 그 법인에 대한 금전의 대여 등을 통하여 그 법인과 지속적인 경제관계를 맺기 위하여 하는 거래 또는 행위로서 대통령령으로 정하는 것[(가)목]과 외국에서 영업소를 설치·확장·운영하거나 해외사업 활동을 하기 위하여 자금을 지급하는 행위로서 대통령령으로 정하는 것[(나)목)] 중 어느 하나에 해당하는 거래·행위 또는 지급을 '해외직접투자'로 규정하고 있고, 같은 항 제19호는 증권의 발행·모집, 증권 또는 이에 관한 권리의 취득[(나)목)], 그 밖에 (가)목부터 (마)목까지의 규정과 유사한 형태로서 대통령령으로 정하는 거래 또는 행위 [(바)목)] 등을 '자본거래'로 규정한다.

그리고 구 외국환거래법 시행령(2012.12.12. 대통령령 제24225호로 개정되기 전의 것) 제32조 제1항은 "법 제18조 제1항에 따라 자본거래의 신고를 하려는 자는 기획재정부장관이 정하여 고시하는 신고 서류를 기획재정부장관에게 제출하여야 한다. 이 경우 신고의 절차 및 방법 등에 관한 세부 사항은 기획재정부장관이 정하여 고시한다."라고 규정하고 있다.

구 외국환거래법 제3조 제1항 제18호에서 외국법령에 따라 설립된 법인이 발행한 증권의 '취득'만을 해외직접투자로 정의하고 있을 뿐 취득한 증권의 '처분'을 해외직접투자의 개념에 포함하지 않고 있고, 같은 항 제19호 (나)목도 증권 또는 이에 관한 권리의 '취득'만을 자본거래로 정의하고 있을 뿐 취득한 증권 또는 이에 관한 권리의 '처분'을 자본거래의 개념에 포함하지 않고 있으며, 그 밖에 자본거래의 개념에 관한 구 외국환거래법의 규정 또는 그 위임에 따른 동법 시행령의 규정을 보더라도 증권의 '취득행위'

가 아닌 취득한 증권의 '처분행위'가 해외직접투자 또는 자본거래의 개념에 포함된다고 할 수 없다. 이는 이미 취득한 증권을 처분하는 행위도 그 실질이 자본에 관한 거래에 해당하고 그것이 국민경제에 미치는 영향이 증권의 취득행위와 다를 바 없어 이에 대하여도 신고의무를 부과할 현실적인 필요가 있다고 하더라도 달리 볼 수 없다.

나아가 구 외국환거래법과 동법 시행령에서 위임한 사항과 그 시행에 관하여 필요한 사항을 정함을 목적으로 제정된 외국환거래규정(2012.4.16. 개정 기획재정부 고시 제2012-5호, 이하 '이 사건 고시'라 한다) 제9-5조 제1항은 "거주자가 해외직접투자(증액투자 포함)를 하고자 하는 경우에는 다음 각 호의 1에서 정하는 외국환은행의 장에게 신고하여야 한다."라고 규정하고 있고, 같은 조 제2항은 "거주자가 제1항의 규정에 의하여 신고한 내용을 변경하고자 하는 경우 당해 신고기관의 장에게 변경신고를 하여야 한다."라고 규정하고 있으나, 위임법령인 구 외국환거래법과 동법 시행령의 해석상 자본거래 또는 해외직접투자가 아닌 행위에 대하여 행정기관 고시로 신고의무를 새로이 부과하여 그 위반행위를 형사처벌할 수는 없으므로, 이 사건 고시 제9-5조 제2항이 신고에 따라 외국법인의 증권 등을 취득한 이후 증권을 처분하는 경우에까지 신고의무를 부과하는 규정으로 해석할 수 없다.

2. 원심은, 죄형법정주의 관점에서 "증권의 취득"과 "취득한 증권의 처분"은 완전히 다른 행위이므로 양자를 동일하게 볼 수 없는 점, 구 외국환거래법 및 동법 시행령이 "처분 등을 포함한 변경"을 그와 전혀 별개인 "취득"에 포함되는 것으로 예정하고 있다고 보기는 어려운 점 등 그 판시와 같은 이유로 이 사건 공소사실(유죄 부분 제외)에 대하여 무죄를 선고한 제1심판결을 그대로 유지하였다. 원심판결 이유를 위 법리와 기록에 비추어 살펴보면 원심의 위와 같은 판단에 상고이유 주장과 같이 외국환거래법상 자본거래에 관한 법리를 오해하는 등의 위법이 없다.

3. 그러므로 상고를 기각하기로 하여 관여 대법관의 일치된 의견으로 주문과 같이 판결한다.

대법관   김용덕(재판장) 김신 김소영(주심) 이기택

파생상품이란 주식과 채권 등 전통적인 금융상품을 기초자산으로 하여 기초자산의 가치변동에 따라 가격이 결정되는 금융상품을 말한다. 파생상품 거래의 대상이 되는 기초자산은 주식·채권·통화 등의 금융상품, 농·수·축산물 등의 일반상품 등도 가능하다. 파생상품을 기초자산으로 하는 파생상품(옵션선물, 선물옵션, 스왑옵션 등)도 가능하다. 대표적인 파생상품으로는 선도거래, 선물, 옵션, 스왑 등이 있다. 파생상품 시장은 장내시장과 장외시장으로 구분할 수 있는데, 장내시장은 가격 이외의 모든 거래요소가 표준화되어 있는 파생상품 거래시장으로서 거래소시장이라고도 한다. 장외시장은 표준화되어 있지 않은 파생상품이 거래소를 통하지 않고 시장참가자 간에 직접 거래되는 시장이다. 우리나라의 장내시장으로는 한국거래소(KRX)가 있다. 파생상품의 주요목적은 위험을 감소시키는 헤지기능이나 레버리지기능, 파생상품을 합성하여 새로운 금융상품을 만들어내는 신금융상품 창조 기능 등이 있다.

외국환거래법에서 "파생상품"은 「자본시장과 금융투자업에 관한 법률」 제5조에 따른 파생상품과 대통령령으로 정하는 것을 말한다.

★

「자본시장과 금융투자업에 관한 법률」 제5조 (파생상품) ① 이 법에서 "파생상품"이란 다음 각 호의 어느 하나에 해당하는 계약상의 권리를 말한다. 다만, 해당 금융투자상품의 유통가능성, 계약당사자, 발행사유 등을 고려하여 증권으로 규제하는 것이 타당한 것으로서 대통령령으로 정하는 금융투자상품은 그러하지 아니하다. 〈개정 2013.5.28.〉

1. 기초자산이나 기초자산의 가격·이자율·지표·단위 또는 이를 기초로 하는 지수 등에 의하여 산출된 금전 등을 장래의 특정 시점에 인도할 것을 약정하는 계약
2. 당사자 어느 한쪽의 의사표시에 의하여 기초자산이나 기초자산의 가격·이자율·지표·단위 또는 이를 기초로 하는 지수 등에 의하여 산출된 금전 등을 수수하는 거래를 성립시킬 수 있는 권리를 부여하는 것을 약정하는 계약
3. 장래의 일정기간 동안 미리 정한 가격으로 기초자산이나 기초자산의 가격·이자율·지표·단위 또는 이를 기초로 하는 지수 등에 의하여 산출된 금전 등을 교환할 것을 약정하는 계약

4. 제1호부터 제3호까지의 규정에 따른 계약과 유사한 것으로서 대통령령으로 정하는 계약
② 이 법에서 "장내파생상품"이란 다음 각 호의 어느 하나에 해당하는 것을 말한다. 〈개정 2013.5.28.〉
1. 파생상품시장에서 거래되는 파생상품
2. 해외 파생상품시장(파생상품시장과 유사한 시장으로서 해외에 있는 시장과 대통령령으로 정하는 해외 파생상품거래가 이루어지는 시장을 말한다)에서 거래되는 파생상품
3. 그 밖에 금융투자상품시장을 개설하여 운영하는 자가 정하는 기준과 방법에 따라 금융투자상품시장에서 거래되는 파생상품
③ 이 법에서 "장외파생상품"이란 파생상품으로서 장내파생상품이 아닌 것을 말한다.
④ 제1항 각 호의 어느 하나에 해당하는 계약 중 매매계약이 아닌 계약의 체결은 이 법을 적용함에 있어서 매매계약의 체결로 본다.

자본시장과 금융투자업에 관한 법률 시행령 제5조 (해외 파생상품거래) 법 제5조 제2항 제2호에서 "대통령령으로 정하는 해외 파생상품거래"란 다음 각 호의 어느 하나에 해당하는 거래를 말한다. 〈개정 2013.8.27.〉
1. 런던금속거래소의 규정에 따라 장외(파생상품시장과 비슷한 시장으로서 해외에 있는 시장 밖을 말한다. 이하 이 조에서 같다)에서 이루어지는 금속거래
2. 런던귀금속시장협회의 규정에 따라 이루어지는 귀금속거래
3. 미국선물협회의 규정에 따라 장외에서 이루어지는 외국환거래
4. 삭제 〈2017.5.8.〉
5. 선박운임선도거래업자협회의 규정에 따라 이루어지는 선박운임거래
6. 그 밖에 국제적으로 표준화된 조건이나 절차에 따라 이루어지는 거래로서 금융위원회가 정하여 고시하는 거래

"외환파생 상품"은 외국통화로 표시된 파생상품 또는 외국에서 지급받을 수 있는 파생상품을 의미한다[48].

외국환거래법에서는 거주자 간 파생상품거래나 거주자와 비거주자 간 파생상품거래에 대하여 신고예외거래를 제외하고는 한국은행총재에게 신고하도록 의무를 규정하고 있다.

---

48) 외국환거래법 제3조 제1항, 제9조 및 제10조

(1) 신고예외 파생상품거래

거주자 간 또는 거주자와 비거주자 간 파생상품거래로서 외국환업무취급기관이 외국환업무로서 행하는 거래는 신고를 요하지 아니한다(정 7-40-1).

〔표 81〕 신고예외 파생상품거래

당사자	거래내용	신고의무
거주자	거주자와 하는 파생상품거래로서 외국환업무취급기관이 외국환업무로서 행하는 거래	없음
거주자	비거주자와 하는 파생상품거래로서 외국환업무취급기관이 외국환업무로서 행하는 거래	없음

(2) 신고대상 파생상품거래(정 7-40-2)

〔표 82〕 신고대상 파생상품거래

당사자	거래내용	신고의무
거주자	거주자와 파생상품거래	한국은행총재 신고
거주자	비거주자와 파생상품거래	한국은행총재 신고
거주자	거주자와 하는 파생상품거래(또는 비거주자와 하는 파생상품거래)로서 외국환업무취급기관이 외국환업무로서 행하는 거래 중 1. 액면금액의 100분의 20 이상을 옵션프리미엄 등 선급수수료로 지급하는 거래를 하는 경우 2. 기체결된 파생상품거래를 변경·취소 및 종료할 경우에 기체결된 파생상품거래에서 발생한 손실을 새로운 파생상품거래의 가격에 반영하는 거래를 하고자 하는 경우 3. 파생상품거래를 자금유출입·거주자의 비거주자에 대한 원화대출·거주자의 비거주자로부터의 자금조달 등의 거래에 있어 외국환거래법·영 및 규정에서 정한 신고 등의 절차를 회피하기 위하여 행하는 경우 4. 한국은행총재에게 신고해야 한다고 규정된 경우	한국은행총재 신고[49]

---

49) 제1호 내지 제3호에 해당하는 거래를 하고자 하는 경우에는 한국은행총재가 인정하는 거래타당성 입증서류를 제출하여야 한다.

┃ 거래사례 ┃

유정생명보험(주)는 미국의 ABC Bank가 발행한 US＄20,000,000의 신용연계채권(Credit Linked Note)을 취득하기 위해 한국은행에 파생금융거래 신고를 함(자료출처 : 한국은행 외국환거래 신고 편람 2007.1. p.147~151의 내용을 필자가 일부수정).

【파생금융거래신고서】〔별지 제7-7호 서식〕

<table>
<tr><td colspan="3" rowspan="2"><h3>파생금융거래신고서</h3></td><td>처리기간</td></tr>
<tr><td></td></tr>
<tr><td rowspan="3">Ⓐ
신
고
인</td><td>상호 및 대표자 성명</td><td colspan="2">유정생명보험(주) 대표이사 신민호
(또는 유정생명보험(주)의 대리인 공일규)　인</td></tr>
<tr><td>주 소 (소 재 지)</td><td colspan="2">서울시 강남구 언주로 723번지
　　　　　　　　　　(전화번호 : 123-4567)
　　　　　　　　　　(E-mail : custra@naver.com)</td></tr>
<tr><td>업 종 (직 업)</td><td colspan="2">보험업</td></tr>
<tr><td rowspan="3">Ⓑ
거
래
상
대
방</td><td>상호 및 대표자 성명</td><td colspan="2">ABC Bank</td></tr>
<tr><td>주 소 (소 재 지)</td><td colspan="2">1122 Battery Street,San Francisco,USA
(전화번호 : 1-309-387-0000) (E-mail : abc@abc.com)</td></tr>
<tr><td>업 종 (직 업)</td><td colspan="2">은행업</td></tr>
<tr><td rowspan="7">거
래
내
용</td><td>Ⓒ 거 래 기초자산</td><td colspan="2">■신용 □통화 □이자율 □주식 □상품 □기타( )</td></tr>
<tr><td>Ⓓ 거 래 종 류</td><td colspan="2">□선도거래 □선물거래
□스왑거래 □옵션거래
■신용파생금융거래(□보장매입 ■보장매도)</td></tr>
<tr><td>Ⓔ 계약(명목)금액</td><td colspan="2">USD 20,000,000-</td></tr>
<tr><td>Ⓕ 　 만 　 기</td><td colspan="2">2031년 6월 30일(5 Years)</td></tr>
<tr><td>Ⓖ 세 부 내 용</td><td colspan="2">신용연계채권(Credit Linked Note)
1. Issuer : ABC Bank
2. Coupon : USD 6month Libor＋2.9%(semiannual)
3. Reference entity : Korea Development Bank, POSCO</td></tr>
<tr><td>Ⓗ 거 래 특이사항</td><td colspan="2">□자본거래시 해당 자본거래와 직접 관련되는 파생금융거래를 해당 자본거래의 당사자와 하는 거래
□액면금액의 100분의 20 이상을 선급수수료로 지급하는 거래
□기 체결된 파생금융거래의 변경·취소·종료시 발생한 손실을 새로운 파생금융거래의 가격에 반영하는 거래
□자금유출입·거주자와 비거주자 간 금전대차거래 관련 신고 등의 절차를 회피하기 위한 파생금융거래</td></tr>
</table>

외국환거래법 제18조의 규정에 의하여 위와 같이 신고합니다.

2026년 6월 30일
한국은행총재 귀하

신 고 번 호	
신 고 금 액	
신 고 일 자	
유 효 기 간	
기 타 참고사항	

신 고 기 관 :

* 음영부분은 기재하지 마십시오. 210㎜×297㎜

① 〈첨부서류〉 1. 파생상품거래 사유서 2. 파생상품거래 계약서
　　　　　　　3. 신고인 및 거래관계인의 실체확인서류(법인등기부등본, 사업자등록증 등)
　　　　　　　4. 다른 자본거래와 관련 있는 파생상품거래의 경우 동 자본거래 관련 서류
　　　　　　　5. 기타 한국은행총재가 필요하다고 인정하는 서류

작성요령

Ⓐ **신고인**
　　– 개인의 경우는 신고인의 성명을 기재하고 서명 또는 날인, 법인의 경우는 상호와 대표이
　　　사명을 기재하고 법인 인감을 날인한다. 만약 대리인이 신고하는 경우에는 '유정생명보
　　　험㈜의 대리인 공일규'라고 기재하고 대리인 공일규가 날인 또는 서명

Ⓑ **거래 상대방**
　　– 파생금융거래의 계약 상대방을 기재한다.

Ⓒ **거래 기초자산**
　　– 파생금융거래의 기초자산을 신용, 통화, 이자율, 주식, 상품, 기타로 구분하여 기재한다.

Ⓓ **거래 종류**
　　– 해당 파생금융거래를 선도거래, 선물거래, 스왑거래, 옵션거래, 신용파생금융거래별로 구
　　　분하여 기재하며 신용파생금융거래의 경우 보장매입과 보장매도를 구분하여 기재한다.

Ⓔ **계약(명목)금액**
　　– 파생금융거래의 계약금액을 기재한다.

Ⓕ **만기**

- 파생금융거래 계약서상 만기를 년, 월, 일로 기재하고 기간을 병기한다.

Ⓖ **세부 내용**

- 명목금액, 만기 이외의 세부내용을 간략히 기재(상품명, 발행자, 쿠폰, 기초자산내역 등)한다.

Ⓗ **거래 특이사항**

- 네 가지 유형의 특이사항에 해당될 경우 표기한다.

Ⓘ **첨부서류**

- 파생금융거래 사유서 : 특별한 양식은 없으며 A4 용지 1매 내외의 분량으로 해당 신고 사유 및 거래의 배경, 내용 등을 정확하고 상세하게 기재한다.
- 파생금융거래 계약서
- 신고인 및 거래(계약) 상대방의 실체확인서류 : 개인의 경우에는 신분을 증명할 수 있는 주민등록증이나 여권 또는 운전면허증 사본, 법인의 경우에는 법인등기부등본, 사업자등록증
  • 국내기업의 경우에는 법인등기부등본, 해외법인 등의 경우는 이에 준하는 서류(예 : "Certificate of Incorporation" 등)
  * 만약 대리인이 신고할 경우에는 동 서류 외에 당해 신고행위에 대한 권한을 위임하는 내용의 위임장(비거주자는 영사관 발행 또는 현지에서 공증받은 위임장)을 추가 제출한다.
- 다른 자본거래와 관련 있는 파생금융거래의 경우 동 자본거래 관련 서류(주주간 계약상 옵션의 경우 주식인수계약서 등)
- 파생금융거래 계약서 초안(Term Sheet 등)
- 기타 한국은행총재가 필요하다고 인정하는 서류 : 파생금융거래시 내부적으로 적절한 통제절차를 거쳤을 뿐 아니라 동 거래에 대한 신청인의 검토 및 분석이 충분이 이루어졌음을 입증할 수 있는 서류로서 리스크관리규정, 기안서 또는 이사회 결의서 등

(3) 거래실적보고

한국거래소는 매월 파생상품거래실적을 한국은행총재에게 보고하여야 하며, 한국은행총재는 파생상품거래 신고 및 보고 내역을 종합하여 기획재정부장관에게 보고하여야 한다(정 7-41).

(4) 비거주자의 투자전용계정

1) 외국인투자자의 투자전용계정 개설 및 이용의무

비거주자 또는 투자자금의 대외송금을 보장받고자 하는 외국인거주자가 장내파생상품에 투자하거나 장외파생상품을 청산회사를 통하여 청산하고자 하는 경우에는 외국환은행에 투자자 명의의 투자전용대외계정과 투자전용비거주자원화계정을 개설하여 투자관련자금 또는 청산관련자금을 송금하거나 회수하여야 한다[50] (정 7-42-1).

2) 투자중개업자 등의 투자전용계정 개설권한

투자중개업자 또는 한국거래소·증권금융회사 또는 청산회사는 비거주자 또는 투자자금의 대외송금을 보장받고자 하는 외국인거주자의 장내파생상품의 투자 또는 장외파생상품의 청산을 위해 투자중개업자 명의의 투자전용외화계정 또는 한국거래소·증권금융회사·청산회사 명의의 투자전용외화계정을 개설할 수 있다[51] (정 7-42-2).

3) 투자중개업자의 확인의무

투자중개업자는 비거주자의 장내파생상품 투자 및 장외파생상품 청산을 위한 계정을 관리함에 있어 투자자의 결제자금이 이 규정에 의한 인정된 거래에 의한 것인지를 확인하여야 한다(정 7-42-3).

(5) 보고의무

투자중개업자·한국거래소·증권금융회사·청산회사 명의의 투자전용외화계정의 현황, 장내파생상품 투자현황, 장외파생상품 청산 현황 및 매매실적 등의 보고 등은 정 7-39를 준용한다.

1) 투자매매업자 및 투자중개업자의 보고의무(정 7-30 준용)

투자매매업자·투자중개업자는 증권투자현황(투자전용계정을 포함), 매매실적 등을 투자자별·증권종류별로 분리하여 다음 영업일까지 한국은행총재에게 제출하여야 하며, 한국은행총재는 제출받은 자료 중 통계형자료를 다음 분기 첫째 달 10일까지 금융감

---

50) 이 경우 계정의 예치·처분은 정 7-37을 준용한다.
51) 이 경우 투자전용외화계정의 예치·처분은 정 7-38을 준용한다.

독원장에게 통보하여야 한다. 증권종류의 구분 및 세부 보고내역 등은 한국은행총재가 정하는 바에 따른다.

2) 한국은행총재의 보고의무

한국은행총재는 보고받은 투자전용계정현황 및 증권종류별 매매현황을 종합하여 기획재정부장관에게 보고하여야 한다.

3) 국제예탁결제기구의 보고의무

투자전용계정을 개설한 국제예탁결제기구는 매월별로 투자를 위탁한 외국인투자자별 거래 및 보유내역을 다음 달 10일까지 한국은행총재에게 보고하여야 한다.

4) 거래내역 보관의무 등(정 7-39-5 준용)

투자전용계정을 개설한 자는 외국인투자자의 거래내역을 5년 동안 보관하여야 하며, 한국은행총재의 자료제출 요구가 있는 경우에는 이에 응해야 한다.

(6) 파생상품거래에 대한 실무사례 및 판례

비거주자가 국내 파생상품거래를 하려면 비거주자 명의 투자전용 계정 또는 투자중개업자 명의 투자 전용외화계정을 이용하여야 한다. 그렇지 아니한 경우에는 비거주자가 한국은행에 파생상품거래에 대한 신고[52]를 하여야 한다. 이는 증권취득거래에 대한 신고절차와 같이 비거주자가 국내 파생상품에 투자를 하고자 하는 경우에도 비거주자에게 대외송금을 보장해주는 대신 투자자금의 출처와 처분을 모니터링하려는 의도에서 예치와 처분에 일정한 제한을 두고 있기 때문이다.

〔표 83〕 파생상품거래에 대한 실무 사례 및 판례

실무 사례 및 판례	내용	신고의무
비거주자의 국내 파생상품거래	비거주자의 국내 파생상품거래를 위하여는 비거주자 명의 투자 전용 계정 또는 투자중개업자 명의 투자 전용외화계정을 이용하지 아니한 경우	한국은행 신고

---

52) 별지 제7-7호 서식

Q. 일반기업이 해외금융기관과 파생상품거래를 하고자 하는 경우에는 어떤 절차를 거치면 가능한지?

A. 외국환거래법령에 의할 경우 외국환업무취급기관이 아닌 일반기업이 비거주자와 파생상품거래를 할 경우에는 몇 가지 예외적인 경우를 제외하고는 한국은행에 신고하여야 함.
이에 따라 제조업체 등이 해외에 있는 은행과 선물환계약 등을 직접하고자 하는 경우에는 한국은행에 신고하여야 함. 그러나 국내 제조업체가 국내 외국환은행과 선물환계약 등을 맺는 경우에는 국내 외국환은행이 신고없이 파생상품거래가 가능하므로 별도의 신고절차가 필요 없음.
한편 농산물, 광산물 등 금융상품이 아닌 상품을 대상으로 하는 파생상품거래의 경우와 차입, 증권발행 및 취득 기타의 자본거래시 해당 자본거래와 직접 관련되는 파생상품거래를 해당 자본거래의 당사자와 하는 경우에는 한국은행에 신고하여야 함.

Q. 거주자가 환위험을 헷지하기 위해 은행과 선도거래를 하였으나 원화 환율 상승에 따른 환차손이 발생함에 따라, 동 파생상품거래를 결제하지 않고 거래조건을 변경하여 새로운 파생상품거래를 체결하고자 하는 경우 신고 대상인지요?

A. 거주자간 또는 거주자와 비거주자간 파생상품거래로서 외국환거래규정 제2장에서 정하는 바에 따라 외국환업무취급기관이 외국환업무로서 행하는 거래와 동 외국환업무취급기관을 거래 상대방으로 하는 거래는 신고를 요하지 아니함.
다만, 기 체결된 파생상품거래를 변경, 취소 및 종료할 경우에 기 체결된 파생상품거래에서 발생한 손실을 새로운 파생상품거래의 가격에 반영하는 거래를 하고자 하는 경우에는 거래 타당성을 입증하는 서류를 첨부하여 한국은행에 신고하여야 함.

Q. 투자매매업자, 투자중개업자 및 집합투자업자가 일반상품(일반상품지수 포함)을 기초자산으로 하는 파생상품을 매매하고자 하는 경우에는 어떤 투자절차가 필요한가요?

A. 외국환업무취급기관이 외국환거래규정에 정하여진 업무 취급 범위 이내에서 행하는 파생상품거래는 신고를 요하지 아니함. 그러나, 일반상품(일반상품지수 포함)을 기초자산으로 하는 파생상품 거래는 투자매매업자, 투자중개업자 및 집합투자업자의 외국환업무 취급 범위에 포함되지 않기 때문에 한국은행에 사전 신고를 하여야 함.

Q. 집합투자업자가 동 기관의 업무 범위내에서 집합투자기구에 대하여 통화 및 이자율, 증권, 신용을 기초자산으로 하는 장외파생상품의 매매 지시를 하는 경우에도 신고가 필요한가요?

A. 집합투자업자가 집합투자기구에게 통화 및 이자율, 증권, 신용을 기초자산으로 하는 장외파생상

품 매매의 운용 지시를 하는 것은 동 기관의 외국환업무 취급범위에 포함되어 신고를 하지 않아도 됨.

다만, 신용을 기초자산으로 하는 파생상품매매 중 보장 매도 거래와 직전 분기말 기준 자기자본(집합투자업자 기준) 1천억원 이하인 집합투자업자의 통화 및 이자율을 기초자산으로 하는 파생상품 매매에 대한 운용지시는 한국은행 신고 사항임(규정 제2-17조).

Q. 개인 거주자가 국내 투자중개업자를 통하지 않고 직접 외국 선물업자를 통하여 FX마진거래가 가능한지?

A. 개인 거주자가 국내 투자중개업자를 통하여 외국 금융기관과 FX마진거래를 하는 경우, 동 거래는 외국환업무취급기관을 거래 상대방으로 하는 거래이기 때문에 신고 없이 가능함(규정 제7-2조 제2호).

그러나 개인 거주자가 외국환업무취급기관인 국내 투자중개업자를 통하지 않고 외국 선물업자를 통해 FX마진거래를 하는 것은 허용되지 않음.

Q. 외국인투자자가 국내 장내파생상품시장에서 파생상품 거래를 하고자 하는 경우 투자자금은 어떻게 송금하나요?

A. 비거주자가 국내 장내파생상품시장에 파생상품 거래를 하고자 하는 경우에는 외국환은행에 투자자 명의의 투자전용대외계정과 투자전용비거주자원화계정을 사전에 개설하여 투자관련 자금을 송금하거나 회수하여야 함(규정 제7-42조 제1항).

유권해석 사례 1

석유 · 석탄류 등 실물상품의 장기공급계약이 파생상품인지 여부
(금융위원회 민원질의 회신 2014.5.19.)

순수하게 실물상품을 거래하기 위한 목적의 장기공급계약은 자본시장법 제3조의 금융투자상품 정의 중 이익을 얻거나 손실을 회피할 목적이 있다고 보기 어려우므로, 금융투자상품에 해당하는 것으로 볼 수 없으며, 당연히 금융투자상품의 일종인 장외파생상품 계약에도 해당하지 않습니다.

기타 자본거래에 대한 신고 의무

외국환거래법은 자본거래를 유형별로 구분하여 신고의무를 규정하고 있다. 예금·신탁거래, 금전대차 및 보증거래 등 거래유형별로 구분하여 신고의무를 부여하고 있다. 거주자와 거주자 간에 또는 거주자와 비거주자 간에 이루어지는 외국통화로 표시되거나 지급받을 수 있는 임대차계약(비거주자의 국내부동산 임차 제외), 담보, 보증, 보험(보험사업자의 보험거래 제외), 조합, 사용대차, 채무의 인수, 기타 이와 유사한 계약 또는 상속, 유증에 따른 채권 또는 채무의 발생, 변경, 변제, 소멸 등에 관한 거래를 기타 자본거래로 구분하여 신고의무를 부여하고 있다.

기타자본거래는 현실적으로 발생하고 있는 다양한 자본거래들을 열거하여 신고예외, 외국환은행신고, 한국은행신고, 기획재정부 신고사항으로 구분하여 의무를 규정하고 있다.

(1) 거주자 간 외국통화표시 기타 자본거래(정 7-43-1)

거주자 간에 이루어지는 외국통화표시 기타 자본거래는 원칙적으로 신고의무가 없다.

〔표 84〕 거주자 간 외국통화표시 기타 자본거래

당사자	거래내용	신고의무
거주자	다른 거주자와 외국통화로 표시되거나 지급을 받을 수 있는 임대차계약·담보·보증·보험(「보험업법」에 의한 보험사업자의 보험거래는 제외)·조합·채무의 인수 기타 이와 유사한 계약에 따른 채권의 발생등에 관한 거래[53]	없음
거주자	거주자 간의 상속·유증·증여에 따른 외국통화로 지급을 받을 수 있는 채권의 발생 등에 관한 거래	없음
거주자	다른 거주자로부터 외화증권 또는 이에 관한 권리의 취득[54]	없음

---

53) 담보·보증계약에 따른 채권의 발생 등에 관한 거래에 관하여는 외국환거래규정 채무의 보증계약에 관한 규정을 준용한다.

54) 다만, 당해 외화증권의 취득으로 인하여 해외직접투자의 요건을 충족하게 된 경우에는 직접투자 및 부동산취득(외국환거래규정 제9장)의 규정에 따른다.

(2) 거주자와 비거주자 간 기타자본거래

1) 적용범위

〔표 85〕 거주자와 비거주자 간 기타 자본거래(정 7 - 44)

당사자	거래내용	근거
거주자	비거주자와 임대차계약(비거주자의 국내부동산 임차는 제외)·담보·보증[55])·보험(「보험업법」에 의한 보험사업자의 보험거래는 제외)·조합[56])·채무의 인수·화해 기타 이와 유사한 계약에 따른 채권의 발생 등에 관한 거래	정 7 - 44 - 1 - i
거주자	비거주자와 상속·유증·증여에 따른 채권의 발생 등에 관한 거래	정 7 - 44 - 1 - ii
거주자	해외에서 학교 또는 병원의 설립·운영 등과 관련된 행위 및 그에 따른 자금의 수수	정 7 - 44 - 1 - iii
거주자	자금통합관리 및 그와 관련된 행위	정 7 - 44 - 1 - iv

2) 신고예외 거주자와 비거주자 간 기타자본거래

〔표 86〕 신고예외 거주자와 비거주자 간 기타 자본거래(정 7 - 45 - 1)

당사자	거래내용	신고의무
거주자	한국은행, 외국환업무취급기관이 외국환업무를 영위함에 따라 비거주자에게 담보를 제공하는 경우	없음
거주자	신용카드에 의한 현금서비스거래	없음
거주자	물품의 수출과 관련하여 외국에 있는 금융기관이 발행한 신용장을 그 신용장 조건에 따라 비거주자에게 양도하는 경우	없음
거주자 (국내의 외항운송업자)	소유권 이전의 경우를 제외하고 국내의 외항운송업자와 비거주자 간의 선박이나 항공기(항공기엔진 및 외국환거래업무취급지침에서 정하는 관련 주요부품을 포함)를 임대차기간이 1년 미만인 조건으로 외화표시 임대차계약을 체결하는 경우	없음
거주자	거주자가 신고수리를 받아 취득한 외국에 있는 부동산을 비거주자에게 취득신고수리시 인정된 범위 내에서 외국통화표시 임대를 하는 경우	없음

---

55) 담보 및 보증계약에 따른 채권의 발생 등에 관한 거래에 관하여는 채무의 보증계약에 관한 규정을 준용한다. 다만, 비거주자가 부동산 담보를 취득하는 경우에는 이 항 본문의 규정 및 제9장 제5절의 규정을 준용하여야 한다.
56) 조합 기타 이와 유사한 계약에 따른 채권의 발생 등에 관한 거래로서 해외직접투자에 해당하는 경우에는 제9장의 규정에서 정하는 바에 의한다.

당사자	거래내용	신고의무
거주자	비거주자로부터 부동산 이외의 물품을 무상으로 임차하는 경우	없음
비거주자	외국환거래규정에 의하여 외국으로의 원리금 송금이 허용되는 예금·신탁·증권 등을 금융기관의 자기여신에 관련된 담보로 제공하거나 제3자를 위해 담보로 제공하는 경우	없음
비거주자	국내에서의 법적절차를 위해 필요한 예치금을 납입하거나 예치금에 갈음하여 내국법인이 발행한 외화증권을 제공하는 경우	없음
거주자	보험에 관한 법령의 규정에 의하여 인정된 바에 따라 국내의 거주자가 비거주자와 외국통화표시 보험계약을 체결하거나 외국에 있는 보험사업자와 재보험계약을 체결하는 경우	없음
거주자 (해외건설 및 용역사업자)	해외건설 및 용역사업과 관련하여 현지에서 비거주자로부터 장비를 임차하는 계약을 체결하는 경우	없음
거주자	거주자와 국민인 비거주자 간에 국내에서 내국통화로 표시되고 지급되는 정 7-44-1-i~ii의 거래 또는 행위를 하는 경우	없음
거주자	비거주자로부터 상속·유증·증여에 의한 채권의 발생 등의 당사자가 되는 경우	없음
거주자	국제유가증권결제기구에 가입한 거주자가 일중대출에 관련하여 담보를 제공하는 경우[57]	없음
거주자	기관투자가가 인정된 거래에 따라 보유한 외화증권을 외국증권대여기관(Securities Lending Agent)을 통하여 대여하는 경우	없음
거주자(투자매매업자 또는 투자중개업자)	직전 분기 말 기준 자기자본 1조원 이상의 투자매매업자 또는 투자중개업자가 외화증권을 차입·대여하는 경우	없음
거주자	임차계약 만료 전[58]과 관련하여 담보를 제공하는 경우에 수출자유지역 내에서 당해 수출자유지역 관리소장의 허가를 받아 폐기처분하는 경우	없음
거주자	거주자와 비거주자가 예탁결제원, 증권금융회사 또는 증권대차거래의 중개업무를 영위하는 투자매매업자 또는 투자중개업자를 통하여 원화증권 및 원화연계외화증권을 차입·대여하거나 이와 관련하여 원화증권, 외화증권 또는 현금(외국통화를 포함)을 담보로 제공하는 경우	없음
거주자	거주자의 현지법인이 거주자의 보증·담보제공이 수반된 현지금융을 상환하기 위하여 국내에서 원화증권을 발행하는 경우로서 현지법인을 위하여 당해 거주자(계열회사를 포함)가 보증 및 담보를 제공하는 경우	없음

당사자	거래내용	신고의무
거주자	비거주자로부터 국내부동산을 임차하는 경우로서 내국통화로 지급하는 경우	없음
거주자	외환동시결제시스템을 통한 결제와 관련하여 거주자 회원은행이 CLS은행과 결제관련 약정(손실부담약정 포함)을 체결하고 동 약정에 따라 자금을 지급 또는 수령하는 경우	없음
거주자	외환동시결제시스템을 통한 결제와 관련하여 외국환업무취급기관이 비거주자와 결제관련 약정(손실부담에 관한 합의 포함)을 체결하고 동 약정에 따라 자금을 지급 또는 수령하는 경우	없음
거주자	종교단체가 해외에 선교자금을 지급하는 경우	없음
거주자	비영리법인이 해외에서의 구호활동에 필요한 자금을 지급하는 경우(당해 법인의 설립취지에 부합하여야 함)	없음
비거주자	비거주자가 거주자로부터 상속·유증을 받는 경우	없음

3) 보고의무(정 7-45-2)

정 7-45-1-xvi[59]에도 불구하고 비거주자는 차입잔액이 300억원을 초과한 경우 최초로 초과한 날로부터 3영업일 이내에 한국은행총재에게 이를 보고하여야 하며, 차입잔액 300억원을 초과하는 경우의 그 차입 변동내역은 매월별로 다음 달 10일까지 한국은행총재에게 보고하여야 한다.

정 7-45-1-xiv-1호[60]에도 불구하고 직전 분기 말 기준 자기자본 1조원 이상의 투자매매업자 또는 투자중개업자는 외화증권의 차입·대여 내역(제1항 제4호에 의한 대여 내역을 포함)을 매월별로 다음 달 10일까지 한국은행총재 및 금융감독원장에게 보고하여야 한다(정 7-45-3).

---

57) 정 7-45-1-xiii

58) 정 7-46-1-i에 해당하는 경우로서

59) 정 7-45-1-xvi. 거주자와 비거주자가 예탁결제원, 증권금융회사 또는 증권대차거래의 중개업무를 영위하는 투자매매업자 또는 투자중개업자를 통하여 원화증권 및 원화연계외화증권을 차입·대여하거나 이와 관련하여 원화증권, 외화증권 또는 현금(외국통화를 포함)을 담보로 제공하는 경우

60) 직전 분기 말 기준 자기자본 1조원 이상의 투자매매업자 또는 투자중개업자가 외화증권을 차입·대여하는 경우

4) 신고대상 거주자와 비거주자 간 기타자본거래

〔표 87〕 신고대상 거주자와 비거주자 간 기타 자본거래(정 7 - 46)

당사자	거래내용	의무
거주자	거주자와 비거주자 간에 계약 건당 미화 3천만불 이하인 경우로서 부동산 이외의 물품임대차 계약을(소유권 이전하는 경우를 포함) 체결하는 경우	외국환은행장 신고
거주자	소유권 이전의 경우를 제외하고 국내의 외항운송업자와 비거주자 간의 선박이나 항공기를 임대차기간이 1년 이상인 조건으로 외국통화표시 임대차계약을 체결하는 경우	외국환은행장 신고
거주자	신고예외, 외국환은행장 신고 대상을 제외한 기타자본거래	한국은행총재 신고

| 거래사례 |

유정씨앤씨(주)는 제품생산을 위하여 미국의 ABC Company로부터 US＄35,000,000 상당의 특수장비를 연간 US＄50,000의 임차료를 지급하며 3년간 임차하는 계약을 체결하고자 한국은행에 임대차계약 신고를 하는 사례(자료출처 : 한국은행 외국환거래 신고 편람 2007.1. p.175~178의 내용을 필자가 일부수정)

【임대차계약 신고서】

〔별지 제7-9호 서식〕

<table>
<tr><td colspan="3" rowspan="2"><h1>임 대 차 계 약 신 고 서</h1></td><td colspan="2">처 리 기 간</td></tr>
<tr><td colspan="2"></td></tr>
<tr><td rowspan="3">Ⓐ
신
청
인</td><td colspan="2">상호 및 대표자 성명</td><td colspan="2">유정씨앤씨(주) 대표이사 신민호
(또는 유정씨앤씨(주)의 대리인 공일규)　 인</td></tr>
<tr><td colspan="2">주　소 (소 재 지)</td><td colspan="2">서울시 강남구 언주로 723번지
　　　　　　　　　　　　　(전화번호)123-4567</td></tr>
<tr><td colspan="2">업　종 (직　　업)</td><td colspan="2">무역업</td></tr>
<tr><td rowspan="8">신
청
내
역</td><td colspan="2">Ⓑ 임　　대　　인</td><td colspan="2">(성명) ABC Company
(주소) 1122 Battery Street,San Francisco,USA
(전화번호) 1-309-387-0000</td></tr>
<tr><td colspan="2">Ⓑ 임　　차　　인</td><td colspan="2">유정씨앤씨(주)</td></tr>
<tr><td colspan="2">Ⓒ 임 대 차 물 종 류</td><td colspan="2">특수기계장비</td></tr>
<tr><td colspan="2">Ⓓ 소　　재　　지</td><td colspan="2">미국</td></tr>
<tr><td colspan="2">수　　　　　　량</td><td colspan="2">1대</td></tr>
<tr><td colspan="2">Ⓔ 임 대 차 물 가 액</td><td colspan="2">U$35,000,000 (임대차료) U$50,000(연간)</td></tr>
<tr><td colspan="2">Ⓕ 임 대 차 기 간</td><td colspan="2">2026.7.31 - 2028.7.31</td></tr>
<tr><td colspan="2">Ⓖ 임 대 차 사 유</td><td colspan="2">제품 생산</td></tr>
<tr><td colspan="5">외국환거래법 제18조의 규정에 의하여 위와 같이 신고합니다.

2026년 6월 30일
한국은행총재 귀하</td></tr>
<tr><td colspan="3" rowspan="2"></td><td>신　고　번　호</td><td></td></tr>
<tr><td>신　고　일　자</td><td></td></tr>
<tr><td colspan="5">신고기관 : 한국은행총재
(외국환은행의 장)</td></tr>
</table>

210㎜×297㎜

Ⓗ 〈첨부서류〉 :　1. 임대차계약서

　　　　　　　　　2. 임대차물 증빙서류

　　　　　　　　　3. 임대차사유 증빙서류

　　　　　　　　　4. 기타 신고기관의 장이 필요하다고 인정하는 서류

Ⓐ **신청인**

- 개인의 경우는 신청인의 성명을 기재하고 서명 또는 날인, 법인의 경우는 상호와 대표이
  사명을 기재하고 법인 인감을 날인한다. 만약 대리인이 신청하는 경우에는 '유정씨앤씨
  (주)의 대리인 공일규'라고 기재하고 대리인 공일규가 날인 또는 서명한다.

Ⓑ **임대인 및 임차인**

- 임대차 계약서상 임대인 및 임차인을 기재한다.

Ⓒ **임대차물 종류**

- 임대차 대상이 되는 물건의 종류를 구체적으로 기재하며 임대차물이 다수인 경우 등에
  는 별첨을 이용하여 그 내역을 구체적으로 기재한다.

Ⓓ **소재지** : 임대차 대상 물건이 현재 있는 나라를 기재한다.

Ⓔ **임대차물가액**

- 임대차의 목적물 가액을 기재한다.

Ⓕ **임대차기간**

- 임대차기간을 년, 월, 일로 기재한다.

Ⓖ **임대차사유**

- 임대차를 하게 되는 구체적 사유를 기재한다.

Ⓗ **첨부서류**

- 사유서 : 특별한 양식은 없으며 A4 용지 1매 내외의 분량으로 해당 신청 사유를 정확하
  고 상세하게 기재한다.
- 신청인 및 거래(계약) 상대방의 실체확인서류 : 개인의 경우에는 신분을 증명할 수 있는
  주민등록증이나 여권 또는 운전면허증 사본, 법인의 경우에는 법인등기부등본, 사업자등
  록증
  • 국내기업의 경우에는 법인등기부등본, 해외법인 등의 경우는 이에 준하는 서류(예 :
    "Certificate of Incorporation" 등)
  * 만약 대리인이 신청할 경우에는 동 서류 외에 당해 신고행위에 대한 권한을 위임하는 내용의
    위임장(비거주자는 영사관 발행 또는 현지에서 공증받은 위임장)을 추가 제출한다.
- 임대차 계약서
- 임대차물 증빙서류 : 임대차 대상이 되는 물건의 존재 등을 입증할 수 있는 서류 등(예를
  들어 선박의 임대차의 경우는 선박등기 서류)

유정씨앤씨(주)는   제품생산을 위하여 미국의 ABC로부터 3년간 임차한 특수장비(장비가액 US $ 35,000,000)의 임차기간이 2007.6.30. 종료됨에 따라 동 장비의 임차기간을 1년 연장하기 위해 한국은행에 임대차계약내용 변경 신고를 하는 사례(자료출처 : 한국은행 외국환거래 신고 편람 2007.1. p.184~187의 내용을 필자가 일부수정)

【임대차계약 신고내용 변경신청서】

임대차계약 신고내용 변경 신청서

2028년 6월 25일

한국은행총재 귀하

Ⓐ 신청인 상호 및 대표자 성명 유정씨앤씨(주) **대표이사 신민호**
(또는 유정씨앤씨(주)의 대리인 공일규) (인)
주 소 또는 소 재 지 **서울시 강남구 언주로 723번지**
전 화 번 호 123-4567

아래와 같이 (**임대차계약 기간**) 변경을 신청합니다.

Ⓑ 1. 기 신고 사항
가. 신고번호 2025-2-000
나. 일자 2025.6.24
다. 금액 US $ 35,000,000(**연간 임대료** : US $ 50,000)
Ⓒ 2. 변경내용
가. 변경전 : 2025.7.1 - 2028.6.30
나. 변경후 : 2025.7.1 - 2029.6.30
Ⓓ 3. 변경사유(구체적으로 기입할 것)
- 미국 ABC사로부터 임차한 특수장비(Model No. B2354)의 임차기간이 2028.6.30.에 종료되지만 동 장비를 이용하여 생산한 제품판매가 호조를 보임에 따라 임차기간을 2029.6.30.까지 1년 연장하고자 함.

위의 (   ) 변경을 다음과 같이 신고필함.

신고 번호	
신고 일자	

한 국 은 행 총 재

사본수신처 :

Ⓐ **신청인**

- 개인의 경우는 신청인의 성명을 기재하고 서명 또는 날인, 법인의 경우는 상호와 대표이
  사명을 기재하고 법인 인감을 날인한다. 만약 대리인이 신청하는 경우에는 '유정씨앤씨
  (주)의 대리인 공일규'라고 기재하고 대리인 공일규가 날인 또는 서명한다.

Ⓑ **기 신고사항**

- 기 신고한 사항과 관련된 내용을 간략히 기재한다.

Ⓒ **변경내용**

- 기 신고내용 중 변경이 필요한 사항을 변경 전·후로 나누어서 간략히 기재한다.

Ⓓ **변경사유**

- 변경사유를 기재하되, 동 사유가 복잡할 경우 등에는 별첨을 이용하여 기재한다.

Ⓔ **첨부서류**

- 변경 사유서 : 특별한 양식은 없으며 A4 용지 1매 내외의 분량으로 해당 신청 사유를
  정확하고 상세하게 기재한다.
- 신청인 및 거래(계약) 상대방의 실체확인서류 : 개인의 경우에는 신분을 증명할 수 있는
  주민등록증이나 여권 또는 운전면허증 사본, 법인의 경우에는 법인등기부등본, 사업자등
  록증
  • 국내기업의 경우에는 법인등기부등본, 해외법인 등의 경우는 이에 준하는 서류(예 :
    "Certificate of Incorporation" 등)
  * 만약 대리인이 신청할 경우에는 동 서류 외에 당해 신고행위에 대한 권한을 위임하는 내용의
    위임장(비거주자는 영사관 발행 또는 현지에서 공증받은 위임장)을 추가 제출한다.
- 변경내용을 입증할 수 있는 계약서 등
- 기 신고필증 사본

5) 한국은행총재에 대한 보고의무(정 7-46-3~4)

신고대상인 기타 자본거래로서 자금통합관리를 하고자 하는 자는 자금통합관리 참여
법인 및 대출차입한도 등을 자금통합관리 개시 전에 지정거래외국환은행을 경유하여 한
국은행총재에게 신고하여야 하며, 자금통합관리 신고를 한 자는 그 운영현황을 매분기
별로 익월 20일까지 한국은행총재에게 보고하여야 한다.

신고대상인 기타 자본거래로서 해외에서 학교 또는 병원의 설립·운영 등과 관련된

행위 및 그에 따른 자금의 수수를 위하여 한국은행총재에게 신고한 거주자는 학교 또는 병원의 설립·운영 등과 관련된 자금운영현황 등을 다음 연도 첫째 달 20일까지 한국은행총재에게 보고하여야 한다.

6) 계약타당성 입증서류 제출의무(정 7-46-6)

정 7-44-1-i의 거래 중 화해 기타 이와 유사한 계약에 따른 채권의 발생 등에 관한 거래를 신고하는 자는 신고시 한국은행총재가 요구하는 계약 타당성을 입증할 수 있는 서류를 제출하여야 하며, 지급일로부터 1개월 이내에 실제 계약과 관련된 자료와 지급등 내역을 제출하여야 한다.

(3) 비거주자와 다른 비거주자 간 내국통화표시 자본거래

1) 적용범위

〔표 88〕 비거주자 간 내국통화표시 기타 자본거래

당사자	거래내용	근거
비거주자	비거주자 간 내국통화로 표시되거나 지급받을 수 있는 채권의 발생 등에 관한 거래	정 7-47-i
비거주자	비거주자가 다른 비거주자로부터 원화증권 또는 이에 관한 권리를 취득하는 경우	정 7-47-ii

2) 신고예외 비거주자 간 내국통화표시 기타 자본거래

〔표 89〕 신고예외 비거주자 간 내국통화표시 기타 자본거래(정 7-48-1)

당사자	거래내용	신고의무
비거주자	외국환은행 해외지점, 외국환은행 현지법인이 비거주자와 내국통화표시 거래(비거주자와의 내국통화, 원화표시여행자수표 및 원화표시자기앞수표의 매매에 한함)를 하는 경우	없음
비거주자	국민인 비거주자 간에 국내에서 내국통화표시거래(자본거래를 포함)를 하는 경우	없음
비거주자	비거주자가 대한민국 내에 체재함에 수반하는 생활비, 일상품 또는 용역의 구입 등과 관련하여 다른 비거주자와 내국통화표시거래를 하는 경우	없음
비거주자	비거주자가 대한민국 내에서 허용되는 사업의 영위와 관련하여 다른 비거주자와 내국통화표시거래를 하는 경우	없음

당사자	거래내용	신고의무
비거주자	비거주자가 다른 비거주자로부터 인정된 거래에 따라 취득한 원화증권을 취득하는 경우	없음
비거주자	비거주자가 외국에 있는 금융기관과 내국통화표시예금거래를 하는 경우	없음
비거주자	비거주자 간에 예탁결제원, 증권금융회사 또는 「자본시장과 금융투자업에 관한 법률」 시행령상 인정된 증권대차거래의 중개업무를 영위하는 투자매매업자 또는 투자중개업자를 통하여 원화증권을 차입·대여하거나 이와 관련하여 원화증권 또는 현금(외국통화를 포함)을 담보로 제공하는 경우	없음
비거주자	외국인투자가가 「외국인투자촉진법」 또는 외국환거래규정[61]에 따라 취득한 증권을 비거주자에게 담보로 제공하는 경우	없음
비거주자	외국금융기관 및 외국환전영업자가 비거주자와 내국통화, 원화표시여행자수표 및 원화표시자기앞수표의 매매를 하는 경우	없음
비거주자	비거주자 간 상속·유증에 따른 내국통화로 표시되거나 지급받을 수 있는 채권의 발생 등에 관한 거래	없음
비거주자	비거주자 간 해외에서 행하는 내국통화표시 파생상품거래로서 결제 차액을 외화로 지급하는 경우	없음
비거주자	외환동시결제시스템을 통한 결제와 관련하여 비거주자와 다른 비거주자 간의 원화가 개재된 다음의 하나에 해당하는 거래를 하는 경우 가. CLS은행과 외환동시결제시스템의 비거주자 회원은행 간 또는 비거주자 회원은행과 다른 비거주자 간의 결제관련 약정 나. 외환동시결제시스템의 비거주자 회원은행이 CLS은행으로부터 CLS은행이 정한 일정 한도의 원화 지급포지션(Short Position)을 받거나 고객인 비거주자가 비거주자 회원은행으로부터 일중(Intra-day) 또는 일일(Over-night) 원화신용공여를 받는 거래나 외환동시결제시스템의 비거주자 회원은행간의 결제유동성 감축을 목적으로 하는 In/Out Swap 또는 이와 유사한 거래 라. 유동성공급약정에 따른 CLS은행과 비거주자(Liquidity Provider)간의 현물환, 선물환 또는 스왑거래 마. 외환동시결제시스템의 비거주자가 CLS은행 또는 회원은행으로부터 당초 약정한 통화와 다른 통화로 수령하는 거래 바. CLS은행과 외환동시결제시스템의 비거주자 회원은행간의 손실부담약정 체결 사. 외환동시결제시스템의 비거주자 회원은행과 고객인 비거주자와의 손실부담에 관한 합의	없음

---

61) 외국환거래규정 제7장 제6절 제3관

당사자	거래내용	신고의무
비거주자	비거주자가 외국으로의 원리금 송금이 자유로운 원화예금 및 원화신탁을 다른 비거주자에게 담보로 제공하는 경우	없음
비거주자	한국은행과 외국 중앙은행 간의 통화스왑 자금을 활용하여 비거주자 간 내국통화표시 금전대차 계약을 하는 경우	없음
비거주자	청산은행 및 청산은행이 지정된 국가의 외환시장에서 청산은행에 내국통화 계좌를 둔 외국금융기관[62] 간의 현지통화와 내국통화 간 매매 및 파생상품 거래와 내국통화표시 대차거래	없음
비거주자	청산은행이 지정된 국가의 외환시장에서 청산은행에 내국통화 계좌를 둔 외국금융기관[63]과 비거주자로서 해당국에 주소 또는 거소를 둔 자 간의 무역관련 현지통화와 내국통화 간 파생상품거래 또는 내국통화표시 대차거래(무역금융)를 하는 경우[64]	없음
비거주자	청산은행이 지정된 국가의 외환시장에서 청산은행에 내국통화 계좌를 둔 외국금융기관[65]과 비거주자로서 해당국에 주소 또는 거소를 둔 자 간의 무역관련 현지통화와 내국통화 간 파생상품거래 또는 내국통화표시 대차거래(무역금융)를 하는 경우[66]	없음
비거주자	투자전용계정을 개설한 자와 당해 투자전용계정을 통해 관련자금을 예치·처분하는 외국인투자자간 증권매매자금 결제와 직접 관련된 원화 대차거래를 하는 경우	없음
비거주자	동일한 국제예탁결제기구에 투자를 위탁한 비거주자간에 해당 국제예탁결제기구를 통하여 국채 또는 통화안정증권의 매매, 환매조건부 매매, 담보제공 거래 등을 하는 경우	없음
비거주자	상대국 현지통화 직거래은행간의 원화표시 대차거래, 원화와 상대국 통화간 매매 및 외환 파생상품 거래	없음
비거주자	상대국 현지통화 직거래은행이 상대국 내 주소 또는 거소를 둔 비거주자와 물품 또는 용역거래 결제와 관련된 원화표시 대차거래, 원화와 상대국 통화간 매매 및 외환 파생상품 거래를 하는 경우	없음

3) 신고대상 비거주자 간 내국통화표시 기타 자본거래

비거주자가 다른 비거주자와 신고예외에 해당하는 경우를 제외하고 기타자본거래 또는 행위를 하고자 하는 경우에는 기획재정부장관에게 신고를 하여야 한다.

---

62) 외국환거래법시행령 제14조 제1호에 준하는 금융기관으로 한정한다.
63) 외국환거래법시행령 제14조 제1호에 준하는 금융기관으로 한정한다.
64) 단, 확인된 무역거래 대금 범위 내로 한정한다.
65) 외국환거래법시행령 제14조 제1호에 준하는 금융기관으로 한정한다.
66) 단, 확인된 무역거래 대금 범위 내로 한정한다.

(4) 기타자본거래에 대한 실무사례 및 판례

〔표 90〕 기타자본거래에 대한 실무 사례 및 판례

실무 사례 및 판례	내용	신고의무
비거주자에게 임차사용료를 지급하는 경우	거주자 A사는 비거주자인 외국 B사와 장비임대차계약 체결하여 장비를 임차하면서 임차료를 지급하는 거래	외국환은행장 신고
국내본사가 해외지점에 성과급 지급	국내 본사가 해외지점의 영업실적에 따라 포상금을 지급하는 경우	한국은행총재 신고

● 한국은행 질의응답 사례

사적화해 관련

〈질의〉

한국법인 A회사(60%)와 중국법인 B회사(40%)가 지분투자 → 중국 현지 C합자회사(비상장)

C합자회사에 대한 A회사의 지분 60%를 무상양도 하고자 함.

C회사는 계속 손실이 나고 있으며, 손실보전이 불가능할 것으로 판단하고 사업 철수하고자 함.

A회사가 C회사로 공급하던 원재료에 대한 공급을 중단하기로 하고, 보상금으로 RMB 500,000을 지급하고자 함. 지분에 대한 무상양도와 함께 계약서에 기재.

이러한 경우, 은행에서 해당 송금을 클레임으로 진행하려면, 거주자와 비거주자 간의 분쟁 합의에 대해서 한국은행총재이 신고가 선행되어야 한디는 답변을 얻음.

한국은행총재에 신고하기 위한 신고서류 및 신고절차에 대하여 문의하고자 합니다.

〈회신〉

기존 계약 파기 등 계약위반에 따른 손해배상금을 지불하는 계약을 체결하고자 하는 경우 한국은행에 기타자본거래(사적화해) 신고를 하셔야 합니다.

4-14. 거주자와 비거주자간 채권의 발생 등에 관한 거래와 관련이 없는 지급 등 규정
(대법원 2006.5.11. 선고 2006도920 판결)

[판시사항]

[1] 죄형법정주의와 명확성 원칙의 의미 및 법규범이 명확성 원칙에 위반되는지 여부의 판단 방법

[2] '당해 거주자와 비거주자간 채권의 발생 등에 관한 거래와 관련이 없는 지급'을 한국은행 총재의 허가사항으로 규정한 구 외국환관리규정 제6-15조의3 제15호가 죄형법정주의가 요구하는 명확성 원칙에 반하는지 여부(소극) 및 위 조항이 헌법상 보장된 진술거부권의 본질적 내용을 침해하는 것인지 여부(소극)

[판결요지]

[1] 헌법 제12조 및 제13조를 통하여 보장되고 있는 죄형법정주의의 원칙은 범죄와 형벌이 법률로 정하여져야 함을 의미하며, 이러한 죄형법정주의에서 파생되는 명확성의 원칙은 법률이 처벌하고자 하는 행위가 무엇이며 그에 대한 형벌이 어떠한 것인지를 누구나 예견할 수 있고, 그에 따라 자신의 행위를 결정할 수 있도록 구성요건을 명확하게 규정하는 것을 의미한다. 그러나 처벌법규의 구성요건이 명확하여야 한다고 하여 모든 구성요건을 단순한 서술적 개념으로 규정하여야 하는 것은 아니고, 다소 광범위하여 법관의 보충적인 해석을 필요로 하는 개념을 사용하였다고 하더라도 통상의 해석방법에 의하여 건전한 상식과 통상적인 법 감정을 가진 사람이면 당해 처벌법규의 보호법익과 금지된 행위 및 처벌의 종류와 정도를 알 수 있도록 규정하였다면 헌법이 요구하는 처벌법규의 명확성에 배치되는 것이 아니다. 또한 어떠한 법규범이 명확한지 여부는 그 법규범이 수범자에게 법규의 의미내용을 알 수 있도록 공정한 고지를 하여 예측가능성을 주고 있는지 여부 및 그 법규범이 법을 해석·집행하는 기관에게 충분한 의미내용을 규율하여 자의적인 법 해석이나 법 집행이 배제되는지 여부, 다시 말하면 예측가능성 및 자의적 법 집행 배제가 확보되는지 여부에 따라 이를 판단할 수 있는데, 법규범의 의미내용은 그 문언뿐만 아니라 입법 목적이나 입법 취지, 입법 연혁, 그리고 법규범의 체계적 구조 등을 종합적으로 고려하는 해석방법에 의하여 구체화하게 되므로, 결국 법규범이 명확성 원칙에 위반되는지 여부는 위와 같은 해석방법에 의하여 그 의미내용을 합리적으로 파악할 수 있는 해석기준을 얻을 수 있는지 여부에 달려 있다.

[2] 구 외국환관리규정(1996.6.1. 재정경제원 고시 제1996－13호) 제6－15조의3 제15호가 한국은행 총재의 허가사항으로 규정한 '당해 거주자와 비거주자간 채권의 발생 등에 관한 거래와 관련이 없는 지급'은 경상적 거래나 자본거래 등 일반적으로 외국환의 지급 등의 원인행위가 되는 거래를 수반하지 않는 외국환의 지급을 뜻하는 것으로 새기는 것이 타당하다. 따라서 위 규정은 구 외국환관리법(1997.12.13. 법률 제5453호로 개정되기 전의 것)의 목적, 외국환거래 제한의 태양과 절차, 구 외국환관리법 제17조의 의미 등에 비추어 관련 법 조항 전체를 유기적ㆍ체계적으로 종합 판단하면 그 의미가 불명확하다고 할 수 없으므로, 죄형법정주의가 요구하는 명확성의 원칙에 위배되는 것이라고 할 수 없다.

[3] 구 외국환관리법(1997.12.13. 법률 제5453호로 개정되기 전의 것) 제17조 제1항은 경상적 거래와 자본거래에 관련된 지급 등과 위와 같은 거래를 수반하지 않는 지급 등을 모두 규제 대상으로 하고 있고, 구 외국환관리법 시행령(1997.11.29. 대통령령 제15516호로 개정되기 전의 것) 제26조는 '과다한 외화유출 및 자본의 불법유출 유입의 가능성이 큰 지급 등으로서 법의 목적을 달성하기 위하여 필요하다고 인정되는 지급 등'을 허가대상 지급 등으로 기준을 정하였으며, 거래를 수반하지 않는 지급의 경우에 특히 외화 유출의 가능성이 있다고 보여지므로, '채권의 발생 등에 관한 거래와 관련이 없는 지급'을 한국은행 총재의 허가사항으로 정한 구 외국환관리규정(1996.6.1. 재정경제원 고시 제1996－13호) 제6－15조의3 제15호가 구 외국환관리법 또는 구 외국환관리법 시행령의 위임의 범위를 벗어난 것으로 볼 수 없다. 또한, 거래를 수반하지 않는 외국환 지급 허가의 신청은 구 외국환관리법이나 그 밖의 법령에 범죄로 규정되어 있지 아니할 뿐 아니라, 위와 같은 지급의 경우에도 지급의 수액 및 그 용도 등에 따라 지급이 허가될 가능성이 전혀 없다고 할 수는 없으므로, 위와 같은 지급을 하려는 거주자에 대하여 한국은행 총재의 허가를 미리 받도록 규정한 것이 헌법상 보장된 진술거부권의 본질적 내용을 침해하는 것이라고 할 수는 없다.

외국환거래규정 제9장에서는 직접투자와 부동산 취득에 대하여 규정하고 있다. 구체적으로 해외직접투자, 국내기업 등의 해외지사, 외국기업 등의 국내지사, 거주자의 부동산취득을 규정하고 있다. 대부분의 자본거래는 거래유형별로 구분하여 제7장과 제8장에서 다루고 있으나, 직접투자와 부동산취득은 다른 자본거래와 달리 한번 거래가 이루어지면 상당기간 동안 그 행위가 이루어지고 그에 따른 관리의 필요성이 높아 제9장에서 별도로 규정하고 있다.

한편, 비거주자가 외국인투자촉진법에 의거하여 국내에 투자를 하는 경우에는 제9장이 아닌 제7장의 적용을 받는다.[67] 금융기관이 직접투자하거나 지사를 설치하는 경우 2008년 이전에는 외국환거래법에서 이를 규정하였으나 2008년에 외국환거래법에서 삭제하고 별도로 '금융기관의 해외진출에 관한 규정', '금융기관의 해외진출에 관한 규정 시행세칙'을 두어 운용하고 있다.

(1) 해외직접투자의 개념

1) 해외직접투자의 정의

해외직접투자는 국내 기업(법인이나 개인)이 해외의 주식·채권과 같은 자본시장에 투자하는 것이 아니라 해외에 법인을 설립하거나 공장을 짓는 등 회사 경영에 참여하거나 기술제휴 등의 목적으로 투자하는 것을 말한다. 해외직접투자의 주요 유형으로는 해외 현지법인의 설립, 기존 외국법인 자본에 참여, 부동산 취득, 지점 설치 등이 있다.

외국환거래법령에서 규정하는 "해외직접투자"의 개념[68]을 정리하면 아래와 같다.

---

67) 정 7-32-1-ii
68) 법 3-1-18, 영 8

〔표 91〕 해외직접투자의 정의

당사자	거래내용	근거
거주자	외국법령에 따라 설립된 법인(설립 중인 법인을 포함)이 발행한 증권을 취득하거나 그 법인에 대한 금전의 대여 등을 통하여 그 법인과 지속적인 경제관계를 맺기 위하여 하는 아래의 거래 또는 행위 – 외국법령에 따라 설립된 외국법인(설립 중인 법인을 포함)의 경영에 참가하기 위하여 취득한 주식 또는 출자지분이 해당 외국법인의 발행주식총수 또는 출자총액에서 차지하는 비율[69]이 100분의 10 이상인 투자(영 8-1) – 투자비율이 100분의 10 미만인 경우로서 해당 외국법인과 다음 각 목의 어느 하나에 해당하는 관계를 수립하는 것(영 8-2) ㉠ 임원의 파견 ㉡ 계약기간이 1년 이상인 원자재 또는 제품의 매매계약의 체결 ㉢ 기술의 제공·도입 또는 공동연구개발계약의 체결 ㉣ 해외건설 및 산업설비공사를 수주하는 계약의 체결 – 위에 따라 이미 투자한 외국법인의 주식 또는 출자지분을 추가로 취득하는 것(영 8-3) – 위의 규정에 따라 외국법인에 투자한 거주자가 해당 외국법인에 대하여 상환기간을 1년 이상으로 하여 금전을 대여하는 것(영 8-4)	법 3-1-18, 영 8
거주자	외국에서 영업소를 설치·확장·운영하거나 해외사업 활동을 하기 위하여 아래의 자금을 지급하는 행위 – 지점 또는 사무소의 설치비 및 영업기금 – 거주자가 외국에서 법인 형태가 아닌 기업을 설치·운영하기 위한 자금 –「해외자원개발 사업법」 제2조에 따른 해외자원개발사업 또는 사회간접자본개발사업을 위한 자금. 다만, 해외자원개발을 위한 조사자금 및 해외자원의 구매자금은 제외한다.	법 3-1-18, 영 8

2) 해외직접투자의 수단

거주자가 해외직접투자에 사용할 수 있는 수단은 지급수단을 포함하여 아래와 같은 것들이 있다.[70]

---

69) 주식 또는 출자지분을 공동으로 취득하는 경우에는 그 주식 또는 출자지분 전체의 비율을 말한다. 이하 이 항에서 "투자비율"이라 한다.

70) 정 9-1의2

〔표 92〕 해외직접투자의 수단

당사자	해외직접투자 수단	근거
거주자	① 지급수단 ② 현지법인의 이익유보금 및 자본잉여금 ③ 자본재(외국인투자촉진법 제2조 제1항 제9호의 자본재) ④ 산업재산권 기타 이에 준하는 기술과 이의 사용에 관한 권리 ⑤ 해외법인 또는 해외지점·사무소를 청산한 경우의 그 잔여재산 ⑥ 대외채권 ⑦ 영 제12조 제3항의 규정에 의해 채권회수대상에서 제외된 대외채권 ⑧ 주식 ⑨ 기타 그 가치와 금액의 적정성을 입증할 수 있는 자산	법 3-1-18, 영 8

3) 해외직접투자금의 회수의무

해외직접투자신고를 한 거주자는 해외직접투자신고한 내용에 따라 투자원금과 과실을 원칙적으로 국내에 회수하여야 한다(정 9-4-1). 해외에서 외국환거래규정에 의해 인정된 자본거래를 하고자 하는 경우에는 투자원금과 과실을 회수하지 아니할 수 있다(정 9-4-2). 여기서 "인정된 거래"라 함은 법 및 영과 이 규정에 의하여 신고등 또는 보고를 하였거나 신고등을 요하지 아니하는 거래를 말한다(정 1-2-xxv). 거주자가 해외직접투자하였던 원금과 과실을 국내로 회수하지 않고 해외에서 다른 용도로 사용하기 위해서는 행위하기 전에 자본거래 신고를 이행하여야 한다. 해외직접투자자가 투자원금과 과실을 국내 회수하지 않고 이를 해외의 기업(비거주자)에게 대여하려면 외국환거래규정에 의거 한국은행에 신고를 하여야 한다(정 7-16-2).

4) 왜 해외직접투자 사전신고가 중요한가요?

해외에 법인을 설립하거나 지분을 취득하는 경우, 이를 '해외직접투자'라고 한다. 이때 사전에 외국환거래법에 따른 '해외직접투자 신고'를 하는 것은 단순한 형식 절차가 아니라, 이후 외환검사나 외환조사에서 기업의 법적 책임 여부를 가르는 핵심요소가 된다.

① 신고했을 경우 : 정상적인 절차로 마무리

외환검사관이나 조사관이 해외 현지법인(SPC 포함)을 들여다 볼 때, 가장 먼저 확인하는 것이 바로 이 '해외직접투자 신고' 여부이다.

신고가 되어 있으면, 해당 법인의 자금 입출금 내역이 신고된 사업계획에 따라 정상적으로 집행된 것인지 여부만 확인하고 조사는 종료된다.

② 신고하지 않았을 경우 : 위법 소지 + 중대한 조사로 확대

하지만 해외직접투자 신고가 아예 이루어지지 않은 경우, 그 자체만으로 외국환거래법 위반이 된다.

그리고 이때부터 문제는 훨씬 복잡해진다.

- 단순 실수인지, 고의적인 위반인지 여부를 조사
- 해외 자금의 송금 경로, 사용처, 자금조달 방법까지 추적

실체가 없는 회사일 경우 재산국외도피 혐의로 번질 수 있다.

□ '페이퍼컴퍼니'로 몰리면 벌어질 수 있는 일

해외직접투자 신고 없이 설립된 특수목적법인(SPC)은 매우 불리한 위치에 놓인다. 공식적인 사업목적이 신고되어 있지 않기 때문에 외환당국은 이를 실제 사업법인이 아닌 '페이퍼컴퍼니(유령회사)'로 판단하게 된다.

 **참고**

해외직접투자 미신고 SPC = 페이퍼컴퍼니?

외환검사나 외환조사 실무에서는 해외직접투자 신고를 하지 않은 특수목적법인(SPC)을 종종 '페이퍼컴피니(유령회사)'와 같은 범주로 취급하는 경향이 있다. 하지만 이는 정확하지 않은 판단일 수 있다.

왜냐하면 SPC는 실제 사업 목적을 가지고 설립되었고, 직원이나 거래처, 실질적인 활동이 있는 경우도 많기 때문이다.

단지 해외직접투자 신고를 하지 않았다는 이유만으로 페이퍼컴퍼니로 단정 짓는 것은 실체와 의도를 구분하지 못한 결과일 수 있다.

[표] **페이퍼컴퍼니와 특수목적법인 비교**

구분	페이퍼컴퍼니	특수목적법인(SPC)
설립목적	자금흐름 은폐	사업관리 목적
실체 여부	없음(가공회사)	있음(실제 운영)
직원 유무	없음	있음 또는 위탁 운영

거래처	없음	매입/매출 거래처 있음
영업활동	없음	실제 사업 수행
세무신고	없음	정상 신고

▶ 이렇게 SPC가 '페이퍼컴퍼니'로 간주되면 어떤 일이 벌어질까?

- SPC 명의의 해외 계좌는 개인 계좌로 간주
- 자금 거래도 사업자금이 아니라 개인 자금 유용으로 추정
- 결국 재산국외도피 여부까지 조사 대상이 된다.

□ 신고 누락이 불러올 수 있는 엄청난 파장

단순히 해외직접투자 신고를 하지 않았을 뿐인데, 이것이 나중에 수억 원대의 형사처벌이 가능한 특정경제범죄 가중처벌법 제4조 '재산국외도피죄' 조사로 번질 수 있다는 점을 간과해선 안된다.

해외직접투자 신고 누락으로 인해

- 자금 회수가 불가능해질 수 있고
- 배당금조차 국내로 반입할 수 없는 상황이 생긴다.

이런 상황을 막기 위해, 다음과 같은 경우에도 반드시 신고해야 한다.

- 국내에서 송금 없이, 해외 지인의 자금이나 현지 자금을 활용해 투자하는 경우
- 초기에는 규모가 작지만, 나중에 급격히 성장할 가능성이 있는 해외 투자회사를 설립하는 경우

□ 전문가의 조언

필자처럼 다수의 외환조사 및 재산국외도피 사건을 경험한 전문가들은 강조한다.

"해외에 단돈 1달러짜리 SPC를 설립하더라도, 반드시 해외직접투자 신고를 하십시오." 실제로 신고만 되어 있으면, 이후 배당금을 반입하거나 법인을 정리할 때 합법적으로 외국환은행의 외화반입 절차를 통해 회수가 가능하다. 하지만 미신고 상태라면, 나중에 반입은 물론이고 사업 자체의 합법성마저 인정받기 어렵다.

□ "처음엔 작았지만 지금은 큰 회사"… 그런데 배당금을 가져올 수 없다?

해외에 설립한 투자회사가 처음엔 소규모였지만, 시간이 지나 급속히 성장하는 경우가 종종 있다.

그런데 만약 이 회사를 설립할 당시 해외직접투자 신고를 하지 않았다면, 뜻밖의 심각한 문제가 발생한다.

▶ 바로, 해외에서 발생한 배당금을 한국으로 가져올 수 없다는 점이다. 왜냐하면 외환당국의 공식적인 관리와 허가를 받은 적이 없기 때문에, 외국환은행을 통해 정식으로 배당금을 반입할 '법적 권한'이 없기 때문이다.

□ 해결책은? 자진신고 + 정식 신고 절차

이럴 땐 다음과 같은 절차를 반드시 거쳐야 한다.

1. 해외직접투자 미신고 사실을 먼저 자진신고

2. 해당 사안에 대해 제재기관(기획재정부 등)으로부터 제재를 수령

3. 이후 정식으로 해외직접투자 신고를 다시 진행

4. 그렇게 되면 비로소 외환당국의 관리 하에 배당금 반입이 가능해진다.

▶ 이렇게 해야만 외국환은행에서도 배당금 반입과 외화 회수 절차를 인정해주며, 불법 외환거래로 간주되지 않게 된다.

이 사례는 "신고 한 번 안 했을 뿐인데"가 아니라, "신고를 하지 않으면 그 돈은 당신의 것이 될 수 없다"는 현실을 보여준다. 해외 투자 규모가 작든 크든, 해외직접투자 신고는 반드시 선행되어야 한다.

(2) 거주자의 해외직접투자(비금융기관)

1) 거주자(비금융기관)의 해외직접투자 신고[71]

금융기관이 아닌 거주자[72]가 해외직접투자(증액투자 포함)를 하고자 하는 경우에는 다음에서 정하는 외국환은행에 신고하여야 한다(정 9-5-1).

---

71) 정 9-5-1
72) 해외이주 수속 중이거나 영주권 등을 취득할 목적으로 지급하고자 하는 개인 또는 개인사업자는 제외한다.

〔표 93〕 거주자(비금융기관)의 해외직접투자신고의무

당사자	거래내용	의무
거주자 (금융기관 제외)	해외직접투자(증액투자 포함)를 하고자 하는 경우	외국환은행장[73] 신고
거주자 (금융기관 제외)	1. 거주자가 해외직접투자를 한 거주자로부터 당해 주식 또는 지분을 양수받아 해외직접투자를 하고자 하는 경우 2. 이미 투자한 외국법인이 자체유보금 또는 자본잉여금으로 증액투자하는 경우	거래일로부터 3개월 내 외국환은행 사후보고[74]

2) 해외직접투자신고 제출서류

해외직접투자를 하고자 하는 자 또는 사후보고를 하려는 자는 별지 제9-1호 서식의 해외직접투자신고서(보고서)에 다음의 서류를 첨부하여 외국환은행의 장에게 제출하여야 한다(정 9-5-3).

〔표 94〕 해외직접투자신고 제출서류 및 첨부서류

제출서류	첨부서류
해외직접투자신고서(보고서)(별지 제9-1호 서식)	• 사업계획서(자금조달 및 운용계획 포함) • 해외직접투자를 하고자 하는 자가 신용정보의 이용 및 보호에 관한 법률에 의한 금융거래등 상거래에 있어서 약정한 기일 내에 채무를 변제하지 아니한 자로서 종합신용정보 집중기관에 등록되어 있지 않음을 입증하는 서류[75] • 조세체납이 없음을 입증하는 서류 • 기타 신고기관의 장이 필요하다고 인정하는 서류

---

73) 1. 주채무계열 소속 기업체인 경우에는 당해 기업의 주채권은행 2. 거주자가 주채무계열 소속 기업체가 아닌 경우에는 여신최다은행 3. 제1호 내지 제2호에 해당하지 않는 거주자의 경우 거주자가 지정하는 은행

74) 정 9-5-5

75) 다만, 「회사정리법」 또는 「화의법」에 의하여 정리절차가 진행되고 있는 기업체가 기존의 유휴설비나 보유기술을 투자하거나 관련 법령이 정한 법원 또는 채권관리단의 결정에 의한 경우에는 그러하지 아니하다.

3) 신고의무 위반에 대한 제재 및 사후신고[76]

거주자가 신고를 하지 아니하거나 신고된 내용과 다르게 해외직접투자를 한 경우에는 당해 위반사실을 제재기관의 장에게 보고하고 당해 투자에 대하여 신고기관의 장에게 사후신고를 할 수 있다.

4) 해외직접투자사업의 청산

해외직접투자자가 투자사업을 청산할 때에는 분배잔여재산을 제9-4조(투자금의 회수)의 규정에 따라 즉시 국내로 회수하고 청산관련서류를 신고기관에 보고하여야 한다(정 9-6-1).

다만, 해외직접투자자가 잔여재산을 즉시 국내로 회수하는 것이 불가능하다고 신고기관이 인정하는 경우에는 분할하여 회수할 수 있다(정 9-6-1-단서).

청산 보고 후 해외에서 외국환거래규정에 의해 인정된 자본거래를 하고자 하는 경우에는 청산자금을 국내로 회수하지 아니할 수 있다(정 9-6-2).

5) 현지공관장에 대한 조사의뢰

기획재정부장관은 현지공관의 장에게 투자환경의 조사를 의뢰할 수 있으며, 현지공관의 장으로 하여금 현지국 정부의 외국인투자 관련조치 및 투자환경의 변화내용을 보고하게 할 수 있다(정 9-8-3).

6) 사후관리

① 해외직접투자자의 보고서 등 제출의무

해외직접투자자는 다음의 보고서 또는 서류를 정한 기일 내에 당해 신고기관의 장에게 제출하여야 한다[77](정 9-9-1).

---

76) 정 9-5-5
77) 다만, 해외직접투자자 또는 투자한 현지법인의 휴·폐업, 현지의 재난·재해 등 불가피한 사유로 해외직접투자자가 보고서 등을 제출하는 것이 불가능하다고 신고기관의 장이 인정하는 경우에는 당해 불가피한 사유가 해소되기 전까지 다음 각호의 1의 보고서 또는 서류를 제출하지 아니할 수 있다.

〔표 95〕 해외직접투자신고 사후관리 제출서류 및 제출기한

제출서류	제출기한
외화증권(채권)취득보고서(법인 및 개인기업 설립보고서 포함)[78]	투자금액 납입 또는 대여자금 제공 후 6월 이내
송금(투자)보고서	송금 또는 투자 즉시(투자금액을 현지금융으로 현지에서 조달하는 경우 투자시점)
연간사업실적보고서[79] • 투자금액 합계 미화 300만불 이하 • 투자금액 합계 미화 300만불 초과	 • 제출면제 • 회계기간 종료 후 5월 이내[80]
청산보고서(금전대여의 경우 원리금회수내용을 포함)	청산자금 수령 또는 원리금회수 후 즉시
거주자가 동 규정 제9-5조 제1항의 규정에 의하여 신고하거나 보고한 내용을 변경하는 경우	변경사유가 발생한 회계기간 종료 후 5월 이내
해외직접투자를 한 거주자가 다른 거주자에게 당해 주식 또는 지분을 매각하는 경우	변경사유가 발생한 후 3개월 이내
기타 신고기관의 장이 해외직접투자의 사후관리에 필요하다고 인정하여 요구하는 서류	

※ 해외직접투자 신고한 해외 현지법인의 자회사 · 손자회사 설립 · 투자금액 변경 · 청산에 대한 사항은 해외직접투자 내용변경 보고대상에서 제외되었다.

② 신고기관의 사후관리대장 및 신고서류 제출의무

신고기관의 장은 신고를 받은 해외직접투자사업에 대한 사후관리를 위하여 해외직접투자 관리대장을 작성하여야 하며, 다음에서 정한 기일 내에 한국수출입은행장에게 제출하여야 한다[81](정 9-9-2).

---

78) 다만, 해외자원개발사업 및 사회간접자본개발사업으로서 법인 형태가 아닌 투자의 경우에는 외화증권(채권)취득보고서 제출을 면제한다.

79) 투자금액 합계가 미화 300만불 초과인 경우를 대상으로 하며, 해외자원개발사업 및 사회간접자본개발사업으로서 법인 형태가 아닌 투자의 경우는 제외한다

80) 신고기관의 장은 부동산관련업 이외의 투자사업으로서 투자금액의 합계가 미화 50만불 이하인 경우에는 연간 사업실적보고서의 제출을 면제할 수 있으며, 미화 100만불 이하인 경우에는 현지법인투자현황표로 갈음할 수 있다.

81) 다만, 신고기관의 장이 해외직접투자자 및 투자한 현지법인으로부터 관련 보고서나 서류를 제출받는 것이 불가능한 것으로 인정되는 경우에는 그러하지 아니하며 이 경우 신고기관의 장은 보고서 제출 곤란 등의 사실을 한국수출입은행장에게 보고하여야 한다.

〔표 96〕 해외직접투자신고 사후관리대장 및 신고서류 제출기한

의무자	제출기관	제출서류	제출기한
신고기관의 장	한국수출입은행장	해외직접투자 신고서 사본(내용변경보고서 포함), 해외직접투자 신고 및 투자실적(월보)	매익월 15일 이내
신고기관의 장	한국수출입은행장	연간사업실적보고서(현지법인 투자현황표)	해외직접투자자로부터 제출받은 즉시
신고기관의 장	한국수출입은행장	사후관리종합내역 등 기타 통계 또는 사후관리에 필요한 서류	

신고기관의 장이 신고, 송금, 사후관리(회수, 지분매각, 청산 등), 사업실적 내역을 한국수출입은행 해외직접투자 통계시스템에 입력하는 경우 제2항에 의한 서류를 제출한 것으로 본다. 입력기일은 위 [표 96]의 제출기한을 준용한다.

③ 한국수출입은행장의 해외직접투자기업 현황보고의무

한국수출입은행장은 매년 해외직접투자기업 현황을 작성하여 기획재정부장관 및 해외공관의 장에게 송부하여야 한다. 이 경우 기획재정부장관은 사실 확인 등을 위하여 추가적인 자료의 요청 및 실태 점검 등을 실시할 수 있다.

④ 신고기관의 기관통보의무(정 9 - 9 - 7)

신고기관의 장은 개인, 개인사업자 또는 법인의 투자, 부동산관련업에 대한 투자 및 주식을 출자한 투자에 대하여는 다음의 보고서 등을 다음에서 정한 기일 내에 한국수출입은행을 경유하여 국세청장, 관세청장 및 금융감독원장에게 통보하여야 한다. 아래의 보고서 또는 서류는 전자적 방법을 통해 실명확인을 받고 제출할 수 있다(정 9-9-8).

〔표 97〕 신고기관의 기관통보 내용 및 통보기한

의무자	통보기관	통보내용	제출기한
신고기관의 장	한국수출입은행을 경유하여 국세청장, 관세청장 및 금융감독원장에게 통보	해외직접투자 신고내용, 송금(투자)보고 내용, 해외직접투자사업 청산 및 대부채권 회수보고 내용, 해외직접투자자 또는 투자한 현지법인의 휴·폐업, 소재불명 및 시민권의 취득 등의 사실	매익월 25일 이내
신고기관의 장	한국수출입은행을 경유하여 국세청장, 관세청장 및 금융감독원장에게 통보	연간사업실적보고서	매익년도 9월 말일 이내

7) 해외직접투자 변경신고 실무

대부분의 국내 기업들이 해외에 현지법인 또는 해외지사를 설립하는 경우 은행에 해외직접투자신고서를 제출하고, 해외직접투자사업을 청산하는 경우 잔여재산을 국내로 회수하는 등의 의무사항에 대하여는 대체로 인지하고 있으며 실제 투자 시 외국환은행에서도 관련 내용을 충실히 안내하고 있음에 따라 해외직접투자 관련 의무를 이행하는데에는 무리가 없는 것으로 보인다.

그러나, 자체 이익유보금 또는 자본잉여금을 자본금으로 전환하여 증액투자한다거나 거주자가 해외직접투자를 한 거주자로부터 당해 주식 또는 지분을 양수받이 해외직접투자를 하고자 하는 경우에는 거래가 있는 날로부터 3개월 이내에 사후보고를 할 수 있다는 내용을 잘 몰라 보고의무 위반으로 처벌을 받는 사례가 종종 발생한다.

위의 경우 외국환거래규정 ① 제9-5조 제2항에서 현지법인의 이익유보금 및 자본잉여금을 해외직접투자의 수단으로 정하고 있고, ② 제9-4조에서 해외직접투자는 당해 신고의 내용에 따라 투자원금과 과실(果實)을 국내에 회수하여야 한다고 규정하고 있으며, ③ 제9-5조 제2항에서 이미 거주자가 해외직접투자 한 현지법인이 자체 이익유보금 또는 자본잉여금으로 증액투자하는 경우를 해외직접투자 신고대상에 포함되는 것으로 규정하고 있으므로 3개월 내에 사후보고의무를 이행하여야 한다.

그러나 2025.2.15. 외국환거래규정 개정으로 해외직접투자 신고한 현지법인의 자회사·손자회사 설립·투자금액 변경·청산에 대한 사항은 해외직접투자 내용변경 보고대상에서 제외되었다.

특히, 위 사례들은 일반적인 외국환거래와는 달리 국내에서 해외로 송금하는 행위 없이 해외 현지법인의 이익유보금으로 무상증자를 하였거나 투자하였다는 점에서 국내 모회사 재무부서에서도 쉽게 인지하지 못하여 신고위반 사례가 발생할 가능성이 높다.

8) 현지법인 설립비용 사전지급 실무

원칙적으로 해외의 현지법인 설립시 외국환거래규정에 따라 사전에 지정외국환은행의 장에게 해외직접투자신고를 하고, 신고금액 범위 내에서 송금을 하여야 한다[82].

그러나, 해외직접투자는 현지국의 법령에 의한 인·허가 등이 필요하고, 개업비 등의

---

82) 외국환거래규정 제9-5조

비용이 사전에 지급될 수 있으므로, 이러한 경우를 위하여 해외직접투자신고 절차를 이행하기 전에 미화 10만불 범위 내에서 투자금을 사전 지급할 수 있도록 규정하고 있으며, 이 경우 거래의 계약이 성립한 날로부터 1년 이내에 신고 등의 절차를 이행하여야 한다[83].

해외직접투자신고 전이라도 위 사업계획서, 조세체납이 없음을 입증하는 서류 등의 서류를 제출하고 투자자금을 사전에 송금할 수 있도록 하고 있다.

따라서, 아래의 절차로 업무처리가 가능하다.

ⅰ) 현지법인 사전 설립비용 우선 송금

　(외국환거래규정 제4－2조에 의거 지급 등의 사유와 관련 입증서류 제출)

ⅱ) 송금일로부터 1개월 이내 외국환은행장에게 사후보고

　(외국환거래규정 제9－5조 제3항에 의거 별지 제9－1호 서식 해외직접투자신고서(보고서) 제출)

ⅲ) 송금일로부터 1년 이내 외국환은행장에게 정식 해외직접투자신고

　(외국환거래규정 제9－1조 제2항에 의거 별지 제9－1호 서식 해외직접투자신고서(보고서) 제출)

(3) 금융·보험업에 대한 해외직접투자

금융·보험업에 대한 해외직접투자에 대한 외국환거래규정 중 제9－10조(금융기관 등의 금융·보험업에 대한 해외직접투자), 제9－11조(금융기관을 제외한 거주자의 금융·보험업에 대한 해외직접투자), 제9－11조의2(비금융·보험업 영위하는 현지법인을 통한 금융·보험업에 대한 해외직접투자), 제9－12조(현지법인금융기관의 타회사에 대한 해외직접투자), 제9－13조(현지법인금융기관 등의 폐지절차), 제9－14조(현지법인금융기관 등의 신고내용 변경절차), 제9－15조(현지법인금융기관 등의 보고 등)은 기획재정부고시 2008－11호로 2008.7.25. 삭제되었다. 현재는 외국환거래규정은 금융·보험업에 대한 해외직접투자 규정 중 역외금융회사 등에 대한 해외직접투자에 대한 내용만 규정하고 있다.

---

83) 외국환거래규정 제9－1조 제2항

1) 역외금융회사의 개념

외국환거래규정에서 "역외금융회사"라 함은 직접 또는 자회사 등을 통하여 증권, 채권 및 파생상품에 투자하여 수익을 얻는 것을 주된 목적으로 외국법에 따라 설립된 회사(설립중인 회사 및 계약형태를 포함한다)로서 설립준거법령지역에 실질적인 경영활동을 위한 영업소를 설치하지 않은 회사를 말한다(정 1-2-xv).

2) 역외금융회사 등에 대한 해외직접투자 신고

거주자(개인 및 개인사업자는 제외)가 역외금융회사 등에 대한 해외직접투자를 하고자 하는 경우에는 한국은행총재에게 신고하여야 한다(정 9-15의2-1).

〔표 98〕 신고대상 역외금융회사 등에 대한 해외직접투자(정 9-15의2-2)

당사자	해외직접투자내용	의무
거주자[84]	① 해외직접투자에 준하는 투자의 경우(경영참여를 목적으로 10% 이상 지분투자 등) ② ①에 의한 투자금액을 포함하여 역외금융회사에 대하여 투자(부채성증권 매입, 제7장의 규정에서 정한 절차를 거친 대출·보증 및 담보제공을 말한다)한 총투자금액이 당해 역외금융회사 총자산의 100분의 10 이상인 경우(외국환업무취급기관이 투자목적이 아닌 업무로서 행하는 거래의 경우는 제외) ③ 역외금융회사에 대한 투자(① 또는 ②에 준하는 경우를 말함)를 목적으로 외국금융기관에 대하여 ②에 해당하는 투자를 하는 경우 ④ 역외금융회사 또는 외국금융기관에 소속된 자금운용단위에 대한 ① 내지 ③에 해당하는 투자인 경우	한국은행총재에게 신고서(별지 9-2) 제출
거주자의 현지법인[85] 및 그 자회사, 손회사 또는 해외지점	상동	역외금융회사(현지법인금융기관) 지점(자회사·손회사) 설립 보고서(별지 9-3)를 투자일로부터 1개월 이내에 한국은행총재에게 보고

---

84) 공동으로 동일한 역외금융회사 등에 대하여 투자하고자 하는 경우에는 투자비율이 가장 높은 자
85) 역외금융회사를 포함한다.

3) 변경 및 폐지신고의무(정 9-15의2-4)

역외금융회사 등에 대한 해외직접투자 신고를 한 자가 당해 신고내용을 변경하거나 역외금융회사를 폐지하는 경우에는 별지 제9-4호 서식의 역외금융회사(현지법인금융기관) 등의 변경(폐지)보고서를 변경(폐지)사유가 발생한 후 1개월 이내에 한국은행총재에게 보고하여야 한다. 다만, 역외금융회사 등에 대한 해외직접투자를 한 거주자가 다른 거주자에게 당해 주식 또는 지분을 매각하는 경우에는 변경(폐지)보고서를 변경(폐지)사유가 발생한 즉시 한국은행총재에게 보고하여야 한다.

4) 보고 및 통보의무

역외금융회사 등에 대한 해외직접투자 신고(보고)를 한 자는 매반기별 역외금융회사의 설립 및 운영 현황 등을 다음 반기 첫째달 말일까지 한국은행총재에게 보고하여야 하며, 한국은행총재는 역외금융회사의 신고(수리)서 및 보고서 사본, 설립 및 운영현황 등을 종합하여 다음 반기 둘째달 말일(역외금융회사 신고(수리)서 또는 보고서 사본의 경우에는 매익월 10일)까지 기획재정부장관에게 보고하고, 국세청장 및 금융감독원장에게 통보하여야 한다(정 9-15의2-5).

5) 증권취득신고의제

거주자가 역외금융회사 등에 대한 해외직접투자 신고 후 1년간 투자금액(또는 해외직접투자 변경보고 후 6개월간 투자금액)이 역외금융회사의 총출자액 또는 총자산의 100분의 10 미만인 경우에는 그 역외금융회사 등에 대한 해외직접투자 신고는 제7-31조 제2항(증권취득)에 따른 신고를 한 것으로 본다(정 9-15의2-6).

6) 폐지보고 권고 권한

역외금융회사가 자본잠식 또는 투자금을 전액 회수한 상태에서 6개월 이상 존속하는 경우 한국은행총재는 해당 거주자에 대하여 역외금융회사에 대한 폐지보고를 권고할 수 있다. 한국은행총재의 폐지보고 권고 이후 1개월 이내에 투자지속의사를 밝히지 않은 역외금융회사는 폐지보고를 한 것으로 본다(정 9-15의2-7).

7) 회수내역보고

거주자가 역외금융회사 등에 대한 투자금을 회수한 경우 회수일로부터 1개월 이내에 한국은행총재에게 회수내역을 보고하여야 한다. 다만, 역외금융회사 등의 변경(폐지) 보고를 한 경우에는 회수내역을 보고하지 아니한다.

해외직접투자 관련 질의응답 사례

해외직접투자 목적 자금의 휴대반출 신고 여부

(사실관계)

당사는 무역회사로서 미얀마에 투자하기 위하여 투자자금을 현금으로 인출하여 직원이 직접 미얀마로 휴대하여 가져가려고 함. 현지 여건상 사업초기로 미얀마정부로부터 사업승인을 받으려는 준비단계로 계좌개설이 불가능하고, 부대비용은 계속적으로 발생하여 현지에서 자금이 필요한 상태임.

(질의사항)

해외직접투자자금의 휴대수출 방법?

(답변)

거주자가 해외직접투자자금을 지급하기 위해서는 외국환거래규정 제9－5조에 따라 지정거래외국환은행의 장에게 해외직접투자신고 후 당해 외국환은행을 통해 지급하여야 함. 다만, 현지법 등 불가피한 사유로 외국환은행을 통하여 지급을 할 수 없는 경우에는 당해 사유를 입증하여 외국환거래규정 제5－11조 제3항에 따라 한국은행 총재에게 신고하고 당해 지정외국환은행에서 인출하여 휴대수출 할 수 있음.

현지법인이 부담하는 해외직접투자와 관련된 세금의 신고 여부

(사실관계)

① 거주자 A는 2010년 9월 브라질 광산기업 M사에 미화 7억불 상당의 해외직접투자신고를 하고 자금을 송금하였음.
② 한달 후 M사는 위 투자와 관련하여 브라질 현지법에 따라 미화 7억불을 현지화로 환전하는데 소요되는 세금 및 M사 발행 증권취득 관련 세금을 합한 미화 14백만불을 추가로 지불해줄 것을 요구하여, A사는 동 금액을 송금하고 내부적으로는 지분법적용투자주식이라는 자산항목으로 회계처리함.

(질의사항)

추가 부담한 미화 14백만불이 해외직접투자 신고대상인지 여부

（답변）

현지 법규에 따라 투자자금의 환전, 증권취득에 대한 납세의무자가 거주자 A라면 상기 송금거래 해외직접투자신고대상이 아님.

유권해석 사례 1

역외금융회사 투자신고 대상 해당여부(금융위원회/금융감독원 220143, 2022.7.11.)

질의요지:
- 외국환업무취급기관이 외국환업무로서 지분투자가 없는 역외금융회사에 대출한 금액이 역외금융회사 총자산의 10% 이상에 해당하는 경우
- 「금융회사의 해외진출에 관한 규정」(이하 해외진출규정) 제7조 제2항 제2호에 따른 신고대상인지 여부

회답: 금융회사 등의 지분투자 없는 역외금융회사에 대한 대여는 해외진출규정 제7조 제2항 제2호에 따른 신고대상이 아닙니다.

이유:
- 해외진출규정 제7조 각호는 상위법령인 외국환거래법상의 해외직접투자의 정의에 따라 해석하여야 합니다.
  - 외국환거래법에서는, 대여의 경우 ㉠ 100분의 10 이상의 지분투자가 있거나, ㉡ 임원 파견 등의 관계기 있는 법인에 대하여 1년 이상의 상환기간으로 한 경우에 해외 식섭투자에 해당한다고 정하고 있습니다(법 제3조 제18호, 동법 시행령 제8조 제1항).
  - 따라서 지분투자가 없는 역외금융회사에 대한 대여는 위 해외직접투자 정의에 해당하지 않습니다.
- 다만, 출자전환 등 단순대여로 보기 어려운 사후적 사유가 존재한다면 사안에 따라 신고의무 존재여부를 판단할 필요가 있을 수 있습니다.

유권해석 사례 2

외국환거래법 및 외국환거래규정 유권해석 질의

접수일자: 2018-08-05

질의요지:
1. 거주자가 비거주자에 대해 금전을 대여하는 방식으로 해외직접투자(대부투자)를 한 후,

회수되지 않은 대부 이자가 계약 내용에 따라 원금화되는 경우, 해외직접투자(증액투자) 신고 대상인지 여부

2. 거주자가 비거주자에 대해 금전을 대여하는 방식으로 해외직접투자(대부투자)를 한 후, 상환기간이 만료되기 전에 대부 이율을 변경하는 경우, 해외직접투자 변경신고 대상인지 여부

해석대상 법령/규칙: 외국환거래법 제18조(자본거래의 신고 등)

회신서 내용:

1. 해외직접투자의 대부투자와 관련하여 그 대부에 대한 이자를 국내로 회수하지 아니하고 원금으로 전환하는 것은 대부투자금의 증액에 해당하는 바, 증액투자에 따른 해외직접투자 신고를 이행하여야 함.

2. 대부투자에서의 이자율 변경은 해외직접투자 내용의 변경에 해당하므로, 당초 신고기관의 장에게 내용변경 보고를 이행하여야 함.

(자료출처: 리걸엔진 – AI판례 검색)

외국환조사 사례　1. 해외직접투자 미신고 특수목적법인 수입 사례

(1) 요약

해외직접투자 미신고한 특수목적법인으로부터 금속제품을 수입하면서 특수목적법인 마진상당액을 빼돌린 것으로 의심받은 사례

(2) 사실관계

A씨는 종소기업인 B사의 대표로서　핸드폰, OLED TV 디스플레이용 설비 금속기자재를 수입하여 납품하면서 A씨는 C국에 특수목적법인 D사를 설립해두고 B사가 특수목적법인 D사를 경유하지 아니하고 해외 거래처인 E국 F사로부터 직접 수입할 수 있음에도 불구하고, 물품은 E국 F사로부터 직수입하면서 무역거래는 C국에 특수목적법인 D사를 통하여 수입하면서　F사가 공급한 가격에 D사의 마진을 가산한 높은 수입가격으로 수입하는 방법으로 2013.7.~2016.11.까지 기간 동안 가격을 조작하여 수입하면서 D사 마진 상당액 약 79억원 상당을 빼돌린 것으로 의심받은 사례

(3) 세관의 판단

가격조작하여 관세법 위반, 특경가법 제4조(재산국외도피) 위반임.

(4) 검찰의 판단

가격조작하여 관세법 위반, 특경가법 제4조(재산국외도피) 위반임.

(1) 요약

해외에서 벌어들인 자금을 빼돌려 미국회사를 인수한 것으로 의심받은 사례

(2) 사실관계

A씨는 중소기업인 B사의 대표로서 2005년경 C국에 SPC인 D사를 설립하여 D사 명의로 C국 E은행과 F은행에 계좌를 각 1개씩 개설하고, D사가 제품 제조 및 수출을 통하여 벌어들인 수입금을 A씨 개인 명의의 C국 E은행과 G국 H은행과 I은행 계좌를 개설하여 사용하면서 해외 예금거래 신고를 하지 아니하여 외국환거래법을 위반하고, C국 D사 명의 의 계좌 및 A씨 개인 명의 계좌에 입금된 금원 중 국내로 반입하여야 하는 39억원 상당을 국내로 반입하지 아니하고 현금으로 전환하여 G국에서 J사를 인수하는데 사용하는 등 국외로 빼돌렸다고 의심받은 사례

(3) 세관의 판단

대외채권회수의무 위반하여 외국환거래법 위반, 39억원은 특경가법 제4조(재산국외도피) 위반임.

(1) 요약

해외 광구투자 관련하여 저가의 광산을 고가로 부풀려 인수하여 비자금을 조성하였다고 의심받은 사례

(2) 사실관계

A씨는 대기업 B사의 대표이사로서 2009.11.~2012.10. 기간 동안 C국 광산투자와 관련하여, 지분가치가 110억에 불과한 광산을 245억으로 가치를 부풀려서 인수하는 방법으로 약 135억상당의 비자금을 조성한 후 D국, E국으로 빼돌렸다고 의심받은 사례

(3) 세관의 판단

대외채권회수의무 위반하여 외국환거래법 위반, 135억원은 특경가법 제4조(재산국외도피) 위반임.

(4) 검찰의 판단

외국환거래법 위반과 특경가법 제4조(재산국외도피) 위반은 증거불충분하여 무혐의 결정함.

(1) 요약

해외 공장 건설공사에 따른 감리비용을 친인척이 운영하는 회사에 지급한 후 이를 빼돌렸다고 의심받은 사례

(2) 사실관계

A씨는 중견기업 B사의 대표로 해외직접투자신고한 후 인도네시아에 봉제공장을 건설하면서 처남인 C씨가 운영하는 D사에 건설공사 감리계약을 체결하여 감리를 맡긴 후 해외투자감리비 명목으로 3회에 걸쳐 28.5억원을 해외 계좌로 지급하는 방법으로 빼돌렸다고 의심받은 사례

(3) 세관의 판단

외국환거래법 대외채권회수의무 위반 및 특경가법 제4조(재산국외도피) 위반임.

(4) 검찰의 판단

외국환거래법 위반과 특경가법 제4조(재산국외도피) 위반은 증거불충분하여 무혐의 결정함.

(1) 요약

자회사(33% 지분)인 해외 SPC 소유의 공장들을 매입하면서 해외 SPC 지분 매각대금을 전부가 아닌 일부만 회수하였다고 의심받은 사례

(2) 사실관계

중견기업 A사의 대표이사인 B씨는 A사가 홍콩에 C사를 자회사로 설립하게 한 후 A사의 자회사인 중국 D공장이 약 30억의 가치가 있는데 이를 홍콩 C사에 출자하면서 고의적으로 15억으로 낮추어 출자하고, B씨가 소유하여 운영하는 미국 F사가 B씨가 운영하는 또 다른 회사로 추정되는 홍콩 G사에게 30억을 빌려주는 것처럼 하여 홍콩 C사의 주주인 홍콩 G사 : 한국 A사의 지분비율을 2:1로 낮게 만든 후 홍콩 C사는 B씨에게 스톡옵션 15%를 제공하고, 주당 1불로 투자한 다른 투자자들과 달리 0.1불로 출자금을 받는 방법 등을 이용하여 A사가 취득할 홍콩 C사의 지분 50%를 28.4%인 것처럼 낮게 하여 A사가 홍콩 C사의 자회사인 중국 공장들을 170억에 매입하게 하면서 A사가 홍콩 C사의 지분 28.4%에 해당하는 41억을 회수하였으나, 낮아진 지분 21.6%에 상당하는 32억은 회수하지 않았다는 것임.

(3) 세관의 판단

대외채권회수의무 위반하여 외국환거래법 위반, 32억은 특경가법 제4조(재산국외도피) 위반임.

(4) 검찰의 판단

외국환거래법 위반과 특경가법 제4조(재산국외도피) 위반은 증거불충분하여 무혐의 결정함.

(1) 요약

해외 회사 지분을 매각하면서 매각 대금 일부를 해외로 빼돌렸다고 의심받은 사례

(2) 사실관계

A씨는 국내 대기업 B사의 대주주이고, B사는 홍콩 C사의 지분 40%를 보유하고 있는데, 홍콩 C사의 대주주인 홍콩 D씨는 2008년 11월 경 홍콩 C사를 일본 E사에게 550억에 매각하였음. B사는 홍콩 C사의 지분 40%를 홍콩 D씨에게 220억에 매각하지 않고 2008년 9월 경 170억에 매각하고 차액 50억을 국내로 회수하지 않고 해외로 빼돌렸다고 의심받음.

(3) 세관의 판단

대외채권회수의무 위반하여 외국환거래법 위반, 50억은 특경가법 제4조(재산국외도피) 위반임.

(4) 검찰의 판단

외국환거래법 위반과 특경가법 제4조(재산국외도피) 위반은 증거불충분하여 무혐의 결정함.

(1) 요약

본사로부터 수입한 카지노용품에 대한 본사의 마진을 빼돌린 것으로 의심한 사례

(2) 사실관계

A씨는 중소기업인 B사의 대표로서 B사의 모회사로서 D국의 중소기업인 C사의 대표를 겸하면서 국내 카지노회사에 납품할 슬롯머신, 게임용 카드 등을 미국 소재 E사, F사 등 해외 제조사로부터 수입하면서, 해외 제조사로부터 직접 구매할 수 있고, 실제로 구매한 가격으로 대금을 지급하고 수입신고하여야 함에도 자신이 대표이사를 겸하고 있는 D국 소재 C사를 경유하여 수입하면서 실제 구매한 가격에 C사의 마진을 가산하는 방법으로 높은 수입신고가격으로 송금하여 실제 구매가격과 높은 수입가격과 차액만큼을 C사에 초과 송금하는 방법으로 2005년 12월부터 2010년 12월까지 기간 동안 본사의 마진 상당액 약 49억원 상당을 국외로 빼돌린 것으로 의심받은 사례

(3) 세관의 판단

가격조작하여 대외무역법 위반, 본사의 마진 약 49억원은 특경가법 제4조(재산국외도피) 위반임.

(4) 검찰의 판단

대외무역법 위반과 특경가법 제4조(재산국외도피) 위반은 증거불충분하여 혐의 없음.

4-15. 증권의 처분행위가 자본거래에 포함하는지 여부
(대법원 2017.6.15. 선고 2016도9991 판결)

[판시사항]

[1] 증권의 취득행위가 아닌 취득한 증권의 '처분행위'가 구 외국환거래법상 신고의무 대상인 해외직접투자 또는 자본거래의 개념에 포함되는지 여부(소극)

[2] 외국환거래규정(2012.4.16. 개정 기획재정부 고시 제2012－5호) 제9－5조 제2항을 신고에 따라 외국법인의 증권 등을 취득한 이후 증권을 처분하는 경우에까지 신고의무를 부과하는 규정으로 해석할 수 있는지 여부(소극)

[판결요지]

[1] 구 외국환거래법(2016.3.2. 법률 제14047호로 개정되기 전의 것, 이하 '구 외국환거래법'이라 한다) 제3조 제1항 제18호에서 외국법령에 따라 설립된 법인이 발행한 증권의 '취득'만을 해외직접투자로 정의하고 있을 뿐 취득한 증권의 '처분'을 해외직접투자의 개념에 포함하지 않고 있고, 같은 항 제19호 (나)목도 증권 또는 이에 관한 권리의 '취득'만을 자본거래로 정의하고 있을 뿐 취득한 증권 또는 이에 관한 권리의 '처분'을 자본거래의 개념에 포함하지 않고 있으며, 그 밖에 자본거래의 개념에 관한 구 외국환거래법의 규정 또는 그 위임에 따른 구 외국환거래법 시행령(2012.12.12. 대통령령 제24225호로 개정되기 전의 것)의 규정을 보더라도 증권의 '취득행위'가 아닌 취득한 증권의 '처분행위'가 해외직접투자 또는 자본거래의 개념에 포함된다고 할 수 없다. 이는 이미 취득한 증권을 처분하는 행위도 그 실질이 자본에 관한 거래에 해당하고 그것이 국민경제에 미치는 영향이 증권의 취득행위와 다를 바 없어 이에 대하여도 신고의무를 부과할 현실적인 필요가 있다고 하더라도 달리 볼 수 없다.

[2] 구 외국환거래법(2016.3.2. 법률 제14047호로 개정되기 전의 것, 이하 '구 외국환거래법'이라 한다)과 구 외국환거래법 시행령(2012.12.12. 대통령령 제24225호로 개정되기 전의 것)에서 위임한 사항과 그 시행에 관하여 필요한 사항을 정함을 목적으로 제정된 외국환거래규정(2012.4.16. 개정 기획재정부 고시 제 2012－5호) 제9－5조 제1항은 "거주자가 해외직접투자(증액투자 포함)를 하고자 하는 경우에는 다음 각 호 의 1에서 정하는 외국환은행의 장에게 신고하여야 한다."라고 규정하고 있고, 같은 조 제2항은 "거주자가 제1항의 규정에 의하여 신고한 내용을 변경하고자 하는 경우 당해 신고기관의 장에게 변

경신고를 하여야 한다."라고 규정하고 있으나, 위임법령인 구 외국환거래법과 동법 시행령의 해석상 자본거래 또는 해외 직접투자가 아닌 행위에 대하여 행정기관 고시로 신고의무를 새로이 부과하여 그 위반행위를 형사처벌 할 수는 없으므로, 위 고시 제9−5조 제2항을 신고에 따라 외국법인의 증권 등을 취득한 이후 증권을 처분하는 경우에까지 신고의무를 부과하는 규정으로 해석할 수 없다.

4−16. 외국인투자를 가장한 밀수입

(대법원 1973.11.13. 선고 73도2216 판결[외국환거래법 위반 등])

[판결요지]

법원이 범죄사실에 대한 증거를 설시함에 있어 구체적으로 어느 증거의 어느 부분에 의하여 어느 범죄사실을 인정할 수 있다는 식으로 설시하지 아니하였더라도 그 적시한 증거들을 종합하여 판시범죄사실을 인정할 수 있으면 족하며, 또 그 판시 외화를 불법수출한 사실을 인정함에 있어 구체적으로 외화를 어디에다 어떠한 방법으로 은닉하여 수출했다는 식으로 범죄사실을 설시하지 아니하였다 하여 위법한 판결이라 할 수 없다.

[원심판결] 서울고등법원 1973.7.26. 선고 73노591 판결

[주 문]

피고인 등의 상고를 각 기각한다.

상고 후의 미결구금일수 중 각 90일씩을 본형에 산입한다.

[이 유]

변호인 등 및 피고인 2의 상고이유를 판단한다 먼저 피고인 1의 변호인 이용훈의 상고이유 제1점에 대한 판단,

기록을 검사하여도 피고인등에 대한 검찰의 피의자신문조서의 증거 능력을 배제할 자료를 찾아 볼 수 없으므로 원심이 위 검찰조서의 기재를 증거로 채택한 1심의 조치에 위법사유가 없다고 판단한 조치는 정당하고 거기에 채증법칙에 위배한 점을 발견할 수 없고, 법원이 범죄사실에 대한 증거를 설시함에 있어 구체적으로 어느 증거의 어느 부분에 의하여 어느 범죄사실을 인정 할 수 있다는 식으로 증거설시를 아니하였더라도 그 적시한 증거들을 종합하여 판시범죄사실을 인정할 수 있으면 이를 위법한 증거설시라고 할 수 없는 것이고, 또 1심 판결이 그 판시1의 **외화를 불법수출한 사실을 인정함에 있어 구체적으로 외화를 어디에다 어떠한 방법으로 은닉하여 수출했다는 식으로 범죄사실을 설시하지 아니하**

였다하여 위법한 판결이라고 할 수 없으며 또 원심이 적법히 조사한 증거에 의하면 위 외화의 불법수출 사실을 인정할 수 있으니 원심이 처분한 증거에 의하거나 피고인의 자백만으로 이 사실을 인정했다는 논지는 이유없으므로 상고이유 1점에 대한 논지는 전부 그 이유없다.

제2점에 대한 판단,

원심이 유지한 1심판결 이유에 의하면 원심은 그 적시한 증거에 의하여 판시 2, 3항 기재의 물품을 수입한 것은 외국인의 투자를 가장한 밀수입이라고 인정한 바, 기록에 의하여 원심이 위 인정을 위하여 거친 증거의 취사관계를 검토하여 보아도 이를 유지한 원심의 조치는 정당하고 채증법칙에 위배하는 등 소론의 위법사유를 찾아 볼 수 없고 원심이 이 사실을 허위신고죄로 의율하지 않고 관세포탈로 인정한 조치는 정당하므로 논지는 이유없다.

3, 4점에 대한 판단,

원심이 유지한 1심판결이 적시한 증거들을 기록에 의하여 검토하니 1심판시 4, 5항의 범죄사실을 인정할 수 있으므로 증거없이 위 사실을 인정하였다는 논지는 이유없다.

피고인 2의 상고이유를 판단한다.

피고인 2의 상고이유의 요지는 본 건 외자수입은 외국인투자조로 합법적으로 도입한 것이고 외화를 불법반출한 사실이 없어 피고인은 본 건 범행을 저지른 사실이 없는데 원심의 채증법칙에 위배하여 본 건 공소사실을 유죄로 인정하였다는 취지이나 원심이 유지한 1심판결이유에 적시한 증거를 기록에 의하여 검토하면 본 건 범죄사실을 인정할 수 있다함은 위 설시와 같으므로 논지는 이유없다.

변호인 한복의 피고인 등에 대한 상고이유의 요지는,

원심은 증거없이 사실을 인정하였고 피고인 등에 대한 양형이 과중하다는 점에 있는 바, 증거없이 사실을 인정하였다는 논지는 위 설시와 같이 원심이 유지한 1심판결이 적시한 증거를 검토하여 보면 충분히 피고인등에 대한 범죄사실을 인정할 수 있으므로 그 이유없고, 양형부당의 점에 대하여는 이 사건에 대한 적법한 상고이유가 되지 못하므로 논지는 이유없다.

그러므로 관여 법관의 일치된 의견으로 주문과 같이 판결한다.

대법관　홍순엽(재판장) 민문기 임항준 안병수

4-17. 신고대상인 해외직접투자의 의미

(대법원 2017.6.15. 선고 2015도5312 판결[외국환거래법 위반])

[판시사항]

구 외국환거래법 제18조 제1항에 의하여 신고의 대상이 되는 '해외직접투자'의 의미 및 외국법인이 외국에서 다른 외국법인이 발행한 증권을 취득하여 자회사 또는 손자회사를 설립하는 것이 여기에 포함되는지 여부(소극)

[판결요지]

구 외국환거래법(2016.3.2. 법률 제14047호로 개정되기 전의 것, 이하 '외국환거래법'이라 한다) 제3조 제1항 제18호, 제19호, 제18조 제1항, 제29조 제1항 제6호, 외국환거래법 시행령 제8조 제1항의 내용과 문언적 해석, 죄형법정주의 원칙 등에 비추어 보면, 외국환거래법 제18조 제1항에 의하여 신고의 대상이 되는 '해외직접투자'는 거주자가 직접 외국법령에 따라 설립된 법인(설립 중인 법인을 포함한다. 이하 '외국법인'이라 한다)이 발행한 증권을 취득하거나 외국법인에 대한 금전의 대여 등을 통하여 외국법인과 지속적인 경제관계를 맺기 위하여 하는 거래 또는 행위를 의미하며, 외국법인이 외국에서 다른 외국법인이 발행한 증권을 취득하여 자회사 또는 손자회사를 설립하는 것은 여기에 포함되지 아니한다고 해석함이 타당하다.

[원심판결] 서울중앙지법 2015.4.3. 선고 2014노4498 판결

[주 문]

상고를 기각한다.

[이 유]

상고이유를 판단한다.

1. 형벌법규의 해석은 엄격하여야 하고, 명문의 형벌법규의 의미를 피고인에게 불리한 방향으로 지나치게 확장해석하거나 유추해석하는 것은 죄형법정주의의 원칙에 어긋나므로 허용되지 아니한다(대법원 2009.12.10. 선고 2009도3053 판결 등 참조).

   구 외국환거래법(2016.3.2. 법률 제14047호로 개정되기 전의 것, 이하 '외국환거래법'이라 한다) 제29조 제1항 제6호는 "제16조 또는 제18조에 따른 신고의무를 위반한 금액이 5억 원 이상의 범위에서 대통령령으로 정하는 금액을 초과하는 자"를 처벌하도록 규정하고, 제18조 제1항은 "자본거래를 하려는 자는 대통령령으로 정하는 바에 따라 기획재정부장관에게 신고하여야 한다."라고 규정하고 있다.

   외국환거래법 제3조 제1항의 정의 규정에 의하면 제18호의 '해외직접투자'는 제19호의 '자본거래'에 해당하므로, 해외직접투자를 하려는 사람은 제18조 제1항에 의하여 신고의무를 부담한다. 그런데 외국환거래법 제3조 제1항 제18호는 "'해외직접투자'란 거주자가 하는 다음 각 목의 어느 하나에 해당하는 거래 · 행위 또는 지급을 말한다."라고 규정하면서 (가)목은 "외국법령에 따라 설립된 법인(설립 중인 법인을 포함한다)이 발

행한 증권을 취득하거나 그 법인에 대한 금전의 대여 등을 통하여 그 법인과 지속적인 경제관계를 맺기 위하여 하는 거래 또는 행위로서 대통령령으로 정하는 것"이라고 규정하고, (나)목은 "외국에서 영업소를 설치·확장·운영하거나 해외사업 활동을 하기 위하여 자금을 지급하는 행위로서 대통령령으로 정하는 것"이라고 규정한다.

또한 외국환거래법 시행령(이하 '시행령'이라 한다) 제8조 제1항은 외국환거래법 제3조 제1항 제18호 (가)목에서 '대통령령으로 정하는 것'에 대하여, "외국 법령에 따라 설립된 법인(설립 중인 법인을 포함한다. 이하 '외국법인'이라 한다)의 경영에 참가하기 위하여 취득한 주식 또는 출자지분이 해당 외국법인의 발행주식총수 또는 출자총액에서 차지하는 비율(주식 또는 출자지분을 공동으로 취득하는 경우에는 그 주식 또는 출자지분 전체의 비율을 말한다. 이하 이 항에서 '투자비율'이라 한다)이 100분의 10 이상인 투자"(제1호), "투자비율이 100분의 10 미만인 경우로서 해당 외국법인과 다음 각 목의 어느 하나에 해당하는 관계를 수립하는 것"(제2호), "제1호 또는 제2호에 따라 이미 투자한 외국법인의 주식 또는 출자지분을 추가로 취득하는 것"(제3호), "제1호부터 제3호까지의 규정에 따라 외국법인에 투자한 거주자가 해당 외국법인에 대하여 상환기간을 1년 이상으로 하여 금전을 대여하는 것"(제4호)을 말한다고 규정하고 있다.

이와 같은 규정의 내용과 문언적 해석, 죄형법정주의 원칙 등에 비추어 보면, 외국환거래법 제18조 제1항에 의하여 신고의 대상이 되는 '해외직접투자'는 거주자가 직접 외국법인이 발행한 증권을 취득하거나 그 외국법인에 대한 금전의 대여 등을 통하여 그 외국법인과 지속적인 경제관계를 맺기 위하여 하는 거래 또는 행위를 의미하며, 그 외국법인이 외국에서 다른 외국법인이 발행한 증권을 취득하여 자회사 또는 손자회사를 설립하는 것은 여기에 포함되지 아니한다고 해석함이 타당하다.

2. 원심은 판시와 같은 이유를 들어, 다음과 같은 취지로 판단하였다.

   (1) 비거주자인 해외 현지법인 '공소외 1 현지법인'이 외국법인 '공소외 2 외국법인'의 주식을 취득하여 자회사를 설립한 공소사실 기재 행위는 외국환거래법 제18조 제1항에서 신고의무의 대상으로 정한 '거주자의 해외직접투자'에 해당하지 아니한다. 다만 실질적으로 거주자인 피고인 2 주식회사가 '공소외 2 외국법인'의 주식을 취득한 것으로 평가할 수 있는 예외적인 경우에는 그에 대한 신고의무를 부담한다고 볼 수 있는데, '공소외 1 현지법인'이 명목상으로만 존재하는 형해화 된 법인이라거나 피고인 2 주식회사가 외국환거래법의 규제를 피하기 위해 형식적으로만 '공소외 1 현지법인'을 통하여 '공소외 2 외국법인'의 주식을 취득한 것이라고 볼 만한 사정이 있다고 인정되지 아니한다.

(2) 한편 구 외국환거래규정(2009.9.30. 기획재정부고시 제2009-18호) 제9-5조 제2항(이하 '이 사건 고시 규정'이라 한다)은 거주자가 설립한 해외 현지법인이 해외에서 자회사를 설립하는 경우에 거주자로 하여금 이를 신고하도록 규정하고 있다. 그렇지만 외국환거래법 제18조 제1항 본문, 시행령 제32조 제1항은 그 신고의 절차 및 방법 등에 관한 세부사항을 기획재정부장관이 정하여 고시하도록 위임하고 있을 뿐이다. 따라서 이 사건 고시 규정은 위 위임을 벗어나 외국환거래법 제18조 제1항에서 정한 신고의무의 대상을 확장하는 것이어서 효력이 없다.

(3) 결국 피고인 2 주식회사에는 외국환거래법 제18조 제1항에 의한 신고의무가 있다고 볼 수 없으므로, 이와 같은 취지에서 이 사건 공소사실에 대하여 무죄를 선고한 제1심의 판단은 정당하고, 검사의 법리오해에 관한 항소이유 주장은 이유 없다.

3. 원심판결 이유를 적법하게 채택된 증거들에 비추어 살펴보면, 위와 같은 원심의 판단은 이 사건 고시 규정이 법령의 위임 범위를 벗어나 법규명령으로서 대외적 구속력을 가지지 못하므로 그에 따른 신고의무가 인정되지 아니한다는 취지로서 앞에서 본 법리에 기초한 것으로 볼 수 있고, 거기에 상고이유 주장과 같이 외국환거래법의 해석 및 위임입법에 관한 법리를 오해하는 등의 위법이 없다.

4. 그러므로 상고를 기각하기로 하여, 관여 대법관의 일치된 의견으로 주문과 같이 판결한다.

대법관   김소영(재판장) 김용덕(주심) 김신 이기택

10 해외지사와 국내지사에 대한 신고 의무

(1) 국내기업 등 해외지사

해외지사란 해외지점과 해외사무소를 포함하는 용어이다. 해외지점이란 독립채산제를 원칙으로 하여 외국에서 영업활동을 영위하는 것이고, 해외사무소란 외국에서 영업활동을 영위하지 아니하고 업무연락, 시장조사, 연구개발 활동 등의 비영업적 기능만을 수행하거나 비영리단체(종교단체 포함)가 국외에서 당해 단체의 설립목적에 부합하는 활동을 수행하기 위하여 설치하는 것이다[86].

한편, 금융기관의 해외지사에 대하여는 2008.7. 기획재정부 고시 2008-11호로 외국환거래규정에서 전면 삭제되었고, 금융위원회에서 별도의 '금융기관의 해외진출에 관한 규정', '금융기관의 해외진출에 관한 규정 시행세칙'을 두어 운용하고 있다.

1) 통칙

① 적용범위

거주자가 외국에 당해 거주자의 지점 또는 사무소(이하 "해외지사")를 설치·운용하기 위하여 법인의 국내에 있는 본점, 지점, 출장소, 그 밖의 사무소(이하 이 목에서 "사무소"라 한다)와 외국에 있는 사무소 사이에 이루어지는 사무소의 설치·확장 또는 운영 등과 관련된 행위와 그에 따른 자금의 수수(授受)에 관한 자본거래[87] 및 외국환거래법 시행령 제9조 제1항 및 제2항 제6호의 규정에 의한 행위 및 그에 따른 자금의 수수를 하고자 하는 경우에는 외국환거래규정 제9장 직접투자 및 부동산취득의 제2절 국내기업 등 해외지사에서 규정하는 바에 의한다.

---

86) 정 9-17
87) 법 3-1-19-v

★

② 해외지사의 구분

〔표 99〕 해외지사의 구분

구분	내용	근거
해외지점	독립채산제를 원칙으로 하여 외국에서 영업활동을 영위하고자 설치	정 9-17-i
해외사무소	외국에서 영업활동을 영위하지 아니하고 업무연락, 시장조사, 연구개발 활동 등의 비영업적 기능만을 수행하거나 비영리단체(종교단체를 포함한다)가 국외에서 당해 단체의 설립목적에 부합하는 활동을 수행하기 위하여 설치	정 9-17-ii

〔표 100〕 현지법인과 해외지사 비교

구분	현지법인	해외지사(지점, 사무소)	근거
개요	외국법에 의해 설립된 법인의 경영 참가 목적으로 10% 이상 주식 또는 출자지분 취득 그 외 10% 미만인 경우 일정한 경제관계수립 등	외국에서 영업소를 설치, 확장, 운용 지점 : 영업활동 (사무소 : 영업활동 ×)	법 3-XVIII 영 8
거래은행	주채권은행, 여신최다은행 순	거래은행 임의지정 가능	정 9-5
설치신고 (변경신고)	위 외국환은행에게 신고	지정외국환은행에 신고	정 9-18
영업활동	제한없음	지점은 제한없음(사무소는 불가) (단, 부동산, 증권, 대부등은 제한)	정 9-22

구분	현지법인	해외지사(지점, 사무소)	근거
필요자금 송금	정상거래, 자본거래를 통한 송금	지정거래외국환은행을 통해 송금 (모니터링)	정 9-18-3
현지금융	현지법인의 현지금융	해외지점의 현지금융 (비독립채산지점은 현지금융 불가)	정 8-1
사후관리	월보, 증권취득(법인설립)보고, 연간사업실적 및 결산보고 등 "해외직접투자관리대장" 비치	설치완료, 연간활동보고, 연간 영업기금·활동비지급 및 부동산거래 등 "해외지사종합관리카드" 비치	정 9-7~9 정 9-25
청산폐쇄	해외직접투자 청산보고서 및 부속명세서(공증요) 즉시 제출, 잔여재산 국내회수, 인정된 자본거래를 하고자 하는 경우 국내 회수 ×	재산목록, 대차대조표, 재산처분명세서 제출 폐쇄시 잔여재산 즉시회수 인정된 자본거래를 하고자 하는 경우 국내 회수 ×	정 9-6 정 9-23 정 9-24

2) 설치신고

〔표 101〕 비금융기관의 해외지사 설치신고

구분	해외지사 설치 자격	의무
해외지사	비금융기관이 해외 지점·사무소를 설치하려는 경우 해외 지점·사무소 설치 자격요건을 폐지하여 자유화	지정거래외국환은행의 장 신고

3) 지정거래외국환은행을 통한 송금의무

해외지사를 설치한 자가 해외지사의 설치·운영·확장에 필요한 자금을 지급하고자 하는 경우에는 지정거래외국환은행을 통하여 지급하여야 한다(정 9-18-3).

4) 국내항공 또는 선박회사 해외지점의 운영경비

국내항공 또는 선박회사는 매년도별로 각 해외지점의 현지수입금 및 현지수입금사용명세서를 당해 연도 종료일부터 2월 이내에 지정거래 외국환은행의 장에게 제출하고 사후관리를 받아야 한다(정 9-21-2).

당사자	운영경비	현지수입금사용권한
외국항로에 취항하는 국내 항공 또는 선박회사	국내항공 또는 선박회사의 해외 지점의 주재원급여·설치비 및 유지활동비	국내항공 또는 선박회사의 전해외 지점의 당해연도 수입금의 100분의 30 범위 내에서 직접 사용 가능

5) 해외지점의 영업활동(정 9-22-1)

해외지점이 다음과 같은 자본거래에 해당하는 거래 또는 행위를 하고자 하는 경우에는 한국은행총재에게 신고하여 수리를 받아야 한다.

〔표 103〕 해외지점의 신고대상 영업활동

당사자	거래행위	의무
해외지점	다음의 1에 해당하는 거래 또는 행위를 하고자 하는 경우 1. 부동산에 관한 거래 또는 행위[88] 2. 증권에 관한 거래 또는 행위[89] 3. 비거주자에 대한 상환기한이 1년을 초과하는 대부[90]	한국은행총재에게 신고

한국은행총재는 해외지점의 부동산의 거래 또는 행위에 대하여 신고수리함에 있어서는 제9장 제4절(거주자의 외국부동산 취득)의 규정을 준용하여야 한다.

6) 해외지점의 결산 순이익금의 저분 등

해외지점을 설치한 자가 해외지점으로부터 결산순이익금을 수령하고자 하는 경우에는 설치신고를 한 지정거래외국환은행을 통해 수령하여야 한다(정 9-23-1).

결산순이익금은 지정거래외국환은행의 장에게 해외지점의 재무제표, 국내 본사의 연결재무제표 등의 서류를 제출하여 확인을 받은 뒤 수령할 수 있다(정 9-23-2).

---

88) 다만, 당해 해외지점의 영업기금과 이익금유보액 범위 내(독립채산제의 예외적용을 받는 해외지점의 경우에는 인정된 설치비 및 유지활동비 범위 내)에서 사무실 및 주재원의 주거용 부동산 등 해외에서의 영업활동에 필요한 외국에 있는 부동산의 취득 등과 관련하여 행하는 부동산 거래는 그러하지 아니하다.
89) 다만, 당해 해외지점의 영업활동과 관련하여 당해 주재국 법령에 의한 의무를 이행하기 위한 경우와 당해 주재국내의 정부기관 또는 금융기관이 발행한 증권으로서 즉시 환금이 가능하며 시장성이 있는 증권에 대한 거래는 그러하지 아니하다.
90) 다만, 현지금융에 해당하는 경우는 제8-2조(현지금융신고)의 규정에 의한 경우를 제외한다.

7) 해외지사의 폐쇄 등

해외지사의 명칭 또는 위치를 변경한 자는 지정거래외국환은행의 장에게 그 변경 내용을 사후보고하여야 한다(정 9-24-1).

〔표 104〕 해외지사 변경 및 폐쇄

당사자	내용	의무
해외지사의 명칭 또는 위치를 변경한 자	해외지사의 명칭 또는 위치 등 변경된 내용	지정거래외국환은행장에게 사후 보고
해외지사를 폐쇄하려는 자	잔여재산을 국내로 즉시 회수하고 당해 해외지사의 재산목록, 대차대조표, 재산처분명세서, 외국환매각증명서류를 제출[91]	지정거래외국환은행에 제출

8) 해외지사에 관한 사후 관리

① 사후관리

해외지사의 설치에 관한 신고를 한 자는 설치신고를 한 날부터 6월 이내에 현지법규에 의한 등록증 등 지사설치를 확인할 수 있는 서류를 첨부하여 그 설치신고를 한 지정거래외국환은행의 장에게 설치행위의 완료내용을 보고하여야 한다(정 9-25-1).

〔표 105〕 해외지사 사후관리

당사자	내용	의무
해외지사의 설치에 관한 신고를 한 자	설치신고를 한 날부터 6월 이내에 현지법규에 의한 등록증 등 지사설치를 확인할 수 있는 서류를 첨부하여 설치행위의 완료내용을 보고	지정거래외국환은행의 장에게 보고
해외지사의 설치에 관한 신고를 한 자	해외지사가 부동산을 취득 또는 처분하는 경우에는 그 취득 또는 처분일부터 6월 이내에 취득 또는 처분내용을 보고	지정거래외국환은행의 장에게 보고
해외지점(비독립채산제 해외지점을 제외)을 설치한 자	당해 해외지점의 연도별 영업활동 상황(외화자금의 차입 및 대여명세표를 포함)을 제출[92]	회계기간 종료 후 5월 이내에 지정거래외국환은행의 장에게 제출

---

91) 다만, 해외에서 이 규정에 의해 인정된 자본거래를 하고자 하는 경우에는 국내로 회수하지 아니할 수 있다.
92) 다만, 해외지점을 설치한 자가 휴ㆍ폐업 등으로 인해 보고서를 제출하는 것이 불가능하다고 신고기관의 장이 인정하는 경우에는 당해 휴ㆍ폐업의 기간에 보고서를 제출하지 아니할 수 있다.

당사자	내용	의무
해외지사의 설치에 관한 신고를 한 자	영업기금, 설치비, 유지활동비의 지급 부동산의 취득 및 처분, 결산, 자금의 차입 및 대여 등에 대하여 해외지사별로 종합관리카드를 작성 비치하여 사후관리를 하여야 한다.	지정거래외국환은행 통한 송금
지정거래외국환은행	부동산의 취득 및 처분, 결산, 자금의 차입 및 대여 등	해외지사별로 종합관리카드를 작성·비치하여 사후관리

② 기관통보의무

지정거래외국환은행의 장(한국은행총재 신고내용을 포함)은 다음의 보고서 또는 서류를 작성하여 다음에서 정한 기일 내에 한국수출입은행을 경유하여 한국은행총재, 국세청장 및 관세청장에게 통보하여야 한다[93] (정 9-25-5).

지정거래외국환은행의 장이 신고(수리), 송금, 사후관리(회수, 청산, 폐지 등), 사업실적 내역을 한국수출입은행 해외직접투자 통계시스템에 입력하는 경우 기관통보 서류를 제출한 것으로 본다. 다만, 본문의 규정에 의한 입력기일은 아래 [표 106] 기관통보 서류 또는 기한을 준용한다.

〔표 106〕 기관통보 서류 또는 기한

당사자	보고서 또는 서류	통보기한
지정거래외국환은행의 장	해외지사 설치(변경·폐지)신고(수리)서 사본, 해외지사 설치·현황보고서(분기보)	매분기 익익월 10일 이내
지정거래외국환은행의 장	연간영업활동보고서(해외사무소와 비독립채산제 해외지점은 제외)	매익년도 9월 말일 이내
지정거래외국환은행의 장	사후관리종합내역 등 기타 통계 또는 사후관리에 필요한 서류(해외지사별 영업기금·유지활동비 지급 현황 및 부동산 취득·처분 현황 포함)	

---

93) 다만, 해외지사를 설치한 자가 휴·폐업의 상태에 있어 신고기관의 장이 해외지사를 설치한 자로부터 보고서를 제출받는 것이 불가능한 것으로 인정되는 경우에는 그러하지 아니하며 이 경우 신고기관의 장은 휴·폐업의 사실을 한국수출입은행장에게 보고하여야 한다.

(2) 외국기업 등의 국내지사

외국기업의 국내지사는 국내기업의 해외지사와 동일하게 국내에서 영업활동을 영위하는 "지점"과 국내에서 영업활동을 영위하지 아니하고 업무 연락, 시장조사, 연구개발활동 등 비영업적 기능만을 수행하는 "사무소"로 구분한다[94]. 국내기업 해외지사 중 금융기관의 해외지사 관련 규정은 2008년에 삭제되어 비금융기관에만 적용되는 것과 달리, 외국기업의 해외지사 관련 규정은 비금융기관은 물론 금융기관에도 적용된다.

1) 국내지사 설치신고

비거주자가 국내지사를 설치하고자 하는 경우에는 지정거래외국환은행의 장이나 기획재정부장관에게 신고하여야 한다(정 9-33-3).

〔표 107〕 외국기업 등의 국내지사 설치신고

당사자	내용	의무
비거주자	국내지사를 설치하고자 하는 경우	지정거래외국환은행의 장 신고
비거주자	다음의 하나에 해당하는 업무 또는 이와 관련된 업무의 영위를 목적으로 하는 국내지사를 설치하고자 하는 경우 1. 자금의 융자, 해외금융의 알선 및 중개, 카드업무, 할부금융 등 은행업 이외의 금융관련업무 2. 증권업무 및 보험업무와 관련된 업무 3. 「외국인투자촉진법」 등 다른 법령의 규정에 의하여 허용되지 아니하는 업무	기획재정부장관에게 신고

국내지사 설치신고를 하고자 하는 자는 별지 제9-8호 서식의 외국기업국내지사설치신고서와 첨부서류를 기획재정부장관 또는 지정거래외국환은행의 장에게 제출하여야 한다(정 9-33-4).

---

94) 정 9-32-2

〔표 108〕 외국기업 등의 국내지사 설치 및 변경신고서류

구분	제출서류	첨부서류	근거
설치신고	외국기업국내지사 설치신고서	1. 본점인 외국법인의 명칭·소재지 및 주된 영위업무의 내용을 증빙하는 서류 2. 다른 법령의 규정에 의하여 그 설치에 관한 허가 등을 요하는 경우에는 그 사실을 증빙하는 서류사본 3. 국내에서 영위하고자 하는 업무의 내용과 범위에 관한 명세서	정 9-33-3
변경신고	외국기업국내지사 변경신고서	1. 변경사실 입증서류 2. 사업계획서(지사의 업무내용 변경시)	정 9-33-4

2) 영업기금의 도입

국내지사가 외국의 본사로부터 영업기금을 도입하고자 하는 경우에는 지정거래외국환은행을 통하여 도입하여야 한다(정 9-34-1).

한국은행총재는 도입된 영업기금을 매년도별로 다음 연도 2월 말까지 금융감독원장에게 통보하여야 한다(정 9-34-2).

3) 결산순이익금의 대외송금

국내지사 설치신고를 한 지점이 결산순이익금을 외국에 송금하고자 하는 경우에는 지정거래외국환은행을 통하여 송금하여야 한다(정 9-35-1).

국내지사 설치신고를 한 지점이 결산순이익금을 외국으로 송금을 하고자 하는 자는 외국기업국내지사결산순이익금송금신청서와 첨부서류를 지정거래 외국환은행의 장에게 제출하여야 한다[95](정 9-35-1).

---

95) 다만, 기획재정부장관에게 외국기업 국내지사 설치신고를 한 지점의 경우에는 결산순이익금 대외처분에 관한 관계법령에 의한 허가서 등으로 이를 갈음할 수 있다.

〔표 109〕 외국기업 등의 국내지사 결산순이익금 송금서류(정 9 - 35 - 2)

구분	제출서류	첨부서류	근거
결산순이익금의 대외송금	외국기업국내지사 결산순이익금송금 신청서	1. 당해 지점의 대차대조표 및 손익계산서 2. 납세증명 3. 당해 회계기간의 순이익금의 영업기금도입 　 액에 대한 비율이 100분의 100 이상이거나 　 순이익금이 1억원을 초과할 경우에는 공인 　 회계사의 감사증명서	정 9-33-3

4) 감액된 영업기금의 지급

외국기업 국내지사 설치신고를 한 지점(금융기관에 한함)이 관계법령에서 정한 절차에 따라 감액된 영업기금을 외국에 송금하고자 하는 경우에는 외국기업 등의 국내지사 결산순이익금 송금서류(정 9-35-2)를 준용하여 서류를 제출하여야 한다(정 9-36).

5) 외국기업의 국내지사 폐쇄

외국기업의 국내지사 설치신고를 한 자가 국내지사를 폐쇄하고자 하는 경우에는 별지 제9-11호 서식의 외국기업국내지사폐쇄신고서를 해당 설치신고를 받은 자에게 제출하여야 한다(정 9-37-1).

외국기업 국내지사 폐쇄신고를 한 자가 국내보유자산의 처분대금을 외국으로 송금하고자 하는 경우에는 지정거래 외국환은행의 장에게 당해 국내지사의 관할세무서장이 발급한 납세증명을 제출하여야 한다(정 9-37-2).

(3) 해외지사 및 국내지사 실무사례 및 판례

○ 한국은행 질의응답 사례

해외건설현장 공사비 송금(한국→베트남) 업무 문의

〈질의〉

해외 건설현장에 공사비 지원 목적으로 송금이 가능한지요? 일반적으로 지사관리비 정도의 소액 송금은 은행에 사용계획서를 제출하고 송금을 하는 것으로 아는데 공사비(발주처로부터 기성을 받기 이전에 필요한 자금) 사용 목적의 큰 금액(ex:백만불 단위 이상 금액)을 송금하고자 할 때에도 별도의 한국은행 신고 절차없이 은행에 사용계획서만 제출하고 송금이 가능한지 궁금합니다.

〈회신〉 2010.11.29. **한국은행 외환심사팀**

외국환거래규정 제9-19조 제3항에 따르면 해외 건설 및 용역사업자가 설치하는 해외지점은 독립채산제를 적용하지 아니하며, 설치비 및 유지활동비 이외의 영업기금(운전자금 등)을 지급할 수 없습니다. 따라서, 해외 건설업자의 해외지점의 경우 단순 설치, 유지비만 송금 가능합니다. 유지 설치비 이외의 영업자금(외주비 등의 공사비)은 송금할 수 없으며 본사가 직접 취급하는 것이 원칙입니다.

○ 한국은행 질의응답 사례

Q. 해외지점이 영업활동을 하는데에는 아무런 제한이 없나요?

A. 비금융기관의 해외지점이 다음과 같은 거래 또는 행위를 하고자 하는 경우 외국환거래규정 제9-22조에 의거 한국은행에 신고하여 수리를 받아야 함.

- 부동산에 관한 거래. 다만, 해외지점의 영업기금과 이익금유보의 범위내에서 영업활동에 필요한 해외부동산의 취득과 관련한 부동산 거래는 제외
- 증권에 관한 거래 또는 행위. 다만, 해외지점의 영업활동과 관련하여 당해 주재국 법령에 의한 의무 이행이거나 당해 주재국 정부기관 또는 금융기관이 발행한 증권으로서 즉시 환금이 가능하며 시장성이 있는 증권에 대한 거래는 제외
- 거주자에게 상환기간이 1년을 초과하는 대부(현지금융 제외) 금융기관의 해외지점은 당해 지점 설치 국가의 법령과 설치신고시 인정된 범위내에서 영업활동을 할 수 있음.
- 설치신고시 인정된 범위를 벗어나는 영업활동 중 외국환거래규정 제9-22조에 해당되는 거래를 하기 위해서는 한국은행에 신고하여 수리를 받아야 함.

Q. 국내의 해외건설업체가 해외지점에 현지 공사비 등 영업활동을 위한 운전자금을 송금할 수 있나요?

A. 해외건설사업자의 해외지점은 독립채산제를 적용하지 않으며, 독립채산제를 적용하지 않는 해외지점에는 설치비 및 유지활동비를 제외한 영업기금(운전자금 등)을 지급할 수 없음(규정 제9-19조 제3항).

- 독립채산제 비적용 해외지점: 외항운송업자 및 원양어업자, 해외건설 및 용역사업자의 해외지점

해외건설공사 관련 외국환 신고의무(기획재정부 외환제도과-582, 2011.10.4.)

1. 질의내용

◆ 사실관계

○ 국내 건설업체 본사(G사 또는 P사)는 해외건설공사를 수주하여 발주자와 계약을 체결하고, 프로젝트를 수행하기 위하여 거래외국환은행에 해외지점 또는 해외사무소(이하 해외지사) 설치 신고 후, 해외지사 명의의 예금계좌를 현지은행에 개설하였음.

○ 해외지사는 본사를 대리하여 현지 외주업체들과 하도급계약을 체결하여 건설공사를 시행하고, 발주자가 지급하는 공사자금을 해외지사 명의의 현지 예금계좌로 수금하는 경우에 매 건별로 본사에 송금하지 않고 프로젝트 수행을 위하여 외주업체에게 공사대금으로 지급하였음.

○ 본사는 해외지사의 자금이 부족한 경우 해외지사에게 전도금 명목으로 자금을 송금하고, 해외지사의 여유 자금은 본사가 수시로 회수하는 방식으로 거래하였으며, 해외지사가 현지에서 수금한 금액과 지급한 금액에 대하여는 최종적으로 본사가 전부 수금 또는 지급한 것으로 회계처리 하였음.

◆ 쟁점

① 국내 G사(본사) 및 P사(본사)가 해외지사로 하여금 해외건설공사대금을 수령하고 현지은행에 예치하게 한 후 공사비용으로 지출한 행위가 외국환거래규정상 상계 신고 대상에 해당하는지 여부

② 국내 G사(본사) 및 P사(본사)가 위 사례와 같이 해외지사에 전도금 명목으로 지급한 행위가 외국환거래규정상 해외지점 영업기금 지급에 해당하는지 여부

2. 회신내용

◆ 결론

① 상계가 인정될 수 없는 거래

② 영업기금 지급에 해당하지 않음.

◆ 이유

○ 외국환거래규정 제9-19조 제3항에 따르면 해외건설업체의 해외지점은 독립채산제가 적용되지 아니하는 바, 본사 명의로만 하도급계약 체결 및 하도급대금 지급, 발주처로부터의 공사대금 수령 등이 가능하며 해외지점 명의로는 이러한 행위가 불가함.

○ 다만, 예외적으로 현지 법규 등에 따라 해외건설업체의 해외지점이 계약당사자가 되거나 관련 대금의 지급·수령 주체가 되어야 하고, 현지 계약서 등 증빙자료를 통해 해외지점의

지급·수령이 본사를 위한 것임을 확인할 수 있는 경우에 한해, 해외지점이 본사를 대리하여 공사대금을 현지에서 수령하거나 하도급 계약 체결에 따른 하도급대금을 현지에서 지급하는 것이 인정될 수 있다고 판단됨.

○ 상기 행위는 본사가 해외발주처 및 수급업자와 이중의 채권·채무 관계를 갖는 거래로서, 상계가 인정될 수 없는 거래임.

○ 상기 지급행위는 전술한 예외적인 경우에 한해 경상대금의 지급으로서, 영업기금 지급에 해당하지 않음.

11 부동산취득에 대한 신고 의무

외국환거래법령은 부동산 취득에 대하여 거주자의 외국부동산 취득에 대한 신고와 비거주자의 국내부동산 취득에 대한 신고로 구분하여 규정하고 있다. 신고대상인 부동산취득은 부동산 또는 이에 관한 물권·임차권 기타 이와 유사한 권리의 취득을 포함한다.

(1) 거주자의 외국부동산 취득에 대한 신고

1) 외국부동산 취득신고수리요건의 심사

거주자의 외국에 있는 부동산 또는 이에 관한 권리의 취득과 관련하여 한국은행총재 또는 지정거래외국환은행의 장은 외국부동산 취득신고가 있는 경우에는 다음의 사항을 심사하여 수리 여부를 결정하여야 한다(정 9-38).

〔표 110〕 외국부동산 취득신고수리요건

심사기관	수리요건	근거
한국은행총재 또는 지정거래외국환은행의 장	1. 외국에 있는 부동산 또는 이에 관한 물권·임차권 기타 이와 유사한 권리를 취득하고자 하는 자가 다음의 하나에 해당하는 자가 아닌지 여부 가. 「신용정보의이용및보호에관한법률」에 의한 금융거래 등 상거래에 있어서 약정한 기일 내에 채무를 변제하지 아니한 자로서 종합신용정보집중기관에 등록된 자 나. 조세체납자	정 9-38

심사기관	수리요건	근거
	2. 부동산취득금액이 현지금융기관 및 감정기관 등에서 적당하다고 인정하는 수준인지 여부 3. 부동산취득이 해외사업활동 및 거주목적 등 실제 사용목적에 적합한지 여부	

2) 신고예외 외국부동산취득거래

거주자가 외국에 있는 부동산 또는 이에 관한 권리를 취득하고자 하는 경우로서 다음의 하나에 해당하는 경우에는 신고를 요하지 아니한다(정 9-39-1).

〔표 111〕 신고예외 외국부동산 취득거래

당사자	거래내용	의무
외국환업무취급기관	해외지사의 설치 및 운영에 직접 필요한 부동산의 소유권 또는 임차권을 취득하는 경우(당해 해외지점의 여신회수를 위한 담보권의 실행으로 인한 취득을 포함)	없음
거주자	비거주자로부터 상속·유증·증여로 인하여 부동산에 관한 권리를 취득하는 경우	없음
정부	외국에 있는 비거주자로부터 부동산 또는 이에 관한 권리를 취득하는 경우	없음
외국인거주자와 거주자[96]	외국환거래법 또는 영의 적용을 받는 거래 이외의 거래에 의하여 외국에 있는 부동산 또는 이에 관한 권리를 취득하는 경우	없음
외국환업무취급기관	외국환업무를 영위함에 따라 해외소재 부동산을 담보로 취득하는 경우	없음
부동산투자회사, 금융투자업자	부동산투자회사법과 자본시장과금융투자업에관한법률이 정한 바에 의하여 외국에 있는 부동산 또는 이에 관한 권리를 취득하는 경우	없음
법률에 따라 설립된 기금을 관리·운용하는 법인 및 국민연금기금의 관리·운용에 관한 업무를 위탁받은 법인	법률에 따라 설립된 기금을 관리·운용하는 법인 및 「국민연금법」 제102조 제5항에 따라 국민연금기금의 관리·운용에 관한 업무를 위탁받은 법인이 당해 법령에 따라 해외자산운용목적으로 부동산을 매매 또는 임대하기 위한 경우	없음
은행, 보험회사, 종합금융회사	해외자산운용목적으로 부동산을 매매 또는 임대하기 위한 경우로서 당해 기관의 관련 법령이나 규정 등에서 정한 범위 내에서 외국에 있는 부동산 또는 이에 관한 권리를 취득하는 경우	없음
해외체재자 및 해외유학생	본인 거주 목적으로 외국에 있는 부동산을 임차하는 경우	없음
거주자	외국에 있는 부동산을 임차하는 경우(임차보증금이 미화 1만불 이하인 경우에 한함)	없음

3) 신고대상 외국부동산취득거래

거주자가 다음의 하나에 해당하는 외국에 있는 부동산 또는 이에 관한 권리를 취득하고자 하는 경우에는 별지 제9-12호 서식의 부동산취득신고(수리)서를 작성하여 지정거래외국환은행의 장이나 한국은행총재에게 신고하여 수리를 받아야 한다(정 9-39-2).

〔표 112〕 신고대상 외국부동산 취득거래

당사자	거래내용	의무
거주자	주거 이외의 목적으로 외국에 있는 부동산을 취득하는 경우	지정거래외국환은행 신고
거주자	거주자 본인 또는 거주자의 배우자가 해외에서 체재할 목적으로 주거용 주택을 취득하는 경우(거주자의 배우자 명의의 취득을 포함)	지정거래외국환은행 신고
거주자	외국에 있는 부동산을 임차하는 경우(임차보증금이 미화 1만 불 초과인 경우로 한함)	지정거래외국환은행 신고
거주자	위의 경우를 제외하고 거주자가 외국에 있는 부동산 또는 이에 관한 권리를 취득하고자 하는 경우	한국은행총재 신고

─○ 신고서 작성 방법 부동산취득

| 거래사례 |

유정씨앤씨(주)는 미국 현지 사업활동 활성화 차원에서 ABC Corporation으로부터 사무실 용도로 US$4,000,000의 현시 부동산을 취득하기 위해 한국은행에 해외 부동산 취득 신고수리를 신청한 사례(자료출처 : 한국은행 외국환거래 신고 편람 2007.1. p.155~159의 내용을 필자가 일부수정)

---

96) 법 3-1-15 단서에 해당하는 거주자

【부동산취득 신고(수리)서】

〔별지 제7-8호 서식〕

<table>
<tr><td colspan="3" rowspan="2"><h2>부동산취득 신고(수리)서</h2></td><td colspan="2">처 리 기 간</td></tr>
<tr><td colspan="2"></td></tr>
<tr><td rowspan="3">Ⓐ
신
청
인</td><td colspan="2">상호 및 대표자 성명</td><td colspan="2">유정씨앤씨(주) 대표이사 신민호
(또는 유정씨앤씨(주)의 대리인 공일규)　인</td></tr>
<tr><td colspan="2">주　소 (소 재 지)</td><td colspan="2">서울시 강남구 언주로 723번지
(전화번호)123-4567</td></tr>
<tr><td colspan="2">업　종 (직 업)</td><td colspan="2">무역업</td></tr>
<tr><td rowspan="9">신
청
내
역</td><td colspan="2">Ⓑ 취　　　득　　　인</td><td colspan="2">(성명) 유정씨앤씨(주)
(주소) 서울시 강남구 언주로 723번지
(전화번호) 123-4567</td></tr>
<tr><td colspan="2">Ⓒ 취 득 상 대 방</td><td colspan="2">(성명) ABC Company
(주소) 1122 Battery Street,San Francisco,USA
(전화번호)1-309-387-0000</td></tr>
<tr><td colspan="2">Ⓓ 부 동 산 의 종 류</td><td colspan="2">사무실</td></tr>
<tr><td colspan="2">Ⓔ 소　　재　　지</td><td colspan="2">Suite 611, 1123 Battery Street,San Francisco,USA</td></tr>
<tr><td colspan="2">Ⓕ 면　　　　　적</td><td colspan="2">200㎡</td></tr>
<tr><td colspan="2">Ⓖ 취　득　가　액</td><td colspan="2">U$4,000,000- (취득단가)U$20,000</td></tr>
<tr><td colspan="2">Ⓗ 취　득　기　간</td><td colspan="2">잔금 지급일부터 소유</td></tr>
<tr><td colspan="2">Ⓘ 취　득　사　유</td><td colspan="2">해외사업활동 원활화</td></tr>
<tr><td colspan="5">외국환거래법 제18조의 규정에 의하여 위와 같이 신고합니다.
2026년 6월 30일
한국은행총재 귀하</td></tr>
<tr><td colspan="3" rowspan="4">신청(신고)인 귀하
위의 신고를 다음과 같이 신고수리함.

　　　　　　　　　　신고수리 조건 :　　년　　월　　일
　　　　　　　　　　신고수리 기관 : 한국은행총재　　인</td><td>신고(수리)번호</td><td></td></tr>
<tr><td>신고(수리)금액</td><td></td></tr>
<tr><td>유 효 기 간</td><td></td></tr>
<tr><td></td><td></td></tr>
</table>

210㎜×297㎜

Ⓙ 〈첨부서류〉 :　1. 부동산매매계약서
　　　　　　　　　 2. 부동산감정서
　　　　　　　　　 3. 기타 부동산 취득신고수리시 필요한 서류

Ⓐ **신청인**

　－ 개인의 경우는 신청인의 성명을 기재하고 서명 또는 날인, 법인의 경우는 상호와 대표이
　　사명을 기재하고 법인 인감을 날인한다. 만약 대리인이 신청하는 경우에는 '유정씨앤씨
　　(주)의 대리인 공일규'라고 기재하고 대리인 공일규가 날인 또는 서명한다.

Ⓑ, Ⓒ **취득인 및 취득 상대방**

　－ 부동산을 매수하는 자를 취득인으로, 매도하는 자를 취득 상대방으로 하여 성명 등을 기
　　재한다.

Ⓓ **부동산의 종류**

　－ 취득대상이 되는 부동산의 종류를 구체적으로 기재(예: 사무실, 공장, 창고, 매장 등)한
　　다.

Ⓔ **소재지**

　－ 취득대상 부동산의 소재지를 기재한다.

Ⓕ **면적**

　－ 현지에서 사용하는 적절한 단위로서 취득대상 부동산의 면적을 기재한다.

Ⓖ **취득가액(취득단가)**

　－ 당해 부동산의 총취득가액을 기재하며 취득단가는 단위 면적당 취득가액을 기재한다.

Ⓗ **취득기간**

　－ 취득대상 부동산을 임차할 경우에는 임차기간을 기재하고, 부동산의 소유권을 취득하는
　　경우에는 '잔금지급일부터 소유' 등으로 적절하게 기재한다.

Ⓘ **취득사유**

　－ 거주자가 해당 부동산을 취득하는 이유를 간략히 기재하며 위의 경우는 '해외사업원활
　　화', '현지법인에 근무하는 자의 주거용 주택' 등 취득사유에 맞게 기재한다.

Ⓙ **첨부서류**

　－ 사유서 : 특별한 양식은 없으며 A4 용지 1매 내외의 분량으로 해당 신청 사유를 정확하
　　고 상세하게 기재한다.
　－ 신청인 및 거래(계약) 상대방의 실체확인서류 : 개인의 경우에는 신분을 증명할 수 있는
　　주민등록증이나 여권 또는 운전면허증 사본, 법인의 경우에는 법인등기부등본, 사업자등록증
　　　• 국내기업의 경우에는 법인등기부등본, 해외법인 등의 경우는 이에 준하는 서류(예 :
　　　　"Certificate of Incorporation" 등)

4) 외국부동산 취득대금 선지급

거주자가 외국부동산 매매계약이 확정되기 이전에 지정거래외국환은행의 장으로부터 내신고수리를 받은 경우에는 취득 예정금액의 100분의 10 이내에서 외국부동산 취득대금을 지급할 수 있다. 이 경우 내신고수리를 받은 날로부터 3개월 이내에 외국부동산 취득 신고하여 수리를 받거나, 지급한 자금을 국내로 회수하여야 한다(정 9-39-3).

5) 외국부동산취득 투자금의 회수

부동산 또는 이에 관한 권리의 취득에 관하여는 제9-4조(투자금의 회수) 및 제9-6조(해외직접투자사업의 청산)를 준용한다(정 9-39-5).

6) 사후관리

한국은행총재 또는 지정거래외국환은행의 장은 거주자의 외국에 있는 부동산 또는 이에 관한 권리 취득에 대한 신고수리 내용을 매익월 20일까지 국세청장, 관세청장 및 금융감독원장에게 통보하여야 한다(정 9-40-1).

신고수리를 받아 외국에 있는 부동산 또는 이에 관한 권리를 취득한 자는 다음 각호의 보고서를 한국은행총재 또는 지정거래외국환은행의 장에게 제출하여야 하며, 한국은행총재 또는 지정거래외국환은행의 장은 제1호 및 제2호의 보고서를 제출받은 날이 속하는 달의 익월 말일까지 국세청장, 관세청장 및 금융감독원장에게 제출하여야 한다(정 9-40-2). 다만, 신고인의 소재불명 등으로 다음의 보고서를 제출받는 것이 불가능할 경우에는 예외로 하며, 이 경우 한국은행총재 또는 지정거래외국환은행의 장은 국세청장, 관세청장 및 금융감독원장에게 소재불명 등의 사실을 통보하여야 한다(정 9-40-2). 아래의 보고서 또는 서류는 전자적 방법을 통해 실명확인을 받고 제출할 수 있다(정 9-40-3).

〔표 113〕 외국부동산취득 사후관리보고서 및 제출기한

당사자	보고서	제출기한
부동산 또는 권리취득자	해외부동산취득보고서	부동산 취득대금 송금 후 3월 이내
부동산 또는 권리취득자	해외부동산처분(변경)보고서	부동산 처분(변경) 후 3월 이내. 다만, 3월 이내에 처분대금을 수령하는 경우에는 수령하는 시점
부동산 또는 권리취득자	수시보고서	한국은행총재 또는 지정거래외국환은행의 장이 취득부동산의 계속 보유 여부의 증명 등 사후관리에 필요하다고 인정하여 요구하는 경우

(2) 비거주자의 국내부동산 취득에 대한 신고

1) 신고예외 비거주자의 국내부동산 취득거래

비거주자가 국내에 있는 부동산 또는 이에 관한 물권·임차권 기타 이와 유사한 권리를 취득하고자 하는 경우로서 다음에 해당하는 경우에는 신고를 요하지 아니한다(정 9-42-1).

〔표 114〕 신고예외 비거주자의 국내부동산 취득거래

당사자	거래내용	의무
비거주자인 조광권자	「해저광물자원개발법」의 규정에 의하여 인정된 바에 따라 비거주자인 조광권자가 국내에 있는 부동산 또는 이에 관한 권리를 취득하는 경우	없음
비거주자	본인, 친족, 종업원의 거주용으로 국내에 있는 부동산을 임차하는 경우	없음
국민인 비거주자	국내에 있는 부동산 또는 이에 관한 권리를 취득하는 경우	없음
비거주자	국내에 있는 비거주자로부터 토지 이외의 부동산 또는 이에 관한 권리를 취득하는 경우	없음
외국인 비거주자	상속 또는 유증으로 인하여 국내에 있는 부동산 또는 이에 관한 권리를 취득하는 경우	없음

2) 신고대상 비거주자의 국내부동산 취득거래

신고예외 비거주자의 국내부동산 취득거래인 경우를 제외하고 비거주자가 국내부동산 또는 이에 관한 권리를 취득하고자 하는 경우로서 다음의 1에 해당하는 경우에는 별지 제9-12호 서식의 부동산취득신고(수리)서에 당해 부동산거래를 입증할 수 있는 서류 또는 담보취득을 입증할 수 있는 서류를 첨부하여 외국환은행의 장에게 신고하여야

한다(정 9-42-2).

〔표 115〕 신고대상 비거주자의 국내부동산 취득거래

당사자	거래내용	의무
비거주자	외국으로부터 휴대수입 또는 송금(대외계정에 예치된 자금을 포함)된 자금으로 국내부동산 또는 이에 관한 권리를 취득하는 경우	외국환은행의 장 신고
비거주자	거주자와의 인정된 거래에 따른 담보권을 취득하는 경우	외국환은행의 장 신고
비거주자	외국으로부터 휴대수입 또는 송금(대외계정에 예치된 자금을 포함)된 자금(외국에서 직접 결제하는 경우를 포함) 또는 신고예외 비거주자의 국내부동산취득거래 및 거주자와의 인정된 거래에 따른 담보권을 취득하는 방법으로 부동산 또는 이에 관한 권리를 취득한 비거주자로부터 부동산 또는 이에 관한 권리를 취득하는 경우	외국환은행의 장 신고
비거주자	위의 경우를 제외하고 국내에 있는 부동산 또는 이에 관한 권리를 취득하고자 하는 경우	한국은행총재 신고

3) 매각대금의 지급 등

비거주자가 다음의 1에 해당하는 방법으로 취득한 국내에 있는 부동산 또는 이에 관한 권리의 매각대금을 외국으로 지급하고자 하는 경우에는 당해 부동산 또는 이에 관한 권리의 취득 및 매각을 입증할 수 있는 서류를 외국환은행의 장에게 제출하여야 한다[97](정 9-43-1).

다만, 비거주자인 재외동포의 국내재산 반출의 경우에는 제4-4조 제1항 제8호의 규정을 적용한다(정 9-43-1-단서).[98]

〔표 116〕 신고대상 비거주자의 국내부동산 취득거래

당사자	취득거래내용	의무
비거주자	외국으로부터 휴대수입 또는 송금(대외계정에 예치된 자금을 포함)된 자금으로 신고예외대상인 국내부동산 또는 이에 관한 권리를 취득하는 경우	권리의 취득 및 매각을 입증할 수 있는 서류를 외국환은행의 장에게 제출

---

97) 다만, 재외동포의 국내재산 반출의 경우에는 제4-7조의 규정을 적용한다.

98) 비거주자 및 외국인거주자는 비거주자인 재외동포가 관할세무서장으로부터 발급받은 부동산매각자금확인서 또는 자금출처확인서를 제출하여 외국환은행장의 확인을 받은 경우에 한하여 부동산매각자금확인서 또는 자금출처확인서의 범위 이내에서 지정거래외국환은행을 통해 지급할 수 있다

99) 다만, 신고예외금전대차계약(정 7-13-4)의 규정에 의하여 국내부동산 또는 이에 관한 권리를 취득한 경우를 제외한다.

당사자	취득거래내용	의무
비거주자	신고대상 비거주자의 국내부동산취득 규정에 의하여 국내에 있는 부동산 또는 이에 관한 권리를 취득한 경우[99]	권리의 취득 및 매각을 입증할 수 있는 서류를 외국환은행의 장에게 제출
비거주자	상속 또는 유증으로 인하여 국내에 있는 부동산 또는 한국은행총재에게 신고대상인 국내에 있는 부동산 또는 이에 관한 권리를 취득하고자 하는 경우(정 9-42-3)	권리의 취득 및 매각을 입증할 수 있는 서류를 외국환은행의 장에게 제출

위의 경우를 제외하고 비거주자가 국내에 있는 부동산 또는 이에 관한 권리의 매각대금을 외국으로 지급하기 위하여 대외지급수단을 매입하는 경우에는 거주자와 비거주자 간 대외지급수단, 채권 기타의 매매 및 용역계약에 따른 자본거래(정 7-21-3) 규정에 따라 별지 제7-4호 서식의 대외지급수단매매신고서에 의하여 한국은행총재에게 신고하여야 한다(정 9-43-2).

● 해외 부동산 취득관련 한국은행 질의응답 사례

Q. 국내 개인이 투자목적으로 외국에 있는 부동산을 취득할 수 있습니까?

A. 국내 거주자의 외국부동산 취득은 법령에서 정한 아래의 일정한 요건을 갖춘 경우에만 가능하도록 되어 있음.
- 자격요건: 신용불량자, 조세체납자 및 해외이주 수속중인 자가 아닐 것.
- 거래요건: 부동산취득금액이 현지 감정기관 등에서 적당하다고 인정하는 수준일 것. 한편 재외동포나 해외이주자 등이 적법한 절차에 의해 반출한 국내 재산으로 현지 부동산을 취득하는 경우는 비거주자의 해외부동산 취득으로 별도 제한없음.

Q. 거주자가 외국부동산 매매계약 이전에 계약금 중 일부를 송금할 수 있나요?

A. 거주자가 외국부동산 매매계약이 확정되기 이전에 지정거래외국환은행으로부터 내신고수리를 받은 경우에는 취득 예정금액의 10% 이내(최대 미화 10만불 이내)에서 외국부동산 취득대금을 지급할 수 있음.
다만, 내신고수리를 받은 날로부터 3개월 이내에 외국부동산취득 신고수리를 받거나 지급한 자금을 국내로 회수하여야 함(외국환거래규정 제9-39조 제3항).

Q. 비거주자가 해외에서 휴대수입 또는 송금되지 않은 자금으로 국내 부동산을 취득하려면 어떻게 해야 하나요?

A. 비거주자가 외국으로부터 휴대수입 또는 송금된 자금(대외계정 예치자금 포함)으로 국내 부동 산을 취득하는 경우 당해 부동산거래를 입증할 수 있는 서류 등을 첨부하여 외국환은행에 신고 하여야 함. 만약 위의 경우와 같이 휴대수입 또는 송금된 자금이 아닌 자금으로 국내 부동산을 취득하고자 할 경우 한국은행에 신고하여야 함. 한편 국민인 비거주자가 국내 부동산을 취득하 는 것은 외국환거래법령상 신고대상은 아님.

Q. 미국 시민권자가 국내 부동산을 취득하고 동 부동산을 임대하고자 할 경우 필요한 신 고는 무엇인지요?

A. 미국 시민권자(외국민거주자)가 해외로부터 전액 휴대수입 또는 송금된 자금으로 국내 부동산 을 취득하는 경우에는 외국환거래규정 제9−42조 제2항에 따라 외국환은행에 신고하여야 하며 동 취득자금 중 국내에서 조달한 자금(전세자금, 국내은행으로부터의 대출 등)이 포함된 경우 에는 동 조 제3항에 따라 한국은행에 신고하여야 함. 한편 상기 부동산을 임대보증금(내국통화 에 한함)을 받고 거주자에게 임대하는 경우에는 외국환거래규정 제7−45조 제1항 제18호에 따 라 신고가 면제됨.

Q. 비거주자가 국내부동산 매각대금을 외국으로 송금하고자 하는 경우의 절차는?

A. 비거주자가 국내에 있는 부동산 또는 이에 관한 권리를 취득하면서 신고 예외에 해당(규정 제9 −42조 제1항)하거나 외국환은행 신고(규정 제9−42조 제2항)를 마친 경우 또는 이에 해당되지 않아 한국은행 신고(규정 제9−42조 제3항)를 마친 경우에는 부동산 또는 이에 관한 권리의 취득 및 매각을 입증할 수 있는 서류를 외국 은행에 제출하고 매각대금을 대외지급할 수 있음.

─○ 외국환조사 사례　1. 미신고 해외부동산 취득 사례

(1) 요약

　　대기업 사장이 해외부동산을 취득하면서 미신고한 사례

(2) 사실관계

　　A씨는 대기업인 B사의 사장으로 2008년 C국에 콘도를 25억원의 가격으로 구입하면서 정부 에 신고하지 않은 것으로 의심받은 사례

(3) 검찰의 판단

　　미신고 해외부동산 취득으로 외국환거래법 위반 및 취득부동산 몰수하거나 추징

(4) 법원의 판단

　　미신고 해외부동산 취득으로 외국환거래법 위반으로 벌금 1,000만원 및 취득부동산 상당액 25.2억원 추징

(5) 헌법재판소의 판단

　　해외부동산을 몰수하도록 한 제도는 신고제도의 실효성을 확보하고 통화가치 안정을 위해
　　정당하여 합헌

참고

대기업 오너일가 38명, 美 부동산 57건 위법 취득

외환거래 신고의무 안지켜… 최수현 금감원장 "엄중 처리"

오너家 117명 5억달러 규모 보유

국내 대기업 오너 일가 110여 명이 미국에 4억9000만 달러(약 5180억원) 규모의 부동산
을 보유하고 있는 것으로 나타났다. 일부는 해외 부동산 취득과 해외 직접투자 과정에서
신고를 제대로 하지 않는 등 관련 법규를 위반한 것으로 드러났다.

27일 금융감독원이 국회 정무위원회 김정훈 의원(새누리당)에게 제출한 자료에 따르면
금감원은 6월 말부터 21개 그룹의 대주주 등 117명을 대상으로 외환거래 검사를 진행하고
있다. 조사 대상에는 삼성 LG SK 한화 CJ 효성 한진 한솔 대림 LS그룹 등 주요 대기업
그룹이 상당수 포함됐다.

금감원은 117명이 직접 또는 해외법인 등을 통해 모두 272건, 4억9000만 달러 규모의 미
국 부동산을 소유한 사실을 확인했다. 금감원은 이들이 해외 부동산을 취득하거나 현지
법인을 세우는 과정에서 신고 의무 등을 제대로 지켰는지 살펴보고 있다.

현재까지 검사가 완료된 인원은 94명으로, 이 중 38명이 57건의 외국환거래법을 위반한
것으로 확인됐다. 외국환거래법에 따르면 해외 부동산을 취득하는 등 외화자본 거래 때
금융당국에 관련 사실을 신고해야 하지만 38명은 이를 제대로 지키지 않았다. 모 그룹의
A 씨는 미국 하와이 마우이 지역에 1200만 달러 상당의 주택 7채를 보유하고 있지만 취득
과정에서 외국환거래법을 어긴 것으로 알려졌다.

4-18. 제3자를 통한 해외부동산 취득에 대한 신고의무
(대법원 1998.5.12. 선고 96도2850 판결[외국환관리법 위반])

[판시사항]

[1] 피고인이 해외부동산을 실질적으로 매수하면서 대외적으로는 제3자가 계약하고 소유권을 취득한 경우, 구 외국환관리법 제29조 소정의 '취득'에 해당한다고 본 사례

[2] 범인이 취득한 범칙물이 외국에 있어 재판권을 행사할 수 없는 경우, 법원의 조치

[3] 피고인만 항소한 항소심에서 주형을 감형하면서 추징액을 증액한 경우, 불이익변경금지원칙에 반하는지 여부(소극)

[판결요지]

[1] 구 외국환관리법(1991.12.27. 법률 제4447호로 개정되기 전의 것) 제29조에 의하여 규제되는 부동산의 '취득'은 거주자가 그 부동산에 관한 사실상의 소유권 내지 처분권을 취득하는 정도로서 충분하고, 그 소유권이나 처분권을 자신의 명의로 또는 사법상 유효하게 취득할 것을 요하는 것은 아니므로, 피고인이 프랑스에 거주하는 언니 부부에게 외화자금을 송금한 다음 그들의 명의를 빌어 아파트를 매수하고 그 이전등기를 마쳤다면, 언니 부부는 피고인의 자금으로 피고인을 위하여 아파트를 구입하면서 단지 그 명의만을 빌려준 것에 불과하다 할 것이므로, 피고인이 아파트의 실질적인 소유자로서 이를 취득하였다 할 것이고, 또한 그 아파트의 매매가 형식적으로는 언니 부부와 비거주자와의 사이에 이루어진 것이라고 하더라도 언니 부부의 행위는 피고인의 행위로 취급되는 것이므로, 피고인은 언니 부부가 아파트를 매수한 행위에 대한 죄책을 면할 수 없다고 본 사례

[2] 구 외국환관리법(1991.12.27. 법률 제4447호로 개정되기 전의 것)의 몰수, 추징은 같은 법 제36조의2 규정의 취지에 비추어 범인이 취득한 범칙물은 필요적으로 몰수되어야 하고, 범인이 이를 소비, 은닉, 훼손, 분실하는 등의 장애사유나 그 소재 장소로 말미암은 장애 사유로 인하여 몰수할 수 없는 때에는 이를 추징하여야 할 것인바, 외국환관리법 위반범죄의 범칙물인 아파트가 프랑스국 내에 있고 동 지역 내에는 프랑스국과 우리나라와의 사이에 사법공조에 관한 협약 등이 맺어지지 않고 있어 우리의 재판권을 행사할 수 없음으로 인하여 이를 몰수할 수 없는 때에 해당하므로, 그 가액을 추징하여야 한다.

[3] 불이익변경금지원칙의 적용에 있어서는 이를 개별적·형식적으로 고찰할 것이 아니라, 전체적·실질적으로 고찰하여 결정하여야 할 것인바, 항소심에서 주형을 감형하면서

추징액을 증액한 경우(제1심의 형량인 징역 2년에 집행유예 3년 및 금 5억여 원 추징을 항소심에서 징역 1년에 집행유예 2년 및 금 6억여 원 추징으로 변경), 불이익변경금지원칙에 반하지 않는다.

[**원심판결**] 서울지법 1996.10.16. 선고 95노6899 판결

[**주 문**]

상고를 기각한다.

[**이 유**]

상고이유를 판단한다.

1. 심리미진 및 채증법칙 위배의 점에 대하여

원심판결의 이유에 의하면 원심은, 그 거시의 증거에 의하여 피고인은 외국환관리법상 거주자로서 재무부장관의 해외부동산 취득허가 없이 프랑스 파리에 유학 중인 자녀들의 주거용 아파트를 구입할 목적으로, 1989.8.경부터 같은 해 10월경까지 평소 거래하는 증권회사 직원들의 명의를 빌려 파리에 거주하는 자녀들과 언니 공소외 1 등을 수취인으로 하여 1인당 송금 한도액인 미화 5,000불씩 계속 송금하는 방법으로 합계 미화 약 400,000불을 송금하고, 국내에서 피고인으로부터 돈을 차용한 공소외 2로 하여금 미국에서 프랑스 파리국립은행에 개설한 피고인 명의의 예금통장으로 미화 500,000불을 송금하게 한 후, 1989.10.25.경 위 공소외 1로 하여금 프랑스국 파리시 제17구 테오듈 리보가 14번지 소재 건물의 3층 부분 아파트(전용면적 198㎡)를 대금 6,100,000프랑에 매수하여 외국에 있는 부동산을 취득한 사실을 인정하였는바, 기록에 의하여 살펴보면 원심의 위와 같은 사실인정은 정당하고 거기에 지적하는 바와 같은 심리미진 내지 채증법칙 위배로 인한 사실오인의 위법이 있다고 할 수 없다.

상고이유는 받아들일 수 없다.

2. 구 외국환관리법(1991.12.27. 법률 제4447호로 개정되기 전의 것) 제29조와 제35조에 관한 법리오해의 점에 대하여

같은 법 제29조에 의하여 규제되는 부동산의 '취득'은 거주자가 그 부동산에 관한 사실상의 소유권 내지 처분권을 취득하는 정도로서 충분하고, 그 소유권이나 처분권을 자신의 명의로 또는 사법상 유효하게 취득할 것을 요하는 것은 아니라고 할 것인데, 원심판결이 들고 있는 증거에 의하면 피고인이 앞서 본 바와 같은 방법으로 프랑스에 거주하는 언니인 공소외 1 부부에게 외화자금을 송금한 다음, 그들의 명의를 빌려 이 사건

아파트를 매수하고 그 이전등기를 마친 사실을 알 수 있는바, 위 사실에 의하면 공소외인들은 피고인의 자금으로 피고인을 위하여 이 사건 아파트를 구입하면서 단지 그 명의만을 빌려 준 것에 불과하다 할 것이므로, 피고인이 이 사건 아파트의 실질적인 소유자로서 이를 취득하였다 할 것이고, 또한 이 사건 아파트의 매매가 형식적으로는 공소외인들과 비거주자와의 사이에 이루어진 것이라고 하더라도 공소외인들의 행위는 피고인의 행위로 취급되는 것이므로, 피고인은 공소외인들이 이 사건 아파트를 매수한 행위에 대한 죄책을 면할 수 없다 할 것이다.

따라서 이와 같은 취지의 원심 판단은 정당하고, 거기에 법리오해의 위법은 없다.

3. 추징에 관한 법리오해의 점에 대하여

구 외국환관리법상의 몰수, 추징은 같은 법 제36조의2 규정의 취지에 비추어 범인이 취득한 범칙물은 필요적으로 몰수되어야 하고, 범인이 이를 소비, 은닉, 훼손, 분실하는 등의 장애사유나 그 소재 장소로 말미암은 장애 사유로 인하여 몰수할 수 없는 때에는 이를 추징하여야 할 것인바(대법원 1976.6.22. 선고 73도2625 전원합의체 판결, 1977.5.24. 선고 77도629 판결 등 참조), 기록에 의하여 살펴보면 피고인이 프랑스국 파리에 있는 이 사건 아파트를 대금 6,100,000프랑에 취득한 이래 현재까지 이를 보유하고 있음을 인정할 수 있어, 구 외국환관리법 제36조의2 규정에 의하여 이를 몰수하여야 할 것이나, 이 사건 아파트가 프랑스국 내에 있고 동 지역 내에는 프랑스국과 우리나라와의 사이에 사법공조에 관한 협약 등이 맺어지지 않고 있어 우리의 재판권을 행사할 수 없음으로 인하여 이를 몰수할 수 없는 때에 해당하므로, 그 가액을 추징하여야 할 것이다.

그러므로 같은 취지에서 이 사건 아파트의 구입가액을 원화로 환산한 금액의 추징을 선고한 원심의 조치는 옳고, 거기에 지적하는 것과 같은 추징에 관한 법리오해의 위법이 없다.

4. 불이익변경에 해당하는지에 대하여

제1심이 피고인에 대하여 징역 2년에 집행유예 3년과 금 536,240,000원을 추징하는 판결을 선고하였는데, 피고인만이 항소한 이 사건에서 원심은 제1심판결을 파기하고 피고인에 대하여 징역 1년에 집행유예 2년과 금 657,275,000원을 추징하는 판결을 선고하였음은 지적하는 바와 같다.

그러나 원래 불이익변경금지원칙의 적용에 있어서는 이를 개별적, 형식적으로 고찰할 것이 아니라, 전체적, 실질적으로 고찰하여 결정하여야 할 것인바(대법원 1998.3.26. 선고 97도1716 전원합의체 판결 참조), 이러한 관점에서 제1심판결과 원심판결을 비교하여 볼 때 원심판결이 피고인에 대한 주형에서 징역 1년 및 집행유예기간 1년을 감축하고 있는 점에 비추어 추징액이 위와 같은 정도로 증액되었다는 사실만으로서 제1심판결보다 피고인에게 불이익하게 변경되었다고 할 수는 없으므로, 원심판결이 불이익변경금지원칙에 위배되었다는 주장은 채택할 수 없다.

상고이유가 지적하는 대법원 1982.4.13. 선고 82도256 판결과 1982.5.11. 선고 81도2685 판결은 이 사건과는 사안을 달리하는 것으로서 이 사건에서 적절한 예가 되지 못한다 할 것이다.

5. 그 밖에 기록을 검토하여 보아도 원심판결에 상고이유에서 지적하는 바와 같은 위법사유가 있음을 찾아볼 수도 없다.

그러므로 상고는 이유 없어 기각하기로 관여 법관의 의견이 일치되어 주문과 같이 판결한다.

대법관　서성(재판장) 최종영 이돈희(주심) 이임수

4-19. 융자에 의한 해외부동산 취득시 추징액의 산정기준
(대법원 1995.9.26. 선고 95도1714 판결[외국환관리법 위반])

[판시사항]

가. 구 외국환관리법 제36조의2가 헌법 제23조에 위배되는지 여부

나. 외국에서 주택을 매입하면서 외국 은행으로부터 외국 통화를 융자받아 주택 매입대금의 일부로 사용한 경우, 추징액 산정 기준

[판결요지]

가. 구 외국환관리법(1991.12.27. 법률 제4447호로 개정되기 전의 것) 제29조의 규정은 외국환과 그 거래 기타 대외거래를 관리하여 국제수지의 균형, 통화가치의 안정과 외화자금의 효율적 운용을 기할 목적으로 대한민국 거주자로 하여금 외국에 있는 부동산의 취득 자체를 규제하려는 것이므로, 이러한 규정에 위반하여 취득한 부동산을 몰수 또는 추징하기로 하는 규정인 같은 법 제36조의2가 헌법 제23조에 위배되어 무효라고 할 수는 없다.

나. 피고인이 미국에서 주택 2동을 매입함에 있어 미국 은행으로부터 미화를 융자받아 그 주택 매입대금의 일부로 사용하였다고 하더라도, 구 외국환관리법 제36조의2에 의한 추징액은 위 주택의 매입가액에서 위 융자금을 공제한 금액이 아니라 위 매입가액 자체를 기준으로 산정하여야 한다.

[**원심판결**] 서울고등법원 1995.6.23. 선고 95노634 판결

[주 문]

상고를 기각한다.

[이 유]

상고이유를 본다.

구 외국환관리법(1991.12.27. 법률 제4447호로 개정되기 전의 것) 제29조의 규정은 외국환과 그 거래 기타 대외거래를 관리하여 국제수지의 균형, 통화가치의 안정과 외화자금의 효율적 운용을 기할 목적으로 대한민국 거주자로 하여금 외국에 있는 부동산의 취득 자체를 규제하려는 것이므로, 이러한 규정에 위반하여 취득한 부동산을 몰수 또는 추징하기로 하는 규정인 같은 법 제36조의2가 헌법 제23조에 위배되어 무효라고 할 수는 없다.

한편 소론과 같이 피고인이 미국에서 주택 2동을 매입함에 있어 미국 은행으로부터 미화를 융자받아 그 주택 매입대금의 일부로 사용하였다고 하더라도, 구외국환관리법 제36조의2에 의한 추징액은 위 주택의 매입가액에서 위 융자금을 공제한 금액이 아니라 위 매입가액 자체를 기준으로 산정하여야 할 것이므로, 같은 취지에서 위 주택의 매입가액 전액을 기준으로 하여 추징을 선고한 제1심판결을 유지한 원심의 조치도 정당하고, 거기에 소론과 같은 추징에 관한 법리오해의 위법이 있다고 할 수 없다.

논지는 모두 이유 없다.

그러므로 피고인의 상고를 기각하기로 하여 관여 법관의 일치된 의견으로 주문과 같이 판결한다.

대법관   이돈희(재판장) 김석수(주심) 정귀호 이임수

제5장

가상자산 거래에 대한 신고 의무

1. 가상자산(암호화폐)에 대한 이해

2. 가상자산(암호화폐) 거래에 대한 외국환거래법 적용

3. 가상자산(암호화폐) 거래에 대한 신고 의무

(1) 가상자산(암호화폐)과 분산장부기술이란?

한때 비트코인을 중심으로 불붙었던 가상자산(암호화폐) 투자 열풍은 지금은 어느 정도 진정된 분위기이다. 대학생부터 30~40대 직장인들까지 너도나도 가상자산 시장에 뛰어들었고, 크게 수익을 낸 사람도 있었지만, 반대로 큰 손실을 본 사람도 적지 않았다.

그런데 최근에는 예상 밖으로 '강남의 50대 공무원이 비트코인을 가장 많이 보유하고 있다'는 말까지 나올 정도로 투자층도 다양해졌다.

이처럼 가상자산에 대해 어떤 사람은 "미래를 바꿀 혁신 기술"이라며 상당한 자산을 투자하고, 또 어떤 사람은 "하룻밤 사이에 상장 폐지되는 위험한 투자처"라며 손사래를 친다.

이처럼 엇갈린 평가 속에서도, 가상자산의 핵심 기술인 분산장부기술(Distributed Ledger Technology, DLT)에 대한 이해는 반드시 필요하다.

1) 분산장부기술이란?

분산장부기술이란 수많은 거래 정보를 '블록'이라는 단위로 쪼개어 저장하고, 이를 차례차례 연결하여 하나의 연속된 장부처럼 관리하는 기술이다.

이 기술을 우리는 흔히 블록체인(Blockchain)이라고 부른다.

- 여기서 '블록'은 거래나 데이터를 담은 단위이고,
- '체인'은 그 블록들이 시간 순서대로 연결된 구조를 말한다.

즉, 블록체인은 신뢰할 수 있는 거래 정보를 시간의 흐름에 따라 누구나 검증 가능하게 저장하는 기술이다.

블록체인은 중앙 서버 하나에만 저장되는 기존 방식과 달리, 모든 참여자가 데이터를 나눠서 동시에 보관한다. 이 덕분에 누구 한 사람도 데이터를 마음대로 바꾸거나 삭제할 수 없다.

결과적으로, 위조나 변조가 사실상 불가능한 가장 강력한 보안 기술로 평가받고 있다.

이처럼 분산장부기술을 바탕으로 만들어진 새로운 시스템은 기존의 중앙집중형 시스템과는 다음과 같은 점에서 뚜렷이 구별된다.

- 중앙집중형 시스템: 하나의 중앙 서버가 모든 데이터를 관리
- 분산형 시스템(DLT 기반) : 여러 참여자가 데이터를 나눠 보관하고 공동으로 검증

분산장부기술을 활용한 새로운 시스템은 기존의 중앙집중형 시스템과는 뚜렷하게 구별되는 특징을 지니고 있다.

〔그림〕 중앙집중형 시스템 · 분산형 시스템 비교

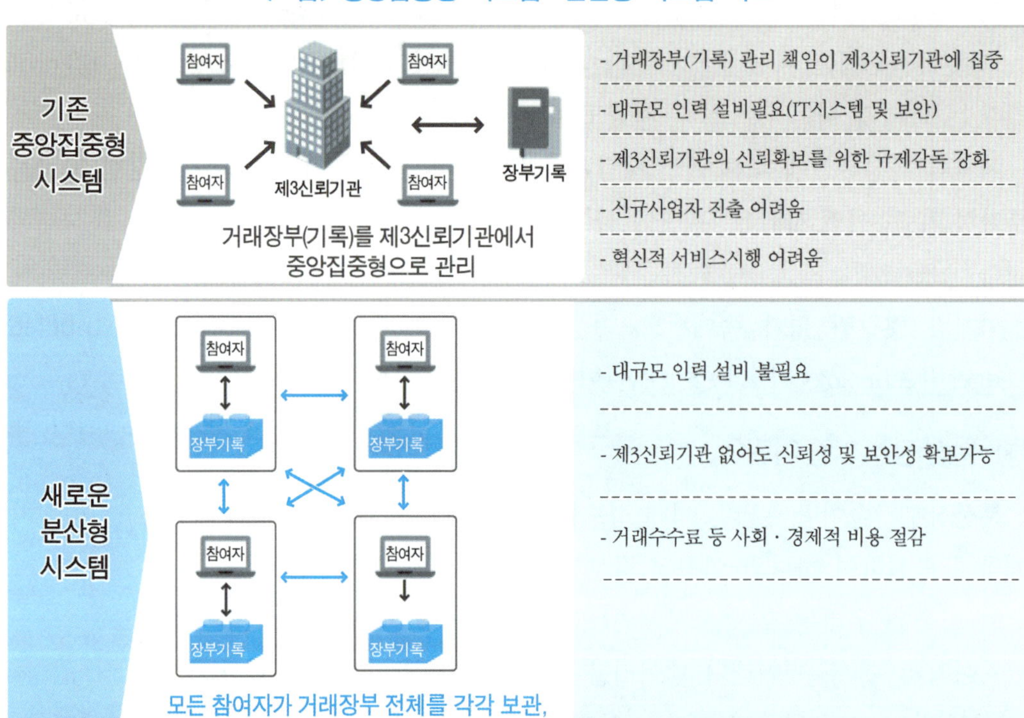

이러한 차이를 아래와 같이 정리할 수 있다.

2) 분산장부기술을 활용한 가상자산

가상자산이란, 분산장부기술을 기반으로 만들어진 디지털 화폐를 말한다. 대표적인 예로는 비트코인이 있으며, 현재 세계에는 9,700종이 넘는 다양한 가상자산이 존재하고 있다.

최초의 가상자산은 사실 비트코인이 아니라 1990년대에 등장한 '디지캐시(DigiCash)'

였다. 하지만 디지캐시는 중앙에서 발행과 운영을 통제하는 구조였기 때문에, 분산장부기술이 적용되지 않았고 결국 시장에서 외면당하고 말았다.

반면 비트코인과 이더리움 등 현재 널리 알려진 가상자산은 분산장부기술을 바탕으로 만들어져 있다. 이러한 가상자산은 미리 정해진 규칙(프로토콜)에 따라 발행되며, 중앙 통제 없이 운영되도록 설계되어 있다.

가상자산의 거래는 일반적인 인터넷 송금과는 방식이 다르다. 사용자는 전자지갑 소프트웨어를 이용하여 자신의 지갑에서 다른 사람의 지갑으로 가상자산을 보낼 수 있다. 이 과정에서 모든 거래는 암호화되어 전자인증을 거치며, 수신자는 인증된 거래 정보를 통째로 전달받게 된다. 이런 구조 덕분에 외부인이 중간에 침입하거나 정보를 조작하는 것이 거의 불가능하다.

비트코인의 시스템 안전성은 채굴자들의 참여에 의해 유지된다. 비트코인을 채굴하려면 수십 대의 고성능 컴퓨터로 복잡한 수학·물리 문제를 풀어야 한다. 이와 동시에, 비트코인의 발행량은 총 2,100만 개로 제한되어 있어서 채굴 난이도도 점점 높아진다. 한 개를 얻기 위해서도 막대한 시간, 비용, 전력이 들며, 이 모든 과정은 분산장부기술을 바탕으로 이루어진다.

즉, 비트코인의 모든 거래와 시스템 구조는 수학과 물리학 이론에 따라 통제되며, 사용자가 결제를 하거나 거래를 할 때도 이론적으로 검증 가능한 방식으로 진행되도록 설계되어 있디.

3) 분산장부기술은 앞으로 어디에 활용될까?

분산장부기술은 앞으로 공공기록, 민간 거래, 투표 시스템 등 다양한 분야에서 활용될 가능성이 크다.

가장 먼저 기대되는 분야는 정부의 공식 기록 관리이다. 토지·부동산 거래, 국민연금 기록, 납세 정보, 부가가치세 내역, 선거 투표 결과 등은 위조되거나 사라져서는 안 되는 정보들이며, 이러한 기록을 안전하게 보존하는 데 분산장부기술이 적합하다.

실제로 다이아몬드 거래에는 이미 블록체인 기술이 활용되고 있으며, 우리나라 관세청도 수출물류 분야에 이 기술을 적용한 범정부 공공 시범사업을 추진하고 있다. 관세청은 화주, 선사, 터미널, 관세사, 포워더, 은행 등 48개 기업 및 기관과 협력하여 분산장부기술 기반의 물류 생태계를 구축하려 하고 있다.

또 다른 유망한 활용 분야는 상장회사의 전자 주주투표이다. 현재는 한국예탁결제원의 K-eVote 시스템을 이용해 중앙에서 투표를 집계하고 있지만, 여전히 비용과 인력이 많이 소요된다. 특히 유럽과 미국의 경우 아직도 PDF 형식의 이미지 투표용지를 수작업으로 집계하고 있으며, 이 과정에서 생기는 비용만도 연간 1조 원이 넘는다고 한다.

하지만 분산장부기술을 도입하면, 회사와 주주가 중개기관 없이 직접 투표하고 결과를 공유할 수 있게 된다. 해킹이나 조작도 원천적으로 차단되며, 투표 절차가 한 번에 끝나므로 시간과 비용을 대폭 절감할 수 있다.

4) 분산장부기술이 해결해야 할 과제는?

현재 비트코인에 적용된 분산장부기술은 거래 처리 속도에 한계가 있다. 예를 들어, 시간당 약 2만 건 정도밖에 처리하지 못해 수백만 명이 동시에 거래하거나 투표하는 상황에는 대응하기 어렵다.

실제로 가상자산 거래소에서는 특정 암호화폐의 거래량이 급증할 경우, 전자지갑에 자산이 입금되기까지 수시간 또는 수일이 걸리는 일이 발생하기도 한다.

이런 문제를 해결하기 위해 전 세계는 블록체인의 처리 속도를 높이기 위한 기술개발에 집중하고 있다. 그 결과, 비트코인의 거래 처리 속도를 약 4배 높인 라이트코인(Litecoin, LTC) 같은 가상자산이 등장하기도 했다.

아직까지는 분산된 정보를 서버에 디지털 형태로 저장하는 방식이지만, 시스템 다운, 해커 침입, 버그 등의 문제로부터 완전히 자유롭다고 보기는 어렵다.

이를 해결하기 위해 '코델(Codelmark.co.uk)'과 같은 선도 기업들이 초고속 블록체인 기술을 개발 중이며, 앞으로 어떤 혁신이 등장할지 주목할 필요가 있다.

(2) 가상자산(비트코인), 주식과 비교해보다

2018년 경부터 가상자산을 상품(재화)으로 볼 것인지 자산으로 볼 것인지에 대한 논의가 본격적으로 시작되었다. '암호화폐'라는 이름은 붙어 있지만, 정부는 이를 화폐로 인정하지 않고 있다. 정부가 관망하는 사이, 가상자산거래소는 폭발적으로 회원을 끌어모으며 엄청난 규모로 성장하였다. 그 이유 중 하나는 많은 사람들이 가상자산을 주식처럼 간편하게 소액으로 투자할 수 있는 수단으로 인식하였기 때문이다.

하지만 실제로 가상자산과 주식은 본질적으로 많은 차이를 가지고 있다. 가상자산을 거래하려는 사람은 반드시 다음과 같은 차이점을 인지한 뒤 투자 여부를 결정해야 한다.

1) 개념

주식은 IPO(신규 상장)를 통해 공개된 주식회사의 지분을 나타내는 유가증권이다. IPO는 정부가 법률에 따라 철저히 심사하며, 요건을 갖춘 기업만 상장할 수 있도록 허용한다. 주식을 구매하면 그 회사의 자본에 참여하게 되며, 주주로서 권리와 의무를 함께 가지게 된다. 결국, 주식에 투자한다는 것은 기업의 수익성, 성장성, 안정성과 같은 가치에 참여하는 것이다.

반면, 가상자산은 ICO(가상자산공개)를 통해 발행된 디지털 자산이다. 발행자는 백서라는 문서를 통해 가상자산의 용도와 규칙을 공개하고, 이를 통해 자금을 모집한다. 하지만 ICO는 정부 기관의 검증을 받지 않으며, 한국에서는 2017년 9월 이후 전면 금지되었다. 따라서 ICO에 참여하는 투자자는 법적 보호 없이 스스로 모든 책임을 져야 한다.

2) 거래소

주식은 한국거래소에서 거래되며, 이는 자본시장법에 근거하여 엄격히 규제된다.

반면 가상자산은 빗썸, 업비트, 코빗, 코인원 등 민간 사설거래소에서 거래되며, 정부의 인허가나 명확한 규제 없이 운영되고 있다. 현재 대부분의 거래소는 통신판매업으로만 등록되어 있다.

3) 상장 종목

주식은 유가증권 932종목, 코스닥 1,695종목, 코넥스 118종목을 포함하여 총 2,763개 종목이 거래되고 있다.

	거래 종목수
유가증권	932
코스닥	1,695
코넥스	118
합계	2,763

자료출처: 한국거래소 주식 상장 종합정보(2025.6.5.)

가상자산은 전 세계적으로 9,768여 종 이상이 존재하나, 국내 거래소에서는 이 중 일부만을 거래할 수 있다. 거래소마다 상장된 종목이 다르며, 기준과 절차도 통일되어 있지 않다.

4) 계좌 개설 및 거래 방식

주식은 증권사에서 실명 계좌를 개설하고 투자금을 입금하면 언제든지 거래가 가능하다.

가상자산은 사설거래소에서 회원가입을 하고 본인 명의의 은행 실명계좌를 통해 입금해야 거래가 가능하다. 다만, 은행과 거래소 계좌의 소속이 같아야만 입금이 허용되는 제한이 있다.

5) 해킹 위험

주식은 예탁결제원을 통해 안전하게 관리되며, 해킹으로 인한 개인 피해 가능성은 극히 낮다.

반면 가상자산은 거래소에 보관되며, 해킹으로 인한 피해가 항상 존재한다. 일본의 코인체크 해킹 사건처럼 대규모 손실 사례도 발생한 바 있으며, 국내 거래소는 피해보상이나 보험에 대한 규정이 없다.

6) 비밀번호 분실

주식은 비밀번호를 잊어도 본인 확인을 통해 언제든지 주식을 찾을 수 있다.

가상자산은 전자지갑의 비밀번호를 잊으면 실명확인을 하더라도 자산을 되찾을 수 없다. 전 재산을 투자했더라도 비밀번호를 잊는 순간 자산이 사라지게 된다.

7) 발행 수

주식은 상장기업이 발행량을 제한한다. 가상자산도 코인 백서에 따라 발행량이 정해지며, 비트코인은 최대 2,100만 개로 제한되어 있다.

8) 가치 평가

주식은 재무제표, 손익계산서 등을 분석하여 기업의 가치를 평가할 수 있다.

가상자산은 백서를 제외하고는 본질적인 가치를 평가할 수 있는 기준이 없으며, 시장의 수요와 공급만으로 가격이 결정된다.

9) 세금 및 거래 비용

주식은 매매 시 수수료 외에 증권거래세(0.3%)가 부과된다.

가상자산은 2025.6. 현재까지는 수수료 외에는 별도 비용 부담이 없다. 그러나 2024.12. 소득세법이 개정됨에 따라 2027.1.1. 이후부터는 사설 거래소 거래 수수료를 부담하는 외에 양도하거나 대여한 가상자산 소득부터는 기타소득으로 분리과세되어 소득세가 부과된다.

 **참고자료**

가상자산 소득세 과세

2027년부터 가상자산, 소득세를 납부해야 한다

2024년 12월 소득세법 개정에 따라, 2027년 1월 1일 이후 양도하거나 대여한 가상자산 소득부터는 기타소득으로 분리과세되도록 하였다(소득세법 제14조 제3항 제8호 다목).

(1) 과세대상 소득은 무엇인가?

가상자산을 양도하거나 대여하여 얻은 이익이 과세대상이 된다. 여기서 말하는 가상자산은 「가상자산 이용자 보호 등에 관한 법률」 제2조 제1호에서 정의한 바와 같이, 경제적 가치를 지니고 이전이 가능한 전자적 증표를 의미한다.

다만, 아래와 같은 전자적 증표는 과세 대상에서 제외된다.

- 발행인이 용도를 제한한 폐쇄형 포인트
- 게임 내 아이템(게임산업법상 게임물 결과물)
- 선불전자지급수단, 전자화폐, 전자어음, 전자선하증권
- 전자등록주식, 한국은행 발행 전자화폐
- 시행령으로 정하는 기타 증표

(2) 소득금액은 어떻게 계산하나?

양도 또는 대여 대가에서 해당 가상자산의 실제 취득가액과 부대비용을 차감하여 소득금액을 계산한다(소득세법 제37조 제1항 제3호).

단, 실제 취득가액을 확인할 수 없는 경우, 동종 가상자산 전체에 대해 양도가액의 최대 50%를 필요경비로 의제할 수 있다. 이 경우에는 별도의 부대비용은 인정하지 않는다(기획재정부 세법개정안 2024.7.25.).

해당 의제비율과 구체적 기준은 대통령령으로 정하도록 위임하였다.

(3) 취득가액은 어떻게 계산하나?

가상자산의 취득가액 산정 방식은 다음과 같이 구분된다.

- 가상자산사업자를 통해 거래된 경우: 이동평균법
- 기타 경우: 선입선출법(소득세법 시행령 제88조 제1항)

또한, 2027년 시행일 전에 보유한 가상자산은 아래 중 더 큰 금액을 취득가액으로 인정한다.

① 2026년 12월 31일 당시의 시가

② 실제 취득가액(소득세법 제37조 제5항)

※ 시가는 해당일 0시 기준으로 가상자산별 공시 평균가격을 기준으로 한다(소득세법 시행령 제88조
　제2항).

(4) 교환거래 소득은 어떻게 계산하나?

가상자산 간 교환으로 발생한 소득은, 기축가상자산의 금전 가치를 기준으로 교환비율을
곱하여 계산한다(소득세법 시행령 제88조 제3항).

기축가상자산이란?

거래소에서 거래가치를 기준으로 삼는 주요 가상자산을 의미하며, 예를 들어 BTC마켓의
비트코인, ETH마켓의 이더리움, USDT마켓의 테더 등이 있다.

기축가상자산의 가액은 다음 중 하나로 계산한다.

- 거래시점에 실제 금전과 교환된 가액
- 외국통화에 연동된 경우에는 기준환율 또는 재정환율로 환산한 가액

(5) 세금은 어떻게 계산하나?

소득세는 다음 산식으로 계산한다.

- (총수입금액 − 필요경비 − 기본공제) × 세율 20%
- 총수입금액: 가상자산을 양도하거나 대여하여 얻은 대가
- 필요경비: 실제 취득가액 + 수수료 등 부대비용
  - → 단, 실제 취득가액 확인 곤란 시에는 양도가액의 최대 50%를 일괄 적용(의제경비)
- 기본공제: 연간 250만 원까지는 비과세
- 세율: 20%(분리과세)

(6) 세금은 어떻게 신고하나?

매년 가상자산 손익을 통산하여 다음 해 5월 1일부터 5월 31일까지 종합소득세 신고 기간
중에 '기타소득(분리과세)'으로 신고해야 한다(소득세법 제70조 제2항).

10) 거래 시간

주식은 평일 오전 9시부터 오후 3시 30분까지 거래하며, 공휴일과 주말은 휴장한다.
가상자산은 연중무휴 24시간 거래가 가능하다.

11) 가격제한폭 및 거래중단제도

주식은 하루 최대 30%까지 등락이 가능하며, 서킷브레이커 제도를 통해 급등락 시 거래를 일시 중단한다.
가상자산은 가격제한폭이 없고, 거래 중단 장치도 없다.

12) 배당금

주식은 이익이 발생하면 배당금을 받을 수 있다.
가상자산은 대부분 배당 기능이 없으며, 일부 프로젝트만 예외적으로 배당 구조를 도입하고 있다.

13) 채굴(mining)

주식은 채굴 개념이 없다. 반면 가상자산은 컴퓨터를 활용하여 복잡한 연산을 해결하면 보상을 받을 수 있다.

14) 차익거래(arbitrage)

주식은 한 국가에서 동일한 가격으로 거래되기 때문에 차익거래가 어렵다.
가상자산은 거래소마다 가격 차이가 발생하므로, 국가 간 또는 거래소 간 차익거래(또는 재정거래)가 가능하다.

15) 공시의무

주식은 공시제도가 엄격하게 운영되며, 기업은 중요한 정보를 반드시 공시해야 한다.
가상자산은 공시의무가 없고, 정보를 공개해야 할 법적 책임도 존재하지 않는다.

〔표 117〕 주식과 가상자산 비교

기준	주식	가상자산
거래소	법률에 근거한 한국거래소	통신판매업신고를 한 사설 거래소
상장(거래)종목	2,763종목	세계 9,678개 발행 중 일부 국내 거래
계좌개설 및 거래	증권회사 실명계좌 개설 후 투자금 입금	동일은행간 실명 개인계좌에서 실명 거래소 계좌로 입금
해킹 위험	거의 없음	해킹 가능성 상존
비밀번호 등 분실	실명 확인 후 찾을 수 있음	전자지갑 비밀번호 분실하면 가상자산도 분실
발행수	수량 제한	수량 제한
가치평가	분석 및 계량 가능	분석 및 계량 불가능
거래시 세금 등 비용	매수시: 증권회사 수수료와 제비용 매도시: 증권거래세(0.3%), 증권회사 수수료와 제비용	사설 거래소 수수료 2027.1.1.부터 양도시 소득세 과세
거래 시간	평일 오전 9시~오후 3시30분, 토, 일, 공휴일 휴장	24시간 365일
가격제한폭 및 거래중단제도	상하 30%, 서킷브레이커	없음
배당금	있음	없음
채굴	불가능	가능
차익거래	불가능	가능
공시의무	있음	없음

　　이와 같이 가상자산은 주식과 유사한 측면도 있지만, 규제, 안전성, 공시, 보안, 가치평가 등에서 본질적으로 매우 다르다. 가상자산에 투자할지는 개인의 판단에 달려 있으며, 투자에 따른 모든 위험과 책임은 전적으로 본인에게 귀속된다는 점을 명심해야 한다.

(3) 가상자산, 채굴·투자할 것인가? 아니면 사용할 것인가?

2017년 말, 비트코인을 포함한 가상자산의 거래가격은 정점을 찍은 뒤 큰 폭으로 하락하였다. 정부의 사설거래소 및 투자자에 대한 규제 강화, 일본 코인체크 거래소에서 약 5,600억 원어치의 NEM 코인이 유출된 해킹 사건, 국내 거래소 해킹까지 겹치면서 투자자들은 불안을 느끼기 시작하였다. 그 후 크립토(암호화폐) 대통령을 자처하는 트럼프 미국 대통령이 당선된 것을 계기로 하여 2024년 12월 5일 10만달러를 돌파하였다. 이후 더욱 상승할 것이라는 전망과 이제 고점이라는 전망이 엇갈리고 있다.

1) 가상자산을 보는 시각은 다르다

가상자산에 대한 시각은 사람마다 확연히 다르다. 어느 날 갑자기 우리 생활로 들어온 이 디지털 자산을 누군가는 거품이라 하고, 누군가는 미래 금융이라 부른다. 일부에서는 가상자산은 아무런 가치가 없는 돌덩이에 불과하니 금지해야 한다고 주장하지만, 이는 일반 대중의 시각과도 괴리가 있어 논외로 하겠다.

필자는 가상자산의 실체와 미래 가치를 인정하는 입장이다. 다만, 가상자산을 인정한다고 해도 그 활용 방식은 다양하다.

어떤 이는 직접 채굴해야 한다고 하고, 또 어떤 이는 ICO(가상자산공개)에 참여해야 한다고 한다. 혹은 투자 차익을 노리고 사고팔아야 한다고 주장하기도 하고, 일상에서 사용하는 도구가 되어야 한다고 말하기도 한다.

2) 희소가치 있는 자산으로 재산을 보전해야 한다

수십 년 후를 내다보고 재산을 안전하게 보전하려면, 정부가 발행한 화폐에만 의존하는 것이 과연 현명할까? 예금자 보호 제도가 있다고 해도 정부 화폐는 인플레이션과 공급량 증가의 영향을 받을 수밖에 없다.

실제로 1960년 146억 원에 불과했던 한국은행의 화폐발행잔액은, 2024년에는 무려 193조 원을 넘어서게 되었다. 경제 규모도 커졌겠지만, 그만큼 돈이 많이 풀렸다는 뜻이고, 이는 화폐 가치의 하락을 의미한다.

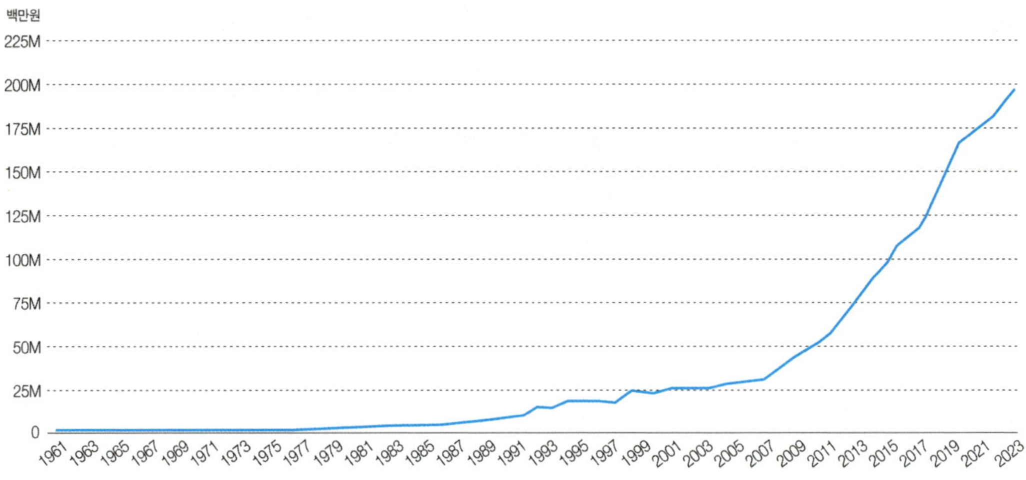

〔그래프 3〕 한국은행 화폐발행잔액(기말) 추이(2024년말)

그렇다면 재산을 어떻게 지킬 수 있을까?

금이나 미술품처럼 희소가치가 있는 자산에 의존하는 것이 정답일 수 있다. 금은 생산량이 제한되어 수천 년 동안 그 가치를 인정받아왔고, 앞으로도 그러할 것이다.

3) 비트코인도 희소가치를 지닌다

비트코인을 포함한 가상자산도 금과 비슷한 희소가치를 가진다. 비트코인은 최대 발행량이 2,100만 개로 제한되어 있으며, 누구도 이를 마음대로 늘릴 수 없다.

비트코인을 채굴하려면 엄청난 연산과 에너지가 필요하다. 그래서 '채굴(mining)'이라는 표현이 사용된다. 달러나 원화는 중앙정부가 마음만 먹으면 더 찍어낼 수 있지만, 비트코인은 금처럼 공급량이 제한되어 가치 보존이 가능한 디지털 자산이라고 볼 수 있다.

4) 채굴에 도전할 것인가?

이론적으로는 누구나 비트코인을 채굴할 수 있지만, 현실은 결코 만만치 않다. 필자의 지인은 고성능 컴퓨터와 전력 설비를 갖추고도 혼자서는 도저히 채굴이 어렵다고 말한다. 실제로는 여러 명이 팀(길드)을 꾸려야만 가능하다고 한다.

한 코스피 상장기업 대표는 2015년, 고가 장비에 거액을 투자하고 채굴을 시도했으나 결국 실패하고 말았다. 어렵게 채굴해도 하나의 블록에 25비트코인이 주어지고, 이를 팀원들과 나누면 개인당 몫은 더욱 작아진다.

그래서 비트코인 채굴은 진입장벽이 높고 수익을 내기 어렵다. 이를 노린 폰지 사기도 기승을 부리고 있어 일반인은 채굴에 쉽게 접근하지 않는 것이 좋다.

5) ICO에 참여할 것인가?

ICO(Initial Coin Offering)는 새로운 코인을 발행하고 백서를 통해 규칙을 제시한 뒤, 이를 투자자에게 판매해 자금을 모집하는 방식이다. 하지만 한국에서는 2017년 9월부터 ICO가 전면 금지되었다. 그러나 시대가 급변하여 2014.12. 미국에서 비트코인을 전략자산으로 비축하는 법안이 공식 발의됨에 따라 한국도 주요 가상자산을 인정하지 않을 수 없는 상황들이 전개되고 있다.

2017년 ICO 금지 규제로 인해 한국 투자자들은 해외 ICO에 의존하게 되었고, 이는 외화 유출로 이어졌다. 만약 정부가 다시 ICO를 허용한다면, 국내 기업들의 기술 개발이 촉진되고, 해외 투자자들의 자금도 국내로 유입될 수 있을 것이다.

정부는 ICO를 전면 허용하고, 동시에 검증제도를 도입하여 안전성을 확보해야 한다. 그래야 국민이 안심하고 국내 ICO에 참여할 수 있으며, 가상자산과 블록체인 산업이 함께 발전할 수 있다.

다만, 현재로서는 각국의 규제가 정비되지 않았기 때문에, ICO 참여는 전적으로 투자자의 책임임을 잊지 말아야 한다.

6) 매매를 통한 투자, 현명할까?

비트코인은 금처럼 희소한 자산일 수 있으나, 모든 가상자산이 그런 것은 아니다. 특히 신뢰할 수 없는 사설 거래소에 자산을 맡긴 채 매매를 반복하는 것은 큰 스트레스를 초래할 수 있다.

주식은 평일 하루 6시간 30분만 거래되지만, 가상자산은 24시간 거래된다. 이 말은 리스크도 4~5배 더 많다는 뜻이다. 또한 가상자산은 가격제한폭도 없어 하루아침에 폭락하는 사례도 많다.

따라서 필자는 가상자산에 투자하기 전에 먼저 소액으로 주식이나 펀드 투자부터 연습해볼 것을 권한다. 경험이 있는 사람이라도 투자금의 일부만 가상자산에 투입하는 것이 현명한 전략이라고 생각한다.

7) 가상자산은 사용하는 것이 더 가치 있다

필자는 가상자산을 단순한 투자 대상이라는 측면도 있지만 '사용의 수단'으로서 효용성을 더 크게 보는 입장이다.

2018년 2월, 서울 노원구에서는 블록체인 기술을 활용한 지역화폐를 실험적으로 도입하였다. 자원봉사나 기부활동을 통해 적립한 코인을 지역 상점에서 사용할 수 있도록 한 것이다. 서울시 등 국내 주요 지방자치단체들이 민주주의 강화와 사회복지 혁신을 위해 블록체인 기술을 적극 활용하고 있다. 특히 서울시는 2021년 7월에 블록체인 기반 행정 서비스인 '서울지갑'을 도입하였다. 이 서비스는 시민이 자신의 각종 자격 확인서 및 전자 증명서류를 간편하게 발급하고 저장할 수 있도록 지원하며, 기존의 복잡한 서류 제출 절차를 획기적으로 줄이는 데 기여하고 있다.

서울시는 이 '서울지갑' 시스템에 블록체인 저장 기술을 적용함으로써, 공공서비스 신청 시 신분증, 자격증, 증빙서류 등을 일일이 출력해 제출해야 했던 번거로움을 크게 해소했다고 밝혔다.

서울시 등 주요 지자체들은 투표 시스템과 공공 기록 보관 등 행정 업무에 블록체인을 도입하면서, 전자지갑 메인넷(독립 네트워크) 구축, 관련 서비스 개발, 규제자유특구 지정 추진 등의 활동을 활발히 수행하고 있다.

우리나라는 대부분의 결제가 신용카드로 가능할 만큼 디지털 인프라가 잘 되어 있다. 그렇기 때문에 가상자산이나 블록체인 기술을 실생활에 접목하기에 최적의 환경이라고 볼 수 있다.

한편 국내 일부 가상자산 거래소는 NFT(대체불가능토큰) 거래를 위한 전용 플랫폼을 운영하고 있다. 이 플랫폼은 NFT의 발행, 구매, 판매 등 다양한 기능을 제공하며, 사용자들이 손쉽게 NFT를 거래할 수 있도록 지원하고 있다.

(4) 가상자산을 지원할 것인가, 규제할 것인가?

개인이 가상자산(암호화폐)을 대하는 태도는 비교적 단순하다. 무시할 것인지, 직접 채굴할 것인지, ICO(Initial Coin Offering)에 참여할 것인지, 투자하거나 사용할 것인지 중 선택하면 된다.

그러나 국민 다수가 관심을 보이는 이 민감한 이슈를 정부가 대할 때는 얘기가 달라진다. 막대한 경제적 파급력과 사회적 논란 속에서 정부는 어떤 부분을 지원하고 어떤 부분을 규제해야 국민 경제에 도움이 될지 신중하게 접근할 수밖에 없다.

실제로 중국은 ICO 금지, 거래소 폐쇄, 채굴 전면 금지까지 단행하며 강력한 규제 정책을 펼치고 있다. 반면 스위스, 캐나다, 미국은 가상자산 채굴자를 유치하기 위해 경쟁하고 있다. 특히 2024.11. 재선에 성공한 트럼프 미국 대통령은 크립토 대통령을 자처하며 비트코인 등을 전략자산으로 비축하기 위한 법안을 추진하고 있으며, 미국을 가상자산 중심국으로 만들겠다는 포부를 밝히고 있다. 2025.6. 출범하는 정부가 가상자산에 대해 합리적인 정책 방향을 설정할 것을 기대해 본다.

이제는 세계 주요국 사례를 참고하여, 우리 정부가 어떤 방향으로 가상자산 정책을 설계해야 할지 본격적으로 검토해야 한다.

1) 스위스 사례: 블록체인 실용화에 앞장서다

스위스는 유럽에서 가상자산과 블록체인 기술 실용화에 가장 적극적인 국가다. 이미 유명한 은행업 강국임에도 불구하고 '크립토 밸리(Crypto Valley)'를 선포하며 블록체인 산업을 국가 성장동력으로 키우고 있다.

특히 추크(Zug) 시는 2016년 5월부터 관공서에서 비트코인 결제를 허용하였고, 이는 공공기관 최초의 사례로 기록되었다. 현재 이 도시는 수십 개의 블록체인 IT 기업이 진출한 블록체인 혁신지로 자리 잡고 있다.

비트코인 ATM도 스위스 곳곳에 설치되어 있으며, 이는 정부의 정식 인가를 받은 '비트코인스위스'라는 업체가 운영하고 있다. 누구나 ATM에서 스위스 프랑이나 유로화를 넣고 비트코인을 충전하거나, 반대로 비트코인을 출금할 수 있을 만큼 사용법도 간편하다.

2) 가상자산 투자자 보호 정책을 마련해야 한다

현재 국내 가상자산거래소는 통신판매업 신고만으로 운영되고 있어, 투자자 보호 장치가 미흡하다.

따라서 정부는 인가 기준 및 관리 체계를 조속히 정비해야 하며, 불합리한 거래약관을 개선하고 표준약관을 마련하여 투자자 보호를 강화해야 한다.

3) 가상자산거래소에 대한 점검 체계를 확립해야 한다

가상자산거래소는 막대한 자산을 보관하는 만큼 코인 보유량, 실거래 여부, 해킹 대응 능력, 입출금 시스템의 안정성 등을 정기적으로 점검해야 한다.

또한 해킹이나 시스템 장애 발생 시 피해보상 방안이 마련되어 있는지, 부정행위를 한 거래소에 대한 처벌 기준도 명확히 정립해야 한다.

4) ICO 전면 허용과 검증제도 도입이 필요하다

우리 정부는 2017년 9월 29일부터 ICO를 전면 금지하였다. 그러나 이는 블록체인 산업 발전에 심각한 제약으로 작용하고 있으며, 결국 많은 투자자가 해외 ICO에 참여하면서 외화 유출이 발생하고 있다.

정부는 이제 ICO를 전면 허용하고, 그에 따른 인가 기준과 검증 절차를 제도화해야 한다. 이를 통해 국내 기업은 기술개발과 자금조달에 도움을 받을 수 있고, 국내외 투자자 모두 신뢰할 수 있는 환경에서 ICO에 참여할 수 있다.

5) 가상자산 실용화를 위한 과감한 행정이 필요하다

스위스처럼 우리도 세금이나 공과금을 가상자산으로 납부할 수 있도록 허용하는 정책을 검토해야 한다.

또한 정부는 가상자산 실용화 스타트업에 대한 규제 샌드박스 허용, 기술개발 지원, 시범사업 도입 등 실질적 지원 정책을 마련해야 한다.

6) 블록체인 기술을 행정에 적용할 중장기 전략이 필요하다

정부는 토지거래, 국민연금, 세금 기록, 부가가치세, 투표 등 위변조 위험이 있는 행정 기록에 블록체인 기술을 접목하는 중장기 로드맵을 수립해야 한다.

산·학·관이 협력하는 연구개발 체계를 구축하고, 기술적 표준화와 공공서비스에의 통합도 함께 추진해야 한다.

7) 지원과 규제, 어느 쪽이든 명확한 기준이 필요하다

정부와 지자체는 국민의 높은 관심을 부담으로만 느끼지 말고, 가상자산을 새로운 산업 기반으로 활용하는 전략적 시각을 가져야 한다.

적극적인 정책 설계와 인프라 구축을 통해, 우리도 머지않아 가상자산과 블록체인 산업의 선진국으로 도약할 수 있다.

문제는 언제, 어떻게 움직이느냐에 달려 있다. 늦었지만 지금이 바로 그 전환점이다.

2 가상자산(암호화폐) 거래에 대한 외국환거래법 적용

외국환거래법은 단지 국내에서 발생한 외국환거래만을 규율하는 법이 아니다. 이 법은 내국 법인, 자연인, 그 대리인이 외국에서 수행하는 재산 또는 업무에 관한 행위에도 적용된다. 또한, 대한민국 내에서 거주자와 비거주자 사이에 채권·채무 관계가 발생하는 경우에도 외국환거래법을 적용한다.

그렇다면 최근 활발히 이루어지고 있는 가상자산의 거래는 외국환거래법상 어떤 지위를 가지는가?

또한 가상자산 거래자와 그 거래 행위에도 외국환거래법이 적용되는가?

이러한 질문에 답하기 위해, 이제 가상자산 거래자, 가상자산 거래행위, 그리고 가상자산 자체가 외국환거래법상 어떻게 다뤄지는지를 구체적으로 살펴보아야 한다.

(1) 외국환거래법상 거주자 또는 비거주자인 가상자산 거래자

국내 가상자산 거래소에서 활동하는 사람들은 대부분 내국 법인이나 개인이지만, 외국 법인이나 외국인도 참여하는 경우가 많다. 이들은 사설 가상자산 거래소에 계정을 만들어 비트코인, 이더리움 같은 가상자산을 사고팔거나 보유하는 식으로 거래를 한다. 이런 법인이나 개인은 외국환거래법상 '거주자' 또는 '비거주자'로 구분된다.

그렇다고 해서 모든 가상자산 거래행위가 외국환거래법의 적용을 받는 것은 아니다. 단순히 가상자산을 사고파는 행위에까지 외국환거래법이 일일이 간섭하지는 않는다. 하지만 외국환거래법에 따라 외국환은행을 통해 이루어져야 하는 무역거래나 용역거래, 자본거래의 대금 결제를 가상자산 송금으로 대신하는 경우라면 이야기가 달라진다. 이런 경우에는 외국환은행을 거치지 않은 외국환거래로 간주되어, 한국은행에 반드시 신고해야 한다.

예를 들어, 해외에 있는 거래 상대방에게 물건을 사거나 서비스를 받고 그 대금을 송금해야 하는데, 외화를 보내는 대신 상대방의 전자지갑으로 가상자산을 보내는 경우를 생각해보자. 이처럼 가상자산을 이용해 무역대금이나 용역대금, 자본거래 대금을 결제하는 행위는 외국환거래법상 신고 대상에 해당한다. 따라서 가상자산을 거래하는 사람은 자신의 송금 행위가 단순한 투자 목적의 거래인지, 아니면 외국환당국의 규제를 받는 결제 행위인지 꼼꼼히 따져보아야 한다.

(2) 가상자산 거래행위에 대한 외국환거래법 적용

가상자산 이용자 보호 등에 관한 법률(약칭: 가상자산이용자보호법, 법률 제19563호로 제정되어 2024.7.19. 시행된 것)에 따르면 "가상자산"이란 경제적 가치를 지닌 것으로서 전자적으로 거래 또는 이전될 수 있는 전자적 증표(그에 관한 일체의 권리를 포함한다)를 말한다. 일반적으로는 가상자산 거래 행위는 가상자산을 매매하거나, 가상자산을 다른 가상자산과 교환하는 행위, 그외 가상자산을 이전하는 행위, 가상자산을 보관 또는 관리하는 행위, 가상자산에 관련하여 중개·알선하거나 대행하는 행위 등을 포함한다.

1) 외국환거래법상 규정이 없는 가상자산

외국환거래법은 원칙적으로 내국통화, 외국통화, 외국환, 지급수단, 귀금속 등을 적용 대상으로 삼고 있다. 하지만 가상자산은 현재 외국환거래법상 정의조차 없고, 지급수단으로도 인정되지 않는다. 국내에서 매매한 비트코인과 이더리움 등 가상자산을 전세계 어느 거래소에서나 사실상 매매가 가능하여 달러화나 엔화와 같은 역할을 하고 있는 마당에 가상자산 이용자 보호 등에 관한 법률이 제정되어 가상자산의 법적 정의까지 규정된 이상 외국환거래법에서도 가상자산을 지급수단으로 지정 고시하여 가상자산에 대해서도 외국환거래법의 적용을 받도록 시급히 개선할 필요가 있다.

외국환거래법상 지급수단이란, 정부가 발행한 지폐나 동전, 수표, 우편환, 신용장뿐만 아니라, 선불카드와 같이 전자적 방식으로 가치를 저장해 다수 간에 결제에 사용할 수 있는 수단을 포함한다. 이들 지급수단은 대통령령이나 기획재정부 장관의 고시를 통해 인정된 경우만 해당된다.

과거 필자 역시 블록체인 기술을 기반으로 한 전자상품권 사업을 추진하면서, 기획재정부와 협의한 적이 있다. 당시 정부는 전자상품권이 해외 결제에 사용될 경우 외국환거래법 위반에 해당한다는 입장을 밝혔고, 결국 관련 사업을 중단하게 되었다.

이처럼 가상자산이 외국환이나 지급수단으로 명시되어 있지 않다는 이유로 외국환거래법이 전혀 적용되지 않는다고 오해해서는 안 된다. 가상자산이 외국환거래법상 지급수단으로 지정되어 있지 않더라도 무역대금이나 용역대금, 자본거래에 따른 대금을 지급하거나 영수하는 개인이나 법인이 그 대금의 지급이나 영수를 가상자산을 이용하여 전자지갑으로 주고 받는 송금을 하는 경우에는 외국환거래법의 적용을 받게 되어 외국환거래법에 따른 신고의무를 부담하게 된다는 점을 반드시 유의해야 한다.

2) 대한민국 내에서의 가상자산 거래행위

국내에서 거주자와 비거주자 사이 또는 동일한 지위 간에 이루어지는 외국환거래나 그와 관련된 행위에는 외국환거래법이 적용된다. 비록 가상자산이 외국환거래법상 지급수단으로 명시되어 있지는 않지만, 외국환거래법에 따라 외국환은행을 통해 이루어져야 하는 결제를 대신하여 국내에서 가상자산을 주고 받는 거래를 한다고 하면 외국환거래법이 적용된다. 예를 들어 국내 수입자 A가 해외 수출자 B로부터 물품을 수입하면서 외국환은행을 통하여 지급하여야 하는 무역대금을 외국환은행을 통하여 이를 지급하지 아니하고, 해외 수출자 B의 요청으로 국내의 제3자인 b에게 가상자산으로 송금하여 무역대금을 지급하는 경우에는 무역거래의 제3자인 b에게 지급하는 행위인 동시에 외국환은행을 이용하지 않는 지급에 해당하여 외국환거래법이 적용되고 신고의무를 부담하게 된다.

3) 대한민국과 외국 간의 가상자산 거래행위

대한민국과 외국 간에 이루어지는 가상자산 거래 전부에 대해 외국환거래법이 적용되는 것은 아니다. 대한민국과 외국 간에 이루어지는 가상자산 거래가 무역대금의 결제나 용역대금의 결제, 자본거래 대금의 결제를 대신하여 이루어지는 경우 외국환거래법의 적용 대상이 된다. 예를 들어, 국내의 거주자인 개인이나 법인이 해외의 거래 상대방으로부터 제공받은 용역 대금을 보내야 하는 경우 외국환은행을 통해서 외국환을 송금해야 하는데, 이를 대신하여 해외 거래 상대방의 전자지갑으로 가상자산을 직접 송금하는 경우 외국환거래법이 적용되어 신고의무를 부담하게 된다.

4) 비거주자의 가상자산 거래행위

외국에 주소를 둔 개인이나 법인이 국내 가상자산 거래소에서 가상자산을 거래하더라도, 해당 거래가 대한민국 통화로 표시되거나 지급받는 방식이 아닌 경우 외국환거래법은 적용되지 않는다. 가상자산은 한국 원화로 교환될 수는 있지만 그 자체가 원화는 아니기 때문에, 단순한 비거주자의 가상자산 거래는 외국환거래법의 적용 대상에서 제외된다고 해석하는 것이 타당하다.

5) 거주자의 외국에서의 가상자산 거래행위

대한민국에 주소를 둔 개인이나 국내에 본사를 둔 법인이 외국의 가상자산 거래소에서 가상자산을 거래하는 경우 모든 거래에 외국환거래법이 적용되는 것은 아니다. 외국 가상자산 거래소에서 가상자산 거래가 이루어졌더라도 그 거래가 거주자의 재산이나 업무에 관한 것이기 때문에 외국환거래법의 적용 대상이 된다. 예를 들어 거주자가 해외에서 사용할 목적으로 원화를 국내 가상자산 거래소에서 트론으로 교환하여 이를 해외 가상자산 거래소 전자지갑으로 송금한 후 이를 다시 해외 가상자산 거래소에서 테더로 교환한 후 출금하여 해외 예금계좌에 예치한다면 이는 외국환거래법에 따른 해외예금거래를 한 것에 해당하여 외국환거래법이 적용되어 해외 예금거래 신고의무와 더불어 외국환은행을 이용하지 않는 지급에 해당하여 한국은행 총재에 신고의무를 부담하게 된다.

〔표 118〕 가상자산 거래행위별 외국환거래법 적용 여부

구분	외국환거래법 적용 여부	
	거래 자체	외국환거래 결제 대체시
대한민국 내에서의 가상자산 거래	비적용	적용
대한민국과 외국 간 가상자산 거래	비적용	적용
비거주자의 가상자산 거래	비적용	적용
거주자의 외국에서의 가상자산 거래	비적용	적용

3 가상자산(암호화폐) 거래에 대한 신고 의무

(1) 가상자산 거래에 외국환 신고의무를 반드시 지켜야 하는 이유

가상자산을 거래하는 분들 중에는 해외 사설 거래소의 전자지갑에서 국내 거래소 지갑으로 가상자산을 자유롭게 송금할 수 있는 점을 가장 큰 장점 중 하나로 꼽는 경우가 많다. 그러면서 정부가 왜 아직도 가상자산에 대해 아무런 대책을 내놓지 않느냐며 불만을 터뜨리기도 한다.

필자는 비트코인이나 이더리움 같은 주요 가상자산의 미래를 긍정적으로 보는 사람이다. 하지만 현재 존재하는 약 9,000여 개의 가상자산 중 실제로 살아남아 디지털 자산으로 기능할 수 있는 것은 극히 일부에 불과하다고 생각한다. 그리고 그 전제는 분명하다. 가상자산이 진정한 의미의 국제적 자산으로 자리 잡기 위해서는 외국환거래법상 신고의무가 발생하는 거래에 대해서는 반드시 신고의무를 이행해야 한다. 그래야만 가상자산이 법적 지위를 가진 디지털 자산으로서 제 역할을 할 수 있게 되고, 우리나라뿐 아니라 국제사회에서도 통용될 수 있는 기반이 마련되기 때문이다.

우리나라의 경우 외국환거래법은 국가 경제를 뒷받침하는 중요한 법률 중 하나이다. 자원이 부족하고 수출입에 의존하는 한국 경제에서 외국환 수급 통계를 정확히 관리하는 일은 매우 중요하다. 따라서 외국환거래법은 신고의무를 지키지 않은 경우, 그것이 절차상 위반이라 할지라도 예외 없이 엄격히 처벌하는 규정을 두고 있다.

가상자산은 외국환거래법상 '지급수단'으로 인정받지 못하고 있다. 그렇기 때문에 가상자산을 이용한 무역대금, 용역대금, 자본거래대금의 결제 행위는 외국환은행을 거치지 않은 외국환거래로 간주되며, 이 경우 한국은행에 반드시 신고해야 한다. 예를 들어, 국내 거주자가 해외 비거주자의 전자지갑으로 가상자산을 송금하는 경우, 단순한 투자 행위처럼 보일 수 있지만, 무역 또는 용역대금의 결제와 연관된다면 이는 외국환거래법상 신고 대상이 된다.

한편, 외화를 직접 송금하는 경우와 비교해보자. 거주자가 해외에서 미달러화를 직접 수령하는 경우, 이는 지급수단에 해당되어 외국환거래법상 신고 예외로 처리된다. 하지만 같은 상황에서 가상자산을 수령한다면 이야기가 달라진다. 가상자산은 지급수단이 아니기 때문에 신고 예외가 아니라 오히려 신고 대상이 될 수 있다. 특히 이 가상자산이 무역이나 용역대금의 결제를 위한 것이라면 반드시 한국은행총재에게 신고해야 한다.

예를 들어, 거주자가 사설 거래소에 원화를 입금한 뒤 비트코인을 구매하고 이를 해외의 비거주자 전자지갑으로 송금했다면, 이는 본질적으로 외국환을 해외로 송금한 것과 같은 효과를 낳는다. 외국환거래법은 이 같은 행위를 곧바로 금지하지는 않지만, 무역이나 용역대금의 결제로 가상자산을 사용하는 경우에는 이를 외국환은행을 통하지 않은 지급행위로 보고, 신고의무를 부과하고 있다.

그럼에도 불구하고 아직까지 한국은행에 가상자산의 지급 또는 수령 관련 신고가 접수된 사례는 거의 없는 것으로 보인다. 이는 가상자산 거래가 최근에서야 본격화되었고, 이를 외국환거래법과 연계해 설명해주는 전문가가 드물기 때문이며, 정부 역시 이를 신고대상으로 명확히 인식하지 못하고 있기 때문이라고 본다. 필자는 외국환검사 및 조사업무를 전문적으로 수행한 경험을 바탕으로, 국내에서는 처음으로 '가상자산 거래행위 중 일부가 외국환거래법상 신고대상 행위에 해당한다'는 점을 분명히 밝힌다.

가상자산 거래자들이 외국환거래법에 따라 성실하게 신고의무를 이행한다면, 정부는 이를 바탕으로 가상자산의 국제 거래에 대한 정확한 통계를 확보할 수 있게 된다. 이는 곧 가상자산 시장의 제도적 안정을 도모하고, 거래의 자유와 투명성을 높이며, 국제수지 균형과 통화가치의 안정을 이루는 데도 기여하게 된다. 결국, 이는 개인의 건전한 자산운용은 물론, 국가 경제의 지속가능한 성장에도 중요한 밑거름이 될 것이다.

(2) 해외 예금계좌에 외국환을 송금하여 가상자산을 취득 또는 처분하는 경우 외국환신고 의무

1) 해외 예금계좌 개설시 신고의무

해외 사설 거래소에서 가상자산을 취득하기 위하여 본인이 예금할 목적으로 본인이나 타인 명의의 해외 예금계좌에 예금거래 건당 지급금액이 합산하여 미화 5천불 이내인 경우에는 외국환신고가 의무가 아니다. 그러나 예금거래 건당 지급 금액이 미화 5천불 초과 연간 10만불 이내이고, 연간지급누계금액이 10만불을 초과하지 않는 경우에는 외국환은행의 확인을 받아야 한다(정 7-2). 그 외의 경우에는 해외 예금거래를 위하여 외국환을 입금하려면 해외은행(비거주자)과의 예금거래에 대하여 지정거래외국환은행의 장에게 신고하여야 한다(정 7-11-2).

2) 해외 예금거래 신고 후 가상자산 취득 및 처분시 신고의무

해외 예금거래 신고를 한 후 본인이나 타인 명의의 해외 예금계좌에 입금한 자금으로 해외 사설 거래소에서 가상자산을 취득하는 행위는 거주자가 외국환거래법에 따라 해외 예금거래 신고하여 인정된 자본거래를 한 자금으로 가상자산을 취득하였으므로 외국환 거래법상 추가적인 신고의무를 부담하지 않는 것으로 해석하는 것이 합리적이다.

3) 해외 예금거래 신고 후 취득한 가상자산 해외 사설 거래소 처분시 신고의무

해외 예금거래 신고한 자금으로 취득한 가상자산을 해외 사설 거래소에서 처분하는 경우에도 해외 예금거래 신고하여 인정된 자본거래를 한 자금으로 취득했던 가상자산을 처분하였으므로 외국환거래법상 추가적인 신고의무를 부담하지 않는 것으로 해석하는 것이 합리적이다.

4) 국내에서 해외 취득 가상자산을 처분하는 경우 신고의무

해외 예금을 한 거주자가 해외에 예금된 원리금을 외국환은행을 통해서 영수하는 경우 해외 예금신고 내용을 근거로 하여 외국환을 영수할 수 있다. 거주자가 해외 예금된 통화를 사용하여 해외 거래소에서 취득한 가상자산을 국내 거래소에 있는 거주자의 전자지갑으로 이선하여 이를 처분하여 원화를 취득하는 경우 사실상 해외 예금 상당액을 외국환은행을 통하지 아니하고 영수한 결과를 가져오게 된다. 이 경우 외국환은행을 통하지 않는 수령 행위에 해당하여 외국환거래법상 신고대상 행위로서 한국은행총재에게 신고하여야 한다(정 5-11-3).

5) 외국환신고의무 위반에 따른 처벌

해외 예금거래 신고의무를 위반한 거주자가 가상자산을 취득하기 위하여 본인이나 타인 명의의 해외 예금계좌에 외국환을 입금하는 행위는 외국환거래법 위반죄(법 29-1-6)에 해당한다. 이후 외국환거래법을 위반하여 해외 예금을 한 자금으로 비거주자인 해외 사설 거래소에서 가상자산을 취득하는 행위자체에 대하여 거주자와 비거주자 간의 외국환은행을 통하지 아니하는 지급 또는 수령을 한 행위로 보는 것은 비합리적이라고 본다. 본인이나 타인 명의의 해외 예금계좌에 입금된 자금은 외국환은행을 통하여 입금하였기 때문이다.

해외에서 가상자산을 취득하기 위하여 거주자 본인 또는 타인 명의로 페이퍼 컴퍼니(또는 특수목적법인)를 설립하여 페이퍼컴퍼니(또는 특수목적법인) 명의의 예금계좌를 개설한 후 페이퍼컴퍼니 명의의 예금계좌에 외국환을 송금하는 행위는 해외직접투자 미신고에 해당하여 외국환거래법 위반죄(법 29-1-6)에 해당한다고 보는 것이 합리적이다.

거래 외국환은행에 해외직접투자신고를 한 후 설립한 해외 현지법인 명의의 계좌에 입금된 자금을 당초 사업용도에 사용하지 아니하고 이 자금을 전용하여 해외 사설 거래소에서 가상자산을 취득하는 경우에는 허위의 해외직접투자신고를 한 것으로 보아 외국환거래법 위반으로 해석하는 것이 합리적이다.

(3) 해외 사설 거래소 계좌에 외국환송금하여 취득하거나 처분하는 경우 외국환신고 의무

1) 해외 사설 거래소 계좌에 외국환송금 가능 여부

해외 사설 거래소는 외국환거래법상 비거주자이다. 가상자산을 취득하기 위하여 비거주자인 해외 사설 거래소의 계좌에 외국환을 송금하려는 경우 외국환은행에 사실대로 송 금사유를 밝히고 서류를 제시하면 송금자체가 불가능하다.

2) 허위서류를 통한 해외 사설 거래소 계좌에 외국환송금

개인은 외국환송금이 불가하고 법인의 경우도 허위 상업송장(Commercial Invoice) 등 서류를 만들어 외국환은행에 제시하는 방법으로 외국환을 송금하는 방법 밖에 없다. 이 경우 거짓으로 신고를 하고 지급 또는 수령을 한 자에 해당하여 외국환거래 법 위반이 된다.

3) 외국환신고의무 위반에 따른 처벌

법인이 외국환은행에 허위 무역서류나 용역관련 서류를 제시하여 외국환을 송금하는 경우 거짓으로 신고를 하고 지급 또는 수령을 한 자에 해당하여 위반금액이 50억원 이하인 경우 외국환거래법 위반(법 32-1-3)으로 1억원 이하의 과태료 대상이다. 그러나 위반금액이 50억원을 초과하는 경우에는 외국환거래법 위반(법 29-1-3)으로 1년 이하의 징역 또는 1억원 이하의 벌금에 해당하는 처벌을 받게 된다.

(4) 해외에서 ICO를 하는 경우 외국환 신고의무

1) 해외 ICO란 무엇인가?

ICO(Initial Coin Offering)는 '가상자산 공개'라는 뜻으로, 블록체인 기술을 활용해 만든 가상자산(코인)을 판매하여 자금을 조달하는 방식이다. 코인을 만든 사람들은 가상자산 발행과 사용 방식에 관한 규칙을 백서(White Paper)로 공개한 후, 이 코인을 투자자에게 판매한다. 우리나라는 2017년 9월 29일부터 ICO를 금지하고 있어서, 국내 전문가들이 해외에서 ICO를 추진하는 경우가 많다.

보통은 거주자가 해외에 페이퍼컴퍼니나 특수목적법인(SPC: Special Purpose Company)을 설립한 후, 이 법인 명의로 가상자산을 발행하고, 이를 외국인이나 대한민국 거주자에게 판매한다. 투자금은 해당 해외법인의 외화계좌나 원화계좌로 입금받는다. 이런 방식이 바로 '해외 ICO'이다.

2) 해외 ICO를 할 때 외국환 신고는 어떻게 해야 할까?

해외에서 ICO를 추진하기 위해 SPC나 페이퍼컴퍼니를 만든다면, 반드시 해외직접투사신고를 시정서래 외국환은행에 해아 한다.

이때 ICO 목적임을 명확히 밝혀 신고하고, 외국인(비거주자)에게 가상자산을 판매한다면, 해당 거래는 외국의 비거주자들 간 거래에 해당하므로 별도의 외국환 신고의무는 없다. 반대로 ICO 목적을 숨기고 다른 사업 목적이라고 신고한 후 가상자산을 발행했다면, 허위신고로 간주되어 법적 문제가 발생할 수 있다.

또한 해외에서 발행한 코인을 국내 거주자에게 판매하더라도, 발행 주체가 비거주자인 해외 SPC이므로, 이 거래 자체에는 외국환 신고의무가 발생하지 않는 것으로 해석된다. 거주자가 이 해외법인으로부터 직접 코인을 산 후, 다른 거주자에게 양도하는 경우에도, 그 양도자(국내 거주자)는 외국환 신고의무를 지지 않는다.

3) 신고하지 않으면 어떤 처벌을 받게 될까?

현실적으로 페이퍼컴퍼니나 SPC를 해외에 세우는 데 큰 비용이 들지 않는다. 그래서 많은 사람들이 해외직접투자신고 없이 법인을 만들고 ICO를 진행하는 경우가 많다. 하지만 이는 외국환거래법상 자본거래 신고의무 위반(제29조 제1항 제3호)에 해당한다.

해외 신고 없이 설립한 법인의 외화계좌에 들어온 투자금은, 외국환거래법 위반행위로 취득한 자금으로 간주될 수 있다. 이런 경우, 해당 자금 전체가 몰수나 추징 대상이 될 수 있으므로 매우 주의해야 한다.

(5) 외국환거래법 위반으로 얻은 가상자산도 몰수될 수 있나?

외국환거래법 제30조는 위반행위를 통해 얻은 외국환, 증권, 귀금속, 부동산, 내국지급수단 등을 몰수하거나 몰수가 불가능한 경우 가액을 추징할 수 있도록 규정하고 있다.

대법원도 형벌 규정 해석은 엄격해야 한다고 하면서도, 위반행위로 인해 실제로 취득한 자산이라면 몰수·추징이 가능하다고 본다. 가상자산의 경우도 마찬가지다. 예를 들어, 거주자가 외국환거래법을 위반하여 개설한 해외예금으로 외국 사설 거래소에서 코인을 사서, 국내 거래소에서 팔아 원화를 받았다면 해외예금 미신고에 대해 자진신고해야 한다. 이를 자진신고하지 않았다가 세관의 외국환거래법 위반 조사시 적발된다면, 이 원화는 외국환거래법 위반으로 취득한 내국지급수단이 되어 몰수 대상인지 세관 조사관들이 검토할 수도 있을 것이다.

이런 예상이 너무 지나치다고 보는 사람도 있지만, 헌법재판소는 외국환거래법 위반으로 얻은 해외부동산을 몰수·추징하는 것이 합헌이라고 판단한 바 있으니(헌재 2012.5.31. 2010헌가97 결정), 무심코 넘길 일은 아니다.

실제로 가상자산이 급등할 때, 해외에서 사서 국내에서 파는 방식으로 큰돈을 번 사람들이 있었다. 허위증빙 등 제시에 의한 외국환 송금 등 외국환거래법 위반이 없었다면 이런 재정거래(arbitrage)는 불가능했을 것이다. 아직까지 위반 가상자산의 몰수 사례가 없지만, 조만간 등장할 가능성이 충분히 있다고 본다.

(6) 가상자산거래, 사후 자진신고가 왜 필요할까?

2017년 말~2018년 초에 가상자산 열풍이 불면서, 초기 투자자들이 재정거래로 큰 수익을 올렸다. 하지만 이들 대부분은 외국환거래 신고도 하지 않았고, 소득세 신고도 하지 않았다.

외국환 신고가 이루어지면 그 정보는 국세청, 관세청, 금감원에 공유되기 때문에, 정부가 모든 거래를 파악할 수 있다. 이런 시스템 하에서 가상자산 재정거래자들만 경미하게 처벌될 리가 없다.

세관이 외국환거래법 위반을 조사하면, 조사결과는 국세청에 통보되며, 조세범처벌법 위반(예: 종합소득세 탈루)도 문제될 수 있다.

외국환거래법 위반의 공소시효는 5년이다. 이 시효가 끝날 때까지 불안에 떨면서 버틸 것인가? 아니면 지금이라도 전문가와 상담하여 자진신고하고, 최소한의 제재만 받고 당당하게 살 것인가?

미래는 오늘의 선택에 달려 있다.

★

헌재 2012.5.31. 2010헌가97

해외부동산 취득시 대규모의 자금이동 내지 비정상적인 거래가 이루어질 가능성이 있음에도 그 적발이 쉽지 않은 점, 대외적 요인에 취약한 우리나라의 경제규모나 구조, 자본의 불법적 유출입에 대한 감시의 필요성, 외국환거래법상의 몰수·추징의 징벌적 특성 및 부가형적인 성질 등에 비추어 볼 때, 거주자가 해외부동산을 신고하지 아니하고 취득한 경우 이를 형사처벌하는 외에 취득한 해외부동산을 필요적으로 몰수·추징하도록 하는 것은 신고제도의 실효성을 확보함과 동시에 미신고 해외부동산 취득에 관한 경제적 유인을 억제함으로써 국제수지의 균형과 통화가치의 안정을 달성하기 위한 것으로 그 입법목적이 정당하고, 이를 달성하기 위한 적절한 수단이다.

신고를 요건으로 하는 거주자의 해외부동산 취득절차에서 취득하려는 해외부동산에 대한 자발적 신고는 국제수지의 균형과 통화가치의 안정을 확보하기 위하여 가장 기본적으로 요구되는 사항이므로, 그 이행을 위해서는 신고의무에 정면으로 배치되는 미신고 해외부동산 취득행위를 방지하고 그 취득에 관한 경제적 유인을 금지하여 엄격하게 처벌할 필요가 있다. 그러므로 신고의무를 해태하는 경우 일반 행정법규상의 단순한 신고 미이행 등과 같은 질서벌이 아닌 형사범으로 다루는 것 외에 신고하지 아니하고 취득한 해외부동산을 반드시 몰수·추징할 필요성이 있고 이를 임의적 규정으로 하여서는 위와 같은 입법 목적을 달성하기에 부족하다. 한편, 주형의 구체적인 양형과정에서 필요적 몰수·추징의 부가형을 참작하여 구체적 형평성을 기할 수 있으며, 법관은 주형에 대하여 선고를 유예하는 경우에는 부가형인 몰수·추징에 대하여 선고를 유예할 수 있어 사안에 따라 필요적 몰수·추징이 가혹할 경우에는 선고유예를 통하여 구체적 형평성을 기할 수 있다. 나아가 외국환거래법이 거주자의 해외부동산 취득과 관련하여 기획재정부장관에게 수리 여부를 결정하거나 거래 내용의 변경을 권고할 수 있는 권한을 부여하고 있으므로, 거주자의 해외부동산 취득이 단순히 신고라는 절차적인 요건을 갖추기만 하면 완전히 자유롭게 허용되는 행위라고 볼 수도 없다. 따라서 이 사건 법률조항은 침해최소성원칙에 반하지 아니한다.

거주자의 미신고 해외부동산 취득행위는 곤궁범이 아닌 이욕범이자 재정범으로 국가경제에 미치는 부정적 영향이 지대하다는 점을 고려할 때, 이 사건 법률조항에 의해 제한되는 재산권 등 사익이 국제수지의 균형과 통화가치의 안정을 통한 건전한 외국환거래질서 확립이라는 공익보다 더 크다고 할 수 없다.

따라서 이 사건 법률조항은 과잉금지원칙에 위배되지 아니한다.

─○ 외국환조사 사례 1. 가상자산을 이용한 카지노 자금 반입 사례

(1) 요약

중국과 한국 간 카지노 자금 목적으로 가상자산을 이용하여 45억원대 환치기로 의심받은 사례

(2) 사실관계

재외동포(F-4) 비자로 국내 체류 중인 A씨는 국내 카지노 업체 3곳과 전문 서포터 계약을 맺은 뒤 현지 중국인들을 카지노의 고객으로 유치하는 일을 했음. A씨는 국내 카지노를 방문할 중국 현지 고객으로부터 카지노에서 사용할 칩 구매 자금을 위안화가 아닌 비트코인 등의 가상자산으로 자신의 전자지갑으로 송금받은 뒤, 국내 사설 가상자산거래소에서 매도해 원화로 바꿔 카지노 측에 송금해 준 것으로 의심받은 사례

(3) 경찰청의 판단

외국환은행을 통하지 아니한 수령으로 외국환거래법 위반

─○ 외국환조사 사례 2. 가상자산 매각자금 환치기 반출 사례

(1) 요약

중국인의 가상자산을 국내 사설거래소에서 매도한 원화 자금을 환치기업자를 통하여 중국으로 송금한 것으로 의심받은 사례

(2) 사실관계

국내 모 대학에 편입한 중국인 유학생 A씨는 2017.12.부터 2018.9.까지 중국의 사설 가상자산거래소의 비트코인 시세에 비하여 국내 사설 가상자산거래소의 비트코인 시세가 더 높다는 점을 이용하여 중국인들로부터 자신의 국내 사설 가상자산거래소의 전자지갑으로 비트코인을

송금받은 후 이를 원화를 받고 매도한 뒤 채팅 애플리케이션인 위챗에서 알게 된 환치기 업자를 통해서 원화를 입금하고 중국의 비트코인 송금자들의 위안화 계좌로 위안화를 송금해주는 방법으로 약 296억원을 환치기상 지정 계좌로 송금하여 외국환은행을 통하지 아니한 지급을 한 것으로 의심받은 사례

(3) 경찰청의 판단

외국환은행을 통하지 아니한 지급으로 외국환거래법 위반

(1) 요약

가상자산 구매를 목적으로 한 1,700억원대 무신고 해외예금거래로 의심받은 사례

(2) 사실관계

A씨는 소프트웨어 개발업체인 B사의 대표로 2015.11.에 C국에 미신고 특수목적법인 D사를 설립하고, 2016.10.에는 E국에 미신고 특수목적법인 F사를 설립한 후 A씨는 가상자산인 비트코인의 시세가 국내 사설거래소보다 해외 사설거래소에서 거래되는 가상자산이 더 싸다는 점을 이용해 해외 사설거래소에서 가상자산 비트코인을 구매하기 위하여 B사의 법인계좌에서 D사와 F사 명의의 계좌로 미달러화와 싱가포르화를 송금한 다음 해외 사설 거래소에서 D사와 F사 명의의 계정과 전자지갑을 개설한 후 비트코인을 구매하여 B사 명의의 국내 사설거래소 전자지갑으로 비트코인을 송금한 다음 이를 되팔아 차익을 남기는 방법으로 B사 명의의 국내 은행 계좌에서 359차례에 걸쳐 합계 1,710억여원을 해외 송금하여 무신고 해외예금거래를 한 것으로 의심받은 사례

(3) 세관의 판단

무신고 해외예금거래로 외국환거래법 위반

(4) 검찰의 판단

무신고 해외예금거래로 외국환거래법 위반

(5) 법원의 판단

무신고 해외예금거래로 외국환거래법 위반

제6장

외국환거래법 위반에 대한 행정제재 및 벌칙

1. 외국환거래법 위반에 대한 행정처분
2. 외국환거래법 위반에 대한 과태료(행정질서벌)
3. 외국환거래법 위반에 대한 형벌
4. 외국환거래법 위반죄의 공소시효

관세청(본부세관)과 그 소속 공무원은 수출입기업 등을 대상으로 외국환검사나 외국환조사를 실시한 뒤, 외국환거래법상 신고의무를 위반한 사실이 드러나면 반드시 제재 조치를 취하게 된다. 이는 외국환거래법이 추구하는 입법 목적을 달성하고, 그 실효성을 높이기 위한 조치다.

외국환거래법은 신고의무 위반에 대해 크게 세 가지 방식으로 처벌하도록 규정하고 있다. 첫째, 행정처분을 내릴 수 있고, 둘째로는 질서유지를 위한 과태료 같은 행정질서벌이 있으며, 셋째는 형벌적 성격의 처벌인 행정형벌도 가능하다.

특히 외국환거래법은 같은 위반행위라도 금액 규모에 따라 처분 방식이 달라진다. 위반금액이 일정 기준 이하일 경우에는 검찰에 넘기지 않고 세관이 직접 과태료를 부과하여 처리한다. 반면, 일정 금액을 넘는 경우에는 사건을 검찰에 송치하고, 법원에서 벌금 등의 형벌을 받게 되는 구조다.

 **외국환거래법 위반에 대한 행정처분**

(1) 개요

외국환거래법에서는 경미한 신고 등 외국환거래법상 의무 위반에 대하여 행정처분을 부과한다.

외국환거래법의 행정처분은 경고, 인가의 취소, 정지, 거래의 정지, 과징금 등이 있다. 외국환거래법의 행정처분은 외국환업무취급기관에 대한 내용이 많으며, 수출입기업의 경우 경고처분을 규정하고 있다.

외국환거래법령상 외국환거래 신고 의무를 5년 이내에 2회 이상 위반한 경우에 행정청이 할 수 있는 거래정지 등의 처분의 구체적 기준이 미비하고, 외국환거래법령 위반에 따른 경고 및 거래정지 등 처분의 면제 근거가 없었다. 2019년 외국환거래법 시행령을 개정하면서 거래정지 등의 구체적 처분 기준 및 면제 근거를 신설하여 행정처분의 수용성과 탄력성을 높이도록 개정하였다(영 33-3).

외국환거래법 시행령에 따른 행정처분의 기준은 아래와 같다.

행정처분의 기준(제33조 제2항 관련)

1. 일반기준

가. 위반행위의 횟수에 따른 행정처분의 기준은 최근 5년간 같은 위반행위로 행정처분을 받은 경우(법 제15조부터 제18조까지의 규정에 따른 신고 등의 의무를 위반하였으나 법 제19조 제1항 제2호에 따른 행정처분 요건에 해당하지 않은 경우를 포함하며, 마목에 따라 행정처분을 면제받은 경우는 제외한다)에 적용한다. 이 경우 기간의 계산은 같은 위반행위에 대해 행정처분을 받은 날(법 제15조부터 제18조까지의 규정에 따른 신고 등의 의무를 위반하였으나 법 제19조 제1항 제2호에 따른 행정처분 요건에 해당하지 않는 경우에는 과태료 부과처분을 받은 날을 말한다)과 그 처분 후에 다시 같은 위반행위를 하여 적발된 날을 기준으로 하며, 위반 횟수 산정 시 같은 위반행위이면 제2호 나목에 따른 위반금액은 고려하지 않는다.

나. 가목에 따라 가중된 행정처분을 하는 경우 가중처분의 적용 차수는 그 위반행위 전 행정처분 차수(가목에 따른 기간 내에 행정처분이 둘 이상 있었던 경우에는 높은 차수를 말한다)의 다음 차수로 한다.

다. 다음의 어느 하나에 해당하는 경우에는 제2호에 따른 거래정지(법 제19조에 따라 각각의 위반행위에 대해 1년 이내의 범위에서 관련 외국환거래 또는 행위를 정지·제한하는 것을 말한다. 이하 같다) 기간을 2분의 1의 범위에서 가중할 수 있다. 다만, 가중하는 경우에도 1년을 넘을 수 없다.

  1) 위반행위가 고의나 중대한 과실에 따른 것으로 인정되는 경우

  2) 법 제20조에 따른 검사에 응하지 않거나 검사를 거부·방해 또는 기피한 것으로 인정되는 경우

  3) 그 밖에 위반행위의 동기와 그 결과, 위반 정도 등에 비추어 가중이 필요하다고 인정되는 경우

라. 부과권자는 다음의 어느 하나에 해당하는 경우에는 제2호에 따른 거래정지 기간의 2분의 1의 범위에서 감경할 수 있다.

  1) 위반의 내용·정도가 경미하여 즉시 시정할 수 있다고 인정되는 경우

  2) 위반행위가 고의나 중대한 과실이 아닌 사소한 부주의나 단순한 오류에 따른 것으로 인정되는 경우

  3) 위반행위자가 해당 위반행위를 자진 신고하고 법 제20조에 따른 검사에 협조한 것으로 인정되는 경우

  4) 그 밖에 위반행위의 동기와 그 결과, 위반 정도 등에 비추어 감경이 필요하다고 인정되는 경우

마. 부과권자는 다음의 어느 하나에 해당하는 경우에는 경고 및 거래정지 등 행정처분을 면제할 수 있다.

  1) 신고기관의 착오로 인하여 이 법에 따른 신고 등의 의무가 있는 자가 잘못된 기관에 해당 절차를 이행한 경우

  2) 위반행위자의 사망, 폐업, 해산, 파산, 회생절차 개시 등으로 행정처분 부과의 실효성이 없는 경우

3) 해당 위반행위가 종료된 날부터 5년이 경과한 경우

2. 개별기준

가. 법 제19조 제1항에 해당하는 경우

위반사항	근거 법조문	처분기준
1) 법 제15조부터 제18조까지의 규정에 따라 허가를 받거나 신고를 한 경우 허가사항 또는 신고사항에 정해진 기한이 지난 후에 거래 또는 행위를 한 경우	법 제19조 제1항 제1호	경고
2) 제33조 제1항 각 호의 구분에 따른 금액 이하의 거래 또는 행위로서 법 제15조부터 제18조까지의 규정에 따른 절차 준수, 허가 또는 신고의 의무를 위반하여 거래 또는 행위를 한 경우(1회 위반의 경우에 한정한다)	법 제19조 제1항 제2호	경고

나. 법 제19조 제2항에 해당하는 경우
법 제19조 제2항에 따른 행정처분의 기준은 위반사항, 다음 표의 위반사항란에 규정된 위반금액 및 위반횟수에 따라 결정한다. 이 경우 위반금액이란 위반행위를 통해 지급·수령하거나 이동시킨 자금 등의 크기를 말한다.

위반사항	근거 법조문	위반 횟수별 처분기준	
		2회	3회 이상
1) 법 제15조 제1항에 따른 지급절차 등을 위반하여 지급·수령을 하거나 자금을 이동시킨 경우[2)의 경우는 제외한다]	법 제19조 제2항		
가) 1억원 이하		1개월	3개월
나) 1억원 초과 3억원 이하		1개월	3개월
다) 3억원 초과 5억원 이하		3개월	6개월
라) 5억원 초과		6개월	12개월
2) 법 제15조 제1항에 따른 지급절차 등을 위반하여 지급·수령을 하거나 자금을 이동시킨 경우(거짓으로 증명서류를 제출한 경우로 한정한다)	법 제19조 제2항		
가) 1억원 이하		1개월	3개월
나) 1억원 초과 3억원 이하		3개월	6개월
다) 3억원 초과 5억원 이하		3개월	6개월
라) 5억원 초과		6개월	12개월
3) 법 제16조에 따른 신고를 하지 않거나 거짓으로 신고를 하고 지급 또는 수령을 한 경우	법 제19조 제2항		
가) 외국환업무취급기관의 장에 대한 신고사항 위반			

위반사항	근거 법조문	위반 횟수별 처분기준	
		2회	3회 이상
(1) 1억원 이하		1개월	3개월
(2) 1억원 초과 3억원 이하		1개월	3개월
(3) 3억원 초과 5억원 이하		3개월	6개월
(4) 5억원 초과		6개월	12개월
나) 기획재정부장관, 한국은행총재에 대한 신고사항 위반			
(1) 1억원 이하		1개월	3개월
(2) 1억원 초과 3억원 이하		3개월	6개월
(3) 3억원 초과 5억원 이하		3개월	6개월
(4) 5억원 초과		6개월	12개월
4) 법 제16조 또는 제18조를 위반하여 신고를 갈음하는 사후 보고를 하지 않거나 거짓으로 사후 보고를 한 경우	법 제19조 제2항		
가) 1억원 이하		1개월	3개월
나) 1억원 초과 3억원 이하		1개월	3개월
다) 3억원 초과 5억원 이하		3개월	6개월
라) 5억원 초과		6개월	12개월
5) 법 제17조에 따른 신고를 하지 않거나 거짓으로 신고를 하고 지급수단 또는 증권을 수출입하거나 수출입하려 한 경우	법 제19조 제2항		
가) 1억원 이하		1개월	3개월
나) 1억원 초과 3억원 이하		3개월	6개월
다) 3억원 초과 5억원 이하		3개월	6개월
라) 5억원 초과		6개월	12개월
6) 법 제18조 제1항에 따른 신고를 하지 않거나 거짓으로 신고를 하고 자본거래를 한 경우	법 제19조 제2항		
가) 외국환업무취급기관의 장에 대한 신고사항 위반			
(1) 1억원 이하		1개월	3개월
(2) 1억원 초과 3억원 이하		1개월	3개월
(3) 3억원 초과 5억원 이하		3개월	6개월
(4) 5억원 초과		6개월	12개월
나) 기획재정부장관, 금융위원회, 금융감독원장, 한국은행총재에 대한 신고사항 위반			

위반사항	근거 법조문	위반 횟수별 처분기준	
		2회	3회 이상
(1) 1억원 이하		1개월	3개월
(2) 1억원 초과 3억원 이하		3개월	6개월
(3) 3억원 초과 5억원 이하		3개월	6개월
(4) 5억원 초과		6개월	12개월
7) 법 제18조 제5항을 위반하여 신고수리가 거부되었음에도 그 신고에 해당하는 자본거래를 한 경우	법 제19조 제2항		
가) 외국환업무취급기관의 장에 대한 신고사항 위반			
(1) 1억원 이하		1개월	3개월
(2) 1억원 초과 3억원 이하		1개월	3개월
(3) 3억원 초과 5억원 이하		3개월	6개월
(4) 5억원 초과		6개월	12개월
나) 기획재정부장관, 금융위원회, 금융감독원장, 한국은행총재에 대한 신고사항 위반			
(1) 1억원 이하		1개월	3개월
(2) 1억원 초과 3억원 이하		3개월	6개월
(3) 3억원 초과 5억원 이하		3개월	6개월
(4) 5억원 초과		6개월	12개월
8) 법 제18조 제6항을 위반하여 같은 조 제4항 제3호의 권고내용과 달리 자본거래를 한 경우	법 제19조 제2항		
가) 외국환업무취급기관의 장에 대한 신고사항 위반			
(1) 1억원 이하		1개월	3개월
(2) 1억원 초과 3억원 이하		1개월	3개월
(3) 3억원 초과 5억원 이하		3개월	6개월
(4) 5억원 초과		6개월	12개월
나) 기획재정부장관, 금융위원회, 금융감독원장, 한국은행총재에 대한 신고사항 위반			
(1) 1억원 이하		1개월	3개월
(2) 1억원 초과 3억원 이하		3개월	6개월
(3) 3억원 초과 5억원 이하		3개월	6개월
(4) 5억원 초과		6개월	12개월

〔표 119〕 외국환거래법에 따른 행정처분의 기준[100]

외국환거래법	기준	행정처분
법 19-1-1	제15조부터 제18조까지의 규정에 따라 허가를 받거나 신고를 한 경우 허가사항 또는 신고사항에 정하여진 기한이 지난 후에 거래 또는 행위를 한 경우	경고
법 19-1-2	대통령령으로 정하는 금액 이하의 거래 또는 행위로서 제15조부터 제18조까지의 규정에 따른 절차 준수, 허가 또는 신고 의무를 위반하여 거래 또는 행위를 한 경우 [대통령령으로 정하는 금액] 제15조~제17조 위반 : 미화 1만달러 제18조 위반 : 미화 5만달러	경고

기획재정부장관(기획재정부장관의 권한을 위임·위탁받은 기관의 장을 포함)은 위반의 동기, 위반 금액, 위반 시기, 위반 이력 등을 고려하여 행정처분(법 19)을 감경 또는 면제할 수 있다(영 33-3).

(2) 등록인가취소 및 업무정지

외국환거래법 시행령 제22조는 외국환거래법 위반 행위에 대한 등록인가취소 및 업무정지를 규정하고 있다. 등록인가취소 및 업무정지의 기준은 아래와 같다.

> **등록·인가취소 및 업무정지의 기준(제22조 관련)**
>
> **1. 일반기준**
> 기획재정부장관은 위반행위의 동기·내용 및 위반의 정도 등을 고려하여 다음 각 목에 따라 100의 50 범위에서 가중하거나 감경할 수 있다. 다만, 위반행위가 등록 또는 인가 취소 대상인 경우(법 제12조 제1항 제3호에 따른 등록 또는 인가 취소인 경우는 제외한다)에는 3개월 이상의 업무정지 처분으로 감경할 수 있고, 외국환업무취급기관 등의 위반행위가 착오 또는 과실로 인한 것임이 인정되는 경우이거나 위반의 내용 정도가 경미한 위반행위자가 처음 해당 위반행위를 한 경우에는 경고로 처분을 갈음할 수 있다.
> **가. 가중 사유**
>   1) 1년에 2회 이상 위반한 경우 각각의 위반행위에 해당하는 업무정지 기간을 합산하여 총업무정지기간을 계산하되, 동일한 사항을 위반한 경우에는 총업무정지기간을 기준

---

100) 외국환거래법에 따른 행정처분 및 과태료 부과징수에 관한 훈령 제3조 제3항

으로 가중 처분할 수 있다.

    2) 위반행위가 고의나 중대한 과실에 의한 경우에는 100분의 30 범위에서 가중할 수 있다.

나. 감경 사유

    1) 위반의 내용·정도가 경미하여 외환시장 및 금융기관 이용자에 미치는 피해가 적다고 인정되는 경우

    2) 위반행위자가 처음 해당 위반행위를 한 경우로서 5년 이상 해당 외국환업무를 모범적으로 수행한 사실이 인정되는 경우

    3) 위반행위로 인하여 취득한 이익이 5천만원 미만인 경우

    4) 위반 사유를 지체 없이 시정한 경우

2. 개별기준

해당 행위		해당 법조문	처분기준
가. 거짓이나 그 밖의 부정한 방법으로 등록을 하거나 인가를 받은 경우		법 제12조 제1항 제1호	등록 또는 인가 취소
나. 업무의 제한 또는 정지 기간에 그 업무를 한 경우		법 제12조 제1항 제2호	등록 또는 인가 취소
다. 등록 또는 인가의 내용이나 조건을 위반한 경우	1) 등록 또는 인가의 내용이나 조건을 처음 위반한 경우	법 제12조 제1항 제3호	업무정지 3개월
	2) 등록 또는 인가의 내용이나 조건을 위반하여 법 제12조에 따른 처분을 받은 자가 처분일부터 3개월 이내에 시정하지 않은 경우		등록 또는 인가 취소
라. 법 제8조 제2항을 위반하여 외국환업무를 한 경우		법 제12조 제1항 제4호	업무정지 2개월
마. 법 제8조 제4항 또는 제9조 제3항에 따른 인가를 받지 않은 경우 또는 신고를 하지 않거나 거짓으로 신고를 한 경우		법 제12조 제1항 제5호	업무정지 2개월
바. 법 제8조 제6항에 따른 외국환업무취급기관 및 전문외국환업무취급업자의 업무 수행에 필요한 사항을 따르지 않은 경우		법 제12조 제1항 제5호의2	업무정지 2개월
사. 법 제8조 제7항에 따른 보증금 예탁 등 필요한 조치를 따르지 않은 경우		법 제12조 제1항 제5호의3	업무정지 2개월
아. 법 제8조 제7항에 따른 조치에도 불구하고 전문외국환업무취급업자의 파산 또는 지급불능 우려 사유가 발생한 경우		법 제12조 제1항 제5호의4	업무정지 2개월

해당 행위		해당 법조문	처분기준
자. 법 제9조 제2항을 위반하여 거래한 경우 또는 같은 조 제4항에 따른 보증금 예탁 명령을 따르지 않은 경우		법 제12조 제1항 제6호	업무정지 2개월
차. 법 제10조 제1항에 따른 확인 의무를 위반한 경우		법 제12조 제1항 제7호	업무정지 2개월
카. 법 제10조 제2항에 해당하는 행위를 한 경우		법 제12조 제1항 제7호	업무정지 3개월
타. 법 제11조 제1항에 따른 감독상의 명령 또는 같은 조 제2항에 따른 업무상 제한을 위반한 경우		법 제12조 제1항 제8호	업무정지 2개월
파. 법 제20조 제1항 또는 제2항의 보고 또는 자료·정보 제출을 하지 않거나 거짓으로 한 경우	1) 보고 또는 자료·정보 제출을 하지 아니한 경우	법 제12조 제1항 제9호	업무정지 2개월
	2) 거짓 보고 또는 거짓 자료·정보를 제출한 경우		업무정지 3개월
하. 법 제20조 제3항 또는 제6항에 따른 검사에 응하지 않거나 검사를 거부·방해 또는 기피한 경우		법 제12조 제1항 제10호	업무정지 3개월
거. 법 제20조 제4항 또는 제6항에 따른 자료의 제출을 거부하거나 거짓 자료를 제출한 경우		법 제12조 제1항 제11호	업무정지 3개월
너. 법 제20조 제5항 또는 제6항에 따른 시정명령에 따르지 않은 경우		법 제12조 제1항 제12호	업무정지 2개월
더. 법 제21조에 따른 기획재정부장관의 명령을 위반하여 통보 또는 제공을 하지 않거나 거짓으로 통보 또는 제공한 경우		법 제12조 제1항 제13호	업무정지 2개월
러. 법 제24조 제2항에 따른 기획재정부장관의 명령을 위반하여 신고, 신청, 보고, 자료의 통보 및 제출을 전자문서의 방법으로 하지 않은 경우		법 제12조 제1항 제14호	업무정지 1개월

(3) 과징금

　외국환거래법 시행령은 업무정지처분을 갈음하여 기획재정부장관이 과징금을 부과할 수 있도록 규정하고 있다.

[별표 3] 과징금의 부과기준(시행령 제23조 관련)

> 1. 기획재정부장관은 업무정지처분을 갈음하여 과징금을 부과할 수 있으며, 위반행위로 취득
>   한 이익에 다음 각 목의 부과 비율을 곱한 금액을 상한으로 한다.
>   가. 업무정지 1개월에 해당하는 경우: 100분의 20
>   나. 업무정지 2개월에 해당하는 경우: 100분의 40
>   다. 업무정지 3개월에 해당하는 경우: 100분의 50
>   라. 업무정지 4개월에 해당하는 경우: 100분의 70
>
> 2. 제1호에도 불구하고 다음 각 목의 어느 하나에 해당하는 경우에는 위반행위로 인하여 취득
>   한 이익의 100분의 50 이상을 과징금으로 부과하여야 한다. 다만, 별표 2 제1호 나목 1)
>   또는 4)에 해당하는 경우에는 그러하지 아니하다.
>   가. 위반행위가 1년 이상 지속되거나 최근 1년간 3회 이상 반복적으로 이루어진 경우
>   나. 위반행위로 인하여 취득한 이익의 규모가 1억원 이상인 경우

2 외국환거래법 위반에 대한 과태료(행정질서벌)

(1) 과태료의 개요

1) 개념

과태료는 행정법에 규정된 의무를 위반하는 행위에 대한 제재로서 형법에 없는 행정
벌을 말한다. 과태료는 형법에 규정된 형벌이 아니므로 원칙적으로 형법 총칙과 형사소
송법이 적용되지 않는다. 과태료의 부과 절차는 특별한 규정이 없는 한 질서위반행위규
제법에 의하며, 과태료 처분에 대한 불복절차는 비송사건절차법과 질서위반행위규제법
에 의하여 관할법원에서 과태료 재판을 한다.

2) 과태료 부과의 제척기간

행정기관(행정청)은 과태료 부과 대상행위(질서위반행위)가 종료된 날로부터 5년이
경과한 경우에는 해당 과태료 부과 대상행위(질서위반행위)에 대하여 과태료를 부과할
수 없다(질서위반행위규제법, 이하 질서법, 질서법 19).

3) 과태료의 징수권 소멸시효

과태료는 행정기관(행정청)의 과태료 부과처분이 이루어진 후 또는 법원의 과태료 재판의 판결로 과태료가 확정된 후 5년간 징수하지 아니하거나 집행하지 아니하면 소멸시효가 완성되어 과태료 채권은 소멸한다. 과태료의 소멸시효의 중단 및 정지에 관하여는 국세기본법 제28조를 준용한다(질서법 15).

외국환거래법 제32조 규정에 의한 과태료는 대통령령으로 정하는 바에 따라 기획재정부장관이 부과·징수한다(법 32-5).

4) 과태료의 감경

국민기초생활수급자 등 사회적 약자에 대한 과태료 감경제도가 시행되고 있다(질서영 2의2). 과태료 감경대상자는 아래와 같다.

〔표 120〕 과태료 감경대상자

감경대상자	근거
• 국민기초생활보장법 제2조에 따른 수급자 • 한부모가족지원법 제5조, 제5조의2 제2항, 제3항에 따른 보호대상자 • 장애인복지법 제2조에 따른 제1급부터 제3급까지의 장애인 • 국가유공자 등 예우 및 지원에 관한 법률 제6조의4에 따른 1급부터 3급까지의 상이등급 판정을 받은 사람 • 미성년자 • 심신미약자	질서법 2의2

(2) 외국환거래법에 의한 과태료 부과

1) 과태료 부과권의 위임 및 위탁

외국환거래법에 따른 과태료를 부과하는 권한을 가진 행정기관(행정청)은 기획재정부장관이다. 외국환거래법 제32조 제1항부터 제4항까지의 규정에 따른 과태료는 대통령령으로 정하는 바에 따라 기획재정부장관이 부과·징수한다(법 32-5).

기획재정부장관은 과태료 부과권한을 외국환거래법 시행령 제37조(권한의 위임·위탁)의 규정에 따라 관세청장(승인하에 세관장에게 재위임)에 위임하고, 금융위원회에 위탁하고 있다(법 37).

위임위탁사무	부과권자	위임위탁기관	재위임기관
과태료의 부과·징수	기획재정부장관	관세청장	세관장 (기획재정부장관의 승인)
과태료의 부과·징수	기획재정부장관	금융위원회	금융감독원장 (기획재정부장관의 승인)

2) 외국환거래법 위반 과태료부과와 형벌부과의 기준

일반 기업이나 개인이 외국환거래법에 관하여 위반 행위가 가장 많이 발생하는 경우는 경상거래 지급 등에 대한 신고의무(법 16) 위반과 자본거래에 대한 신고의무(법 18) 위반이다. 경상거래 지급 등에 대한 신고의무 위반과 자본거래 신고의무 위반은 그 위반금액이 일정금액 이하인 경우 행정기관(행정청)이 과태료를 부과하고 일정금액을 초과하는 경우에는 검찰에 사건을 송치하여 형벌을 과하게 된다. 과태료처분과 형벌을 부과하는 신고의무 위반금액은 아래와 같다.

〔표 122〕 외국환거래법 과태료 및 형벌 부과 기준

신고의무 위반	기준 금액	처벌	근거
법 16 지급 등	건당 50억원 이하	과태료	법 29-1, 영 40
법 16 지급 등	건당 50억원 초과	형벌	법 29-1, 영 40
법 18 자본거래	건당 20억원 이하	과태료	법 29-1, 영 40
법 18 자본거래	건당 20억원 초과	형벌	법 29-1, 영 40
법 17 지급수단 등 수출입	건당 3만달러 이하	과태료	법 29-1, 영 40
법 17 지급수단 등 수출입	건당 3만달러 초과	형벌	법 29-1, 영 40

3) 외국환거래법 위반에 대한 과태료 금액

외국환거래법 위반에 대하여 부과되는 과태료 금액은 아래와 같다.

〔표 123〕 외국환거래법 위반에 대한 과태료 부과(법 32-1~4)

외국환거래법 근거	위반행위자	과태료
법 32-1 (법 29에 해당 하는 경우는 제외)	1. 제8조 제4항에 따른 변경신고를 하지 아니하거나 거짓으로 변경신고를 하고 외국환업무를 한 자 2. 제9조 제1항 후단에 따른 변경신고를 하지 아니하거나 거짓으로 변경신고를 하고 외국환중개업무를 한 자 또는 같은 조 제2항을 위반하여 거래한 자 3. 제16조에 따른 신고를 하지 아니하거나 거짓으로 신고를 하고 지급 또는 수령을 한 자 4. 제18조 제1항에 따른 신고를 하지 아니하거나 거짓으로 신고를 하고 자본거래를 한 자 5. 제18조 제5항을 위반하여 신고수리가 거부되었음에도 그 신고에 해당하는 자본거래를 한 자 6. 제18조 제6항을 위반하여 같은 조 제4항 제3호의 권고내용과 달리 자본거래를 한 자	1억원 이하
법 32-2 (법 29에 해당 하는 경우는 제외)	1. 제11조의3 제5항에 따른 자료를 제출하지 아니하거나 거짓으로 제출한 자 2. 제15조 제1항에 따른 지급절차 등을 위반하여 지급·수령을 하거나 자금을 이동시킨 자 3. 제17조에 따른 신고를 하지 아니하거나 거짓으로 신고를 하고 지급수단 또는 증권을 수출입하거나 수출입하려 한 자	5천만원 이하
법 32-3	1. 제16조 또는 제18조를 위반하여 신고를 갈음하는 사후 보고를 하지 아니하거나 거짓으로 사후 보고를 한 자 2. 제20조 제3항 또는 제6항에 따른 검사에 응하지 아니하거나 검사를 거부·방해 또는 기피한 자 3. 제20조 제5항 또는 제6항에 따른 시정명령에 따르지 아니한 자 4. 제21조에 따른 기획재정부장관의 명령을 위반하여 통보 또는 제공을 하지 아니하거나 거짓으로 통보 또는 제공한 자	3천만원 이하
법 32-4	1. 제8조 제4항에 따른 폐지신고를 하지 아니한 자 2. 제9조 제3항에 따른 신고를 하지 아니한 자 3. 제19조 제1항에 따른 경고를 받고 2년 이내에 경고 사유에 해당하는 위반행위를 한 자 4. 제20조 제1항 또는 제2항에 따른 보고 또는 자료 제출을 하지 아니하거나 거짓으로 보고 또는 자료 제출을 한 자 5. 제20조 제4항 또는 제6항에 따른 자료를 제출하지 아니하거나 거짓으로 자료 제출을 한 자 6. 제24조 제2항에 따른 기획재정부장관의 명령을 위반하여 신고, 신청, 보고, 자료의 통보 및 제출을 전자문서의 방법으로 하지 아니한 자	1천만원 이하

4) 과태료의 부과기준

과태료는 위반행위의 유형에 따라 구분되는데, 외국환거래법 시행령 제41조 별표 4에 의거한 구체적인 과태료의 부과기준은 아래와 같다.

■ 외국환거래법 시행령 [별표 4]

과태료 부과기준(제41조 관련)

1. 일반기준

  가. 부과권자는 벌칙 또는 과태료 처분을 받고 2년 이내에 과태료 사유에 해당하는 위반행위를 한 경우(법 제29조 제1항 제6호에 해당하는 경우는 제외한다)에는 제2호에 따른 과태료 금액의 100분의 40 범위에서 가중할 수 있다. 다만, 가중하는 경우에도 법 제32조 각 항에서 정한 최고액을 넘을 수 없다.

  나. 부과권자는 위반행위자가 다음의 어느 하나에 해당하는 경우 제2호에 따른 과태료 금액의 100분의 50 범위에서 감경할 수 있다. 이 경우 감경 사유를 여러 개 적용하는 경우에도 총감경액은 그 과태료 금액의 100분의 75를 넘을 수 없다.

    1) 위반행위를 사전에 자진 신고한 경우

    2) 「질서위반행위규제법 시행령」 제2조의2 제1항 각 호의 어느 하나에 해당하는 경우

    3) 「중소기업기본법」 제2조에 따른 중소기업의 경우

    4) 법에 따른 신고 또는 허가를 받을 의무가 있는 자가 과실로 잘못된 기관에 해당 절차를 이행한 경우

    5) 법 제18조에 따른 자본거래 신고의무를 위반하였으나 해당 거래에 따른 지급·수령이 이루어지지 않은 경우

    6) 그 밖에 경미한 과실로 인한 위반행위로서 위반행위자의 위반정도와 경제적 사정 등에 비추어 감경이 필요하다고 인정되는 경우

2. 개별기준

위반행위	근거 법조문	과태료 금액
가. 법 제8조 제4항에 따른 변경신고를 하지 않거나 거짓으로 변경신고를 하고 외국환업무를 한 경우	법 제32조 제1항 제1호	
1) 중대한 사항(제13조 제1항 제3호 및 제15조의2 제1항 제3호부터 제7호까지에 해당하는 사항을 말한다)의 경우		5천만원
2) 1) 외의 사항의 경우		1천만원
나. 법 제8조 제4항에 따른 폐지신고를 하지 않은 경우	법 제32조 제4항 제1호	700만원
다. 법 제9조 제1항 후단에 따른 변경신고를 하지 않거나 거짓으로 변경신고를 하고 외국환중개업무를 한 경우	법 제32조 제1항 제2호	5천만원

위반행위	근거 법조문	과태료 금액
라. 법 제9조 제2항을 위반하여 외국환거래를 한 경우	법 제32조 제1항 제2호	5천만원
마. 법 제9조 제3항에 따른 신고를 하지 않은 경우	법 제32조 제4항 제2호	1천만원
바. 법 제11조의3 제5항에 따른 자료를 제출하지 않거나 거짓으로 제출한 경우	법 제32조 제2항 제1호	3천만원
사. 법 제15조 제1항에 따른 지급절차 등을 위반하여 지급·수령을 하거나 자금을 이동시킨 경우(아목의 경우는 제외한다)	법 제32조 제2항 제2호	100만원과 위반금액의 100분의 2 중 큰 금액
아. 법 제15조 제1항에 따른 지급절차 등을 위반하여 지급·수령을 하거나 자금을 이동시킨 경우(거짓으로 증명서류를 제출한 경우로 한정한다)	법 제32조 제2항 제2호	200만원과 위반금액의 100분의 4 중 큰 금액
자. 법 제16조에 따른 신고를 하지 않거나 거짓으로 신고를 하고 지급 또는 수령을 한 경우	법 제32조 제1항 제3호	
1) 외국환업무취급기관의 장에 대한 신고사항 위반		100만원과 위반금액의 100분의 2 중 큰 금액
2) 기획재정부장관, 한국은행총재에 대한 신고사항 위반		200만원과 위반금액의 100분의 4 중 큰 금액
차. 법 제16조 또는 제18조를 위반하여 신고를 갈음하는 사후 보고를 하지 않거나 거짓으로 사후 보고를 한 경우	법 제32조 제3항 제1호	100만원과 위반금액의 100분의 2 중 큰 금액
카. 법 제17조에 따른 신고를 하지 않거나 거짓으로 신고를 하고 지급수단 또는 증권을 수출입하거나 수출입하려 한 경우	법 제32조 제2항 제3호	위반금액의 100분의 5에 해당하는 금액
타. 법 제18조 제1항에 따른 신고를 하지 않거나 거짓으로 신고를 하고 자본거래를 한 경우	법 제32조 제1항 제4호	
1) 외국환업무취급기관의 장에 대한 신고사항 위반		100만원과 위반금액의 100분의 2 중 큰 금액
2) 기획재정부장관, 금융위원회, 금융감독원장, 한국은행총재에 대한 신고사항 위반		200만원과 위반금액의 100분의 4 중 큰 금액
파. 법 제18조 제5항을 위반하여 신고 수리가 거부되었음에도 그 신고에 해당하는 자본거래를 한 경우	법 제32조 제1항 제5호	

위반행위	근거 법조문	과태료 금액
1) 외국환업무취급기관의 장에 대한 신고사항 위반		100만원과 위반금액의 100분의 2 중 큰 금액
2) 기획재정부장관, 금융위원회, 금융감독원장, 한국은행총재에 대한 신고사항 위반		200만원과 위반금액의 100분의 4 중 큰 금액
하. 법 제18조 제6항을 위반하여 같은 조 제4항 제3호의 권고내용과 달리 자본거래를 한 경우	법 제32조 제1항 제6호	
1) 외국환업무취급기관의 장에 대한 신고사항 위반		100만원과 위반금액의 100분의 2 중 큰 금액
2) 기획재정부장관, 금융위원회, 금융감독원장, 한국은행총재에 대한 신고사항 위반		200만원과 위반금액의 100분의 4 중 큰 금액
거. 법 제19조 제1항에 따른 경고를 받고 2년 이내에 경고 사유에 해당하는 위반행위를 한 경우	법 제32조 제4항 제3호	300만원
너. 법 제20조 제1항 또는 제2항에 따른 보고 또는 자료 제출을 하지 않거나 거짓으로 보고 또는 자료 제출을 한 경우	법 제32조 제4항 제4호	200만원
더. 법 제20조 제3항 또는 제6항에 따른 검사에 응하지 않거나 검사를 거부·방해 또는 기피한 경우	법 제32조 제3항 제2호	3천만원
러. 법 제20조 제4항 또는 제6항에 따른 자료를 제출하지 않거나 거짓으로 자료 제출을 한 경우	법 제32조 제4항 제5호	700만원
머. 법 제20조 제5항 또는 제6항에 따른 시정명령에 따르지 않은 경우	법 제32조 제3항 제3호	3천만원
버. 법 제21조에 따른 기획재정부장관의 명령을 위반하여 통보 또는 제공을 하지 않거나 거짓으로 통보 또는 제공한 경우	법 제32조 제3항 제4호	2천만원
서. 법 제24조 제2항에 따른 기획재정부장관의 명령을 위반하여 신고, 신청, 보고, 자료의 통보 및 제출을 전자문서의 방법으로 하지 않은 경우	법 제32조 제4항 제6호	700만원

※ 비고

1. 제2호 사목부터 하목까지의 규정에 따른 위반금액이란 법 제15조, 제16조, 제17조 및 제18조에 따른 절차 준수, 허가 또는 신고의 의무를 위반하여 신고 등을 하지 아니한 금액을 말한다.

2. 제2호 타목부터 하목까지를 적용할 때에 위반금액을 산정하기 어려운 경우에는 과태료 금액란
   의 과태료 금액을 각각 200만원으로 한다.
3. 제2호 사목부터 하목까지를 적용할 때에 여러 개의 동일한 위반행위가 일시에 적발된 경우에는
   과태료 금액을 다음의 구분에 따른 금액으로 한다.
   1) 과태료 금액이 100만원과 위반에 따른 과태료금액의 100분의 2 중 큰 금액에 해당하는 경우:
      위반금액의 100분의 2에 해당하는 금액. 다만, 여러 개의 동일한 위반행위에 대한 위반금액이
      5천만원 미만인 경우에는 100만원으로 한다.
   2) 과태료 금액이 200만원과 위반금액의 100분의 4 중 큰 금액에 해당하는 경우: 위반금액의
      100분의 4에 해당하는 금액. 다만, 여러 개의 동일한 위반행위에 대한 위반금액이 5천만원
      미만인 경우에는 200만원으로 한다.
4. 제2호 사목부터 하목까지의 규정에 따른 위반금액의 세부적인 산정기준은 금융위원회 또는 관
   세청장이 기획재정부장관과 협의하여 고시한다.

5) 과태료 부과 절차

① 행정기관(행정청)의 통지의무 및 의견제출의 기회부여

　기획재정부장관의 승인을 받아 과태료부과권한을 재위임 또는 재위탁받은 세관장 또
는 금융감독원장은 과태료를 부과하고자 하는 경우에는 미리 과태료 처분을 받게 되는
당사자에게 대통령령으로 정하는 사항을 서면으로 통지하고, 10일 이상의 기간을 정하
여 의견을 제출할 기회를 주어야 한다(질서법 16-1).

〔표 124〕 과태료부과 사전통지서 기재사항(질서영 3-1)

과태료	기재사항	근거
사전통지서	1. 당사자의 성명(법인인 경우에는 명칭과 대표자의 성명)과 주소 2. 과태료 부과의 원인이 되는 사실, 과태료 금액 및 적용 법령 3. 과태료를 부과하는 행정청의 명칭과 주소 4. 당사자가 의견을 제출할 수 있다는 사실과 그 제출기한 5. 질서위반행위규제법 제18조에 따라 자진 납부하는 경우 과태료를 감 　경받을 수 있다는 사실(감경액이 결정된 경우에는 그 금액을 포함) 5의2. 질서위반행위규제법 제18조 제1항에 따라 감경된 과태료를 납 　부한 경우에는 같은 조 제2항에 따라 과태료 부과 및 징수절차가 종 　료되어 법 제16조에 따른 의견 제출 및 법 제20조에 따른 이의제 　기를 할 수 없다는 사실 6. 질서위반행위규제법 제2조의2에 따라 과태료를 감경받을 수 있다는 　사실(감경액이 결정된 경우에는 그 금액을 포함) 7. 그 밖에 과태료 부과에 관하여 필요한 사항	질서영 3-1

세관장 또는 금융감독원장으로부터 과태료부과에 대한 서면통지를 받은 당사자는 서면 또는 구두로 의견을 제출할 수 있고, 관련 증거자료를 제출할 수 있다. 과태료부과에 관한 서면통지서에 기정된 기일까지 의견제출이 없는 경우에는 의견이 없는 것으로 본다(질서법 16-2).

세관장이나 금융감독원장은 당사자가 제출한 의견에 상당한 이유가 있는 경우에는 과태료를 부과하지 아니하거나 통지한 내용을 변경할 수 있다(질서법 16-3).

② 과태료의 부과

세관장이나 금융감독원장은 의견 제출 절차를 마친 후에 서면(당사자가 동의하는 경우에는 전자문서를 포함)으로 과태료를 부과하여야 한다(질서법 17-1).

과태료를 부과하는 서면에는 질서위반행위, 과태료 금액, 그 밖에 대통령령으로 정하는 사항을 명시하여야 한다(질서법 17-2).

〔표 125〕 과태료 부과고지서 기재사항

과태료	기재사항	근거
부과고지서	1. 당사자의 성명(법인인 경우에는 명칭과 대표자의 성명)과 주소 2. 과태료 부과의 원인이 되는 사실, 과태료 금액 및 적용법령 3. 과태료를 부과하는 행정청의 명칭과 주소 4. 과태료 납부 기한, 납부 방법 및 수납 기관 5. 과태료를 내지 않으면 다음 각 목의 불이익이 부과될 수 있다는 사실과 그 요건 　　가. 법 제24조에 따른 가산금 부과 　　나. 법 제52조에 따른 관허사업 제한 　　다. 법 제53조 제1항에 따른 신용정보 제공 　　라. 법 제54조에 따른 감치(監置) 　　마. 법 제55조에 따른 자동차 등록번호판의 영치 6. 법 제20조에 따른 이의제기 기간과 방법 7. 그 밖에 과태료 부과에 관하여 필요한 사항	질서영 4

③ 자진납부자에 대한 과태료 감경

세관장과 금융감독원장은 의견 제출기한 이내에 과태료를 자진하여 납부하고자 하는 경우에는 부과될 과태료의 100분의 20의 범위 이내에서 과태료를 감경할 수 있다(질서법 18-1, 질서영 5).

당사자가 감경된 과태료를 납부한 경우에는 해당 질서위반행위에 대한 과태료 부과 및 징수절차는 종료한다(질서법 18-2).

④ 이의제기 기한 및 이의제기의 효과

세관장과 금융감독원장의 과태료 부과에 불복하는 당사자는 과태료 부과통지를 받은 날부터 60일 이내에 해당 행정청에 서면으로 이의제기를 할 수 있다(질서법 20-1). 이의제기가 있는 경우에는 행정청의 과태료 부과처분은 그 효력을 상실한다(질서법 20-2). 당사자는 세관장과 금융감독원장으로부터 관할법원에 통보하였다는 통지를 받기 전까지는 행정청에 대하여 서면으로 이의제기를 철회할 수 있다.

⑤ 법원에의 통보

과태료 부과처분을 받은 당사자로부터 이의제기를 받은 세관장과 금융감독원장은 이의제기를 받은 날부터 14일 이내에 이에 대한 의견 및 증빙서류를 첨부하여 관할 법원에 통보하여야 한다(질서법 21-1).

세관장과 금융감독원장은 관할 법원에 과태료부과에 대한 이의제기 사실을 통보를 하거나 통보하지 아니하는 경우에는 그 사실을 즉시 당사자에게 통지하여야 한다(질서법 21-3).

⑥ 가산금 징수 및 체납처분

세관장과 금융감독원장은 당사자가 납부기한까지 과태료를 납부하지 아니한 때에는 납부기한을 경과한 날부터 체납된 과태료에 대하여 100분의 3에 상당하는 가산금을 징수한다(질서법 24-1). 체납된 과태료를 납부하지 아니한 때에는 납부기한이 경과한 날부터 매 1개월이 경과할 때마다 체납된 과태료의 1천분의 12에 상당하는 가산금("중가산금")을 가산금에 가산하여 징수한다. 이 경우 중가산금을 가산하여 징수하는 기간은 60개월을 초과하지 못한다(질서법 24-2). 행정청은 당사자가 이의제기 기한 이내에 이의를 제기하지 아니하고 가산금을 납부하지 아니한 때에는 국세 또는 지방세 체납처분의 예에 따라 징수한다(질서법 24-3).

(3) 법원의 과태료 재판

과태료 부과처분을 한 행정기관(행정청)으로부터 과태료 부과처분에 대한 이의제기 통보와 이에 대한 의견 및 증빙서류를 통보받은 법원은 비송사건절차법에 따라 과태료 재판을 한다.

1) 관할법원

과태료 사건은 다른 법령에 특별한 규정이 있는 경우를 제외하고는 당사자의 주소지의 지방법원 또는 그 지원의 관할로 한다(질서법 25).

법원의 관할은 세관장과 금융감독원장이 법원에 이의제기 사실을 통보한 때를 표준으로 정한다.

법원은 과태료 사건의 전부 또는 일부에 대하여 관할권이 없다고 인정하는 경우에는 결정으로 이를 관할 법원으로 이송한다(질서법 27 - 1).

세관장과 금융감독원장으로부터 과태료부과를 받은 당사자 또는 검사는 이송결정에 대하여 즉시항고를 할 수 있다(질서법 27 - 2).

2) 검사에 통지

법원은 과태료부과를 받은 당사자가 이의를 제기하였다는 세관장과 금융감독원장의 통보가 있는 경우 이를 즉시 검사에게 통지하여야 한다(질서법 30).

3) 심문

① 심문기일 및 의견진술

법원은 심문기일을 열어 과태료부과에 대하여 과태료 부과처분을 받은 당사자의 진술을 들어야 한다(질서법 31 - 1). 또한 법원은 과태료 부과처분에 대하여 검사의 의견을 구하여야 하고, 검사는 심문에 참여하여 의견을 진술하거나 서면으로 의견을 제출하여야 한다(질서법 31 - 2). 법원은 당사자 및 검사에게 심문기일을 통지하여야 한다(질서법 31 - 3).

② 세관장과 금융감독원장에 대한 출석 요구

법원은 행정청의 참여가 필요하다고 인정하는 때에는 세관장과 금융감독원장으로 하여금 심문기일에 출석하여 의견을 진술하게 할 수 있다(질서법 32 - 1).

세관장과 금융감독원장은 법원의 허가를 받아 소속 공무원으로 하여금 심문기일에 출석하여 의견을 진술하게 할 수 있다(질서법 32 - 2).

4) 직권에 의한 사실탐지와 증거조사

법원은 직권으로 사실의 탐지와 필요하다고 인정하는 증거의 조사를 하여야 한다(질서법 33-1). 증거조사에 관하여는 「민사소송법」에 따른다(질서법 33-2).

5) 조서의 작성

법원서기관·법원사무관·법원주사 또는 법원주사보(이하 "법원사무관 등"이라 한다)는 증인 또는 감정인의 심문에 관하여는 조서를 작성하고, 그 밖의 심문에 관하여는 필요하다고 인정하는 경우에 한하여 조서를 작성한다(질서법 35).

6) 과태료 재판

과태료 재판은 이유를 붙인 결정으로써 한다(질서법 36-1). 결정서의 원본에는 판사가 서명날인하여야 한다. 다만, 이의제기서 또는 조서에 재판에 관한 사항을 기재하고 판사가 이에 서명날인함으로써 원본에 갈음할 수 있다(질서법 36-2). 결정서의 정본과 등본에는 법원사무관 등이 기명날인하고, 정본에는 법원인을 찍어야 한다(질서법 36-3). 서명날인은 기명날인으로 갈음할 수 있다(질서법 36-4).

7) 과태료 결정의 고지

과태료 결정은 당사자와 검사에게 고지함으로써 효력이 생긴다(질서법 37-1). 결정의 고지는 법원이 적당하다고 인정하는 방법으로 한다. 다만, 공시송달을 하는 경우에는 「민사소송법」에 따라야 한다(질서법 37-2). 법원사무관 등은 고지의 방법·장소와 연월일을 결정서의 원본에 부기하고 이에 날인하여야 한다(질서법 37-3).

8) 항고

과태료 부과를 받아 이의를 제기한 당사자와 검사는 과태료 재판에 대하여 즉시항고를 할 수 있다. 이 경우 항고는 집행정지의 효력이 있다(질서법 38-1). 검사는 필요한 경우에 즉시항고 여부에 대한 행정청의 의견을 청취할 수 있다(질서법 38-2).

9) 항고법원의 재판 및 항고의 절차

① 항고법원의 재판

항고법원의 과태료 재판에는 이유를 적어야 한다(질서법 39).

② 항고의 절차

「민사소송법」의 항고에 관한 규정은 특별한 규정이 있는 경우를 제외하고는 이 법에 따른 항고에 준용한다(질서법 40).

10) 과태료 재판비용

과태료 재판절차의 비용은 과태료에 처하는 선고가 있는 경우에는 그 선고를 받은 자의 부담으로 하고, 그 외의 경우에는 국고의 부담으로 한다(질서법 41-1).

항고법원이 당사자의 신청을 인정하는 과태료 재판을 한 때에는 항고절차의 비용과 전심에서 당사자의 부담이 된 비용은 국고의 부담으로 한다(질서법 41-2).

11) 과태료 재판의 집행

① 검사의 명령

과태료 재판은 검사의 명령으로써 집행한다. 이 경우 그 명령은 집행력 있는 집행권원과 동일한 효력이 있다(질서법 42-1). 과태료 재판의 집행절차는 「민사집행법」에 따르거나 국세 또는 지방세 체납처분의 예에 따른다. 다만, 「민사집행법」에 따를 경우에는 집행을 하기 전에 과태료 재판의 송달은 하지 아니한다(질서법 42-2). 과태료 재판의 집행에 대하여는 가산금징수와 체납처분 규정(질서법 24, 24의2)을 준용한다. 이 경우 가산금징수와 체납처분 규정(질서법 24, 24의2) 중 과태료 부과처분에 대하여 "이의를 제기하지 아니한 채 이의제기 기한이 종료한 후"는 "과태료 재판이 확정된 후"로 본다(질서법 42-3). 검사는 과태료 재판을 집행한 경우 그 결과를 해당 행정청에 통보하여야 한다(질서법 42-4).

② 과태료 재판 집행의 위탁

검사는 과태료를 최초 부과한 세관장과 금융감독원장에 대하여 과태료 재판의 집행을 위탁할 수 있고, 위탁을 받은 행정청은 국세 또는 지방세 체납처분의 예에 따라 집행한다(질서법 43-1). 지방자치단체의 장이 집행을 위탁받은 경우에는 그 집행한 금원(金員)은 당해 지방자치단체의 수입으로 한다(질서법 43-2).

(4) 법원의 과태료 약식 재판

법원은 상당하다고 인정하는 때에는 심문 없이 과태료 재판을 할 수 있다(질서법 44).

1) 과태료 약식재판에 대한 이의신청

당사자와 검사는 약식재판의 고지를 받은 날부터 7일 이내에 이의신청을 할 수 있다 (질서법 45-1). 검사는 필요한 경우에는 과태료 약식재판에 대한 이의신청 여부에 대하여 행정청의 의견을 청취할 수 있다(질서법 45-2). 과태료 약식재판에 대한 이의신청 기간은 불변기간으로 한다. 당사자와 검사가 책임질 수 없는 사유로 과태료 약식재판에 대한 이의신청 기간을 지킬 수 없었던 경우에는 그 사유가 없어진 날부터 14일 이내에 이의신청을 할 수 있다. 다만, 그 사유가 없어질 당시 외국에 있던 당사자에 대하여는 그 기간을 30일로 한다(질서법 45-3).

2) 과태료 약식재판에 대한 이의신청 방식

이의신청은 대통령령으로 정하는 이의신청서를 제44조에 따른 약식재판을 한 법원에 제출함으로써 한다(질서법 46-1).

법원은 과태료 약식재판에 대한 이의신청이 있은 때에는 이의신청의 상대방에게 이의신청서 부본을 송달하여야 한다(질서법 46-2).

3) 이의신청 취하

이의신청을 한 당사자 또는 검사는 정식재판 절차에 따른 결정을 고지받기 전까지 이의신청을 취하할 수 있다(질서법 47-1).

이의신청의 취하는 대통령령으로 정하는 이의신청취하서를 과태료 약식재판을 한 법원에 제출함으로써 한다. 다만, 심문기일에는 말로 할 수 있다(질서법 47-2).

법원은 이의신청서 부본을 송달한 뒤에 이의신청의 취하가 있은 때에는 그 상대방 에게 이의신청취하서 부본을 송달하여야 한다(질서법 47-3).

4) 이의신청 각하

법원은 이의신청이 법령상 방식에 어긋나거나 이의신청권이 소멸된 뒤의 것임이 명백한 경우에는 결정으로 이를 각하하여야 한다. 다만, 그 흠을 보정할 수 있는 경우에는 그러하지 아니하다(질서법 48-1).

이의신청 각하 결정에 대하여는 즉시항고를 할 수 있다(질서법 48-2).

5) 약식재판의 확정

약식재판은 다음의 어느 하나에 해당하는 때에 확정된다(질서법 49-1).

1. 제45조에 따른 기간 이내에 이의신청이 없는 때
2. 이의신청에 대한 각하결정이 확정된 때
3. 당사자 또는 검사가 이의신청을 취하한 때

6) 이의신청에 따른 정식재판절차로의 이행

법원이 이의신청이 적법하다고 인정하는 때에는 약식재판은 그 효력을 잃는다(질서법 50-1). 법원이 이의신청이 적법하다고 인정하는 경우 심문을 거쳐 다시 재판하여야 한다(질서법 50-2).

유권해석 사례 1

행정처분과 과태료 처분 병과 가능 여부(법무부)

1. 질의요지

하나의 위반행위에 대해 업무정지 등의 행정처분과 과태료를 병과하는 것이 과중하다고 판단하는 경우 행정청의 재량에 따라 어느 하나의 처분만을 할 수 있는지

2. 회신내용

하나의 법률위반행위에 대해 업무정지 등의 행정처분과 과태료처분은 그 목적과 성질이 다르므로 병과할 수 있습니다. 행정처분과 과태료처분을 병과하는 것이 과중한 경우, 거기에 과태료감경 또는 면책사유가 있어서 감경 또는 면책하는 것은 별론으로 하더라도 행정처분이 별도로 존재한다는 이유로 과태료 부과 자체를 면제할 수는 없습니다.

(자료출처: 법무부 질서법 유권해석 사례집)

유권해석 사례 2

의견제출기간 연장가능 여부(법무부)

1. 질의요지

자진납부 감경을 하는 경우 의견제출기간 연장이 가능한지 여부

2. 회신내용

자진납부감경을 하는 경우, 당사자는 의견제출기간 내에 자진납부 감경된 과태료를 모두 납부하여야 합니다.

질서법 제17조 제3항의 납부기한의 연기나 분할납부는 사전통지절차 단계에서는 적용되지 않는 것으로 해석하는 것이 상당합니다.

따라서 당사자가 자진납부 감경 혜택을 유지하면서 분할 납부를 하기 위해서 의견제출기간을 연장할 수는 없을 것입니다.

(자료출처: 법무부 질서법 유권해석 사례집)

유권해석 사례 3

질서법 제18조 자진납부자(법무부)

1. 질의요지

자진납부자도 이의를 제기할 수 있는지 여부

2. 회신내용

「질서위반행위규제법」(이하 "질서법") 제18조는 과태료의 사전통지처분에 이의가 없는 자에 대하여 인센티브를 제공함으로써 신속납부를 유도하고 체납을 사전에 방지하고자 규정한 것입니다.

따라서 "의견제출"을 아니하는 것을 전제로, 즉 자진하여 의견제출기한 내에 납부하는 것을 전제로 과태료를 감경하는 것이므로, 사전통지처분에 대해 '이의를 제기하는 취지의 의견제출'을 한 경우에는 자연히 자진납부감경의 취지에 반하게 되어 자진납부자에 해당하지 않을 것입니다.

그러나 어떠한 의견이라도 진술하기만 하면 무조건 자진납부감경을 못한다는 의미는 아니고, 개별법령상의 감경사유가 있음을 주장하거나 단지 과태료의 납부와 관련한 단순한 질의를 한 것에 불과한 경우라면 그것이 자진납부의사와 모순되는 것이 아닌 한 질서법 제16조의 의견제출을 한 것이라고 할 수 없을 것입니다.

(자료출처: 법무부 질서법 유권해석 사례집)

의견제출과 이의제출의 차이(법무부)

1. 질의내용

의견제출과 이의제출의 차이는 무엇인지

2. 회신내용

질서법 제16조는 행정청이 과태료를 부과하려는 경우 당사자에게 사전통지를 하고 10일 이상의 기간을 정하여 의견을 제출할 기회를 주어야 한다고 규정하고, 행정청은 당사자가 제출한 의견에 상당한 이유가 있는 경우에는 과태료를 부과하지 아니하거나 통지한 내용을 변경할 수 있다고 규정하고 있습니다(이른바 사진절차).

이러한 사전절차를 거친 후에만 행정청은 비로소 과태료를 부과처분을 할 수 있으며, 사전절차에서 제시한 의견이 받아들여지지 않은 당사자는 과태료부과처분에 대해 불복할 수 있습니다. 행정청의 과태료부과처분에 대한 불복절차를 규정한 것이 질서법 제20조인데, 당사자는 과태료부과통지를 받은 날부터 60일 이내에 해당 행정청에 서면으로 이의제기를 할 수 있고, 이의제기가 있는 경우 행정청의 과태료부과처분은 자동적으로 그 효력을 상실합니다.

행정청은 원칙적으로 당사자의 이의제기를 받은 날부터 14일 이내에 관할 법원에 통보하여야 하지만, 당사자의 이의제기를 심사하여(이른바 중간심사) 그것이 이유가 있어 과태료를 부과할 필요가 없다고 인정하면 법원에 통보하지 않을 수 있으며, 이 경우에는 과태료부과처분의 효력은 상실한 것으로 확정됩니다.

또한 사전질차에서의 심사에서 행정청은 당사자가 서면 또는 구술로 세출한 의견을 검토하거나 질서법 제22조에 따라 직권으로 질서위반행위의 발생여부를 조사할 수도 있고, 그 결과 과태료를 부과하지 않거나 사전통지내용을 변경하여 본처분을 하게 됩니다. 반면 중간심사에서는 당사자의 서면에 의한 이의제기에 의해 과태료 처분의 효력은 법률상 자동상실되므로 행정청은 이를 법원에 통보하거나, 그 이의제기를 심사하여 이유 있다고 인정하는 경우에는 법원에 통보하지 않을 수 있습니다. 이 때에는 법원에 통보하거나 통보하지 않는 사실을 즉시 당사자에게 통지하여야 합니다. 결국 두 심사제도는 국민의 권리와 이익을 보호하기 위한 것인 점에서 공통점이 있습니다만, 그 의미나 내용, 효과가 모두 다른 것이라고 할 수 있습니다.

(자료출처: 법무부 질서법 유권해석 사례집)

유권해석 사례 5

이미 납부한 과태료의 감액여부(법무부)

1. 질의내용

이미 납부한 과태료의 감액여부

2. 회신내용

「질서위반행위규제법」(이하 "질서법")은 질서위반행위의 성립요건과 과태료의 부과 징수 및 재판 등에 관한 사항을 규정하는 법률로서 과태료의 부과·징수, 재판, 집행 등의 절차에 관한 다른 법률보다 우선적으로 적용됩니다.

그러나 질서법은 법원의 결정문 등을 근거로 한 과태료의 감경근거를 마련하거나 이미 과태료를 납부한 자에 대해 환급을 할 수 있는 근거를 규정하고 있지 않습니다.

그런데 과태료 부과처분은 행정행위로서 공정력이 있고, 과태료부과 당시에는 법원의 결정도 없었기에 과태료 부과처분이 당연무효라고 할 수 없으며, 과태료 부과처분이 취소사유가 인정되어 행정청에 의해 직권취소되지 않는 이상 계속 유효할 것이므로 이미 납부한 과태료를 환급할 수는 없습니다.

다만, 행정청 스스로 과태료부과처분을 취소한 다음에는 과태료금액을 새로 산정하여 다시 부과하거나 과오납된 과태료를 반환하는 것이 질서법에 의해 금지되는 것은 아닙니다. 그리고 과태료 부과처분이 취소된 후 과오납된 과태료를 반환하는 절차에 대해서 질서법이 따로 규정하는 바가 없으나, 질서법 시행령 제8조는 과태료의 징수절차에 대해 국고금관리법령 또는 지방재정법령을 준용하도록 하고 있으므로, 지방재정법 제66조 및 국고금관리법 제15조에 따르면 될 것으로 판단됩니다.

(자료출처: 법무부 질서법 유권해석 사례집)

유권해석 사례 6

이의제기시 과태료 부과처분 효력 상실 이유(법무부)

1. 질의내용

이의제기시 과태료 부과처분 효력 상실 이유

2. 회신내용

법원에서의 재판은 과태료 부과처분에 대한 정당성을 다투는 것이 아니라 과태료를 부과하여야 하는 것인지, 부과한다면 과태료 금액을 얼마로 조정하여 부과하여야 하는 것인지 등 과태료에 대한 판단을 법원이 하는 것이라고 생각 하시면 됩니다. 따라서, 질서법 제20조 제2항의 규정이 없게 된다면 행정행위에는 공정력이 발생하므로 행정청의 부과처분이 그대로 유효하게 됩니다. 이때 과태료 납부자에게 가산금 등의 불이익이 발생할 수 있으므로 당사자가 이의를 제기하는 경우에는 행정청의 과태료 부과처분의 효력을 상실하게 한 것입니다(이 경우 이미 발생한 가산금도 그 효력이 상실됨).

(자료출처: 법무부 질서법 유권해석 사례집)

유권해석 사례 7

과태료를 납부한 후 이의제기가 있는 경우(법무부)

1. 질의내용

과태료를 납부한 후 이의제기가 있는 경우

2. 회신내용

「질서위반행위규제법」(이하 "질서법") 제20조 제1항은 "행정청의 과태료 부과에 불복하는 당사자는 제17조 제1항에 따른 과태료 부과 통지를 받은 날부터 60일 이내에 해당 행정청에 서면으로 이의제기를 할 수 있다"고 규정하고 있습니다. 따라서 이의제기는 ① 행정청의 과태료부과처분에 대한 것이어야 하고, ② 과태료를 부과받은 당사자가 제기하여야 하며, ③ 이의제기 기간인 과태료 부과통지를 받은 날부터 60일 이내에 하여야 하고, ④ 해당 행정청에 서면으로 하여야 적법할 것입니다.

질서법 제20조 제2항은 "제1항에 따른 이의제기가 있는 경우에는 행정청의 과태료 부과 처분은 그 효력을 상실한다"고 규정하고 있는데, 여기서 이의제기는 적법한 이의제기를 의미하므로, 만약 부적법한 이의제기를 하였다면 그대로 과태료처분은 유효하며, 당사자는 과태료를 납부할 의무가 있다고 할 것입니다.

한편, 질서법 제18조 제1항에 따라 의견제출기한 이내에 자진납부감경된 과태료를 모두 납부한 경우에는 해당 질서위반행위에 대한 과태료 부과 및 징수절차는 종료합니다(질서법 제18조 제2항). 또 과태료부과처분을 받고 제20조 제1항에 따른 이의제기를 하지 않은 채 과태료를 납부하였다면 그것으로 과태료절차는 종료됩니다. 만약 이미 과태료를 완납하여(또는 자진납부감경된 과태료를 모두 완납하여) 과태료 절차가 종료된 후에 다시 이의제기가 있었다면 부적법한 이의제기라고 할 수 있습니다. 부적법한 이의제기가 있는 경우 행정청의 처리방법에 대해서는 질서법에 규정된 바가 없으나, 행정청은 종래의 실무대로 이를 법원에 통보하면 되고, 법원은 이의제기 각하결정을 하게 됩니다.

(자료출처: 법무부 질서법 유권해석 사례집)

과태료 재판의 성격(판례)

1. 질의내용

과태료 재판의 성격(판례)

2. 회신내용

법원이 비송사건절차법에 따라 과태료 재판을 함에 있어서는 관할 관청이 부과한 과태료처분에 대한 당부를 심판하는 행정소송절차가 아니므로 행정관청 내부의 부과 기준에 기속됨이 없이 관계 법령에서 규정하는 과태료 상한의 범위 내에서 그 동기·위반의 정도·결과 등 여러 인자를 고려하여 재량으로 그 액수를 정할 수 있으며, 항고법원이 정한 과태료 액수가 법이 정한 범위 내에서 이루어진 이상 그것이 현저히 부당하여 재량권남용에 해당되지 않는 한 그 액수가 많다고 다투는 것은 적법한 재항고이유가 될 수 없다.

과태료처분의 재판은 법원이 과태료에 처하여야 할 사실이 있다고 판단되면 비송사건절차법에 의하여 직권으로 그 절차를 개시하는 것이고 관할 관청의 통고 또는 통지는 법원의 직권발동을 촉구하는 데에 지나지 아니하므로, 후에 관할 관청으로부터 이미 행한 통고 또는 통지의 취하 내지 철회가 있다고 하더라도 그 취하·철회는 비송사건절차법에 의한 법원의 과태료 재판을 개시·진행하는 데 장애가 될 수 없다.

(자료출처: 법무부 질서법 유권해석 사례집)

행정형벌은 행정법상 의무위반에 대한 제재로서 형벌을 과하는 것이다. 형법 제41조는 사형, 징역, 금고, 자격상실, 벌금, 구류, 과료, 몰수 9개의 형을 규정하고 있는데, 외국환거래법은 9개의 형 중에서 징역, 벌금, 몰수의 세 가지 형벌만 규정하고 있다.

(1) 징역과 벌금에 의한 처벌

외국환거래법은 아래와 같은 외국환거래법 위반행위자에 대하여 징역과 벌금에 의한 처벌을 규정하고 있다. 징역과 벌금은 병과할 수 있다.

〔표 126〕 외국환거래법 위반에 대한 처벌(법 27~29)

외국환거래 법 근거	위반행위자	처벌
법 27-1	1. 제5조 제2항을 위반하여 기준환율 등에 따르지 아니하고 거래한 자 2. 제6조 제1항 제1호의 조치를 위반하여 지급 또는 수령이나 거래를 한 자 3. 제6조 제1항 제2호의 조치에 따른 보관·예치 또는 매각 의무를 위반한 자 4. 제6조 제1항 제3호의 조치에 따른 회수의무를 위반한 자 5. 제6조 제2항의 조치에 따른 허가를 받지 아니하거나, 거짓이나 그 밖의 부정한 방법으로 허가를 받고 자본거래를 한 자 또는 예치의무를 위반한 자 6. 제10조 제2항을 위반하여 외국환업무를 한 자	5년 이하의 징역 또는 5억원 이하의 벌금(다만, 위반행위의 목적물 가액(價額)의 3배가 5억원을 초과하는 경우에는 그 벌금을 목적물 가액의 3배 이하) 징역과 벌금 병과 가능
법 27의2-1	1. 제8조 제1항 본문 또는 같은 조 제3항에 따른 등록을 하지 아니하거나, 거짓이나 그 밖의 부정한 방법으로 등록을 하고 외국환업무를 한 자(제8조 제4항에 따른 폐지신고를 거짓으로 하고 외국환업무를 한 자 및 제12조 제1항에 따른 처분을 위반하여 외국환업무를 한 자를 포함) 2. 제9조 제1항 전단, 같은 조 제3항 또는 제5항에 따른 인가를 받지 아니하거나, 거짓이나 그 밖의 부정한 방법으로 인가를 받고 외국환중개업무를 한 자(제9	3년 이하의 징역 또는 3억원 이하의 벌금(다만, 위반행위의 목적물 가액(價額)의 3배가 3억원을 초과하는 경우에는 그 벌금을 목적물 가액의 3배 이하) 징역과 벌금 병과 가능

외국환거래 법 근거	위반행위자	처벌
	조 제3항에 따른 신고를 거짓으로 하고 외국환중개 업무를 한 자 및 제12조 제1항에 따른 처분을 위반 하여 외국환중개업무를 한 자를 포함) 3. 제15조 제2항에 따른 허가를 받지 아니하거나, 거짓 이나 그 밖의 부정한 방법으로 허가를 받고 지급 또 는 수령을 한 자	
법 28-1	제22조를 위반하여 정보를 이 법에서 정하는 용도가 아닌 용도로 사용하거나 다른 사람에게 누설한 사람	2년 이하의 징역 또는 2억원 이하의 벌금 징역과 벌금 병과 가능
법 29-1	1. 제8조 제5항에 따른 인가를 받지 아니하거나, 거짓 이나 그 밖의 부정한 방법으로 인가를 받고 계약을 체결한 자 2. 제10조 제1항을 위반하여 확인하지 아니한 자 3. 제16조 또는 제18조에 따른 신고의무를 위반한 금 액이 5억원 이상의 범위에서 대통령령으로 정하는 금액을 초과하는 자 4. 제17조에 따른 신고를 하지 아니하거나 거짓으로 신고를 하고 지급수단 또는 증권을 수출하거나 수 입한 자(제17조에 따른 신고의무를 위반한 금액이 미화 2만달러 이상의 범위에서 대통령령으로 정하 는 금액을 초과하는 경우로 한정) – 미수범도 처벌 5. 제19조 제2항에 따른 거래 또는 행위의 정지·제한 을 위반하여 거래 또는 행위를 한 자 6. 제32조 제1항에 따른 과태료 처분을 받은 자가 해당 처분을 받은 날부터 2년 이내에 다시 같은 항에 따 른 위반행위를 한 경우	1년 이하의 징역 또는 1억원 이하의 벌금(위반행위의 목적 물 가액의 3배가 1억원을 초과 하는 경우에는 그 벌금을 목적 물 가액의 3배 이하로 함) 징역과 벌금 병과 가능

(2) 몰수·추징에 의한 처벌

외국환거래법 제27조 제1항 각 호, 제27조의2 제1항 각 호 또는 제29조 제1항 각 호의 어느 하나에 해당하는 자가 해당 행위를 하여 취득한 외국환이나 그 밖에 증권, 귀금속, 부동산 및 내국지급수단은 몰수하며, 몰수할 수 없는 경우에는 그 가액을 추징한다(법 30). 외국환거래법의 몰수·추징 규정은 외국환거래법에 의한 의무 위반행위로 취득한 외국환이나 그 밖에 증권, 귀금속, 부동산 및 내국지급수단은 몰수하여야 한다는 필요적 규정으로 외국환거래법 위반자에게는 엄청난 부담이 되는 규정이다.

위 몰수·추징은 범죄로 인한 이득의 박탈을 목적으로 한 형법상의 몰수·추징과는 달리 거주자의 외국환거래법 위반을 통한 외국환이나 그 밖에 증권, 귀금속, 부동산 및 내국지급수단 취득행위에 대한 징벌의 정도를 강화하여 취득한 외국환이나 그 밖에 증권, 귀금속, 부동산 및 내국지급수단을 필요적으로 몰수하고 그 몰수가 불능인 때에는 그 가액을 납부하게 하는 징벌적 제재의 성격을 띠고 있으므로, 그 부동산으로 인하여 이득을 취하였는지 여부를 불문하고 이를 몰수하거나 그 가액 전부를 추징할 수 있다(대법원 1998.5.21. 선고 95도2002 전원합의체 판결 참조).

〔표 127〕 몰수·추징에 의한 처벌(법 27~29)

외국환거래법 근거	위반행위	몰수·추징
법 30	법 27-1 위반행위 1. 제5조 제2항을 위반하여 기준환율 등에 따르지 아니하고 거래한 자 2. 제6조 제1항 제1호의 조치를 위반하여 지급 또는 수령이나 거래를 한 자 3. 제6조 제1항 제2호의 조치에 따른 보관·예치 또는 매각 의무를 위반한 자 4. 제6조 제1항 제3호의 조치에 따른 회수의무를 위반한 자 5. 제6조 제2항의 조치에 따른 허가를 받지 아니하거나, 거짓이나 그 밖의 부정한 방법으로 허가를 받고 자본거래를 한 자 또는 예치의무를 위반한 자 6. 제10조 제2항을 위반하여 외국환업무를 한 자	위반행위를 하여 취득한 외국환이나 그 밖에 증권, 귀금속, 부동산 및 내국지급수단은 몰수하며, 몰수할 수 없는 경우에는 그 가액을 추징
법 30	법 27의2-1 위반행위 1. 제8조 제1항 본문 또는 같은 조 제3항에 따른 등록을 하지 아니하거나, 거짓이나 그 밖의 부정한 방법으로 등록을 하고 외국환업무를 한 자(제8조 제4항에 따른 폐지신고를 거짓으로 하고 외국환업무를 한 자 및 제12조 제1항에 따른 처분을 위반하여 외국환업무를 한 자를 포함) 2. 제9조 제1항 전단, 같은 조 제3항 또는 제5항에 따른 인가를 받지 아니하거나, 거짓이나 그 밖의 부정한 방법으로 인가를 받고 외국환중개업무를 한 자(제9조 제3항에 따른 신고를 거짓으로 하고 외국환중개업무를 한 자 및 제12조 제1항에 따른 처분	위반행위를 하여 취득한 외국환이나 그 밖에 증권, 귀금속, 부동산 및 내국지급수단은 몰수하며, 몰수할 수 없는 경우에는 그 가액을 추징

외국환거래법 근거	위반행위	몰수·추징
	을 위반하여 외국환중개업무를 한 자를 포함) 3. 제15조 제2항에 따른 허가를 받지 아니하거나, 거짓이나 그 밖의 부정한 방법으로 허가를 받고 지급 또는 수령을 한 자	
법 30	법 29-1 위반행위 1. 제8조 제5항에 따른 인가를 받지 아니하거나, 거짓이나 그 밖의 부정한 방법으로 인가를 받고 계약을 체결한 자 2. 제10조 제1항을 위반하여 확인하지 아니한 자 3. <u>제16조 또는 제18조에 따른 신고의무를 위반한 금액이 5억원 이상의 범위에서 대통령령으로 정하는 금액을 초과하는 자</u> 4. <u>제17조에 따른 신고를 하지 아니하거나 거짓으로 신고를 하고 지급수단 또는 증권을 수출하거나 수입한 자(제17조에 따른 신고의무를 위반한 금액이 미화 2만달러 이상의 범위에서 대통령령으로 정하는 금액을 초과하는 경우로 한정) - 미수범도 처벌</u> 5. 제19조 제2항에 따른 거래 또는 행위의 정지·제한을 위반하여 거래 또는 행위를 한 자 6. 제32조 제1항에 따른 과태료 처분을 받은 자가 해당 처분을 받은 날부터 2년 이내에 다시 같은 항에 따른 위반행위를 한 경우	위반행위를 하여 취득한 외국환이나 그 밖에 증권, 귀금속, 부동산 및 내국지급수단은 몰수하며, 몰수할 수 없는 경우에는 그 가액을 추징

(3) 양벌규정에 의한 처벌

법인의 대표자나 법인 또는 개인의 대리인, 사용인, 그 밖의 종업원이 그 법인 또는 개인의 재산 또는 업무에 관하여 제27조, 제27조의2, 제28조 및 제29조의 어느 하나에 해당하는 위반행위를 하면 그 행위자를 벌하는 외에 그 법인 또는 개인에게도 해당 조문의 벌금형을 과(科)한다. 다만, 법인 또는 개인이 그 위반행위를 방지하기 위하여 해당 재산 또는 업무에 관하여 상당한 주의와 감독을 게을리하지 아니한 경우에는 그러하지 아니하다.

4 외국환거래법 위반죄의 공소시효

공소시효란 검사의 공소제기 없이 범죄가 있었던 때로부터 일정한 기간이 경과되면 그 범죄에 대한 국가의 소추권이 소멸되고 더 이상 검사가 공소를 제기할 수 없도록 하는 제도이다(형사소송법 249-1). 외국환거래법 위반죄의 공소시효는 형사소송법의 규정에 따라 결정된다.

외국환거래법의 벌칙은 각 3년(법 27), 2년(법 28), 1년(법 29) 이하의 징역이므로 5년의 공소시효가 적용된다(형사소송법 249-1-5).

〔표 128〕 외국환거래법 위반죄의 공소시효

해당법조	위반행위	법정형	공소시효
법 27	– 외국환업무 등록 위반(제8조 제1항) – 환전업무 등록 위반(제8조 제3항) – 지급 등 허가 위반(제15조 제2항)	3년 이하의 징역 또는 3억원 이하의 벌금	5년
법 28	– 비밀보장(제22조) 위반	2년 이하의 징역 또는 2억원 이하의 벌금	
법 29	– 외국환 및 환전업무 변경신고 위반(제8조 제4항) – 외국환업무취급기관 등의 확인 위반(제10조) – 지급방법 및 자본거래 신고의무 위반(제16조, 제18조) – 지급수단 등의 수출입신고 위반(제17조) – 행정처분을 위반한 거래 및 지급(제19조 제2항) – 과태료 처분 후 2년 이내 재위반	1년 이하의 징역 또는 1억원 이하의 벌금	

외국환거래법 위반죄는 재산국외도피의죄(특정경제범죄가중처벌등에관한법률 제4조)의 전제범죄가 되고, 범죄수익은닉의규제및처벌등에관한법률 위반죄로도 확대될 수 있으므로 외국환거래법 공소시효를 검토하는 경우에는 아래 관련 법률의 공소시효도 같이 검토하여야 한다. 아울러, 위 법률 위반죄의 경우 공소시효가 10년 이상의 장기인 경우도 있으므로 2007.12.21. 형사소송법 개정 이전, 이후 여부를 비교하여 검토하여야 한다.

〔표 129〕 재산국외도피죄 벌칙 및 공소시효(2007.12.21. 형사소송법 개정 후)

해당법조	위반행위	법정형	공소시효
특정경제범죄가중 처벌등에관한법률 제4조	– 재산국외도피의 죄 (도피액 50억원 이상)	무기 또는 10년 이상의 징역	15년
	– 재산국외도피의 죄 (도피액 5억원 이상)	5년 이상의 유기징역	10년
	– 재산국외도피의 죄 (도피액 5억원 미만)	1년 이상의 유기징역 또는 2~10배 이하의 벌금	10년
범죄수익은닉의규 제및처벌등에관한 법률 제3조	– 범죄수익 등의 은닉 가장	5년 이하의 징역 또는 3천만원 이하의 벌금	7년
	– 범죄수익 등의 은닉 가장 (예비, 음모)	2년 이하의 징역 또는 1천만원 이하의 벌금	5년

〔표 130〕 재산국외도피죄 벌칙 및 공소시효(2007.12.21. 형사소송법 개정 전)

해당법조	위반행위	법정형	공소시효
특정경제범죄가중 처벌등에관한법률 제4조	– 재산국외도피의 죄 (도피액 50억원 이상)	무기 또는 10년 이상의 징역	10년
	– 재산국외도피의 죄 (도피액 5억원 이상)	5년 이상의 유기징역	7년
	– 재산국외도피의 죄 (도피액 5억원 미만)	1년 이상의 유기징역 또는 2~10배 이하의 벌금	7년
범죄수익은닉의규 제및처벌등에관한 법률 제3조	– 범죄수익 등의 은닉 가장	5년 이하의 징역 또는 3천만원 이하의 벌금	5년
	– 범죄수익 등의 은닉 가장 (예비, 음모)	2년 이하의 징역 또는 1천만원 이하의 벌금	3년

6-1. 카지노칩의 몰수, 추징 대상 여부

(대법원 1998.12.22. 선고 98도2460 판결[외국환관리법 위반])

[판시사항]

[1] 외국환관리법 제33조 소정의 몰수, 추징의 대상이 되는 대외지급수단의 요건

[2] 카지노에서 사용되는 '칩'이 외국환관리법 제3조 제1항 제11호 소정의 대외지급수단에 해당하지 않는다고 본 사례

[판결요지]

[1] 외국환관리법 제33조 소정의 몰수, 추징의 대상이 되는 대외지급수단으로 인정되기 위하여는 현실적으로 대외거래에서 채권·채무의 결제 등을 위한 지급수단으로 사용할 수 있으며 또한 그 사용이 보편성을 가지고 있어야 한다.

[2] 카지노에서 사용되는 '칩'은 그것에 표시된 금액 상당을 카지노에서 보관하고 있다는 증표에 지나지 않는다는 이유로, 외국환관리법 제3조 제1항 제11호 소정의 대외지급수단에 해당하지 않는다고 본 사례

[원심판결] 서울지법 1998.7.21. 선고 97노9633 판결

[주 문]

상고를 기각한다.

[이 유]

상고이유를 본다.

외국환관리법 제33조는 "제30조 내지 제32조의 각 호의 1에 해당하는 자가 당해 행위로 인하여 취득한 외국환 기타 증권, 귀금속, 부동산 및 내국지급수단은 이를 몰수하며, 이를 몰수할 수 없을 때에는 그 가액을 추징한다."고 규정하고 있고, '외국환'을 대외지급수단·외화증권 및 외화채권으로(같은 법 제3조 제1항 제11호), '대외지급수단'을 외국통화, 외국통화로 표시된 지급수단 기타의 표시통화에 관계없이 외국에서 사용할 수 있는 지급수단으로(같은 항 제4호), '지급수단'이라 함은 정부지폐·은행권·주화·수표·우편환·신용장과 대통령이 정하는 환어음약속어음 기타의 지급지시로 각 정의하고 있으며(같은 항 제3호), '대통령령이 정하는 환어음·약속어음·기타의 지급지시'라 함은 같은법 시행령 제5조의 규정에 의한 증권에 해당하지 아니한 환어음약속어음 기타 지급받을 수 있는

내용이 표시된 것으로 규정하고 있는바(같은법 시행령 제4조), 이와 같은 **여러 규정의 취지를 종합하여 보면, 외국환관리법상의 대외지급수단으로 인정되기 위하여는 현실적으로 대외거래에서 채권·채무의 결제 등을 위한 지급수단으로 사용할 수 있으며 또한 그 사용이 보편성을 가지고 있어야 할 것이다.**

원심이 같은 취지에서 피고인이 그 판시 외화차용행위로 인하여 취득한 이 사건 '칩'에는 미화로 표시된 금액과 미라지호텔의 로고가 기재되어 있을 뿐 지급받을 수 있는 내용이 표시된 문구는 전혀 기재되어 있지 않으므로, 이는 단순히 '칩'에 표시된 금액 상당을 카지노에서 보관하고 있다는 증표에 지나지 않는 것으로 인정한 다음, 이 사건 '칩'은 외국환관리법상의 몰수·추징의 대상이 되는 대외지급수단이라고는 볼 수 없다고 판단한 조치는 정당하고, 거기에 상고이유로 주장하는 바와 같이 대외지급수단의 해석에 관한 법리오해 등의 위법이 있다고 할 수 없다.

그러므로 상고를 기각하기로 하여 관여 법관의 일치된 의견으로 주문과 같이 판결한다.

대법관   이용훈(재판장) 정귀호(주심) 김형선 조무제

6-2. 50억원 미만 자본거래 신고의무 위반의 면소 여부
(대법원 2012.4.26. 선고 2011도17639 판결[외국환거래법 위반])

[판시사항]

미신고 자본거래 행위를 처벌하는 외국환거래법령의 형이 가볍게 개정되면서 형사처벌의 대상이 모든 미신고행위에서 미신고금액 10억 원을 초과하는 행위로, 다시 미신고금액 50억 원을 초과하는 행위로 변경된 사안에서, 위와 같은 법규 개정은 법률이념의 변경이 아니라 다른 사정의 변천에 따라 그때그때의 특수한 필요에 대처하기 위하여 법령이 개폐된 경우로서 형법 제1조 제2항이 적용되지 않는다고 본 원심판단을 정당하다고 한 사례

[원심판결] 서울중앙지법 2011.12.14. 선고 2011노3568 판결

[주 문]

상고를 기각한다.

[이 유]

상고이유를 판단한다.

구 외국환거래법(2009.1.30. 법률 제9351호로 개정되기 전의 것, 이하 같다) 제28조 제1항 제4호는 같은 법 제18조 제1항의 규정에 의한 자본거래 신고를 하지 아니하고 지급 등을

한 자를 2년 이하의 징역 또는 1억 원 이하의 벌금에 처하도록 규정하다가 2009.1.30. 법률 제9351호로 개정되어, <u>외국환거래법 제29조 제1항 제6호에서 같은 법 제18조에 따른 신고 의무를 위반한 금액이 5억 원 이상의 범위에서 대통령령으로 정하는 금액을 초과하는 자</u>에 대하여 1년 이하의 징역 또는 1억 원 이하의 벌금에 처하는 것으로 변경되었고 그 외의 자본거래 미신고자에 대하여는 같은 법 제32조 제1항에 따라 과태료를 부과하는 것으로 변경되었다. 구 외국환거래법 시행령(2009.2.3. 대통령령 제21287호로 전부 개정된 것, 이하 같다) 제40조는 제2호에서 형사처벌 대상인 미신고 자본거래 금액을 10억 원으로 규정하였으나 2011.7.25. 대통령령 제23041호로 개정된 외국환거래법 시행령 제40조 제2호는 그 금액을 50억 원으로 증액하였다. 한편 외국환거래법 부칙(2009.1.30. 법률 제9351호) 제3조는 "이 법 시행 전의 행위에 대한 처분, 벌칙 및 과태료의 적용은 종전의 규정에 따른다."라고 규정하고 있으나, 외국환거래법 시행령 부칙(2011.7.25. 대통령령 제23041호)에는 이와 같은 경과규정이 없다.

그리고 형법 제1조 제2항 및 제8조에 의하면 범죄 후 법률의 변경에 의하여 형이 구법보다 가벼운 때에는 원칙적으로 신법에 따라야 하지만, 신법에 경과규정을 두어 이러한 신법의 적용을 배제하는 것도 허용되는 것으로서, 형을 종전보다 가볍게 형벌법규를 개정하면서 그 부칙에서 개정된 법의 시행 전의 범죄에 대하여는 종전의 형벌법규를 적용하도록 규정한다 하여 형벌불소급의 원칙이나 신법우선의 원칙에 반한다고 할 수 없다(대법원 2011.7.14. 선고 2011도1303 판결 등 참조).

<u>또한</u> 형법 제1조 제2항의 규정은 형벌법령 제정의 이유가 된 법률이념의 변천에 따라 과거에 범죄로 보던 행위에 대하여 그 평가가 달라져 이를 범죄로 인정하고 처벌한 그 자체가 부당하였다거나 또는 과형이 과중하였다는 반성적 고려에서 법령을 개폐하였을 경우에만 적용하여야 할 것이고, 이와 같은 법률이념의 변경이 아니라 다른 사정의 변천에 따라 그때그때의 특수한 필요에 대처하기 위하여 법령이 개폐된 경우에는, 전에 성립한 위법행위를 나중에 관찰하여도 행위 당시의 사정에 의해서는 가벌성이 유지되는 것이므로, 그 법령이 개폐되었다 하더라도 그에 대한 형이 폐지된 것이라고는 할 수 없다(대법원 2005.1.14. 선고 2004도5890 판결 등 참조).

원심은, <u>피고인의 자본거래 미신고금액이 50억 원에 미치지 못하는 이 사건 공소사실에 대하여 형법 제1조 제2항에 따라 현행 외국환거래법 제29조 제1항 제6호 및 그 시행령 제40조가 적용되어야 하므로 면소가 선고되어야 한다는 피고인의 주장에 대하여, 그 판시와 같은 사정 등을 고려하면 위와 같은 법규의 개정은 법률이념의 변경이 아니라 다른 사정의 변천에 따라 그때그때의 특수한 필요에 대처하기 위하여 법령이 개폐된 경우에 해당</u>

한다고 할 것이어서 형이 폐지된 것이라고 할 수 없다는 이유로 피고인의 위 주장을 배척한 다음, 이 사건 공소사실을 모두 유죄로 인정한 제1심판결을 그대로 유지하였다.

앞서 본 관련 법령규정과 법리 및 기록에 비추어 살펴보면 원심의 위와 같은 조치는 정당한 것으로 수긍이 가고, 거기에 상고이유의 주장과 같이 형법 제1조 제2항의 해석에 관한 법리를 오해한 위법이 없다.

그러므로 상고를 기각하기로 하여 관여 대법관의 일치된 의견으로 주문과 같이 판결한다.

대법관　　전수안(재판장) 양창수 이상훈(주심) 김용덕

6-3. 특경가법 몰수추징의 성격

(대법원 2005.4.29. 선고 2002도7262 판결[외국환거래법 위반 등])

[판시사항]

[1] 분식회계에 의한 재무제표 등으로 금융기관을 기망하여 대출을 받은 경우, 사기죄의 성립 여부(적극)

[2] 보증채무를 부담한 금융기관이 주채무자에게 신규대출을 실행하여 주채무를 변제하게 하고 신규대출채권을 취득한 경우 또는 이미 발행한 회사채를 보증한 금융기관이 지급자금의 확보를 위해 새로이 발행하는 회사채를 다시 보증한 경우를 이른바 '대환'으로 볼 수 있는지 여부(소극)

[3] 분식회계에 의한 회사채 공모로 인한 사기죄에 있어서 피해자의 범위

[4] 특정경제범죄가중처벌등에관한법률 제4조 제2항 제1호에 정한 재산국외도피죄의 규정이 위헌인지 여부(소극)

[5] 특정경제범죄가중처벌등에관한법률 제10조 제3항, 제1항에 의한 몰수·추징의 성격

[6] 이른바 자금순환 목적으로 해외로 송금한 경우 재산국외도피의 범의 유무(소극)

[7] 검찰에 자진 출석하여 범행을 사실대로 진술한 후 법정에서 범행을 부인한 경우, 자수감경을 할 수 있는지 여부(적극)

[판결요지]

[1] 사기죄는 상대방을 기망하여 하자 있는 상대방의 의사에 의하여 재물을 교부받음으로써 성립하는 것이므로 분식회계에 의한 재무제표 등으로 금융기관을 기망하여 대출을 받았다면 사기죄는 성립하고, 변제의사와 변제능력의 유무 그리고 충분한 담보가 제공되었다거나 피해자의 전체 재산상에 손해가 없고, 사후에 대출금이 상환되었다고 하더라도 사기죄의 성립에는 영향이 없다.

[2] 대환이라 함은 현실적인 자금의 수수 없이 형식적으로만 신규대출을 하여 기존 채무를 변제하는 것으로 특별한 사정이 없는 이상 대환은 형식적으로는 별도의 대출에 해당하나 실질적으로는 기존채무의 변제기의 연장에 불과한 것이므로, 보증채무를 부담하는 금융기관이 채무자에게 새로운 대출을 하여 채무자로 하여금 주채무를 변제하게 하고 자신이 그 대출채권을 가지게 되는 경우나, 이미 발행한 회사채를 보증한 금융기관이 그 지급자금의 확보를 위하여 새로이 발행하는 회사채에 대하여 보증하는 것은, 실질적으로 변제기의 연장에 불과한 대환이라고 볼 수 없다.

[3] 회사채 공모는 상법, 증권거래법에서 자격이 제한된 수탁회사에 의하여 이루어지는 것이므로 발행회사로부터 기망 당하여 착오에 빠진 수탁회사를 신뢰하여 공모에 응한 투자자들도 역시 기망에 빠져 재산적 처분행위를 하였다고 볼 수 있으므로 결국 회사채 공모에 의하여 회사채를 취득한 투자자와 잔액인수한 주간사 또는 인수회사도 피해자가 된다.

[4] 특정경제범죄가중처벌등에관한법률 제4조 제2항 제1호의 경우 입법자는 도피액 50억 원 이상의 국내재산을 해외에 도피한 자에 대하여는 그 불법과 비난가능성이 높다고 보아 법률상 감경사유가 없는 한 법관이 작량감경은 할 수 있으나, 집행유예는 선고하지 못하도록 입법적인 결단을 내린 것이라 할 것이고, 이러한 입법자의 결단은 일응 수긍할 만한 합리적인 이유가 있다고 인정되므로 위 법률조항이 입법재량의 한계를 벗어난 자의적인 것이라거나 법관의 양형결정권을 침해하여 법관독립의 원칙에 위배된다고 할 수 없고, 헌법 제11조의 평등의 원칙이나 헌법 제37조 제2항에서 유래하는 비례의 원칙 내지 과잉금지의 원칙에 위배된다고 보기 어렵고, 나아가 헌법 제10조의 인간존중의 이념에도 위배된다고 할 수 없다.

[5] 특정경제범죄가중처벌등에관한법률 제10조 제3항, 제1항에 의한 몰수 · 추징은 범죄로 인한 이득의 박탈을 목적으로 한 형법상의 몰수추징과는 달리 재산국외도피 사범에 대한 징벌의 정도를 강화하여 범행 대상인 재산을 필요적으로 몰수하고 그 몰수가 불능인 때에는 그 가액을 납부하게 하는 소위 징벌적 성격의 처분이라고 보는 것이 상당하므로 그 도피재산이 피고인들이 아닌 회사의 소유라거나 피고인들이 이를 점유하고 그로 인하여 이득을 취한 바가 없다고 하더라도 피고인들 모두에 대하여 그 도피재산의 가액 전부의 추징을 명하여야 한다.

[6] 재산국외도피죄는 자신의 행위가 법령에 위반하여 국내재산을 해외로 이동한다는 인식과 그 행위가 재산을 대한민국의 법률과 제도에 의한 규율과 관리를 받지 않고 자신이 해외에서 임의로 소비, 축적, 은닉 등 지배 · 관리할 수 있는 상태에 두는 행위라는 인식을 가지고 국내재산을 해외로 이동하여 대한민국 또는 대한민국 국민의 재산이 유출될 위험

이 있는 상태를 발생하게 하는 것, 즉 도피시킴으로써 범죄는 성립한다고 할 것이나, 처음부터 해외에서의 사용을 예정하지 않고 즉시 반입할 목적으로 송금하였다면, 해외로 이동하여 지배·관리한다는 재산도피의 범의가 있었다고 볼 수는 없다.

[7] 피고인들이 검찰에 조사 일정을 문의한 다음 지정된 일시에 검찰에 출두하는 등의 방법으로 자진 출석하여 범행을 사실대로 진술하였다면 자수가 성립되었다고 할 것이고, 그 후 법정에서 범행 사실을 부인한다고 하여 뉘우침이 없는 자수라거나, 이미 발생한 자수의 효력이 없어진다고 볼 수 없다.

[**원심판결**] 서울고법 2002.11.29. 선고 2001노2063, 2002노1718 판결

[**주 문**]

원심판결 중 주문 제6항 전문에서 피고인 2, 피고인 3에게서 각자 금 3,106,574,717,864원, 피고인 1에게서 피고인 2, 피고인 3과 각자 위 금액 중 금 2,836,923,179,823원, 피고인 4에게서 피고인 1, 피고인 2, 피고인 3과 각자 위 금액 중 금 2,643,784,170,551원의 각 추징을 명한 부분을 각 파기한다. 피고인 2, 피고인 3로부터 각자 금 1,786,520,214,609원을, 피고인 1로부터 피고인 2, 피고인 3과 각자 위 금액 중 금 1,562,438,950,295원을, 피고인 4로부터 피고인 1, 피고인 2, 피고인 3과 각자 위 금액 중 금 1,472,455,206,174원을, 각 추징한다. 피고인 5, 피고인 6, 피고인 7의 상고와 피고인 1, 피고인 2, 피고인 3, 피고인 4의 나머지 상고 및 검사의 상고를 모두 기각한다.

[**이 유**]

1.

생략

라. 추징에 관한 법리오해의 주장에 관하여(피고인 1, 피고인 2, 피고인 3, 피고인 4, 피고인 5, 피고인 6, 피고인 7)

(1) 추징규정의 위헌성 주장에 관하여

특정경제범죄가중처벌등에관한법률 제10조 제1항, 제3항의 입법 취지는 불법한 범죄행위의 대상인, 해외로 도피시킨 재산이나 도피시키려고 한 재산을 그 범죄 행위자로부터 배제함으로써 구체적 정의를 실현하려는 것으로서 정당성이 인정되고, 나아가 그 재산을 몰수할 수 없을 때에는 그 범행대상 재산 가액을 추징하도록 하여 적정한 비례관계가 성립하였으므로 헌법 제37조 제2항에서 유래하는 비례의 원칙 내지 과잉금지의 원칙 그리고 헌법 제10조, 제12조 제1항, 제23조 제1항에 위배된다고 할 수 없으므로 재산국외도피죄에 대한 몰수·추징 규정에 관한 위 피고인들의 상고이유는 받아들일 수 없다.

(2) 위 피고인들에 대한 몰수·추징의 적법성

(가) 피고인들에 대한 몰수·추징의 근거 규정인 특정경제범죄가중처벌등에관한법률 제 10조 제3항, 제1항에 의한 몰수·추징은 범죄로 인한 이득의 박탈을 목적으로 한 형법상의 몰수·추징과는 달리 재산국외도피 사범에 대한 징벌의 정도를 강화하여 범행 대상인 재산을 필요적으로 몰수하고 그 몰수가 불능인 때에는 그 가액을 납부하게 하는 소위 징벌적 성격의 처분이라고 보는 것이 상당하므로 그 도피재산이 위 피고인들이 아닌 회사의 소유라거나 위 피고인들이 이를 점유하고 그로 인하여 이득을 취한 바가 없다고 하더라도 위 피고인들 모두에 대하여 그 도피재산의 가액 전부의 추징을 명하여야 하는 것이므로 (대법원 1995.3.10. 선고 94도1075 판결 참조) 피고인들에게 공동연대하여 추징을 명한 원심판결은 수긍할 수 있고, 거기에 상고이유에서 주장하는 바와 같은 위법이 없다.

(나) 한편, 원심판결 이유를 기록에 비추어 살펴보면, 원심은, 피고인 1, 피고인 2, 피고인 3, 피고인 4에 대한 재산국외도피의 공소사실 중 소위 자금순환 목적의 송금 중 2 - 3일 내로 국내로 재반입된 부분을 무죄로 인정하면서도, 제1심판결 범죄사실 제4의 가. 부분의 추징액을 계산함에 있어서는 무죄 부분의 재산 가액까지를 포함함으로써 결과적으로 무죄를 선고하는 공소사실에 대하여 추징을 하게 되었는바, 무죄가 선고된 부분은 특정경제범죄가중처벌등에관한법률에 의하여 추징할 수 없음은 물론이고, 허가 없이 송금한 자금이 구 외국환관리법 또는 구 외국환거래법을 위반한 행위로 인하여 취득한 것이라고 볼 수도 없어 구 외국환관리법이나 구 외국환거래법에 의한 추징대상도 아니라고 할 것이므로, 위 범죄사실 제4의 가. 부분의 추징액 중 위 피고인들에 대하여 무죄를 선고한 부분의 재산가액에 대하여까지 추징을 한 원심판결은 추징의 법리를 오해하여 판결 결과에 영향을 미친 위법이 있다고 할 것이다.

(다) 정당한 추징액

원심판결 이유를 기록에 비추어 살펴보면, 원심판결의 무죄부분에 대한 미국 달러화를 원심이 변론종결시의 환율로 인정한 1달러에 1,207원으로 계산하여 환산하면, 피고인 2, 피고인 3에 대한 부분은 각 1,093,910,712.12 × 1,207 = 1,320,054,503,255원, 피고인 4에 대한 부분은 970,446,532.21 × 1,207 = 1,171,328,964,377원, 피고인 1에 대한 부분은 1,055,910,712.12 × 1,207 = 1,274,484,229,528원이 되므로 위 금액은 위 피고인들에 대한 추징금에서 제외되어야 할 것인바, 이 사건에서 정당한 추징액은 원심판결의 주문 제6항에서의 무죄부분을 포함하여 범죄사실 4의 가.에 대하여 피고인 2, 피고인 3에게서 각자 금 3,106,574,717,864원을, 피고인 1에게서 피고인

2, 피고인 3과 각자 위 금액 중 금 2,836,923,179,823원을, 피고인 4에게서 피고인 1, 피고인 2, 피고인 3과 각자 위 금액 중 금 2,643,784,170,551원을, 각 추징한 금액에서 위에서 계산한 무죄부분에 해당하는 금액을 제외하면, 피고인 2, 피고인 3으로부터 각자 금 1,786,520,214,609원을, 피고인 1로부터 피고인 2, 피고인 3과 각자 금 1,562,438,950,295원을, 피고인 4로부터 피고인 1, 피고인 2, 피고인 3과 각자 금 1,472,455,206,174원을, 각 추징하여야 하는 것이다.

마. 피고인 5의 양형부당의 상고이유에 관하여

위 피고인에게 징역 10년 미만의 형이 선고된 이 사건에서 원심의 형의 양정이 과중하다는 사유는 적법한 상고이유가 되지 아니하므로 위 피고인의 상고이유는 받아들일 수 없다.

2. 검사의 상고이유에 관한 판단

생략

다. 자수에 관하여(피고인 1, 피고인 2, 피고인 3, 피고인 4, 피고인 5, 피고인 6, 피고인 7)

원심판결 이유와 기록에 비추어 살펴보면, 위 **피고인들이 검찰에 조사 일정을 문의한 다음 지정된 일시에 검찰에 출두하는 등의 방법으로 자진 출석하여 범행을 사실대로 진술하였음을 인정할 수 있으므로 자수가 성립되었다고 할 것이고, 그 후 법정에서 범행 사실을 부인한다고 하여 뉘우침이 없는 자수라거나, 이미 발생한 자수의 효력이 없어진다고 볼 수 없어, 원심이 위 피고인들에 대하여 자수감경을 한 것은 옳고, 거기에 상고이유에서 주장하는 바와 같은 위법이 없다.**

3. 파기의 범위

위에서 본 바와 같이 원심은 피고인 1, 피고인 2, 피고인 3, 피고인 4에게 무죄 부분의 재산 가액까지를 포함하여 위 범죄사실 제4의 가.에 대하여 추징을 선고함으로써 특정경제범죄가중처벌등에관한법률과 구 외국환관리법 또는 구 외국환거래법에서의 추징에 관한 법리를 오해한 위법이 있다 할 것이므로 원심판결 중 범죄사실 제4의 가. 부분에 대한 추징 부분은 파기되어야 할 것이다.

4. 결론

그런데 이 사건은 당원이 직접 판결하기에 충분하다고 인정되므로 형사소송법 제391조, 제396조 제1항에 의하여 원심판결 중 범죄사실 제4의 가. 부분에 대하여 추징을 명한 부분을 파기하고, 위 범죄사실 중 무죄 부분에 대하여 추징된 금액을 제외한 위 금액을 특정경제범죄가중처벌등에관한법률 제10조 제3항, 제1항에 의하여 위 피고인들로부터 각 추징하기로 하고, 피고인 5, 피고인 6, 피고인 7의 상고와 피고인 1, 피고인 2, 피고인 3, 피고인 4의 나머지 상고 및 검사의 상고는 각 이유 없어 모두 기각하기로 하여, 관여 대법관의 일치된 의견으로 주문과 같이 판결한다.

대법관　유지담(재판장) 배기원 이강국(주심) 김용담

6-4. 특경가법 몰수추징의 범위

(대법원 1995.3.10. 선고 94도1075 판결[외국환거래법 위반 등]

[판시사항]

가. 약 3년 10개월 동안에 43회에 걸쳐 저지른 재산국외도피행위를 포괄1죄로 봄이 상당하다고 한 사례

나. 법인의 종업원인 피고인이 그 법인의 업무에 관하여 다른 공범자들과 함께 국외로 도피시킨 법인 소유 재산을 피고인으로부터 추징할 수 있는지 여부

[판결요지]

가. 피고인 등이 저지른 수차례의 재산국외도피행위가 약 3년 10개월 동안 43회에 걸쳐 피고인 갑 회사 소유의 케냐국 소재 호텔 재건축자금을 마련할 목적으로 피고인 을이 책임자로 있던 회사의 동경사무소에서 해외거주 고객으로부터 회사가 운영하는 국내 소재 호텔 카지노의 이용자금을 외화로 받아 이를 인편으로 회사의 홍콩사무소로 보낸 다음 그 곳에서 은행을 통하여 케냐국에 송금하는 방법으로 행하여졌다면, 이는 동일인들이 동일한 목적을 가지고 단일하고 동일하며 계속적인 범의하에 동일한 수단과 방법을 통하여 동일범죄의 구성요건에 해당하는 행위를 계속적으로 실행한 것이어서 그 모두를 포괄1죄로 봄이 상당하다고 한 사례

나. '가'항의 피고인 을에 대한 추징은 특정경제범죄가중처벌등에관한법률 제10조 제3항, 제1항에 의한 것으로서 형법상의 몰수, 추징과는 달리 범죄로 인한 이득의 박탈을 목적으로 한 것이라기보다는 재산국외도피사범에 대한 징벌의 도를 강화하여 범행대상인 재산을 필요적으로 몰수하고 그 몰수가 불능인 때에는 그 가액을 납부하게 하는 징벌적 성질의 처분이라고 봄이 상당하므로 그 도피재산이 피고인 을이 아닌 '가'항 회사의 소유라거나 피고인 을이 이를 점유하지 아니하고 그로 인하여 이득을 취한 바가 없다고 하더라도 추징할 수 있다.

[원심판결] 서울고등법원 1994.3.11. 선고 93노4029 판결

[주 문]

상고를 모두 기각한다.

[이 유]

피고인 1 및 피고인들의 변호인의 상고이유를 판단한다.

1. 원심판결 이유에 의하면, 원심은 피고인들에 대한 이 사건 범죄사실을 유죄로 인정한 제1심의 조치를 그대로 유지하고 있는 바, 기록에 비추어 살펴보면, 원심은 제1심이 그 판시 범죄사실에 대한 증거로 들고 있는 검사 작성의 이상국에 대한 진술조서사본이 피고인들이 이를 증거로 함에 동의한 사실이 없을 뿐만 아니라 공판준비 또는 공판기일에서 원진술자인 이상국에 의하여 성립의 진정함이 인정된 일이 없음에도 불구하고 이를 증거로 사용한 제1심을 그대로 유지하여 증거능력없는 증거를 사실인정의 자료로 삼은 채증법칙 위반의 잘못을 저지른 것이나, 위 증거를 제외한 나머지 증거들만으로도 피고인들의 범죄사실을 인정하기에 충분하므로, 원심이 피고인들에 대한 범죄사실을 증거없이 인정하였다고 할 수 없으며, 위와 같은 위법은 판결 결과에 아무런 영향이 없다. 상고이유는 받아들일 수 없다.

2. **단일하고 계속된 범의하에 동종의 범행을 일정기간 반복하여 행하고 그 피해법익도 동일한 경우에는 각 범행을 통틀어 포괄일죄로 보아야 할 것인 바**, 원심이 유지한 제1심이 인정한 그 판시 범죄사실에 의하면, 피고인 등이 저지른 이 사건 수차례의 재산국외도피행위는 약 3년 10개월 동안 43회에 걸쳐 피고인 2투자개발 주식회사 소유의 케냐국 소재 호텔 재건축자금을 마련할 목적으로 피고인 1이 책임자로 있던 위 회사의 동경사무소에서 해외거주 고객으로부터 위 회사가 운영하는 워커힐호텔 카지노의 이용자금을 외화로 받아 이를 인편으로 위 회사의 홍콩사무소로 보낸 다음 그 곳에서 은행을 통하여 케냐국에 송금하는 방법으로 행하여졌으므로 이는 동일인들이 동일한 목적을 가지고 단일하고 동일하며 계속적인 범의하에 동일한 수단과 방법을 통하여 동일범죄의 구성요건에 해당하는 행위를 계속적으로 실행한 것이어서 그 모두를 포괄일죄로 봄이 상당하다 할 것이고, 그 결과 도피된 재산 총액을 기준으로 특정경제범죄가중처벌등에관한법률이 적용되어 가중처벌된다 하여 책임주의에 위배된다고 말할 수 없다. 이 점을 지적하는 상고이유도 받아들일 수 없다.

3. 피고인 1에 대한 **이 사건 추징은 위 특정경제범죄가중처벌등에관한법률 제10조 제3항, 제1항에 의한 것으로서 이는 형법상의 몰수, 추징과는 달리 범죄로 인한 이득의 박탈을 목적으로 한 것이라기보다는 재산국외도피사범에 대한 징벌의 도를 강화하여 범행대상인 재산을 필요적으로 몰수하고 그 몰수가 불능인 때에는 그 가액을 납부하게 하는 징벌적 성질의 처분이라고 봄이 상당하므로 그 도피재산이 피고인 1이 아닌 위 회사의 소유라거나 피고인 1이 이를 점유하지 아니하고 그로 인하여 이득을 취한 바가 없다고**

하더라도 추징할 수 있는 것이다. 상고이유는 받아들일 수 없다.

4. 그러므로 상고를 모두 기각하기로 관여 법관의 의견이 일치되어 주문과 같이 판결한다.

대법관　박준서(재판장) 박만호 김형선 이용훈(주심)

[판시사항]

[1] 이른바 암달러상의 외국환 환전행위에 대한 처벌규정 및 외국환거래법 제27조 제1항 제6호에 해당하는 행위를 같은 항 제5호로 처벌한 것이 판결에 영향이 있는지 여부(소극)

[2] 외국환거래법 제30조에 의한 추징액의 산정방법에 관한 사례

[판결요지]

[1] 이른바 암달러상이 미화 등의 외국환을 매입하거나 매도하는 경우, 그 행위는 외국환거래법 제27조 제1항 제6호, 제8조 제3항 소정의 무등록 환전업무를 영위한 것에 해당하고, 원심이 이에 대하여 외국환거래법 제27조 제1항 제6호, 제8조 제3항을 적용하지 아니하고 같은 법 제27조 제1항 제5호, 제8조 제1항을 적용한 것은 그 법령의 적용에 잘못이 있다 할 것이나, 외국환거래법 제27조 제1항 제5호는 같은 법 제8조 제1항의 규정에 의한 등록을 하지 아니하고 외국환업무를 영위한 자에 대한 처벌규정이고 외국환거래법 제27조 제1항 제6호는 같은 법 제8조 제3항의 규정에 의한 등록을 하지 아니하고 외국환업무 중 환전업무만을 영위한 자에 대한 처벌규정으로서 그 죄질과 법정형에 있어서 차이가 없으므로, 원심의 위와 같은 법령적용의 잘못은 판결에 영향을 미쳤다고 할 수 없다.

[2] 외국환을 몰수할 수 없게 되어 그 가액을 추징하면서 외국환에 대한 판결 선고 당시의 가액 상당으로 추징액을 산정한 원심의 조치를 정당하다고 한 사례.

[원심판결] 서울지법 2001.8.22. 선고 2001노3546 판결

[주 문]

상고를 기각한다.

[이 유]

1. 법령적용의 위법에 대하여

원심은, 피고인이 재정경제부장관에게 등록하지 아니하고 2000년 2월 중순경 서울 중구

회현동 소재 피고인의 사무실에서 공소외 불법환전상(일명 암달러상)들로부터 외국환인 미국 달러를 매입하고 상피고인에게 한화를 미화 5만불로 환전하여 주어 외국환 매매업무를 하였다는 범죄사실을 유죄로 인정하면서 이에 대하여 외국환거래법 제27조 제1항 제5호, 제8조 제1항을 적용하였다.

그러나 원심이 인정한 위 범죄사실은 외국환거래법 제27조 제1항 제6호, 제8조 제3항 소정의 무등록 환전업무를 영위한 것에 해당하고, 기록에 의하여도 피고인이 외국통화 매매의 환전업무 이외의 다른 외국환업무를 영위하였다고 볼 자료가 없다. 따라서 원심이 위 범죄사실에 대하여 외국환거래법 제27조 제1항 제6호, 제8조 제3항을 적용하지 아니하고 같은 법 제27조 제1항 제5호, 제8조 제1항을 적용한 것은 그 법령의 적용에 잘못이 있다 할 것이나, 외국환거래법 제27조 제1항 제5호는 같은 법 제8조 제1항의 규정에 의한 등록을 하지 아니하고 외국환업무를 영위한 자에 대한 처벌규정이고 외국환거래법 제27조 제1항 제6호는 같은 법 제8조 제3항의 규정에 의한 등록을 하지 아니하고 외국환업무 중 환전업무만을 영위한 자에 대한 처벌규정으로서 그 죄질과 법정형에 있어서 차이가 없으므로, 원심의 위와 같은 법령적용의 잘못은 판결에 영향을 미쳤다고 할 수 없다.

결국, 이 부분에 관한 상고이유의 주장은 이유 없다.

2. 추징에 대하여

원심은, 피고인이 외국환거래법 제27조 제1항 제6호 소정의 무등록 환전업무를 영위하면서 미화 5만 달러를 매입하여 취득하였다가 이를 매도함으로써 몰수할 수 없게 된 것으로 보고 피고인에 대하여 외국환거래법 제30조를 적용하여 미화 5만 달러에 대한 원심판결 선고일 무렵의 가액 상당인 64,325,000원의 추징을 명하였는바, 관계 법령과 기록에 비추어 살펴보면, 원심의 위와 같은 조치는 정당하고 거기에 상고이유에서 주장하는 바와 같은 추징에 관한 법리오해의 위법이 없다.

이 부분에 관한 상고이유의 주장도 이유 없다.

3. 그러므로 상고를 기각하기로 하여 관여 법관의 일치된 의견으로 주문과 같이 판결한다.

대법관   송진훈(재판장) 변재승 윤재식(주심) 이규홍

6-6. 외국환거래법 몰수추징규정의 위헌 여부

(헌재 2012.5.31. 2010헌가97[구 외국환거래법 제30조 위헌제청])

[판시사항]

거주자가 대통령령이 정하는 바에 의하여 기획재정부장관에게 신고를 하지 아니하고 취득한 해외부동산을 필요적으로 몰수추징하도록 규정한 구 외국환거래법(1998.9.16. 법률 제

5550호로 제정되고, 2009.1.30. 법률 제9351호로 개정되기 전의 것, 이하 '외국환거래법'이라 한다) 제30조 중 '제28조 제1항 제4호 가운데 제18조 제1항의 규정에 의한 신고를 하지 아니하고 자본거래를 한 자가 당해 행위로 인하여 취득한 부동산에 관하여 적용되는 부분'(이하 '이 사건 법률조항'이라 한다)이 과잉금지원칙에 위배되는지 여부(소극)

[결정요지]

해외부동산 취득시 대규모의 자금이동 내지 비정상적인 거래가 이루어질 가능성이 있음에도 그 적발이 쉽지 않은 점, 대외적 요인에 취약한 우리나라의 경제규모나 구조, 자본의 불법적 유출입에 대한 감시의 필요성, 외국환거래법상의 몰수·추징의 징벌적 특성 및 부가형적인 성질 등에 비추어 볼 때, 거주자가 해외부동산을 신고하지 아니하고 취득한 경우 이를 형사처벌하는 외에 취득한 해외부동산을 필요적으로 몰수·추징하도록 하는 것은 신고제도의 실효성을 확보함과 동시에 미신고 해외부동산 취득에 관한 경제적 유인을 억제함으로써 국제수지의 균형과 통화가치의 안정을 달성하기 위한 것으로 그 입법목적이 정당하고, 이를 달성하기 위한 적절한 수단이다.

신고를 요건으로 하는 거주자의 해외부동산 취득절차에서 취득하려는 해외부동산에 대한 자발적 신고는 국제수지의 균형과 통화가치의 안정을 확보하기 위하여 가장 기본적으로 요구되는 사항이므로, 그 이행을 위해서는 신고의무에 정면으로 배치되는 미신고 해외부동산 취득행위를 방지하고 그 취득에 관한 경제적 유인을 금지하여 엄격하게 처벌할 필요가 있다. 그러므로 신고의무를 해태하는 경우 일반 행정법규상의 단순한 신고 미이행 등과 같은 질서벌이 아닌 형사벌으로 다루는 것 외에 신고하지 아니하고 취득한 해외부동산을 반드시 몰수·추징할 필요성이 있고 이를 임의적 규정으로 하여서는 위와 같은 입법 목적을 달성하기에 부족하다. 한편, 주형의 구체적인 양형과정에서 필요적 몰수·추징의 부가형을 참작하여 구체적 형평성을 기할 수 있으며, 법관은 주형에 대하여 선고를 유예하는 경우에는 부가형인 몰수·추징에 대하여 선고를 유예할 수 있어 사안에 따라 필요적 몰수·추징이 가혹할 경우에는 선고유예를 통하여 구체적 형평성을 기할 수 있다. 나아가 외국환거래법이 거주자의 해외부동산 취득과 관련하여 기획재정부장관에게 수리 여부를 결정하거나 거래 내용의 변경을 권고할 수 있는 권한을 부여하고 있으므로, 거주자의 해외부동산 취득이 단순히 신고라는 절차적인 요건을 갖추기만 하면 완전히 자유롭게 허용되는 행위라고 볼 수도 없다. 따라서 이 사건 법률조항은 침해최소성원칙에 반하지 아니한다. 거주자의 미신고 해외부동산 취득행위는 곤궁범이 아닌 이욕범이자 재정범으로 국가경제에 미치는 부정적 영향이 지대하다는 점을 고려할 때, 이 사건 법률조항에 의해 제한되는 재산권 등 사익이 국제수지의 균형과 통화가치의 안정을 통한 건전한 외국환거래질서 확립이라는 공익보다 더 크다고 할 수 없다.

따라서 이 사건 법률조항은 과잉금지원칙에 위배되지 아니한다.

[주 문]

구 외국환거래법(1998.9.16. 법률 제5550호로 제정되고, 2009.1.30. 법률 제9351호로 개정되기 전의 것) 제30조 중 '제28조 제1항 제4호 가운데 제18조 제1항의 규정에 의한 신고를 하지 아니하고 자본거래를 한 자가 당해 행위로 인하여 취득한 부동산에 관하여 적용되는 부분'은 헌법에 위반되지 아니한다.

[이 유]

1. 사건개요 및 심판대상

가. 사건개요

(1) 당해 사건의 피고인인 제청신청인은, 「거주자가 외국에 있는 부동산 또는 이에 관한 권리를 취득하고자 하는 경우에는 지정거래 외국환은행의 장에게 신고하여 수리를 받아야 함에도, 지정거래 외국환은행의 장에게 신고하지 아니하고, 2008.8.1.경 미국 하와이(Hawaii)주 호놀룰루(Honolulu)시에 있는 콘도(1151 Ala Wai Blvd. Suite ○○○○, Honolulu, HI 96815)를 미화 2,623,150달러(한화 2,661,447,990원 상당)에 구입하여 외국에 있는 부동산에 대한 소유권을 취득하였다.」는 이유로, 구 외국환거래법 제28조 제1항 제4호, 제18조 제1항 위반으로 서울중앙지방법원에 기소되었다(서울중앙지방법원 2010고단4148).

(2) 제청신청인은 1심 계속 중 신고를 하지 아니하고 자본거래를 한 자가 당해 행위로 인하여 취득한 부동산 등을 필요적으로 몰수·추징하도록 규정한 구 외국환거래법 제30조에 대하여 위헌법률심판제청신청(서울중앙지방법원 2010초기3691)을 하였고, 제청법원은 2010.11.25. 위 제청신청을 받아들여 위 조항이 위헌이라고 인정할 만한 상당한 이유가 있다며 이 사건 위헌법률심판제청을 하였다.

나. 심판대상

이 사건 심판대상은 구 외국환거래법(1998.9.16. 법률 제5550호로 제정되고, 2009.1.30. 법률 제9351호로 개정되기 전의 것, 이하 '외국환거래법'이라 한다) 제30조 중 '제28조 제1항 제4호 가운데 제18조 제1항의 규정에 의한 신고를 하지 아니하고 자본거래를 한 자가 당해 행위로 인하여 취득한 부동산에 관하여 적용되는 부분'(이하 '이 사건 법률조항'이라 한다)이 헌법에 위반되는지 여부이며, 그 내용 및 관련 조항은 다음과 같다.

[심판대상조항]

구 외국환거래법(1998.9.16. 법률 제5550호로 제정되고, 2009.1.30. 법률 제9351호로 개정되기 전의 것) 제30조(몰수·추징) 제27조 제1항·제28조 제1항 및 제29조 제1항의 각 호의 1에 해당하는 자가 당해 행위로 인하여 취득한 외국환 기타 증권·귀금속·부동산 및 내국지급수단은 이를 몰수하며, 몰수할 수 없는 때에는 그 가액을 추징한다.

[관련조항]

구 외국환거래법(2009.1.30. 법률 제9351호로 개정되기 전의 것) 제28조 (벌칙) ① 다음 각 호의 1에 해당하는 자는 2년 이하의 징역 또는 1억 원 이하의 벌금에 처한다. 다만, 위반행위의 목적물의 가액의 3배가 1억 원을 초과하는 경우에는 그 벌금을 목적물의 가액의 3배 이하로 한다.

4. 제18조 제1항 또는 제3항의 규정에 의한 신고를 하지 아니 하거나 허위로 신고(동조 제6항 또는 제7항의 규정에 위반한 경우를 포함한다)하고 자본거래를 한 자

제18조 (자본거래의 신고 등) ① 자본거래를 하고자 하는 자는 대통령령이 정하는 바에 의하여 기획재정부장관에게 신고하여야 한다. 다만, 경미하거나 정형화된 자본거래로서 기획재정부장관이 대통령령이 정하는 바에 의하여 지정한 자본거래는 그러하지 아니하다.

② 생략

③ 제2항의 규정에 불구하고 다음 각 호의 1에 해당하는 자본거래의 경우에는 대통령령이 정하는 구분에 의하여 제1항의 규정에 의한 신고대상으로 하거나 허가 및 신고대상에서 제외할 수 있다.

1. 외국환업무취급기관 등이 그 업무로서 행하는 거래로서 기획재정부장관이 정하는 거래

2. 외국환중개회사 또는 '자본시장과 금융투자업에 관한 법률'에 따른 투자매매업자·투자중개업자가 중개하는 파생금융거래

3. 해외직접투자

4. 거주자에 의한 비거주자로부터의 증권 또는 이에 관한 권리의 취득으로서 '자본시장과 금융투자업에 관한 법률'에 따른 투자매매업자·투자중개업자 또는 집합투자업자가 위탁매매·중개·판매대행하는 거래

5. 기타 당해 자본거래가 허가를 받지 아니하고 이루어지더라도 이 법의 실효성을 확보하는 데 지장이 없다고 인정하여 기획재정부장관이 지정한 거래

④ 제1항 및 제3항의 규정에 의하여 기획재정부장관에게 신고하도록 정한 사항 중 거주자의 해외직접투자 및 해외부동산이나 이에 관한 권리의 취득에 대하여 기획재정부장관은 그 내용을 심사하여 신고수리 여부 등을 결정할 수 있다.

⑤ 기획재정부장관은 제4항의 규정에 의한 신고에 대하여 대통령령이 정하는 처리기간 내에 다음 각 호의 1에 해당하는 결정을 하여 신고인에게 통지하여야 한다.

1. 신고의 수리

2. 신고의 수리거부

3. 거래내용의 변경권고

⑥ 기획재정부장관이 제5항 제2호에 해당하는 결정을 한 경우에는 그 신고를 한 거주자는 당해 거래를 하여서는 아니 된다.

⑦~⑧ 생략

제3조 (정의) ① 이 법에서 사용하는 용어의 정의는 다음과 같다.

12. "거주자"라 함은 대한민국 안에 주소 또는 거소를 둔 개인과 대한민국 안에 주된 사무소를 둔 법인을 말한다.

18. "자본거래"라 함은 다음 각 목의 1에 해당하는 거래 또는 행위를 말한다.

　　사. 거주자에 의한 외국에 있는 부동산이나 이에 관한 권리의 취득 또는 비거주자에 의한 국내에 있는 부동산이나 이에 관한 권리의 취득

제23조 (위임·위탁 등) ① 기획재정부장관은 이 법에 의한 권한의 일부를 대통령령이 정하는 바에 의하여 금융위원회·증권선물위원회·관계행정기관의 장·한국은행총재·금융감독원장·외국환업무취급기관 등의 장 기타 대통령령이 정하는 자에게 위임 또는 위탁할 수 있다.

구 외국환거래법 시행령(2009.2.3. 대통령령 제21287호로 개정되기 전의 것) 제35조 (권한의 위임·위탁) ⑤ 법 제23조 제1항의 규정에 의하여 다음 각 호의 사항에 관한 기획재정부장관의 권한은 이를 외국환업무취급기관의 장에게 위탁한다.

2. 법 제18조의 규정에 따른 자본거래신고의 수리 또는 접수(기획재정부장관이 고시하는 것에 한한다)

2. 제청법원의 위헌제청이유

가. 외국환거래법은 해외부동산 취득 자체를 금지하는 것이 아니라 신고만 있으면 언제든지 해외부동산을 취득할 수 있도록 하고 있으므로 미신고 해외부동산 취득의 불법성은 신고의무를 이행하지 않았다는 행정법규 위반에 그 중심이 있는 것이다. 따라서 구체적인 사안에 따라 몰수나 추징이 필요한 경우에 임의적으로 몰수·추징을 하더라도 외국환거래법의 입법목적 달성에 장애가 없고, 한편 해외부동산 취득행위가 단순한 미신고를 넘어 재산을 국외로 도피시키는 행위에 이른 경우에는 특정경제범죄가중처벌법 위반죄로 처벌하면서 그 도피재산에 대해 필요적으로 몰수하거나 추징하게 되어 있다.

　그럼에도 이 사건 법률조항은 해외부동산 거래행위에 대한 신고를 단순히 업무상 착오나 과실로 해태한 경우와 같이 행위자의 책임이 경미한 경우에도 취득한 해외부동산을 필요적으로 몰수추징하도록 하고 있는바, 이는 형벌 본래의 기능과 목적을 달성함에 있어 필요한 정도를 현저히 일탈하여 헌법 제37조 제2항의 과잉금지원칙에 위반된다.

나. 형의 선고에 있어 주형에 대하여 선고를 유예하지 아니하면서 그에 부가할 추징에 대해서만 선고를 유예할 수는 없는바, 이 사건 법률조항은 범행에 이르게 된 경위나 구체적인 양형사유를 고려하지 않고 취득한 해외부동산 자체를 필요적으로 몰수추징하도록 하고 있어, 법관으로서는 행위의 불법성이 크지 않은 경우에도 주형에 비해 과도하게 높은 부가형을 선고하여야 하거나 이를 피하기 위해서는 주형마저도 선고를 유예할 수밖에 없게 되는데, 이는 법관의 양형선택과 판단권을 극도로 제한하여 범죄자의 책임의 정도에 알맞은 형벌을 선고할 수 없게 하므로 위헌적인 법률조항이다.

3. 판단

가. 거주자의 해외부동산 취득에 관한 규제변화

(1) 규제내용의 변화

거주자의 해외부동산 취득에 대한 규제는 원칙적 금지에서 허가제, 신고제로 점차 완화되어 왔다.

1961.12.31. 법률 제933호로 제정된 외국환관리법은 거주자의 해외부동산 취득에 관하여 처음으로 규율하였는바, 같은 법 제29조에서 "거주자는 법령이 정하는 경우를 제외하고는 외국에 있는 부동산을 취득하여서는 아니된다."고 규정하여 거주자가 투자 또는 주거 목적으로 해외부동산을 취득하는 것을 원칙적으로 금지하였다. 1991.12.27. 법률 제4447호로 개정된 외국환관리법은 기존의 규제위주의 금지법 체계에서 원칙적인 자유화와 예외적인 제한 방식으로 대외거래에 관한 규율을 개편하면서 주거 목적의 해외부동산 취득도 자본거래의 한 유형으로 포섭하여 허가제로 완화하였고(제21조), 1995.12.29. 법률 제5040호로 개정된 외국환관리법은 거주자의 주거 목적 해외부동산 취득과 관련하여 일부 거래유형에 대하여 신고제를 도입하여 허가제와 신고제를 병존시켰다(제21조).

그 후 외국환관리법이 폐지되고 외국환거래법이 1998.9.16. 법률 제5550호로 제정되었는데, 위 법은 거주자의 해외부동산 취득과 관련하여 신고제를 원칙으로 하였다(제18조 제1항).

(2) 형사처벌 규정

구 외국환관리법은 제정 당시부터 해외부동산 취득 금지규정을 위반한 거주자를 형사처벌하는 규정을 두어 온 이래 그 법정형의 변경을 거쳐 현행 외국환거래법에 이르고 있다. 2009.1.30. 법률 제9351호로 개정된 외국환거래법은 거주자의 해외부동산 취득에 관한 신고의무 위반 행위에 대하여 그 신고의무를 위반한 금액이 5억 원 이상으로서 대통령령이 정하는 금액을 초과하는 경우에만 1년 이하의 징역 또는 1억 원 이하의 벌금(위반행위의 목적물 가액의 3배가 1억 원을 초과하는 경우에는 그 벌금을 목적물 가액의 3배 이하로 한다)에 처하도록 하고(제29조 제1항 제6호), 그 밖의 경우에는 5천만 원 이하의 과태료를 부과하는 것으로 규정하였고(제32조 제1항 제3호), 2009.2.3. 대통령령 제21287호로 개정된 외국환거래법 시행령 제40조는 신고의무 위반으로 처벌의 대상이 되는 금액을 10억 원으로 규정하고 있었다. 그러나 2011.7.25. 대통령령 제23041호로 개정된 외국환거래법 시행령 제40조는 형사처벌 대상자를 줄이기 위하여 형벌을 부과하는 대상이 되는 신고의무 위반의 기준금액을 50억 원으로 상향 조정하였다. 다만, 2009.1.30. 법률 제9351호로 개정된 외국환거래법 부칙 제3항은 이 법 시행 전의 행위에 대한 벌칙 등의 적용은 종전의 규정에 따르도록 규정하고 있어, 당해 사건의 경우 위와 같은 법령의 개정에도 불구하고 구 외국환거래법(1998.9.16. 법률 제5550호로 제정되고, 2009.1.30. 법률 제9351호로 개정되기 전의 것)이 적용된다.

(3) 필요적 몰수·추징 조항

1966.7.28. 법률 제1799호로 개정된 외국환관리법에서 거주자의 해외부동산 취득 금지의무를 위반한 자를 형사처벌하는 외에 당해 행위로 인하여 취득한 부동산을 필요적으로 몰수추징하는 규정(제36조의2)을 신설한 이래 현행 외국환거래법에 이르기까지 기본적인 내용의 변화 없이 이어져 오고 있다.

나. 이 사건 법률조항의 위헌 여부에 관한 판단

(1) 거주자의 미신고 해외부동산 취득의 처벌과 필요적 몰수·추징

이 사건 법률조항은 기획재정부장관에게 신고를 하지 아니하고 외국에 있는 부동산을 취득한 거주자를 2년 이하의 징역 또는 1억원 이하의 벌금(위반행위의 목적물의 가액의 3배가 1억 원을 초과하는 경우 벌금은 목적물의 가액의 3배 이하)으로 형사처벌하는 외에 거주자가 취득한 해외부동산을 몰수하고, 몰수할 수 없는 때에는 그 가액을 추징하도록 규정하고 있다.

위 몰수·추징은 범죄로 인한 이득의 박탈을 목적으로 한 형법상의 몰수추징과는 달리 거주자의 미신고 해외부동산 취득행위에 대한 징벌의 정도를 강화하여 취득한 해외부동산을 필요적으로 몰수하고 그 몰수가 불능인 때에는 그 가액을 납부하게 하는 징벌적 제재의 성격을 띠고 있으므로, 그 부동산으로 인하여 이득을 취하였는지 여부를 불문하고 이를 몰수하거나 그 가액 전부를 추징할 수 있다(대법원 1998.5.21. 선고 95도2002 전원합의체 판결 참조).

(2) 필요적 몰수추징 규정의 위헌 여부에 대한 심사 기준

어떤 행위를 범죄로 규정하고 그에 대하여 어떠한 형벌을 과할 것인가 하는 문제는 원칙적으로 입법자가 우리의 역사와 문화, 입법 당시의 시대적 상황과 국민 일반의 가치관 내지 법감정, 범죄의 실태와 죄질 및 보호법익 그리고 범죄 예방 효과 등을 종합적으로 고려하여 결정하여야 할 국가의 입법정책에 관한 사항으로서, 광범위한 입법재량 내지 형성의 자유가 인정되어야 할 부분이다.

몰수 · 추징은 전적으로 법관의 재량에 맡겨져 있는 임의적 몰수 · 추징의 경우도 있으나 요건이 충족되는 한 반드시 몰수 · 추징을 선고하여야 하는 필요적 몰수 · 추징의 경우도 있는바, 몰수 · 추징을 임의적으로 할지 아니면 필요적으로 할지는 기본적으로는 입법정책에 관한 사항이다. 그러나 이러한 입법형성권도 무제한적인 것이 아니라 어느 범죄에 대한 법정형이 지나치게 가혹하여 헌법상 평등의 원칙이나 과잉금지의 원칙에 반하는 경우 헌법에 반하므로, 형의 일종인 몰수 · 추징도 지나치게 가혹할 경우 과잉금지원칙 등에 위반되어 헌법에 위반된다(헌재 2008.10.30. 2008헌바11, 판례집 20−2상, 868, 881 참조).

(3) 과잉금지원칙 위배 여부

(가) 목적의 정당성 및 수단의 적절성

거주자의 해외부동산 취득을 포함한 자본거래는 그 거래 또는 행위의 성질상 비교적 용이하게 국제적으로 대규모 자금이동을 수반하므로 외화 수요를 증가시켜 환율 상승의 요인이 되는 등 국제수지 불균형과 통화가치의 불안정을 초래하여 국가경제에 큰 영향을 미칠 우려가 있다. 그럼에도 불구하고 외환당국이 그 거래내용이나 진실성을 파악하기는 쉽지 아니하다.

이와 같이 해외부동산 취득시 대규모의 자금이동 내지 비정상적인 거래가 이루어질 가능성이 있음에도 그 적발이 쉽지 않은 점, 대외적 요인에 취약한 우리나라의 경제규모나 구조, 자본의 불법적 유출입에 대한 감시의 필요성, 외국환거래법상의 몰수 · 추징의 징벌적 특성 및 부가형적인 성질 등에 비추어 볼 때, 거주자가 해외부동산을 신고하지 아니하고 취득한 경우 이를 형사처벌하는 외에 취득한 해외부동산을 필요적으로 몰수 · 추징하도록 하는 것은 신고제도의 실효성을 확보함과 동시에 미신고 해외부동산 취득에 관한 경제적 유인을 억제함으로써 국제수지의 균형과 통화가치의 안정을 달성하기 위한 것으로 그 입법목적이 정당하고, 이를 달성하기 위한 적절한 수단이다.

(나) 침해최소성

임의적 규정으로는 법의 목적을 실현하기에 부족하고 필요적인 규정이 입법목적 달성에 반드시 필요한 경우라면, 필요적인 제재 규정이라고 하더라도 '최소 침해성의 원칙'에 위

배되지 않는다(헌재 2002.4.25. 2001헌가19등, 판례집 14-1, 235, 244-246; 헌재 2003.6.26. 2001헌바31, 판례집 15-1, 691, 700 참조).

대외적 요인에 취약한 우리나라의 경제구조나 규모 등 지정학적 특성에 해외부동산 취득 시 대규모의 자금이동 내지 비정상적인 거래가 이루어질 가능성이 있음에도 그 적발이 쉽지 않은 점을 보태어 보면, 안정적인 국가경제의 운용을 위해서는 국가가 자국의 경제상황에 맞는 외국환관리를 실시할 필요가 크다. 이에 따라 해외부동산을 취득하고자 하는 거주자에게 신고의무를 부과하고, 해외부동산 취득 후 3월 이내에 해외부동산 취득보고서를, 해외부동산 처분 후 3월 이내에 해외부동산처분보고서를, 취득부동산의 계속 보유여부의 증명 등 사후관리에 필요하여 요청받는 경우에는 수시 보고서를 지정거래 외국환은행에 각 제출하도록 하고 있으며, 지정거래 외국환은행은 이와 같이 보고받은 해외부동산 취득·양도자료를 국세청에 통보하도록 하고 있다. 이러한 신고의 내용은 우리 경제의 건전한 발전을 저해할 수 있는 불법거래, 탈세 등을 방지하고 우리 경제의 이상 징후를 포착하여 적시에 필요한 정책대응을 모색하는 데 활용된다. 따라서 신고를 요건으로 하는 거주자의 해외부동산 취득절차에서 취득하려는 해외부동산에 대한 자발적 신고는 국제수지의 균형과 통화가치의 안정을 확보하기 위하여 가장 기본적으로 요구되는 사항이다.

그런데 거주자에 의한 해외부동산 취득 신고가 이루어지지 않을 경우 신고를 전제로 한 모니터링 제도의 근간이 무너져 국제적인 자본 유출입을 효과적으로 파악할 방법이 없을 뿐만 아니라 사후관리도 불가능하기 때문에, 그 이행을 위해서는 신고의무에 정면으로 배치되는 미신고 해외부동산 취득행위를 방지하고 그 취득에 관한 경제적 유인을 금지하여 엄격하게 처벌할 필요가 있다. 그러므로 신고의무를 해태하는 경우 일반 행정법규상의 단순한 신고 미이행 등과 같은 질서벌이 아닌 형사범으로 다루는 것 외에 신고하지 아니하고 취득한 해외부동산을 반드시 몰수·추징할 필요성이 있고 이를 임의적 규정으로 하여서는 위와 같은 입법 목적을 달성하기에 부족하다.

한편, 거주자의 미신고 해외부동산 취득행위에 대한 법정형이 그리 높지 아니하므로 이 사건 법률조항의 적용으로 부가형이 주형보다 높은 경우가 발생할 수 있다. 그러나 외국환거래법상의 몰수·추징은 재산상 이익을 환수하는 데 그치는 것이 아니고 징벌적인 성격을 가지며, 행위자의 책임과 형벌의 비례관계는 주형과 부가형을 통산하여 인정되는 것이므로 주형의 구체적인 양형과정에서 필요적 몰수·추징의 부가형을 참작하여 구체적 형평성을 기할 수 있다. 또한 법관은 주형에 대하여 선고를 유예하지 아니하면서 그에 부가할 추징에 대하여서만 선고를 유예할 수는 없으나(대법원 1979.4.10. 선고 78도3098 판결 참조), 주형에 대하여 선고를 유예하는 경우에는 부가형인 몰수·추징에 대하여 선고를 유예할 수 있어(대법원 1980.12.9. 선고 80도584 판결; 대법원 1978.4.25. 선고 76도2262 판결 참조), 사안에 따라 필요적 몰수추징이 가혹할 경우에는 선고유예를 통하여 구체적 형평성을 기할 수 있다. 따라서 부가형이 주형보다 중할 수 있다는 점만으로 법관의 양형 재량이 과도하게 제한된다거나 책임과 형벌의 비례원칙에 반한다고 볼 수 없다.

나아가 **외국환거래법이 거주자의 해외부동산 취득과 관련하여 형식적으로는 신고를 하도록 규정하고 있지만 그 내용 면에서는 여전히 기획재정부장관에게 수리 여부를 결정하거나 거래 내용의 변경을 권고할 수 있는 권한을 부여하고 있으므로**(법 제18조 제4항 내지 제7항 참조), **거주자의 해외부동산 취득이 단순히 신고라는 절차적인 요건을 갖추기만 하면 완전히 자유롭게 허용되는 행위라고 볼 수도 없다. 즉 거주자가 신고를 하지 아니하고 취득한 해외부동산 중에는 신고만 하면 취득할 수 있었던 경우만 존재하는 것이 아니라 신고를 하더라도 수리거부 등으로 취득하지 못하였을 경우도 얼마든지 존재할 수 있다.**

청구인은, 거주자가 외국에서 발생한 수입으로 해외부동산을 취득한 경우에는 국제수지의 균형과 통화가치의 안정에 하등의 영향을 미치지 아니하므로 이러한 경우까지 이 사건 법률조항을 적용하여 해외부동산을 몰수·추징하는 것은 과도한 제한이라고 주장하나, 대한민국에 주소 또는 거소를 둔 개인 등이 외국에서 얻은 수입으로 해외부동산을 취득하였다 하여도 국가가 외환에 관한 일련의 자금흐름을 유기적으로 파악하여 감독하기 위하여는 이에 대한 신고의무를 부과하고 이를 위반한 경우 해외부동산을 몰수추징할 필요가 있으므로, 이를 지나친 제한이라고 할 수 없다.

결국 위 법률조항은 침해최소성원칙에 반하지 아니한다.

(다) 법익균형성

거주자의 미신고 해외부동산 취득행위는 곤궁범이 아닌 이욕범이자 재정범으로 국가경제에 미치는 부정적 영향이 지대하다는 점을 고려할 때, 이 사건 법률조항에 의해 제한되는 재산권 등 사익이 국제수지의 균형과 통화가치의 안정을 통한 건전한 외국환거래질서 확립이라는 공익보다 더 크다고 할 수 없다.

(라) 소결

따라서 이 사건 법률조항은 과잉금지원칙에 위배되지 아니한다.

4. 결론

그렇다면 이 사건 법률조항은 헌법에 위반되지 아니하므로 관여 재판관 전원의 일치된 의견으로 주문과 같이 결정한다.

6-7. 몰수·추징 규정의 취지

(대법원 2013.7.12. 선고 2013도4721 판결[외국환거래법 위반])

[판시사항]

외국환거래법 제30조가 법인이 해당 행위로 인하여 취득한 외국환 기타 지급수단 등을 몰수·추징 대상으로 규정하는 취지 및 '취득'의 의미

[원심판결] 광주지법 2013.4.3. 선고 2013노76 판결

[주 문]

상고를 기각한다.

[이 유]

상고이유를 판단한다.

외국환거래법 제30조가 규정하는 몰수·추징의 대상은 범인이 해당 행위로 인하여 취득한 외국환 기타 지급수단 등을 뜻하고, 이는 범인이 외국환거래법에서 규제하는 행위로 인하여 취득한 외국환 등이 있을 때 이를 몰수하거나 추징한다는 취지이며, 위의 '취득'이라 함은 해당 범죄행위로 인하여 결과적으로 이를 취득한 때를 말한다고 할 것이다(대법원 1982.3.9. 선고 81도2930 판결 등 참조).

원심은, 무등록 외국환업무 등을 영위하면서 환전을 위하여 받은 국내지급수단이나 외국환 자체는 외국환거래법상 몰수·추징 대상이 아니고, 다만 수수료로 받은 금액에 대하여 몰수·추징할 수 있을 뿐이라고 판단한 후, 환전을 위하여 피고인 등이 받은 홍콩달러 합계액 전액을 피고인으로부터 추징한 제1심판결을 파기하고, 피고인으로부터 환전을 위하여 받은 한화 합계액 중 2%에 해당하는 수수료 146,792,470원만을 추징하였다.

앞서 본 법리와 기록에 비추어 살펴보면, 원심의 위와 같은 조치는 정당한 것으로 수긍이 가고, 거기에 상고이유로 주장하는 바와 같은 외국환거래법상 추징에 관한 법리오해의 위법이 없다.

그러므로 상고를 기각하기로 하여, 관여 대법관의 일치된 의견으로 주문과 같이 판결한다.
대법관   민일영(재판장) 이인복 김신(주심)

6-8. 외국환거래법 위반 차입금의 몰수추징 여부

(대법원 2017.5.31. 선고 2013도8389 판결[외국환거래법 위반])

[판시사항]

[1] 형벌법규의 해석 원칙 / 외국환거래법 제30조가 범인이 해당 행위로 인하여 취득한

외국환 기타 지급수단 등을 몰수추징의 대상으로 규정하는 취지 및 여기서 '취득'의 의미
[2] 갑 재단법인의 이사 겸 사무총장으로서 자금관리 업무를 총괄하는 피고인이, 거주자인 갑 재단법인이 비거주자인 을 회사로부터 원화자금 및 외화자금을 차입하는 자본거래를 할 때 신고의무를 위반하였다는 내용으로 외국환거래법 위반죄가 인정된 사안에서, 금전대차계약의 차용 당사자는 갑 재단법인으로서, 피고인이 위 계약에 의하여 결과적으로 외국환거래법에서 규제하는 차입금을 취득하였다고 인정하기 어려워 피고인으로부터 차입금을 몰수하거나 그 가액을 추징할 수 없다고 한 사례

[판결요지]

[1] 형벌법규의 해석은 엄격하여야 하고 명문규정의 의미를 피고인에게 불리한 방향으로 지나치게 확장해석하거나 유추해석하는 것은 죄형법정주의의 원칙에 어긋나는 것으로서 허용되지 아니한다. **외국환거래법 제30조가 규정하는 몰수·추징의 대상은 범인이 해당 행위로 인하여 취득한 외국환 기타 지급수단 등을 뜻하고, 이는 범인이 외국환거래법에서 규제하는 행위로 인하여 취득한 외국환 등이 있을 때 이를 몰수하거나 추징한다는 취지로서, 여기서 취득이란 해당 범죄행위로 인하여 결과적으로 이를 취득한 때를 말한다고 제한적으로 해석함이 타당하다.**

[2] 갑 재단법인의 이사 겸 사무총장으로서 자금관리 업무를 총괄하는 피고인이, 거주자인 갑 재단법인이 비거주자인 을 회사로부터 원화자금 및 외화자금을 차입하는 자본거래를 할 때 신고의무를 위반하였다는 내용으로 외국환거래법 위반죄가 인정된 사안에서, **금전대차계약의 차용 당사자는 갑 재단법인으로서, 비록 피고인이 금전대차 거래행위를 실제로 집행하였지만 갑 재단법인을 대표하는 지위에 있지 아니하여 갑 재단법인의 기관으로서 한 것이라고 볼 수 없는 점, 위 계약에 따른 차입금은 모두 대여자인 을 회사로부터 갑 재단법인 계좌로 입금되었다가 그 후 갑 재단법인으로부터 그 금액이 을 회사에 반환되었고, 피고인은 갑 재단법인 계좌로 직접 입금된 차입금을 교부받았다고 볼 수 없으며, 달리 차입금을 피고인이 개인적으로 분배받는 등으로 실질적으로 자신에게 귀속시켰다고 인정할 만한 자료가 없는 점 등의 사정에 비추어 보면, 피고인이 금전대차계약에 의하여 결과적으로 외국환거래법에서 규제하는 차입금을 취득하였다고 인정하기 어려워 피고인의 취득을 이유로 외국환거래법 제30조에 따라 피고인으로부터 차입금을 몰수하거나 그 가액을 추징할 수 없는데도, 이와 달리 본 원심판결에 외국환거래법 제30조에서 정한 추징에 관한 법리오해의 위법이 있다고** 한 사례

[**원심판결**] 서울중앙지법 2013.6.21. 선고 2012노4404 판결

[주 문]

원심판결을 파기하고, 사건을 서울중앙지방법원 합의부에 환송한다.

[이 유]

1. 상고이유(상고이유서 제출기간이 지난 후에 제출된 각 상고이유보충서의 기재는 상고이유를 보충하는 범위 내에서)를 판단한다.

   가. 상고이유 제1점에 대하여

   원심은, 피고인이 공소외 1 재단법인(이하 '공소외 1 법인'이라 한다)의 이사 겸 사무총장으로 전 세계에서 △△그룹에 들어오는 헌금, 기부금을 취합하고, △△그룹 예산을 각 국가에 있는 협회나 본부에 편성·분배하는 역할을 총괄하는 실무책임자라는 사실을 비롯한 판시 사실들을 인정한 후, 그 인정 사실과 같은 피고인의 △△그룹에서 차지하는 지위와 역할, 공소외 2, 공소외 3 등과의 관계, 차용 경위 등에 비추어 보면, 피고인이 외국환거래법 제3조 제1항 제19호, 제18조, 제31조에 의하여 자본거래에 관한 신고의무를 부담하는 '법인 명의의 금전대차계약을 주도한 사람'에 해당하므로, 그 신고의무 위반에 따른 죄책을 진다고 판단하였다.

   원심판결 이유를 적법하게 채택된 증거들에 비추어 살펴보면, 이러한 원심의 판단은 피고인이 양벌규정인 외국환거래법 제31조에 의하여 벌칙규정인 외국환거래법 제29조, 제18조 제1항의 적용대상이 되는 해당 위반행위를 한 행위자로서 위 법인의 자본거래에 관하여 신고의무를 위반하였다는 취지로 이해된다.

   따라서 원심의 이유 설시에 다소 미흡한 부분이 있더라도, 위와 같은 결론에 이른 원심의 판단에 상고이유 주장과 같이 미신고 자본거래로 인한 외국환거래법 위반의 행위주체, 책임주의 원칙 등에 관한 법리를 오해한 위법이 없다.

   나. 상고이유 제2점에 대하여

   (1) 외국환거래법 제18조 및 외국환거래규정(2009.2.3. 재정경제부고시 제2009−2호로 개정된 것) 제4−2조, 제7−14조, 제7−17조 등 자본거래의 신고에 관한 규정들에 의하면, 외국환거래법에서 정한 신고대상인 자본거래를 하려는 자는 원칙적으로 해당 자본거래를 하기 전에 외국환거래규정에서 정한 절차 및 방법에 따라 그 자본거래에 관하여 신고하여야 한다.

   한편 형법 제16조에서 자기가 행한 행위가 법령에 의하여 죄가 되지 아니한 것으로 오인한 행위는 그 오인에 정당한 이유가 있는 때에 한하여 벌하지 아니한다고 규정하고 있는 것은 일반적으로 범죄가 되는 경우이지만 자기의 특수한 경우에는 법령에 의하여 허용된 행위로서 죄가 되지 아니한다고 그릇 인식하고 그와 같이 그릇 인식함에 정당한 이유가 있는 경우에는 벌하지 아니한다는 취지이다(대법원 1992.5.22. 선고 91도2525 판결, 대법원 2002.1.25. 선고 2000도1696 판결 등 참조). 그리고 이러한 정당한 이유가 있는지 여부는 행위자에게 자기 행위의 위법의 가능성에 대해 심사숙고하거나 조회할 수 있는 계기가 있어 자신의 지적 능력을 다하여 이를 회피하기 위한 진지한 노력을 다하였더라면 스스로의 행위에 대하여 위법성을 인식할 수 있는 가능성이 있었음에도 이를 다하지 못한 결과 자기 행위의 위법성을 인식하지 못한 것인지 여부에 따라 판단하여야 할 것이고, 이러한 위법성의 인식에 필요한 노력의 정도는 구체적인 행위정황과 행위자 개인의 인식능력 그리고 행위자가 속한 사회집단에 따라 달리 평가되어야 한다(대법원 2006.3.24. 선고 2005도3717 판결, 대법원 2009.12.24. 선고 2007도1915 판결 등 참조).

그리고 범죄사실의 인정은 합리적인 의심이 없는 정도의 증명에 이르러야 하나(형사소송법 제307조 제2항), 사실 인정의 전제로 행하여지는 증거의 취사 선택 및 증거의 증명력은 사실심 법원의 자유판단에 속한다(형사소송법 제308조).

(2) 원심은 판시와 같은 이유로, 공소외 1 법인 측에서는 2009.11.9. 공소외 4 외국회사(영문 명칭 생략, 이하 '공소외 4 회사'라 한다)로부터 외화자금 및 원화자금을 차입하는 금전대차계약(이하 '이 사건 금전대차계약'이라 한다)을 하면서 당일 안에 이 사건 금전대차계약에 의한 송금절차를 마무리하기 위하여 의도적으로 신고의무를 회피하려 하였다고 인정하고, 이와 달리 피고인에게 신고의무 위반에 대한 고의가 없었다고 다투거나 신고하지 않더라도 죄가 되지 않는다고 인식할 만한 정당한 이유가 있었다는 취지의 사실오인 및 법리오해에 관한 피고인의 항소이유 주장을 받아들이지 아니하였다.

(3) 원심판결 이유 설시에 일부 적절하지 아니한 부분이 있지만, 원심의 판단은 이 사건 금전대차계약이 외국환거래법상 신고대상에 해당하는 자본거래임을 피고인이 알고 있었음을 전제로 하여 그 신고의무를 회피하려 한 사실이 인정된다는 취지로서, 이러한 원심의 사실인정을 다투는 상고이유 주장 부분은 실질적으로 사실심 법원의 자유판단에 속하는 원심의 증거 선택 및 증명력에 관한 판단을 탓하는 것에 불과하다. 그리고 원심판결 이유를 위 법리와 적법하게 채택된 증거들에 비추어 살펴보아도, 위와 같은 원심의 결론에 상고이유 주장과 같이 증거재판주의, 범죄의 고의 등에 관한 법리를 오해하거나 논리와 경험의 법칙을 위반하여 자유심증주의의 한계를 벗어나 판결에 영향을 미친 위법이 있다

고 할 수 없다.

2. 직권으로 판단한다.

　가. 형벌법규의 해석은 엄격하여야 하고 명문규정의 의미를 피고인에게 불리한 방향으로 지나치게 확장해석하거나 유추해석하는 것은 죄형법정주의의 원칙에 어긋나는 것으로서 허용되지 아니한다(대법원 2002.2.8. 선고 2001도5410 판결 등 참조). 외국환거래법 제30조가 규정하는 몰수·추징의 대상은 범인이 해당 행위로 인하여 취득한 외국환 기타 지급수단 등을 뜻하고, 이는 범인이 외국환거래법에서 규제하는 행위로 인하여 취득한 외국환 등이 있을 때 이를 몰수하거나 추징한다는 취지로서(대법원 1979.8.31. 선고 79도1509 판결 등 참조), 여기서 취득이란 해당 범죄행위로 인하여 결과적으로 이를 취득한 때를 말한다고 제한적으로 해석함이 타당하다(대법원 1979.9.25. 선고 79도1309 판결 등 참조).

　나. 원심판결 이유 및 기록에 의하면 아래와 같은 사정들을 알 수 있다.

　　(1) 이 사건 금전대차계약의 차용 당사자는 공소외 1 법인으로서, 비록 피고인이 이 사건 금전대차 거래행위를 실제로 집행하였지만 공소외 1 법인을 대표하는 지위에 있지 아니하여 공소외 1 법인의 기관으로서 한 것이라고는 볼 수 없다.

　　(2) 위 계약에 따른 이 사건 차입금은 모두 대여자인 공소외 4 회사로부터 공소외 1 법인 계좌로 입금되었고 그 후 공소외 1 법인으로부터 그 금액이 공소외 4 회사에 반환되었다. 피고인은 공소외 1 법인 계좌로 직접 입금된 이 사건 차입금을 교부받았다고 볼 수 없고, 달리 이 사건 차입금을 피고인이 개인적으로 분배받는 등으로 실질적으로 자신에게 귀속시켰다고 인정할 만한 자료가 없다.

　다. 이러한 사정을 앞에서 본 법리에 비추어 살펴보면, 피고인이 이 사건 금전대차계약에 의하여 결과적으로 외국환거래법에서 규제하는 이 사건 차입금을 취득하였다고 인정하기에는 부족하므로, 피고인의 취득을 이유로 외국환거래법 제30조의 규정에 따라 피고인으로부터 이 사건 차입금을 몰수하거나 그 가액을 추징할 수 없다.

　　그럼에도 이와 달리 원심은 이 사건 차입금 가액인 235억 3,200만 원을 피고인으로부터 추징한 제1심판결을 그대로 유지하였으니 원심판결에는 외국환거래법 제30조에서 정한 추징에 관한 법리를 오해하여 판결에 영향을 미친 위법이 있다.

3. 결론

　그러므로 원심판결을 파기하고, 사건을 다시 심리·판단하게 하기 위하여 원심법원에 환송하기로 하여, 관여 대법관의 일치된 의견으로 주문과 같이 판결한다.

대법관　김소영(재판장)　김용덕(주심)　김신　이기택

6-9. 밀수입 금괴에 대하여 지급한 외국환의 몰수추징 여부

(대법원 1979.8.31. 선고 79도1509 판결[외국환관리법 위반 등])

[**판시사항**]

외국환관리법 소정의 변경요구와 재량

[**판결요지**]

외국환관리법 제36조의2에서 몰수 또는 추징의 대상으로 삼는 것은 "범인이 당해 행위로 인하여 취득한" 외국환 기타 지급수단이므로 외국환을 수출하는 행위에 있어서는 그 행위 자체로 인하여는 취득한 외국환이 있을 수 없으므로 몰수나 추징은 부당하다.

[**참조조문**]

외국환관리법 제36조의2

[**원심판결**] 광주고등법원 1979.5.24. 선고 79노93,94 판결

[**주 문**]

원심판결 중 피고인 1, 3, 4, 4, 7, 2에 관한 부분을 각 파기하고 그들 사건을 광주고등법원에 환송한다.

피고인 6, 8의 상고와 검사의 상고를 각 기각한다.

피고인 6, 8에 대하여는 이 판결 선고전의 구금일수 중 70일씩을 본형에 각 산입한다.

[**이 유**]

1. 피고인 2의 변호인 변호사 변정수의 상고이유 제1점을 본다.

기록에 의하면 1심은 피고인 2에 대한 판시 증거의 요지로서 검사 작성의 이 사건 각 피고인들에 대한 피의자신문조서를 내세우고 있는 바, 그들 피의자신문조서 가운데 같은 피고인의 이 사건 범죄사실을 뒷받침할 수 있는 것으로 진술내용이 기재된 피고인 1에 대한 위 신문조서는 검사가 피고인 2에 대한 1심과 원심의 어느 공판정에서도 이를 증거로 제출하여 이에 대한 증거조사를 거친 흔적을 찾아볼 수 없어 그 피의자신문조서는 같은 피고인에 대한 유죄의 증거로 쓸 수 없는 바이고, 검사 작성의 피고인 12, 9에 대한 피의자신문조서는 검사가 이들을 단순히 그들에 대한 진술조서로써 법정에 제출하여 증거조사를 거친 증거들이라고 보더라도 이 증거만으로는 피고인 2의 이 사건 공소 범죄사실을 인정하기에는 부족하고 달리 이를 인정할 증거가 없음에도 불구하고, 원심에서는 위 검사 작성의 피고인 1에 대한 피의자신문조서를 적법한 증거로 보아서 피

고인 2를 유죄로 인정한 1심 판결을 그대로 유지한 위법이 있어 판결에 영향을 미쳤다 할 것이므로 이 점을 탓하는 논지는 이유 있다.

2. 같은 피고인의 변호인의 상고이유 2점과 피고인 1, 3, 4, 5, 7에 대한 추징부분에 관하여 직권으로 살피건대 <u>외국환관리법 제36조의2에서 몰수 또는 추징의 대상으로 삼는 것은 "범인이 당해 행위로 인하여 취득한" 외국환 기타 지급수단등인 바, 이는 범인이 외국환관리법에서 규제하는 행위로 인하여 취득한 외국환 등이 있을 때 이를 몰수하거나 추징하는 취지이므로 그 위반행위가 이 사건에 있어서와 같이 외국환을 외국에 수출하는 행위에 있어서는 그 행위자체로 인하여는 취득한 외국환이란 있을 수 없을 뿐 아니라, 그 수출한 외국환과 그것으로 구입하여 반입한 금괴와는 특별한 사정이 없는 한 동등한 가치로서 형태만이 바뀐 것으로 볼 것인데, 이와 같은 경우 부정한 이익을 범인에게 귀속시키지 않으려는 몰수나 추징의 법리로 볼 때, 반입한 금괴에 대하여 몰수나 추징을 하는 외에 수출한 외국환 등에 대하여 또한 몰수나 추징을 과하는 것은, 2중의 부담을 주는 결과가 되어서 부당한 결과를 초래하는 바, 원심에서는 피고인들이 반입한 금괴 등에 대하여 그 가액을 추징하는 외에 일본국에 수출한 그들 금괴의 구입자금이 된 위 외국환 등에 대하여도 이를 몰수하여야 할 것인데 이미 소비하여 몰수할 수 없으므로 그 가액을 피고인 등으로부터 추징하거나(피고인 1에 대하여) 이와 같은 1심의 조치 (피고인 3, 4, 5, 7, 2)를 그대로 받아들이고 있다.
따라서 같은 피고인들에 대한 원심판결은 이점에 있어서 법리오해로 인하여 판결에 영향을 미쳤다 할 것이므로 이를 탓하는 논지는 이유 있어 같은 피고인들에 대한 원심판결은 나머지 상고이유를 판단하기에 앞서 각 파기를 면치 못한다 할 것이다.</u>

3. 피고인 6, 8의 상고이유를 본다.
원심이 인용한 1심 판결적시의 같은 피고인들에 대한 증거들을 기록과 함께 검토하여 보니, 그들 증거는 모두 적법하고 검사 작성의 피의자신문조서가 고문에 의한 임의성없는 증거라는 논지는 받아들일 수 없으며 이들을 종합하면 같은 피고인들에 대한 1심 판시의 각 범죄사실을 인정할 수 있어 이를 유지한 원심판결은 정당하고, 거기에 소론과 같이 채증법칙 위배나 이로인한 사실오인의 위법이 없어 논지는 이유 없다.

4. 검사의 피고인 9, 같은 박길환, 11, 12, 13에 대한 상고이유를 본다.
원심 판결이유에 의하면 같은 피고인들에 대한 갈취의 점 또는 이를 방조하였다는 점에 관하여, 같은 피고인들이 피고인 6을 협박한 사실에 대하여는 이를 인정할 증거가 없으며 6으로부터 돈을 받은 것은 금괴 반환의 대가관계라고 보아서 각 무죄를 선고한 1심 판결의 조치를 그대로 유지하고 있는 바. 1심판결이 이와 같은 사실인정을 함에 있어서 거친 증거에 대한 판단을 기록에 의하여 살펴보니 정당하고, 달리 피고인 6을 협박하였음을 인정할 증거가 없으며, 피고인 13은 상고도 않았으므로 위 피고인들로부터 금 400,000원을 받은 점에 관하여 장물취득죄를 인정한 것은 이 사건 갈취의 점이 무죄인 것과는 직접 관계가 없어 판시 이유에 모순이 있다는 소론 등 이유 없고 또 채증법칙 위배로 인한 사실오인의 위법이나 법령적용을 잘못한 위법이 있다고 하는 논지도 모두 이유없다.

5. 따라서 피고인 1, 3, 4, 5, 7, 2에 대하여는 원심판결을 각 파기하여 그들 사건을 각 원심법원에 환송하기로 하고, 피고인 6, 8의 상고와 검사의 피고인 9, 같은 박길환, 11, 12, 13에 대한 상고는 모두 이유 없어 이를 각 기각하기로 하고, 피고인 6, 8에 대하여는 형법 제57조에 의하여 상고 이후의 구금일수 중 70일씩을 본형에 산입하기로 하여 관여 법관의 일치된 의견으로 주문과 같이 판결한다.

대법관　김윤행(재판장) 민문기 한환진 김용철

6-10. 취득의 의미

(대법원 1979.9.25. 선고 79도1309 판결[외국환관리법 위반 등])

[판시사항]

외국환관리법 제36조의2 소정의 "취득"의 의미

[판결요지]

외국환관리법 제36조의2 소정의 "취득"이라 함은 당해 범죄 행위로 인하여 결과적으로 이를 취득한 경우를 말하고 그 수출 행위에 제공하기 위하여 일시 취득하였다가 이를 타에 전달한 경우까지를 말하는 것은 아니다.

[원심판결] 서울형사지방법원 1979.4.18. 선고 79노1228 판결

[주 문]

원판결을 파기하고 사건을 서울형사지방법원 합의부에 환송한다.

[이 유]

피고인의 변호인의 상고 이유 제2점을 판단한다.

원심이 유지한 1심 판결이유에 의하면 1심은 피고인에 대하여 그 판시와 같이 징역형과 금 60,000,000원의 추징을 선고하고 있으며 원심은 제1심이 인정한「피고인은 공소외 1,

2와 공모하여 1978.1.8경 공소외 2가 미국으로 이주하면서 공소외 1에 맡겨 중앙투자금융 주식회사에 예금해 둔 동인의 무기명 신탁예금 71,000,000원중 금 60,000,000원을 공소외 1이 인출하여 이를 모두 한일은행 또는 한국상업은행 발행의 자기앞수표 액면 10,000,000 원권 4매 및 5,000,000원권 4매 도합 액면 60,000,000원으로 교환하여 피고인에게 교부하고 피고인은 이를 서류로 위장 휴대하고 동년 1.14.18:00경 김포공항발 로스엔젤레스행 비행기로 출국하여 동월 15.24:00경 미국 샌프란시스코시 소재 센트럴 프란시스호텔에서 공소외 2에게 위 전액을 전달함으로써 내국 지급수단인 동 수표를 수출함과 동시에 국내에 있는 재산을 도피시킬 목적으로 외국에 이동하게 한 것이다」라는 사실에 대하여, 피고인은 외국환관리법 제36조의 2 소정의 내국 지급수단의 취득자로 판단하고 피고인에 대하여 동법 조항에 의하여 위와 같이 추징을 선고한 것은 정당하다고 판단하였다. 살피건대, **외국환관리법 제36조의2 소정의 「취득」이라 함은 당해 범죄행위로 인하여 결과적으로 이를 취득한 경우를 말하고 본 건과 같이 피고인이 그 수출행위에 제공하기 위하여 일시 취득하였다가 이를 타에 전달한 경우까지를 말하는 것이 아니라 할 것인 바, 그렇다면 원심이 위와 같이 위 법조항을 적용하여 피고인에 대하여 위 추징을 선고한 1심의 조치를 정당하다고 판단하였음은 위 법조항의 법리를 오해한 위법을 저질러 판결 결과에 영향을 미쳤다 할 것이므로 이 점에 관한 논지는 이유있어 원판결은 다른 상고이유에 관한 판단을 할 것 없이 파기를 면치 못한다 할 것이다.**

따라서 원판결을 파기하고, 다시 심리 판단케 하기 위하여 사건을 원심인 서울형사지방법원 합의부에 환송하기로 하여 관여 법관의 일치된 의견으로 주문과 같이 판결한다.

대법관　이일규⟨재판장⟩ 민문기 김용철 정태원

6-11. 휴대입국한 외화의 몰수 여부

(대법원 1982.3.9. 선고 81도2930 판결[외국환관리법 위반])

[판시사항]

외국환관리법 제18조에 따라 등록하지 아니한 미화가 몰수대상인가(소극)

[판결요지]

미화를 휴대하여 우리나라에 입국한 후 외국환관리법 제18조, 동법시행령 제28조 제1항의 규정에 따라 등록하지 아니한 경우에 있어서는 그 행위자체에 의하여 취득한 미화는 있을 수 없는 것이므로 동법 제36조의 2에 정하는 바에 따라 이 사건 미화를 몰수할 수 없다.

[원심판결] 서울형사지방법원 1981.10.6. 선고 81노5314 판결

[주 문]

상고를 기각한다.

[이 유]

외국환관리법 제36조의 2가 규정하는 몰수 추징의 대상은 범인이 당해 행위로 인하여 취득한 외국환 기타 지급수단 등을 뜻하고, 이는 범인이 외국환관리법에서 규제하는 행위로 인하여 취득한 외국환 등이 있을 때 이를 몰수하거나 추징한다는 취지라고 함이 당원판례의 일관된 견해(당원 1979.8.31. 선고 79도1509 판결, 1979.12.11. 선고 79도2168 판결 등 참조)이며, 한편 위의 취득이라 함은 당해 범죄행위로 인하여 결과적으로 이를 취득한 때를 말하는 것으로(당원 1979.9.25. 선고79도1309 판결 참조), 원심이 유지한 제 1 심판결이 적법하게 확정한 바와 같이 **피고인이 미화를 휴대하여 우리나라에 입국한 후 이를 외국환관리법 제 18조 동법 시행령 제28조 제 1항의 규정에 따라 등록하지 아니한 경우에 있어서는 그 행위 자체에 의하여 취득한 미화는 있을 수 없는 것이므로 위 외국환관리법 제36조의 2에 정하는 바에 따라 이 사건 미화를 몰수할 수 없음 은 물론, 위 확정사실을 외국에서 휴대하고 입국한 미화를 등록하지 아니하였다는 것이니 이 미화가 범행에 제공되거나 제공하려 한 물건도 아니었음이 또한 명백하여 형법 제48조 제1항 제1호에 의한 몰수의 대상이 된다고 할 수도 없으므로**, 이와 같은 취지에서 압수된 미화 100달러권 668매와 50달러권 4매(증 제1,2호)를 몰수하지 아니한 제 1 심판결을 유지한 원심 조치는 정당하여 아무런 위법이 있을 수 없고, 이 사건은 실상은 미화의 밀수출 행위이고, 압수된 미화는 이미회의 밀수출 행위에 제공된 물건이나 이 대외지급수단의 밀수출 행위를 금히는 외국환관리법 제27조에 미수범처벌 규정이 없어 부득이 같은 법 제18조, 제35조 위반으로 기소한 것이므로 범죄행위로 인하여 취득한 물건은 아니라 할지라도 범죄행위에 제공하려 한 물건임이 명백하니 형법이 정하는 바에 따라 몰수하여야 한다는 소론 논지는 소추관이 그 기소사실 자체가 진실이 아니라고 하는 것을 전제로 하여 공소사실 아닌 사실에 입각하여 법률적용을 구하는 것이어서 더 나아가 판단할 필요없이 그 이유없음이 명백하다.

그러므로, 상고를 기각하기로 관여법관의 일치한 의견으로 주문과 같이 판결한다.

대법관 이일규(재판장) 이성렬 전상석 이회창

6-12. 대법원 1982.11.23. 선고 81도1737 판결[외국환관리법 위반 등]

[판시사항]

가.~아. 생략

자. 내국법인의 해외지사가 외국회사 등으로부터 수출대전을 선수한 경우 외국환관리법
   제23조 제2호에 해당하는지 여부
차. 외국환관리법 제36조의2의 몰수추징의 성질
카. 생략

[판결요지]

가.~아. 생략

자. 외국환관리법 제23조 제2호의 규정은 거주자와 비거주자 간의 채권발생의 당사자가
   되는 경우를 규제하는 것이므로 외국환관리규정 제1－14조 제2항 소정의 비거주자인
   피고인 회사의 동경사무소와 같은 비거주자인 일본회사 등간의 어획물의 수출대전의
   선수도는 이에 해당하지 아니한다.

차. 외국환관리법 제36조의2가 규정하는 몰수와 추징은 그 범칙사실에 대한 응징적 제제
   라고 할 것이므로 범칙자가 여러 사람이 있는 경우에 그 추징은 각 범칙자 전원에 대
   하여 그 가액 전액의 추징을 명하여야 할 것이며 이 중 한 사람이 추징금 전부를 납부
   하였을 때에는 다른 사람은 추징의 집행을 면할 것이나 전부 납부가 되지 못하였을
   때는 각 범칙자는 추징의 집행을 면할 수 없다.

카. 생략

[원심판결] 서울고등법원 1981.4.29. 선고 77노1134 판결

[주 문]

원심판결을 파기하여, 사건을 서울고등법원에 환송한다.

[이 유]

피고인 등의 변호인 변호사 주운화, 같은 박승서의 상고이유에 관하여 판단한다.

1.~7.

8. 상고이유 제10점,

   원심판결 이유 기재에 의하면, 원심은 피고인 1과 같은 2주식회사가 1973.1.17.부터
   1976.6.30.까지 사이에 제1심 판결 별첨 제1목록 외환명세표 기재와 같이 재무부장관의
   허가없이 일본국 무역상사인 마루베니(환홍), 도쇼꾸(동식)등 회사와 소미도모(주우)
   은행, 도오꼬오(동경)은행 등으로부터 미화 7,584,974달러88센트와 일화 472,995,681
   엥을 차입하여 거주자인 피고인 2주식회사와 비거주자인 위 회사 및 은행 등과의 사이
   에 채권발생의 당사자가 된 사실을 인정하고 이에 대하여 외국환관리법 제35조 제1항,

제23조 제2호를 적용하였다.

이에 <u>원심이 확정한 차입금이라는 것을 기록에 의하여 살펴보면, 이 외화는 모두가 피고인 2주식회사의 어선이 국내 기지에 귀항하지 아니하고 피고인 2 주식회사 동경사무소를 통하여 직접 현지에서 수출하는 형식으로 매각하는 어획물의 수출대전의 선수금으로 위 동경사무소에서 받은 것인바 외국환관리법 제23조제2호의 규정은 거주자와 비거주자 간의 채권발생의 당사자가 되는 경우를 규제하는 것이므로 외국환관리규정 제1－14조 제2항 소정의 비거주자인 위 동경사무소와 같은 비거주자인 피고인 2 주식회사 등과의 이건 수출대전의 선수도는 이에 해당하지 아니할 뿐만 아니라 위 외국환관리규정 제9－3조 제1항 제5호에 의하면 위 전단과 같은 결재방법이 정상결재방법으로 허용되는 것임이 명백하므로 원심은 이 점에서 외국환관리법 등의 법리를 오해하고 심리를 다하지 아니하였다는 비의를 면할 수 없을 것이므로 논지는 이유있다.</u>

9. 상고이유 제11점,

원심판결에 의하면, 원심은 외국환관리법 제36조의2 후단을 적용하여 피고인 1로부터 금 240,000,000원을 추징하였다.

<u>외환관리법 제36조의 2는 전 2조의 경우에는 범인이 당해 행위로 인하여 취득한 외국환 및 기타 증권, 귀금속, 부동산, 채권을 화체하는 서류와 내국지급수단은 몰수하며 이를 몰수할 수 없을 때에는 그 가액을 추징한다고 규정하고 있는바 이 규정의 취지에 비추어 외국환관리법상의 몰수와 추징은 그 범칙사실에 대한 응징적 제재라고 할 것이므로 범칙자가 여러 사람이 있는 경우에는 그 추징은 각 범칙자 전원에 대하여 그 가액 전액의 추징을 명하여야 할 것이며 이중 한 사람이 추징금 전부를 납부하였을 때에는 다른 사람은 추징의 집행을 면할 것이나 전부납부가 되지 못하였을 때에는 각 범칙자는 추징의 집행을 면할 수 없는 것이라고 풀이 할 것이므로 비록 직접 피고인이 취득하는 외화가 없다고 하더라도 채권을 화체하는 서류와 내국 지급수단이 몰수의 대상이 되며 몰수할 수 없을 때에는 그 가액을 추징할 수 있을 것이나 한편 원심판시 외국환관리법 위반 범칙 외환은 미화가 총 8,175,985달러18센트, 일화가 총1,324,021,048엥임이 명백한데 어떠한 근거와 계산에서 금 240,000,000원을 피고인으로부터 추징한 것인지 아무런 설시가 없으므로 원심판결에는 이 점에서 심리미진과 이유불비의 위법이 있다고 하지 않을 수 없다.</u>

논지 또한 이유가 있다.

10.~14. 생략

대법관　이일규(재판장) 이성렬 전상석 이회창

[**원심판결**] 서울중앙지법 2017.7.20. 선고 2016고합722, 773(병합) 판결

[주 문]

원심판결 중 피고인 A, B, D 주식회사의 ① 각 유죄 부분(이유무죄 부분 포함), ② 각 무죄 부분 가운데 별지 범죄일람표(2-2), (2-4), (2-9) 기재 각 외국환거래법 위반의 점 부분, ③ 각 면소 부분 가운데 별지 범죄일람표 (2-5), (2-6), (2-7), (2-8), (2-10) 기재 각 외국환거래법 위반의 점 부분을 각 파기한다.

피고인 A를 징역 2년 6월 및 벌금 21억원에, 피고인 B를 징역 2년 6월에, 피고인 D 주식회사를 벌금 3억1,000만원에 각 처한다.

피고인 A가 위 벌금을 납입하지 않을 경우, 300만원을 1일로 환산한 기간 피고인 A를 노역장에 유치한다.

다만, 이 판결 확정일로부터 각 3년간 피고인 A에 대한 위 징역형, 피고인 B에 대한 위 형의 집행을 유예한다.

피고인 B에 대한 벌금형의 선고를 유예한다.

피고인 A, B, D 주식회사로부터 별지 범죄일람표(3) 연번 4 기재 선박을 몰수한다.

피고인 A, B, D 주식회사에 대한 이 사건 공소사실 중 ① 별지 범죄일람표(1) 연번 47, 59, 62~65 기재 각 특정경제범죄가중처벌등에관한법률 위반(재산국외도피)의 점, ② 별지 범죄일람표(1) 연번 47, 59, 62~65 기재 각 범죄수익은닉의규제및처벌등에관한법률 위반의 점, ③ 별지 변경된 범죄일람표(2-1) 연번 17, 19~172, (2-2) 연번 18~69, (2-3) 연번 53~55, (2-4) 연번 9, (2-9) 연번 5~24, (2-11) 연번 46~54, (2-12) 연번 15~34 기재 각 외국환거래법 위반의 점, ④각 대외무역법 위반의 점은 각 무죄, 피고인 A, B, D 주식회사에 대한 이 사건 공소사실 중 별지 변경된 범죄일람표(2-1) 연번 1~16, (2-2) 연번 1~17, (2-3) 연번 1~52, (2-4) 연번 1~8, (2-5), (2-6), (2-7), (2-8), (2-9) 연번 1~4, (2-10), (2-11) 연번 1~45, (2-12) 연번 1~14 기재 각 외국환거래법 위반의 점은 각 면소.

피고인 C의 항소와 검사의 ① 피고인 A, B, D 주식회사의 각 무죄 및 면소부분[피고인 A, B, D 주식회사의 별지 범죄일람표 (2-2), (2-4), (2-5), (2-6), (2-7), (2-8), (2-9), (2-10) 기재 각 외국환거래법 위반의 점에 대한 부분 제외]에 대한 항소, ②피고인 C에 대한 항소를 모두 기각한다.

[이 유]

1. 항소이유의 요지

생략

2. 판단

가. 직권판단

생략

나. 항소이유 주장에 관한 판단

1) 피고인 A, B, D의 특정경제법 위반(재산국외도피), 범죄수익은닉규제법 위반, 대외무역법 위반의 점 관련 사실오인 및 법리오해 주장에 관하여

가) 공소사실의 요지

생략

나) 원심의 판단

생략

다) 당심의 판단

그러나 원심의 위와 같은 판단은 그대로 수긍하기 어렵다.

(1) 특정경제범죄법 제4조 제1항의 재산국외도피죄는, 자신의 행위가 법령에 위반하여 국내재산을 해외로 이동하거나 국내로 반입하여야 할 재산을 국외에서 은닉한다는 인식과, 그 행위가 재산을 대한민국의 법률과 제도에 의한 규율과 관리를 받지 않고 자신이 해외에서 임의로 소비, 축적, 은닉 등 지배·관리할 수 있는 상태로 두는 행위라는 인식을 가지고, 국내 재산을 해외로 이동하거나 국내로 반입하여야 할 재산을 국외에서 은닉 또는 처분하여 대한민국 또는 대한민국 국민의 재산이 유출될 위험이 있는 상태를 발생하게 함으로써 성립한다.(대법원 2014.7.24. 선고 2012도 1379 판결 참조). 국내재산을 해외로 이동하거나 국내로 반입하여야 할 재산을 국외에서 은닉한다는 인식을 가지고 재산을 해외로 이동하거나 국내에 반입하여야 할 재산을 국외에서 은닉 또는 처분하여 도피시켰다면 이미 그 범죄는 성립이 되고, 그 후 그 재산의 일부가 국내에 다시 반입된 여부나, 혹은 애초부터 그 은닉된 재산을 다시 국내로 반입하여 소비할 의사가 있었는지 여부는 그 범죄의 성립에는 영향을 미치지 않는다(대법원 2006.10.27. 선고 2006도2197판결 참조)

다만 재산국외도피죄의 입법취지가 국내의 재산을 해외에 도피시킴으로써 국부에 손실을 가져오는 행위를 처벌함으로써 국가재산을 보호하려는 데에 있다는 점을 고려하더라도, 그 법정형이 1년 이상의 유기징역 또는 당해 범죄행위의 목적물 가액의 2

배이상 10배 이하에 상당하는 벌금으로 중하게 설정되어 있을 뿐만 아니라, 특정경제범죄법 제10조에서 범행 대상인 재산을 필요적으로 몰수하고 그 몰수가 불능인 때에는 그 가액을 추징하도록 규정하고 있는 등 재산국외도피사범에 대한 징벌의 정도를 강화하고 잇는 점이나, 국가경제의 발전과 세계화 추세 등에 따라 외환거래에 관한 규제가 크게 완화된 점 등에 비추어 볼 때, 어떠한 행위가 특정경제범죄법 제4조 제1항 소정의 재산국외도피에 해당하는지를 판담하에 있어서는 당시 행위자가 처하였던 경제적 사정 내지 그 행위를 통하여 추구하고자 한 경제적 이익의 내용 등 그러한 행위에 이르게 된 동기, 행위의 방법 내지 수단이 은밀하고 탈법적인 것인지 여부, 행위 이후 행위자가 취한 조치 등 여러 사정을 두로 참작하여 엄격하고 신중하게 판단하여야 한다(대법원 2010.9.9. 선고 2007도3681 판결 참조). 그리고 국내 재산을 처음부터 해외에서의 사용을 예정하지 않고 즉시 반입할 목적으로 송금하였다면, 해외로 이동하여 지배·관리한다는 재산도피의 범의가 있었다고 볼 수 없다(대법원 2005.4.29. 선고 2002도7262판결 참조)

(2) 원심이 인정한 사실 및 사정, 특히 ① 선박 매매대금을 부풀려 초과송금하기 우해 매매계약서와 회계장부를 허위로 작성하는 등 불법 혹은 탈법적인 방법을 동원한 점, ② 피고인 B이 아닌 S의 이름으로 설립한 SPC 명의의 예금계좌로도 송금을 하였고, 송금한 돈을 다른 해외 SPC 명의의 예금계좌로 다시 이체하기도 한 점, ③ 선가조작 및 초과송금 이후 SPC 명의의 예금계좌에서 현금을 인출한 빈도나 금액이 이전보다 높은 점 등에 비추어 보면, 원심의 판단과 같이 피고인들이 피고인 D의 국내재산을 해외에서 지배·관리할 수 있는 상태에 두는 행위라는 인식을 가지고, 국내재산을 해외로 이동하여 국내재산이 유출될 위험이 있는 상태를 발생하게 하였다고 볼 여지도 없지 않다.

(3) 그러나 형사재판에서 범죄사실의 인정은 법관으로 하여금 합리적인 의심을 할 여지가 없을 정도의 확신을 가지게 하는 증명력을 가진 엄격한 증거에 의하여야 하므로, 검사의 증명이 위와 같은 확인을 가지게 하는 정도에 충분히 이르지 못한 경우에는 비록 피고인의 주장이나 변명이 모순되거나 석연치 않은 면이 있는 등 유죄의 의심이 간다고 하더라도 피고인의 이익으로 판단하여야 한다(대법원 2011.4.28. 선고 2010도14487판결 참조). 그런데 원심 및 당심이 채택한 증거에 의하면, 특히 선가조작 및 초과송금 행위 이후 피고인들이 취한 조치 등에 관하여 다음 사실 및 사정을 인정할 수 있다.

(가) 검사는 별지 범죄일람표(1)연번 47 기재 재산국외도피행위에 관하여, 피고인 D가 Y

선박을 4,043,500달러에 수입하면서 4,930,000달러로 신고하고, 2013.5.21. T 명의의 예금계좌에 493,000달러, 2013.6.5. ○ 명의의 예금계좌에 3,998,462달러, 2013. 8.12. 위 선박의 선주인 AC 사에 473,000 달러를 각 송금함으로써 실제매매대금과 부풀린 매매대금의 차액인 886,500달러를 2013.5.30. 추가송금하였다고 기소하였다.

그런데 피고인 D 은 ㉮ 2013.5.13. 경 X와 체결한 위 선박의 매매계약(증 제4호의 10)에 따라 O명의의 예금계좌에서 AC사에 2013.6.10. 411,500달러, 2013.8.6. 3,195,000달러를 각 지급하였고 ㉯ 2013.3.26.경 AD와 체결한 냉동운반선 AE의 매매계약(증 제4호의 8)에 따라 2013.6.14.경 O명의의 계좌에서 AD에 3만달러를 지급하였다.(증 제4호의11). 또한, ㉰ O명의의 예금계좌에서 2013.6.7. 439,024.39달러가 현금으로 인출되었고, ㉱ P명의의 예금계좌에서 2013.7.2. 피고인 D 명의의 예금계좌에 399,970달러가 송금되었는데(증 제4호의 11), 피고인들은 위 ㉰항의 439,024.39달러 역시 곧바로 국내로 반입하여 피고인 D의 관리비, 선원급여 등 어선사업경비로 사용하였다고 주장한다. 나아가 ㉲ 피고인들은 위와 같이 초과송금된 돈 중 17,475.61달러 또한 2013.7. 경 피고인 D의 어선사업경비로 사용되었다고 주장한다.

위 ㉮, ㉯, ㉱항과 같이 이 부분 초과송금 이후 해외 SPC 명의 예금계좌에 입금된 돈이 Y, AE 선박의 매매대금 중 일부로 지출되거나 국내에 반입된 사실은 객관적으로 명확하고, 다만 위 ㉰, ㉲항과 같은 현금 인출액이 국내로 반입되어 피고인 D의 어선 사업경비로 사용되었는지 여부를 구체적인 지출항목별로 따져 보기는 어려우나, 아래에서 보는 것처럼 해외합작법인인 M, N, AF(이하 'AF'이라 한다)을 통한 원양어업은 피고인 D이 이를 실제로 운영하였고, 2013.5.경 이후에도 여전히 피고인 D의 어선사업경비가 상당 부분 현금으로 지출되었는바, 위 ㉰, ㉲항의 현금 인출액도 피고인들의 주장처럼 국내로 반입되거나 피고인 D의 어선사업경비로 사용되었다고 볼 여지가 충분하다.

(나) 검사는 별지 범죄일람표(1) 연번 59, 62 기재 재산국외도피 행위에 관하여, 피고인 D이 Z 선박을 340만 달러에 수입하면서 450만 달러로 신고하고, W명의의 예금 계좌에 2014.1.22. 45만 달러, 2014.3.28. 405만 달러를 각 송금함으로써 실제 매매대금과 부풀린 매매대금의 차액인 110만달러 중 11만달러를 2014.1.22. 99만 달러를 2014.3.28.에 각 추가송금하였다고 기소하였다.

그런데 O명의의 예금계좌에서 ㉮ 2014.1.27. N에 9만 달러가 송금되었고(증 제4호의 38), ㉯ 2014.4.1. 싱가포르화 40만 달러가 현금으로 인출되었으며, ㉰ 피고인 D 명의의 예금계좌에 2014.4.2. 248,777달러, 2014.4.4. 79,995달러가 각 송금되었는데,

피고인들은 위 ⓝ항의 싱가포르화 40만 달러가 곧바로 국내로 반입되어 피고인 D의 운영경비로 사용되었다고 주장한다. 또한, ⓡ P 명의의 예금계좌에서 2014.4.2. 피고인 D 명의의 예금계좌로 256,388.77달러가 송금되었다(증 제4호의 52). 나아가 ⓜ 피고인들은 초과송금된 돈 중 24,829.63달러는 2014.4.4.경부터 2014.4.7.경까지 피고인 D의 어선사업 경비로 사용되었다고 주장한다.

위 ⓐ, ⓓ, ⓡ항과 같이 이 부분 초과송금 이후 해외 SPC 명의의 예금계좌에 입금된 돈이 어선사업경비로 지출되거나 국내로 반입된 사실은 객관적으로 명확하고, 다만 위 ⓝ, ⓜ항과 같은 현금 인출액이 국내로 반입되어 피고인 D의 어선사업경비 등으로 사용되었는지 여부를 구체적인 지출항목별로 따져 보기는 어려우나, 위에서 본 바와 같은 이유로 위 ⓝ, ⓜ항의 현금 인출액 역시 피고인들의 주장처럼 국내로 반입되거나 피고인 D의 어선사업경비 등으로 사용되었다고 볼 여지가 충분하다.

(다) 검사는 별지 범죄일람표(1) 연번 63~65 기재 재산국외도피 행위에 관하여, 피고인 D이 AB, AA 선박을 각 200만 달러에 수입하면서 각 250만 달러로 신고한 후, AB 선박에 관하여는 W 명의의 예금계좌에 2014.11.14. 25만 달러, 2015.5.15. 225만 달러를 각 송금하고, AA선박에 관하여는 같은 예금계좌에 2014.11.14. 25만 달러, 2015.2.2. 225만 달러를 각 송금함으로써 실제 매매대금과 부풀린 매매대금의 차액인 합계 100만 달러 중 10만 달러를 2014.11.14., 45만 달러를 2015.5.15.에 각 추가송금하였다고 기소하였다.

그런데 ⓐ W명의의 예금계좌에서 2015.2.3. 선박 수리업체인 AG사에 합계 15만 달러가 송금되었다. 그리고 O 명의의 예금계좌에서 피고인 D 명의의 예금계좌로 ⓝ 2015.5.22. 445,000달러, ⓓ 2015.6.15. 229,820.50달러가 각 송금되었다(증 제4호의 53).

위 ⓐ~ⓓ항과 같이 이 부분 초과송금 이후 해외 SPC 명의의 예금계좌에 입금된 돈이 피고인 D을 위한 수리비로 지출되거나 국내로 반입된 사실은 객관적으로 명확하다.

(라) 아래에서 살펴보는 것처럼 피고인 D은 해외합작법인 M, N, AF을 설립하거나 인수하여 투발루, 피지 현지에서 원양어업을 하였는데, 선가조작 및 추가송금이 처음 이루어진 2013.5.경 이후에도 투발루, 피지 현지 및 국내에서 현금으로 지출된 어선사업비용의 액수가 상당하였다. 피고인들이 검찰에 제출한 '어선별 채산현황' 자료(증거기록 6권 3965면)에 의하면, 피고인 D이 2010년 ~ 2014년 어선사업에 지출한 현금비용이 합계 5,373,239,191원에 이르고, 그중 2013년에 지출된 금액이 1,322,747,878원, 2014년에 지출된 금액이 1,568,667,018원으로 나타나며, 영수증 등 지출내역이 제출되어

있는 것 가운데 ㉮ 2013.11.22.경부터 2015.4.23.경까지 어선 수리비로 지출된 금액이 합계 약 551,100달러(증거기록 2권 1035면 이하), ㉯ 2013.6.2.경부터 2015.6.16.경까지 선원 퇴직금으로 지출된 금액이 합계 약 338,767달러(증거기록 2권 1069면 이하) ㉰ 2013.6.19.경부터 2015.2.12.경까지 투발루 해역 감시지원금으로 지출된 금액이 합계 22만달러(증거기록 2권 1165면 이하), ㉱ 2014년과 2015년 해외합작법인 임원 배당금 명목으로 지출된 금액이 합계 약 74,800달러(증거기록 2권 1166면 이하), ㉲ 2014년과 2015년 직원 현지 체류비 명목으로 지출된 금액이 합계 약 37,400달러(증거기록 2권 1168면 이하), ㉳ 2014년과 2015년 어업 라이센스경비 명목으로 지출된 금액이 합계 약 3만달러(증거기록 2권 1171면 이하)였다.

(마) 한편 피고인 A은 피고인 D을 운영하면서 AH 등 다수의 개인으로부터 자금을 차입해 피고인 D에 가수금 또는 가지급금 반제 명목으로 입금하고, 돈을 빌려준 사람들에게는 정기적으로 고액의 이자를 지급해 왔는데, 2013.5.경 이후에도 현금에 의한 이자지급은 2015.5.30.경까지 지속되었다(증거기록 5권 3156면 이하). 해외 SPC 명의의 계좌에 입금된 피고인 D의 자금을 현금으로 인출해 위와 같이 이자를 변제한 행위가 다른 불법을 구성하고 있음은 별론, 그 돈이 국내로 다시 반입되어 위와 같은 용도로 사용된 사실 자체는 쉽게 부정할 수 없다.

(바) 원심의 지적처럼 2013년 ~2015년에는 피고인 D의 영업이익 규모가 상당히 증가하였고, 2013.5.경 이후 싱가포르 현지에서 거액의 현금인출 양상이 두드러지기는 하였으나, 그 이전과 달리 해외 SPC 명의의 예금계좌로 송금된 돈이 현금으로 인출된 후 해외에서 피고인 A, B의 비자금 등 명복으로 조성·관리되었다고 인성할 만한 뚜렷한 자료는 찾기 어렵다[서울지방국세청장의 피고인들에 대한 고발서에는 피고인 D의 '현찰 국내 반입내역' 자료가 첨부되어 있는데, 거기에는 2010.9.경부터 2014.12.경까지 합계 5,147,265,272원의 현금이 국내로 다시 반입되었고, 그중 2013.6. 이후에 반입된 금액은 3,294,227,344원에 이르는 것으로 나타난다(증거기록 13권 4971면)].

(4) **이처럼 선가조작에 의해 초과송금된 선박 매매대금은 대부분 피고인 D의 선박구입대금, 어선사업비용 등으로 사용되거나, 국내로 회수되어 피고인 D의 운영비용, 이자 등의 명목으로 사용되었다고 볼 여지가 상당하여, 피고인들이 피고인 D의 필요경비 마련 또는 법인세 절감을 위한 자금순환 등의 의도 아래 위와 같은 추가송금 행위를 하였을 가능성 역시 충분히 상정할 수 있으므로[피고인 A은 검찰에서 선가조작 및 초과송금의 동기에 관하여 '구매하는 선박이 중고선이어서 수리비와 유류비가 많이 소요되는데, 회사 자금이 부족하였던 상황에서 실제 가격으로 대출을 받으면 운영자**

금이 부족해져 자금난을 겪게 되므로 회사경비로 사용하기 위하여 수입대금을 부풀리게 되었다'고 진술한 바 있다(증거기록 5권 3418면)], 원심이 인정한 사실 또는 사정을 감안하더라도 검사가 제출한 증거만으로는 위와 같은 추가송금 당시 피고인 A, B에게 재산국외도피의 범의가 있었음이 합리적인 의심을 가질 여지가 없을 정도로 증명되었다고 보기 어렵다.

그렇다면, 피고인들이 선가조작 및 초과송금의 방법으로 피고인 D의 국내재산인 2,986,500달러를 국외로 이동하여 도피시켰다고 인정하기 어려우므로, 피고인들의 특정경제범죄법 위반(재산국외도피)죄와 위 죄의 성립을 전제로 하는 범죄수익은닉규제법 위반죄, 외화를 국외로 도피할 목적을 주관적 구성요건으로 하는 대외무역법 위반죄는 모두 성립하지 않는다. 피고인들의 이 부분 주장은 특정경제범죄법 위반(재산국외도피)죄의 죄수 등 나머지 점에 관해 나아가 살펴볼 필요 없이 이유 있다.

2) 피고인 C의 사실오인 주장에 관하여

생략

3) 검사의 사실오인 또는 법리오해 주장에 관하여

생략

3. 결론

가. 파기부분

원심판결 중 피고인 A, B, D의 ① 각 유죄 부분(이유무죄 부분 포함), ② 각 무죄 부분 가운데 별지 범죄일람표(2-2), (2-4), (2-9) 기재 각 외국환거래법 위반의 점 부분, ③ 각 면소 부분 가운데 별지 범죄일람표(2-5), (2-60, (2-7), (2-8), (2-10) 기재 각 외국환거래법 위반의 점 부분은 위에서 본 직권파기사유가 있으므로 형사소송법 제364조 제2항에 의해 각 파기되어야 한다.

또한, 피고인 A, B, D의 각 특정경제범죄법 위반(재산국외도피), 범죄수익은닉규제법 위반의 점 중 각 유죄 부분과 각 대외무역법 위반의 점에 관한 사실오인 또는 법리오해 주장이 이유 있는데, 원심은 위와 같이 무죄로 되는 각 특정경제법 위반(재산국외도피), 범죄수익은닉규제법 위반, 대외무역법 위반의 점과 피고인 A, B, D의 나머지 원심 판시 각 죄를 형법 제37조 전단의 경합범으로 처리하여 하나의 형을 선고하였으므로, 원심판결 중 피고인 A, B, D의 각 유죄 부분(이유무죄 부분 포함)은 형사소송법 제364조 제6항에 의하여 파기되어야 한다.

그러므로 피고인 A, B, D의 외국환거래법 위반의 점에 관한 법리오해 주장 및 향형부당 주장, 검사의 피고인 A, B, D에 대한 외국환거래법 위반의 점 관련 사실오인 또는 법리오해 주장 및 양형부당 주장에 관한 판단을 생략한 채 원심판결 중 위 각 부분을 파기하고 변론을 거쳐 다시 아래와 같이 판결한다.

나. 항소기각부분

피고인 C의 사실오인 주장 및 양형부당 주장과 검사의 ① 피고인 A, B, D의 각 무죄 및 면소 부분[피고인 A, B, D의 별지 범죄일람표 92-2], (2-4)~(2-10) 기재 각 외국 환거래법 위반의 점 부분 제외]에 대한 사실오인 또는 법리오해 주장, ② 피고인 C에 대한 법리오해 주장 및 양형부당 주장은 이유 없으므로, 피고인 C의 항소와 검사의 ① 피고인 A, B, D의 각 무죄 및 면소부분[피고인 A, B, D의 별지 범죄일람표 92-2], (2-4)~(2-10) 기재 각 외국환거래법 위반의 점 부분 제외]에 대한 항소, ② 피고인 C에 대한 항소는 형사소송법 제364조 제4항에 의하여 이를 모두 기각한다.

[피고인 A, B, D에 대한 파기 부분에 관하여 다시 쓰는 판결 이유]

범죄사실

[피고인 A, B]

1. 외국환거래법 위반

거주자가 해외에서 비거주자와 예금계약에 따른 채권의 발생·변경 또는 소멸에 관한 거래를 하고자 하는 경우에는 기획재정부장관에게 신고하여야 함에도, 피고인들은 기획재정부장관에게 신고하지 않고, 별지 변경된 범죄일람표(2-1) 연번 18 기재와 같이 2011.5.16.경 D의 국내 예금계좌에서 960,660달러(1,056,245,670원)를 해외송금하여 비거주자인 싱가포르 소재 OCBC 은행에 개설된 O명의의 USD 계좌(BT)에 예금하였다.

2. 특정범죄가중법 위반(관세)

3. 특정범죄가중법 위반(조세) 및 조세범처벌법 위반

4. 원양산업발전법 위반

[피고인 D]

5. 외국환거래법 위반

피고인은 그 대표이사 A, 상무이사 B이 피고인의 업무에 관하여 위 1항과 같이 기획재정부장관에게 신고하지 않고 자본거래를 하였다.

6. 관세법 위반

7. 조세범처벌법 위반

증거의 요지

생략

법령의 적용

생략

무죄 및 면소부분

1~4. 생략

5. 피고인 A, B, D의 별지 변경된 범죄일람표(2-1) 연번 18을 제외한 나머지 각 외국환거래법 위반의 점

가. 공소사실의 요지

거주자가 해외에서 비거주자와 예금계약에 따른 채권의 발생・변경 또는 소멸에 관한 거래를 하고자 하는 경우 기획재정부장관에게 신고하여야 하는데, 피고인 A, B은 2010.11.8.경 피고인 D의 국내 예금계좌에서 53,772.65달러를 해외송금하여 비거주자인 싱가포르 OCBC 은행에 개설된 O명의의 USD 예금계좌(BT)에 예금한 것을 비롯하여, 2007.1.19.경부터 2015.5.22.경까지 해외 SPC 명의로 개설한 예금계좌에 별지 변경된 범죄일람표(2-1, 단 연번 18은 제외)~(2-12)기재와 같이 합계 126,934,042.32달러(140,556,982,570원), 싱가포르화 합계 9,887,552.07달러(8,491,258,773원)를 예금함으로써, 공모하여 기획재정부장관에게 신고하지 않고 각 자본거래를 하였고, 피고인 D은 그 대표이사인 피고인 A, 상무이사인 피고인 B이 피고인 D의 업무에 관하여 위와 같이 미신고 자본거래를 하였다.

나. 판단

1) 구 외국환거래법(2016.3.2. 법률 제14047호로 개정되기 전의 것) 제3조 제1항 제19호 가목에 의하면, 자본거래는 예금계약 등에 따른 채권의 발생・변경 또는 소멸에 관한 거래 등을 말하고, 같은 법 제18조 제1항에 의하면, 자본거래를 하려는 자는 대통령령으로 정하는 바에 따라 기획재정부장관에게 신고하여야 하되, 경미하거나 정형화된 자본거래로서 대통령령으로 정하는 자본거래는 사후에 보고하거나 신고하지 않을 수 있으며, 같은 법 제32조 제1항 제4호(2011.4.30. 법률 제10168호로 개정되기 전에는 제3호)에 의하면, 같은 법 제18조 제1항에 따른 신고를 하지 않거나 거짓으로 신고하고 자본거래를 한 자에 대하여는 5,000만원 이하의 과태료를 부과하고, 같은 법 제29조 제1항 제6호에 의하면, 같은 법 제18조에 따른 신고의무를 위반한 금액이 5억원 이상의 범위에서 대통령령으로 정하는 금액을 초과하는 자에 대하여는 1년 이하의 징역 또

는 1억원 이하의 벌금(다만, 위반행위의 목적물 가액의 3배가 1억원을 초과하는 경우에는 그 벌금을 목적물 가액의 3배 이하에 처한다)에 처하게 되어 있다.

그런데 형사벌 대상이 되는 미신고자본거래의 금액기준에 관하여 외국환거래법 시행령이 다음과 같이 개정되어 왔다.

대통령령 제21287호(2009.2.3.전부 개정)〔시행 2009.2.4.〕	대통령령 제23041호(2011.7.25.일부 개정)〔시행 2011.8.1.〕	대통령령 제27038호(2016.3.22.일부 개정)〔시행 2016.3.22.〕
제40조 (벌칙 등) 법 제29조 제1항 제6호에서 "대통령령으로 정하는 금액"이란 다음 각 호의 금액을 말한다. 2. 법 제18조 위반의 경우 : 10억원	제40조 (벌칙 등) 법 제29조 제1항 제6호에서 "대통령령으로 정하는 금액"이란 다음 각 호의 금액을 말한다. 2. 법 제18조 위반의 경우 : 50억원	제40조 (벌칙 등) 법 제29조 제1항 제6호에서 "대통령령으로 정하는 금액"이란 다음 각 호의 금액을 말한다. 2. 법 제18조 위반의 경우 : 10억원

한편 구 외국환거래규정(2007.12.17. 재정경제부고시 제2007-62호로 제정되고 2014.10.31. 기획재정부고시 제2014-18호로 개정되기 전의 것) 제7-2조 제7호에 의하면, 자본거래로서 거래 건당 지급 등의 금액(분할하여 지급 등을 하는 경우에는 각각의 지급 등의 금액을 합산한 금액을 말한다)이 1,000달러(2014.10.31. 개정된 기획재정부 고시 제2014-18호에서는 '2,000달러'. 2017.6.2.9. 개정된 기획재정부고시 제2017-19호에서는 '3,000달러'로 각 변경되었다) 이내인 경우에는 소액 자본거래로서 신고하지 않을 수 있었다.

자본거래의 신고 등에 관한 외국환거래법령의 위와 같은 내용을 살펴보면, 외국환거래법 시행령이 2009.2.3. 개정되어 2009.2.4. 시행된 이후의 미신고 자본거래 중 ① 거래 건당 지급 등의 금액(분할하여 지급하는 경우에는 각각의 지급 등의 금액을 합산한 금액을 말한다)이 미화 1,000달러 등 이내인 경우에는 소액 자본거래로서 신고의무가 없어 과태료 대상에도 해당하지 않고, ② 1,000달러 등 초과, 10억원 또는 50억 원 이하인 경우에는 과태료 대상이 되며, ③ 10억원 또는 50억원을 초과하는 경우에는 형사벌 대상이 됨을 알 수 있다.

2) 한편 외국환거래규정 제7-4조 제1호 별지 제7-1호는 예금에 따른 채권의 발생 등에 관한 거래를 신고할 경우 제출하여야 하는 신고서의 서식을 규정하고 있는데, 위 서식 중 신청내역란에는 '예금 개설인', '예치 금액', '예치 후 잔액', '예치 사유', '지급 상대방', '송금은행'을 각 기재하도록 되어 있어, 각 예금계좌에 대하여 하는 개별 예금행위가 신고 대상 자본거래임을 전제하고 있다.

3) 검사는 피고인들에 대한 각 외국환거래법 위반의 점은 그 전체가 모두 포괄일죄에 해

당한다고 주장한다.

그러나 앞서 살펴본 자본거래의 신고에 관한 외국환거래법령의 개정 연혁, 미신고 자본거래를 신고면제 대상·과태료 대상·형사벌 대상으로 엄격히 구분하는 규정의 취지, 외국환거래규정이 정한 예금거래신고서의 양식과 그에 따라 이루어지고 있는 자본거래의 신고의 방법 등에, 포괄일죄느 동일 죄명에 해당하는 수 개의 행위 또는 연속한 행위를 단일하고 계속된 범의 하에 일정 기간 계속하여 행하고, 그 피해법익도 동일한 경우에 성립하는 것으로서, 그것을 구성하는 개별 행위도 원칙적으로 각각 그 범죄의 구성요건을 갖추어야 하는 것이므로(대법원 2015.12.23. 선고 2013도15113 판결 참조), 다수의 미신고 자본거래 행위가 포괄일죄로서 외국환거래법 위반죄를 구성하는 경우로는, 단일하고 계속된 범의하에 일정 기간 10억 원 또는 50억 원을 초과하는 개별 형사벌 대상 미신고 자본거래를 반복적으로 행하거나, 그렇지 않으면 행위자가 10억 원 또는 50억 원을 초과하는 형사벌 대상 미신고 자본거래에 관하여 단일하고 계속된 범의를 가지고 개별 미신고 자본거래를 반복적으로 행함으로써 위와 같은 범의를 실현하는 것을 상정할 수 있는 점 등을 더하여 볼 때, 외국환거래법령에서 정한 금액기준을 우회적으로 잠탈하기 위해 의도적으로 한 번에 예금할 금액을 나누어 예금하는 이른바 쪼개기 방식의 자본거래에 해당한다는 등의 특별한 사정이 없는 한, 미신고 자본거래가 형사벌 대상에 해당하는지 여부는 원칙적으로 개별 자본거래, 이 사건에서는 개별 예금 행위를 기준으로 판단함이 타당하다. 만일 그렇게 보지 않는다면, 신고면제 대상이거나 과태료 대상에 불과한 다수의 미신고 예금 행위를 장기간 지속해 오다가 누적 예금액이 형사벌 대상 금액을 초과하게 되는 순간 이전의 예금액 전부를 합산하여 신고해야 하고, 그렇지 않을 경우 그 이전의 예금 행위 모두가 대상 예금계좌의 수나 예금 행위의 수를 불문하고 포괄하여 하나의 형사벌 대상이 되는 경우도 발생할 수 있어 부당하다.

4) 그런데 피고인들이 특별히 외국환거래법령상 형사벌 대상 미신고 자본거래의 금액 기준인 10억 원이나 50억 원을 넘지 않도록 여러 예금계좌로 분산하거나 예금액수를 분할하는 쪼개기 방식의 예금행위를 하였다고 볼 만한 뚜렷한 정황은 발견되지 않는다.

그리고 피고인들이 피고인 D을 운영하면서 편의치적 선박의 운영, 원양어업의 영위 등 필요에 따라 그때그때 여러 해외 SPC를 설립하고, 싱가포르에서 위 각 SPC 명의로 다수의 예금계좌를 개설한 후 관계당국에 신고하지 않은 채 반복적인 예금거래를 해왔으며, 위 각 해외 예금계좌별로 명의자인 법인명, 그 대표자, 개설은행, 대상 화폐, 이용기간, 입금액 등이 서로 다르기는 하나, 특별히 각각의 예금계좌별로 단일하고 계속된 범의를 가지고 동일한 자본거래를 분산하여 해 왔다고 볼 만한 정황 역시 찾기 어렵다.

그렇다면, 앞서 든 법리에 따라 피고인들의 개별 예금 행위를 기준으로 미신고 자본거래가 형사벌 대상에 해당하는지 여부를 살펴보아야 할 것인데, 각 예금 행위 시의 법령상 형사벌 대상 금액기준을 초과하는 미신고 자본거래는 아래에서 보는 바와 같이 공소시효가 완성된 일부 예금 행위를 제외하면, 앞서 유죄로 인정한 별지 변경된 범죄일람표(2-1) 연번 18 기재 자본거래가 유일하다.

미신고 자본거래로 인한 외국환거래법 위반죄에 대하여, 구 외국환거래법(2009.1.30. 법률 제9351호로 일부 개정되기 전의 것) 제29조 제1항 제6호, 제18조 제1항은 법정형을 1년 이하의 징역 또는 1억 원 이하의 벌금으로 규정하고 있는바, 피고인들의 각 외국환거래법 위반의 점에 대한 공소시효 기간은 형사소송법 제250조, 형법 제50조, 형사소송법 제249조 제1항 제5호에 의해 모두 5년인데, 이 사건 공소는 2016.5.11. 제기되었으므로, 2011.5.11. 이전에 이루어진 피고인들의 별지 변경된 범죄일람표(2-1) 연번 1~16, (2-2) 연번 1~17, (2-3) 연번 1~52, (2-4) 연번 1~8, (2-5), (2-6), (2-7), (2-8), (2-9) 연번 1~4, (2-10), (2-11) 연번 1~45, (2-12) 연번 1~14 기재 각 외국환거래법 위반의 점은 공소시효가 완성되었다. 피고인들의 위 각 외국환거래법 위반의 점에 대하여는 형사소송법 제326조 제3호에 의해 면소를 선고한다.

그리고 공소시효가 완성되지 않은 미신고 자본거래 중 피고인들의 별지 변경된 범죄일람표(2-1) 연번 17, 19~172, (2-2) 연번 46~54, (2-12) 연번 15~34 기재 각 외국환거래법 위반의 점은 각 예금행위가 행위 시의 법령상 형사벌 대상 금액기준을 초과하는 미신고 자본거래에 해당하지 않아 범죄사실의 증명이 없는 때에 해당한다. 피고인들의 위 각 외국환거래법 위반의 점에 대하여는 형사소송법 제325조 후단에 의해 무죄를 선고한다.

제 **7** 장

외국환검사

관세청의 불법외국환거래 감시

(1) 서울본부세관 조사2국 신설 배경과 역할

관세청은 무역금융 범죄와 재산 국외 도피 등 외국환 관련 범죄가 늘어나는 상황에 적극 대응하기 위해 2018년 9월, 서울본부세관에 외국환조사 전담부서인 '조사2국'을 신설하였다.

그동안 관세청은 정부의 외국환규제 완화와 자유무역협정(FTA) 확산에 따라 관세율이 낮아지고, 이를 악용한 무역거래 기반의 자금세탁·재산 도피 범죄가 증가하고 있다고 분석해왔다. 실제로 무역금융 범죄 단속 실적도 2016년 3,400억 원에서 2017년 3,757억 원으로 증가하였다.

이에 따라 국무회의에서는 '관세청과 그 소속기관 직제 일부 개정령안'을 의결하고, 서울본부세관 내 기존 조사국에서 외국환조사를 전담할 별도의 조직인 조사2국을 분리·신설하였다.

1) 조사1국과 조사2국의 역할 분담

조사2국 신설 전에는 단일한 조사국이 밀수, 불법 외환거래 등 모든 조사 업무를 함께 맡고 있었다. 그러나 조직 개편 이후에는 다음과 같이 역할이 명확히 나뉘었다.

- 조사1국: 밀수 등 관세법 및 대외무역법 위반행위 단속
- 조사2국: 불법 외환거래 등 외국환거래법 위반행위 전담 조사

2) 조사2국의 구성과 기능

조사2국에는 기존 조사국에 속해 있던 외국환조사과 및 외국환조사 1~3관이 모두 편입되었고, 여기에 추가로 외국환검사과가 신설되었다. 이 외국환검사과는 수출입 기업과 환전영업자의 외국환거래를 상시 모니터링하여, 이상 거래를 선별하고 불법 외환거래 혐의를 조기에 포착하는 감시 역할을 수행한다.

조사2국에는 총 62명이 배치되어 있으며, 이는 기존 외국환조사 인력보다 19명 증가한 규모이다. 이는 외국환범죄 대응역량을 실질적으로 강화하려는 관세청의 의지를 반영한 것이다.

3) 조사2국 신설의 의미

관세청은 이처럼 조사2국 신설을 통해, 단순한 단속을 넘어 무역금융 범죄, 사회 지도 층의 재산 국외 도피, 자금세탁 등 반사회적 행위에 대한 실질적 대응체계를 구축하겠다는 목표를 세우고 있다. 이는 국부 유출을 차단하고, 공정한 무역질서를 확립하는 데 핵심적인 역할을 하게 된다.

4) 외국환검사 조직 확대

이후 관세청은 외국환검사 확대를 위해 2021년 3월 서울세관 조사2국에 외환검사 2개 과를 추가하였으며, 2025년 1월 인원 조정을 통해 20명(5개팀)을 외환검사 부서에 투입하는 등 외국환검사 업무를 점차 확대해 왔다.

5) 외국환검사 관련 훈령 개정 및 외국환 절차개선

조직·검사인력 확대 외에도 외국환검사 운영 규정인 「외국환거래의 검사 및 제재에 관한 훈령」을 최근에 개정하여 외국환검사 시 조력을 받을 권리 및 서면검사 절차 명확화, 과태료 처분 대상자에 대한 의견진술 기한 연장(15일→20일), 자율점검표 개선 및 자율점검 대상자에 대한 관세청 자료 제공 근거 마련 등 검사 및 제재 대상자에게 불합리한 절차를 개선하고, 그간 외국환검사 제도 운영 시 나타난 미비점을 보완하였다.

(2) 관세청 외국환거래 검사권의 연혁

관세청은 외국환거래와 관련된 검사권한을 점차적으로 확대해왔다. 그 과정을 연도별로 살펴보면 다음과 같다.

- 1997년 5월

  관세청은 처음으로 수출입거래 및 이와 직접 관련된 용역거래에 대해 검사할 수 있는 권한을 확보하였다. 이로써 단순한 물품 거래뿐 아니라 관련 서비스 거래까지도 검사 대상에 포함되었다.

- 1999년 4월

  외국환거래법이 시행되면서 검사권이 확대되었다.

  이제는 수출입 및 관련 용역거래의 당사자와 관계인뿐만 아니라, 개항장 안에서 환전업무를 수행하는 자와 그 거래 상대방 및 관계인도 검사 대상이 되었다.

- 2005년 12월

  검사대상이 자본거래까지 확대되었다.

  이에 따라 수출입거래, 용역거래, 자본거래의 당사자 및 관계인이 모두 관세청의 검사 범위에 포함되었다.

- 2009년 2월

  외국환거래 관련 신고의무 위반에 대해 과태료를 부과할 수 있는 권한을 확보하게 되었다.

- 2011년 7월

  개항장 밖에서 영업하는 환전업자에 대해서도 한국은행에 공동검사를 요청할 수 있는 권한을 갖게 되었다.

- 2013년 9월

  수출입업자가 수행하는 용역거래와 자본거래에 대해 금융감독원에 공동검사를 요구할 수 있는 권한이 추가되었다.

- 2016년 3월

  검사권의 범위가 더욱 확대되어, 수출입거래 및 관련 용역거래·자본거래의 당사자와 관계인, 그리고 법 제16조 제3호 및 제4호에 따라 대체송금을 목적으로 외화를 지급하거나 수령하는 경우의 거래 당사자 및 관계인까지도 검사 대상으로 포함되었다.

- 2017년 6월

  환전업무를 수행하는 자와 그 거래 상대방 및 관계인에 대해서도 관세청이 직접 검사할 수 있는 권한을 갖게 되었다.

이러한 과정을 통해 관세청의 외국환거래 검사권은 단순 수출입거래에서 출발하여, 용역·자본거래, 환전업자, 신고위반 등 외국환과 관련된 거의 모든 영역으로 점차 확대되어 왔다. 이로 인해 관세청의 외국환검사는 더욱 종합적이고 강력한 집행력이 뒷받침되게 되었다.

(3) 관세청의 외국환검사 방향

과거에는 관세청이 외환검사를 실시할 때, 주로 정보분석을 통해 위험도가 높다고 판단되는 일부 업체를 대상으로 실지검사나 종합검사를 수행해왔다. 그러나 검사 인력이 제한적이어서 연간 검사 건수는 약 20건 수준에 불과하였다.

이처럼 단속 중심의 검사 방식과 검사 인력 부족이라는 구조적 한계로 인해, 수출입기업 전반의 외환 건전성을 높이는 데에는 한계가 있었고, 다음과 같은 문제들이 나타났다.

- 외환 모니터링의 사각지대가 발생하고
- 기업들의 외국환거래 법규 준수 의지가 약화되며
- 기업의 자율적인 외환 관리 역량을 지원하는 기능도 부족해지는 등의 문제점이 드러나게 되었다.

이러한 문제를 해결하기 위해 관세청은 단순한 적발 중심의 검사 방식에서 벗어나, 수출입기업 전반의 외환거래 건전성 확보를 목표로 외환검사 체계를 개선하고 있다.

우선, 검사 인력을 확충하고, 일정 규모 이상의 기업에 대해서는 외환거래 모니터링을 보다 강화하고 있다. 동시에, 기업 스스로 외환거래를 점검하고 관리할 수 있도록 자율점검 기능을 강화하고, 서면검사 중심의 관리체계도 확대해 나가고 있다.

또한 검사 과정에서 특정 위험거래가 발견되면, 해당 거래에 대해서는 기획검사를 확대 실시하여 보다 정밀하게 들여다보는 방식으로 선별적이고 전략적인 검사체계를 구축해 가고 있다.

(4) 정기 외환검사 제도 도입의 배경과 실무상 유의사항

관세청이 2025년부터 일정 규모 이상의 기업을 대상으로 정기 외환검사 제도를 도입하겠다고 밝힘에 따라, 기업들이 긴장하고 있다.

그동안 외환검사는 불법 외환거래가 의심되는 일부 기업에 한해 단속 위주로 실시되었으나, 앞으로는 수입금액이 연간 3,000만 달러 이상인 기업을 대상으로 5년 주기 정기 외국환검사를 실시하겠다는 계획이다. 이 제도의 도입은 외국환거래 규모가 큰 기업일수록 외국환 관련 법규에 대한 이해가 부족하여 과태료나 추징 등의 불이익을 입는 사례가 많다는 내부 분석에 따른 것이다.

1) 외환검사란 무엇인가?

외환검사는 수출입 대금의 결제, 외환의 송금 및 수취, 외화자금의 대여, 상계나 제3자 지급과 같은 외환 관련 거래 전반에 대해 외국환거래법상 신고의무가 제대로 이행되었는지를 점검하는 절차이다.

만일 외환검사 과정에서 위반 사실이 발견되면, 위반 금액에 따라 과태료나 행정처분이 부과된다. 그리고 위반 내용이 중대하고 고의성이 있다고 판단되는 경우에는 외환조사로 전환되어 형사처벌까지 받을 수 있다.

2) 기업이 주의해야 할 사항

이처럼 외환검사가 정기적으로 확대됨에 따라, 외국환거래를 하는 기업들은 평소에도 외국환거래 내용을 점검하고 필요한 신고를 빠짐없이 해야 한다. 특히 실무 현장에서는 다음과 같은 사례에서 외환신고 누락이 자주 발생한다.

- 수출입대금의 제3자 지급 및 수취
- 상계거래 또는 외국환은행을 통하지 않는 외국환 거래
- 외화자금 대여 및 회수
- 해외직접투자, 해외부동산 취득 등 자본거래

하지만 많은 기업들이 외환신고 제도에 대한 이해가 부족한 상황이다. 일각에서는 "관세청 검사관들은 대부분 외환 분야의 베테랑인데 비해, 기업 담당자들은 외환 관련 법령에 거의 무지한 경우가 많다"고 말한다. 따라서 갑작스럽게 외환검사를 받게 되면, 준비 부족으로 인해 과도한 과태료 처분을 받을 수 있다는 우려도 제기된다.

3) 제도의 취지와 기업의 대응 방향

관세청은 이번 정기 외환검사 제도의 도입 목적이 제재가 아닌 컨설팅이라고 설명한다. 즉, 외환거래가 많은 기업에 대해 5년에 한 번 정도 거래 구조를 점검하고 법령 위반 위험을 사전에 차단해주는 제도로 운영하겠다는 것이다.

하지만 현실적으로는 아직 관세청이 외환검사 관련 안내자료나 가이드라인을 충분히 제공하지 않고 있어, 기업 입장에서는 제도의 취지를 체감하기 어렵다. 반면, 품목분류나 원산지검증 등 수출입 통관 관련 분야에서는 꾸준히 자료가 제공되고 있어, 외환검사 분야도 사전 계도와 안내 시스템이 함께 구축되어야 할 필요가 있다.

4) 실무 조언

외환거래 규모가 큰 기업은 다음과 같은 조치를 통해 정기 외환검사에 대비해야 한다.
- 외환거래 전반에 대한 내부 점검 체계 구축
- 주요 외환거래 사례에 대해 신고의무 여부 판단 및 이행 기록 확보
- 외환거래 관련 담당자에 대한 정기 교육 및 실무매뉴얼 구비
- 전문 관세사 또는 외환 자문 전문가의 컨설팅 활용

정기 외환검사 제도는 기업에게 부담이 될 수도 있지만, 이를 계기로 외환거래의 투명성을 제고하고 외환법 위반 리스크를 줄일 수 있는 기회로 활용하는 것이 바람직하다.

(5) 수출입기업이 주의해야 할 외국환검사 리스크

1996년부터 관세청은 수출입기업에 대해 정기적인 관세조사(과거 기업심사) 제도를 운영해 왔다. 이를 통해 관세 등의 신고 오류에 대한 세액 추징이 이어졌고, 기업들도 신고의 중요성에 대한 인식이 점차 높아져 왔다. 이제는 세관의 관세심사 체계도 정교해졌고, 기업들은 과거보다 성실하게 신고하는 문화를 정착시켜 가고 있다.

하지만 관세조사의 경우에는 대부분 실무자 차원에서 이뤄지며, 대표이사까지 책임이 미치는 경우는 많지 않았다. 예를 들어, 관세 등 세금이 누락되더라도 추가 납부로 문제가 종결되는 경우가 대부분이다. 형사처벌까지 이어지는 경우는 드물다.

그러나 외국환검사는 상황이 다르다.

2018년 서울본부세관에 외국환조사 전담 조직인 조사2국이 신설되고, 2019년부터는 수출입기업을 대상으로 외국환검사 제도가 도입되었고, 2025년부터는 정기 외국환검사가 본격 도입되었다. 이에 따라 외국환거래 리스크가 기업의 경영진에게 형사적 책임으로까지 확대될 가능성이 커졌다.

외국환거래는 일반적으로 수출입관련 부서나 물류 담당 부서는 관여하지 않고, 기업의 자금부서(또는 재무담당부서)가 실행하고, 대부분의 외국환거래는 대표이사의 결재를 거쳐 진행된다. 이 때문에 외국환거래 신고의무를 위반한 경우, 세관은 대표 개인에게 외국환거래법 위반의 책임을 묻는 경우가 일반적이다.

1) 위반금액 규모에 따라 갈리는 책임 수준

- 경상거래 신고의무 위반: 위반금액이 50억 원 이하
- 자본거래 신고의무 위반: 위반금액이 20억 원 이하

기준금액 이하의 경상거래나 자본거래 신고 의무를 위반한 경우에는 대표(이사)가 세관에 출석해 피의자 신문을 받은 후, 과태료(위반금액의 2~4%)를 부과받는 선에서 사건이 종결된다.

하지만 금액이 위 기준을 초과하면 상황은 달라진다.

- 경상거래 위반이 50억 원 초과
- 자본거래 위반이 20억 원 초과

위 기준금액을 초과하는 경상거래나 자본거래 신고 의무를 위반한 경우에는 세관은 사건을 대표(이사)를 피의자로 소환하여 신문절차를 거친 후 검찰에 외국환거래법 위반사건을 송치해야 하며, 대표(이사)는 검찰 피의자 조사 및 기소되는 경우 형사재판 대상이 된다. 약식 벌금형으로 끝나는 경우도 있지만, 중대하다고 판단되면 검찰의 공소가 제기되고, 공판절차까지 진행된다.

이처럼 외국환검사는 단순 행정제재를 넘어, 기업 대표의 형사 리스크로 직결되는 문제가 되기 때문에 관세조사(법인심사 또는 기업심사)보다 훨씬 심각한 법적 부담을 초래할 수 있다.

2 외국환검사의 법적 근거

관세청의 수출입기업에 대한 외국환검사권의 법적근거는 외국환거래법 제20조(보고·검사)이다.

(1) 기획재정부장관의 보고 및 정보제출 요구권

기획재정부장관은 외국환거래법의 실효성을 확보하기 위하여 거래 당사자 또는 관계인으로 하여금 필요한 보고를 하게 할 수 있으며, 비거주자에 대한 채권을 보유하고 있

는 거주자로 하여금 대통령령으로 정하는 바에 따라 그 보유 채권의 현황을 기획재정부장관에게 보고하게 할 수 있다(법 20-1).

기획재정부장관은 외국환거래법을 시행하기 위하여 필요하다고 인정되는 경우에는 국세청, 한국은행, 금융감독원, 외국환업무취급기관 등 이 법을 적용받는 관계 기관의 장에게 관련 자료 또는 정보의 제출을 요구할 수 있다. 이 경우 관계 기관의 장은 특별한 사유가 없으면 그 요구에 따라야 한다(법 20-2).

기획재정부장관(외국환검사 업무를 위탁받은 기관을 포함)은 외국환검사업무 수행을 위하여 필요한 경우 「전자정부법」 제36조 제1항에 따라 ① 출입국에 관한 사실증명 ② 외 국인등록사실증명 ③ 국내거소신고사실증명 ④ 외국인부동산등기용증명 ⑤ 해외이주신고 확인서 ⑥ 주민등록표 등·초본 ⑦ 법인등기사항증명서 ⑧ 건물등기사항증명서 ⑨ 토지등기사항증명서 ⑩ 가족관계등록전산정보 ⑪ 사업자등록증명 ⑫ 폐업사실증명 등의 행정정보를 공동이용할 수 있다(영 35의 2).

(2) 기획재정부장관의 외국환검사권한

1) 외국환검사권한

기획재정부장관은 외국환거래법을 시행하기 위하여 필요하다고 인정되는 경우에는 소속 공무원으로 하여금 외국환업무취급기관 등이나 그 밖에 이 법을 적용받는 거래 당사자 또는 관계인의 업무에 관하여 검사하게 할 수 있다(법 20-3).

2) 자료제출요구권

기획재정부장관은 효율적인 검사를 위하여 필요하다고 인정되는 경우에는 외국환업무취급기관 등이나 그 밖에 이 법을 적용받는 거래 당사자 또는 관계인의 업무와 재산에 관한 자료의 제출을 요구할 수 있다(법 20-4).

3) 위법사실에 대한 시정 조치

기획재정부장관은 외국환검사 결과 위법한 사실을 발견하였을 때에는 그 시정을 명하거나 그 밖에 필요한 조치를 할 수 있다(법 20-5). "그 밖에 필요한 조치"란 (1) 업무방법의 개선 요구 및 개선 권고 (2) 법령을 위반한 경우 관계 기관이나 수사기관에의 통보 (3) 그 밖에 기획재정부장관이 법, 이 영 및 그 밖의 관련 법령 등에 따라 할 수 있는 조치를 말한다(영 35-2).

(3) 관세청장의 외국환검사

기획재정부장관은 필요하다고 인정되는 경우에는 대통령령으로 정하는 바에 따라 한국은행총재, 금융감독원장, 그 밖에 대통령령으로 정하는 자(관세청장)에게 위탁하여 그 소속 직원으로 하여금 외국환검사 업무를 수행하게 할 수 있다(법 20-6).

기획재정부장관이 관세청장에게 위탁하여 그 소속 직원으로 하여금 외국환검사에 따른 업무를 수행하게 하는 경우에는 다음의 자에 대한 외국환검사를 한다(영 35-3).

〔표 131〕 수탁기관별 외국환검사 대상

검사기관	검사대상	근거
관세청장	• 환전영업자(개항장 안의 환전영업자에 한정한다)와 그 거래 당사자 및 관계인 • 수출입거래, 용역거래, 자본거래의 당사자 및 관계인[101]	영 35-3
한국은행총재	• 외국환업무취급기관인 외국 금융기관과 그 관계인 • 외국환중개업무를 영위하는 자와 그 거래 당사자 및 관계인 • 한국은행총재가 위탁받아 수행하는 업무의 대상인 외국환업무취급기관 중 「한국은행법」 제11조에 따른 금융기관 • 한국은행총재가 위탁받아 수행하는 업무에 관련되는 보고 대상자 • 한국은행총재가 위탁받아 수행하는 업무의 대상인 부담금납부의무자	영 35-3
금융감독원장	• 외국환업무를 취급하는 자와 그 거래 당사자 및 관계인 • 소액해외송금업무를 영위하는 자와 그 거래 당사자 및 관계인 • 기타 전문외국환업무를 영위하는 자와 그 거래 당사자 및 관계인 • 수출입거래와 관련되지 아니한 용역거래 또는 자본거래 당사자	영 35-3

---

101) 다만, 용역거래 및 자본거래의 경우 수출입거래와 관련된 거래 또는 대체송금을 목적으로 법 제16조 제3호 및 제4호의 방법으로 지급하거나 수령하는 경우로 한정한다.

(1) 외국환검사의 구분

외국환검사는 서면검사 또는 실지검사로 구분하여 할 수 있다(영 35-1). 서면검사는 외국환거래의 검사 및 제재에 관한 훈령(이하 '검훈')에서 정하는 사항의 확인과 점검을 위하여 검사대상자로부터 필요한 서류나 장부를 제출받아 세관에서 필요한 사항을 검사하는 것을 말한다. 실지검사는 '검훈'에서 정하는 사항의 확인과 점검을 위하여 검사대상자의 사업장이나 거주지를 직접 방문하여 검사하는 것을 말한다. 수출입기업의 입장에서는 외국환검사를 실지검사로 받게 되어 수출입기업의 사업장에 외국환검사요원이 직접 방문하여 조사를 받는 것은 매우 부담스러운 일이다. 외국환검사에 대비하여 평소에 외국환신고업무를 정확하게 관리하는 것이 수출입기업의 외국환검사에 대한 부담을 최소화하는 방법이다.

〔표 132〕 외국환검사의 구분

용어	정 의	근거
서면검사	검사요원이 '검훈'에서 정하는 사항의 확인과 점검을 위하여 검사대상자로부터 필요한 서류나 장부를 제출받아, 검사요원이 소속된 세관 사무실에서 필요한 사항을 검사하는 것	검훈 2-5
실지검사	검사요원이 '검훈'에서 정하는 사항의 확인과 점검을 위하여 검사대상자의 사업장이나 거주지를 직접 방문하여 검사하는 것	검훈 2-6
공동검사	관세청장과 금융감독원장의 공동검사	검훈 2-7

(2) 용어

외국환검사에 관련하여 사용하는 용어의 뜻은 다음과 같다.

〔표 133〕 외국환검사 관련 용어

용어	정 의	근거
검사	「외국환거래법」 제20조 제3항 및 제6항, 「외국환거래법 시행령」 제35조 제3항 제3호 및 「외국환거래규정」 제10-7조에 따른 검사	검훈 2-1

용어	정 의	근거
검사요원	외국환거래 검사를 담당하는 세관공무원	검훈 2-2
검사대상자	외국환거래당사자 또는 관계인에 해당하는 개인이나 법인 중 다음의 어느 하나에 해당하는 자를 말한다. 가. 환전업무를 영위하는 자와 그 거래 당사자 및 관계인 나. 수출입물품거래의 수출입신고인, 납세의무자, 수입자, 수출자, 제조자, 수출입대행자, 물품매도확인서 발행자, 중개인, 수출입물품의 운송인, 운송주선업자, 수출입물품에 직접적·간접적으로 관련되는 도매상 및 소매상 등 국내외 유통에 관련되는 자 다. 용역거래의 수입자, 수출자, 소개자, 용역의 국내 사용자 및 용역을 이용한 물품제조자 라. 자본거래의 채권자, 채무자, 보증인, 임대인, 임차인, 권리취득자, 권리 양도자 및 자본거래에 따른 채권의 발생·변경 또는 소멸에 관한 거래와 관련되는 자 마. 그 밖의 외국환거래 관계인	검훈 2-3
기업심사	「수출입 안전관리 우수업체 공인 및 운영에 관한 고시」에 따른 갱신심사와 「관세조사 운영에 관한 훈령」에 따른 관세조사	검훈 2-4
행정처분 대상자	외국환거래법 경고 및 거래정지등에 해당하는 위반행위를 한 자	검훈 2-8
과태료처분 대상자	외국환거래법 과태료 규정에 해당하는 위반행위를 한 자	검훈 2-9
처분 담당부서	다음의 업무를 담당하는 부서 가. 외국환거래법에 따른 지급수단의 수출입신고 처리 업무 나. 외국환거래법에 따른 외국환 검사업무 다. 외국환거래법 제27조부터 제29조까지에 해당하는 위반행위에 대한 범칙조사 업무	검훈 2-10
징수 담당부서	관세의 부과징수를 담당하는 부서	검훈 2-11

(3) 외국환검사에서 조력을 받을 권리

외국환 검사대상자가 외국환검사를 받거나 자율점검을 하는 경우 관세사 또는 변호사의 조력을 받을 수 있다. 다만, 검사 결과에 따라 범칙조사로 전환되는 경우에는 관세사의 조력 범위를 「세관공무원의 범칙조사에 관한 훈령」 제30조 제2항에 따른 범위로 한정한다(검훈 3-1-1).

행정처분 대상자가 검훈 제34조에 따른 청문절차를 진행하는 경우 관세사 또는 변호사의 조력을 받을 수 있다(검훈 3-1-2).

과태료처분 대상자가 검훈 제38조에 따른 의견진술을 하는 경우 관세사 또는 변호사의 조력을 받을 수 있다(검훈 3-1-3).

외국환검사, 외국환 행정처분, 외국환 과태료 처분에 따른 절차를 담당하는 세관공무원은 조력을 하는 관세사 등이 검사에 참여하거나 의견을 진술하려는 때에는 해당 조력자에게 그 권한이 있음을 증명하는 위임장 등을 제출받아 자격여부를 확인한 후 그 사실을 세관장에게 보고해야 한다(검훈 3-2).

 **외국환검사의 총칙**

(1) 외국환검사의 범위

검훈에 따른 외국환검사의 범위는 검사대상자의 외국환거래와 관련된 업무로 한다(검훈 4).

(2) 외국환검사의 관할

1) 사업장 소재지 관할 본부 세관장의 외국환검사 수행 원칙

외국환검사는 검사대상자의 사업장 소재지를 관할하는 본부세관장이 검사를 수행하는 것을 원칙으로 한다(검훈 5-1-1).

본부세관장은 산하세관장으로 하여금 검사를 수행하게 할 수 있다. 이 경우 관세청장의 승인을 받아야 한다(검훈 5-1-2).

검사대상자의 사업장이 2개 이상의 세관의 관할에 속하는 경우에는 본사 또는 주된 사업장 소재지를 관할하는 세관장이 검사를 수행한다(검훈 5-1-3).

2) 관세청장의 외국환검사 관할권 조정

외국환검사의 관할 원칙에도 불구하고 관세청장은 검사사안의 중요성, 검사의 신속성, 세관장의 요청 등을 고려하여 직접 검사하거나 검사의 관할을 조정할 수 있다(검훈 5-2).

3) AEO 등 심사 및 관세 조사 관할 준용

외국환검사 관할 원칙 및 조정 관련 규정에도 불구하고 기업심사를 하는 과정 중 검사를 하는 경우의 관할은 「수출입 안전관리 우수업체 공인 및 갱신심사 운영에 관한 훈령」 및 「관세조사 운영에 관한 훈령」에 따른다(검훈 5-3).

(3) 기업심사를 통한 외국환검사 절차

세관장이 기업심사를 실시하는 과정에서 검사를 하는 경우에는 「수출입 안전관리 우수업체 공인 및 갱신심사 운영에 관한 훈령」 및 「관세조사 운영에 관한 훈령」에서 정한 관련 절차를 이행하는 것으로 제2절(외국환 검사계획의 수립 및 기간), 제3절(외국환 검사)부터 제4절(검사 결과의 처리까지)(검훈 제8조부터 제24조까지)의 규정의 절차를 갈음한다. 다만, 「수출입 안전관리 우수업체 공인 및 갱신심사 운영에 관한 훈령」 및 「관세조사 운영에 관한 훈령」에서 정하지 않은 사항은 이 훈령에 따른다(검훈 6).

(4) 환전영업자에 대한 검사 절차

외국환 검사대상자가 환전업무를 영위하는 자와 그 거래 당사자 및 관계인(검훈 2-3-가)에 해당하는 경우에는 검사계획의 승인, 검사 실시 방법 및 검사결과 보고 등에 대하여 「환전영업자 관리에 관한 고시」를 따른다. 다만, 「환전영업자 관리에 관한 고시」에서 정하지 않은 사항은 이 훈령에 따른다.

외국환검사 계획의 수립 및 기간

(1) 외국환 검사계획의 수립 및 승인

세관장은 아래의 어느 하나에 해당하는 경우에 검사를 실시할 수 있다.

- 관세청장이 외환자료 분석 결과 등에 따라 검사를 지시하는 경우(검훈 8-1-1)
- 세관장이 자체 정보 및 자료 분석 결과 검사가 필요하다고 인정한 경우(검훈 8-1-2)
- 그 밖에 첩보가 있거나 외국환거래법령 위반 혐의가 있는 경우(검훈 8-1-3)

(2) 외국환 검사계획의 내용

세관장은 검사를 실시하기 전에 검사대상자에 대해 충분한 정보를 수집하여 검토하고, 아래의 사항을 포함한 검사계획을 수립해야 한다. 이 경우, 검사 대상이 되는 업무 범위와 대상 기간은 검사의 목적을 달성하기 위하여 필요한 최소한의 범위에서 계획을 수립해야 한다.

- 검사를 실시하는 기간, 검사장소 및 검사 수행 요원(검훈 8-2-1)
- 검사방법(서면검사와 실지검사 중에 선택하거나 병행할 수 있다) 및 실지검사가 필요한 경우에는 그 이유(검훈 8-2-2)
- 검사 대상이 되는 업무 범위와 대상 기간(검훈 8-2-3)
- 검사를 실시하는 이유(검훈 8-2-4)

(3) 관세청장의 외국환 검사계획 승인 및 조정

세관장은 외국환 검사계획을 수립한 경우에는 관세청 전자통관시스템에 등록하고 관세청장의 승인을 받아야 한다(검훈 8-3-1).

관세청장은 세관장이 수립한 검사계획을 검토하여 필요한 경우에는 외국환 검사계획의 내용에 해당하는 사항을 조정할 수 있다(검훈 8-3-2).

(4) 외국환 검사반의 편성 및 합동검사팀 구성

세관장은 외국환 검사대상자의 업체규모 및 외국환거래 실적 등을 감안하여 검사반을 편성하고, 효율적인 검사와 적법한 절차를 준수하기 위해 검사반장을 지정하여 검사요원을 지휘하게 할 수 있다(검훈 9-1).

본부세관장은 필요한 경우 산하세관 소속 공무원을 검사요원으로서 검사반에 편성·운영할 수 있다(검훈 9-2).

세관장은 합동검사가 필요한 경우 관세청장의 승인을 받아 외환검사부서와 다른 부서 또는 다른 세관과의 합동검사팀을 구성할 수 있다(검훈 9-3).

(5) 외국환 검사실시계획의 통보

세관장은 외국환 검사를 실시하려는 경우에는 검사를 시작하는 날을 기준으로 15일 전까지 별지 제1호 서식의 외국환거래 검사 계획 통지와 다음 사항을 기재한 별지 제2호 서식의 외국환거래 검사계획서를 검사대상자에게 서면으로 통보해야 한다. 다만, 증거인멸 등의 우려가 있는 경우에는 검사를 시작하는 날에 검사계획을 통보할 수 있으며 이 경우 외국환검사 대상자의 연기신청(검훈 11)은 적용하지 않는다(검훈 10-1).

- 검사사유
- 검사방법
- 검사를 하는 기간(실지검사를 실시하는 경우에는 실지검사 기간을 포함한다)
- 검사 대상이 되는 업무 범위, 기간 및 주요 검사 사항
- 검사공무원의 명단

세관장은 외국환 검사대상자에게 외국환거래 검사계획을 통지할 때에는 다음 서식을 함께 송부하고, 검사준비자료의 제출을 요청할 수 있다(검훈 10-2).

〔표 134〕 외국환거래 검사계획 통지시 제출요청 준비자료

별지	서식	비고	근거
3호	외국환거래 자율점검표	검사목적에 따라 외국환거래 자율점검표의 점검 항목을 일부로 한정하거나 점검이 필요한 항목을 추가하는 등 변경된 서식을 송부가능	검훈 10-2-1
4호	외국환거래 자율 점검 항목 상세 내역	외국환거래 자율점검표에 대한 검증을 할 수 있는 상세내역	검훈 10-2-2

별지	서식	비고	근거
5호	다음 중 외국환 검사에 필요한 자료를 기재한 검사준비목록표 가. 회사조직도, 부서별 업무분장표, 사규집, 사업계획서 등 일반자료 나. 송품장, 계약서, 상업서신철, L/C철, 물품매도확약서, 수입관리대장 등 무역관련 자료 다. 결산보고서, 세무조정계산서, 매입·매출장, 계정과목 코드집, 그 밖의 전표 및 증명철 등 회계 관련 자료 라. 기술도입계약서, 로얄티 등 용역거래 관련 자료 마. 특수관계자와의 계약서, 자본거래내역서, 품목별 제조원가계산서 등 특수관계자 간의 거래 관련 자료		검훈 10-2-3
6호	외국환거래 검사 연기 신청서	증거인멸 등의 우려가 있는 경우에는 검사를 시작하는 날에 검사계획을 통보할 수 있으며 이 경우 외국환거래 검사연기신청서는 적용하지 않음	검훈 10-2-4

〔별지 제1호 서식〕

○ ○ 세 관

수신자
（경유）
제목　외국환거래 검사 계획 통지

1. 「외국환거래법」 제20조와 같은 법 시행령 제35조 및 「외국환거래의 검사 및 제재에 관한 훈령」 제10조 제1항에 따라 붙임 1과 같이 외국환거래 검사계획을 통지하오니, 붙임 2의 자율점검표에 따라 귀하(귀사)의 외국환거래 적정성을 자율 점검하시고, 붙임 3의 검사준비 목록표의 자료를 준비하여 주시기 바랍니다.
2. 아울러 귀사가 사업상 심한 어려움에 처하거나 검사를 받기가 곤란한 타당한 사유가 있는 경우 「외국환거래의 검사 및 제재에 관한 훈령」 제11조에 따라 붙임 5의 서식으로 검사의 연기를 신청할 수 있음을 함께 알려드립니다.

붙임 1. 외국환거래 검사 계획서.
　　 2. 외국환거래 자율점검표.
　　 3. 외국환거래 자율 점검항목 상세 거래 내역 양식.
　　 4. 검사준비목록표.
　　 5. 외국환거래 검사 연기 신청서. 끝.

○ ○ 세 관 장

　　　　직위(직급) 서명　　　　직위(직급) 서명　　　　직위(직급) 서명
기안자　　　　　　검토자　　　　　　　결재권자

협조자
시행　처리과－일련번호　　　(시행일자)　　　　접수　처리과명－일련번호　　　(접수일자)
우　　000－000 (주소)　　　　　　　　　　　　　　/ 홈페이지 주소
전화 000－000－0000 전송 000－000－0000　/ 기안자의 공식전자우편주소　/　공개구분

210mm×297mm[백상지 80g/㎡]

(6) 외국환 검사대상자의 연기신청

세관장은 외국환 검사실시계획을 통보받은 검사대상자가 다음의 어느 하나에 해당하여 검사 연기를 요청하는 경우에는 검사를 연기할 수 있다(검훈 11-1).

〔표 135〕 외국환 검사 연기 신청 사유

연기 신청 사유	근거
천재지변 · 사회재난 등으로 검사를 받기가 곤란한 경우	검훈 11-1-1
화재나 그 밖의 재해로 사업상 심한 어려움을 겪고 있는 경우	검훈 11-1-2
검사대상자나 그 위임을 받은 자의 질병, 장기출장 등으로 검사가 곤란하다고 판단되는 경우	검훈 11-1-3
권한 있는 기관에게 장부 및 증빙서류가 압수 또는 영치된 경우	검훈 11-1-4
그 밖에 위의 규정에 준하는 사유가 있는 경우	검훈 11-1-5

외국환 검사대상자는 검사를 시작하는 날 전까지 검훈 별지 제6호서식의 외국환거래 검사 연기 신청서를 검사계획을 통보한 세관장에게 제출하여 검사 연기를 요청할 수 있다. 이 경우 세관장은 검사 연기 요청을 받은 날부터 7일 이내에 검사의 연기 여부를 결정하여 그 내용을 관세청장에게 보고한 후 검사대상자에게 서면으로 통보한다(검훈 11-2).

(7) 외국환 검사대상자의 자율 점검

세관장은 외국환검사를 실시하기 전에 외국환 검사대상자에게 제공한 외국환거래 자율점검표를 통하여 스스로 외국환거래의 적정성을 점검하게 할 수 있다(검훈 12-1). 세관장은 검사대상자가 자율점검 결과를 제출한 경우에는 그 점검결과를 검토한 후에 검사를 실시해야 한다(검훈 12-2).

〔별지 제3호 서식〕

외국환거래 자율점검표

<작성요령>

1. 자율점검 결과표

(1) 외국환거래법령(규정)상 원인거래(수출입·용역·무체물·외국인수도·중계무역·자본거래 등)에 따른 결제거래(지급등의 절차·방법·지급수단수출입)와 자본거래에 대한 점검결과를 작성

(2) 각 점검항목은 주요 신고대상 유형 및 관련 외국환거래규정을 참고하여 신고 등의 의무이행 여부를 점검

(3) 점검결과는 각 점검항목별 점검결과를 "이행/미이행/해당없음"으로 구분하여 작성
- "이행" 해당 거래가 있고 외국환거래규정에 따른 신고 등 의무를 이행한 거래
- "미이행" 해당 거래가 있고 외국환거래규정에 따른 신고 등 의무를 이행하지 않은 거래
- "해당없음" 해당 거래가 없어 점검대상거래가 없는 경우

2. 점검결과 상세내용

점검결과에 따른 추가 설명·소명이 필요한 내용 또는 위반사항 자진신고 내용을 기재(아래 "작성예"를 참고하여 소명내용이나 자진신고내용 등 외국환거래 점검결과 상세설명내용을 기재)

(작성예)

(상계 미이행) 외국환거래법령(규정) 상 의무사항 미이행 내역을 자진신고하는 경우
- 예시) 점검항목(상계) 0000.00.00. A사에 대한 수입채무 미화 000불과 A사에 대한 수출채권 미화 000불을 상계하였으나 외국환은행장에 사후보고 미이행(미이행내역 별첨)

(추가설명·소명) 점검결과에 따라 세관의 검증시 추가 설명 또는 소명이 예상되는 사항 등
- 예시) 점검항목(상계) 0000.00.00.부터 0000.00.00.까지 00차례에 걸쳐 A사와의 채권채무 상계하였으나 상계 건별 미화 5천불 미만으로 신고(사후보고) 미대상(A사와 상계 세부내역 별첨)

3. 외국환거래 현황 요약표

해당 거래상대방과의 거래유형에 따라 전표통화별·결제방법별 총합계로 작성

(1) 거래상대방(해외거래처)의 상호와 국가를 기재

(2) 거래내역 항목을 다음 예시를 참고하여 작성
- 세자리 통화코드를 기재. 예) 대한민국: KRW. 미국: USD. 유럽연합: EUR. 중국: CNY.
- 거래상대방과의 수출(중계수출, 외국인도수출, 무체물·용역 수출 등 포함)과 관련된 거래 내역
- 거래상대방과의 수입(중계수입, 외국인수수입, 무체물·용역 수입 등 포함)과 관련된 거래 내역
- 해외지사와의 영업기금 내역
- 투자유가증권, 해외부동산, 해외회원권, 기타 해외자산, 대여, 차입 등 자본거래와 관련된

거래내역
(3) 결제내역항목은 다음 예시를 참고하여 작성
　• 다음 결제방법을 기재
　　− 송금: TT, 기한부신용장: LU, 일람불신용장: LS, 추심: DA, DP, 외상매출채권매입:
　　　OA, 무환: GN, 기타: ZZ
　• 거래상대방과의 수출(중계수출, 외국인도수출, 무체물·용역 수출 등 포함)과 관련된 결제
　　내역
　• 거래상대방과의 수입(중계수입, 외국인수수입, 무체물·용역 수입 등 포함)과 관련된 결제
　　내역
　• 해외지사의 영업기금 지급 등의 내역
　• 투자유가증권, 해외부동산, 해외회원권, 기타 해외자산, 대여금, 차입금 등 자본거래와 관련
　　된 지급 등의 내역
(4) 거래유형별, 통화별 (2)의 거래금액과 (3)의 결제금액의 차액을 기재
(5) (4)의 차액 발생에 대한 사유나 해당 거래에 대한 추가설명 등을 간략히 기재(상세설명 필요
　한 경우 2. 점검결과 상세내용에 기재)

1. 자율점검 결과표

구분[(1)]	연번	점검항목[(2)]	관련 외국환 거래규정	주요 신고대상 유형(세부내용 규정참고)	점검 결과[(3)]
결제거래 (지급, 영수)	1	지급 등의 절차	제4−2조	결제 건당 미화 5천불을 초과하는 금액의 지급·수령에 따른 증빙서류 제출	
	2	상계	제5−4조 제2항	비거주자에 대한 채권 또는 채무를 비거주자에 대한 채무 또는 채권으로 상계하고자 하는 경우	
			제5−4조 제3항	다국적기업의 상계센터를 통하여 상계하거나 다수 당사자의 채권 또는 채무를 상계하고자 하는 경우	
			제5−5조 ~제5−7조	상호계산방법으로 지급 등을 하는 경우	
	3	기간초과지급 등	제5−8조 제1항	본지사 간 계약건당 미화 5만불을 초과하는 수출거래로서 결제기간 3년을 초과하여 수령하고자 하는 경우	
				본지사 간 계약건당 미화 5만불을 초과하는 수출거래로서 물품 선적 전에 수령하고자 하는 경우	
				본지사 간이 아닌 계약으로 계약 건당 미화 5만불을 초과하는 수출거래로서 물품 선적 전 1년을 초과하여 수령하고자 하는 경우	

구분[1]	연번	점검항목[2]	관련 외국환 거래규정	주요 신고대상 유형(세부내용 규정참고)	점검 결과[3]
결제거래 (지급, 영수)				계약건당 미화 5만불을 초과하는 재수출목적의 금수입 선적서류 또는 물품 수령 후 30일을 초과하여 지급하고자 하는 경우	
				계약건당 미화 2만불을 초과 수입대금 선적서류 또는 물품수령 전 1년을 초과하여 송금방식으로 지급하고자 하는 경우	
	4	제3자지급 등	제5-10조 제2항~제4항	미화 5천불을 초과하는 금액을 제3자(다국적회사의 자금관리 전문회사 포함)와 지급 등을 하려는 경우	
	5	외국환은행을 통하지 않은 지급 등	제5-11조 제1항 제8호	경상거래의 대가로서 미화 1만불을 초과하는 금액을 외국환은행을 통하지 않고 직접 지급하는 경우	
			제5-11조 제3항	물품 또는 용역의 제공, 권리의 이전 등으로 외국환은행을 통하지 않고 대가를 지급·수령하는 경우	
	6	지급수단 수출입	제6-2조 ~제6-3조	미화 1만불을 초과하는 지급수단을 수출입한 경우	
자본거래	7	해외예금· 신탁거래	제7-11조 ~제7-12조	해외에서 비거주자와의 외화예금거래, 신탁거래를 하고자 하는 경우	
	8	외화차입거래	제7-14조	비거주자로부터의 외화자금을 차입하고자 하는 경우	
	9	현지법인 등의 외화차입거래	제7-14조의 2	현지법인 등 현지금융 등을 받고자 하는 경우	
	10	원화차입거래	제7-15조	비거주자로부터의 원화자금을 차입하고자 하는 경우	
	11	대출거래	제7-16조	비거주자에 대한 대출하고자 하는 경우	
	12	채무의 보증계약	제7-18조 ~제7-19조	비거주자와의 채무보증 계약, 거주자와 비거주자(현지법인 등을 포함) 간 거래 또는 비거주자 간 거래에 관하여 채권자인 거주자 또는 비거주자와 채무의 보증(담보제공 포함)을 계약하고자 하는 경우	
	13	대외지급수단, 채권 기타의 매매	제7-20조 제2항	거주자 간 대외지급수단 매매계약에 따른 외국통화로 표시되거나 지급받을 수 있는 채권 발생 등에 관한 거래를 하고자 하는 경우	
			제7-21조 제2항	거주자 또는 비거주자와 해외 부동산·시설물 등의 이용·사용 또는 이에 관한 권리취득에 따른 회원권의 매입거래를 하고자 하는 경우	

구분[1]	연번	점검항목[2]	관련 외국환 거래규정	주요 신고대상 유형(세부내용 규정참고)	점검 결과[3]
자본거래			제7-21조 제3항	비거주자와의 대외지급수단 및 채권의 매매계약에 따른 채권의 발생 등에 관한 거래	
	14	증권취득	제7-31조 제2항	비거주자로부터 증권을 취득하고자 하는 경우	
	15	기타 자본거래	제7-44조 ~제7-46조	거주자와 비거주자 간의 - 임대차계약·담보·보증·보험·조합·채무의 인수·화해 기타 이와 유사한 계약에 따른 채권 발생 등에 관한 거래 - 상속·유증·증여에 따른 채권의 발생 등에 관한 거래, 자금통합관리 및 그와 관련된 행위	
	16	해외직접투자	제9-5조 ~제9-9조	다음의 해외직접투자, 변경, 청산 등을 하고자 하는 경우 - 외국법인의 경영에 참가하기 위하여 취득한 그 외국법인의 주식 또는 출자지분 10% 이상을 취득하거나 - 투자비율이 10% 미만인 경우로서 그 외국법인에 임원을 파견하거나 계약기간이 1년 이상인 원자재 또는 제품의 매매계약을 체결하거나 기술의 제공·도입 또는 공동연구개발계약의 체결, 해외건설 및 산업설비공사를 수주하는 계약의 체결을 한 경우(이하 '현지법인') - 현지법인의 주식 또는 출자지분을 추가로 취득 또는 현지법인에 상환기간을 1년 이상으로 하여 현지법인에 금전을 대여하고자 하는 경우	
	17	해외지사	제9-18조 ~제9-25조	해외지점, 해외사무소의 설치·운영·폐쇄 등을 하고자 하는 경우	
	18	외국기업 등의 국내지사	제9-32조 ~제9-37조	외국기업 등의 국내지사 설치, 변경 등	
	19	부동산 취득	제9-39조 ~제9-43조	거주자의 외국부동산 취득 -비거주자의 국내부동산 취득	
기타	20	기타 점검항목			

2. 점검결과 상세내용

자율점검 결과에 따른 추가 설명이나 소명이 필요한 내용 또는 자율점검 결과 위반사항을 자진신고 하고자 하는 내용을 기재

1. 상계
2. 기간초과지급 등

3. 외국환거래 현황 요약표

거래유형	거래처명 (국가)[1]	거래내역[2]			결제내역[3]			차액[4]	비고[5]
		통화 코드	결제 방법	금액	통화 코드	결제 방법	금액		
직수출									
직수입									
외국인도수출									
외국인수수입									
중계수출									
중계수입									
무체물수출									
무체물수입									
용역의수출									
용역의수입									
해외지사									
외국법인증권/출자지분취득									
외국법인증권/출자지분처분									
해외부동산취득									
해외부동산처분									
해외회원권취득									
해외회원권처분									
기타해외자산취득									
기타해외자산처분									
비거주자와의대여금									
비거주자와의대여금상환									
비거주자와의차입금									
비거주자와의차입금상환									
기타									

본인은 상당한 주의를 다하여 성실하게 외국환거래 자율점검표를 작성하였음을 확인함.

- (작성자) 소속 : 직책 : 작성자 : (인)
- (작성일자) 20. . .

(8) 외국환 자율점검 자진신고에 대한 과태료 감경

세관장은 검사를 시작하는 날까지 검사대상자가 다음 중 하나에 해당하는 방법으로 법 위반 사항을 자진 신고하는 경우에는 행정처분을 감경하거나 과태료를 감경할 수 있다(검훈 12-3).

〔표 136〕 외국환 자율점검 자진신고 방법 및 세관장 조치

자진신고 방법	세관장 조치	근거
자율점검표에 위반 사항을 작성하여 제출	행정처분을 감경하거나 과태료를 감경 가능	검훈 12-3-1
위반사항을 별도의 문서로 제출	행정처분을 감경하거나 과태료를 감경 가능	검훈 12-3-2
세관에 출석하여 구두로 진술하고 진술조서를 작성	행정처분을 감경하거나 과태료를 감경 가능	검훈 12-3-3

(9) 외국환 자율점검 및 서면검사

세관장은 검사대상자가 제출한 자율점검결과와 외국환 검사준비자료를 통하여 서면검사를 할 수 있다. 이 경우 세관장은 검사대상자의 자율점검을 위하여 관세청에서 보유한 수출입·외환자료(검사대상자의 자료로 한정한다)를 제공할 수 있다(검훈 12-4).

세관장은 외국환 서면검사하는 경우로 검사대상자가 자율점검결과 및 검사준비자료의 제출에 추가적인 준비 기간이 필요함을 소명하는 경우 검사의 시작일을 각 30일 이내의 범위에서 두 차례 연기할 수 있다. 이 경우 그 소명 절차는 검훈 제11조 제2항을 준용하여 한다. 즉, 외국환 검사대상자는 검사를 시작하는 날 전까지 검훈 별지 제6호 서식의 외국환거래 검사 연기 신청서를 검사계획을 통보한 세관장에게 제출하여 검사 연기를 요청할 수 있다. 이 경우 세관장은 검사 연기 요청을 받은 날부터 7일 이내에 검사의 연기 여부를 결정하여 그 내용을 관세청장에게 보고한 후 검사대상자에게 서면으로 통보한다(검훈 12-5).

(1) 외국환 검사의 실시

세관장은 검사대상자에게 통보한 검사 계획을 준수하여 검사를 실시해야 한다(검훈 13-1).

세관장은 검사 대상자에게 검사 계획을 통보한 후에 다음 중 하나에 해당하는 사유로 검사방법 또는 검사 대상 범위를 사전 통보한 검사실시계획과 다르게 할 필요가 있는 경우에는 관세청장에게 검사 계획을 변경하는 내용과 이유를 보고하고 다시 승인을 받아야 한다(검훈 13-2).

〔표 137〕 외국환 검사 계획 변경 승인 이유

외국환검사 계획 변경 사유	구체적 사유	관세청장 승인	근거
검사중지 사유 발생한 경우	1. 검사연기 신청 사유에 해당하여 검사 대상자가 검사 중지를 요청한 경우 2. 검사대상자가 검사 또는 자료의 제출 요구에 대해 정당한 사유 없이 거부·방해·기피하여 검사 기간 내에 검사 목적을 달성하기 곤란한 경우 3. 노사분규 등 검사대상자의 사정으로 검사를 정상적으로 진행하기 어려운 경우 4. 검사대상자가 관련 자료를 제출하는데 상당한 시간이 소요되는 것으로 인정되어 검사기간 내에 검사를 진행하기 어려운 경우 5. 중요 쟁점에 대해 상급기관의 유권해석이 요구되어 질의한 경우로 그 회신에 상당한 시간이 소요되어 검사를 진행하기 어려운 경우 6. 그 밖에 위 규정에 준하는 검사를 중지해야 할 중대한 사유가 발생한 경우	외국환검사 계획 변경 내용과 이유보고하고 재승인 필요	검훈 13-2-1~6

외국환검사 계획 변경 사유	구체적 사유	관세청장 승인	근거
검사방법을 변경할 필요가 있다고 인정되는 경우	제출받은 자율점검 결과 및 검사준비자료를 검토한 결과가 있는 경우	외국환검사 계획 변경 내용과 이유보고하고 재승인 필요	검훈 13-2-2
검사 대상 기간 및 업무 등을 확대할 필요가 있는 경우	검사 대상 범위 이외의 사항에서 법규위반 혐의가 발견된 경우	외국환검사 계획 변경 내용과 이유보고하고 재승인 필요	검훈 13-2-3

세관장은 관세청장에게 검사 계획을 변경하는 내용과 이유를 보고하여 관세청장으로부터 검사 계획 변경을 승인받은 경우에는 즉시 별지 제7호 서식의 외국환거래 검사 계획 변경 통지서를 검사대상자에게 통보해야 한다(검훈 13-3).

(2) 외국환 검사기간

세관장은 검사인원, 검사대상자의 규모 및 검사범위를 종합적으로 고려하여 실지검사 및 서면검사를 합쳐 120일 이내에서 필요한 최소한의 기간을 전체 검사기간으로 정한다(검훈 14-1).

1) 외국환 검사의 중지

세관장은 다음 중 하나에 해당하는 사유가 발생한 경우에는 관세청장에게 보고하고 승인을 받아 검사를 중지할 수 있다. 이 경우 별지 제8호 서식의 외국환거래 검사 중지 통지서를 검사대상자에게 통보해야 한다(검훈 14-2).

〔표 138〕 외국환검사 중지 사유

외국환검사 중지 사유	근거
검사연기 신청 사유에 해당하여 검사대상자가 검사 중지를 요청한 경우	검훈 13-2-1
검사대상자가 검사 또는 자료의 제출요구에 대해 정당한 사유 없이 거부·방해·기피하여 검사 기간 내에 검사 목적을 달성하기 곤란한 경우	검훈 13-2-2
노사분규 등 검사대상자의 사정으로 검사를 정상적으로 진행하기 어려운 경우	검훈 13-2-3

외국환검사 중지 사유	근거
검사대상자가 관련 자료를 제출하는데 상당한 시간이 소요되는 것으로 인정되어 검사기간 내에 검사를 진행하기 어려운 경우	검훈 13-2-4
중요 쟁점에 대해 상급기관의 유권해석이 요구되어 질의한 경우로 그 회신에 상당한 시간이 소요되어 검사를 진행하기 어려운 경우	검훈 13-2-5
그 밖에 위 규정에 준하는 검사를 중지해야 할 중대한 사유가 발생한 경우	검훈 13-2-6

2) 외국환 검사의 재개

세관장은 검사 중지기간이 종료되거나 검사 중지기간이 종료되기 전이라도 그 중지 사유가 소멸하면 관세청장에게 보고하고 즉시 검사를 재개한다. 이 경우 세관장은 별지 제9호 서식의 외국환거래 검사 재개 통지서를 검사대상자에게 서면으로 통보해야 한다(검훈 14-3).

3) 외국환 검사 기간의 계산

전체 검사기간은 검사를 시작한 날부터 종료한 날까지로 하고, 검사가 중지된 기간과 실지검사 기간 중의 공휴일과 토요일은 제외한다. 다만, 검사요원이 공휴일 또는 토요일에 실지검사를 실시한 경우에는 해당 검사일을 전체 검사기간에 산입한다(검훈 14-4).

외국환 검사를 시작한 날은 다음의 날을 말한다(검훈 14-5).

구분	외국환 검사를 시작한 날	근거
실지검사로 시작한 경우	실지검사를 착수한 날	검훈 14-5-1
서면검사로 시작한 경우	검사대상자가 세관장이 요청한 자료의 제출을 마친 다음 날	검훈 14-5-2

(3) 외국환 실지검사의 기간

외국환 실지검사의 기간은 근무일 기준(공휴일과 토요일을 제외한 날을 말함) 20일 이내로 한다(검훈 15-1).

세관장은 다음 중 하나에 해당하는 경우에는 한 차례만 근무일 기준 20일 이내에서 실지검사 기간을 연장할 수 있고, 실지검사 기간을 두 차례 이상 연장하고자 하는 경우에는 관세청장의 승인을 받아 각 차수별로 근무일 기준 20일 이내에서 연장 할 수 있다. 다만, 전체 외국환 검사기간 120일을 초과할 수 없다(검훈 15-2).

〔표 139〕 외국환 실지검사 기간 연장 사유

구분	구체적 사유	근거
외국환 실지검사 기간연장 사유	검사중지 사유가 발생한 경우	검훈 15-2-1
	검사의 방법이 변경되거나, 검사의 범위를 확대할 필요가 있는 경우	검훈 15-2-2
	검사가 중지되는 경우	검훈 15-2-3
	사실관계의 확인이나 자료 확보 등을 위하여 검사기간을 연장할 필요가 있는 경우	검훈 15-2-4

세관장은 실지검사 기간을 연장하는 경우에는 별지 제10호 서식의 외국환거래 실지검사 기간 연장 통지서를 검사대상자에게 서면으로 통보해야 한다(검훈 15-3).

(4) 외국환 실지검사의 장소

실지검사는 검사대상자의 주사무소, 주된 사업장 또는 주소지에서 실시함을 원칙으로 한다(검훈 16-1).

세관장은 검사대상자가 다음 중 하나에 해당하여 별지 제11호 서식의 사업장 외 장소에서의 외국환거래 검사 신청서를 제출하는 경우에는 검사대상자가 신청한 장소에서 검사를 실시할 수 있다. 이 경우 세관장은 7일 이내에 그 사유가 타당하고 검사 장소로 적합한지를 판단하여 구두 또는 서면으로 그 결과를 검사대상자에게 통지해야 한다(검훈 16-2).

〔표 140〕 외국환 실지검사 장소 변경 신청 사유

구분	구체적 사유	근거
외국환 실지검사 장소 변경 신청 사유	검사요원의 상시적 출입이 검사대상자의 정상적인 영업활동에 지장을 줄 수 있는 경우	검훈 16-2-1
	사업장이 협소하여 검사장소를 마련하는 것이 곤란한 경우	검훈 16-2-2
	전염병 예방 등을 위해 출입 통제가 필요한 경우	검훈 16-2-3
	위에 준하는 사유가 있는 경우	검훈 16-2-4

(5) 외국환 실지 검사 시간

검사 요원은 검사대상자에 대해 실지검사를 하는 경우에는 공휴일 또는 토요일을 제
외한 검사대상자의 근무시간 내에서만 실지검사를 해야 한다. 다만, 검사대상자의 요구
나 동의가 있는 경우에는 공휴일, 토요일 또는 근무시간 외에 실지검사를 할 수 있다(검
훈 17-1).

(6) 외국환 검사에 필요한 자료의 요구 등

1) 세관장의 자료제출 요구권

세관장은 검사의 효율적인 수행을 위하여 검사대상자에게 다음의 사항을 요구할 수
있다(검훈 18-1).

〔표 141〕 세관장의 자료 요구

구분	구체적 요구 사항	근거
외국환 검사에 필요한 자료의 요구	검사 준비 자료와 그 밖에 검사에 필요한 자료의 제출	검훈 18-1-1
	검사 수행에 필요한 서면 질문	검훈 18-1-2
	검사대상자의 사무실에서 외국환거래 관련 문서화·전산화된 장부 및 서류의 열람·확인 검사와 구두 질문	검훈 18-1-3
	검사 자료의 검토와 확인을 위한 관련자의 세관 출석 요구	검훈 18-1-4

2) 세관장의 자료 요구 범위 최소화 의무

세관장이 외국환검사에 필요한 자료요구를 할 때에는 검사대상자의 정상적인 업무 수
행에 지장이 없도록 최소한의 범위에서 요구해야 한다(검훈 18-2).

3) 세관장의 제출자료 운반

세관장이 위 자료 요구에 따라 제출받은 각종 자료나 장부를 운반할 때에는 검사대상
자의 차량을 이용하지 않아야 하고, 부득이 검사대상자의 차량을 이용하는 때에는 이에
소요되는 비용을 지급해야 한다(검훈 18-3).

4) 자료 요구 거부 등에 대한 보고의무

검사요원은 검사대상자가 정당한 사유 없이 검사 또는 위 자료 요구를 거부·방해·

기피하거나, 거짓으로 자료를 제출하는 것으로 인정되는 경우에는 즉시 세관장에게 보고해야 한다(검훈 18-4).

5) 자료 요구 거부 등에 대한 세관장의 조치 권한

세관장은 검사요원으로부터 자료 요구를 거부·방해·기피하거나, 거짓으로 자료를 제출하는 것으로 인정된다는 취지의 보고를 받은 경우에는 검사 중지, 「세관공무원의 범칙조사에 관한 훈령」에 따른 범칙조사 또는 법 제32조에 따른 과태료 부과 등의 조치를 할 수 있다(검훈 18-5).

(7) 외국환 검사자료의 보관

1) 외국환 검사자료 등의 보관 권한 및 방법

세관장은 자료 제출 요구에 따라 제출받은 검사자료와 물품(이하 "검사자료등")이 검사목적 달성에 필요한 경우에는 검사대상자로부터 별지 제12호 서식의 외국환거래 검사자료·물품 보관 동의서를 받은 후 검사결과를 관세청장에게 보고하는 날까지 세관 관서에 보관할 수 있다. 이 경우 세관장은 별지 제13호 서식의 외국환거래 검사자료·물품 보관 목록과 별지 제14호 서식의 외국환거래 검사자료·물품 보관증을 검사대상자에게 교부해야 한다(검훈 19-1).

2) 세관장의 보관 검사자료 등 반환 의무

세관장은 외국환 검사 결과를 관세청장에게 보고한 날부터 14일 이내에 보관한 검사자료등을 검사대상자에게 반환해야 한다(검훈 19-2).

3) 검사자료 등의 반환 요구에 대한 세관장의 자료 반환 의무와 반환 방법

세관장은 검사대상자가 검사자료등의 반환을 요구하는 경우에는 검사 목적을 달성하는데 중대한 지장이 없으면 요청을 받은 즉시 검사대상자에게 반환해야 한다(검훈 19-3).

세관장은 검사대상자에게 검사자료등을 반환할 때에는 검사대상자로부터 별지 제15호 서식의 외국환거래 검사자료·물품 반환 확인서와 별지 제16호 서식의 외국환거래 검사자료·물품 반환 목록을 받아야 한다(검훈 19-4).

4) 세관장의 반환자료 등의 사본 보관 권한

세관장은 반환하는 자료 중 검사대상자와의 쟁점 사항 등 중요한 자료에 대해서는 검사대상자의 동의를 받아 원본과 같다는 사실이 확인된 사본을 보관할 수 있다(검훈 19-5).

(8) 외국환 검사 대상자의 확대

1) 검사반장의 외국환 검사 대상자 확대시 보고의무

검사반장은 검사 중 발견한 법 위반 사항이 검사대상자 이외의 다른 검사대상자에게도 있을 수 있는 사안이라고 판단되는 경우에는 즉시 세관장을 거쳐 관세청장에게 보고해야 한다(검훈 20-1).

2) 관세청장 등의 외국환 검사 확대 허용 권한

관세청장 또는 세관장은 외국환 검사 대상자 확대 보고를 받은 경우에는 다른 검사대상자에 대하여 검사를 확대하도록 할 수 있다(검훈 20-2).

3) 세관장의 외국환 검사 관할 변경 요청 권한

세관장은 검사 인력의 부족 등으로 확대검사가 곤란한 경우에는 검훈 외국환검사 관할 규정(제5조)에 따라 검사관할의 변경을 요청할 수 있다(검훈 20-3).

(9) 외국환 검사 진행상황의 보고

1) 외국환 검사요원의 외국환 검사 진행상황 등 보고의무

외국환 검사요원은 외국환 검사가 종결될 때까지 검사진행상황 등 모든 활동사항을 별지 제17호 서식의 검사일일보고서에 기록하고, 검사반장을 경유하여 검사 담당과장에게 보고해야 한다. 다만, 원격지 출장 등의 사유로 매일 보고할 수 없는 경우에는 검사반장이 검사진행상황을 유선으로 보고한 후 사후결재를 받아야 한다(검훈 21-1).

2) 외국환 검사 담당과장의 보고의무

외국환 검사 담당과장은 필요한 경우 검사의 주요사항을 세관장에게 보고해야 하고, 세관장은 보고내용을 검토하여 검사방향 지시 및 관세청장 보고 등 필요한 조치를 할 수 있다(검훈 21-2).

(10) 외국환 검사종결 및 결과보고

1) 세관장의 외국환 검사결과 보고의무

세관장은 외국환 검사대상자에 대한 검사를 종료한 날부터 1개월 이내에 검사 결과를 관세청 전자통관시스템에 등록하여 관세청장에게 보고해야 한다. 다만, 범칙조사 전환으로 검사가 종결되는 건에 대해서는 범칙조사 전환보고로 검사 결과 보고를 갈음할 수 있다(검훈 22-1).

2) 세관장의 외국환 검사결과 등록기한 연장

세관장은 외국환 검사결과 다음 중 하나에 해당하는 사유로 검사결과 등록기한의 연장이 필요한 경우에는 관세청장에게 승인을 받아 2개월 이내의 기간을 연장할 수 있다(검훈 22-2).

〔표 142〕 외국환 검사결과 등록기한 연장 사유

외국환 검사결과 등록기한 연장 사유	근거
검사대상자의 소명기한이 종료된 날부터 1개월 이내에 법규위반 여부 등을 확정할 수 없어 추가 검토가 필요한 경우	검훈 22-2-1
압수·수색영장 집행 등 시급한 범칙사건을 조사하는 경우	검훈 22-2-2
그 밖에 위에 준하는 부득이한 사유로 관세청장의 사전 승인을 받은 경우	검훈 22-2-3

3) 관세청장의 외국환 재검사 조치 권한

관세청장은 외국환거래 검사 종결보고서를 검토한 결과 검사가 충분히 이루어지지 않았다고 판단되는 경우에는 세관장에게 재검사 등 필요한 조치를 지시할 수 있다.

(11) 외국환 검사결과의 처리

1) 외국환 범칙조사로의 전환

세관장은 검사를 진행하는 과정 또는 검사결과에서 법 제27조부터 제29조까지의 규정에 해당하는 위반사항이 명백하게 발견되는 경우에는 관세청장의 사전승인을 받아 범칙조사로 전환할 수 있다(검훈 23-1). 세관장은 범칙조사로 전환하는 경우에는 「세관공무원의 범칙조사에 관한 훈령」에 따라 조치해야 한다(검훈 23-2).

2) 외국환 검사결과 처분

㉠ 외국환 제재조치 의무

세관장은 검사결과 경고 및 거래정지 등(법 19) 또는 과태료(법 32)에 해당하는 사실을 적발한 경우에는 검훈 제3장 외국환거래법에 따른 제재(검훈 30~45)에 따라 처리해야 한다(검훈 24-1).

㉡ 외국환검사결과 통보 의무

세관장은 검사결과 법규위반사실을 발견하지 못한 경우에는 관세청 전자통관시스템에 검사종결을 등록한 날부터 10일 이내에 검사대상자에게 다음 내용을 포함한 검사결과를 공문으로 통보해야 한다(검훈 24-2).

- 검사종류
- 검사실시기간
- 검사대상기간
- 검사대상 외국환거래
- 검사결과

(12) 금융감독원장과의 공동검사

1) 외국환 공동검사의 요구

관세청장은 외국환 공동검사가 필요하다고 인정하는 경우에는 금융감독원장에게 공동검사를 요구 할 수 있다(검훈 25-1).

관세청장은 금융감독원장에게 외국환 공동검사를 요구하는 경우에는 다음 사항을 포함한 공동검사 계획을 구체적으로 명시하여 금융감독원장에게 문서로 요구해야 한다(검훈 25-2).

- 공동검사가 필요한 이유
- 공동검사대상자
- 공동검사할 대상 기간과 업무 범위
- 공동검사기간

2) 금융감독원의 외국환 공동검사 요구에 대한 처리

관세청장은 금융감독원장으로부터 외국환 공동검사를 요구받은 경우에는 요구를 받은 날부터 근무일 기준 5일 이내에 공동검사의 실시 여부 등을 결정하여 금융감독원장에게 문서로 통보해야 한다(검훈 26).

3) 외국환 공동검사의 방법

㉠ 외국환 공동검사 세부사항 협의

관세청장은 외국환 공동검사를 실시하기 전에, 금융감독원장과 검사반의 편성, 공동검사 기간, 검사할 대상 기간 및 중점검사 분야 등 세부사항을 협의해야 한다(검훈 27-1).

㉡ 관세청장의 외국환 공동검사 계획 수립 등 지시의무

관세청장은 금융감독원장과 외국환 공동검사 세부사항 협의한 내용에 따라 공동검사를 수행할 세관장에게 검사계획의 수립과 검사 실시를 지시해야 한다(검훈 27-2).

㉢ 세관장의 외국환 공동검사 실시의무

관세청장으로부터 외국환 공동검사를 지시받은 세관장은 외국환 검사절차에 따라 외국환 공동검사를 실시해야 한다. 이 경우 세관장은 검사대상자에게 검사계획을 통지할 때 금융감독원과 공동검사를 실시하는 사실을 알려야 한다(검훈 27-3).

㉣ 금융감독원 검사직원과 협의 처리 의무

세관장은 외국환 공동검사를 실시하는 과정에서 검사대상자가 다음 중 하나에 해당하는 신청을 하는 경우에는 외국환 공동검사반에 편성된 금융감독원의 검사직원과 협의하여 처리해야 한다(검훈 27-4).

〔표 143〕 외국환 공동 검사시 의무적 협의처리사항

금융감독원 검사직원과 의무적 협의처리 사항	근거
검사대상자가 검사연기를 신청한 경우	검훈 27-4-1
검사대상자가 사업장 외 장소를 검사 장소로 신청한 경우	검훈 27-4-2

4) 금융감독원장과의 정보교환

관세청장과 금융감독원장은 공동검사대상자에 대한 각종 등록 및 신고자료, 업무현황 자료 및 공동검사 과정에서 습득한 정보 등을 상호 공유할 수 있다(검훈 28).

5) 금융감독원장과의 공동검사 결과에 따른 조치

관세청장은 공동검사가 끝난 후 세관장에게 검사 결과를 보고받은 날부터 10일 이내에 금융감독원장에게 검사 결과와 필요한 조치 등의 요구 사항을 문서로 송부한다(검훈 29).

 7 외국환거래법에 따른 제재

(1) 외국환거래법에 따른 제재의 총칙

1) 권한의 위임

검훈에 따른 행정처분 및 과태료의 부과·징수에 관한 관세청장의 권한은 세관장에게 위임한다(검훈 30).

2) 위반행위의 조사

세관장은 법 제19조 및 제32조에 해당하는 위반행위가 발생하였다는 합리적 의심이 있어 그에 대한 조사가 필요할 때에는 위반자·위반사실·증거 등을 조사·확인할 수 있다(검훈 31).

(2) 행정처분

1) 행정처분의 종류 및 기준

세관장은 경고 및 거래정지 등(법 19)에 해당하는 위반행위에 대하여 행정처분의 기준 (영 별표 3의2)에 따라 다음의 행정처분을 할 수 있다(검훈 32).

〔표 144〕 행정처분의 기준

행정처분	근거	기준
경고	법 19-1	영 별표 3의2
외국환거래 또는 행위의 정지·제한	법 19-2	영 별표 3의2

2) 경고 처분

세관장은 행정처분 대상자의 행위에 대해 경고를 하려는 때에는 관세청 전자통관시스템에 행정처분 사항을 등록하고, 별지 제18호 서식의 경고장을 행정처분 대상자에게 통지한다(검훈 33).

3) 외국환거래 또는 행위의 정지·제한에 대한 청문

㉠ 청문 실시 의무

세관장은 행정처분 대상자의 행위가 외국환거래 또는 행위의 정지·제한에 해당하는 경우에는 처분 담당부서와 징수 담당부서를 제외한 부서의 부서장을 청문 주재자로 지정하고 청문을 실시해야 한다(검훈 34-1).

㉡ 청문 일정 협의

처분 담당부서는 청문 주재자가 지정되면, 지체 없이 청문 주재자에게 위반행위의 조사 결과 및 행정처분의 종류와 처분 기간 등 청문에 필요한 자료를 통지하고, 청문 일정을 협의한다(검훈 34-2).

㉢ 청문 실시 통지 의무

세관장은 외국환거래 또는 행위의 정지·제한에 대한 청문을 실시하려는 때에는 청문을 하려는 날부터 15일 전까지 외국환거래법에 따른 행정처분 예정 통지 및 청문실시 안내문(검훈 별지 19)과 행정처분에 대한 의견제출서(검훈 별지 20)를 행정처분 대상자에게 통지해야 한다(검훈 34-3).

㉣ 청문의 방법

청문 주재자는 다음 중 하나에 해당하는 방법으로 청문을 진행할 수 있다(검훈 34-4).
- 청문을 하는 날에 행정처분 대상자에게 직접 말로 질문하여 답변을 듣는 방법

- 청문을 하는 날까지 행정처분 대상자로부터 세관장의 처분 예정 내용에 대한 의견서를 제출받는 방법

ⓜ 청문일 변경 등에 대한 서면 통지

청문 주재자는 다음 중 하나에 해당하는 경우에는 행정처분 대상자에게 다음 청문을 하려는 날과 장소를 서면으로 통지하고 청문을 계속할 수 있다(검훈 34-5).
- 행정처분 대상자가 청문을 하는 날의 변경을 요청하는 경우
- 추가적인 자료 제출이나 확인 등으로 2회 이상 청문을 실시할 필요가 있는 경우

ⓗ 청문 조서 작성 의무

청문 주재자는 청문을 하는 경우에는 검훈 별지 제21호 서식의 청문조서를 작성해야 한다. 다만, 행정처분 대상자가 정당한 이유 없이 청문을 하는 날까지 출석하지 않고, 의견서도 제출하지 않는 경우에는 청문조서의 작성을 생략할 수 있다(검훈 34-6).

ⓢ 청문 조서 열람 및 확인받을 의무

청문 주재자는 작성한 청문조서를 행정처분 당사자에게 열람시키고 확인을 받아야 한다. 다만, 행정처분 당자사가 열람 또는 확인을 거부하는 경우에는 그 사유를 기재하는 것으로 갈음할 수 있다(검훈 34-7).

ⓞ 청문주재자 의견서 송부의무

청문 주재자는 청문을 마친 경우에는 검훈 별지 제22호 서식의 청문 주재자 의견서를 작성하여 작성한 청문조서와 그 밖의 관계 서류 등을 함께 처분 담당부서에 지체 없이 송부해야 한다(검훈 34-8).

4) 행정처분

㉠ 관세청장에 대한 외국환 행정처분 심의 요청 의무

세관장은 외국환거래법 위반행위의 조사(검훈 31)에 따른 조사결과와 청문(검훈 34) 결과를 검토하여, 행정처분 대상자에게 거래정지 등(법 19-2)의 처분이 필요하다고 인정되는 경우에는 검훈 별지 제23호 서식에 따라 관세청장에게 법에 따른 행정처분 여부와 처분 정도 등에 대한 심의를 요청해야 한다(검훈 35-1).

ⓛ 관세청장의 심의 및 처분 사항 지시

행정처분 심의 요청을 받은 관세청장은 외국환거래 제재 심의위원회(검훈 36)의 심의를 거쳐 세관장에게 행정처분 대상자에 대한 처분사항을 지시한다(검훈 35-2).

ⓒ 세관장의 행정청분 의무

관세청장의 행정처분사항 지시를 받은 세관장은 해당 지시에 따라 행정처분을 해야 한다(검훈 35-3).

5) 외국환거래 제재 심의위원회

ⓖ 외국환거래 제재 심의위원회 설치

세관장의 외국환거래 행정처분 심의 요청에 따라 외국환거래 또는 행위의 정지·제한 여부와 그 기간을 심의·의결하기 위하여 관세청에 외국환거래 제재 심의위원회를 둔다(검훈 36-1).

ⓛ 외국환거래 제재 심의위원회 위원장 및 위원

외국환거래 제재 심의위원회의 위원장은 관세청 조사국장으로 하고, 위원은 다음 중 하나에 해당하는 사람 중에서 위원장이 지명하는 10명 이상 20명 이내의 사람으로 하되 관세청 공무원이 아닌 위원이 전체 위원 수의 2분의 1을 초과해야 한다(검훈 36-2).

- 관세청 외환조사과장, 조사총괄과장, 기업심사과장, 공정무역심사팀장, 전자상거래 통관과장
- 다음 중 하나에 해당하는 사람으로서 외국환거래 또는 관세행정에 관한 학식과 경험이 풍부한 사람으로 관세청장이 위촉하는 사람
  - 변호사
  - 대학교수
  - 관세사
  - 관세, 무역 및 형사 관련 전문연구기관 연구원

ⓒ 위원의 임기

외국환거래 제재 심의위원회 위원의 임기는 2년으로 한다. 다만, 위원의 임기 중 결원이 생겨 위촉되는 위원의 임기는 전임자의 남은 임기로 한다(검훈 36-3).

㉣ 위원 등의 제척

위원회의 위원장과 위원은 자기의 이해관계에 관한 안건의 심의 · 의결에서 제척(除斥)된다(검훈 36-4).

㉤ 이해관계에 관한 안건 심의 · 의결의 회피 의무

위원회의 위원장과 위원은 스스로 해당 안건의 심의 · 의결에서 회피하여야 한다(검훈 36-5).

㉥ 위원 해촉 사유

관세청장은 외국환거래 제재 심의위원회 위원이 다음 중 하나에 해당하는 경우에는 해당 위원을 해촉(解囑)할 수 있다(검훈 36-6).
- 심신장애로 인하여 직무를 수행할 수 없게 된 경우
- 직무와 관련된 비위사실이 있는 경우
- 직무태만, 품위손상이나 그 밖의 사유로 인하여 위원으로 적합하지 아니하다고 인정되는 경우
- 제4항에 해당함에도 불구하고 회피하지 아니한 경우
- 위원 스스로 직무를 수행하는 것이 곤란하다고 의사를 밝히는 경우

㉦ 위원회 소집, 개의, 의결

심의위원회는 세관장의 행정처분 심의 요청에 따라 위원장이 소집하고, 위원장을 포함한 재적 위원 과반수의 출석으로 개의하며, 출석위원 과반수의 찬성으로 의결한다(검훈 36-7).

㉧ 행정처분 대상자 등에 대한 출석 요청 등

외국환거래 제재 심의위원회는 행정처분을 건의한 세관의 처분담당부서 공무원, 청문 주재자, 행정처분 대상자에게 출석을 요청하여 의견을 들을 수 있고, 필요한 자료의 제출을 요청할 수 있다(검훈 36-8).

㉨ 위원회 간사

외국환거래 제재 심의위원회는 심의내용 및 결정 사항 등을 정리하기 위해 간사 1명을 두며, 간사는 관세청 외환조사과 6급 공무원 중에서 위원장이 지정한다(검훈 36-9).

6) 외국환거래 또는 행위의 정지·제한 통지

㉠ 세관장의 행정처분 통지 의무

세관장은 외국환거래 제재 행정처분 대상자의 외국환거래 또는 행위를 정지·제한할 때에는 관세청 전자통관시스템에 행정처분 사항을 등록하고, 검훈 별지 제24호 서식의 외국환거래·행위의 정지·제한 통지서를 행정처분 대상자와 다음의 구분에 따른 관계기관에 통지해야 한다(검훈 37-1).

- 법 제15조, 제16조 및 제18조에 대한 정지·제한: 외국환은행 본점
- 법 제17조에 대한 정지·제한: 세관장

㉡ 세관장의 행정처분 대상자에 대한 제재 않는 경우 서면 통지 의무

세관장은 외국환거래 제재 행정처분 대상자에 대한 외국환거래를 제재하지 않는 경우에는 행정처분 대상자에게 그 결과를 문서로 통지해야 한다(검훈 37-2).

㉢ 행정처분 대상자에 대한 서류 송달

행정처분 대상자에 대한 서류의 송달은 「행정절차법」 제14조[102]에 따른다(검훈 37-3).

---

102) 행정절차법 제14조(송달) ① 송달은 우편, 교부 또는 정보통신망 이용 등의 방법으로 하되, 송달받을 자(대표자 또는 대리인을 포함한다. 이하 같다)의 주소·거소(居所)·영업소·사무소 또는 전자우편주소(이하 "주소등"이라 한다)로 한다. 다만, 송달받을 자가 동의하는 경우에는 그를 만나는 장소에서 송달할 수 있다.
② 교부에 의한 송달은 수령확인서를 받고 문서를 교부함으로써 하며, 송달하는 장소에서 송달받을 자를 만나지 못한 경우에는 그 사무원·피용자(被傭者) 또는 동거인으로서 사리를 분별할 지능이 있는 사람(이하 이 조에서 "사무원등"이라 한다)에게 문서를 교부할 수 있다. 다만, 문서를 송달받을 자 또는 그 사무원등이 정당한 사유 없이 송달받기를 거부하는 때에는 그 사실을 수령확인서에 적고, 문서를 송달할 장소에 놓아둘 수 있다. 〈개정 2014.1.28.〉
③ 정보통신망을 이용한 송달은 송달받을 자가 동의하는 경우에만 한다. 이 경우 송달받을 자는 송달받을 전자우편주소 등을 지정하여야 한다.
④ 다음 각 호의 어느 하나에 해당하는 경우에는 송달받을 자가 알기 쉽도록 관보, 공보, 게시판, 일간신문 중 하나 이상에 공고하고 인터넷에도 공고하여야 한다.
1. 송달받을 자의 주소등을 통상적인 방법으로 확인할 수 없는 경우
2. 송달이 불가능한 경우
⑤ 제4항에 따른 공고를 할 때에는 민감정보 및 고유식별정보 등 송달받을 자의 개인정보를 「개인정보 보호법」에 따라 보호하여야 한다. 〈신설 2022.1.11.〉
⑥ 행정청은 송달하는 문서의 명칭, 송달받는 자의 성명 또는 명칭, 발송방법 및 발송 연월일을 확인할 수 있는 기록을 보존하여야 한다. 〈개정 2022.1.11.〉

(3) 과태료

1) 과태료 의견진술 안내

㉠ 세관장의 과태료 부과예정 통지 및 의견 진술 안내문 통지 의무

세관장은 법 제32조에 따라 과태료를 부과하려는 때에는 관세청 전자통관시스템에 과태료 부과 예정 사항을 등록하고, 검훈 별지 제25호 서식의 과태료 부과예정 통지 및 의견 진술 안내문을 과태료 처분 대상자에게 통지해야 한다(검훈 38-1).

㉡ 과태료 부과예정 통지시 의견 제출 기회 부여 의무

세관장은 과태료 처분 대상자에게 과태료 부과예정 통지할 때에는 통지하는 날부터 20일의 기간을 정하여 의견을 제출할 기회를 주어야 한다. 이 경우 지정된 의견 제출 기한까지 의견 제출이 없으면 의견이 없는 것으로 본다(검훈 38-2).

㉢ 과태료 처분 대상자의 구두 의견 진술시 본인 확인받을 의무

세관장은 과태료 처분 대상자가 과태료 부과예정 통지에 대한 의견 제출을 말로 하는 경우에는 별지 제25호 서식 이면의 의견진술서란에 진술한 의견내용을 정리하여 본인으로 하여금 확인하게 한 후 서명 또는 날인하게 한다(검훈 38-3).

㉣ 출입국하는 여행자의 과태료 즉납

세관장은 공항만을 통해 출입국 하는 여행자가 법 제17조[103]를 위반하여 즉시 과태료 납부를 원하는 경우에는 검훈 별지 제26호 서식의 현장 의견진술 안내문을 통지하고, 위반사실 확인 및 의견진술란에 기재하게 한 후 서명 또는 날인하게 한다(검훈 38-4).

㉤ 세관공무원의 과태료 사건 조사보고 의무

세관공무원은 외국환거래법 위반행위의 조사(검훈 31) 및 과태료 부과(검훈 38-1~4) 규정에 따른 조사확인과 제출의견에 대한 검토를 마쳤을 때에는 검훈 별지 제27호 서식의 과태료 사건 조사보고서를 작성하여 세관장에게 보고해야 한다(검훈 38-5).

---

103) 외국환거래법 제17조(지급수단 등의 수출입 신고) 기획재정부장관은 이 법의 실효성을 확보하기 위하여 필요하다고 인정되어 대통령령으로 정하는 경우에는 지급수단 또는 증권을 수출 또는 수입하려는 거주자나 비거주자로 하여금 그 지급수단 또는 증권을 수출 또는 수입할 때 대통령령으로 정하는 바에 따라 신고하게 할 수 있다.

2) 과태료 부과기준

㉠ 과태료 부과기준에 따른 위반 행위별 과태료 산정

외국환거래법 위반 행위에 대한 과태료(법 32) 규정에 따라 위반 행위별 과태료의 부과금액은 과태료 부과기준(영 별표 4-2)에 따라 산정한다(검훈 39-1). 구체적인 과태료 부과기준은 본서 483쪽을 참고하기 바란다.

㉡ 위반행위 경합시 가장 중한 기준 적용

과태료 부과기준에 따라 위반 행위별 과태료 부과금액을 산정할 때 자본거래의 신고 등 규정(법 18)에 따른 신고의 의무(신고에 갈음하는 사후보고를 포함)를 위반하고 그에 따라 지급 또는 수령을 하면서 지급절차 등 규정(법 15) 또는 지급 또는 수령의 방법의 신고 규정(법 16)을 위반한 경우에는 각 위반행위별 기준 중 가장 중한 기준을 적용하여 산정한다(검훈 39-2).

㉢ 영 별표 4 제2호 사목부터 하목까지의 규정에 따른 위반금액은 다음 기준에 따라 산정한다(검훈 39-3).

〔표 145〕 위반행위별 과태료 산정 기준

위반 행위	과태료 산정 기준	근거
○법 제15조 제1항에 따른 지급절차 등을 위반하여 지급·수령을 하거나 자금을 이동시킨 경우(아목의 경우는 제외한다) ○법 제15조 제1항에 따른 지급절차 등을 위반하여 지급·수령을 하거나 자금을 이동시킨 경우(거짓으로 증명서류를 제출한 경우로 한정한다)	법 제15조 제1항에 따른 지급절차 등을 위반하여 지급·수령한 금액	검훈 39-3-1
○법 제16조에 따른 신고를 하지 않거나 거짓으로 신고를 하고 지급 또는 수령을 한 경우 1) 외국환업무취급기관의 장에 대한 신고사항 위반 2) 기획재정부장관, 한국은행총재에 대한 신고사항 위반	법 제16조에 따라 신고해야 하는 금액	검훈 39-3-2
○법 제17조에 따른 신고를 하지 않거나 거짓으로 신고를 하고 지급수단 또는 증권을 수출입하거나 수출입하려 한 경우	법 제16조 또는 법 제18조에 따라 사후보고해야 하는 거래금액	검훈 39-3-3

위반 행위	과태료 산정 기준	근거
○ 법 제18조 제1항에 따른 신고를 하지 않거나 거짓으로 신고를 하고 자본거래를 한 경우 1) 외국환업무취급기관의 장에 대한 신고사항 위반 2) 기획재정부장관, 금융위원회, 금융감독원장, 한국은행총재에 대한 신고사항 위반	법 제18조 제1항에 따라 신고한 거래금액	검훈 39-3-4
○ 법 제18조 제5항을 위반하여 신고 수리가 거부되었음에도 그 신고에 해당하는 자본거래를 한 경우 1) 외국환업무취급기관의 장에 대한 신고사항 위반 2) 기획재정부장관, 금융위원회, 금융감독원장, 한국은행총재에 대한 신고사항 위반 ○ 법 제18조 제6항을 위반하여 같은 조 제4항 제3호의 권고 내용과 달리 자본거래를 한 경우 1) 외국환업무취급기관의 장에 대한 신고사항 위반 2) 기획재정부장관, 금융위원회, 금융감독원장, 한국은행총재에 대한 신고사항 위반	법 제18조 제1항에 따라 신고한 거래금액	검훈 39-3-5

ⓔ 위반금액 표시 통화 환율 적용

위 위반금액의 표시통화가 외국통화인 경우에는 다음 구분에 따른 환율을 적용하여 내국통화로 환산한 금액을 위반금액으로 하며, 이 경우 위반금액은 원미만 단위를 절사한다(검훈 39-4).

〔표 146〕 위반금액 표시 통화 환율 적용

구분	적용 환율
환전증명서 등 증빙 서류에 의해 실거래환율 및 내국통화로 환산한 위반금액이 분명하게 확인되는 경우	증빙서류 상 실거래 환율
실거래 환율이 확인되지 않은 경우	매매기준율 및 재정된 매매기준율

3) 과태료의 가중·감경

㉠ 가중·감경 사유에 대한 과태료 가중·감경 산정금액 안내 의무

세관장은 의견진술 안내 또는 현장 의견진술 안내를 하기 전에, 과태료 처분 대상자가 영 별표 4 제1호에 따른 가중·감경 사유에 해당하는 것으로 확인되는 경우에는 다음의 가중·감경된 비율을 적용하여 산정한 금액으로 안내해야 한다(검훈 40-1).

가중·감경 사유	가중·감경 비율		근거
영 별표 4 제1호 가목에 따른 가중	100분의 40		검훈 40-1-1
영 별표 4 제1호 나목에 따른 감경	다음 각 목의 구분에 따른 비율. 다만, 영 별표 4 제1호 나목 2)에 따라 감경을 하려는 경우에는 가목에 따라 감경한다. 가. 감경 사유 중 1개만 해당하는 경우: 100분의 50 나. 감경 사유 중 2개 이상 해당하는 경우: 100분의 75	처분대상자가 위반행위에 대한 조사사실을 최초로 인지한 날까지 위반행위를 자진 신고한 경우 또는 제12조 제3항에 따라 검사대상자가 위반행위를 자진 신고한 경우에 감경사항 적용	검훈 40-1-2

ⓒ 감경 사유 적용 요건

위 과태료 가중·감경 사유를 적용할 때 영 별표 4 제1호 나목 1)에 따른 감경 사유는 다음의 어느 하나에 해당하는 경우에 적용한다(검훈 40-2).

- 처분대상자가 위반행위에 대한 조사사실을 최초로 인지한 날까지 위반행위를 자진 신고한 경우
- 제12조 제3항에 따라 검사대상자가 위반행위를 자진 신고한 경우

ⓒ 과태료 가중·감경 사유 확인시 의견진술 안내 재이행 의무

세관장은 의견진술 안내 이후에 의견제출 기한 종료 전까지 과태료처분 대상자가 영 별표 4 제1호에 따른 가중·감경 사유에 해당하는 것으로 확인되는 경우에는 그 가중·감경된 비율을 적용하여 산정한 금액으로 의견진술 안내 절차를 다시 이행한 후 부과고지 해야 한다. 다만, 과태료처분 대상자가 감경사유의 증빙을 제출하여 확인된 경우에는 의견진술안내를 다시 하지 않고, 감경된 금액으로 부과고지 할 수 있다(검훈 40-3).

ⓔ 과태료 자진 납부시 감경

세관장은 과태료 처분 대상자가 의견제출 기한 이내에 과태료를 자진하여 납부하려는 경우에는 산정한 과태료 부과 예정금액에서 「질서위반행위규제법」 제18조에 따라 100분의 20을 감경한다(검훈 40-4).

4) 과태료 부과고지

㉠ 과태료 부과고지서 송부

세관장은 외국환거래법 위반행위의 조사(검훈 31)에 따라 확인한 내용과 의견진술안내 (검훈 38)에 따라 과태료처분 대상자가 제출한 의견을 검토한 결과, 과태료를 부과해야 하는 위반사실이 있을 때에는 관세청 전자통관시스템에 과태료 부과 사항을 등록하고, 다음 서류를 과태료 처분 대상자에게 송부해야 한다(검훈 41-1).

송부 서류	서식	
과태료 부과 고지서	별지 제28호 서식	검훈 41-1-1
세외수입 고지서겸 영수증서		검훈 41-1-2
과태료 부과에 대한 이의제기서	별지 제29호 서식	검훈 41-1-3

㉡ 과태료 부과고지 관련 서류의 송부절차

위 과태료 부과고지 관련 서류의 송부는 「행정절차법」 제14조에 따른다(검훈 41-2).

㉢ 과태료 납부기한

과태료의 납부기한은 과태료처분 대상자가 과태료 부과 고지서를 받은 날부터 30일로 한다(검훈 41-3).

㉣ 과태료 자진 납부시 세외수입 고지서 송부

세관장은 과태료 처분 대상자가 의견제출 기한 이내에 과태료를 자진하여 납부하려는 경우에는 감경된 세외수입 고지서를 작성하여 송부한다. 이때 납부기한은 의견제출 기한 종료일까지로 한다(검훈 41-4).

㉤ 과태료 자진납부 기간 경과시 감경전 과태료 부과

과태료 처분 대상자가 감경된 과태료를 납부기한까지 납부하지 않는 경우에는 해당 세외수입 고지서를 취소하고, 감경하지 않은 과태료를 부과고지한다(검훈 41-5).

5) 과태료 이의제기와 법원에의 통보

㉠ 과태료 이의제기서 제출

과태료 처분에 대하여 불복하려는 과태료 처분 대상자는과태료 부과고지를 받은 날부터 60일 이내에 별지 제29호 서식의 과태료 부과에 대한 이의제기서를 세관장에게 제출하여 이의를 제기할 수 있다(검훈 42-1).

ⓛ 이의제기 등록 및 관할법원 송부

세관장은 과태료 처분에 대한 이의제기를 받는 경우, 관세청 전자통관시스템에 이의제기 사항을 등록한다(검훈 42-2). 세관장은 이의제기를 받은 날부터 14일 이내에 별지 제30호 서식의 과태료 처분에 대한 이의제기 통보서와 별지 제31호 서식의 세관장 의견서를 작성하여 「질서위반행위규제법」 제25조에 따른 관할 법원에 송부해야 한다(검훈 42-3).

ⓒ 과태료 이의제기시 과태료 고지 취소

세관장은 법원에 과태료 처분에 대한 이의제기를 통보한 때에는 해당 과태료의 세외수입 고지서를 취소한다(검훈 42-4).

6) 과태료 재판 결과 집행

ⓣ 과태료 재판 결과에 따른 과태료 처리

세관장은 관할 법원의 과태료 재판 결과를 통지받으면, 관세청 전자통관시스템 이의제기 결과 사항을 입력하고 재판 결과에 따라 처리해야 한다(검훈 43-1).

ⓛ 과태료 재판 결과에 따른 과태료 부과시 의견진술절차 생략

세관장은 관할 법원의 과태료 재판 결과에 따라 과태료를 부과하는 경우에는 의견진술 안내 절차를 생략하고, 과태료를 부과고지 할 수 있다(검훈 43-2).

7) 과태료 체납 방지를 위한 조치

ⓣ 과태료 처분 대상자 인적사항 통보

과태료 처분 담당부서는 과태료 부과 사안이 다음 중 하나에 해당하는 경우에는 과태료 부과고지 전에 과태료 처분 대상자의 인적사항(업체의 경우 사업자등록번호 또는 법인등록번호를 말한다) 등을 각 세관별 강제징수 업무를 담당하는 징수 담당부서에 통보한다(검훈 44-1).
- 과태료 부과금액이 5천만원을 초과하는 경우
- 과태료 부과금액이 5천만원 이하인 사안 중 체납 발생이 예상되는 경우

ⓛ 과태료 처분 대상자의 재산조사 협조의무

과태료 처분 담당부서는 징수 담당부서가 체납방지를 위하여 과태료 처분 대상자의
재산조사와 관련하여 협조요청이 있는 경우에는 적극 협조해야 한다(검훈 44-2).

8) 과태료 처분 관련 서류보관

세관장은 과태료 처분과 관련한 다음서류를 과태료 부과 고지일(제41조 제4항에 따라
과태료처분대상자가 자진납부한 경우 의견진술 안내문 발송일)로부터 5년간 보관하여
야 한다(검훈 44-3).
- 의견진술안내문
- (현장)의견진술서
- 과태료사건 조사보고서
- 자진신고 관련 자료

8 보칙

(1) 관세청장의 별도지침 운영

관세청장은 필요하다고 인정하는 경우 이 훈령에 규정된 사항 또는 규정되지 않은 사
항에 관하여 별도의 지침을 정하여 운영할 수 있다(검훈 46).

(2) 훈령 재검토기한

관세청장은 「훈령·예규 등의 발령 및 관리에 관한 규정」에 따라 이 훈령에 대하여
2024년 1월 1일 기준으로 매 3년이 되는 시점(매 3년째의 12월 31일까지를 말한다)마다
그 타당성을 검토하여 개선 등의 조치를 하여야 한다(검훈 47).

(1) 외국환검사 및 외국환조사의 개념

외국환검사는 외국환거래법에 따른 외국환검사기관인 관세청이 외국환검사대상인 수출입기업 등의 외국환거래업무에 대하여 외국환거래법 제20조에서 규정하고 있는 자료제출요구권 및 질문검사권을 활용하여 외국환거래 법규준수 여부를 심사하고 그 결과 위법한 사실을 발견하였을 때에는 그 시정을 명하거나 그 밖에 과태료 처분 등 필요한 조치를 하는 외국환거래법상의 제도이다.

외국환조사는 '외국환거래 관련 범죄의 유무와 범인의 체포 및 증거의 수집을 위한 수사기관의 활동'을 의미한다. 외국환조사의 경우 조사기관인 세관의 특별사법경찰관리가 외국환거래법 제20조에 의한 자료제출요구권 및 질문검사권을 활용하여 외국환검사를 하고 위법한 사실을 발견하였을 때에는 추가로 「사법경찰관리의 직무를 수행할 자와 그 직무범위에 관한 법률」 제6조 제14호에 의거 사법경찰관리로 지명된 세관공무원이 검사의 지휘에 따라 외국환거래 범죄사실을 조사하는 것을 의미한다.

(2) 외국환조사의 법적 근거

외국환조사(외국환수사)에 대한 법적 근거는 「사법경찰관리의 직무를 수행할 자와 그 직무범위에 관한 법률」로 이에 근거하여 세관공무원은 외국환거래법 위반혐의가 있는 외국환거래에 대한 수사권을 행사한다.

 **관세청 외국환조사의 법적근거**

사법경찰관리의 직무를 수행할 자와 그 직무범위에 관한 법률
제5조 (검사장의 지명에 의한 사법경찰관리) 다음 각 호에 규정된 자로서 그 소속 관서의 장의 제청에 의하여 그 근무지를 관할하는 지방검찰청검사장이 지명한 자 중 7급 이상의 국가공무원 또는 지방공무원 및 소방위 또는 지방소방위 이상의 소방공무원은 사법경찰관의 직무를, 8급·9급의 국가공무원 또는 지방공무원 및 소방장 또는 지방소방장 이하의 소방공무원은 사법경찰관리의 직무를 수행한다.

17. 관세법에 따라 관세범의 조사업무에 종사하는 세관공무원

제6조 (직무범위와 수사관할) 제4조와 제5조에 따라 사법경찰관리의 직무를 수행할 자의 직무범위와 수사 관할은 다음 각 호에 규정된 범죄로 한정한다.

14. 제5조 제17호에 규정된 자의 경우에는 다음 각 목의 범죄

가.~생략

　　「외국환거래법」에 규정된 지급수단·증권의 수출입에 관한 범죄, 「외국환거래법」에 규정된 수출입거래에 관한 범죄, 수출입거래와 관련되거나 대체송금을 목적으로 「외국환거래법」 제16조 제3호·제4호의 방법으로 지급 또는 수령하는 경우의 용역거래·자본거래에 관하여 「외국환거래법」에 규정된 범죄, 「외국환거래법」 제8조 제3항을 위반한 범죄, 「외국환거래법」 제8조 제3항 제1호의 외국환업무를 한 자와 그 거래 당사자·관계인에 관하여 「외국환거래법」에 규정된 범죄

나. 소속 관서 관할 구역에서 발생하는 가목에 규정된 범죄에 대한 「특정경제범죄 가중처벌 등에 관한 법률」 제4조에 규정된 재산국외도피사범

다. 소속 관서 관할 구역에서 발생하는 가목 및 나목에 규정된 범죄에 대한 「범죄수익은닉의 규제 및 처벌 등에 관한 법률」 위반사범

라.~마. 생략

　　관세청의 외국환조사 권한에 따라 세관공무원은 소속관서 관할 구역 내에서 발생하는 외국환거래법 위반사범 중 ① 수출입 거래 및 이와 직접 관련되는 용역거래, 자본거래에 관한 외국환거래법 위반사범과 ② 지급수단 또는 증권의 불법 수출입사범에 대한 수사권을 가지고 있다.

외국환검사의 실무적 방법과 주요 검토사항

(1) 외국환검사의 실무적 방법

1) 국가 외국환전산망시스템 및 관세청 정보분석시스템의 이용

관세청은 외국환검사를 위하여 국가 외국환전산망시스템인 한국은행 외국환정보센터가 보유한 외국환정보시스템의 자료와 관세청 자체 정보분석시스템을 이용하며, 한국은행 외국환정보시스템에는 은행 및 종금사의 주전산기의 외국환시스템으로부터 외국환 거래자료를 입수하여 기본통계를 작성하고 Data Base를 지속적으로 갱신하여 관리한다.

2) 외국환정보분석

① 정보분석을 위한 자료의 활용현황

관세청의 정보분석시스템은 금융정보분석원(FIU), 관세청 유니패스시스템, 한국은행 외국환전산망, 외국세관(해외주재관), 외교통상부 및 법무부의 출입국여권자료, 국세청의 과세자료, 신용조사기관의 신용조사자료를 취합하여 외국환거래를 검사 또는 조사하고 있다.

② 외국환정보분석절차

외국환정보분석은 통상 수출입통관실적집계→외국환자료 Data Cleansing→통관자료 및 외국환자료 연계(출입국 및 여권자료 등 외부 입수자료 추가연계)→거래 유형별 분석요소설정(신용등급 등 외부분석요소추가)→기초분석→정밀분석의 절차를 거친다.

③ 외국환자료와 통관자료의 연계

외국환정보분석의 외국환자료와 통관자료의 건별 비교검토가 어려우므로 사업자(법인별 사업체별 누계)별로 분석대상기간 내 총 누적금액을 대비하는 방법으로 분석하고, 외국환수입실적은 수입결제와 연계하고, 수출실적은 수출환어음 매입(추심)실적을 집계하여 연계하여 분석하게 된다.

(2) 외국환검사시 주요 검토사항

1) 외국환거래법 상 주요 의무

외국환검사시 외국환검사팀이 검토하는 외국환거래법상 주요의무는 아래와 같다.

구분	검토사항	검토내용
외국환거래법상 주요의무	지급과 영수에 관련된 의무	지급 등의 증빙서류 제출의무 이행 여부
외국환거래법상 주요의무	지급 등의 방법에 관한 의무	상계처리에 의한 지급, 상호계산방법에 의한 지급, 제3자에 대한 지급, 외국환은행을 통하지 아니하는 지급, 지급수단의 수출입 등에 대하여 사전 신고 또는 보고 이행 여부
외국환거래법상 주요의무	자본거래 관련 의무	자본거래에 따른 제반 행위의 사전 신고 또는 보고 이행 여부

2) 외국환정보 기초분석의 주요내용

관세청은 일반적으로 특정회사에 대하여 외국환정보 기초분석을 마친 결과 다음에 해당하는 경우 정밀분석을 위하여 구체적인 자료 제출을 요구하는 경우가 일반적이다.

① 외국환실적과 통관실적의 불일치 비율이 높거나 금액이 많은 경우

② 수출대금 미회수 비율이 높거나 금액이 많은 경우

③ 수입대지급 실적이 많은 경우

④ 중계무역 지급·영수 불일치금액이 많은 경우

⑤ Tax Haven 지역국가와 거래가 많은 경우

⑥ 다른 결제방식에 비하여 T/T방식의 거래비율이 많은 경우

3) 일반적 외국환사범 유형

① 신고 등 절차의무 위반

위 외국환거래법상 신고 등 절차에 관한 주요 의무 등을 위반하는 경우가 대다수이다.

② 무역 위장 거래

수입통관실적보다 외화를 과다지급한 경우에서 많이 나타나며 허위 선적서류를 이용하여 불법거래하는 유형으로 재산국외도피 등과 관련되는 경우가 많다.

③ 수입대금의 대지급

은행의 L/C Usance 제도를 악용하여 은행의 대지급 후 수입물품을 무상 반출하는
방법으로 대지급 상당액을 해외유출하는 경우도 있다.

④ 가격조작행위

실제거래가격보다 고가수입하여 외화유출하거나 저가수출하여 외화 영수 차액을
해외에 유출하는 경우도 많다.

⑤ 현지금융 이용한 대지급

해외 자회사가 본사의 지급보증을 받아 보증신용장을 개설받아 개설금액 상당액을
차입하여 사용한 후 만기일에 상환하지 않는 경우 지급보증한 국내의 본사가 이를
대신 상환하는 방법으로 외화유출하는 경우도 있다.

(1) 관세청의 외국환검사 및 외국환조사 업무 흐름

외국환거래업무와 관련한 관세청의 외국환검사 및 외국환조사 절차는 아래 흐름도와 같다.

〔흐름도〕 관세청의 외국환검사 및 외국환조사 업무 흐름도

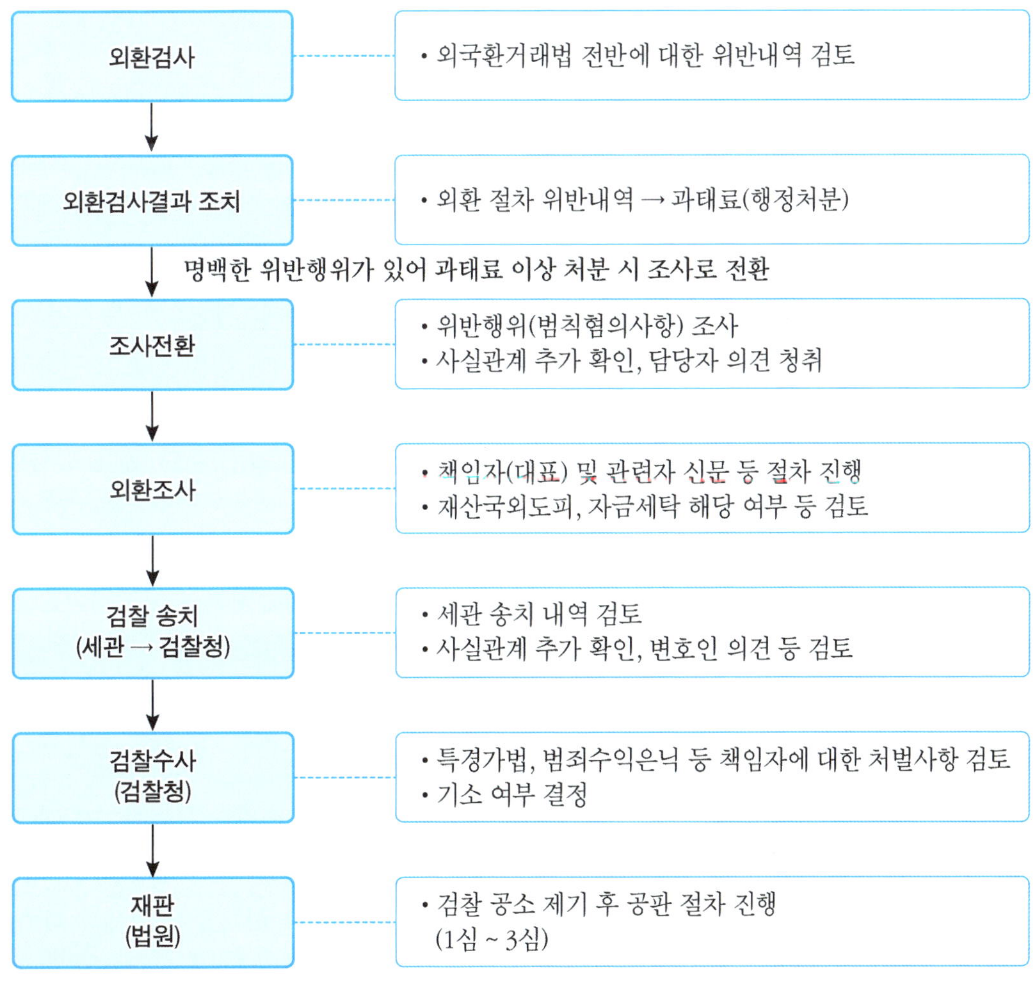

(2) 관세청 외국환검사에 대한 사전 대응

1) 외국환검사 통지 전, 외국환 사전점검

수출입 기업이나 외환거래 기업은 어느 날 갑자기 관세청으로부터 외국환검사 통지를 받을 수 있다는 점을 항상 염두에 두어야 한다. 외국환검사 리스크를 사전에 제거하는 최선의 방법은 바로 '모의 외환검사' 또는 '사전점검'을 선제적으로 실행하는 것이다.

기업은 지난 수년간의 외환거래 내역 전반을 점검하여, 외국환거래법상 신고의무를 누락하거나 위반한 사항이 있는지를 먼저 파악한 후, 문제가 되는 사항은 자진신고 절차를 통해 스스로 시정해야 한다. 이를 통해 과태료 등 행정제재를 최소화하고, 동시에 과거 거래로 인한 법적 하자도 말끔히 정리할 수 있다.

이 과정에서는 반드시 외환검사 및 외환거래법 위반 대응 경험이 풍부한 전문가의 조력을 받는 것이 중요하다. 기업 내부 직원들이 방대한 외환거래 자료를 수출입신고 내역, 용역 및 자본거래 자료와 대조해 가며 위반 의심사례를 판별하는 것은 현실적으로 매우 어렵고, 법적 판단을 요구하는 사안까지 정확히 식별해내기란 사실상 불가능에 가깝다.

특히 특정경제범죄가중처벌법 제4조 '재산 국외도피죄'에 해당할 가능성이 있는 사안의 경우, 공소시효가 10~15년이므로 최근 5~15년간의 거래에 대해 정밀 점검이 필요하다. 이런 점검은 기업 직원이 아니라, 외환조사·조세포탈·국외재산 이전 등에 정통한 외부 전문가에게 맡기고, 기업은 본연의 사업 운영에 집중하는 것이 훨씬 생산적이다.

2) 외국환검사 통지 후, 신속 대응

하지만 현실적으로 많은 기업이 사전점검을 시행하기 전에 관세청으로부터 외국환검사 실시 계획 통지를 먼저 받게 되는 상황에 놓이곤 한다. 일반적으로 통지를 받은 뒤 검사까지의 준비 기간은 약 2주 이내로 매우 짧다. 이 짧은 시간 동안 관세청이 요구한 각종 외환거래 자료를 준비하는 것만으로도 벅찰 수밖에 없다.

따라서 이 시기에는 무엇보다도 요청자료를 빠짐없이 정리하고 제출 가능한 수준까지 정확하게 준비하는 것이 최우선 과제가 된다. 가능하다면 외환검사 대응 전문가의 도움을 받아, 자료 제출 전 위반 여부를 판별하고 자진신고가 필요한 항목을 선별해야 한다. 이렇게 하면 검사 현장에서 위반 사항이 발견되더라도, 이미 자진신고한 항목으로 간주되어 과태료가 경감될 수 있다.

반대로 아무런 준비 없이 검사를 맞이하여 검사요원에게 위반사항이 적발되면, 이는 조사 개시 요건에 해당하는 '직권 적출'로 처리될 가능성이 높아진다. 이 경우 자진신고로 전환하려면 검사팀의 양해와 내부 승인이 필요하므로, 현실적으로 경감 혜택을 받기는 어렵다.

결국 검사 통지를 받은 시점부터 남은 2주간은 단순한 문서 수집이 아닌, 실제 리스크 점검과 전략적 대응을 동시에 실행해야 하는 골든타임이 된다. 이때 외부 전문가의 조력을 받아 자진신고 가능 항목을 사전에 선제 대응하는 것이 리스크를 최소화하는 유일한 해법이다.

(3) 외국환검사 실시 계획 통지 시 실무적 대응 요령

관세청으로부터 외국환검사 계획 통지를 받으면, 기업은 검사 당일을 기다릴 것이 아니라 즉시 대응 조직을 정비하고 내부 대응 체계를 구축해야 한다. 이때 가장 먼저 해야 할 일은 무역 및 외환 업무에 정통한 직원을 '외국환검사 전담자'로 지정하는 것이다.

전담자는 검사 기간 동안 관세청 외환검사팀과의 모든 커뮤니케이션을 단일 창구로 통제하며, 요청자료 목록, 제출 내역, 담당자 인터뷰 내용 등을 기록 기준 시점에 따라 상세히 정리하여 관리한다. 이는 사후 대응 시에도 매우 중요한 자료가 된다.

자료 제출은 무작정 빨리 응답하는 것이 능사가 아니다. 내용을 충분히 검토하고, 필요하다면 관련 부서 또는 외부 전분가와 협의한 후 제출하여야 한다. 초기 검사에서는 검사요원이 특정 의혹을 바로 지적하기보다는 전체적인 자금 흐름과 외환거래 구조를 파악하려 하기 때문에, 방어적 태도보다는 기업의 전체 거래 맥락을 성실히 설명하는 접근이 효과적이다.

거래별 담당자 인터뷰가 예정되어 있다면, 각 담당자는 인터뷰 전 반드시 전담자나 외국환 검사 및 법 위반 대응 전문 관세사 등 대리인으로부터 인터뷰 응대 요령과 유의사항을 충분히 숙지하고 응해야 하며, 인터뷰 종료 후에도 질문 및 답변 내용을 반드시 전담자에게 보고해야 한다.

특히 검사 중 진술서 또는 확인서 작성을 요구받을 경우, 해당 문서가 추후 외환조사로 전환되었을 때 법적 증거로 활용될 수 있으므로 각별히 주의해야 한다. 이 경우, 외환 검사 대응 경험이 있는 관세사 등과 상의하여 서명 여부를 신중히 판단하여야 한다.

(4) 외국환검사 수검시 반드시 유의해야 할 사항

관세청은 외국환검사 개시 전부터 이미 수출입통관자료, 국세청 세무자료, 금융감독원 보고서 등 다양한 공공 데이터베이스를 통해 기업의 거래 패턴을 사전에 분석하고 있다. 즉, 기업의 '이상 거래'나 '반복 위반 가능성'을 이미 어느 정도 파악한 상태에서 검사를 시작한다고 볼 수 있다.

이런 상황에서 검사 대응 과정에서 허위자료를 제출하거나, 불분명한 사실을 단정적으로 진술하는 행위는 오히려 위반 리스크를 증폭시키는 결과를 초래한다. 의욕적으로 대응하겠다는 명분으로 불필요한 자료를 과잉 제출하거나, 사실관계를 정확히 확인하지 않은 채 추측으로 진술하는 것 역시 매우 위험한 대응이다. 이는 자칫 검사가 조사로 전환되는 빌미가 될 수 있고, 형사 고발로 이어질 수도 있다.

따라서 명확하지 않은 사실은 "확인 후 보완하겠다"는 입장을 취하고, 모든 제출자료와 진술은 전담자의 검토를 거쳐야 하며, 필요시 전문가의 의견서를 첨부하는 방식으로 대응 전략을 수립해야 한다.

제 **8** 장

외국환거래법 리스크 제로화 전략

1. 외국환거래법 위반 사전점검

2. 외국환거래법 위반 자진신고

1　외국환거래법 위반 사전점검

(1) '외국환거래법 위반 사전점검'의 필요성

수출입기업의 대표(이사)는 외국환거래에 따른 형사 리스크를 어떻게 예방할 수 있을까?

많은 기업들이 거래 은행 외국환담당 직원의 안내만 따르면 문제가 없다고 생각한다. 그러나 외국환은행의 직원은 외국환거래법의 전문가가 아니며, 모든 규제를 숙지하고 안내해 줄 수 있는 위치에 있지 않다. 뿐만 아니라 은행 외환담당 직원이 잘못 안내해서 외국환 신고의무를 위반했다는 변명을 세관당국이 인정해주지도 않는다. 따라서 은행의 외국환 담당 직원의 안내에 의존하는 것만으로는 외국환 형사 리스크를 완전히 피할 수 없다.

또한 기업의 대표나 자금담당자가 스스로 외국환거래법을 공부한다고 해도, 실제 실무에 적용하는 데는 시간이 오래 걸리고, 그 사이에 외국환 신고의무 위반이 발생할 수 있다.

가장 현실적이고 효과적인 방법은 전문가에 의한 '외국환 거래 헬스체크(사전점검)' 또는 모의 외국환검사를 받는 것이다. 외환거래법 전문가가 기업의 거래 전반을 점검하고, 신고 누락 사항을 사전에 발견해 정비할 수 있도록 도와주면, 이후부터는 같은 위반이 재발하지 않게 되어 과태료도 피할 수 있고 형사처벌도 면할 수 있다. 뿐만 아니라 사전점검 과정에서 외국환 신고의무를 위반한 사실이 확인되더라도 전문가의 도움을 받아 자진신고 절차를 이행하는 경우 실제로 부담하게 될 과태료를 최소화할 수 있다.

특히 2025년부터 관세청이 정기 외환검사를 본격화하고 있기 때문에, 수출입기업 대표(이사)는 검사에 대비하여 외국환 전문가를 통한 사전점검 체계를 마련하는 것이 필수적이다.

〔표 148〕 관세조사 및 외국환 리스크 비교 정리

항목	관세조사	외국환검사
책임 범위	주로 실무자	대표이사까지 책임 가능
누락 시 조치	추가 납부로 종결	과태료 + 검찰 송치 가능

항목	관세조사	외국환검사
형사처벌 가능성	낮음	있음(특히 고액 위반 시)
대응방안	실무교육, 점검	전문가 헬스체크(사전점검), 모의 외국환검사

(2) 외국환거래법 위반 사전점검이란 무엇인가?

외국환거래법 위반 사전점검이란, 기업이 일정 기간 동안 수행한 외국환거래에 대해 외국환거래법에 따른 신고의무 이행 여부를 미리 확인하는 절차를 말한다.

외국환거래법 위반 사전점검은 외국환거래를 하는 기업이 관세청의 외국환검사나 외국환거래법 위반 조사를 받아본 경험이 없거나 부족할 때 외국환검사나 외국환거래법 위반 조사 사건 대응 경험이 많은 전문가에게 의뢰하여 소정의 자문료를 지급하고 사전점검 자문용역 서비스를 제공받을 수 있다는 점에서 매우 유용한 외국환거래법 리스크 제로화 수단이다.

외국환거래에는 수출입대금, 용역대금, 자본거래에 따른 송금이나 수령 등 다양한 유형이 포함되는데, 이러한 거래가 모두 외국환거래법상 신고 대상인지 여부를 살피고, 혹시 누락되었거나 잘못 이행한 부분은 없는지 점검하는 것이 외국환거래법 위반 사전점검이다.

이 외국환거래법 위반 사전점검은 기업 내부 수준에서 해보는 외국환신고에 대한 단순한 내부 확인만으로는 부족하다. 왜냐하면 외국환 신고의무를 형식상 했다고 하더라도 내용이 실제 외국환거래와 다른 경우 관세청의 외국환 검사 요원들은 외국환신고를 하지 않은 것으로 판단하는 경우가 자주 일어나기 때문이다. 실제 외국환검사나 외국환거래 위반 조사에 대응한 경험이 있는 전문가의 판단을 받아 외국환 신고의무 이행 여부를 판단받는 것이 중요하다. 실제로 전문가로서도 판단이 어려운 사안이 있는 경우에는 정부의 유권해석을 받아 처리하는 것이 필요한 현실이기 때문에 전문가의 조력을 받지 않고 기업 내부 확인만으로는 외국환거래법 리스크를 제거한다는 목적을 달성하기는 어렵다.

외국환거래법 위반 사전점검은 다음과 같은 방식으로 이루어진다.

- 외국환 송금증, 외화 수령증 등 실제 외환이 이동한 증빙자료
- 수출입계약서, 용역계약서, 자본거래계약서

- 수출입신고필증 및 거래 명세서
- 외국환 신고서 및 증빙 서류

외국환거래법 위반 사전점검은 위와 같은 자료들을 종합적으로 검토하여 신고의무를 제대로 이행한 내역과 신고의무를 불이행하거나 누락하여 위반한 내역을 구분하여 찾아내는 데 많은 인력과 시간과 비용이 소요되는 힘들고 고된 작업이다. 신고의무를 누락한 건에 대해서 필요한 경우 자진신고 등 후속 조치를 병행하는 것이 외국환거래법 위반 사전점검의 주요 업무 범위이다.

다시 말해, 외국환거래사전점검은 '지금까지 아무 일 없었으니 괜찮다'는 안이한 생각을 버리고, 미리 위험요소를 제거하고 리스크를 차단하는 선제적 대응수단이라 할 수 있다.

(3) 모의 외국환검사와 외국환거래법 위반 사전점검은 어떻게 다른가?

모의 외국환검사와 외국환거래법 위반 사전점검은 모두 외국환거래에 대한 법적 리스크를 사전에 점검하고 관리한다는 점에서 목적은 동일하다. 하지만 진행 방식과 실무 부담, 비용 측면에서는 명확한 차이가 있다.

1) 모의 외국환검사란?

모의 외국환검사는 기업이 자체적으로 외환검사 상황을 시뮬레이션해보는 절차이다. 즉, 관세청 외환검사팀처럼 검사조직을 모의로 꾸리고, 실제 검사를 받는 것처럼 외환거래 자료를 수집·제출하고, 이에 대한 소명까지 진행해보는 방식이다.

- 외부 관세사 등을 중심으로 모의 검사팀을 구성하고
- 기업 실무부서는 모의 검사팀의 요청에 따라 외국환 거래 관련 자료를 제출하고
- 모의 검사팀이 위반 여부를 진단하는 방식으로 이루어진다.

이는 실제 외국환검사 대응 훈련을 사전에 해보는 '리허설'과 유사한 방식이다. 그러나 이 방식은 검사팀 구성, 실무 대응팀 조직, 내부 교육 및 회의 등 시간과 인력, 비용이 많이 소요되는 단점이 있다.

2) 외국환거래법 위반 사전점검과 비교하면?

반면 외국환거래법 위반 사전점검은 훨씬 간단하면서도 실질적인 방식으로 이루어진다.
- 기업의 실무팀이 외환거래 관련 주요 자료들을 정리하여 관세사 등 전문가에게 제출하면
- 전문가가 자료를 검토한 후, 외국환 신고의무 이행 여부를 판단하고 외국환거래법 위반 소지가 있는 거래를 정리해준다.

기업은 단지 자료를 정확히 정리하고 제공하면 되며, 별도의 대응 조직을 구성하거나 현장 시뮬레이션을 할 필요는 없다. 이 방식은 적은 비용으로 효과적인 점검이 가능하다는 점에서 중견기업, 중소기업이나 검사 대상 가능성이 높은 기업들에게 특히 유용하다.

3) 기업의 사정에 따른 선택

두 방식 모두 외국환 신고 리스크를 줄이기 위한 수단이지만, 기업 입장에서는 비용과 시간, 실효성 측면을 고려해 선택하는 것이 중요하다.

모의 외국환검사는 실제 외환검사에 대비한 사전 리허설 성격으로 철저한 훈련과 대응 준비에 적합하고, 외국환거래법 위반 사전점검은 리스크 사전 식별과 자진신고로 이어지는 실질적 리스크 제거에 더 효율적이다

따라서 일상적인 외환거래 리스크 관리를 위해서는 중견기업이나 중소기업은 사전점검부터 시작하고, 특정한 고위험 거래나 대형 외환거래가 있었던 대기업의 경우에는 모의 외국환검사를 병행하는 방식으로 접근하는 것이 바람직하다.

(4) 외국환거래법 위반 사전점검의 주요 내용

1) 외국환거래 대상의 특정

외국환거래법 위반 사전점검을 하려면 우선 어떤 거래를 점검할지 범위를 특정하는 것부터 시작해야 한다. 일반적으로는 사전점검 기준일로부터 최근 5년 이내의 외국환거래를 대상으로 삼는다.

하지만 기업 오너나 대표가 직접 관여한 해외 거래 중에 거래 사유가 불분명하거나 증빙서류가 부족한 거래가 있다면, 이는 「특정경제범죄가중처벌법」 제4조의 '재산국외도피죄' 혐의로 확장될 수 있기 때문에 관련된 사실에 대해서는 최대 10~15년간의 거래

내역까지 들여다봐야 한다.

예를 들어 연 매출 약 15조 원 규모의 대기업 종합상사의 경우, 외환수입거래 10조, 내자매입거래 4조, 수출거래 11조, 국내 매출거래 4조 등 복잡한 구조를 가지고 있어, 10년치 외국환거래를 점검한다면 약 200조 원 규모의 거래를 다루게 되는 셈이다. 이처럼 점검 대상 범위가 방대할수록 사전 준비와 전문가의 도움이 절대적으로 필요하다.

또한 외국환거래 내역 중 거래 외국환은행 담당 직원이 부여한 '외국환 거래 코드'가 실제 거래 내용과 맞지 않게 부여된 사례가 외국환검사 현장에서 자주 발견되며, 이 경우 관세청 외환검사 요원들이 '이상 거래'로 오해할 가능성이 크다. 따라서 기업의 외환 실무 담당자는 외국환 거래 코드를 정확하게 검토하고, 외국환은행 담당자에게도 코드 오입력 방지에 신경 써줄 것을 사전에 요청하거나 상호 협의하여 정확하게 처리해야 한다.

결국 외국환거래법 위반 사전점검에서는 수출입거래, 용역거래, 자본거래 등에 대한 5년내지 10년간의 외국환거래를 대상으로 삼아, 이들 외국환거래가 외국환거래법상 신고의무를 충실히 이행했는지를 전문가가 정밀하게 검토하게 된다.

2) 수출입 물품 대금 외국환거래 내역과 수출입신고서 대조 검토

수출입거래와 관련된 외국환거래 내역에 대해서는, 수출입신고서와 실제 외국환 송금·영수 내역을 일일이 대조하는 작업을 진행한다.

- 수입대금을 과다하게 지급했거나,
- 수입가격을 허위로 높게 조작한 사실,
- 수출대금을 회수하지 않은 내역,
- 수출가격을 인위적으로 부풀린 사례 등

이러한 문제점이 사전점검에서 적출되곤 한다.

또한 제3자 지급, 상계처리, 은행을 통하지 않은 외환거래, 기한 초과 외환거래 등도 자주 발생하는 유형이며, 이 경우에는 관련 신고서와 입증서류가 제대로 갖추어져 있는지 여부에 따라 신고이행 여부를 판단한다.

- 신고서와 증빙이 정확하면 '신고이행'으로 분류하고,
- 신고서가 없거나 사실과 다르게 신고된 경우에는 '신고의무 불이행'으로 분류하여 정리한다.

3) 용역거래 관련 외국환거래와 용역계약서 대조 검토

용역거래의 경우, 모든 용역계약서를 수집하여 용역거래 관련 외국환거래 내역과 일치하는지를 확인하는 절차가 필요하다.

특히 로열티나 개발비 등과 같이 수입물품의 가격에 영향을 줄 수 있는 항목이 포함된 경우에는, 해당 비용이 관세 과세가격에 포함되어야 하는지 여부까지 확인해야 한다. 이 과정에서 필요하다면 수입세금의 수정신고를 통해 추가 납부까지 이어질 수 있다.

용역계약 내용과 실제 외국환거래 내역이 다를 경우에는, 불일치한 사유를 명확히 정리하고 관세청의 외국환검사에 대비하여 관련 입증자료를 사전에 확보해 두는 것이 중요하다.

4) 자본거래 관련 외국환거래와 자본거래 계약서 대조 검토

해외직접투자나 해외현지법인을 위한 출자, 지급보증, 차입금 거래 등 자본거래에 해당하는 외국환거래에 대해서는 다음과 같은 절차를 따른다.
- 자본거래와 관련된 계약서류를 확보하고
- 자본거래 외국환거래 내역과 계약 내용이 일치하는지 대조한 후
- 관련 자본거래 신고서와 입증서류를 통해 법적 신고의무가 충실히 이행되었는지를 확인한다.

자본거래는 단순한 송금이나 수령이 아닌 행위 자체가 신고 대상이므로, 신고서를 제출하지 않았거나 신고내용이 사실과 다른 경우에는 반드시 신고의무 위반으로 분류하여 별도 조치를 검토해야 한다.

5) 누락건 특정과 자진신고 등 후속 조치

외국환거래법 위반 사전점검의 최종 단계는 신고 누락 거래를 특정하고, 그에 대한 사후 대응 전략을 수립하는 것이다.

전문가들은 위에서 설명한 수출입, 용역, 자본거래의 외국환거래 내역을 일일이 점검하여 신고 누락 거래를 식별하고, 이를 정리한 후 자진신고 여부를 결정하여 기업의 대표에게 자진신고할 것을 권고한다.

가장 바람직한 조치는, 관세청으로부터 외국환검사 실시계획 통지를 받기 전 외국환

거래법 위반 자진신고를 마무리하는 것이다. 물론 통지를 받은 후 자진신고를 하는 경우도 있지만, 이때는 관세청 검사요원의 판단에 따라 과태료 감경 등 효과가 일부 제한될 수도 있다.

외국환거래법 위반 자진신고는 일반적으로 거래 외국환은행을 통해 금융감독원에 제출하는 방식으로 이루어진다. 외국환은행은 검사기관이 아닌 신고 접수기관이므로, 거래 내용을 심문하거나 조사하지 않고, 신고 내용에 따라 비교적 온건하게 자진신고를 처리하는 장점이 있다.

다만 일부 거래는 전문가도 판단이 모호한 경우가 있다. 이럴 때는 기획재정부 또는 외국환 업무 관련 정부 부처에 질의서를 제출하여 유권해석을 받고, 그에 따라 처리하는 방식이 가장 안전하고 확실하다.

이와 같은 사전점검 과정을 거치면, 기업은 관세청의 외국환검사에 대해 보다 준비된 태도로 대응할 수 있고, 동시에 과거 외환거래 리스크를 선제적으로 해소함으로써 형사 책임, 과태료, 기업 이미지 훼손이라는 3대 리스크를 예방할 수 있다.

(5) 외국환거래법 위반 사전점검 자문용역의 소요 기간과 보수

기업이 외국환거래법 위반 여부를 사전점검하고자 전문가에게 자문용역을 의뢰하는 경우, 가장 궁금해하는 부분은 바로 '얼마나 걸리고, 비용이 얼마나 드는지'이다.

이 자문용역에 소요되는 기간은 결국 기업의 내출·매입 규모와 외국환거래 건수, 금액 규모에 따라 달라질 수밖에 없다.

외국환거래 건수와 금액이 적다면 검토해야 할 자료도 적고 시간도 덜 들어 보수가 낮아지고, 반대로 건수와 금액이 많다면 그만큼 시간과 인력이 더 들어가므로 보수도 올라가게 된다.

보통 외국환검사 또는 외국환거래법 위반조사 대응을 전문으로 하는 관세사들의 시간당 보수는 경력과 전문성에 따라 15만 원에서 35만 원 수준까지 다양하다. 이 단가에 실제 투입된 전문가들의 총 작업시간을 곱하면 자문용역 보수가 결정된다.

물론 낮은 보수를 제시하면서 자문을 맡겠다는 전문가도 있을 수 있다. 하지만 외국환 거래법 위반 사전점검은 단순한 형식 검토가 아니라, 향후 기업 대표의 형사책임으로도 이어질 수 있는 중대한 리스크를 사전에 제거하는 작업이다. 따라서 비용이 아깝다는 이유로 부실한 자문을 선택한다면, 결국 그 피해는 기업과 대표가 직접 떠안게 된다는 사실을 반드시 명심해야 한다.

한편, 전문가 입장에서는 이 자문용역이 생각보다 까다롭고 시간도 많이 드는 일이다. 현장 외환검사 대응 자문과 달리, 사전점검은 전체 외환거래를 샅샅이 검토해야 하므로 노동 강도가 높고, 그에 비해 보수는 만족스럽지 않다고 느끼는 경우도 있다.

그럼에도 불구하고 기업 입장에서는 외국환거래법 위반 리스크를 사전에 완전히 제거하기 위해 이보다 더 효과적인 방법은 없다. 비록 시간이 다소 걸리고 비용이 들더라도, 전문가의 손을 빌려 제대로 된 사전점검을 받고 자진신고까지 준비해 두는 것이 훨씬 경제적이고 현명한 대응이라 할 수 있다.

(6) 외국환거래법 위반 사전점검의 적절한 시기

1) 외국환검사 통지 전에 점검하는 것이 최적

수출입 기업이나 외환거래를 수행하는 기업은 어느 날 갑자기 관세청으로부터 외국환검사 통지를 받을 수 있다는 사실을 항상 염두에 두어야 한다.

이런 리스크를 사전에 제거하는 최선의 방법은 바로 '모의 외환검사' 또는 '사전점검'을 선제적으로 시행하는 것이다.

기업은 최근 수년간의 외환거래 내역을 점검하면서, 외국환거래법상 신고의무를 누락하거나 위반한 사항이 있는지를 먼저 파악해야 한다.

위반 사실이 발견되면, 관세청이 조사에 착수하기 전에 자진신고를 통해 스스로 시정하는 것이 가장 효과적이다.

이렇게 하면 과태료나 제재를 줄일 수 있을 뿐 아니라, 법적 리스크도 말끔히 정리할 수 있다.

이때 기업 내부 인력만으로 점검을 진행하기에는 현실적인 한계가 크다.

수출입, 용역, 자본거래 등 다양한 외환거래 데이터를 분석하고 위반 가능성을 판단하는 데는 고도의 법적 해석과 경험이 필요하다.

특히, 특정경제범죄가중처벌법 제4조의 '재산 국외도피죄'와 같이 중대한 범죄로 간주될 수 있는 사안은 공소시효가 10~15년이기 때문에 최근 5~15년간의 거래에 대한 정밀 점검이 필수다.

이런 고난도 작업은 외환조사, 조세포탈, 국외재산 이전 등에 정통한 전문가에게 맡기고, 기업은 본업에 집중하는 것이 훨씬 효율적이다.

따라서 외국환검사 통지를 받기 전에 사전점검과 자진신고를 미리 완료해두는 것이야말로 외환검사에 대한 가장 강력한 선제 대응 전략이다.

2) 외국환검사 통지를 받은 후라도 신속한 대응이 필요

현실적으로 많은 기업이 사전점검을 하지 않은 상태에서 외국환검사 통지를 먼저 받게 된다. 이때부터 실제 검사가 시작되기까지는 보통 2주 이내의 짧은 준비기간이 주어지므로 상당히 촉박하다.

이 시기에는 관세청이 요청한 각종 외환거래 자료를 빠짐없이 정리하고, 제출 가능한 수준으로 정확히 준비하는 것이 가장 중요하다. 가능하다면 외환검사 대응 전문가와 함께 자료를 사전 검토하여, 위반 가능성이 있는 항목을 선별하고 자진신고를 준비해야 한다. 이렇게 하면 검사 현장에서 문제가 발견되더라도 자진신고로 인정받아 과태료가 감경될 수 있다.

반면 아무런 준비 없이 검사를 맞이하게 되면, 관세청이 이를 '직권 적출'로 간주하고 조사 개시 사유로 삼을 수 있다. 이 경우 자진신고로의 전환이 어렵고, 관세청 내부의 추가 승인이 필요한 만큼 과태료 감경 혜택을 받기 어려워진다.

결국 외국환검사 통지를 받은 이후부터 실제 검사일까지 남은 2주는 단순한 문서 수집 기간이 아니라, 실질적인 리스크 점검과 전략 수립의 골든타임이 된다. 이 기간을 놓치지 않고 전문가의 조력을 받아 자진신고 항목을 사전에 정리한다면, 기업은 외국환검사에 훨씬 유리한 입장에서 대응할 수 있게 된다.

(1) 외국환거래법 위반 사항 발견 시 왜 사후 자진신고를 해야 하는가?

외국환검사나 외국환거래법 위반조사를 받기 전에, 외국환거래법상 신고해야 할 거래에 대해서 신고를 누락했다는 사실을 알게 되었다면, 그 즉시 전문가와 상담하여 사후 자진신고를 하는 것이 최선의 대응 전략이다.

하지만 현실에서는 일부 전문가들이 자진신고를 굳이 하지 말라고 조언하는 경우도 있다. 그 이유는 다음과 같다.

- 외국환 신고의무 위반에 대한 자진신고 업무는 수익성이 높지 않고
- 세관 조사관이나 금융감독원 조사관이 자신신고 업무를 담당하는 것으로 생각하고 조사관들을 일일이 상대해야 하므로 시간이 많이 들고 번거로우며
- 차라리 "공소시효를 기다리자", "외국환검사를 받게 될 확률도 낮다", "걸리면 그때 가서 대응하자"는 식의 단기 논리를 내세워 의뢰인을 설득하려고 한다.

그러나 이런 접근은 기업 실무자의 일시적인 편의만을 고려한 것으로, 기업 대표나 오너에게는 매우 위험한 선택이 될 수 있다.

외국환 신고의무 위반에 대한 자진신고는 번거롭고 수고스러울 수 있지만, 형사책임을 없애고, 경제적 부담을 최소화할 수 있는 유일한 길이다.

반대로 자진신고를 하지 않은 상태에서 외국환거래법 위반 조사가 시작되면 상황은 전혀 다르게 전개된다.

- 조사관들은 과거 수년간의 외국환거래 전반을 정밀하게 분석하며
- 이를 방어하기 위해서는 법률, 회계, 세무 전문가들이 총동원되어야 하고
- 그에 따라 최소 수 천만 원에서 수 억 단위의 대응 비용이 발생하게 될 수도 있다.

특히 외국환거래법 위반은 일반 실무자에게 책임을 묻는 것이 아니라, 기업의 대표자에게 형사책임이 귀속되는 경우가 대부분이다.

결국 기업 대표의 입장에서는, 외국환 신고의무 위반을 사후 처리하는 업무를 기업 실무 담당자에게 맡겨 두어서는 안된다. 기업 대표 자신이 책임져야 하는 외국환 신고의무

위반 사안의 처리를 실무 담당자에게 알아서 처리하라고 하는 것과 같은 개념없는 자세다. 기업 대표는 외국환 신고의무 위반 사실을 인지한 시점에 실무 담당자에게 즉시 자진신고하라고 지시하고, 자진신고 후 최종 처리 결과를 반드시 확인하는 것이 외국환 신고의무 위반에 대한 형사 처벌 리스크를 제거하고, 과태료를 최대한 경감받는 것이 가장 경제적이고 안전한 선택이라 할 수 있다.

(2) 사후 자진신고는 어떻게 해야 하나?

외국환거래법상 외국환의 지급 등을 위한 증빙서류 등 제출 의무, 지급 등의 방법에 대한 신고의무나 자본거래 신고의무를 이행하지 않아 외국환거래법을 위반한 사실이 확인된 경우에는 다음과 같은 절차를 통해 사후 자진신고를 진행해야 한다.

① 위반사실보고서와 위반경위서를 작성하고

② 해당 외국환거래를 수행한 외국환은행을 통해 위 서류를 포함한 자진신고서를 금융감독원에 제출한다.

만약 기존에 거래한 주거래 외국환은행이 없다면,

- 새로 외국환업무를 수행할 은행을 외국환은행으로 지정한 뒤
- 해당 은행과 사전 협의를 거쳐 관련 서류를 제출해야 한다.

여기서 중요한 점은, 외국환은행이 자진신고를 받아들이기를 꺼려할 수 있다는 현실이다.

외국환은행이 사후 자진신고를 접수하게 되면, 그 고객에 대해 거래의 적정성 여부를 판단하고, 관련 자료를 보완하는 관리의무를 부담해야 하기 때문이다. 이 때문에 은행이 자진신고 접수를 기피하거나, 신고서 보완을 요구하며 절차가 길어질 수 있다.

이런 상황일수록 혼자 판단하지 말고, 외환 자진신고 경험이 풍부한 전문가의 도움을 받아 전략적으로 접근하는 것이 중요하다.

신고서 작성 시 어떤 표현을 쓰는 것이 유리한지, 어느 시점의 사실관계를 중심으로 서술해야 하는지, 은행과의 협의는 어떤 순서로 진행해야 하는지를 종합적으로 조율해야 한다.

자칫하면 자진신고 의도는 있었지만 형식 미비나 절차상 오류로 인해 정식 접수조차

되지 않거나, 신고 효과가 무효로 처리되는 경우도 있을 수 있으니 주의해야 한다.

따라서 자진신고는 단순한 문서 제출이 아니라, 리스크 해소를 위한 실질적 절차로 인식하고 전문가와 함께 준비, 작성, 제출 전반을 체계적으로 진행해야 한다.

(3) 외국환검사 리스크, 사전점검으로 끝내야 한다

외국환거래법 위반에 대한 리스크는 '모르고 지나갔으니 괜찮다'는 안일한 생각에서 비롯된다. 그러나 오늘날의 관세청 정기 외국환검사는 단순한 자료 요청 수준을 넘어, 거래의 실질과 정합성까지 정밀하게 들여다보는 고차원의 조사로 진화하고 있다. 특히 신고 누락이나 허위 신고가 적발될 경우, 그 책임은 대부분 기업의 대표자에게 형사적으로 귀속되기 때문에, 단 한 건의 실수도 기업 전체에 심각한 손실로 이어질 수 있다.

이러한 현실 속에서 외국환거래법 위반 사전점검은 선택이 아니라 필수이다. 기업이 스스로 신고의무 이행 여부를 점검하고, 문제 있는 거래에 대해서는 자진신고를 통해 사후 리스크를 제거하는 절차야말로, 외국환검사에 대한 가장 확실한 보험이라 할 수 있다.

한발 앞선 점검과 준비는 기업의 경영 안정성뿐 아니라 대표자의 법적 안전망이 되며, 이는 곧 기업의 지속가능성을 뒷받침하는 전략이 된다. 외환거래가 복잡해지고 규제가 정교해지는 시대, 사전점검은 단지 법을 지키기 위한 행위가 아니라, 기업의 미래를 지키는 지혜로운 선택이다.

【거래당사자의 외국환거래법 위반사실 보고 서식】

〔별지 제10호 서식〕

외국환거래규정 제4-2조 제3항에 따른 보고서

1. 보고내용

<table>
<tr><td rowspan="4">위반자</td><td rowspan="3">성 명</td><td rowspan="3"></td><td>주민등록번호</td><td></td></tr>
<tr><td>여권번호(비거주자인 경우)</td><td></td></tr>
<tr><td>법인실명번호</td><td></td></tr>
<tr><td colspan="2">사업자등록번호</td><td></td></tr>
</table>

<table>
<tr><td rowspan="4">위반자</td><td colspan="3">성 명 / 주민등록번호 / 여권번호(비거주자인 경우) / 법인실명번호 / 사업자등록번호</td></tr>
<tr><td>주 소</td><td colspan="2"></td></tr>
<tr><td rowspan="2">연 락 처</td><td>(전화번호)</td><td>(팩스)</td></tr>
<tr><td>(이메일)</td><td>수신동의여부 (O,X)</td></tr>
</table>

위반거래내용	거 래[1]	
	거래 일자	
	거래통화및금액	미화환산
	거래 상대방	국 적
	관련법규[2]	(예) 외국환거래법 제○○조 외국환거래법시행령 제○○조 외국환거래규정 제○○조
	거래 내용	

[1] 해외직접투자, 해외지사, 현지금융, 해외부동산취득, 금전대차, 외화증권취득, 해외예금, 비거주자국내 부동산취득, 기타자본거래 중 택일(복수거래의 경우에는 복수기재 가능)

법 → 시행령 → 규정을 조 → 항 → 호까지 모두 기재

〈첨부서류〉 1. 실명증표(주민등록사본, 사업자등록증 사본 등)
2. 경위서(위반거래 관련 사실관계 및 법규위반 경위를 자유롭게 기술)
3. 관련증빙서류(계약서, 송금내역등 '3. 보고 요건 확인 필요사항' 참조)

2. 외국환거래 위규내용

거래유형	(예)해외직접투자	
위규내역		
확인경위		
특이사항		

	은행담당자 (영업점담당자)	XX은행, OO지점, 김OO (Tel: OO-OOO-OOO)
	은행담당자 (본점담당자)	XX 은행, 외환상품지원부, 차장 OOO (Tel:02-XXXX-1733)

3. 보고요건확인필요사항

※ M(Mandatory)：필수 제출자료, O(Optional)：자료 징구 가능시 제출사항

no	체크사항	필수 여부	제출서류	제출 여부	미제출 사유
1	경위서 제출	M	경위서		
2	신고인인적사항	M	주민등록등본		
		M	사업자등록증, 법인등기부등본		
		M	출입국 증명서		
3	신고서류일체	M	해당 거래관련 기신고 및 보고서류, 당타발송금 거래 내역 등 사후관리 서류일체(사후관리대장 포함)		

〔해외 직접투자 및 해외 지사 설치〕

no	체크사항	필수 여부	제출서류	제출 여부	미제출 사유
1	투자자금 이동 경로	M	송금전문(해당 신고건 관련 범위 내, FX0012 FX0013 포함)		
		O	세관신고서(현물출자, 휴대수출시)		
		O	이사회의사록		
		O	금전대차계약서(현지 조달시)		
2	외국법인 실체 확인	M	법인등기부등본, 공증서류, 증권사본, 사업자등록증, 영업허가서, 현지법규에 의한 등록증 등(택1)		
		O	회사정관		
		O	이사회의사록		
		O	최근재무제표		
		O	감사보고서(USD100만 초과지분 투자)		
		O	회계법인 주식평가보고서(USD100만 초과지분 투자)		
		M	주주명부, 주주변동내역서, 주금납입계좌 거래내역		
		M	지분양수도계약서, 양수대금 지급증빙 (해당 사항있을 경우)		
3	자(손)회사설립 확인 시 추가 제출	M	자(손)회사법인등기부등본, 공증서류, 증권사본, 사업자등록증, 영업허가서 등(택1)		
		O	사업계획서		
		O	최근재무제표		
		O	감사보고서(USD100만 초과지분 투자)		
		O	회계법인 주식평가보고서(USD100만 초과지분 투자)		
		M	주주명부, 주주변동내역서, 주금납입계좌 거래내역		
		M	지분양수도계약서, 양수대금 지급증빙 (해당 사항있을 경우)		

no	체크사항	필수 여부	제출서류	제출 여부	미제출 사유
4	증권취득 보고 위반 시 추가제출 필요	O	법원제출소장, 계약해제 통보 문서 등		
		O	투자자금 입금사실증명 서류		
5	청산보고 위반시 추가제출 필요	M	지분양수도계약서		
		M	청산서류(청산일, 청산사유 확인 가능자료)		
		O	최근재무제표		
		O	회계법인 주식평가보고서(USD100만 초과지분 투자)		
		O	감사보고서(USD100만 초과지분 투자)		
		M	대금수취관련 증빙		

〔해외부동산투자〕

no	체크사항	필수 여부	제출서류	제출 여부	미제출 사유
1	실제부동산매매 계약 확인	M	해외부동산매매계약서		
		M	부동산등기부등본, 부동산등기부등본이 없는 경우 부동산에 관한 사용 권한을 입증할 수 있는 서류(세금납부영수증, 전기·수도료등 관리비납부 영수증 등) 제출		
		O	부동산감정평가서, 분양가격확인 가능 자료		
		M	금전대차계약서(해당사항있을 경우)		
		M	송금보고서		
		M	외국환은행사후관리대장		
2	부동산 처분	M	처분매매계약서		
		M	등기부등본		
		M	현지은행 계좌거래 내역 등 잔여재산 확인가능 자료		

〔금전의 대차계약〕

no	체크사항	필수 여부	제출서류	제출 여부	미제출 사유
1	금전대차계약 확인	M	금전대차계약서		
		M	송금전문		
		M	거래 상대방 실체 확인서류(법인등기부 등본, 공증서류, 증권사본, 사업자등록증, 영업허가서, 현지법규에 의한 등록증 등 택 1)		
		M	회사정관		
		O	이사회의사록		

〔비거주자의 국내 부동산 취득〕

no	체크사항	필수 여부	제출서류	제출 여부	미제출 사유
1	국내 부동산 취득 및 자금 출처 확인	M	부동산매입계약서		
		O	자금출처증빙(송금전문, 금전대차계약, 과거예금 잔액 등)		

4. 경유기관 및 위반자 확인

<table>
<tr><td rowspan="3">외국환
은행</td><td>보고번호</td><td></td></tr>
<tr><td>영업점확인자(직,성명)</td><td></td></tr>
<tr><td>연락처</td><td></td></tr>
<tr><td colspan="3">외국환거래법 제15조 및 동 규정 제4-2조에 의거 위와 같이 위반사실을 확인하고 보고합니다.

년　월　일
보고기관: 외국환은행의장(인)</td></tr>
<tr><td>위반자
확인</td><td colspan="2">위와같이 외국환거래법규 위반사실이 있음을 확인합니다.
위반자:　　　(인)</td></tr>
</table>

* 외국환은행의장(인)은 대리인이 아닌 직인 날인

<table>
<tr><td colspan="2" align="center"><h1>경 위 서</h1></td></tr>
<tr><td colspan="2">주소(우편번호)
담당자
연락처(Tel)　　　　　(FAX)　　　　　(e-Mail)</td></tr>
<tr><td colspan="2">1. 위반내용
2. 이에 외국환거래법규 위반을 인정하는 경위서 및 관련서류를 제출하오며, 추가 범규위반 사실이 확인
　되거나 허위자료 제출시 과태료 등 외국환거래법에 따른 제재를 감수할 것임을 확약합니다.

〈검사결과 등을 전자문서 형태로 송달받기 원하는 경우〉

3. 아울러, 당사(또는 본인)는 본건 자진신고와 관련하여 향후 금융감독원검사가 완료되는 경우 검사
　결과 등을 전자문서형태(e-mail: xxx@xxx)로 송달받는 것에 동의합니다.

※거래관련은행(지점명포함) 및 담당자 연락처
○ XX은행　　ㅇㅇㅇ지점
○ 과장 홍길동(전화,　　　팩스,　　　이메일,　　　　　　)　　　　　　　　)</td></tr>
</table>

20××년 ××월 ××일
(주)△△△대표이사×××(또는△△△)(서명 또는 인)

경위서(예시)

<table>
<tr><td>

붙임)① 본인의 실명증표(최근 1개월 이내 발급된 서류)
　　　 법인: 사업자등록증사본, 법인등기부등본, 인감증명서 상장회사인 경우 상장 관련 증빙서류
　　　 개인: 주민등록등본(외국인 경우 기타 실명증표)
　　　 개인사업자: 주민등록등본, 사업자등록증사본, 인감증명서
② 관련증빙서류(위반행위 관련 증빙서류 일체)
③ 미신고사유서
　　 (정상참작의 근거가 되므로 특기사항이 있는 경우 착오, 과실 등을 증빙할 수 있는 객관적
　　 증빙을 첨부하여 구체적으로 기술)
④ 출입국기록, 재외국민등록부(등록된 경우) 등 거주성증빙서류(필요시)
⑤ 외국환거래법규 위반사실보고서*(정리보고서 첨부)
⑥ 증빙서류체크리스트*
　　 * 거래은행 작성

</td></tr>
</table>

제 **9** 장

부록

[별표 1] 〈개정 2021.9.14.〉

<u>외화 조달구조 개선을 위한 공제액</u>(제21조의4 제2항 제1호 전단 관련)

1. 제21조의4 제2항의 공제액은 제2호에 따른 외화예수금에 제3호에 따른 남아 있는 만기별 가중치를 곱한 금액으로 한다.

2. 외화예수금은 다음의 계산식에 따라 산정한다. 다만, 법 제3조 제1항 제17호에 따른 금융회사등으로부터의 예수금은 잔액을 계산할 때 제외한다.

$$\text{외화예수금} = \text{외화예수금 월말잔액의 연평균금액)} \times \frac{3}{10} + \text{월말잔액의 연평균금액의 증감액)} \times \frac{7}{10}$$

(해당 사업연도 / 직전 사업연도 대비 외화예수금)

3. 남아 있는 만기별 가중치는 다음 각 목의 구분에 따른다.

    가. 정기예금(예치기간을 사전에 약정한 예금으로서 한국은행총재가 정하는 종류의 예금으로 한다. 이하 같다)의 경우

    1) 남아 있는 만기가 1년 이하인 경우: 0.5

    2) 남아 있는 만기가 1년 초과 3년 이하인 경우: 2

    3) 남아 있는 만기가 3년 초과 5년 이하인 경우: 4

    4) 남아 있는 만기가 5년 초과인 경우: 10

    나. 그 밖의 예금(정기예금 외의 예금으로서 한국은행총재가 정하는 종류의 예금으로 한다)의 경우: 0.05

[별표 2] 〈개정 2017.6.27.〉

등록·인가취소 및 업무정지의 기준(제22조 관련)

1. 일반기준

기획재정부장관은 위반행위의 동기·내용 및 위반의 정도 등을 고려하여 다음 각 목에 따라 100
의 50 범위에서 가중하거나 감경할 수 있다. 다만, 위반행위가 등록 또는 인가 취소 대상인 경우
(법 제12조 제1항 제3호에 따른 등록 또는 인가 취소인 경우는 제외한다)에는 3개월 이상의 업
무정지 처분으로 감경할 수 있고, 외국환업무취급기관등의 위반행위가 착오 또는 과실로 인한
것임이 인정되는 경우이거나 위반의 내용 정도가 경미한 위반행위자가 처음 해당 위반행위를
한 경우에는 경고로 처분을 갈음할 수 있다.

가. 가중 사유
  1) 1년에 2회 이상 위반한 경우 각각의 위반행위에 해당하는 업무정지 기간을 합산하여 총
     업무정지기간을 계산하되, 동일한 사항을 위반한 경우에는 총업무정지기간을 기준으로
     가중 처분할 수 있다.
  2) 위반행위가 고의나 중대한 과실에 의한 경우에는 100분의 30 범위에서 가중할 수 있다.

나. 감경 사유
  1) 위반의 내용·정도가 경미하여 외환시장 및 금융기관 이용자에 미치는 피해가 적다고
     인정되는 경우
  2) 위반행위자가 처음 해당 위반행위를 한 경우로서 5년 이상 해당 외국환업무를 모범적으
     로 수행한 사실이 인정되는 경우
  3) 위반행위로 인하여 취득한 이익이 5천만원 미만인 경우
  4) 위반 사유를 지체 없이 시정한 경우

2. 개별기준

해당 행위		해당 법조문	처분기준
가. 거짓이나 그 밖의 부정한 방법으로 등록을 하거나 인가를 받은 경우		법 제12조 제1항 제1호	등록 또는 인가 취소
나. 업무의 제한 또는 정지 기간에 그 업무를 한 경우		법 제12조 제1항 제2호	등록 또는 인가 취소
다. 등록 또는 인가의 내용이나 조건을 위반한 경우	1) 등록 또는 인가의 내용이나 조건을 처음 위반한 경우	법 제12조 제1항 제3호	업무정지 3개월
	2) 등록 또는 인가의 내용이나 조건을 위반하여 법 제12조에 따른 처분을 받은 자가 처분일부터 3개월 이내에 시정하지 않은 경우		등록 또는 인가 취소
라. 법 제8조 제2항을 위반하여 외국환업무를 한 경우		법 제12조 제1항 제4호	업무정지 2개월
마. 법 제8조 제4항 또는 제9조 제3항에 따른 인가를 받지 않은 경우 또는 신고를 하지 않거나 거짓으로 신고를 한 경우		법 제12조 제1항 제5호	업무정지 2개월

해당 행위		해당 법조문	처분기준
바. 법 제8조 제6항에 따른 외국환업무취급기관 및 전문외국환업무취급업자의 업무 수행에 필요한 사항을 따르지 않은 경우		법 제12조 제1항 제5호의2	업무정지 2개월
사. 법 제8조 제7항에 따른 보증금 예탁 등 필요한 조치를 따르지 않은 경우		법 제12조 제1항 제5호의3	업무정지 2개월
아. 법 제8조 제7항에 따른 조치에도 불구하고 전문외국환업무취급업자의 파산 또는 지급불능 우려 사유가 발생한 경우		법 제12조 제1항 제5호의4	업무정지 2개월
자. 법 제9조 제2항을 위반하여 거래한 경우 또는 같은 조 제4항에 따른 보증금 예탁 명령을 따르지 않은 경우		법 제12조 제1항 제6호	업무정지 2개월
차. 법 제10조 제1항에 따른 확인 의무를 위반한 경우		법 제12조 제1항 제7호	업무정지 2개월
카. 법 제10조 제2항에 해당하는 행위를 한 경우		법 제12조 제1항 제7호	업무정지 3개월
타. 법 제11조 제1항에 따른 감독상의 명령 또는 같은 조 제2항에 따른 업무상 제한을 위반한 경우		법 제12조 제1항 제8호	업무정지 2개월
파. 법 제20조 제1항 또는 제2항의 보고 또는 자료·정보 제출을 하지 않거나 거짓으로 한 경우	1) 보고 또는 자료·정보 제출을 하지 아니한 경우	법 제12조 제1항 제9호	업무정지 2개월
	2) 거짓 보고 또는 거짓 자료·정보를 제출한 경우		업무정지 3개월
하. 법 제20조 제3항 또는 제6항에 따른 검사에 응하지 않거나 검사를 거부·방해 또는 기피한 경우		법 제12조 제1항 제10호	업무정지 3개월
거. 법 제20조 제4항 또는 제6항에 따른 자료의 제출을 거부하거나 거짓 자료를 제출한 경우		법 제12조 제1항 제11호	업무정지 3개월
너. 법 제20조 제5항 또는 제6항에 따른 시정명령에 따르지 않은 경우		법 제12조 제1항 제12호	업무정지 2개월
더. 법 제21조에 따른 기획재정부장관의 명령을 위반하여 통보 또는 제공을 하지 않거나 거짓으로 통보 또는 제공한 경우		법 제12조 제1항 제13호	업무정지 2개월
러. 법 제24조 제2항에 따른 기획재정부장관의 명령을 위반하여 신고, 신청, 보고, 자료의 통보 및 제출을 전자문서의 방법으로 하지 않은 경우		법 제12조 제1항 제14호	업무정지 1개월

[별표 3] 〈개정 2014.12.9.〉

과징금의 부과기준(제23조 관련)

1. 기획재정부장관은 업무정지처분을 갈음하여 과징금을 부과할 수 있으며, 위반행위로 취득한 이익에 다음 각 목의 부과 비율을 곱한 금액을 상한으로 한다.
   가. 업무정지 1개월에 해당하는 경우: 100분의 20
   나. 업무정지 2개월에 해당하는 경우: 100분의 40
   다. 업무정지 3개월에 해당하는 경우: 100분의 50
   라. 업무정지 4개월에 해당하는 경우: 100분의 70

2. 제1호에도 불구하고 다음 각 목의 어느 하나에 해당하는 경우에는 위반행위로 인하여 취득한 이익의 100분의 50 이상을 과징금으로 부과하여야 한다. 다만, 별표 2 제1호 나목 1) 또는 4)에 해당하는 경우에는 그러하지 아니하다.
   가. 위반행위가 1년 이상 지속되거나 최근 1년간 3회 이상 반복적으로 이루어진 경우
   나. 위반행위로 인하여 취득한 이익의 규모가 1억원 이상인 경우

[별표 3의2] 〈개정 2019.10.8.〉

<u>행정처분의 기준</u>(제33조 제2항 관련)

1. **일반기준**

　가. 위반행위의 횟수에 따른 행정처분의 기준은 최근 5년간 같은 위반행위로 행정처분을 받은 경우(법 제15조부터 제18조까지의 규정에 따른 신고 등의 의무를 위반하였으나 법 제19조 제1항 제2호에 따른 행정처분 요건에 해당하지 않은 경우를 포함하며, 마목에 따라 행정처분을 면제받은 경우는 제외한다)에 적용한다. 이 경우 기간의 계산은 같은 위반행위에 대해 행정처분을 받은 날(법 제15조부터 제18조까지의 규정에 따른 신고 등의 의무를 위반하였으나 법 제19조 제1항 제2호에 따른 행정처분 요건에 해당하지 않는 경우에는 과태료 부과처분을 받은 날을 말한다)과 그 처분 후에 다시 같은 위반행위를 하여 적발된 날을 기준으로 하며, 위반 횟수 산정 시 같은 위반행위이면 제2호 나목에 따른 위반금액은 고려하지 않는다.

　나. 가목에 따라 가중된 행정처분을 하는 경우 가중처분의 적용 차수는 그 위반행위 전 행정처분 차수(가목에 따른 기간 내에 행정처분이 둘 이상 있었던 경우에는 높은 차수를 말한다)의 다음 차수로 한다.

　다. 다음의 어느 하나에 해당하는 경우에는 제2호에 따른 거래정지(법 제19조에 따라 각각의 위반행위에 대해 1년 이내의 범위에서 관련 외국환거래 또는 행위를 정지ㆍ제한하는 것을 말한다. 이하 같다) 기간을 2분의 1의 범위에서 가중할 수 있다. 다만, 가중하는 경우에도 1년을 넘을 수 없다.

　　1) 위반행위가 고의나 중대한 과실에 따른 것으로 인정되는 경우

　　2) 법 제20조에 따른 검사에 응하지 않거나 검사를 거부ㆍ방해 또는 기피한 것으로 인정되는 경우

　　3) 그 밖에 위반행위의 동기와 그 결과, 위반 정도 등에 비추어 가중이 필요하다고 인정되는 경우

　라. 부과권자는 다음의 어느 하나에 해당하는 경우에는 제2호에 따른 거래정지 기간의 2분의 1의 범위에서 감경할 수 있다.

　　1) 위반의 내용ㆍ정도가 경미하여 즉시 시정할 수 있다고 인정되는 경우

　　2) 위반행위가 고의나 중대한 과실이 아닌 사소한 부주의나 단순한 오류에 따른 것으로 인정되는 경우

　　3) 위반행위자가 해당 위반행위를 자진 신고하고 법 제20조에 따른 검사에 협조한 것으로 인정되는 경우

　　4) 그 밖에 위반행위의 동기와 그 결과, 위반 정도 등에 비추어 감경이 필요하다고 인정되는 경우

　마. 부과권자는 다음의 어느 하나에 해당하는 경우에는 경고 및 거래정지 등 행정처분을 면제할 수 있다.

　　1) 신고기관의 착오로 인하여 이 법에 따른 신고 등의 의무가 있는 자가 잘못된 기관에 해당 절차를 이행한 경우

　　2) 위반행위자의 사망, 폐업, 해산, 파산, 회생절차 개시 등으로 행정처분 부과의 실효성이 없는 경우

3) 해당 위반행위가 종료된 날부터 5년이 경과한 경우

2. 개별기준

가. 법 제19조 제1항에 해당하는 경우

위반사항	근거 법조문	처분기준
1) 법 제15조부터 제18조까지의 규정에 따라 허가를 받거나 신고를 한 경우 허가사항 또는 신고사항에 정해진 기한이 지난 후에 거래 또는 행위를 한 경우	법 제19조 제1항 제1호	경고
2) 제33조 제1항 각 호의 구분에 따른 금액 이하의 거래 또는 행위로서 법 제15조부터 제18조까지의 규정에 따른 절차 준수, 허가 또는 신고의 의무를 위반하여 거래 또는 행위를 한 경우(1회 위반의 경우에 한정한다)	법 제19조 제1항 제2호	경고

나. 법 제19조 제2항에 해당하는 경우

법 제19조 제2항에 따른 행정처분의 기준은 위반사항, 다음 표의 위반사항란에 규정된 위반금액 및 위반횟수에 따라 결정한다. 이 경우 위반금액이란 위반행위를 통해 지급·수령하거나 이동시킨 자금 등의 크기를 말한다.

위반사항	근거 법조문	위반 횟수별 처분기준	
		2회	3회 이상
1) 법 제15조 제1항에 따른 지급절차 등을 위반하여 지급·수령을 하거나 자금을 이동시킨 경우[2)의 경우는 제외한다]	법 제19조 제2항		
가) 1억원 이하		1개월	3개월
나) 1억원 초과 3억원 이하		1개월	3개월
다) 3억원 초과 5억원 이하		3개월	6개월
라) 5억원 초과		6개월	12개월
2) 법 제15조 제1항에 따른 지급절차 등을 위반하여 지급·수령을 하거나 자금을 이동시킨 경우(거짓으로 증명서류를 제출한 경우로 한정한다)	법 제19조 제2항		
가) 1억원 이하		1개월	3개월
나) 1억원 초과 3억원 이하		3개월	6개월
다) 3억원 초과 5억원 이하		3개월	6개월
라) 5억원 초과		6개월	12개월
3) 법 제16조에 따른 신고를 하지 않거나 거짓으로 신	법 제19조 제2항		

위반사항	근거 법조문	위반 횟수별 처분기준	
		2회	3회 이상
고를 하고 지급 또는 수령을 한 경우			
가) 외국환업무취급기관의 장에 대한 신고사항 위반			
(1) 1억원 이하		1개월	3개월
(2) 1억원 초과 3억원 이하		1개월	3개월
(3) 3억원 초과 5억원 이하		3개월	6개월
(4) 5억원 초과		6개월	12개월
나) 기획재정부장관, 한국은행총재에 대한 신고사항 위반			
(1) 1억원 이하		1개월	3개월
(2) 1억원 초과 3억원 이하		3개월	6개월
(3) 3억원 초과 5억원 이하		3개월	6개월
(4) 5억원 초과		6개월	12개월
4) 법 제16조 또는 제18조를 위반하여 신고를 갈음하는 사후 보고를 하지 않거나 거짓으로 사후 보고를 한 경우	법 제19조 제2항		
가) 1억원 이하		1개월	3개월
나) 1억원 초과 3억원 이하		1개월	3개월
다) 3억원 초과 5억원 이하		3개월	6개월
라) 5억원 초과		6개월	12개월
5) 법 제17조에 따른 신고를 하지 않거나 거짓으로 신고를 하고 지급수단 또는 증권을 수출입하거나 수출입하려 한 경우	법 제19조 제2항		
가) 1억원 이하		1개월	3개월
나) 1억원 초과 3억원 이하		3개월	6개월
다) 3억원 초과 5억원 이하		3개월	6개월
라) 5억원 초과		6개월	12개월
6) 법 제18조 제1항에 따른 신고를 하지 않거나 거짓으로 신고를 하고 자본거래를 한 경우	법 제19조 제2항		
가) 외국환업무취급기관의 장에 대한 신고사항 위반			
(1) 1억원 이하		1개월	3개월
(2) 1억원 초과 3억원 이하		1개월	3개월

위반사항	근거 법조문	위반 횟수별 처분기준	
		2회	3회 이상
(3) 3억원 초과 5억원 이하		3개월	6개월
(4) 5억원 초과		6개월	12개월
나) 기획재정부장관, 금융위원회, 금융감독원장, 한국은행총재에 대한 신고사항 위반			
(1) 1억원 이하		1개월	3개월
(2) 1억원 초과 3억원 이하		3개월	6개월
(3) 3억원 초과 5억원 이하		3개월	6개월
(4) 5억원 초과		6개월	12개월
7) 법 제18조 제5항을 위반하여 신고수리가 거부되었음에도 그 신고에 해당하는 자본거래를 한 경우	법 제19조 제2항		
가) 외국환업무취급기관의 장에 대한 신고사항 위반			
(1) 1억원 이하		1개월	3개월
(2) 1억원 초과 3억원 이하		1개월	3개월
(3) 3억원 초과 5억원 이하		3개월	6개월
(4) 5억원 초과		6개월	12개월
나) 기획재정부장관, 금융위원회, 금융감독원장, 한국은행총재에 대한 신고사항 위반			
(1) 1억원 이하		1개월	3개월
(2) 1억원 초과 3억원 이하		3개월	6개월
(3) 3억원 초과 5억원 이하		3개월	6개월
(4) 5억원 초과		6개월	12개월
8) 법 제18조 제6항을 위반하여 같은 조 제4항 제3호의 권고내용과 달리 자본거래를 한 경우	법 제19조 제2항		
가) 외국환업무취급기관의 장에 대한 신고사항 위반			
(1) 1억원 이하		1개월	3개월
(2) 1억원 초과 3억원 이하		1개월	3개월
(3) 3억원 초과 5억원 이하		3개월	6개월
(4) 5억원 초과		6개월	12개월
나) 기획재정부장관, 금융위원회, 금융감독원장, 한국은행총재에 대한 신고사항 위반			
(1) 1억원 이하		1개월	3개월

위반사항	근거 법조문	위반 횟수별 처분기준	
		2회	3회 이상
(2) 1억원 초과 3억원 이하		3개월	6개월
(3) 3억원 초과 5억원 이하		3개월	6개월
(4) 5억원 초과		6개월	12개월

[별표 4] 〈개정 2023.7.4.〉

과태료 부과기준(제41조 관련)

1. 일반기준

　가. 부과권자는 벌칙 또는 과태료 처분을 받고 2년 이내에 과태료 사유에 해당하는 위반행위를 한 경우(법 제29조 제1항 제6호에 해당하는 경우는 제외한다)에는 제2호에 따른 과태료 금액의 100분의 40 범위에서 가중할 수 있다. 다만, 가중하는 경우에도 법 제32조 각 항에서 정한 최고액을 넘을 수 없다.

　나. 부과권자는 위반행위자가 다음의 어느 하나에 해당하는 경우 제2호에 따른 과태료 금액의 100분의 50 범위에서 감경할 수 있다. 이 경우 감경 사유를 여러 개 적용하는 경우에도 총감경액은 그 과태료 금액의 100분의 75를 넘을 수 없다.

　　1) 위반행위를 사전에 자진 신고한 경우

　　2) 「질서위반행위규제법 시행령」 제2조의2 제1항 각 호의 어느 하나에 해당하는 경우

　　3) 「중소기업기본법」 제2조에 따른 중소기업의 경우

　　4) 법에 따른 신고 또는 허가를 받을 의무가 있는 자가 과실로 잘못된 기관에 해당 절차를 이행한 경우

　　5) 법 제18조에 따른 자본거래 신고의무를 위반하였으나 해당 거래에 따른 지급·수령이 이루어지지 않은 경우

　　6) 그 밖에 경미한 과실로 인한 위반행위로서 위반행위자의 위반정도와 경제적 사정 등에 비추어 감경이 필요하다고 인정되는 경우

2. 개별기준

위반행위	근거 법조문	과태료 금액
가. 법 제8조 제4항에 따른 변경신고를 하지 않거나 거짓으로 변경신고를 하고 외국환업무를 한 경우		
1) 중대한 사항(제13조 제1항 제3호 및 제15조의2 제1항 제3호부터 제7호까지에 해당하는 사항을 말한다)의 경우	법 제32조 제1항 제1호	5천만원
2) 1) 외의 사항의 경우		1천만원
나. 법 제8조 제4항에 따른 폐지신고를 하지 않은 경우	법 제32조 제4항 제1호	700만원
다. 법 제9조 제1항 후단에 따른 변경신고를 하지 않거나 거짓으로 변경신고를 하고 외국환중개업무를 한 경우	법 제32조 제1항 제2호	5천만원
라. 법 제9조 제2항을 위반하여 외국환거래를 한 경우	법 제32조 제1항 제2호	5천만원
마. 법 제9조 제3항에 따른 신고를 하지 않은 경우	법 제32조 제4항 제2호	1천만원

위반행위	근거 법조문	과태료 금액
바. 법 제11조의3 제5항에 따른 자료를 제출하지 않거나 거짓으로 제출한 경우	법 제32조 제2항 제1호	3천만원
사. 법 제15조 제1항에 따른 지급절차 등을 위반하여 지급ㆍ수령을 하거나 자금을 이동시킨 경우(아목의 경우는 제외한다)	법 제32조 제2항 제2호	100만원과 위반금액의 100분의 2 중 큰 금액
아. 법 제15조 제1항에 따른 지급절차 등을 위반하여 지급ㆍ수령을 하거나 자금을 이동시킨 경우(거짓으로 증명서류를 제출한 경우로 한정한다)	법 제32조 제2항 제2호	200만원과 위반금액의 100분의 4 중 큰 금액
자. 법 제16조에 따른 신고를 하지 않거나 거짓으로 신고를 하고 지급 또는 수령을 한 경우		
1) 외국환업무취급기관의 장에 대한 신고사항 위반	법 제32조 제1항 제3호	100만원과 위반금액의 100분의 2 중 큰 금액
2) 기획재정부장관, 한국은행총재에 대한 신고사항 위반		200만원과 위반금액의 100분의 4 중 큰 금액
차. 법 제16조 또는 제18조를 위반하여 신고를 갈음하는 사후 보고를 하지 않거나 거짓으로 사후 보고를 한 경우	법 제32조 제3항 제1호	100만원과 위반금액의 100분의 2 중 큰 금액
카. 법 제17조에 따른 신고를 하지 않거나 거짓으로 신고를 하고 지급수단 또는 증권을 수출입하거나 수출입하려 한 경우	법 제32조 제2항 제3호	위반금액의 100분의 5에 해당하는 금액
타. 법 제18조 제1항에 따른 신고를 하지 않거나 거짓으로 신고를 하고 자본거래를 한 경우		
1) 외국환업무취급기관의 장에 대한 신고사항 위반	법 제32조 제1항 제4호	100만원과 위반금액의 100분의 2 중 큰 금액
2) 기획재정부장관, 금융위원회, 금융감독원장, 한국은행총재에 대한 신고사항 위반		200만원과 위반금액의 100분의 4 중 큰 금액
파. 법 제18조 제5항을 위반하여 신고 수리가 거부되었음에도 그 신고에 해당하는 자본거래를 한 경우		
1) 외국환업무취급기관의 장에 대한 신고사항 위반	법 제32조 제1항 제5호	100만원과 위반금액의 100분의 2 중 큰 금액
2) 기획재정부장관, 금융위원회, 금융감독원장, 한국은행총재에 대한 신고사항 위반		200만원과 위반금액의 100분의 4 중 큰 금액
하. 법 제18조 제6항을 위반하여 같은 조 제4항 제3호의 권고내용과 달리 자본거래를 한 경우	법 제32조 제1항 제6호	

위반행위	근거 법조문	과태료 금액
1) 외국환업무취급기관의 장에 대한 신고사항 위반		100만원과 위반금액의 100분의 2 중 큰 금액
2) 기획재정부장관, 금융위원회, 금융감독원장, 한국은행총재에 대한 신고사항 위반		200만원과 위반금액의 100분의 4 중 큰 금액
거. 법 제19조 제1항에 따른 경고를 받고 2년 이내에 경고 사유에 해당하는 위반행위를 한 경우	법 제32조 제4항 제3호	300만원
너. 법 제20조 제1항 또는 제2항에 따른 보고 또는 자료 제출을 하지 않거나 거짓으로 보고 또는 자료 제출을 한 경우	법 제32조 제4항 제4호	200만원
더. 법 제20조 제3항 또는 제6항에 따른 검사에 응하지 않거나 검사를 거부 · 방해 또는 기피한 경우	법 제32조 제3항 제2호	3천만원
러. 법 제20조 제4항 또는 제6항에 따른 자료를 제출하지 않거나 거짓으로 자료 제출을 한 경우	법 제32조 제4항 제5호	700만원
머. 법 제20조 제5항 또는 제6항에 따른 시정명령에 따르지 않은 경우	법 제32조 제3항 제3호	3천만원
버. 법 제21조에 따른 기획재정부장관의 명령을 위반하여 통보 또는 제공을 하지 않거나 거짓으로 통보 또는 제공한 경우	법 제32조 제3항 제4호	2천만원
서. 법 제24조 제2항에 따른 기획재정부장관의 명령을 위반하여 신고, 신청, 보고, 자료의 통보 및 제출을 전자문서의 방법으로 하지 않은 경우	법 제32조 제4항 제6호	700만원

※ 비고

1. 제2호 사목부터 하목까지의 규정에 따른 위반금액이란 법 제15조, 제16조, 제17조 및 제18조에 따른 절차 준수, 허가 또는 신고의 의무를 위반하여 신고 등을 하지 아니한 금액을 말한다.
2. 제2호 타목부터 하목까지를 적용할 때에 위반금액을 산정하기 어려운 경우에는 과태료 금액란의 과태료 금액을 각각 200만원으로 한다.
3. 제2호 사목부터 하목까지를 적용할 때에 여러 개의 동일한 위반행위가 일시에 적발된 경우에는 과태료 금액을 다음의 구분에 따른 금액으로 한다.
   1) 과태료 금액이 100만원과 위반에 따른 과태료금액의 100분의 2 중 큰 금액에 해당하는 경우: 위반금액의 100분의 2에 해당하는 금액. 다만, 여러 개의 동일한 위반행위에 대한 위반금액이 5천만원 미만인 경우에는 100만원으로 한다.
   2) 과태료 금액이 200만원과 위반금액의 100분의 4 중 큰 금액에 해당하는 경우: 위반금액의 100분의 4에 해당하는 금액. 다만, 여러 개의 동일한 위반행위에 대한 위반금액이 5천만원 미만인 경우에는 200만원으로 한다.
4. 제2호 사목부터 하목까지의 규정에 따른 위반금액의 세부적인 산정기준은 금융위원회 또는 관세청장이 기획재정부장관과 협의하여 고시한다.

[별표 1] 〈개정 2025.2.10.〉

종합금융투자사업자의 일반환전 업무 요건

1. 인적 · 물적 요건

    1) 외환정보집중기관과 전산망이 연결되어 있을 것

    2) 금융기관별로 내부통제 관련 부서 · 절차를 지정 또는 마련하고, 금융감독원장을 경유하여 기획재정부장관의 확인을 받을 것

2. 거래 절차

    1) 〈삭 제〉〈기획재정부 고시 제2025－4호, 2025.2.10. 삭제〉

    2) 환전일자, 매각자(매입자)의 성명 및 주민등록번호 · 여권번호 등 인적사항, 환전금액, 적용환율, 거래내용을 별지 제3－3호의2 서식의 환전장부에 기록하고 해당 연도 이후 5년간 보관하여야 한다

〔별지 제2-1호 서식〕

<table>
<tr><td colspan="4" rowspan="2" style="text-align:center">외국환업무 등록 신청서[주1]</td><td colspan="2">처리기간</td></tr>
<tr><td colspan="2"></td></tr>
<tr><td>① 상　호（본　점）</td><td></td><td>② 설 립 연 월 일</td><td colspan="3">년　월　일</td></tr>
<tr><td>③ 대　표　자（본　점）</td><td></td><td>④ 국　적(대표자)</td><td colspan="3"></td></tr>
<tr><td>⑤ 본 점 소 재 지[주2]</td><td colspan="5"></td></tr>
<tr><td>⑥ 외 국 환 업 무 의 내 용</td><td colspan="5"></td></tr>
<tr><td>⑦ 자　　본　　금</td><td>자기자본</td><td>백만원</td><td colspan="2">납입자본</td><td>백만원</td></tr>
<tr><td rowspan="3">⑧ 시　　설　　현　　황</td><td>영 업 점 수</td><td>개</td><td colspan="2">국 내 :</td><td>개</td></tr>
<tr><td>외국환업무취급점</td><td>개</td><td colspan="2">해 외 :</td><td>개</td></tr>
<tr><td>위 험 관 리
전 산 시 스 템 명</td><td></td><td colspan="2">도입(개발)시기</td><td>년　월</td></tr>
<tr><td>⑨ 인　　력　　현　　황</td><td>임 원

　　　　명</td><td colspan="2">직 원

　　　명</td><td colspan="2">외국환전문요원

　　　명</td></tr>
<tr><td colspan="6">

외국환거래법 제8조의 규정에 의하여 위와 같이 신청합니다.

년　　　월　　　일

신청인　　　　　　　　㊞

（전화　　　　　　　）

기획재정부장관 귀하

</td></tr>
</table>

210mm×297mm

〈첨부서류〉 1. 관계법령에 의한 설립인가서 사본(외국금융기관 국내지점의 경우 본국 정부의 설립인가서
　　　　　　　　사본 또는 이에 갈음하는 서류 사본) 또는 이에 갈음하는 서류
　　　　　　　2. 최근 대차대조표 및 손익계산서
　　　　　　　3. 외국환업무를 취급하고자 하는 국내영업소 명세(영업소명·소재지)
　　　　　　　4. 임원의 이력서 및 경력증명서
　　　　　　　5. 그밖에 기획재정부장관이 필요하다고 인정하는 서류
주1) 영 제13조 제3항에 따라 외국환업무 등록요건의 사전검토를 요청하고자 하는 자는 별지 제2-1호 서
　　 식 및 첨부서류 중 기획재정부장관이 필요하다고 인정하는 서류
주2) 외국금융기관의 국내지점의 경우에는 대한민국에 소재하는 주된 영업소의 소재지

	처리기간
외국환업무 등록 내용변경 신고서	7일

① 상 호 (본 점)		② 설 립 연 월 일	년 월 일
③ 대 표 자 (본 점)		④ 국 적(대표자)	
⑤ 본 점 소 재 지^{주)}			

⑥ 자 본 금	자기자본		백만원	납입자본	백만원
⑦ 위 험 관 리 시 스 템 명		도입[개발]시기			
⑧ 인 력 현 황	임 원 명	직 원 명		외국환전문요원 명	

신고내용

변경항목	변경 전	변경 후
명 칭		
본 점 소 재 지		
외 국 환 업 무 의 내 용		

외국환거래법 제8조의 규정에 의하여 위와 같이 신청합니다.

년   월   일

신청인   ㉙
(전화   )

기획재정부장관 귀하

210mm×297mm

주) 외국금융기관의 국내지점의 경우에는 대한민국에 소재하는 주된 영업소의 소재지

〔별지 제2-3호 서식〕

<table>
<tr><td colspan="3" align="center">외국환 매매 및 지급등 사무의 위탁 보고서</td></tr>
<tr><td rowspan="3">신청인</td><td>상　　　　　호</td><td></td></tr>
<tr><td>대　　표　　자</td><td></td></tr>
<tr><td>본 점 소 재 지</td><td></td></tr>
<tr><td rowspan="4">보고내역</td><td rowspan="3">수탁자</td><td>상　　　　　호</td></tr>
<tr><td>대　　표　　자</td></tr>
<tr><td>본점소재지</td></tr>
<tr><td colspan="2">위　　탁　　사　　무</td></tr>
<tr><td rowspan="4">위탁형태</td><td colspan="2">□ 규정 제3-1조에 따라 외국환 매매와 관련한 사무의 위탁</td></tr>
<tr><td colspan="2">□ 규정 제3-2조에 따라 지급등과 관련한 사무의 위탁</td></tr>
<tr><td colspan="2">□ 규정 제3-2조의 2에 따라 지급등과 관련한 일부 사무에 대한 위탁</td></tr>
<tr><td colspan="2">□ 규정 제3-2조의 3에 따라 지급등과 관련한 일부 사무에 대한 위탁</td></tr>
</table>

외국환거래규정 제3-1조 내지 제3-2조의 3에 따라 외국환업무 위탁을 위와 같이 보고합니다.

년　　　월　　　일

신청인　　　　　　　　　　　㊞

（전화　　　　　　　　　　）

기획재정부장관 귀하

210mm×297mm

〈첨부서류〉 1. 위탁 관련 계약서(안) 사본
2. 외국환거래규정 제3-1조 제1항, 제3-2조 제1항, 제3-2조의2 제1항, 제3-2조의3 제1항
에 따른 수탁기관의 자격에 관한 사항 및 증빙서류
3. 외국환거래규정 제3-1조 제4항, 제3-2조 제4항, 제3-2조의2 제2항, 제3-2조의3 제4항
에 따른 위·수탁사무 처리기준
4. 금융소비자 피해발생 및 건전한 외국환 거래 질서 저해가능성과 수탁기관의 적정한 업무처
리 능력에 대한 검토의견 및 관련자료 사본
5. 위탁 또는 수탁의 필요성 및 기대효과
6. 그밖에 기획재정부장관이 필요하다고 인정하는 서류

외국환 매매 및 지급등 사무의 위탁 변경(종료) 보고서

신청인	상 호		변경 (종료) 내용	☐ 규정 제3-1조에 따른 위탁의 변경(종료) ☐ 규정 제3-2조에 따른 위탁의 변경(종료) ☐ 규정 제3-2조의2에 따른 위탁의 변경(종료) ☐ 규정 제3-2조의3에 따른 위탁의 변경(종료)
	대 표 자			
	소 재 지			
변경(종료) 사유	☐ 계약기간 종료 ☐ 기획재정부, 금융감독원 등 외부기관의 요구 ☐ 기타			
변경(종료) 주요내용				

외국환거래규정 제3-1조 내지 제3-2조의 2에 따른 외국환업무 위탁의 변경(종료)를 위와 같이 보고합니다.

년   월   일

신청인   ㉘

(전화   )

기획재정부장관 귀하

210mm×297mm

〈첨부서류〉 1. 변경계약서 사본 또는 계약종료 확인서 사본 등 위·수탁 변경·종료에 대한 증빙서류
     2. 위·수탁 계약의 변경·종료에 대한 주요내용
     3. 외국환거래규정 제3-1조 제7항, 제3-2조 제7항에 따른 보고 내역 및 보고 결과
     4. 그밖에 기획재정부장관이 필요하다고 인정하는 서류

〔별지 제2-4호 서식〕

지급등 사무의 중개 보고서

중개요청기관	상　　　　호	
	대　표　자	
	본 점 소 재 지	
중개수행기관	상　　　　호	
	대　표　자	
	본 점 소 재 지	
	중　개　사　무	

외국환거래규정 제3-3조에 따라 지급등과 관련한 사무의 중개를 위와 같이 보고합니다.

　　　　　　　　　　　　　　　　　　　　　　　년　　　　월　　　　일

　　　　　　　　　　　　　　　신청인　　　　　　　　　　　　　㉑
　　　　　　　　　　　　　　　（전화　　　　　　　　　　　）

기획재정부장관 귀하

210mm×297mm

〈첨부서류〉 1. 중개 관련 계약서(안) 사본
　　　　　 2. 외국환거래규정 제3-3조 제1항에 따른 중개수행기관의 자격에 관한 사항 및 증빙서류
　　　　　 3. 외국환거래규정 제3-3조 제4항에 따른 위·수탁사무 처리기준
　　　　　 4. 금융소비자 피해발생 및 건전한 외국환 거래 질서 저해가능성과 중개수행기관의 적정한
　　　　　　　 업무처리 능력에 대한 검토의견 및 관련자료 사본
　　　　　 5. 중개요청 또는 중개수행의 필요성 및 기대효과
　　　　　 6. 그밖에 기획재정부장관이 필요하다고 인정하는 서류

〔별지 제2-4호의 2 서식〕

지급등 사무의 중개 계약 변경(종료) 보고서

중개요청기관	상　　호		중개수행기관	상　　호	
	대 표 자			대 표 자	
	소 재 지			소 재 지	

변경(종료) 사유	☐ 계약기간 종료　☐ 기획재정부, 금융감독원 등 외부기관의 요구　☐ 기타
변경(종료) 주요내용	

외국환거래규정 제3-3조에 따른 지급등과 관련한 사무의 중개 계약의 변경(종료)를 위와 같이 보고합니다.

년　　　월　　　일

신청인　　　　　　　　　　㊞

（전화　　　　　　　　）

기획재정부장관 귀하

210mm×297mm

〈첨부서류〉 1. 변경계약서 사본 또는 계약 종료확인서 사본 등 위·수탁 변경·종료에 대한 증빙서류
　　　　　　 2. 중개 계약의 변경·종료에 대한 주요내용
　　　　　　 3. 외국환거래규정 제3-3조 제8항에 따른 보고 내역 및 보고 결과
　　　　　　 4. 그밖에 기획재정부장관이 필요하다고 인정하는 서류

〔별지 제3-1호 서식〕

<table>
<tr><td colspan="4" style="text-align:center">환전 업무 등록 신청서</td><td>처리기간</td></tr>
<tr><td>① 상　　　호</td><td></td><td>② 환전업시작일</td><td></td><td></td></tr>
<tr><td>③ 대　표　자
（ 생 년 월 일 ）</td><td colspan="4" style="text-align:center">（　　년　　월　　일）</td></tr>
<tr><td>④ 주　　　소</td><td colspan="4"></td></tr>
<tr><td rowspan="2">⑤ 환전업무의 취급범위</td><td>등록구분</td><td>□ 일반　　　□ 무인환전기기　　　□ 온라인</td><td colspan="2"></td></tr>
<tr><td>기타</td><td colspan="3"></td></tr>
<tr><td rowspan="2">⑥ 행정정보 공동 이용
　동의
* 근거법령: 「전자정부법」 제36조 제1항</td><td colspan="2" style="text-align:center">공동이용 행정정보</td><td colspan="2" style="text-align:center">동의여부(√)</td></tr>
<tr><td colspan="2">• 지방세납부확인서(등록면허세면허분)
• 사업자등록증명/ 휴·폐업사실증명
• 건축물대장/ 건물등기사항증명서
• 법인등기사항증명서</td><td colspan="2">□ 동의함
□ 동의하지않음</td></tr>
</table>

외국환거래법 제8조 제3항 및 동법시행령 제15조 제1항의 규정에 의하여 위와 같이 신청합니다.

년　　　　월　　　　일

신청인　　　　　　　　　　　　㊞

（전화　　　　　　　　　　　）

세관장 귀하

210mm×297mm

〈첨부서류〉 1. 외국환거래법시행령 제15조 제2항의 규정에 의한 건물등기부등본, 임대차계약서 등 영업장 (도면포함) 및 전산설비 구비에 관한 증빙자료
　　　　　　2. 신분증 사본
　　　　　　3. 법인등기부등본(법인인 경우에 한한다) 또는 사업자등록증(개인사업자인 경우에 한한다)
　　　　　　4. 위임장(대리인이 신고하는 경우에 한한다)
　　　　　　5. 「지방세법」에 따른 면허세 납부영수증(사본) (추후 제출)
　　　　　　6. 임원의 이력서 및 경력증명서(법인인 경우에 한한다)
　　　　　　7. 고객센터 운영, 긴급복구체계 운영 등 관련서류(무인환전기기환전영업자의 경우에 한한다)
　　　　　　8. 이행보증금(보증보험증권 등), 약관, 손해배상절차 등 요건 구비에 대한 증빙자료(온라인환전영업자인 경우에 한한다)
* 행정정보 공동이용에 동의한 경우 해당 첨부서류는 제출 생략 가능

〔별지 제3-2호 서식〕

<table>
<tr><td colspan="4" style="text-align:center">환전 업무 등록 내용 변경 신고서</td><td>처리기간</td></tr>
<tr><td colspan="4"></td><td></td></tr>
<tr><td colspan="2">① 상　　　호</td><td colspan="2">② 설 립 연 월 일</td><td>년　　월　　일</td></tr>
<tr><td colspan="2">③ 대　표　자</td><td colspan="3"></td></tr>
<tr><td colspan="2">④ 주　　　소</td><td colspan="3"></td></tr>
<tr><td colspan="5" style="text-align:center">신 고 내 용</td></tr>
<tr><td colspan="2" style="text-align:center">⑤ 변 경 전</td><td colspan="3" style="text-align:center">⑥ 변 경 후</td></tr>
<tr><td colspan="2"></td><td colspan="3"></td></tr>
<tr><td colspan="2">⑦ 변 경 사 유</td><td colspan="3"></td></tr>
<tr><td>⑧ 행정정보 공동 이용 동의
* 근거법령: 「전자정부법」 제36 조 제1항</td><td colspan="3" style="text-align:center">공동이용 행정정보

• 지방세납부확인서(등록면허세면허분)
• 사업자등록증명/ 휴 · 폐업사실증명
• 건축물대장/ 건물등기사항증명서
• 법인등기사항증명서</td><td>동의여부(√)

□ 동의함
□ 동의하지않음</td></tr>
<tr><td colspan="5">외국환거래법 제8조 제4항 및 동법시행령 제16조 제2항의 규정에 의하여 위와 같이 신고합니다.

　　　　　　　　　　　　　　　　　　년　　　　월　　　　일

　　　　　　　　신고인　　　　　　　　　　　　　⑩
　　　　　　　　(전화　　　　　　　　　　)

세관장 귀하</td></tr>
</table>

210mm×297mm

〈첨부서류〉 1. 환전영업자 등록필증
　　　　　　 2. 신분증 사본
　　　　　　 3. 변경사항을 증명하는 서류
* 행정정보 공동이용에 동의한 경우 해당 첨부서류는 제출 생략 가능

<table>
<tr><td colspan="3" rowspan="2">환전 업무 폐지 신고서</td><td>처 리 기 간</td></tr>
<tr><td></td></tr>
<tr><td>① 상　　　　　호</td><td></td><td>② 설 립 연 월 일</td><td>년　　월　　일</td></tr>
<tr><td>③ 대　　표　　자</td><td colspan="3"></td></tr>
<tr><td>④ 주　　　　　소</td><td colspan="3"></td></tr>
<tr><td colspan="4">⑤ 폐 지 사 유

　
외국환거래법 제8조 제4항 및 동법시행령 제16조 제2항의 규정에 의하여 위와 같이 신고합니다.

　　　　　　　　　　　　　　　　년　　　　월　　　　일
　　　　　　　신고인　　　　　　　　　㊞
　　　　　　　(전화　　　　　　　　　)

　　세관장 귀하</td></tr>
</table>

210mm×297mm

〈첨부서류〉 1. 환전영업자 등록필증
　　　　　　　 2. 보유외국환 잔액(외화예금 포함)에 대한 지정거래외국환은행에의 매각증명서
　　　　　　　 3. 미사용환전 증명서(외국환매각신청서와 외국환매입증명서를 말한다) 및 폐기 환전증명서
　　　　　　　　 에 대한 지정거래외국환은행에의 반납확인서

〔별지 제3-3호의 2 서식〕

환 전 장 부

환전일자	매입자(매각자) 인적사항			매 입								매 각								확인 (날인 또는 서명)	
				구분**	통화의 종류					매입율 (원)	지급 원화액	구분**	통화의 종류					매각율 (원)	수령 원화 액		
	성명	국적	실명확인 번호*		US$	¥	CNY	EUR	기타				US$	¥	CNY	EUR	기타			담당자	확인자

* 주민등록번호 또는 여권번호를 기입. 다만, 국민인 거주자 이외의 자와의 미화 2천불 이하의 환전에 있어서는 부득이한 경우 정부가 발행하는 사진이 부착된 신분증(운전면허증, 외국인등록증, 주한미군ID 등) 등 실명을 확인할 수 대체수단의 번호로서 여권번호를 갈음할 수 있음.
** 구분란에는 지폐, 주화, T/C 등을 기입

〔별지 제3-4호 서식〕

외 국 환 매 각 신 청 서
APPLICATION FOR SALE OF FOREIGN EXCHANGE
外 國 爲 替 賣 却 申 請

환 전 영 업 자 용

(은행지로코드) (년도)　(일련번호)

매각자 성명 및 서명 (Name & Signature / 姓名及び賣却者署名)

국적 및 여권번호(주민등록번호) (Nationality & Passport No. / 國籍及び旅券番號)

- 본인은 다음의 외국환을 외국환거래규정에 따라 원화로 매각코자 요청합니다.
- I(We) hereby request you to purchase the following foreign exchange for Won currency in accordance with your Foreign Exchange Transaction Regulations.
- 本人は次の外國爲替を外國爲替の取引規程によってウォン貨に賣却するようお願い致します.

일 자 DATE 日 付	외국환의 종류 및 금액 AMOUNT OF FOREIGN EXCHANGE 外國爲替の種類及び金額	적 용 환 율 EXCHANGE RATE 適用相場	원 화 환 가 액 WON EQUIVALENT ウォン貨

환전영업자 상호 및 취급자 서명 (Authorized Signature & Name of Money Changer / 換錢商名及び取扱子署名)

지정거래 외국환은행 :　　　　은행　　　　부(점)

〔별지 제3-5호 서식〕

(앞면)

외 국 환 매 입 증 명 서
CERTIFICATE OF FOREIGN EXCHANGE PURCHASED
外國爲替買入證明書

환 전 영 업 자 용

(은행지로코드) (년도) (일련번호)

매각자 성명 및 서명 (Name & Signature 姓名及び賣却者署名)

국적 및 여권번호(주민등록번호) (Nationality & Passport No. 國籍及び旅券番號)

- 귀하로부터 다음과 같이 외국환을 매입하였음을 증명합니다.
- This is to certify that we have purchased foreign exchange from you as follows.
- お客様から次のように外國爲替を賣收したことを證明する.

일 자 DATE 日 付	외국환의 종류 및 금액 AMOUNT OF FOREIGN EXCHANGE 外國爲替の種類及び金額	적 용 환 율 EXCHANGE RATE 適用相場	원 화 환 가 액 WON EQUIVALENT ウォン貨

환전영업자 상호 및 취급자 서명 (Authorized Signature & Name of Money Changer 換錢商名及び取扱子署名)

지정거래 외국환은행 :　　　　　은행　　　　　부(점)

（뒷면）

• 참　　　고 : 귀하가 미사용 원화를 외국통화로 재환전하고자 할 때에는 외국환은행이나 환전영업자에게 본 증서를 제시하여야 합니다.
• REMARKS : If you wish to reconvert any unused portion of your Won currency into foreign currency, please present this certificate to foreign exchange bank or authorized money changer
• 注　　　意 : お客様が未使用のウォン貨を外國通貨に再換錢する時には外國爲替銀行及び換錢商にこの證書を提示しなければならない.

재환전상황　（　Reconversion　）
　　　　　　　　再換錢狀況

매각자 성명　（　Signature　）
　　　　　　　　賣却者署名

국적 및 여권번호(주민등록번호)　（　Nationality & Passport No.　）
　　　　　　　　　　　　　　　　　國籍及び旅劵番號

일　　　　자 DATE 日　　　付	원 화 금 액 WON AMOUNT ウォン貨	적　용　환　율 EXCHANGE RATE 適　用　相　場	외국환의 종류 및 금액 AMOUNT OF FOREIGN EXCHANGE 外國爲替の種類及び金額

재환전영업자 또는 외국환은행명　（　Authorized Signature & Name of Money Changer　）
　　　　　　　　　　　　　　　　　　再換錢商名及は外國爲替銀行名

재 환 전 신 청 서
(APPLICATION FOR RE-EXCHANGE)

외국환거래규정 제3-2조에 따라 아래와 같이 재환전을 신청합니다.

(In compliance with Foreign Exchange Transaction Regulations Article 3-2, I hereby request you to exchange Korean Won into foreign currency)

아 래

금 액(AMOUNT) : ₩

성 명(NAME) :

국 적(NATIONALITY)

여권번호(PASSPORT NUMBER) :

입국일자(ENTRANCE DATE INTO KOREA) :

서명(SIGNATURE)

210mm×297mm

〔별지 제3-7호 서식〕

<table>
<tr><td colspan="4" align="center"><h2>소액 해외 송금 업무 등록 신청서</h2></td><td colspan="2">처리기간</td></tr>
<tr><td>① 상   호</td><td></td><td>② 설 립 연 월 일</td><td colspan="3">년 월 일</td></tr>
<tr><td>③ 대 표 자</td><td></td><td>④ 국 적(대 표 자)</td><td colspan="3"></td></tr>
<tr><td>⑤ 본 점 소 재 지</td><td colspan="5"></td></tr>
<tr><td>⑥ 소액해외송금업무
취급 범위</td><td colspan="2">대상국가</td><td colspan="2">취급통화</td><td>거래금액(한도)</td></tr>
<tr><td>⑦ 소액해외송금업무
수행 방식</td><td colspan="5"></td></tr>
<tr><td>⑧ 소액해외송금업무
계좌 정보</td><td colspan="2">금융회사명</td><td colspan="3">계좌번호</td></tr>
<tr><td>⑨ 외국협력업자 정보</td><td colspan="5"></td></tr>
<tr><td>⑩ 등 록 구 분</td><td colspan="2" align="center">□ 일 반</td><td colspan="3">□ 소규모 전업자^{주)}</td></tr>
<tr><td>⑪ 자 본 금</td><td>자기자본</td><td>백만원</td><td colspan="2">납입자본</td><td>백만원</td></tr>
<tr><td>⑫ 시 설 현 황</td><td>위험관리
전산시스템명</td><td></td><td colspan="2">도입(개발)시기</td><td>년 월</td></tr>
<tr><td>⑬ 인 력 현 황</td><td>임 원
명</td><td>직 원
명</td><td>외환전문인력
명</td><td colspan="2">전산전문인력
명</td></tr>
<tr><td colspan="6">외국환거래법 제8조 제3항 및 동법시행령 제15조의2 규정에 의하여 위와 같이 신청합니다.

       년   월   일
     신청인   ⑪
     (전화   )

기획재정부장관 귀하</td></tr>
</table>

210mm×297mm

〈첨부서류〉 1. 정관
2. 법인 등기부등본
3. 소액해외송금업무 취급 범위 및 수행 방식에 대한 설명 자료
4. 소액해외송금업무에 사용할 계좌의 통장 사본
5. 외국 협력업자의 본국 정부가 발행한 설립인가서 사본 등 외국 협력업자가 본국에서 합법적으로 해당 업무를 영위할 수 있음을 입증하는 서류
6. 소액해외송금업무 등록요건을 충족하였음을 입증하는 서류
7. 임원의 이력서 및 경력증명서
8. 약관

주) 소액해외송금업무만을 영위하고 분기별 지급 및 수령 금액 총액을 150억원 이하로 운영하고자 하는 자로서, 영 제15조의2 제2항 제1호 단서의 요건을 갖추어 등록하는 자

〔별지 제3-8호 서식〕

소액 해외 송금 업무 변경(폐지) 신고서

	처리기간

① 상 호		② 설립연월일	년 월 일
③ 대 표 자		④ 국 적(대 표 자)	
⑤ 본 점 소 재 지			

⑥ 자 본 금	자기자본		백만원	납입자본	백만원

⑦ 위험관리시스템명		도입(개발)시기	

⑧ 인 력 현 황	임 원 명	직 원 명	외환전문인력 명	전산전문인력 명

신 고 내 용

변 경 항 목	변 경 전	변 경 후
명 칭		
본점(영업소)소재지		
소 액 해 외 송 금 업 무 취 급 범 위		
소 액 해 외 송 금 업 무 수 행 방 식		
소 액 해 외 송 금 업 계 좌 정 보		
외 국 협 력 업 자 명 칭 및 소 재 지		
등 록 구 분 (일반/소규모전업자)		

외국환거래법 제8조 제4항 및 동법시행령 제16조 제2항의 규정에 의하여 위와 같이 신고합니다.

년   월   일

신고인   ㉙

(전화   )

금융감독원장 귀하

210mm×297mm

〈첨부서류〉 1. 소액해외송금업무 등록필증
2. 변경사항을 증명하는 서류 (변경신고시)
3. 소액해외송금업무와 관련하여 고객에게 부담하는 채무의 이행을 완료하였음을 입증하는 서류 (폐지신고시)

* 영 제16조 제3항 및 제16조 제4항에 따른 변경신고의 경우 자기자본 요건을 충족하였음을 입증하는 서류 포함 (제16조 제4항의 경우 사유발생일로부터 6개월내 제출)

〔별지 제3-9호 서식〕

<table>
<tr><td colspan="4" rowspan="2" style="text-align:center"><h2>기타 전문 외국환 업무 등록 신청서</h2></td><td colspan="2">처리기간</td></tr>
<tr><td colspan="2"></td></tr>
<tr><td colspan="2">① 상 호 (본 점)</td><td></td><td>② 설 립 연 월 일</td><td colspan="2">년 월 일</td></tr>
<tr><td colspan="2">③ 대 표 자(본 점)</td><td></td><td>④ 국 적(대표자)</td><td colspan="2"></td></tr>
<tr><td colspan="2">⑤ 본 점 소 재 지</td><td colspan="4"></td></tr>
<tr><td colspan="2">⑥ 외 국 환 업 무 의
     내   용</td><td colspan="4"></td></tr>
<tr><td colspan="2">⑦ 자   본   금</td><td>자기자본</td><td>백만원</td><td>납입자본</td><td>백만원</td></tr>
<tr><td rowspan="3">⑧ 시 설 현 황</td><td></td><td>영 업 점 수</td><td>개</td><td colspan="2">국 내 :   개</td></tr>
<tr><td></td><td>외국환업무취급점</td><td>개</td><td colspan="2">해 외 :   개</td></tr>
<tr><td></td><td>위 험 관 리
전 산 시 스 템 명</td><td></td><td colspan="2">도 입 (개 발)
시기</td><td>년 월</td></tr>
<tr><td colspan="2">⑨ 인 력 현 황</td><td>임   원
        명</td><td>직   원
        명</td><td colspan="2">외국환전문인력
        명</td></tr>
</table>

외국환거래법 제8조 제3항 및 동법시행령 제15조의5 규정에 의하여 위와 같이 신청합니다

년   월   일

신청인   ㊞

(전화   )

기획재정부장관 귀하

210mm×297mm

〈첨부서류〉 1. 「전자금융거래법」에 따른 전자화폐의 발행 및 관리 업무 허가필증 사본 또는 선불전자지급
　　　　　　 수단의 발행 및 관리 업무 등록필증 사본 또는 전자지급결제대행에 관한 업무 등록필증 사본
　　　　　　 2. 최근 대차대조표 및 손익계산서
　　　　　　 3. 외국환업무를 취급하고자 하는 국내영업소 명세 (영업소명 · 소재지)
　　　　　　 4. 임원의 이력서 및 경력증명서

〔별지 제3-10호 서식〕

<table>
<tr><td colspan="5" align="center">기타 전문 외국환 업무 변경(폐지) 신고서</td><td>처리기간</td></tr>
<tr><td colspan="2">① 상　　　　　호</td><td colspan="2">② 설 립 연 월 일</td><td colspan="2">년　　월　　일</td></tr>
<tr><td colspan="2">③ 대　　표　　자</td><td colspan="2">④ 국 적(대 표 자)</td><td colspan="2"></td></tr>
<tr><td colspan="2">⑤ 본 점 소 재 지</td><td colspan="4"></td></tr>
<tr><td colspan="2">⑥ 자　　본　　금</td><td>자기자본</td><td>백만원</td><td>납입자본</td><td>백만원</td></tr>
<tr><td colspan="2">⑦ 위험관리시스템명</td><td colspan="2">도입(개발)시기</td><td colspan="2"></td></tr>
<tr><td colspan="2">⑧ 인　력　현　황</td><td>임 원　　　　명</td><td>직 원　　　　명</td><td colspan="2">외환전문인력　　　　명</td></tr>
<tr><td colspan="6" align="center">신　고　내　용</td></tr>
<tr><td colspan="2">변경항목</td><td colspan="2">변경 전</td><td colspan="2">변경 후</td></tr>
<tr><td colspan="2">명　　　　　칭</td><td colspan="2"></td><td colspan="2"></td></tr>
<tr><td colspan="2">본 점 소 재 지</td><td colspan="2"></td><td colspan="2"></td></tr>
<tr><td colspan="2">외국환업무의 내용</td><td colspan="2"></td><td colspan="2"></td></tr>
<tr><td colspan="6">외국환거래법 제8조 제4항 및 동법시행령 제16조 제2항의 규정에 의하여 위와 같이 신고합니다.

　　　　　　　　　　　년　　　　월　　　　일
　　　　　　　　　신고인　　　　　　　　　㊞
　　　　　　　　　(전화　　　　　　　　　)

기획재정부장관 귀하</td></tr>
</table>

210mm×297mm

〈첨부서류〉 1. 기타전문외국환업무 등록필증
　　　　　　 2. 변경사항을 증명하는 서류

〔별지 제3-11호 서식〕

<table>
<tr><td colspan="4" rowspan="2" style="text-align:center">외국환 중개업무 인가 신청서</td><td colspan="2">처리기간</td></tr>
<tr><td colspan="2"></td></tr>
<tr><td>① 상   호</td><td></td><td>② 설 립 연 월 일</td><td colspan="3">년 월 일</td></tr>
<tr><td>③ 대 표 자</td><td></td><td>④ 국 적(대 표 자)</td><td colspan="3"></td></tr>
<tr><td>⑤ 소 재 지</td><td colspan="5"></td></tr>
<tr><td>⑥ 외국환 중개
업무의 내용</td><td colspan="5"></td></tr>
<tr><td>⑦ 자 본 금</td><td>자 기 자 본</td><td>백만원</td><td>납 입 자 본</td><td colspan="2">백만원</td></tr>
<tr><td>⑧ 인 력 현 황</td><td>임   원
명</td><td>직   원
명</td><td colspan="3">외국환중개전문요원
명</td></tr>
</table>

외국환거래법 제9조의 규정에 의하여 인가를 위와 같이 신청합니다.

           년   월   일

      신청인   ⑪

      （전화   ）

기획재정부장관 귀하

210mm×297mm

〈첨부서류〉 1. 정관
          2. 자본금 납입 증빙서류
          3. 외국환 중개업무 및 이에 관한 보고 등을 수행할 수 있는 전산시설을 구비하였음을 입증하는 서류
          4. 외국환 중개업무에 대한 지식 · 경험 등 업무수행에 필요한 능력을 가진 전문인력을 확보하였음을 입증하는 서류
          5. 업무개시후 3년간 사업계획서(추정재무제표, 인력 및 조직운영계획, 업무범위 및 영업전략 등)와 예상수지계산서
          6. 임원의 이력서
          7. 예비인가사항의 이행을 입증하는 서류
          8. 기타 기획재정부장관이 필요하다고 인정하는 서류

〔별지 제3-12호 서식〕

<table>
<tr><td colspan="3" rowspan="2"><h2>외국환 중개 업무 예비 인가 신청서</h2></td><td colspan="2">처리기간</td></tr>
<tr><td colspan="2"></td></tr>
<tr><td>① 상　　　　호</td><td colspan="2"></td><td>② 설립연월일</td><td>년　　월　　일</td></tr>
<tr><td>③ 대　표　자</td><td colspan="2"></td><td>④ 국 적(대 표 자)</td><td></td></tr>
<tr><td>⑤ 소　재　지</td><td colspan="4"></td></tr>
<tr><td>⑥ 외 국 환 중 개
　 업 무 의 내 용</td><td colspan="4"></td></tr>
<tr><td>⑦ 자　본　금</td><td>자 기 자 본</td><td>백만원</td><td>납 입 자 본</td><td>백만원</td></tr>
<tr><td>⑧ 인 력 현 황</td><td>임 원
　　　　　명</td><td colspan="2">직 원
　　　　　명</td><td>외국환중개전문요원
　　　　　명</td></tr>
<tr><td colspan="5">

외국환거래규정 제3-3조의 규정에 의하여 예비 인가를 위와 같이 신청합니다.

년　　　월　　　일　　　

신청인　　　　　　　　　　⑳

（전화　　　　　　　　　　）

기획재정부장관 귀하

</td></tr>
</table>

210mm×297mm

〈첨부서류〉 1. 예비인가 신청에 대한 발기인 전원의 서명날인

2. 정관(안)

3. 발기인총회 의사록 사본 1부

4. 임원 또는 발기인의 이력서

5. 주주구성 및 자본금 조달 계획서

6. 업무개시후 3년간 사업연도별 사업계획서(안)(추정재무제표, 인력 및 조직운영계획, 전문
인력 확보 및 전산설비 구비 계획, 업무범위 및 영업전략 등)과 예상수지계산서

7. 외국인과의 합작의 경우 합작계약서 또는 이에 준하는 서류

8. 기타 기획재정부장관이 필요하다고 인정하는 서류

〔별지 제3-13호 서식〕

<table>
<tr><td colspan="3" rowspan="1">외국환 중개회사합병(영업 양도·양수) 인가 신청서</td><td>처리기간</td></tr>
<tr><td rowspan="3">합병자(양수자)</td><td>① 성 명(대표자)</td><td colspan="2">㉑</td></tr>
<tr><td>② 상 호</td><td colspan="2"></td></tr>
<tr><td>③ 소 재 지</td><td>④ 자 본 금</td><td></td></tr>
<tr><td rowspan="3">(피)합병자(양도자)</td><td>⑤ 성 명(대표자)</td><td colspan="2">㉑</td></tr>
<tr><td>⑥ 상 호</td><td colspan="2"></td></tr>
<tr><td>⑦ 소 재 지</td><td>⑧ 자 본 금</td><td></td></tr>
</table>

외국환거래법 제9조에 의하여 인가를 위와 같이 신청합니다.

년 월 일

신청인 : ㉑

(전화)

기획재정부장관 귀하

210mm×297mm

〈첨부서류〉 1. 합병 또는 양도·양수의 목적 기술서
2. 합병 또는 양도·양수에 관한 계약서
3. 양도·양수하는 영업의 세부내역서
4. 최근의 대차대조표, 손익계산서 및 재산목록
5. 합병(양도, 양수)후 3년간 사업계획서(추정재무제표, 인력 및 조직운영계획, 업무범위 및 영업전략 등)와 예상수지계산서
6. 이해관계인의 권익보호계획, 자산 및 부채에 대한 조치 내역 및 계획
7. 기타 기획재정부장관이 필요하다고 인정하는 서류

〔별지 제3-14호 서식〕

<table>
<tr><td colspan="3" rowspan="2">

외국환 중개회사 해산(업무 폐지) 신고서

</td><td>처리기간</td></tr>
<tr><td></td></tr>
<tr><td>① 상　　　　호</td><td></td><td>② 설립연월일</td><td>년　　월　　일</td></tr>
<tr><td>③ 대　표　자</td><td></td><td>④ 국적(대표자)</td><td></td></tr>
<tr><td>⑤ 소　재　지</td><td colspan="3"></td></tr>
<tr><td>⑥ 해산 및 폐지사유</td><td colspan="3"></td></tr>
<tr><td colspan="4">
외국환거래법 제9조의 규정에 의하여 위와 같이 신고합니다.

년　　월　　일

신청인　　　　　　　　　⑩
(전화　　　　　　　　　)

기획재정부장관 귀하

</td></tr>
</table>

210mm×297mm

〈첨부서류〉 1. 최근의 대차대조표, 손익계산서 및 재산목록
　　　　　　 2. 직원과 자산 및 부채에 대한 조치 계획
　　　　　　 3. 해산 및 폐지 절차에 관한 일정
　　　　　　 4. 기타 기획재정부장관이 필요하다고 인정하는 서류

〔별지 제3-15호 서식〕

<table>
<tr><td colspan="4" rowspan="2">외국환 중개 업무 인가 내용 변경 신고서</td><td colspan="2">처리기간</td></tr>
<tr><td colspan="2"></td></tr>
<tr><td>① 상　　　　호</td><td></td><td>② 설립연월일</td><td colspan="3">년　월　일</td></tr>
<tr><td>③ 대　　표　　자</td><td></td><td>④ 국 적(대표자)</td><td colspan="3"></td></tr>
<tr><td>⑤ 소　　재　　지</td><td colspan="5"></td></tr>
<tr><td>⑥ 외 국 환 중 개
업 무 의 내 용</td><td colspan="5"></td></tr>
<tr><td colspan="6">신　고　내　용</td></tr>
<tr><td colspan="2">변　경　항　목</td><td colspan="2">변　경　전</td><td colspan="2">변　경　후</td></tr>
<tr><td colspan="2">명　　　　　　칭</td><td colspan="2"></td><td colspan="2"></td></tr>
<tr><td colspan="2">소　　　재　　　지</td><td colspan="2"></td><td colspan="2"></td></tr>
<tr><td colspan="2">자본·시설·전문인력 사항</td><td colspan="2"></td><td colspan="2"></td></tr>
<tr><td colspan="6">외국환거래법 제9조의 규정에 의하여 위와 같이 신고합니다.

년　　월　　일

신고인　　　　　　　　　　㊞
(전화　　　　　　　　　)

기획재정부장관 귀하</td></tr>
</table>

210mm×297mm

〈첨부서류〉 1. 변경내용과 관련된 증빙서류
　　　　　　 2. 기타 기획재정부장관이 필요하다고 인정하는 서류

〔별지 제3-16호 서식〕

<table>
<tr><td colspan="3" rowspan="2"><h2>외국에서의 외국환 중개 업무 인가 신청서</h2></td><td>처리기간</td></tr>
<tr><td></td></tr>
<tr><td>① 상　　　　　　호</td><td></td><td>② 설립연월일</td><td>년　월　일</td></tr>
<tr><td>③ 대　　표　　자</td><td></td><td>④ 국적(대표자)</td><td></td></tr>
<tr><td>⑤ 소　　재　　지</td><td colspan="3"></td></tr>
<tr><td>⑥ 외국에서의 외국환
　 중개업무 영위 방법</td><td colspan="3"></td></tr>
<tr><td>⑦ 지점 또는 사무소 소재
　 지, 상호, 대표자, 인력
　 및 시설현황</td><td colspan="3"></td></tr>
<tr><td>⑧ 주식 또는 출자지분　취
　 득의 대상이 되는　외국
　 법인 상호, 소재지, 인력
　 및 시설현황</td><td colspan="3"></td></tr>
</table>

외국환거래법 제9조의 규정에 의하여 인가를 위와 같이 신청합니다.

년　　　　월　　　　일

신청인　　　　　　　　　㊞
(전화　　　　　　　　　　)

기획재정부장관 귀하

210mm×297mm

〈첨부서류〉 1. 외국에서의 외국환중개업무 관련 사업계획서(지점 및 사무소 운영 및 영업계획, 외국법인
　　　　　　　 에 대한 주식 및 출자지분 취득 및 경영참여 계획 등)
　　　　　　 2. 외국내 지점 및 사무소 설치가 소재지 국가의 관련법규 등에 저촉되지 않음을 증명하는
　　　　　　　 서류
　　　　　　 3. 주식 또는 출자지분의 취득 대상이 되는 외국법인의 3년간 영업현황 및 연차보고서
　　　　　　 4. 기타 기획재정부장관이 필요하다고 인정하는 서류

〔별지 제3-17호 서식〕

<table>
<tr><td colspan="4" rowspan="2"><h2>외국에서의 외국환중개업무 변경인가 신청서</h2></td><td>처리기간</td></tr>
<tr><td></td></tr>
<tr><td>① 상   호</td><td></td><td>② 설립연월일</td><td colspan="2">년   월   일</td></tr>
<tr><td>③ 대   표   자</td><td></td><td>④ 국적(대표자)</td><td colspan="2"></td></tr>
<tr><td>⑤ 소   재   지</td><td colspan="4"></td></tr>
<tr><td>⑥ 외국에서의 외국환
중개업무 영위 방법</td><td colspan="4"></td></tr>
<tr><td>⑦ 지점 또는 사무소 소재지,
상호, 대표자, 인력 및 시
설현황</td><td colspan="4"></td></tr>
<tr><td>⑧ 주식 또는 출자지분 취득
의 대상이 되는 외국법인
상호, 소재지, 인력 및 시
설현황</td><td colspan="4"></td></tr>
<tr><td>⑨ 변   경   내   용</td><td colspan="4"></td></tr>
<tr><td colspan="5">외국환거래법 제9조의 규정에 의하여 인가를 위와 같이 신청합니다.

년   월   일
신청인   ㊞
(전화   )

기획재정부장관 귀하</td></tr>
</table>

210mm×297mm

〈첨부서류〉 1. 변경내용과 관련된 증빙서류
           2. 기타 기획재정부장관이 필요하다고 인정하는 서류

〔별지 제4-2호 서식〕

<table>
<tr><td>발 급 번 호</td><td colspan="3" align="center">부동산 매각자금 확인서</td><td>처리기간</td></tr>
<tr><td rowspan="2">신청인</td><td>성명</td><td>주민등록번호
(외국인등록번호)</td><td></td><td>국적 또는 영주권취득일</td></tr>
<tr><td>국내거소</td><td colspan="3" align="center">(연락처)</td></tr>
<tr><td colspan="5" align="center">부 동 산 매 각 자 금 내 역</td></tr>
<tr><td rowspan="4">부동산</td><td>소 재 지</td><td colspan="3"></td></tr>
<tr><td>지 목</td><td>면 적(㎡)</td><td colspan="2"></td></tr>
<tr><td>양도일자</td><td>양도가액(원)</td><td colspan="2"></td></tr>
<tr><td>확인금액(원)</td><td colspan="3"></td></tr>
<tr><td rowspan="2">양수인</td><td>성 명</td><td>주민등록번호</td><td colspan="2"></td></tr>
<tr><td>주 소</td><td colspan="3"></td></tr>
</table>

외국환거래규정 및 관련 지침 등에 의해 국내보유 부동산을 매각한 자금이 위와 같이 확인됨을 증명하여 주시기 바랍니다.

년   월   일

　　　　신청인 :
　　　　대리인 :
　　　　신청인과의 관계:
　　　　대리인 주민등록번호:　　　　　－

　　세무서장 귀하

위와 같이 확인함

년   월   일

세무서장 (인)

첨부서류 1. 등기부등본
　　　　 2. 건축물관리대장 및 토지대장 각1부
　　　　 3. 양도당시 실지거래가액을 확인할 수 있는 서류
　　　　　 (매매계약서 및 관련 금융자료 등)

☞ 부동산 매각자금 확인서 작성요령
1. "국내거소"란에는 국내체류지 및 연락 전화번호를 기재
2. "지목"란에는 부동산의 종류(대지, 전답, 아파트 등)을 기재하고 부동산소재지별로 작성한다.
3. "양도가액"란에는 세무서에 신고된 부동산 매각당시의 가액을 기재
　 다만, 기준시가에 의한 양도소득세 신고의 경우 또는 양도소득세 비과세에 해당하는 경우 매매계약서 및 관련 금융자료 등 제출된 증빙서류에 의하여 객관적으로 부동산매각대금이 확인된 경우에는 그 가액을 기재
4. "확인금액"란에는 양도가액에서 당해 부동산의 채무액(전세보증금, 임차보증금 등)을 공제한 가액을 기재
5. 토지수용 등의 경우 사업시행소관부처장의 확인서를 첨부

210㎜×297㎜

〔별지 제5-1호 서식〕

<table>
<tr><td colspan="7" align="center">지급등의 방법(변경)신고/보고서</td><td>처리기간</td></tr>
<tr><td rowspan="4">신
고
인</td><td>상　　　호</td><td colspan="6"></td></tr>
<tr><td>대 표 자 성 명</td><td colspan="6"></td></tr>
<tr><td>사업자등록번호</td><td colspan="6"></td></tr>
<tr><td>주　　　소</td><td colspan="6"></td></tr>
<tr><td rowspan="5">거
래
내
용</td><td>거 래 종 류</td><td colspan="6">□ 수출거래　　□ 수입거래　　□ 용역거래　　□ 자본거래</td></tr>
<tr><td rowspan="2">계 약 상 대 방</td><td>상호 및 대표자성명</td><td colspan="5"></td></tr>
<tr><td>주 소, 전 화 번 호</td><td colspan="5"></td></tr>
<tr><td>결 제 방 법</td><td colspan="6">□ 신용장(L/C)　□ 추심(D/P, D/A)　□ 송금　□ 기타(　　　)</td></tr>
<tr><td>금　　　　　액</td><td>계약금액</td><td colspan="2"></td><td>신고금액</td><td colspan="2"></td></tr>
<tr><td rowspan="9">지
급
등
의
방
법</td><td rowspan="3">(1)일정기간을 초
　과하는 지급 또
　는 영수</td><td>결제기간</td><td>당초기간</td><td colspan="2"></td><td>변경</td><td></td></tr>
<tr><td>결제시기</td><td>당초시기</td><td colspan="2"></td><td>변경</td><td></td></tr>
<tr><td>결제방법</td><td colspan="5">□ 외국환은행을 통한 방법 □ 기타(　　　)</td></tr>
<tr><td rowspan="3">(2)상계에 의한 계
　정의대기,차기</td><td rowspan="2">계정의 구분
및 대차기금액</td><td>貸記</td><td colspan="2"></td><td rowspan="2">잔액</td><td></td></tr>
<tr><td>借記</td><td colspan="2"></td><td></td></tr>
<tr><td>결제방법</td><td colspan="5">□ 외국환은행을 통한 방법 □ 기타(　　　)</td></tr>
<tr><td rowspan="3">(3)기 타</td><td rowspan="2">구　　분</td><td colspan="5">□ 제3자 지급</td></tr>
<tr><td colspan="5">□ 외국환은행을 통하지 아니하는 지급</td></tr>
<tr><td>결제시기</td><td colspan="5"></td></tr>
<tr><td>변
경</td><td colspan="7"></td></tr>
</table>

외국환거래법 제16조의 규정에 의하여 위와 같이 신고/보고합니다.

년　　　월　　　일
신고인　　　　　　㉑
(전화　　　　　　　)

한국은행총재 귀하
〈외국환은행의 장〉

210mm×297mm

〈첨부서류〉1. 사유서
　　　　　　2. 수출입계약서사본 1부
　　　　　　3. 지급등의 방법에 관한 입증서류 1부

〔별지 제5-2호 서식〕

<table>
<tr><td colspan="3" rowspan="2" style="text-align:center"><h1>상 호 계 산 신 고 서</h1></td><td>처리기간</td></tr>
<tr><td></td></tr>
<tr><td rowspan="4">① 신청인</td><td>상 호, 대 표 자 성 명</td><td colspan="2"></td></tr>
<tr><td>주 소 및 전 화 번 호</td><td colspan="2"></td></tr>
<tr><td>업　　　　　종</td><td colspan="2"></td></tr>
<tr><td>사 업 자 등 록 번 호</td><td colspan="2"></td></tr>
<tr><td rowspan="5">② 상호계산상대방</td><td>상 호 및 대 표 자
(지　　　　정)</td><td colspan="2"></td></tr>
<tr><td>주　　　　　　소</td><td colspan="2"></td></tr>
<tr><td>업　　　　　종</td><td colspan="2"></td></tr>
<tr><td>자 본 금(영 업 기 금)</td><td colspan="2"></td></tr>
<tr><td>본 지 사 여 부</td><td colspan="2"></td></tr>
<tr><td colspan="2">③ 회 계 기 간</td><td>④ 지사설치
유효기간</td><td></td></tr>
<tr><td colspan="2">⑤ 변 경 내 용</td><td colspan="2"></td></tr>
</table>

외국환거래규정 제5-5조의 규정에 의하여 위와 같이 신고합니다.

년　　　월　　　일

신고인　　　　　　　　㊞

외국환은행의 장　귀하

210mm×297mm

〔별지 제6-1호 서식〕

	반출입구분(Ex or Import)

외국환신고(확인)필증 (Declaration of Currency or Monetary Instruments)

성 명 Name Last　　First　　Middle　　Initial	생년월일 Date of Birth	·　·　·
	국 적 Nationality	

주민등록번호 : Passport No. :	체재기간　　From Expected Term of Stay　　To

신고내역 및 금액 (Description and Amount of Declaration)

신고사유 Reasons	통화종류 Code of Currency	형태 Form	통화별금액 Amount in each Currency	합계(미화상당) Sum (US $ equiv)	반출입 용도 Use	비 고(Note) (수표번호 등)
휴 대 (Carried)						
송 금 (Remitted)						
기 타 (From Other eligible sources)						

신고일자 :　　　.　　　　　　신고인 서명 (Signature)

확인자 성명:　　　(전화번호 :　　　) 확인기관 :　　　직인

- -

외국환매입장(Record of Foreign Exchange Sold) (official use only)

일자 Date	금액 Amount	매 입 기 관 Bank Money Changer or Post Officer	확 인 Responsible Official

재반출 확인(Confirmation of Re-Export) (official use only)

일자 Date	통화종류 Code of Currency	금액 Amount	확인기관 Confirmation Office	확인자 Signature

※ 이 서류는 원·외화 반출입 시 소지하여 세관에 제시하여야 합니다.(This sheet must be submitted to Customs officer when you carry with the Currency or Monetary Instruments.)

〔별지 제6-2호 서식〕

<table>
<tr><td colspan="3" rowspan="2">

지급수단등의 수출입(변경) 신고서</td><td>처리기간</td></tr>
<tr><td></td></tr>
<tr><td rowspan="4">지 급 수 단 등</td><td>① 종　　　　　류</td><td></td><td></td></tr>
<tr><td>② 수　　　　　량</td><td></td><td></td></tr>
<tr><td>③ 수 출 입 금 액</td><td></td><td></td></tr>
<tr><td>④ 대 가 결 제 방 법</td><td></td><td></td></tr>
<tr><td rowspan="3">상 대 처</td><td>⑤ 상　　　　　호</td><td></td><td></td></tr>
<tr><td>⑥ 대　　표　　자</td><td></td><td></td></tr>
<tr><td>⑦ 소　　재　　지</td><td></td><td></td></tr>
<tr><td colspan="2">⑧ 기 타(또는 변 경 내 용)</td><td></td><td></td></tr>
</table>

외국환거래법 제17조의 규정에 의하여 위와 같이 신고합니다.

년　　　　월　　　　일

신고인 　주　　　소 :　　　　　　　　　(전화 : 　　　　　)

　　　　　　　　　　　　　　　　　　　　(E-mail : 　　　　)

　　　　　상　　호 :

　　　　　대 표 자 :　　　　　　　　㊞

　　　　　(전화　　　　　　　　)

　　　세관의 장 귀하

<table>
<tr><td rowspan="4"></td><td>신 고 번 호</td><td></td></tr>
<tr><td>신 고 금 액</td><td></td></tr>
<tr><td>신 고 일 자</td><td></td></tr>
<tr><td>유 효 기 간</td><td></td></tr>
</table>

210mm×297mm

〈첨부서류〉 1. 사유서

　　　　　2. 거래당사자의 실체확인서류

　　　　　3. 원인거래 입증서류(계약서, 신고서 등)

　　　　　4. 수출입 소요량 입증서류

　　　　　5. 지급수단 사본(필요시)

　　　　　6. 기타 세관의 장이 필요하다고 인정하는 서류

〔별지 제7-1호 서식〕

<table>
<tr><td colspan="2" rowspan="2">( ) 〔예금 / 신탁〕 거래 신고서</td><td>처리기간</td></tr>
<tr><td></td></tr>
<tr><td rowspan="3">신청인</td><td>상호 및 대표자 성명</td><td>㉑</td></tr>
<tr><td>주 소 (소 재 지)</td><td>(전화번호)</td></tr>
<tr><td>업 종 (직 업)</td><td></td></tr>
<tr><td rowspan="6">신청내역</td><td>예 금 (신 탁) 개 설 인</td><td>(성명)　　　(주소)　　　　　(전화번호)</td></tr>
<tr><td>예 치 (처 분) 금 액</td><td></td></tr>
<tr><td>예 치 (처 분) 후 잔 액</td><td></td></tr>
<tr><td>예 치 (처 분) 사 유</td><td></td></tr>
<tr><td>지 급 상 대 방</td><td>(성명)　　　(주소)</td></tr>
<tr><td>송 금 은 행</td><td></td></tr>
<tr><td colspan="3">외국환거래법 제18조의 규정에 의하여 위와 같이 신고합니다.

　　　　　　　년　　월　　일

　한국은행총재 귀하
　(외국환은행의 장)</td></tr>
<tr><td colspan="3"><table><tr><td>신 고 번 호</td><td></td></tr><tr><td>신 고 금 액</td><td></td></tr><tr><td>유 효 기 간</td><td></td></tr></table>신고기관 : 한국은행총재 ㉑
　　　　　　(외국환은행의 장)</td></tr>
</table>

210mm×297mm

〈첨부서류〉 1. 거래 또는 행위 증빙서류
　　　　　　2. 기타 신고기관의 장이 필요하다고 인정하는 서류 〈신설〉

※ 유의사항 1. 해외에서 입금한 경우에는 입금일로부터 30일 이내에 해외입금보고서를 지정거래외국환은행의 장에게 제출하여야 함.
　　　　　　2. 다음의 1에 해당하는 경우에는 다음 연도 첫째 달 말일까지 잔액현황보고서를 지정거래외국환은행의 장에게 제출하여야 함.
　　　　　　　① 법인 : 연간 입금액 또는 연말 잔액이 미화 50만불을 초과하는 경우
　　　　　　　② 법인 이외의 자 : 연간 입금액 또는 연말 잔액이 미화 10만불을 초과하는 경우

〔별지 제7-2호 서식〕

<table>
<tr><td colspan="3" align="center"><h1>금전의 대차계약신고서</h1></td><td>처리기간</td></tr>
</table>

신고인	상호 및 대표자 성명	㉘
	주 소 (소 재 지)	(전화번호 :) (E-mail :)
	업 종 (직 업)	

신고내역	차 주	(□기관투자가 □일반법인 □개인 □기타( ))
	대 주	(□기관투자가 □일반법인 □개인 □기타( ))
	통 화 및 금 액	□표시통화(①USD ②EUR ③JPY ④기타통화( )) □금 액( ) □외화(①미화 1천만달러 이하 ②미화 1천만달러 초과) □원화(①10억원 이하 ②10억원 초과)
	차 입 / 대 출 일	
	적 용 금 리	
	대 차 기 간	
	사 용 용 도	
	상 환 방 법	
	거 주 자 의 보 증 또 는 담 보 유 무	□ 보증·담보 없음 □ 보증제공 □ 담보제공

외국환거래법 제18조의 규정에 의하여 위와 같이 신고합니다.

년 월 일

기획재정부장관(한국은행총재 또는 외국환은행의 장) 귀하

	신 고 번 호	
	신 고 금 액	
	신 고 일 자	
	유 효 기 간	
	기 타 참 고 사 항	

신 고 기 관 :

* 음영부분은 기재하지 마십시오.   210㎜×297㎜

〈첨부서류〉 1. 거래 사유서 2. 금전대차 계약서

         3. 대주 및 차주의 실체확인서류(법인등기부등본, 사업자등록증, 주민등록등본 등)

         4. 보증 또는 담보 제공시 해당 신고서

         5. 기타 신고기관의 장이 필요하다고 인정하는 서류

〔별지 제7-3호 서식〕

<table>
<tr><td colspan="2" rowspan="2" style="text-align:center">보 증 계 약 신 고 서</td><td>처리기간</td></tr>
<tr><td></td></tr>
<tr><td rowspan="3">신
고
인</td><td>상호 및 대표자 성명</td><td>⑩</td></tr>
<tr><td>주 소 (소 재 지)</td><td>(전화번호 :　　　)
(E-mail :　　　)</td></tr>
<tr><td>업 종 (직 업)</td><td></td></tr>
<tr><td rowspan="8">신
고
내
역</td><td>보 증 채 권 자</td><td>(□거주자/□비거주자)</td></tr>
<tr><td>보 증 채 무 자</td><td>(□거주자/□비거주자)</td></tr>
<tr><td>보 증 수 혜 자</td><td>(□거주자/□비거주자)</td></tr>
<tr><td>보 증 금 액</td><td></td></tr>
<tr><td>보 증 기 간</td><td></td></tr>
<tr><td>보 증 용 도</td><td>□ 주채무계열소속 30대 계열기업체의 단기외화차입에 대한 보증
□ 비거주자 간 거래에 대한 보증
□ 역외금융회사의 거래 및 채무이행에 관한 직·간접적 보증
□ 기타(　　　)</td></tr>
<tr><td>상 환 방 법</td><td></td></tr>
</table>

외국환거래법 제18조의 규정에 의하여 위와 같이 신고합니다.

년　　월　　일

한국은행총재(외국환은행장) 귀하

신 고 번 호	
신 고 금 액	
신 고 일 자	
유 효 기 간	
기 타 참고사항	

신 고 기 관 :

* 음영부분은 기재하지 마십시오.　　　　　　　　　　　210㎜×297㎜

〈첨부서류〉 1. 보증 사유서 2. 보증관련 계약서
　　　　　3. 신고인 및 거래관계인의 실체확인서류(법인등기부등본, 사업자등록증 등)
　　　　　4. 보증채무 이행에 따른 구상채권 회수방안
　　　　　5. 기타 신고기관의 장이 필요하다고 인정하는 서류

〔별지 제7-4호 서식〕

( )매매 신고서	처리기간

<table>
<tr><td rowspan="3">신청인</td><td>상 호 및 대 표 자 성 명</td><td colspan="2">㉔</td></tr>
<tr><td>주 소 (소 재 지)</td><td colspan="2">(전화번호)</td></tr>
<tr><td>업 종 (직 업)</td><td colspan="2"></td></tr>
<tr><td rowspan="7">신청내역</td><td>매 각 인</td><td colspan="2">(성명)   (주소)   (전화번호)</td></tr>
<tr><td>매 입 인</td><td colspan="2">(성명)   (주소)   (전화번호)</td></tr>
<tr><td>매 매 대 상 물 종 류</td><td colspan="2"></td></tr>
<tr><td>매 매 금 액</td><td colspan="2">(미불화 상당액)</td></tr>
<tr><td>원 화 금 액</td><td colspan="2">(원 화 환 율)</td></tr>
<tr><td>매 매 사 유</td><td colspan="2"></td></tr>
</table>

외국환거래법 제18조의 규정에 의하여 위와 같이 신고합니다.

년   월   일

한국은행총재 귀하

	신 고 번 호	
	신 고 금 액	
	유 효 기 간	

년   월   일

신고기관 : 한국은행총재 ㉔

210㎜×297㎜

〈첨부서류〉 1. 계약서

2. 신청인 및 거래 상대방의 실체를 확인하는 서류

3. 기타 한국은행총재가 필요하다고 인정하는 서류

〔별지 제7-5호 서식〕

<table>
<tr><td colspan="3" rowspan="2"><h1>증 권 발 행 신 고 서</h1></td><td>처리기간</td></tr>
<tr><td></td></tr>
<tr><td rowspan="3">신
청
인</td><td colspan="2">상호 및 대표자 성명</td><td>㊞</td></tr>
<tr><td colspan="2">주 소 (소 재 지)</td><td>(전화번호)</td></tr>
<tr><td colspan="2">업 종 (직 업)</td><td></td></tr>
<tr><td rowspan="2">대
리
인</td><td colspan="2">상 호 기 타 명 칭</td><td></td></tr>
<tr><td colspan="2">주   소</td><td>(전화번호)</td></tr>
<tr><td rowspan="13">신
청
내
역</td><td>증 권 종 류</td><td>액면금액 및 수량</td><td></td></tr>
<tr><td>발 행 금 액</td><td>발 행 방 법</td><td>(공모, 사모)</td></tr>
<tr><td>계약체결시기 및 장소</td><td>발행시기및장소</td><td></td></tr>
<tr><td>상 장 여 부</td><td colspan="2">(상장시 :   증권거래소)</td></tr>
<tr><td>표 면 금 리</td><td>발 행 가 격</td><td></td></tr>
<tr><td>만   기</td><td>해 외 판 매 여 부</td><td></td></tr>
<tr><td colspan="2">배당금지급시기 및 방법</td><td></td></tr>
<tr><td colspan="2">원 리 금 상 환 방 법</td><td></td></tr>
<tr><td colspan="2">발 행 비 용</td><td>(All-in Cost :   )</td></tr>
<tr><td colspan="2">자 금 용 도</td><td></td></tr>
<tr><td colspan="2">발 행 관 련 기 관</td><td></td></tr>
</table>

외국환거래법 제18조의 규정에 의하여 위와 같이 신고합니다.

년   월   일

기획재정부장관 귀하

(한국은행총재 또는 외국환은행의 장)

<table>
<tr><td rowspan="3"></td><td>신 고 번 호</td><td></td></tr>
<tr><td>신 고 금 액</td><td></td></tr>
<tr><td>유 효 기 간</td><td></td></tr>
</table>

년   월   일

신고기관 :   ㊞

210mm×297mm

〈첨부서류〉 1. 발행계획서 또는 제7-23조의 2의 규정에 의한 복수 거래소간 동시상장 계획서
           2. 기타 신고기관의 장이 필요하다고 인정하는 서류

〔별지 제7-6호 서식〕

증 권 취 득 신 고 서

			처리기간

<table>
<tr><td rowspan="3">신
고
인</td><td>상호 및 대표자 성명</td><td colspan="2">㉑</td></tr>
<tr><td>주 소 (소 재 지)</td><td colspan="2">(전화번호 :　　　　)
(E - mail :　　　　)</td></tr>
<tr><td>업 종 (직 업)</td><td colspan="2"></td></tr>
<tr><td rowspan="10">신
고
내
역</td><td>증 권 취 득 자</td><td colspan="2"></td></tr>
<tr><td>증 권 취 득 상 대 방</td><td colspan="2"></td></tr>
<tr><td>증 권 취 득 방 법</td><td colspan="2">☐보유증권대가 교환방식 (☐상장·등록증권간 교환/☐기타 교환)
☐현금 매수방식 ☐기타(　　　)</td></tr>
<tr><td>증 권 종 류</td><td colspan="2">☐직접기재(　　　)
☐비거주자발행 1년 미만 원화 또는 원화연계외화증권</td></tr>
<tr><td>액 면 가 액</td><td colspan="2"></td></tr>
<tr><td>수　　　　　량</td><td colspan="2"></td></tr>
<tr><td>취 득 단 가</td><td colspan="2"></td></tr>
<tr><td>취 득 가 액</td><td colspan="2"></td></tr>
<tr><td>취 득 사 유</td><td colspan="2"></td></tr>
</table>

외국환거래법 제18조의 규정에 의하여 위와 같이 신고합니다.

년　　월　　일

기획재정부장관(한국은행총재 또는 외국환은행의 장) 귀하

	신 고 번 호	
	신 고 금 액	
	신 고 일 자	
	유 효 기 간	
	기 타 참고사항	

신 고 기 관 :

* 음영부분은 기재하지 마십시오.　　　　　　　　　　　210㎜×297㎜

〈첨부서류〉 1. 증권취득 사유서 2. 증권취득 계약서
　　　　　 3. 신고인 및 거래관계인의 실체확인서류(법인등기부등본, 사업자등록증 등)
　　　　　 4. 기타 신고기관의 장이 필요하다고 인정하는 서류

〔별지 제7-7호 서식〕

<table>
<tr><td colspan="2" rowspan="2" style="text-align:center">파 생 상 품 거 래 신 고 서</td><td colspan="2">처리기간</td></tr>
<tr><td colspan="2"></td></tr>
<tr><td rowspan="3">신
고
인</td><td>상호 및 대표자 성명</td><td colspan="2" style="text-align:right">㉙</td></tr>
<tr><td>주 소(소 재 지)</td><td colspan="2">(전화번호 :　　　)
(E-mail :　　　)</td></tr>
<tr><td>업 종 (직 업)</td><td colspan="2"></td></tr>
<tr><td rowspan="3">거
래
상
대
방</td><td>상호및대표자성명</td><td colspan="2"></td></tr>
<tr><td>주 소(소 재 지)</td><td colspan="2">(전화번호 :　　　)
(E-mail :　　　)</td></tr>
<tr><td>업 종 (직 업)</td><td colspan="2"></td></tr>
<tr><td rowspan="7">거
래
내
용</td><td>거 래 기초자산</td><td colspan="2">□신용 □통화 □이자율 □주식 □상품 □기타(　　　)</td></tr>
<tr><td>거 래 종 류</td><td colspan="2">□ 선도거래 □ 선물거래
□ 스왑거래 □ 옵션거래
□ 신용파생상품거래(□보장매입 □보장매도)</td></tr>
<tr><td>계약 (명목) 금액</td><td colspan="2"></td></tr>
<tr><td>만　　　　기</td><td colspan="2"></td></tr>
<tr><td>세 부 내 용</td><td colspan="2"></td></tr>
<tr><td>거 래 특이사항</td><td colspan="2">□ 자본거래시 해당 자본거래와 직접 관련되는 파생상품거래를 해당 자본거래의 당사자와 하는 거래
□ 액면금액의 100분의 20 이상을 선급수수료로 지급하는 거래
□ 기 체결된 파생상품거래의 변경·취소·종료시 발생한 손실을 새로운 파생상품거래의 가격에 반영하는 거래
□ 자금유출입·거주자와 비거주자 간 금전대차 거래 관련 신고 등의 절차를 회피하기 위한 파생상품거래</td></tr>
</table>

외국환거래법 제18조의 규정에 의하여 위와 같이 신고합니다.

년　　월　　일

한국은행총재 귀하

<table>
<tr><td rowspan="5"></td><td>신 고 번 호</td><td></td></tr>
<tr><td>신 고 금 액</td><td></td></tr>
<tr><td>신 고 일 자</td><td></td></tr>
<tr><td>유 효 기 간</td><td></td></tr>
<tr><td>기 타 참고사항</td><td></td></tr>
<tr><td colspan="3">신 고 기 관 :</td></tr>
</table>

* 음영부분은 기재하지 마십시오.　　　　　　　　　　　　　　　　210㎜×297㎜

〈첨부서류〉 1. 파생상품거래 사유서 2. 파생상품거래 계약서

　　　　　　 3. 신고인 및 거래관계인의 실체확인서류(법인등기부등본, 사업자등록증 등)

　　　　　　 4. 다른 자본거래와 관련 있는 파생상품거래의 경우 동 자본거래 관련 서류

　　　　　　 5. 기타 한국은행총재가 필요하다고 인정하는 서류

〔별지 제7-8호 서식〕

담 보 제 공 신 고 서

			처리기간

<table>
<tr><td rowspan="3">신고인</td><td>상호 및 대표자 성명</td><td colspan="2">㉑</td></tr>
<tr><td>주　소（소재지）</td><td colspan="2">（전화번호 :　　　）
（E－mail :　　　）</td></tr>
<tr><td>업　종（직　업）</td><td colspan="2"></td></tr>
<tr><td rowspan="9">신고내역</td><td>담 보 제 공 자</td><td colspan="2">（□거주자/□비거주자）</td></tr>
<tr><td>담 보 취 득 자</td><td colspan="2">（□거주자/□비거주자）</td></tr>
<tr><td>담보제공 수혜자</td><td colspan="2">（□거주자/□비거주자）</td></tr>
<tr><td>담 보 물 종 류</td><td colspan="2">□부동산 □동산 □증권 □예금(현금) □기타(　　　)</td></tr>
<tr><td>담 보 소 재 지</td><td colspan="2"></td></tr>
<tr><td>수　　　량</td><td colspan="2"></td></tr>
<tr><td>담 보 가 액</td><td colspan="2"></td></tr>
<tr><td>담 보　제공기간</td><td colspan="2"></td></tr>
<tr><td>담 보 제 공　용 도</td><td colspan="2">□ 주채무계열소속 30대 계열기업체의 단기외화차입에 대한 담보제공
□ 비거주자 간 거래에 대한 담보제공
□ 역외금융회사의 거래 및 채무이행에 관한 직·간접적 담보제공
□ 기타(　　　)</td></tr>
</table>

외국환거래법 제18조의 규정에 의하여 위와 같이 신고합니다.

년　　월　　일

한국은행총재(외국환은행의 장) 귀하

	신 고 번 호	
	신 고 금 액	
	신 고 일 자	
	유 효 기 간	
	기 타 참고사항	

신 고 기 관 :

* 음영부분은 기재하지 마십시오.　　　　　　　　　　210㎜×297㎜

〈첨부서류〉 1. 담보제공 사유서 2. 담보제공 계약서
　　　　　3. 신고인 및 거래관계인의 실체확인서류(법인등기부등본, 사업자등록증 등)
　　　　　4. 담보물 입증서류
　　　　　5. 기타 신고기관의 장이 필요하다고 인정하는 서류

<table>
<tr><td colspan="3" rowspan="2" style="text-align:center">임 대 차 계 약 신 고 서</td><td>처리기간</td></tr>
<tr><td></td></tr>
<tr><td rowspan="3">신
청
인</td><td colspan="2">상호 및 대표자 성명</td><td style="text-align:right">㉑</td></tr>
<tr><td colspan="2">주 소 (소 재 지)</td><td style="text-align:right">(전화번호)</td></tr>
<tr><td colspan="2">업 종 (직 업)</td><td></td></tr>
<tr><td rowspan="9">신
청
내
역</td><td colspan="2">임 대 인</td><td>(성명)　　　　(주소)　　　　　(전화번호)</td></tr>
<tr><td colspan="2">임 차 인</td><td>(성명)　　　　(주소)　　　　　(전화번호)</td></tr>
<tr><td colspan="2">임 대 차 물 종 류</td><td></td></tr>
<tr><td colspan="2">소 재 지</td><td></td></tr>
<tr><td colspan="2">수 량</td><td></td></tr>
<tr><td colspan="2">임 대 차 물 가 액</td><td>(임대차료)</td></tr>
<tr><td colspan="2">임 대 차 기 간</td><td></td></tr>
<tr><td colspan="2">임 대 차 사 유</td><td></td></tr>
</table>

외국환거래법 제18조의 규정에 의하여 위와 같이 신고합니다.

년 　월 　일

한국은행총재 귀하
（외국환은행의 장）

<table>
<tr><td rowspan="2"></td><td>신 고 번 호</td><td></td></tr>
<tr><td>신 고 일 자</td><td></td></tr>
</table>

신고기관 : 한국은행총재
　　　　　（외국환은행의 장）

210mm×297mm

〈첨부서류〉　1. 임대차계약서
　　　　　　2. 임대차물 증빙서류
　　　　　　3. 임대차사유 증빙서류
　　　　　　4. 기타 신고기관의 장이 필요하다고 인정하는 서류

〔별지 제7-10호 서식〕

증 권 발 행 보 고 서

신청인	명 칭	
	대 표 자 성 명	(서명)
	주사무소 소재지	(전화번호)

대리인	상호 및 대표자성명	㉑
	주 소 (소 재 지)	(전화번호)

보고내여	증 권 종 류		액면금액 및 수량	
	발 행 금 액		발 행 방 법	(공모, 사모)
	계약체결시기 및 장소		발행시기 및 장소	
	상 장 여 부		(상장시 :　　　　증권거래소)	
	표 면 금 리		발 행 가 격	
	만 기		해 외 판 매 여 부	
	배당금지급시기 및 방 법			
	원 리 금 상 환 방 법			
	발 행 비 용		(All-in Cost :　　　　)	
	자 금 용 도			
	발 행 관 련 기 관			
	기 타			

외국환거래규정 제7-27조, 제7-29조 및 제7-30조 규정에 의하여 위와 같이 보고합니다.

년   월   일

기획재정부장관 귀하

210㎜×297㎜

〈첨부서류〉　1. 계약서 사본 각 1부
　　　　　　 2. 발행조건 및 비용명세서
　　　　　　 3. 발행된 증권 견본 1매
　　　　　　 4. 기타 기획재정부장관이 필요하다고 인정하는 서류

〔별지 제7-11호 서식〕

<table>
<tr><td colspan="3" rowspan="2" style="text-align:center">증권대차계약신고서</td><td>처리기간</td></tr>
<tr><td></td></tr>
<tr><td rowspan="3">신
고
인</td><td>상호 및 대표자 성명</td><td colspan="2">⑪</td></tr>
<tr><td>주 소 (소 재 지)</td><td colspan="2">(전화번호 :   )
(E - mail :   )</td></tr>
<tr><td>업 종 (직 업)</td><td colspan="2"></td></tr>
<tr><td rowspan="7">신
고
내
역</td><td>차 입 자</td><td colspan="2"></td></tr>
<tr><td>대 여 자</td><td colspan="2"></td></tr>
<tr><td>대차대상 증권종류</td><td colspan="2"></td></tr>
<tr><td>차 입 (한 도) 금 액</td><td colspan="2"></td></tr>
<tr><td>차 입 수 량</td><td colspan="2"></td></tr>
<tr><td>차 입 목 적</td><td colspan="2">□위험회피거래 □차익거래 □투기거래
□기타(   )</td></tr>
<tr><td>차 입 기 간</td><td colspan="2"></td></tr>
</table>

외국환거래법 제18조의 규정에 의하여 위와 같이 신고합니다.

년   월   일

한국은행총재 귀하

<table>
<tr><td>신 고 번 호</td><td></td></tr>
<tr><td>신 고 금 액</td><td></td></tr>
<tr><td>신 고 일 자</td><td></td></tr>
<tr><td>유 효 기 간</td><td></td></tr>
<tr><td>기 타 참 고 사 항</td><td></td></tr>
</table>

신 고 기 관 :

* 음영부분은 기재하지 마십시오.   210㎜×297㎜

〈첨부서류〉 1. 증권대차 사유서 2. 증권대차 계약서
　　　　　　 3. 신고인 및 거래관계인의 실체확인서류(법인등기부등본, 사업자등록증 등)
　　　　　　 4. 기타 신고기관의 장이 필요하다고 인정하는 서류

〔별지 제9-1호 서식〕

<table>
<tr><td colspan="3" rowspan="2"><h1>해 외 직 접 투 자 신 고 서(보고서)</h1></td><td>처리기간</td></tr>
<tr><td></td></tr>
</table>

신 고 인 (보 고 인)	상 호		사 업 자 등 록 번 호	
			법 인 등 록 번 호	
	대 표 자	⑩	주 민 등 록 번 호	
	소 재 지	전화번호 :		
	업 종			

해 외 직 접 투 자 내 용	투 자 국 명		소 재 지	
	투 자 방 법		자 금 조 달	
	투 자 업 종		주 요 제 품	
	투 자 금 액		출 자 금 액	
	투 자 비 율		결 산 월	
	투 자 목 적			
	현 지 법 인 명 (영 문)	(자본금 :)		

외국환거래법 제18조의 규정에 의거 위와 같이 신고(보고)합니다.

년 월 일

외국환은행의 장 귀하

위와 같이 신고(보고)되었음을 확인함	신 고 번 호	
	신 고 금 액	
	유 효 기 간	

피신고(보고)기관 : 외국환은행의 장

210㎜×297㎜

〈첨부서류〉 1. 사업계획서(자금조달 및 운영계획 포함)

2. 합작인 경우 당해 사업에 관한 계약서

3. 외국환거래법 시행령 제8조 제1항 제4호에 규정한 금전의 대여에 의한 해외직접투자인 경우에는 금전대차계약서

4. 해외투자수단이 해외주식인 경우, 당해 해외주식의 가격적정성을 입증할 수 있는 서류

※ 업종은 통계청 한국표준산업분류표상 세세분류코드(5자리) 및 업종명을 기재

※ 출자금액란에는 액면가액과 취득가액이 상이한 경우 액면가액을 기재

유 의 사 항

1. 본 신고 금액은 외국환은행의 장의 확인을 받아 투자(송금)하되 투자(송금)후 즉시 동 사실을 관계 증빙 첨부하여 당행에 보고하여야 함
2. 본 신고(보고) 내용을 변경하는 경우에는 「외국환거래규정」 제9-9조 제1항 제8호에 의거 변경사유가 발생한 회계기간 종료 후 5월 이내에 피신고(보고)기관에 해외직접투자 내용변경 보고를 하여야 함. 다만, 해외직접투자를 한 거주자가 다른 거주자에게 당해 주식 또는 지분을 매각하는 경우에는 변경사유가 발생한 후 3개월 이내 당해 신고기관의 장에게 보고하여야 함
3. 「외국환거래규정」 제9-9조에 의거 다음의 보고서를 당행에 제출할 것
   (1) 외화증권(채권)취득보고서(현지법인 및 개인기업 설립보고서 포함)
       : 투자금액 납입 또는 대여자금 제공 후 6월 이내
   (2) 연간 사업실적보고서 : 회계기간 종료 후 5월 이내
       • 투자금액이 미화 100만불 이하인 경우 연간 사업실적보고서는 현지법인 투자현황표로 대신할 수 있음
4. 결산 후 배당금은 전액 현금으로 국내로 회수하거나 인정된 자본거래로 전환할 수 있음
5. 다른 법령에 의하여 허가 등을 요하는 경우에는 그 허가 등을 받아야 함
6. 본 신고 후 「신용정보의이용및보호에관한법률」에 의한 금융거래 등 상거래에 있어서 약정한 기일 내에 채무를 변제하지 아니한 자로서 종합신용정보집중기관에 등록된 자로 규제될 경우 또는 조세체납의 경우 신고금액중 미송금액은 그 효력을 상실함

역외금융회사(현지법인금융기관) 투자 신고서

	처리기간

1. 투자자 현황

상 호 (대 표 자)	( )	설 립 년 월 일	
소 재 지(주 소)			
투 자 자 규 모	☐ 대기업 ☐ 중소기업		
총 자 산	백만원	자기자본(자본금)	( ) 백만원
업 종		담 당 자 및 연 락 처	

2. 현지법인 현황
(단위 : 미불)

법 인 명		설 립 (예 정) 일	
대 표 자		업 종	
소 재 국(세부주소)	(		)
총 자 본 금		종 업 원 수	한국인 명, 현지인 명
투 자 형 태^{주1)}	☐ 단독투자 ☐ 공동투자 ☐ 합작투자(한국측 총지분율; %)		
주투자자 내역	상 호	사 업 자 번 호	
	대 표 자 명	법 인 등 록 번 호	

법 인 성 격	☐ 실제 영업법인
	☐ 특수 목적회사(SPC)
	  - 최종 투자 목적국 :
	  - 최종 투자 업종 :
		설 립 형 태	☐ 신설법인 설립
			☐ 기존법인 지분인수
			  - 지분인수비율 : %

지 배 구 조	☐ 비지주회사 ☐ 지주회사(자회사수: 개, 주된 매출 자회사 업종 :)		
투 자 목 적			

주1) "공동투자"라 함은 국내투자자와 공동으로 투자하는 경우를 의미하며 "합작투자"라 함은 비거주자
     와 합작으로 투자하는 경우를 의미함.

3. 투자 방법
① 지분투자
(단위 : 미불)

취 득 증 권	증권종류	주수	액면		취득가액	
			주당액면	합계	주당가액	합계
	투 자 비 율(%)					
	취득가액이 액면과 상이할 경우 그 산출근거					

출 자 형 태	① 현　　　금		② 현　　　물	
	③ 주　　　식		④ 이익잉여금	
	⑤ 기 타(　　)			
합　　　계	(①+②+③+④+⑤)			

출　자　자　명		출　자　전		금 회 출 자		출　자　후	
		금　액	비율(%)	금　액	비율(%)	금　액	비율(%)
한　국　측							
	소 계(①)						
현지측(②)							
제3국(③)							
합　계(①＋②＋③)			100.0		100.0		100.0

② 대부투자 　　　　　　　　　　　　　　　　　　　　　　　(단위 : 미불)

대　　부　　액		자 금 용 도	
이　　　　　율		기　　　　간	년 월 일 ~ 년 월 일
원 금 상 환 방 법		이자징수방법	
대 부 자 금 조 달 방 법	자 기 자 금		차 입 금

외국환거래법 제18조의 규정에 의하여 위와 같이 신고합니다.

　　　　　　　　　　　　　　년　　월　　일
　　　　　　　　신고인　　　　　㉑ (전화번호　　　　　　)
　　　한국은행총재(외국환은행의 장)　귀하

	신 고 (수 리) 번 호	
	신 고 (수 리) 금 액	
	유　효　기　간	

　　　　　　　　　　　　　　년　　월　　일

　　　　신고기관 : 한국은행총재(외국환은행의 장)　　㉑

210㎜×297㎜

〈첨부서류〉 1. 현지법인의 향후 3년간의 사업계획서 · 예상수지계산서 및 배당계획서
　　　　　　 2. 투자에 소요될 외화경비명세서 및 경비조달계획서
　　　　　　 3. 현지법인의 최근 대차대조표 · 손익계산서 및 이사회의사록

<table>
<tr><td rowspan="3">역외금융회사(현지법인금융기관) 〔 자회사 〕 설립보고</td><td>지 점</td><td rowspan="3">처리기간</td></tr>
<tr><td></td></tr>
<tr><td>손회사</td></tr>
</table>

(담당자명 : 　　　　　전화번호 : 　　　　)

1. 현지법인 현황

현 지 법 인 명		대　　표　　자	
소 재 지(주 소)			
총　　자　　산		자　　본　　금	
업 종(제 품)		설 립 등 기 일	

2. 자회사 현황

설 치 구 분	□ 지점 설립,　　□ 자회사 설립,　　□ 손회사 설립,　　□ 손자회사 설립		
자 회 사 명		대　　표　　자	
소 재 지(주 소)		설 립(예정)일	
자　　본　　금		종 업 원 수	한국인　 명, 현지인　 명
투 자 형 태	□ 단독투자 □ 합작투자(지분율 :　 %)	업　　　종	
법 인 성 격	□ 실제 영업법인 □ 특수 목적회사(SPC) 　- 최종 투자 목적국 : 　- 최종 투자 업종 :	설 립 형 태	□ 신설법인 설립 □ 기존법인 지분인수 　- 지분인수비율 :　　%

3. 투자 내용

(단위 : 미불)

취득증권	증권종류	주　수	액　면		취득가액	
			주당액면	합계	주당가액	합계
	투 자 비 율(%)					
	취득가액이 액면과 상이할 경우 그 산출근거					

외국환거래규정 제9-15조의2 제3항의 규정에 의하여 위와 같이 보고합니다.

년　월　일

보고인　　　　　　　㊞　（전화번호　　　　　　　）

한국은행총재(외국환은행의 장)　귀하

신 고 (수 리) 번 호	
신 고 (수 리) 금 액	
유 　효 　기 　간	

년　월　일

신고기관 : 한국은행총재(외국환은행의 장)　　㊞

210㎜×297㎜

〈첨부서류〉 1. 향후 3년간의 사업계획서 및 예상수지계산서(지점·자회사 또는 손회사의 설치 또는 설립의
　　　　　　 경우에 한함)
　　　　　 2. 당해 자회사 또는 손회사의 향후 3년간의 배당계획서
　　　　　 3. 지점의 설치 자회사 또는 손회사에의 투자에 소요될 외화경비명세서 및 동 경비조달 계획서
　　　　　 4. 당해 자회사 또는 손회사의 최근 대차대조표·손익계산서 및 이사회의사록

〔별지 제9－4호 서식〕

<table>
<tr><td colspan="3" rowspan="2">역외금융회사(현지법인금융기관) 등의 〔 변경보고서 〕
폐지보고서</td><td colspan="2">처리기간</td></tr>
<tr><td colspan="2"></td></tr>
<tr><td rowspan="3">투 자 자</td><td colspan="2">① 상 호(본점)</td><td colspan="2"></td></tr>
<tr><td colspan="2">② 대 표 자(본점)</td><td colspan="2"></td></tr>
<tr><td colspan="2">③ 소 재 지(본점)</td><td colspan="2"></td></tr>
<tr><td rowspan="7">설 치
(설립)
내 역</td><td colspan="2">④ 구 분</td><td colspan="2">□ 현지법인 □ 지점 □ 자회사
□ 손회사 □ 손자회사</td></tr>
<tr><td colspan="2">⑤ 상 호</td><td>⑥ 설 립 연 월 일</td><td>년 월 일</td></tr>
<tr><td colspan="2">⑦ 대 표 자</td><td>⑧ 국 적</td><td></td></tr>
<tr><td colspan="2">⑨ 소 재 지</td><td colspan="2"></td></tr>
<tr><td colspan="2">⑩ 자 본 금</td><td>⑪ 변 경
(폐 지) 일 자</td><td>년 월 일</td></tr>
<tr><td colspan="4">⑫ 사 업 내 용</td></tr>
<tr><td colspan="5" align="center">신 고 내 용</td></tr>
<tr><td colspan="2" align="center">⑬ 변 경 전</td><td colspan="3" align="center">⑭ 변 경 후</td></tr>
<tr><td colspan="2"></td><td colspan="3"></td></tr>
<tr><td colspan="5">⑮ 변 경(폐 지)사 유</td></tr>
</table>

외국환거래규정 제9－15조의2 제4항의 규정에 의하여 위와 같이 보고합니다.

년 월 일

보고인 ㉑

(전화번호)

한국은행총재(외국환은행의 장) 귀하

<table>
<tr><td>신고(수리)번호</td><td></td></tr>
<tr><td>신고(수리)금액</td><td></td></tr>
<tr><td>유 효 기 간</td><td></td></tr>
</table>

년 월 일

신고기관 : 한국은행총재(외국환은행의 장) ㉑

210mm×297mm

〈첨부서류〉 1. 당해 현지법인금융기관 등의 최근 대차대조표 및 손익계산서
         2. 또는 폐지사유에 관한 증빙서류

〔별지 제9-8호 서식〕

<table>
<tr><td colspan="4" rowspan="2" style="text-align:center">외국기업국내지사설치신고서</td><td colspan="2">처 리 기 간</td></tr>
<tr><td colspan="2"></td></tr>
<tr><td rowspan="6">외국
기업
내용</td><td colspan="2">① 상 호 (본점)</td><td></td><td>② 설치년월일</td><td>년   월   일</td></tr>
<tr><td colspan="2">③ 대 표 자 (본점)</td><td colspan="3"></td></tr>
<tr><td colspan="2">④ 소 재 지 (본점)</td><td colspan="3"></td></tr>
<tr><td colspan="2">⑤ 사 업 내 용</td><td colspan="3"></td></tr>
<tr><td colspan="2">⑥ 자 본 금</td><td colspan="3"></td></tr>
</table>

국내 지사 내용	⑦ 상 호		
	⑧ 대 표 자	주민등록번호 (또 는 국 적)	
	⑨ 소 재 지		
	⑩ 영 위 업 종		
	⑪ 설 치 구 분	☐ 지점 ☐ 사무소	

　외국환거래법 제3조 제1항 제19호 마목 및 외국환거래법시행령 제9조 제2항 제6호의 규정에 의하여 위와 같이 신고합니다.

년   월   일
신 고 인   ㊞

기획재정부장관 귀하 　　　(또는 대리인)

　(외국환은행의 장)

※ 이 신고서는 외국기업의 국내지사 설치에 관한 신고에 관한 것으로써, 해당 업종에 대한 영업인·허가 등을 의미하지 않음을 알려드립니다.

	신 고 번 호	
	신 고 일 자	

신고기관 : 기획재정부장관
(외국환은행의 장)

210㎜×297㎜

〈첨부서류〉　1. 본점인 외국법인의 명칭·소재지 및 주된 영위업무의 내용을 증빙하는 서류
　　　　　　2. 다른 법령의 규정에 의하여 그 설치에 관한 허가·인가·특허·승인·신고·등록 등을 요하는 경우에는 그 사실을 증빙하는 서류
　　　　　　3. 국내에서 영위하고자 하는 업무의 내용과 범위에 관한 명세서

〔별지 제9-9호 서식〕

<table>
<tr><td colspan="3" rowspan="2" style="text-align:center">외국기업국내지사변경신고서</td><td>처 리 기 간</td></tr>
<tr><td></td></tr>
<tr><td rowspan="4">국
내
기
업</td><td>① 상　　　　호</td><td></td><td></td></tr>
<tr><td>② 대　표　자</td><td></td><td></td></tr>
<tr><td>③ 소　재　지</td><td></td><td></td></tr>
<tr><td>④ 업　　　　종</td><td></td><td></td></tr>
<tr><td colspan="4" style="text-align:center">변 경 내 용</td></tr>
<tr><td colspan="2" style="text-align:center">⑤ 이미 신고된 사항</td><td colspan="2" style="text-align:center">⑥ 변경하고자 하는 사항</td></tr>
<tr><td colspan="2"></td><td colspan="2"></td></tr>
<tr><td>변 경 사 유</td><td colspan="3"></td></tr>
</table>

외국환거래규정 제9-33조의 규정에 의하여 위와 같이 신고합니다.

　　　　　　　　　　　　　　　　　　년　　　월　　　일
　　　　　　　　　　　　　　　　　　신 고 인　　　　㊞
　　　　　　　　　　　　　　　　　　(또는 대리인)
　　　　　　　　　　　　　　　　　　(전화번호　　　　)

　　　기획재정부장관 귀하

　　　(외국환은행의 장)

	신 고 번 호	
	신 고 일 자	

　　　　　　　　　　　　신고기관 : 기획재정부장관
　　　　　　　　　　　　　　　　(외국환은행의 장)

210㎜×297㎜

〈첨부서류〉　1. 외국기업국내지사설치신고서 사본
　　　　　　2. 변경사유서
　　　　　　3. 사업계획서(지사의 업무내용 변경시)

〔별지 제9-10호 서식〕

<table>
<tr><td colspan="2" rowspan="2">외국기업 국내지사 결산순이익금 송금신청서</td><td>처 리 기 간</td></tr>
<tr><td></td></tr>
<tr><td>① 상   호 (본 점)</td><td colspan="2"></td></tr>
<tr><td>② 대 표 자 (본 점)</td><td colspan="2"></td></tr>
<tr><td>③ 본 점 소 재 지</td><td colspan="2"></td></tr>
<tr><td colspan="3" align="center">신 청 내 용</td></tr>
<tr><td>④ 송   금   액</td><td colspan="2">억원(U $ 상당)</td></tr>
<tr><td>⑤ 송 금 예 정 일 자</td><td colspan="2"></td></tr>
<tr><td>⑥ 송 금 액 산 출 근 거</td><td colspan="2"></td></tr>
<tr><td>⑦ 결 산 기 간</td><td colspan="2">년   월   일 ~   년   월   일</td></tr>
</table>

외국환거래법 제18조 및 외국환거래규정 제9-35조의 규정에 의하여 위와 같이 신청합니다.

년   월   일

주 소
신청인   ㉑
(전화번호   )

외국환은행의 장 귀하

210mm×297mm

〈첨부서류〉 1. 당해 지점의 대차대조표 및 손익계산서
2. 납세증명
3. 당해 회계기간의 순이익금의 영업자금도입액에 대한 비율이 100분의 100 이상이거나 순이익금이 1억원을 초과하는 경우에는 공인회계사의 감사보고서

<table>
<tr><td colspan="3" rowspan="2"><h1>외국기업 국내지사 폐쇄 신고서</h1></td><td>처리기간</td></tr>
<tr><td></td></tr>
<tr><td rowspan="5">국
내
기
업</td><td>① 상　　　　　호</td><td colspan="2"></td></tr>
<tr><td>② 대　　표　　자</td><td colspan="2"></td></tr>
<tr><td>③ 소　　재　　지</td><td colspan="2"></td></tr>
<tr><td>④ 업　　　　　종</td><td colspan="2"></td></tr>
<tr><td>⑤ 폐　쇄　구　분</td><td colspan="2">□ 지점　　　　□ 사무소</td></tr>
<tr><td colspan="2">폐　　쇄　　일　　자</td><td colspan="2"></td></tr>
<tr><td colspan="2">폐　　쇄　　사　　유</td><td colspan="2"></td></tr>
</table>

외국환거래규정 제9-37조의 규정에 의하여 아래와 같이 폐쇄신고합니다.

년　　월　　일

신고인　　　　　㊞
（또는 대리인）

기획재정부장관 귀하
（외국환은행의 장）

위와 같이 신고되었음을 확인함.

신　고　번　호	
신　고　일　자	

신고기관 : 기획재정부장관
（외국환은행의 장）

210㎜×297㎜

〈첨부서류〉　1. 국내지사설치신고서 원본
　　　　　　　2. 폐쇄사유에 관한 증빙서류

〔별지 제9-12호 서식〕

<table>
<tr><td colspan="3" rowspan="2" style="text-align:center">부동산취득신고(수리)서</td><td>처리기간</td></tr>
<tr><td></td></tr>
<tr><td rowspan="3">신
청
인</td><td>상호 및 대표자 성명</td><td colspan="2" style="text-align:center">㉑</td></tr>
<tr><td>주 소 (소 재 지)</td><td colspan="2">(전화번호)</td></tr>
<tr><td>업 종 (직 업)</td><td colspan="2"></td></tr>
<tr><td rowspan="9">신
청
내
역</td><td>취 득 인</td><td colspan="2">(성명)　　　(주소)　　　(전화번호)</td></tr>
<tr><td>취 득 상 대 방</td><td colspan="2">(성명)　　　(주소)　　　(전화번호)</td></tr>
<tr><td>부 동 산 의 종 류</td><td colspan="2"></td></tr>
<tr><td>소 재 지</td><td colspan="2"></td></tr>
<tr><td>면 적</td><td colspan="2"></td></tr>
<tr><td>취 득 가 액</td><td colspan="2">(취득단가)</td></tr>
<tr><td>취 득 기 간</td><td colspan="2"></td></tr>
<tr><td>취 득 사 유</td><td colspan="2"></td></tr>
</table>

외국환거래법 제18조의 규정에 의하여 위와 같이 신고합니다.

년 월 일

한국은행총재 귀하
(외국환은행의 장)

신청(신고)인 귀하
위의 신고를 다음과 같이 신고수리함.

신고(수리)번호	
신고(수리)금액	
유 효 기 간	

신고수리 조건 :

년 월 일
신고수리 기관 : 한국은행총재 ㉑
(외국환은행의 장)

210mm×297mm

〈첨부서류〉 1. 부동산매매계약서
　　　　　 2. 부동산감정서
　　　　　 3. 기타 부동산 취득신고수리시 필요한 서류

〔별지 제1호 서식〕

○ ○ 세 관

수신자

(경유)

제 목 외국환거래 검사 계획 통지

1. 「외국환거래법」 제20조와 같은 법 시행령 제35조 및 「외국환거래의 검사 및 제재에 관한 훈령」 제 10조 제1항에 따라 붙임 1과 같이 외국환거래 검사계획을 통지하오니, 붙임 2의 자율점검표에 따라 귀하(귀사)의 외국환거래 적정성을 자율 점검하시고, 붙임 3의 검사준비 목록표의 자료를 준비하여 주시기 바랍니다.
2. 아울러 귀사가 사업상 심한 어려움에 처하거나 검사를 받기가 곤란한 타당한 사유가 있는 경우 「외국환거래의 검사 및 제재에 관한 훈령」 제11조에 따라 붙임 5의 서식으로 검사의 연기를 신청할 수 있음을 함께 알려드립니다.

붙임 1. 외국환거래 검사 계획서.
　　 2. 외국환거래 자율점검표.
　　 3. 외국환거래 자율 점검항목 상세 거래 내역 양식.
　　 4. 검사준비목록표.
　　 5. 외국환거래 검사 연기 신청서. 끝.

○ ○ 세 관 장

기안자	직위(직급) 서명	검토자	직위(직급) 서명	결재권자	직위(직급) 서명

협조자

시행 처리과 – 일련번호(시행일자)　　　　　　접수 처리과명 – 일련번호(접수일자)
우 000 – 000 (주소)　　　　　　　　　　　　/ 홈페이지 주소
전화 000 – 000 – 0000 전송 000 – 000 – 0000 / 기안자의 공식전자우편주소 / 공개구분

외국환거래 검사 계획서

검사대상자	상호(법인명)		사업자등록번호	
	성명(대표자)		생년월일	
	주소(사업장)			

1. 검사 사유	

2. 검사 방법	※ 서면검사, 실지검사 또는 병행 여부 기재

3. 검사기간 (실지검사기간)	년　월　일 ～　　　년　월　일 (　　년　월　일 ～　　　년　월　일)

4. 검사 범위

ㅇ 검사 대상 업무 범위

ㅇ 검사 대상 업무 기간

5. 검사 공무원

세관	과	직급	성명	비고
				검사반장
				검사요원
				검사요원
⋮	⋮	⋮	⋮	⋮

〔별지 제3호 서식〕

외국환거래 자율점검표

〈작성요령〉

1. 자율점검 결과표
(1) 외국환거래법령(규정) 상 원인거래(수출입·용역·무체물·외국인수도·중계무역·자본거래 등)에 따른 결제거래(지급등의 절차·방법·지급수단수출입)와 자본거래에 대한 점검결과를 작성
(2) 각 점검항목은 주요 신고대상 유형 및 관련 외국환거래규정을 참고하여 신고 등의 의무이행 여부를 점검
(3) 점검결과는 각 점검항목별 점검결과를 "이행/미이행/해당없음"으로 구분하여 작성
- "이행" 해당 거래가 있고 외국환거래규정에 따른 신고 등 의무를 이행한 거래
- "미이행" 해당 거래가 있고 외국환거래규정에 따른 신고 등 의무를 이행하지 않은 거래
- "해당없음" 해당 거래가 없어 점검대상거래가 없는 경우

2. 점검결과 상세내용
점검결과에 따른 추가 설명·소명이 필요한 내용 또는 위반사항 자진신고 내용을 기재(아래 "작성예"를 참고하여 소명내용이나 자진신고내용 등 외국환거래 점검결과 상세설명내용을 기재)
(작성예)
(상계 미이행) 외국환거래법령(규정) 상 의무사항 미이행 내역을 자진신고하는 경우
- 예시) 점검항목(상계) 0000.00.00. A사에 대한 수입채무 미화 000불과 A사에 대한 수출채권 미화 000불을 상계하였으나 외국환은행장에 사후보고 미이행(미이행내역 별첨)
(추가설명·소명) 점검결과에 따라 세관의 검증시 추가 설명 또는 소명이 예상되는 사항 등
- 예시) 점검항목(상계) 0000.00.00.부터 0000.00.00.까지 00차례에 걸쳐 A사와의 채권채무 상계하였으나 상계 건별 미화 5천불 미만으로 신고(사후보고) 미대상(A사와 상계 세부내역 별첨)

3. 외국환거래 현황 요약표
해당 거래상대방과의 거래유형에 따라 전표통화별·결제방법별 총합계로 작성
(1) 거래상대방(해외거래처)의 상호와 국가를 기재
(2) 거래내역 항목을 다음 예시를 참고하여 작성
- 세자리 통화코드를 기재. 예) 대한민국: KRW. 미국: USD. 유럽연합: EUR. 중국: CNY.
- 거래상대방과의 수출(중계수출, 외국인도수출, 무체물·용역 수출 등 포함)과 관련된 거래내역
- 거래상대방과의 수입(중계수입, 외국인수수입, 무체물·용역 수입 등 포함)과 관련된 거래내역
- 해외지사와의 영업기금 내역
- 투자유가증권, 해외부동산, 해외회원권, 기타 해외자산, 대여, 차입 등 자본거래와 관련된 거래내역

(3) 결제내역항목은 다음 예시를 참고하여 작성
  ■ 다음 결제방법을 기재
    - 송금: TT, 기한부신용장: LU, 일람불신용장: LS, 추심: DA, DP, 외상매출채권매입:
      OA, 무환: GN, 기타: ZZ
  ■ 거래상대방과의 수출(중계수출, 외국인도수출, 무체물·용역 수출 등 포함)과 관련된 결제
    내역
  ■ 거래상대방과의 수입(중계수입, 외국인수수입, 무체물·용역 수입 등 포함)과 관련된 결제
    내역
  ■ 해외지사의 영업기금 지급 등의 내역
  ■ 투자유가증권, 해외부동산, 해외회원권, 기타 해외자산, 대여금, 차입금 등 자본거래와 관
    련된 지급 등의 내역
(4) 거래유형별, 통화별 (2)의 거래금액과 (3)의 결제금액의 차액을 기재
(5) (4)의 차액 발생에 대한 사유나 해당 거래에 대한 추가설명 등을 간략히 기재(상세설명 필
    요한 경우 2. 점검결과 상세내용에 기재)

1. 자율점검 결과표

구분[(1)]	연번	점검항목[(2)]	관련 외국환 거래규정	주요 신고대상 유형 (세부내용 규정참고)	점검결과[(3)]
결제 거래 (지급, 영수)	1	지급 등의 절차	제4-2조	결제 건당 미화 5천불을 초과하는 금액의 지급·수령에 따른 증빙서류 제출	
	2	상계	제5-4조 제2항	비거주자에 대한 채권 또는 채무를 비거주자에 대한 채무 또는 채권으로 상계하고자 하는 경우	
			제5-4조 제3항	다국적기업의 상계센터를 통하여 상계하거나 다수 당사자의 채권 또는 채무를 상계하고자 하는 경우	
			제5-5조~ 제5-7조	상호계산방법으로 지급 등을 하는 경우	
	3	기간초과지급 등	제5-8조 제1항	본지사 간 계약건당 미화 5만불을 초과하는 수출거래로서 결제기간 3년을 초과하여 수령하고자 하는 경우	
				본지사 간 계약건당 미화 5만불을 초과하는 수출거래로서 물품 선적 전에 수령하고자 하는 경우	
				본지사 간이 아닌 계약으로 계약 건당 미화 5만불을 초과하는 수출거래로서 물품 선적 전 1년을 초과하여 수령하고자 하는 경우	

구분[1]	연번	점검항목[2]	관련 외국환 거래규정	주요 신고대상 유형 (세부내용 규정참고)	점검결과[3]
결제 거래 (지급, 영수)				계약건당 미화 5만불을 초과하는 재수출목적의 금수입 선적서류 또는 물품 수령 후 30일을 초과하여 지급하고자 하는 경우	
				계약건당 미화 2만불을 초과 수입대금 선적서류 또는 물품수령 전 1년을 초과하여 송금방식으로 지급하고자 하는 경우	
	4	제3자지급 등	제5-10조 제2항~제4항	미화 5천불을 초과하는 금액을 제3자(다국적회사의 자금관리 전문회사 포함)와 지급등을 하려는 경우	
	5	외국환은행을 통하지 않는 지급 등	제5-11조 제1항 제8호	경상거래의 대가로서 미화 1만불을 초과하는 금액을 외국환은행을 통하지 않고 직접 지급하는 경우	
			제5-11조 제3항	물품 또는 용역의 제공, 권리의 이전 등으로 외국환은행을 통하지 않고 대가를 지급·수령하는 경우	
	6	지급수단 수출입	제6-2조~ 제6-3조	미화 1만불을 초과하는 지급수단을 수출입한 경우	
자본 거래	7	해외예금· 신탁거래	제7-11조~ 제7-12조	해외에서 비거주자와의 외화예금거래, 신탁거래를 하고자 하는 경우	
	8	외화차입거래	제7-14조	비거주자로부터의 외화자금을 차입하고자 하는 경우	
	9	현지법인 등의 외화차입거래	제7-14조의 2	현지법인 등 현지금융 등을 받고자 하는 경우	
	10	원화차입거래	제7-15조	비거주자로부터의 원화자금을 차입하고자 하는 경우	
	11	대출거래	제7-16조	비거주자에 대한 대출하고자 하는 경우	
	12	채무의 보증계약	제7-18조~ 제7-19조	비거주자와의 채무보증 계약, 거주자와 비거주자(현지법인 등을 포함) 간 거래 또는 비거주자 간 거래에 관하여 채권자인 거주자 또는 비거주자와 채무의 보증(담보제공 포함)계약하고자 하는 경우	

구분[1]	연번	점검항목[2]	관련 외국환 거래규정	주요 신고대상 유형 （세부내용 규정참고）	점검결과[3]
자본 거래	13	대외지급수단, 채권 기타의 매 매	제7-20조 제2항	거주자 간 대외지급수단 매매계약에 따른 외국통화로 표시되거나 지급받을 수 있는 채권 발생 등에 관한 거래를 하고자 하는 경우	
			제7-21조 제2항	거주자 또는 비거주자와 해외 부동산·시설물 등의 이용·사용 또는 이에 관한 권리취득에 따른 회원권의 매입 거래를 하고자 하는 경우	
			제7-21조 제3항	비거주자와의 대외지급수단 및 채권의 매매계약에 따른 채권의 발생 등에 관한 거래	
	14	증권취득	제7-31조 제2항	비거주자로부터 증권 취득하고자 하는 경우	
	15	기타 자본거래	제7-44조~ 제7-46조	거주자와 비거주자 간의 - 임대차계약·담보·보증·보험·조합·채무의 인수·화해 기타 이와 유사한 계약에 따른 채권 발생 등에 관한 거래 - 상속·유증·증여에 따른 채권의 발생 등에 관한 거래, 자금통합관리 및 그와 관련된 행위	
	16	해외직접투자	제9-5조~ 제9-9조	다음의 해외직접투자, 변경, 청산 등을 하고자 하는 경우 - 외국법인의 경영에 참가하기 위하여 취득한 그 외국법인의 주식 또는 출자지분 10% 이상을 취득하거나 - 투자비율이 10% 미만인 경우로서 그 외국법인에 임원을 파견하거나 계약기간이 1년 이상인 원자재 또는 제품의 매매계약을 체결하거나 기술의 제공·도입 또는 공동연구개발계약의 체결, 해외건설 및 산업설비공사를 수주하는 계약의 체결을 한 경우(이하 '현지법인') - 현지법인의 주식 또는 출자지분을 추가로 취득 또는 현지법인에 상환기간을 1년 이상으로 하여 현지법인에 금전을 대여하고자 하는 경우	
	17	해외지사	제9-18조~ 제9-25조	해외지점, 해외사무소의 설치·운영·폐쇄 등을 하고자 하는 경우	

구분⁽¹⁾	연번	점검항목⁽²⁾	관련 외국환 거래규정	주요 신고대상 유형 （세부내용 규정참고）	점검결과⁽³⁾
	18	외국기업 등의 국내지사	제9-32조~ 제9-37조	외국기업 등의 국내지사 설치, 변경 등	
	19	부동산 취득	제9-39조~ 제9-43조	거주자의 외국부동산 취득 - 비거주자의 국내부동산 취득	
기타	20	기타 점검항목			

2. 점검결과 상세내용

자율점검 결과에 따른 추가 설명이나 소명이 필요한 내용 또는 자율점검 결과 위반사항을 자진신고하고자 하는 내용을 기재

1. 상계
2. 기간초과지급 등
·
·
·
·
·
·
·
·

3. 외국환거래 현황 요약표

거래유형	거래처명 (국가)[1]	거래내역[2]			결제내역[3]			차액[4]	비고[5]
		통화 코드	결제 방법	금액	통화 코드	결제 방법	금액		
직수출									
직수입									
외국인도수출									
외국인수수입									
중계수출									
중계수입									
무체물수출									
무체물수입									
용역의수출									
용역의수입									
해외지사									
외국법인증권/ 출자지분취득									
외국법인증권/ 출자지분처분									
해외부동산취득									
해외부동산처분									
해외회원권취득									
해외회원권처분									
기타해외자산취득									
기타해외자산처분									
비거주자와의대여금									
비거주자와의대여금상환									
비거주자와의차입금									
비거주자와의차입금상환									
기타									

본인은 상당한 주의를 다하여 성실하게 외국환거래 자율점검표를 작성하였음을 확인함

- (작성자) 소속 :　　　　　　직책 :　　　　　　작성자 :　　　　　　(인)
- (작성일자) 20.　　.　　.

외국환거래 자율 점검 항목 상세 거래 내역

1. 수출입거래 채권채무 내역

수출입거래 채권·채무 내역

거래상대방	거래 계정과목	발생액(외화)	지급·영수액(외화)	잔액(외화)	비 고
〈예시1〉	매입				유상수입
〈예시2〉	임차료				임차수입
〈예시3〉	외주용역비				위탁가공
〈예시4〉	건설중 자산				설비수입

ㅇ 대상 : 거래상대방별 연간 발생액 합계가 10억원 이상인 거래처 전체에 대하여 거래 건별로 작성(수입거래는 외국인도 수입을 포함)
ㅇ 거래내용에 물품과 용역의 거래가 혼재되어 있는 경우 거래금액에 합산하여 기재

2. 용역(무체물 포함)거래 채권채무 내역

용역(무체물 포함)거래 채권·채무 내역

거래상대방	거래 계정과목	지급·영수액(외화)	잔액(외화)	지급근거(사유)
〈예시1〉	수수료수익			로열티
〈예시2〉	용역매출			서비스 Fee

ㅇ 대상 : 거래상대방별 연간 발생액 합계가 10억원 이상인 거래처 전체에 대하여 거래 건별로 작성
ㅇ 용역 구분 : 로열티, 서비스Fee, 경영자문 등
ㅇ 지급근거 : 계약서명, 지급사유 등 기재

3-1. 기타 채권 내역

기타 채권 내역

거래상대방	거래 계정과목	발생액(외화)	영수액(외화)	잔액(외화)	비 고
〈예시〉	수익 등(+)				이전가격 사후조정

ㅇ 대상 : 거래상대방별 연간 발생액 합계가 1억원 이상인 거래처 전체에 대하여 거래 건별로 작성
ㅇ 기타 사유 : 이전가격 사후정산 등

3-2. 기타 채무 내역

기타 채무 내역

거래상대방	거래 계정과목	발생액(외화)	지급액(외화)	잔액(외화)	비 고
〈예시〉	비용 등(+)				이전가격 사후조정

ㅇ 대상 : 거래상대방별 연간 발생액 합계가 1억원 이상인 거래처 전체에 대하여 거래 건별로 작성
ㅇ 기타 사유 : 이전가격 사후정산 등

4. 외국인도 수출내역

외국인도 수출 내역

거래상대방 (수입자)	거 래 계정과목	수출액(외화)	적출국	목적국	특이사항
〈예시〉	매출				중계무역

ㅇ 대상 : 거래상대방별 연간 발생액 합계가 10억원 이상인 거래처 전체에 대하여 거래 건별로
　　작성(검사요원과 협의하에 조정 가능)

5. 외국인수 수입내역

외국인수 수입 내역

거래상대방 (수입자)	거 래 계정과목	수입액(외화)	적출국	목적국	특이사항
〈예시〉	매입 (미착상품)				중계무역

ㅇ 대상 : 거래상대방별 연간 발생액 합계가 10억원 이상인 거래처 전체에 대하여 거래 건별로
　　작성(검사요원과 협의하에 조정 가능)

6. 해외 현지법인(영업소) 설치 현황

해외 현지법인(영업소 포함) 설치 현황

업체명	설립일	형태	소재지	출자금	대여금	운영자금	폐업일

ㅇ 형태 : 현지법인 / 지점 / 사무소 중 택1

7. 해외 현지법인의 자(손)회사 현황

해외 현지법인의 자(손)회사 현황

업체명	설립일	형태	소재지	출자금	대여금	운영자금	투자비율	폐업일

ㅇ 해외현지법인이 투자한 자(손)회사 내역 점검

8. 무역외 지급 현황

			무역외 지급내역 현황		
거래상대방	송금일자	지급사유 (송금코드)	통화	송금액	지급사유

○ 대상 : 거래상대방 및 지급사유별 일정금액 이상

9. 무역외 영수 현황

			무역외 영수내역 현황		
거래상대방	영수일자	영수사유 (송금코드)	통화	영수액	영수사유

○ 대상 : 거래상대방 및 영수사유별 일정금액 이상

10. 외화 차입 현황

				외화 차입 현황					
차입 일자	차입처	차입 금액	이율	만기일	사용 용도	보증자	상환 일자	상환 금액	상환 후 잔액

○ 작성시점에서 존재하는 장·단기 시설자금, 일반외화대출(대환대출 포함) 등 국내외에서 외화로 차입한 모든 건을 기재(단, L/C, D/A 등 무역결제성 차입은 제외하고 순수한 자본거래만 기재)

11. 외화 대출 및 보증 현황

				외화 대출 및 보증 현황				
대출/ 보증처	대출/ 보증일자	대출/ 보증금액	이율	만기일	사용 용도	상환 일자	상환 금액	상환 후 잔액

○ 외화대출 및 모든 보증(지급보증, 이행보증, 계약이행확약 등) 현황을 기재

○ 현지법인에 대한 직접적인 외화대출 뿐만아니라 결제대금 대지급 등 사실상의 대출 현황도 모두 기재

12. 외화계정 현황

외화계정 현황

예금종류	계좌번호	계좌주	은행	지점	사용용도	년말 잔액

○ 본사가 관리하는 국내외 모든 외화계정 내역을 기재(예, 정기예금, 일반예금, 정기적금 등)

검사준비 목록표

구 분	자 료 명	제출장소	제출기한	비 고

210㎜×297㎜〔일반용지 60g/㎡(재활용품)〕

〔별지 제6호 서식〕

외국환거래 검사 연기 신청서

신청인	상호(법인명)		사업자등록번호	
	성명(대표자)		생년월일	
	주소(사업장)			

신청내용	1. 통보받은 검사기간	년 월 일 ~ 년 월 일
	2. 검사연기 신청사유	외국환거래의 검사 및 제재에 관한 훈령 제11조 제1항 호
	3. 연기를 원하는 기간	년 월 일 ~ 년 월 일

「외국환거래의 검사 및 제재에 관한 훈령」 제11조에 따라 위와 같이 검사 연기를 신청합니다.

년   월   일

신청인　　　　　　（서명 또는 인）

○ ○ 세 관 장　　귀하

※ 구비 서류 : 검사연기 신청 사유(다음 각 호 중 하나)를 증명하는 자료
 1. 천재·지변 / 2. 화재, 그 밖의 재해로 사업상 심한 어려움
 3. 검사대상자나 그 위임을 받은 자의 질병, 장기출장
 4. 권한 있는 기관에 의하여 장부 및 증빙서류가 압수 또는 영치된 경우
 5. 그 밖에 제1호부터 제4호까지의 규정에 준하는 사유가 있는 경우

○ ○ 세 관

수신자
(경유)
제 목 외국환거래 검사 계획 변경 통지서

―――

「외국환거래의 검사 및 제재에 관한 훈령」 제13조 제3항에 따라 아래와 같이 귀사(귀하)에 대한 외국환거래 검사 계획이 OOOO.OO.OO.자로 변경되었음을 통지합니다.

- 아 래 -

변경 항목	변경전	변경후
검사 방법		
검사 대상 범위		
변경사유		

끝.

○ ○ 세 관 장

기안자	직위(직급) 서명	검토자	직위(직급) 서명	결재권자	직위(직급) 서명

협조자

시행 처리과 – 일련번호(시행일자)　　　　　접수 처리과명 – 일련번호(접수일자)
우 000 – 000 (주소)　　　　　　　　　　　/ 홈페이지 주소
전화 000 – 000 – 0000 전송 000 – 000 – 0000 / 기안자의 공식전자우편주소 / 공개구분

○ ○ 세 관

수신자
(경유)
제 목 외국환거래 검사 중지 통지서

1. 「외국환거래의 검사 및 제재에 관한 훈령」 제14조 제2항에 따라 아래와 같이 귀사(귀하)에 대한 외국환거래 검사를 중지합니다.
2. 검사중지기간이 종료되거나, 검사중지기간 종료 이전이라도 검사 중지 사유가 소멸하는 경우에는 검사를 재개하고 남은 검사기간 동안 검사가 실시될 예정입니다.

- 아 래 -

당초검사기간	. . . ~ . . .
검사중지기간	. . . ~ . . .
중지사유	(근거) 외국환거래의 검사 및 제재에 관한 훈령 제14조 제2항 호 (내용)

끝.

○ ○ 세 관 장

| 기안자 | 직위(직급) 서명 | 검토자 | 직위(직급) 서명 | 결재권자 | 직위(직급) 서명 |

협조자

시행 처리과 - 일련번호(시행일자)   접수 처리과명 - 일련번호(접수일자)
우   000 - 000   (주소)   / 홈페이지 주소
전화 000 - 000 - 0000 전송 000 - 000 - 0000 / 기안자의 공식전자우편주소 / 공개구분

○ ○ 세 관

수신자
(경유)
제 목 외국환거래 검사 재개 통지서

「외국환거래의 검사 및 제재에 관한 훈령」 제14조 제3항에 따라 아래와 같이 귀사(귀하)에 대한 외국환거래 검사를 재개합니다.

- 아 래 -

당초검사기간	. . . ~ . . .
검사중지기간	. . . ~ . . .
검사재개일자	. . .
남은검사기간	. . . ~ . . .

끝.

○ ○ 세 관 장

	직위(직급) 서명		직위(직급) 서명		직위(직급) 서명
기안자		검토자		결재권자	

협조자

시행 처리과 – 일련번호(시행일자)   접수 처리과명 – 일련번호(접수일자)
우   000 – 000   (주소)   / 홈페이지 주소
전화 000 – 000 – 0000 전송 000 – 000 – 0000 / 기안자의 공식전자우편주소 / 공개구분

〔별지 제10호 서식〕

○ ○ 세 관

수신자
(경유)
제 목 외국환거래 실지검사 기간 연장 통지서

「외국환거래의 검사 및 제재에 관한 훈령」 제15조 제2항에 따라 아래와 같이 귀사(귀하)에 대한 외국환거래 실지검사 기간을 연장합니다.

- 아 래 -

당초전체검사기간	. . . ~ . . .
당초실지검사기간	. . . ~ . . .
연장실지검사기간	. . . ~ . . .
연장전체검사기간	. . . ~ . . .
연장사유	(근거) 외국환거래의 검사 및 제재에 관한 훈령 제15조 제2항 호 (내용)

끝.

○ ○ 세 관 장

기안자	직위(직급) 서명	검토자	직위(직급) 서명	결재권자	직위(직급) 서명

협조자

시행 처리과 – 일련번호(시행일자)   접수 처리과명 – 일련번호(접수일자)
우   000 – 000   (주소)   / 홈페이지 주소
전화 000 – 000 – 0000 전송 000 – 000 – 0000 / 기안자의 공식전자우편주소 / 공개구분

〔별지 제11호 서식〕

사업장 외 장소에서의 외국환거래 검사 신청서

신청인	상호(법인명)		사업자등록번호	
	성명(대표자)		생년월일	
	주소(사업장)			

신청내용	1. 검사장소로 신청하는 곳	● (명칭) ● (주소)
	2. 검사장소 신청 이유	

「외국환거래의 검사 및 제재에 관한 훈령」 제16조 제2항에 따라 위와 같이 사업장 외 장소에서의 외국환거래 검사를 신청합니다.

년   월   일

신청인   (서명 또는 인)

○ ○ 세 관 장   귀하

210㎜×297㎜〔일반용지 60g/㎡(재활용품)〕

〔별지 제12호 서식〕

외국환거래 검사자료 · 물품 보관 동의서

검사대상자	상호(법인명)		사업자등록번호	
	성명(대표자)		생년월일	
	주소(사업장)			

   아래 동의자는 OO세관 검사요원 O급 OOO으로부터 위 검사대상자에 대한 외국환거래 검사 관련으로 제출한 붙임 목록의 외국환거래 검사자료와 물품을 세관에 보관하는 이유를 설명 받았고, 「외국환거래의 검사 및 제재에 관한 훈령」 제19조 제1항에 따라 붙임 목록의 자료와 물품을 세관에 보관하는 것에 동의합니다.

붙임. 외국환거래 검사자료 · 물품 보관 목록.

년   월   일

동 의 자
- 검사대상자와의 관계 :
- 주   소 :
- 연 락 처 :
- 생년월일 :
- 성   명 :   (서명 또는 인)

○ ○ 세 관 장   귀하

※ 동의자 인적사항 및 검사대상자 관계 입증 자료(신분증 · 명함) 첨부

〔별지 제13호 서식〕

외국환거래 검사자료 · 물품 보관 목록

연번	품명	수량	비고

〔별지 제14호 서식〕

외국환거래 검사자료 · 물품 보관증

검 사 대 상 자	상호(법인명)		사업자등록번호	
	성명(대표자)		생년월일	
	주소(사업장)			

1. 귀사(귀하)에 대한 외국환거래의 검사와 관련하여 「외국환거래의 검사 및 제재에 관한 훈령」 제19조 제1항에 따라 붙임 목록의 외국환거래 검사자료 · 물품을 외국환거래 검사기간 동안 우리세관에 보관합니다.

2. 보관하는 자료 중 귀사의 업무에 필요하다고 판단되는 자료 · 물품에 대하여는 반환을 요구할 수 있습니다.

3. 우리 세관에서 보관하는 자료에 대하여 반환하는 경우에는 원본과 동일한 것으로 확인된 사본을 요구하여 보관할 수 있습니다.

붙임. 외국환거래 검사자료 · 물품 보관 목록.

년   월   일

- 소　속 : OO세관 OOOOO과
- 직　급 :　　급
- 성　명 :　　　　　　　(서명 또는 인)

○　○　○　○　○　○　귀하

외국환거래 검사자료 · 물품 반환 확인서

검사대상자	상호(법인명)		사업자등록번호	
	성명(대표자)		생년월일	
	주소(사업장)			

1. 아래 인수자는 귀 세관에서 보관한 상기 검사대상자에 대한 외국환거래 검사자료 중 붙임 목록의 자료 또는 물품을 이상 없이 반환 받았음을 확인합니다.

2. 아울러, 붙임 목록의 자료 중 귀 세관에서 사본 보관을 요청한 자료에 대하여 원본과 동일한 사본임을 확인하고, 해당 사본을 세관에 보관하는 것에 대하여 동의합니다.

붙임. 외국환거래 검사자료 · 물품 반환 목록.

년　월　일

인 수 자
- 검사대상자와의 관계 :
- 주　　소 :
- 연 락 처 :
- 생년월일 :
- 성　　명 :　　　　　　(서명 또는 인)

○　○　세　관　장　　귀하

※ 인수자 인적사항 및 검사대상자 관계 입증 자료(신분증 · 명함) 첨부

외국환거래 검사자료 · 물품 반환 목록

연번	품명	수량	사본 보관여부	비고

* 연번은 보관 물품 목록의 연번을 기재하고, 일부 반환시 비고에 남은 수량 표기

검사 일일 보고서

결 재	검사반장	과 장

20 ． ． ． （ ）요일

검사대상 업무

검사한 사항(구체적으로)

검사 결과 적발사항 또는 문제제기 사항

검사자	
비 고	

제 20 -   호

경 고 장

1. 인적사항
   주   소 :
   직   업 :
   성명(명칭) :   (한자)   (남, 여)
   주민등록번호 :

2. 위반내역 :

위반일시	위반법조	위반금액	위반내용

3. 처분내용 : 경고

  위 사람은 「외국환거래법」을 위반하였으므로 같은 법 제19조 제1항에 따라 경고합니다. 향후 2년 이내에 「외국환거래법」을 위반할 경우에는 과태료가 부과되거나 벌칙이 적용될 수 있으며, 향후 5년 이내에 같은 위반행위가 있는 경우 해당 외국환거래 또는 행위가 정지·제한 될 수 있음을 알려 드립니다.

20   . . .

○ ○ 세 관 장 [인]

210mm×297mm〔일반용지 60g/㎡(재활용품)〕

○ ○ 세 관

수신자

(경유)

제 목 외국환거래법에 따른 행정처분 예정 통지 및 청문실시 안내

「외국환거래법」 제19조 제3항 및 「행정절차법」 제21조 제2항에 따라 우리 기관이 하고자 하는 행정처분의 내용을 통지하오니 청문에 출석하여 주시기 바랍니다.

예정된 처분의 제목	외국환거래법 제19조 제2항에 따른 외국환거래 또는 행위의 정지·제한					
당사자	성명(상호)					
	주 소					
처분의 원인이 되는 사실						
처분하고자 하는 내용	예시1) 외국환거래법 제16조 제1호에 따른 상계 거래의 제한(3개월) 예시2) 외국환거래법 제17조에 따른 지급수단 수출입 행위의 제한(3개월)					
법적근거 및 조문내용						
청문실시	기관명		부서명		담당자	
	주소				전화번호	
	일시	년 월 일 시 부터 시 까시(시간)			상소	
	주재자	소속 및 직위				
		성명				

〈청문시 유의사항〉

1. 귀하는 청문일에 출석하여 의견을 진술하고 증거를 제출할 수 있으며, 만일, 청문일에 출석하지 아니 하는 경우에는 미리 붙임 양식의 의견서를 제출할 수 있습니다.
2. 귀하께서 정당한 사유 없이 청문일에 출석하지 아니하거나 의견서를 제출하지 아니한 경우에는 청문을 마칠 수 있습니다. 다만, 정당한 사유로 출석하지 못하거나 의견서를 제출하지 못한 경우에는 그 사유를 소명하고, 청문일정의 조정을 요청하여야 합니다.

붙임 : 의견제출서 양식. 끝.

○ ○ 세 관 장 직인

기안자   직위(직급) 서명   검토자   직위(직급) 서명   결재권자   직위(직급) 서명

협조자

시행   처리과 – 일련번호(시행)   접수   처리과명 – 일련번호(접수)
우   (주소)   / 홈페이지 주소
전화번호 (   ) 팩스번호 (   ) / 기안자의 공식전자우편주소 / 공개구분

행정처분에 대한 의견제출서

※ 아래의 유의사항을 읽고 작성하시기 바랍니다.

<table>
<tr><td rowspan="2">① 의견제출인</td><td colspan="3">성명</td></tr>
<tr><td colspan="2">주소</td><td>전화번호</td></tr>
<tr><td rowspan="5">② 의견제출
내용</td><td colspan="3">예정된 처분의 제목</td></tr>
<tr><td rowspan="2">당사자</td><td colspan="2">성명(명칭)</td></tr>
<tr><td colspan="2">주소

　　　　　　　　　　(전화번호:　　　　　　　　　　)</td></tr>
<tr><td>의 견</td><td colspan="2"></td></tr>
<tr><td>기 타</td><td colspan="2"></td></tr>
</table>

「행정절차법」 제27조 및 제31조 제2항에 따라 위와 같이 의견을 제출합니다.

년　　월　　일

의견제출인　　　　　　　　　　　　　　　　(서명 또는 인)

○○ 세관장 　귀하

유 의 사 항

1. 기재란이 부족한 경우에는 별지를 사용하실 수 있습니다.
2. 증거자료 등을 첨부하실 수 있습니다.(제출한 증거자료 등은 처분 후 1년 이내에 반환을 요청할 수 있습니다.)
3. 위 의견제출과 관련하여 문서를 받으신 경우에는 문서번호와 일자를 ①란에 함께 기재하여 주시기 바랍니다.

210mm×297mm[일반용지 60g/㎡(재활용품)]

〔별지 제21호 서식〕

<h1 align="center">청 문 조 서</h1>

① 제목				
② 청문주재자	소 속			
	성 명			

③ 행정처분 대상자등(대표자, 대리인)	성 명(상호)	주소	출석 여부	불출석한 경우의 사유

④ 참석한 행정청의 직원	직 위	
	성 명	

⑤ 청문의 일시 및 장소		

⑥ 청문공개	공 개 여 부	
	이 유	

⑦ 당사자등의 진술내용	요 지	
	제 출 된 증 거	

⑧ 증거조사	요 지	
	증 거	

⑨ 기타		

년　　　월　　　일

청문주재자 성명 :　　　　　　　　　　　　　　(서명 또는 인)

열람·확인자 성명 :　　　　　　　　　　　　　　(서명 또는 인)

※ 열람 및 확인을 거부하는 사유

※ 기재란이 부족한 경우에는 별지를 사용하실 수 있습니다.

210mm×297mm[백상지 80g/㎡(재활용품)]

<table>
<tr><td colspan="2" align="center">청문주재자 의견서</td></tr>
<tr><td colspan="2">① 청문의 제목</td></tr>
<tr><td colspan="2">② 처분의 내용 · 주요사실 또는 증거</td></tr>
<tr><td colspan="2">③ 종합의견(처분수준의 적정성, 경감필요성 등)</td></tr>
<tr><td colspan="2">④ 기 타</td></tr>
<tr><td colspan="2" align="center">년   월   일

청문주재자 성명 :   (서명 또는 인)</td></tr>
</table>

210mm×297mm[백상지 80g/㎡(재활용품)]

외국환거래법에 따른 행정처분 심의 요청서

① 행정처분의 종류(제목)		

| ② 행정처분
　대상자 | 성 명(상호) | |
| | 주 소 | |

③ 처분의 원인이 되는 사실

④ 처분의 법적 근거(조문)

⑤ 행정처분 대상자 주장의 요지

⑥ 청문주재자 의견의 요지

⑦ 세관장 종합 의견

년　　　월　　　일

○ ○ 세 관 장　㊞

210mm×297mm〔백상지 80g/㎡(재활용품)〕

○ ○ 세 관

수신자
(경유)
제 목 외국환거래·행위의 정지·제한 통지

---

1. 아래와 같이 외국환거래법 위반 행위가 확인되어, 「외국환거래법」 제19조 제2항에 따라 행정처분 대상자에 대한 특정 외국환거래 또는 행위를 정지·제한함을 통지합니다.
2. 본 통지를 받은 세관장(은행장)께서는 아래의 행정 처분 사항이 이행될 수 있도록 협조하여 주시기 바랍니다.
3. 본 통지를 받은 행정처분 대상자는 행정심판법과 행정소송법에 따라 본 통지를 받은 날로부터 90일 이내에 국민권익위원회의 중앙행정심판위원회에 행정심판을 청구하거나, 귀하의 주소지를 관할하는 행정법원에 행정소송을 제기할 수 있습니다.

- 아 래 -

행정처분 제목	외국환거래법 제19조 제2항에 따른 외국환거래 또는 행위의 정지·제한	
행정처분 대상자	성 명(상호)	
	주민등록번호	(사업자는 사업자번호, 외국인은 외국인등록번호 또는 여권번호)
	주 소	
처분의 원인이 되는 사실		
처분하고자 하는 내용	예시1) 외국환거래법 제16조 제1호에 따른 상계 거래의 제한(3개월) 예시2) 외국환거래법 제17조에 따른 지급수단 수출입 행위의 제한(3개월)	
법적근거 및 조문내용		

끝.

○ ○ 세 관 장

기안자	직위(직급) 서명	검토자	직위(직급) 서명	결재권자	직위(직급) 서명

협조자

시행 처리과 – 일련번호(시행)   접수 처리과명 – 일련번호(접수)
우   (주소)   / 홈페이지 주소
전화번호 (   ) 팩스번호 (   ) / 기안자의 공식전자우편주소 / 공개구분

과태료 부과예정 통지 및 의견 진술 안내문(외국환거래법 위반)

1. 「질서위반행위규제법」 제16조 제1항에 따라 귀하의 아래 「외국환거래법」 위반행위에 대하여 서면으로 의견을 제출하거나 말로 의견을 진술할 수 있음을 알려드리오니   년 월 일(의견 제출 기한)까지 이 안내문 이면의 "의견진술서"란에 귀하의 의견을 사실대로 기술하여 우리세 관에 보내주시거나 우리세관 ○○과(전화번호 :   담당자 :   )로 귀하의 의견을 통보하여 주시기 바랍니다.

2. 「질서위반행위규제법 시행령」 제2조의2와 「외국환거래법 시행령」 제41조에 따른 국민기초생활 수급자 등, 자진신고, 중소기업, 경미한 과실 등 감경사유에 해당하는 경우, 의견제출 기한까지 우리세관에 동 사실이 확인되는 증빙자료를 제출하면 과태료의 50%를 감경 받을 수 있습니 다.(여러개 해당시 75%까지 감경. 단, 질서위반행위규제법 시행령 제2조의2에 따른 감경사유 해당시 50%만 감경)
   ※ 동 안내문을 받은 이후에 위 증빙자료를 우리세관에 제출하는 경우에는 해당 감경이 적용된 세외수입 고지서를 재발급받아 납부할 수 있습니다.

3. 「질서위반행위규제법」 제18조 제1항에 따라 의견제출 기한 이내에 과태료를 자진 납부하는 경 우에는 부과될 과태료의 20%를 감경 받을 수 있습니다. 감경된 과태료*는 이 안내문과 함께 동봉된 세외수입 고지서로 납부할 수 있으며, 납부기한이 경과할 경우 납부할 수 없습니다.
   * 아래의 「다. 과태료 부과예정금액」 표의 ①의 금액

4. 「질서위반행위규제법」 제18조 제1항에 따라 의견제출 기한 이내에 감경된 과태료를 납부한 경 우에는 같은 조 제2항에 따라 해당 질서위반행위에 대한 과태료 부과 및 징수절차가 종료되어 같은 법 제16조에 따른 의견제출 및 제20조에 따른 이의제기를 할 수 없음을 유의하여 주시기 바랍니다.

5. 「질서위반행위규제법」 제16조 제1항에 따라 지정된 의견제출 기한까지 자진납부 또는 의견 제 출이 없는 경우에는 의견이 없는 것으로 인정하여 자진납부 감경이 적용되지 않은 정해진 과태 료*를 부과할 예정입니다.
   * 아래의 「다. 과태료 부과예정금액」 표의 ②의 금액(체납시 ③, ④의 금액)

- 아   래 -

가. 인적사항
   주   소:
   성명/업체명 :   대표자 성명 :
   주민등록번호:

나. 위반내용

다. 과태료 부과예정금액

① 의견제출 기한 이내 자진납부시 20% 감경 ② − (② × 0.2)	② 정상납부시	③ 정상납부 체납시 3% 가산 ② + (② × 0.03)	④ 정상납부 체납시 60개월간 월 1.2% 가산 ② + (② × 0.03) + (② × 0.012 × 60)

라. 위반법조

붙임 : 세외수입 고지서겸 영수증서 1부. 끝.

20 ． ． ．

○○ 세관장 ㉑

주소 : ○○시 ○○구 ○○동 ○○번지(우:00000)

〔의견제출 기한 종료 이후의 절차 안내〕
□ 행정청 과태료 부과통지(자진납부 감경 미적용)
  ○ (처분대상자) 30일 이내 납부 → (행정청) 과태료부과 및 징수절차 종료
  ○ (처분대상자) 60일 이내 이의제기 → (행정청) 이의제기 통보서 지방법원 통보 →
    (지방법원) 과태료 재판후 재판결과 행정청 통보 → (행정청) 재판결과 따라 처리

210㎜×297㎜〔일반용지 60g/㎡(재활용품)〕

(이 면)

의 견 진 술 서

1. 진술인의 인적사항
   주   소 :
   직   업 :
   성명/업체명   :   대표자 성명 :
   주민등록번호   :

2. 외국환거래법을 위반하게 된 사유

3. 과태료 처분에 관한 유리한 내용이나 증거

위 진술은 사실대로 작성한 것입니다.

작성일자 : 20   년   월   일

작 성 자 :   ㉠

○ ○ 세 관 장   귀하

210㎜×297㎜[일반용지 60g/㎡(재활용품)]

〔별지 제26호 서식〕

현장 의견진술 안내문

1. 귀하께서 지급수단등의 반출입을 신고하지 않아 「외국환거래법」 제17조를 위반한 행위에 대하여 아래와 같이 과태료를 부과할 예정이며(「외국환거래법」 제32조 제2항 제3호), 이에 대한 의견이 있으시면 20 년   월   일(의견제출 기한)까지 의견진술할 수 있음을 알려드립니다.(「질서위반행위규제법」 제16조)
   - 위반금액 : 미화 환산금액 (달러), 한화 (원)
   - 과태료 부과예정금액 :   원(위반금액의 5%)

2. 「질서위반행위규제법」 제2조의2와 「외국환거래법 시행령」 제41조 따른 국민기초생활수급자 등, 자진신고, 중소기업, 경미한 과실 등 감경사유에 해당하여 즉시 증빙자료를 제출하면 과태료의 50%(여러개 해당시 75%까지 감경. 단, 질서위반행위규제법 시행령 제2조의2에 따른 감경사유 해당시 50%만 감경) 감경을 받을 수 있습니다.(「외국환거래법 시행령」 별표 4의 제1호 나목)

3. 의견제출 기한 이내에 과태료를 자진 납부하는 경우 부과될 과태료의 20%를 감경받을 수 있습니다.(「질서위반행위규제법」 제18조)

4. 「질서위반행위규제법」 제18조 제1항에 따라 의견제출 기한 이내에 감경된 과태료를 납부한 경우에는 같은 조 제2항에 따라 해당 질서위반행위에 대한 과태료 부과 및 징수절차가 종료되어 같은 법 제16조에 따른 의견제출 및 제20조에 따른 이의제기를 할 수 없음을 유의하여 주시기 바랍니다.

붙임 : 세외수입 고지서겸 영수증서 1부

20 . . .

○○세관장 인

주소 : ○○시 ○○구 ○○동 ○○번지(우:00000)

위반사실 확인 및 의견진술

위반자	성 명 (법인명)		국적		주민(여권)번호 (법인번호)		—
	주 소				전 화		
	직 업 (대표자)				거주자여부		☐ 거주자 ☐ 비거주자
위반일시 및 장소	일 시	년 월 일 시 분			구분		☐ 반입 ☐ 반출
	발생장소	☐ 휴대(편명:) ☐ 특송( ) ☐ 우 편( ) ☐ 기타( )					
(통화별) 위반금액							
위반사유							
기타 진술 내용	과태료 처분에 관한 유리한 내용이나 증거( )						

위 내용은 사실대로 작성한 것이며, 과태료 처분에 이의 없습니다.

작성일자 :   년   월   일
작 성 자 :   (인 또는 서명)

○○세관장 귀하

210㎜×297㎜[일반용지 60g/㎡(재활용품)]

<table>
<tr><td rowspan="2"></td><td>담 당</td><td>주 무</td><td>과 장</td></tr>
<tr><td></td><td></td><td></td></tr>
</table>

과태료 사건 조사보고서

1. 처분대상자
   - 주　　　소　：
   - 성명/업체명　：　　　　　　　대표자 성명 :
   - 직　　　업　：
   - 주민등록번호　：

2. 적발일시 및 장소 :

3. 적발경위 :

4. 위반내용 :

5. 위반법조 :

6. 과태료 금액 :

7. 증거자료 :

　　　　　조 사 일 자　：　20　 . 　 . 　 .
　　　　　조사자　소속　：
　　　　　직 · 성명　　 ：

210mm×297mm〔일반용지 60g/㎡(재활용품)〕

제   호

수신
제목   과태료 부과 고지 (외국환거래법 위반)

1. 귀하께서는 다음과 같이 「외국환거래법」을 위반한 사실이 있습니다.
    - 성명/업체명 :   대표자 성명 :
    - 주소   :
    - 위반사실   :

2. 위의 위반사실에 대하여 「외국환거래법」 제32조에 따라 (원)의 과태료를 부과하오니 이 통지
   서를 받은 날부터 30일 내에 가까운 국고수납은행에 납부하시기 바랍니다.

3. 과태료처분에 불복이 있을 경우에는 과태료 부과 통지를 받은 날부터 60일 이내에 붙임2의 서식
   으로 이의를 제기할 수 있으며, 이의를 제기한 때에는 법원에서 과태료 재판을 받게 됩니다.

4. 「질서위반행위규제법」 제24조에 따라 납부기한까지 과태료를 납부하지 않은 때에는 체납된 과
   태료에 대하여 100분의 3에 해당하는 가산금을 징수하고, 1개월 마다 1,000분의 12에 해당하는
   중가산금을 가산하여 징수합니다.

5. 「질서위반행위규제법」 제52조에 따라 대통령령이 정하는 사유 없이 일정한 횟수, 금액 이상의
   과태료를 체납하면 관허사업의 제한을 받을 수 있습니다.

6. 「질서위반행위규제법」 제53조 제1항에 따라 신용정보회사 또는 신용정보집중기관의 요청에 따
   라 체납 또는 결손처분자료를 제공할 수 있습니다.

7. 「질서위반행위규제법」 제54조에 따라 고액 · 상습체납자는 감치에 처할 수 있습니다.

8. 「질서위반행위규제법」 제24조의3 제1항 사유에 해당하는 경우 과태료의 징수유예등을 신청할
   수 있습니다.

붙임 : 1. 세외수입 고지서겸 영수증서 1부
       2. 과태료 부과에 대한 이의제기서 1부. 끝.

○   ○   세   관   장   ㉖

   주소 : ○○시 ○○구 ○○동 ○○번지(우:000－000)

210㎜×297㎜〔일반용지 60g/㎡(재활용품)〕

〔별지 제29호 서식〕

과태료 부과에 대한 이의제기서(외국환거래법 위반)

① 신청인	성 명 (업체명)	(한자)	주민등록번호 (사업자등록번호)	
	주 소			

② 과태료 처분내역	부과관청		납부통지서 번호	
	통지일자		과태료금액	
	과 태 료 처분사유			

③ 과태료 처분에 대한 불복사유	

　「외국환거래법」제32조와「질서위반행위규제법」제20조에 따라 위의 과태료처분에 대하여 이의를 제기하오니「비송사건절차법」과「질서위반행위규제법」에 따라 법원의 과태료 재판을 받도록 조치하여 주시기 바랍니다.

년　월　일

위 신청인　　　　　㊞

○　○　세　관　장　귀하

구비서류	이의 제기하는 사유를 입증하는 자료

210㎜×297㎜〔일반용지 60g/㎡（재활용품）〕

〔별지 제30호 서식〕

제   호

수신 ○○○○○ 지방법원
제목 과태료 처분에 대한 이의제기 통보(외국환거래법 위반)

1. 「외국환거래법」 제32조와 「질서위반행위규제법」 제21조 관련입니다.

2. 「외국환거래법」 위반자에 대하여 과태료 처분을 한 바 처분대상자로부터 다음과 같이 이의 제기
   가 있으니 「비송사건절차법」과 「질서위반행위규제법」에 따라 과태료 재판을 하여 주시기 바랍
   니다.

과태료처분에 대한 이의제기자	성 명 (업체명)	(한자)	주민등록번호 (사업자등록번호)	
	주 소			
	과태료납부 통지 일자		과 태 료 금 액	
	부과관청		이의제기 일 자	

첨부 1. 과태료 부과 고지서 사본 1부.
      2. 세관장 의견서 1부.
      3. 과태료 부과에 대한 이의제기서 사본 1부. 끝.

○   ○   세   관   장   ⑭

세관장 의견서(답변서)

---

1. 처분경위

---

2. 위반자의 신청 사유

---

3. 쟁 점

---

4. 세관장 의견

접수일 : 20 년 월 일	의견서 작성일 : 20 년 월 일
작성자 급	(서명 또는 인) **전화번호 :**
주 무	(서명 또는 인) **전화번호 :**
과 장	(서명 또는 인) **전화번호 :**

210㎜×297㎜〔일반용지 60g/㎡(재활용품)〕

〔별지 제1호 서식〕

<table>
<tr><td colspan="6" align="center"><h2>대북투자(변경) 신고서</h2></td><td colspan="2">처리기간</td></tr>
<tr><td rowspan="5">신
고
인</td><td>상   호</td><td colspan="2"></td><td colspan="2">사업자등록번호</td><td colspan="2"></td></tr>
<tr><td></td><td colspan="2"></td><td colspan="2">법인등록번호</td><td colspan="2"></td></tr>
<tr><td>대 표 자</td><td colspan="2">㉑</td><td colspan="2">주민등록번호</td><td colspan="2"></td></tr>
<tr><td>주   소
(소 재 지)</td><td colspan="6">(주소)
(전화번호)   (e-mail)</td></tr>
<tr><td>업   종</td><td colspan="6"></td></tr>
<tr><td rowspan="6">신
고
내
용</td><td>투 자 구 분</td><td>□ 신규투자</td><td>□ 재투자(증액)</td><td colspan="2">□ 감액</td><td colspan="2">□ 폐지</td></tr>
<tr><td>투 자 방 식</td><td>□ 증권취득</td><td>□ 대부채권취득</td><td colspan="4">□ 기타</td></tr>
<tr><td>투 자 업 종</td><td colspan="3"></td><td colspan="3"></td></tr>
<tr><td rowspan="2">투 자 금 액</td><td></td><td>증권투자</td><td>대부투자</td><td colspan="2">총투자액</td></tr>
<tr><td>현금 (U$)
현물 (U$)
합계 (U$)</td><td></td><td></td><td colspan="2"></td></tr>
<tr><td>현지법인명</td><td colspan="6">(자본금: USD   )</td></tr>
</table>

지정거래외국환은행의 장 귀하

대북투자 등에 관한 외국환거래지침 제7조에 의하여 위와 같이 신고합니다.

년   월   일

<table>
<tr><td rowspan="3">신청인 귀하
위의 신고를 다음과 같이 신고필한다</td><td>신고수리번호</td><td></td></tr>
<tr><td>신고수리금액</td><td>(U$)</td></tr>
<tr><td>유 효 기 간</td><td>년 월 일</td></tr>
</table>

년   월   일

신고기관 :   ㉑

증권(채권)취득보고서[1]

☐ 증권   ☐ 채권

1. 투자자현황

(담당자명 :   전화번호 :   )

상 호 또 는 성 명		설 립 년 월 일	
주 소(소 재 지)	(주소) (전화번호) (e-mail)		
투 자 자 규 모	☐ 대기업 ☐ 중소기업 ☐ 개인사업자 ☐ 개인		
신 고 수 리 일 자		신 고 수 리 번 호	

2. 현지법인현황

법 인 명			
주 소(소재지)	(주소) (전화번호) (e-mail)		
설 립 등 기 일		영업개시(예정)일	결산일

3. 증권 취득 내용

증권취득일(자본금출자일)		증 권 종 류	
액 면 가 액 합 계		취득가액합계	
증 권 발 행 여 부	☐ 증권발행 ☐ 증권미발행		

4. 채권 취득 내용

채 권 취 득 일		대 부 원 금	
이 자 율		대 부 기 간	
원 금 회 수 방 법	☐ 만기일시회수 ☐ 분할회수(총 회, 주기 :)		

※ 투자금액(대여자금) 납입(제공)후 6월 이내에 제출할 것

---

1) 증권 취득 내용은 기업등록증, 채권 취득 내용은 차용증 및 영수증으로 증빙함

〔별지 제3호 서식〕

송금(투자) 보고서

1. 투자자명 :　　　　　　　　　　　　（담당자명 :　　　　　　전화번호　　　　　　　）

2. 투자내용
　가. 신고수리일자 및 신고수리번호 :
　나. 투자국명 :
　다. 투자업종 :
　라. 북한현지법인명 :

3. 송금상대방(현지법인)
　가. 수 취 인 :
　나. 계좌번호 :

4. 송금(투자)내용
　가. 투자신고액
　　(1) 증권투자 :　　　　　　　　　　　　　　　　　　　　（U $:　　　　　）
　　(2) 대부투자 :　　　　　　　　　　　　　　　　　　　　（U $:　　　　　）
　　(3) 기타(　　　) :　　　　　　　　　　　　　　　　　　（U $:　　　　　）
　나. 송금(투자)내용
　　(1) 송금일자 :
　　(2) 송금(투자)액 :
　　(3) 투자방법(지분/대부) :

5. 첨부서류
　－ 송금(투자)사실을 증명할 수 있는 서류(송금 CABLE, 송금확인서 등)
　－ 수출신고필증(현물출자인 경우)

※ 1) 본 보고서는 송금(투자) 후 즉시 제출할 것
　 2) 협력사업승인서 또는 신고수리서 원본의 여백에 송금은행의 송금확인을 받을 것

〔별지 제4호 서식〕

비거주자원화계정을 통한 송금(투자) 보고서

1. 투자자명 :   (담당자명 :   전화번호 :   )

2. 투자내용

　가. 신고수리일자 및 신고수리번호 :

　나. 투자국명 :

　다. 투자업종 :

　라. 북한현지법인명 :

3. 송금상대방(현지법인)

　가. 수 취 인 :

　나. 비거주자원화계정 계좌번호 :

4. 송금(투자)내용

　(1) 송금일자 :

　(2) 투자금액 :(KRW:) (USD:)

　　　※환율은 당일 매매기준율 적용

　(3) 투자내용 :

5. 첨부서류

　- 비거주자원화계정 사본

　- 송금(투자)사실을 증명할 수 있는 서류(송금 CABLE, 송금확인서 등)

　- 비거주자원화계정을 통한 대부자금의 지급시 거래사실확인서류(분양계약서, 매매계약서 등)

　※ 1) 본 보고서는 송금(투자)후 즉시 제출할 것

　　　2) 비거주자원화계정을 통한 대부투자의 경우 송금(입금) 및 지급 즉시 각각 제출할 것

　　　　　단, 동일자에 송금(입금)과 지급이 동시처리되는 경우 1회 제출로 갈음함

　　　3) 협력사업승인서 또는 신고수리서 원본의 여백에 송금은행의 송금확인을 받을 것

〔별지 제5호 서식〕

대북투자사업 청산 및 대부채권 회수보고서

□ 청산　　　　□ 대부채권 회수

1. 투자자현황　　　　　　　　　　（담당자명 :　　　　전화번호 :　　　　）

상 호 또는 성 명		사업자(주민)등록번호	
주 소(소 재 지)	(주소) (전화번호)　　　　　　　(e-mail)		

2. 회수 및 청산 현지법인에 관한 사항

현 지 법 인 명			
주 　 소(소재지)			
법 인 형 태	□ 법인　　□ 개인기업 □ 기타	납 입 자 본 금	
투 자 형 태^{주)}	□ 단독투자　　　　　□ 공동투자 □ 합작투자(지분율:　%)　□ 합영투자(지분율:　%)		

주) "공동투자"라 함은 국내투자자와 공동으로 투자하는 경우를, "합작투자"라 함은 북측 상대방과 합작으로 투자하되 경영에 관여하지 않는 경우를, "합영투자"라 함은 북측 상대방과 합작으로 투자하되 경영에 관여하는 경우를 의미

3. 대부금 회수 내역

		일 자	원 금
대 부 금 액			
회수 금액	기 회수 금액		
	금회 회수 금액		
잔 　 액			

4. 잔여자산 회수 내역

　가. 해산개시일(해산등기일) :　　　　청산종료일 :
　나. 청산등기일 현재의 자산·부채(요약) 현황

(단위 : 천미불)

자　　　산	금　　　액	부채 및 자본	금　　　액
유　동　자　산		유　동　부　채	
투자 및 기타 자산		고　정　부　채	
고　정　자　산		자　본　금	
이　연　자　산		잉　여　금	
계		계	

다. 청산손익(해산일로부터 청산종료일까지의 손익) :

라. 회수되어야 할 재산[("가"의 순재산액 ± "나") × 남측 투자비율] :

마. 회수재산 내역

(단위 : 천미불)

구　분 회수일자	회수재산의 종류	금　　　액	비　　　고
계			

바. 회수가 불가능한 재산이 있을 경우 그 내역 및 사유 :

5. 첨부서류

가. 청산인 경우
- 등기부등본 등 청산종료를 입증할 수 있는 서류
- 청산손익계산서 및 잔여재산 분배전의 대차대조표
- 잔여재산(증권의 전부 양도인 경우에는 양도대금) 회수에 대한 외국환은행의 외화매입 증명서(송금처 명기), 또는 현물회수의 경우 세관의 수입신고필증

나. 대부채권 회수인 경우
- 외환매입 또는 예치증명서(송금처 명기)

※ 1) 첨부서류에 대해서는 공증을 받을 것(대부채권 회수인 경우 제외)

2) 본 보고서는 남측으로 회수 후 즉시 보고하여야 함. 다만, 해외(북한 포함)에서 인정된 자본 거래로 전환하는 경우에는 전환 전에 보고 할 것

〔별지 제6호 서식〕

<table>
<tr><td colspan="4" rowspan="2" style="text-align:center">북한지사 설치(변경) 신고서</td><td>처리기간</td></tr>
<tr><td></td></tr>
<tr><td rowspan="3">신
고
인</td><td>상　　　호</td><td colspan="2">㊞</td><td>사업자등록번호</td><td></td></tr>
<tr><td>대　표　자</td><td colspan="2"></td><td>주민등록번호</td><td></td></tr>
<tr><td>주 소(소재지)</td><td colspan="4">(주소)
(전화번호)　　　　　　　　(e-mail)</td></tr>
<tr><td rowspan="10">신
고
내
역</td><td>신 고 구 분</td><td colspan="4">□ 설 치　　　　　□ 변 경　　　　　□ 폐 지</td></tr>
<tr><td>지 사 구 분</td><td colspan="4">□ 독립채산지점　　□ 비독립채산지점　　□ 사 무 소</td></tr>
<tr><td>지　사　명</td><td colspan="4"></td></tr>
<tr><td>소　재　지</td><td colspan="4"></td></tr>
<tr><td>업　　　종</td><td colspan="4"></td></tr>
<tr><td>회 계 기 간</td><td colspan="4"></td></tr>
<tr><td>주 재 원 수</td><td colspan="4">남한파견 :　　　명,　현지채용 :　　　명</td></tr>
<tr><td>설 치 사 유</td><td colspan="4">□ 저임활용　□ 수출촉진　□ 북한시장진출　□ 기타(　　　　)</td></tr>
<tr><td rowspan="2">변 경
사 항</td><td>내 용</td><td colspan="3"></td></tr>
<tr><td>사 유</td><td colspan="3"></td></tr>
</table>

대북투자 등에 관한 외국환거래지침 제15조에 의하여 위와 같이 신고합니다.

년　　월　　일

지정거래외국환은행의 장 귀하

<table>
<tr><td rowspan="2">신청인 귀하
위의 신청을 다음과 같이 신고필함.</td><td>신 고 번 호</td><td></td></tr>
<tr><td>유 효 기 간</td><td></td></tr>
</table>

년　　　월　　　일

신 고 기 관 :　　　　　　　　　　㊞

〔별지 제1호 서식〕 환전영업자 등록증 〈개정 2023.8.24.〉

[앞면-1]

NO.

환전영업자 등록증
Exchange Broker Registration Certificate

1. 환전영업자명 :
   (Exchange Broker Name)

2. 대　표　자 :
   (Representative)

3. 소　재　지 :
   (Location)

4. 개업(설립)일 :
   (Opening Date)

5. 허 용 업 무 :
   (Permitted Business)

   뒷면 「환전업무 구분 및 허용업무 범위」 참조
   ※ 환전업무 구분에 따라 허용업무는 변경될 수 있음.
   Please refer to the exchange business classification and permitted business scope on the back of this page.
   Exchange Business Classification and Permitted Business Scope : The permitted business may be changed depending on the exchange business classification.

6. 업 무 내 용 :
   (Business contents)

   ※ 환전영업자는 허용 업무(연번5.) 및 「외국환거래법」 제20조 제1항, 「외국환거래규정」 제2-29조(환전영업자의 업무)에 따른 환전장부 기록·제출 등 업무를 수행함
   The exchange broker shall perform the business specified in the Article 2-29 of the Foreign Exchange Transaction Regulation(Business of Exchange Brokers), such as submitting exchange ledgers under the Article 20(1) of the Foreign Exchange Transaction Act.

   「외국환거래법」 제8조, 같은 법 시행령 제15조 및 「외국환거래규정」
   제2-28조에 따라 위와 같이 환전영업자로 등록하였음을 증명함.
   This certifies that this exchange broker has been registered as such in accordance with the Article 8, Article 15 of the Enforcement Decree of the Foreign Exchange Transaction Act, and the Article 2-28 of the Foreign Exchange Transaction Regulation.

년　　월　　일

○　○　세　관　장
○　○　Regional Commissioner

第　号

両替営業者登録証
货币兑换营业商营业执照

1. 両替営業者名：

  (货 币 兑 换 营 业 商)

2. 代表者：

  (代表人)

3. 所在地：

  (所在地)

4. 開業 (設立) 日：

  (开业(创立)日)

5. 許可業務：

  (许可业务)

  ※ 両替業者区分により許可業務は変更される場合がある

    (裏面の「両替業務の区分及び許可業務の範囲」を参照)。

    根据货币兑换业务的分类，许可业务会有变动。(请参考背面的《货币兑换业务分类以及许可业务
    范围》)

6. 業務内容

  业务内容

  ※ 両 替 営 業 者 は 許 容 業 務 (連番5.)の 範 囲 内 で「外国為替取引法」第20条 第1項による両替
    帳簿提出等「外国為替取引規定」第2－29条(両替営業者の業務)を遂行する。

    货币兑换营业商在许可业务 (编号5) 的范围内，根据《外汇交易法》第20条第1项　提交货币兑换
    账本等，执行《外汇交易规定》第2－29条 (货币兑换营业商的业务) 。

  「外国為替取引法」第8条、同法施行令第15条及び「外国為替取引規定」第2－28条により、上記のよ
  うに両替事業者として登録したことを証明する。

  根据《外汇交易法》第8条、相关法律施行令第15条以及《外汇交易规定》第2－28条，证明以上货
  币兑换营业商已登录。

            年　　　　月　　　　日

            ○ ○ 税関長

            ○○海关关长

환전업무 구분 및 허용업무 범위

□ 환전업무별 구분 및 업무구분에 따른 허용업무는 다음과 같으며, 각 환전업무는 개별적으로 수행 또는 겸업할 수 있다.
  1. 일반 환전영업자 : ①, ②, ④
  2. 카지노 환전영업자 : ①, ②, ③, ④
  3. 무인환전기기 환전영업자 : ⑤
  4. 온라인 환전영업자 : ⑥

[환전영업자 허용 업무]
① 외국통화 및 외국에서 발행한 여행자수표의 매입
② 비거주자에 대한 재환전(최근 입국일이후 외국환 매각실적 범위내)
③ 비거주자 및 외국인에 대한 재환전(당해 환전영업자의 카지노에서 획득한 금액 또는 미사용 금액)
④ 동일자 · 동일인 기준 미화 2천달러 이하의 외국통화 매각(환전장부를 전산관리하는 일반 환전영업자는 미화 4천달러 이하)
⑤ 등록된 무인환전기기를 이용한 환전거래로서 동일자·동일인 기준 미화 2천달러 이하 외국통화 등의 매입 또는 매각
⑥ 온라인(인터넷, 앱 등)을 이용한 환전거래로서 동일자·동일인 기준 미화 2천달러 이하 외국통화 등의 매입 또는 매각

□ 환전업무 중 2가지 이상의 업무를 등록하는 경우에는 해당 업무별 허용업무를 모두 포함한 범위를 허용업무로 한다.

〈 예시 〉 일반 및 무인환전기기 환전영업자를 겸업하는 경우 허용업무 범위
  : 일반 환전영업자 허용업무(①,②,④)와 무인환전기기 환전영업자 허용업무(⑤)를 합친 ①, ②,④,⑤가 된다.

환전영업자 일괄 등록 · 변경 · 폐지 신청서

1. 신청인

상호	사업자번호 (법인등록번호)	환전영업자 등록번호	대 표 자

2. 환전영업자 본사 소재지 세관 일괄 등록 · 변경 · 폐지 신청내역

상호명	소재지	환전영업자 등록번호	본사 소재지 세관

환전영업자 관리에 관한 고시 제4조 제3항의 규정에 따라 관할세관이 다른 상기 영업장에 대한 환전영업자 등록 · 변경 · 폐지를 본사 소재지 관할세관에 일괄 신청하고자 합니다.

년　　월　　일

신청인　　　　　　　　　㊞

(전화　　　　　　　　)

○ ○ 세 관 장 귀하

〔별지 제3호 서식〕 환전증명서 관리대장

환전증명서 관리대장

환전영업자명 :

교부 또는 반납일자	교부증명서번호	반납 · 폐기증명서 번호	확인 (날인 또는 서명)	
			환전영업자	은행 담당자

〔별지 제4호 서식〕환전업무현황

환전영업자명		환전등록번호	
업무종류구분코드		작성기준일	
보고서종류		보고주기	반기
작성기관	지정거래외국환은행		

	소　　속	직책	성　명	전화번호
작성자	은행　　　　부(점)			
확인자	은행　　　　부(점)			

환전영업자 업무현황보고서

(단위 : US 1$)

구분 \ 통화종류별	전반기말 시재금 (A)	외국환 매입 (B)		외국환 매각 (C)		예치액		금반기말 시재금(E) (A+B−C −D)
		대고객 (환전)	대외국환 은 행	대고객 (환전· 재환전)	대외국환 은 행	반기중 증감(D)	예치 잔액	
USD								
JPY								
CNY								
EUR								
기타								
합계								

주) 미 「달러」 이외의 이종통화에 대한 대미 「달러」 환산은 해당반기 말일 현재 외국환중개회사의 장이 고시하는 환산율을 적용

* 이 보고는 「환전영업자 관리에 관한 고시」 제11조 제2항에 따른 보고로서 제출시한은 반기 익월 10일까지입니다.

〈참고〉

환전영업자 업무현황 보고서 작성시 확인사항

1. 합계란에 공란이 없어야 함
2. 미달러 이외의 이종통화는 해당 반기 말일 현재 외국환중개회사의 장이 고시하는 환산율 (Cross rate) 적용
3. 환전영업자가 지정거래외국환은행을 방문하여 확인을 받을 것(지정거래외국환은행은 작성자란 및 확인자란 기입)
4. 환전영업자명과 환전등록번호를 반드시 기재

〔별지 제5호 서식〕 이행보증금 예탁신청서

이행보증금 예탁신청서

1. 신청인

상호	환전영업자 등록번호	대 표 자

2. 예탁금 신청내역

일 금	원정
예 탁 방 법	① 전부 인허가보증보험
	② 전부 현금*
	③ 일부 인허가보증보험 및 일부 현금*

* 원칙적으로 계좌이체

  위 금액(현금, 인허가보증보험증권)을 외국환거래규정 제2-29조 제9항 제4호, 환전영업자 관리에 관한 고시 제8조 제8항 제1호 및 제8조의2 제1항의 규정에 의한 이행보증금으로 예탁합니다.

년   월   일

신청인　　　　　　　　　　　㊞

(전화　　　　　　　　　　　)

○ ○ 세 관 장 귀하

〈첨부서류〉 이행보증금의 일부 또는 전부를 인허가보증보험증권으로 예탁할 경우 당해 인허가보증보험
　　　　　증권 사본

이행보증금 산정보고서

외국환거래규정 제2-29조 제9항 제4호 및 환전영업자 관리에 관한 고시 제8조의2 제4항에 따라 이행보증금 산정, 예탁 근거 및 내역을 다음과 같이 보고합니다.

1. 보고인

상호	환전영업자 등록번호	대 표 자	연락처(전화번호)
			사무실 : (휴대폰 :)
주소	(우편번호 : -)	비 고	

2. 이행보증금 산정, 예탁 근거 및 내역

(단위 : 원)

해당 월	직전월 전체 일수 (a)	직전월 고객에게 매각을 요청받은 총액 (b)	최소 이행보증금 계산금액 ($\frac{b}{a}$×예약가능일자*)	실제 이행보증금 예탁총액 (=c+d)	예탁유형 보험보장금액 (c)	현금 (d)	비고

* 환전영업자가 환전예약을 받을 수 있는 예약가능 최대 일자

년   월   일

보고인   ㉑

(전화   )

○ ○ 세 관 장 귀하

〔별지 제7호 서식〕이행보증금 지급신청서

이행보증금 지급신청서

외국환거래규정 <u>제2-29조</u> 제9항 제4호 및 환전영업자 관리에 관한 고시 제8조의3 제1항에 따라 아래와 같이 이행보증금의 지급을 신청합니다.

1. 신청대상 온라인 환전영업자

상호	온라인 환전영업자 등록번호	대 표 자	주 소	비 고
			(우편번호 : -) (전화번호 : - -)	

2. 신청내용
가. 신청인

성명 또는 상호	주민등록번호 또는 법인등록번호	주 소	비 고
		(우편번호 : -) (전화번호 : - -)	

나. 신청내용

1. 거래일자 및 신청금액	
2. 상세 신청사유	
3. 기타 참고사항	

다. 신청인 명의 이행보증금 입금계좌번호 : ___________________________

년   월   일

신청인   ㉑

(전화   )

○ ○ 세 관 장 귀하

〈첨부서류〉 1. 신청인 본인임을 확인할 수 있는 서류(신분증 사본 등)
            2. 외국환거래법 시행령 제17조의3 제1항 각 호의 해당사유가 발생하였음을 입증하는
               서류

〔별지 제8호 서식〕 이행보증금 반환신청서

이행보증금 반환신청서

외국환거래규정 <u>제2-29조</u> 제9항 제4호 및 환전영업자 관리에 관한 고시 제8조의4 제2항에 따라 아래와 같이 이행보증금의 반환을 신청합니다.

1. 반환신청 온라인 환전영업자

상호	온라인 환전영업자 등록번호	대 표 자	주　　　　　　　　소	비 고
			(우편번호 :　　　 －　　　) (전화번호 :　　　 －　　 －　　　)	

2. 신청내용

1. 신청금액	
2. 신청사유	① 폐지 ② 파산 ③ 해산 ④ 합병 소멸 ⑤ 등록취소 ⑥ 이행보증금 초과적립
3. 기타 참고사항	

3. 온라인 환전영업자 명의 이행보증금 입금계좌번호 : ______________________

년　　　월　　　일

신청인　　　　　　　　　　 ⑩

(전화　　　　　　　　　　)

○ ○ 세 관 장 귀하

〈첨부서류〉 환전영업자 관리에 관한 고시 제8조의4 제1항 각 호의 해당사유가 발생하였음을 입증하는
　　　　　 서류

〔별지 제9호 서식〕환전영업자의 업무 검사 통지서

세 관 명

관세청

수신자

(경유)

제 목 환전영업자의 업무 검사 통지서

「외국환거래법」 제20조와 같은 법 시행령 제35조 및 「환전영업자 관리에 관한 고시」 제15조, 특정
금융거래정보의 보고 및 이용 등에 관한 법률 제15조 제6항, 같은 법 시행령 제15조 제3항에 따라 아래
와 같이 환전영업자의 업무 검사계획을 통지합니다.

－ 아 래 －

검사사유	
검사방법	※ 실지검사 또는 서면검사를 기재
검사일정	
검사대상기간	
검사공무원	

○ ○ 세 관 장

기안자　　직위(직급) 서명　　　검토자　　직위(직급) 서명　　　결재권자　　직위(직급) 서명

협조자

시행 처리과 － 일련번호(시행일자)　　　　　　접수 처리과명 － 일련번호(접수일자)

우　000 － 000　(주소)　　　　　　　　　　　　　/ 홈페이지 주소

전화　000 － 000 － 0000　전송 000 － 000 － 0000 / 기안자의 공식전자우편주소 / 공개구분

〔별지 제10호 서식〕 환전업무 자율점검표(환전영업자용)

환전업무 자율점검표

제출일자 : 20 . . .
환전영업자명 :
점검자명 :

점 검 항 목	점검결과	비 고
I. 등록 또는 신고사항		
□ 현재 영업소 명칭이 세관에 등록된 명칭과 동일한가?		
□ 현재 영업중인 영업장이 세관에 등록한 영업장과 동일한 장소인가? - [온라인 환전영업자] 사무실 또는 전산서버 소재지 - [무인환전기기 환전영업자] 무인환전기기 설치 장소		
□ 현재 전산설비(PC 등)가 구비되어 있고 정상 작동되고 있는가? - [온라인/무인환전기기] 고시 제8조 제3항에서 요구되는 전산설비 요건을 유지하고 있는가?		
□ 현재 환전업무가 허용된 업무 범위내에서 수행되고 있는가?		
ㅇ 재환전 한도(비거주자의 외국환 매각실적 범위내) 초과		
ㅇ <u>재환전을 제외한 미화 2천불</u>(동일자·동일인 기준, <u>환전장부전산 관리업자의 경우 미화 4천불</u>)을 초과한 외국통화 매각		
ㅇ [온라인] 미화 2천불(동일자·동일인 기준) 초과한 <u>매입·매각</u>		
ㅇ [무인환전기기] 미화 <u>2천불</u>(동일자·동일인 기준) 초과한 매입· 매각		
ㅇ 기타 법령상 불인정되는 방법으로 환전업무 수행		
□ (※ 온라인 환전영업자의 경우에 한함) 1. 약관의 제정/변경시 적법한 절차대로 이행하였는가?		
ㅇ 약관 제정 여부 및 관할세관의 심사 이행 여부		
ㅇ 약관 변경(제정)시 관련서류의 제출 여부(시행예정 30일전까지)		
2. 이행보증금 예탁 등 환전거래의 안정성이 확보되었는가?		
ㅇ 환전금액 고객 지급시까지 제3자에게 예치 여부(에스크로 등)		
ㅇ 이행보증금 등 예치 여부 및 산정금액의 적정성		
ㅇ 보증보험 가입 여부 및 산정금액의 적정성		

* 점검결과란에 해당사실이 있거나 맞는 경우 'ㅇ', 없거나 틀린 경우 '×' 기재

점 검 항 목	점검결과	비 고
□ (※ 무인환전기기 환전영업자의 경우에 한함) 　고객 불편 해소를 위한 고객지원센터 등을 운영하고 있는가?		
○ 고객지원센터 운영방안의 적정 여부(운영시간 등)		
○ 무인환전기기 고장 등에 대비한 긴급복구체계 마련 여부		
□ 현재 환전업무를 영위하지 않는 경우(세무서에 환전업 폐업 신고한 　경우 포함) 세관에 폐지신고를 하였는가?		
○ 현재 환전영업 중으로 해당사항 없음		
○ 환전업무 비영위　　　－ 폐지신고 이행		
－ 폐지신고 미이행		

점 검 항 목	점검결과	비 고
☐ 환전증명서는 고시 규정에 맞게 사용하고 있는가?		
○ 환전증명서의 사용 여부 – [온라인/무인환전기기] 해당사항 없음		
○ 환전증명서 사용 규정 준수 – 동일 번호의 환전증명서 1조 사용		
– 금액 정정 및 누락, 허위기재 여부		
– 미사용·폐기 환전증명서 반납 여부		
☐ (※ 이행보증금 예탁/보증보험 가입한 온라인 환전영업자의 경우에 한함) 이행보증금 재산정시 절차대로 이행하였는가?		
○ 예탁(보증)금액이 부족한 경우 7일이내 부족분 충당 여부		
○ 이행보증금 재산정 내역 기한내 제출 여부 (매분기 마지막날로부터 10일 이내)		
○ 이행보증금 재산정 금액의 적정 여부		
☐ (※ 온라인 환전영업자의 경우에 한함) 환전거래 시 고객 확인업무가 적법하게 수행되고 있는가?		
○ 환전계약 체결시 고객정보 확인 여부(확인방식 구분)		
① 고객의 고유 식별정보(여권번호, 주민등록번호 등) 확인		
② 제시된 비대면 실명인증방식 중 2개 이상의 인증방식을 통한 고객 실명 확인		
○ [①의 경우] 지급 시 대면 확인(실명확인증표)을 통한 고객 일치 여부 확인 여부		
○ [②의 경우] 지급 시 신분증 스캔, 인증번호 또는 주민등록번호 입력 등 간소한 방법을 통한 비대면 확인 여부		

Ⅲ. 보고의무 이행 등

점 검 항 목	점검결과	비 고
☐ 동일자·동일인 기준 매입금액이 미화 1만불을 초과한 경우 매각신청서 사본을 익월 10일 이내에 국세청장 및 관세청장에게 통보하고 있는가? (온라인/무인환전기기 환전영업자는 해당사항 없음)		
○ 미화 1만불 초과 매입건 발생 여부		
○ 1만불 초과매입건 발생 – 국세청장 및 관세청장에게 모두 통보		
– 미통보 또는 1곳에만 통보		
☐ 반기보고(환전장부 사본, 업무현황)를 기한(익월 10일)내에 제출하고 있는가? – [온라인 환전영업자가 이행보증금 예탁 또는 보증보험 가입한 경우] 분기 1회/세관 직접 제출 – [무인환전기기 환전영업자] 반기 1회/세관 직접 제출		

점 검 항 목	점검결과	비 고
☐ 동일자·동일인 기준 매입금액이 미화 2만불 초과하는 경우 당해 외국통화등의 취득이 신고대상인지 여부를 확인하고 있는가?		
○ 미화 2만불 초과매입건 발생 여부		
○ 2만불 초과 매입건 발생 　－ 신고등의 대상여부 확인		
－ 미확인 또는 일부만 확인		

Ⅳ. 자금세탁 관련 보고(특정금융정보법*)

점 검 항 목	점검결과	비 고
☐ 환전거래와 관련하여 거래고객의 재산이 불법재산이라고 의심되는 합당한 근거가 있거나 거래고객이 자금세탁행위나 테러자금조달행위를 하고 있다고 의심되는 합당한 근거가 있는 경우 금융정보분석원에 지체없이 보고하고 있는가? (STR 보고)		
○ 관련사항 미발생으로 해당사항 없음		
○ 관련사항 발생 　－ 지체없이 보고		
－ 보고 누락		
☐ 1거래일 동안의 현금거래 지급·영수 합산액이 <u>1천만원</u> 이상인 경우 30일 이내에 금융정보분석원에 보고하고 있는가? (CTR 보고)		
○ 관련사항 미발생으로 해당사항 없음		
○ 관련사항 발생 　－ 기한내 보고		
－ 기한 미준수 또는 보고 누락		
☐ 외화표시 외국환거래의 경우 미화 1만달러 이상의 일회성 금융거래에 대한 고객확인의무를 준수하고 있는가?		
☐ 금융정보분석원에 보고책임자를 통보*하였는가? 　* 금융정보분석원의 자금세탁방지 포털시스템 접속하여 등록 필요		
☐ 금융정보분석원 보고와 관련하여 거래상대방 또는 관계인에게 동 사실을 누설하지는 않았는가?		
○ 관련사항 미발생으로 해당사항 없음		
○ 관련사항 발생 　－ 관련자에게 누설하지 않음		
－ 관련자에게 누설		
☐ <u>금융거래제한대상자를 포함한 요주의 인물과 환전거래를 한 적이 있는가?</u>		
○ <u>관련사항 미발생으로 해당사항 없음</u>		
○ <u>관련사항 발생</u> 　－ <u>강화된 고객확인절차 이행</u>		
－ <u>강화된 고객확인 절차 미이행</u>		

Ⅴ. 기타

점 검 항 목	점검결과	비 고
☐ 자료제출 요구에 성실히 협조하고 있는가?		
○ 세관의 자료제출 요구 사실 없음		
○ 세관의 자료제출 요구 있는 경우 − 기한내 요구자료 모두 제출		
− 자료 미제출(일부자료 제출누락 포함)		
☐ 시정조치를 받은 경우 해당 조치를 완료하였는가?		
○ 시정조치(명령) 처분받은 사실 없음		
○ 시정조치(명령) 처분 받은 경우 − 시정조치 완료		
− 기한 미도래로 시정조치 중		
− 시정조치 미완료		

* 특정금융거래정보의 보고 및 이용 등에 관한 법률

〔별지 제11호 서식〕 환전영업자 검사 연기 신청서

환전영업자 검사 연기 신청서

신청인	환전영업자명		사업자등록번호	
	성명(대표자)		생년월일	
	주소(사업장)			

신청내용	1. 통보 받은 검사기간	년 월 일 ~ 년 월 일
	2. 검사연기 신청사유	환전영업자 관리에 관한 고시 제15조 제3항 호
	3. 연기를 원하는 기간	년 월 일 ~ 년 월 일

「환전영업자 관리에 관한 고시」 제15조에 따라 위와 같이 검사 연기를 신청합니다.

년   월   일

신청인   (서명 또는 인)

○ ○ 세 관 장   귀하

※ 구비 서류 : 검사연기 신청 사유(다음 각 호 중 하나)를 증명하는 자료
　1. 천재 · 지변
　2. 화재, 그 밖의 재해로 사업상 심한 어려움
　3. 검사대상자나 그 위임을 받은 자의 질병, 장기출장
　4. 권한 있는 기관에 의하여 장부 및 증빙서류가 압수 또는 영치된 경우
　5. 그 밖에 제1호부터 제4호까지의 규정에 준하는 사유가 있는 경우

환전영업자 검사 결과 통지서

검사대상자	환전영업자명		등록번호	
	성명(대표자)		생년월일	
	주소(사업장)			

※ 검사결과

1. 외국환 거래법 위반	ㅇ (위반법조) 제 조제 항제 호
	ㅇ (위반내용)
2. 기타법 위반	ㅇ (위반법조)　　　법 제 조제 항제 호
	ㅇ (위반내용)
3. 시정할 사항	
4. 추가로 검토할 사항	

※ 검사결과에 따른 조치 예정 사항

1. 과태료	ㅇ (대상행위)　　 . . . ~ . . . 동안의 ………은 ㅇ (근거법령) ㅇㅇㅇ법 제ㅇㅇ조 제ㅇㅇ항 ㅇ (위반금액)　　　　　원 ㅇ (과태료 부과 예정금액)　　　　　원
2. 행정처분	ㅇ (대상행위)　　 . . . ~ . . . 동안의 ………은 ㅇ (근거법령) ㅇㅇㅇ법 제ㅇㅇ조 제ㅇㅇ항 ㅇ (처분내용)
3. 타 기관 통보	ㅇ (대상행위)　　 . . . ~ . . . 동안의 ………은 ㅇ (근거법령) ㅇㅇㅇ법 제ㅇㅇ조 제ㅇㅇ항

1. 「환전영업자 관리에 관한 고시」 제17조 제1항에 따라 귀사에 대한 검사 결과를 위와 같이 통지합니다.
2. 검사대상자는 검사결과 통지서를 받은 날로부터 10일 이내에 검사결과에 대한 의견이나 소명할 자료를 제출할 수 있습니다.

20 년 월 일

ㅇ ㅇ 세 관 장

안 내 문
(NOTICE of Business Suspension)

1. 영업소명 :
   (Business Name)

2. 처분내용 :
   (Action: Business Suspension)

3. 처분기간 :
   (Suspension Period)

4. 위반내용 :
   (Violation(s))

위 업소는 위와 같이 「외국환거래법」을 위반하였기에 영업정지를 명함.

The above business has violated the Foreign Exchange Transaction Act, and therefore is hereby ordered to suspend its business.

○○ 세 관 장 ㊞

○○ Regional Commissioner

※ 이 게시물을 함부로 제거하거나 손상시킨 자는 「형법」 제140조(5년이하 징역 또는 700만원 이하 벌금)에 따라 처벌을 받게 됩니다.

※ [WARNING] Any person who removes or damages this notice shall be punished under Article 140 of the Criminal Act(imprisonment for up to 5 years or a fine of up to KRW 7 million).

案 内 文
指南

1. 営 業 所 名：
   (营业场所名称)

2. 処 分 内 容：
   (处分内容)

3. 処 分 期 間：
   (处分时间)

4. 違 反 内 容：
   (违反内容)

　当該事業所は、上記のように「外国為替取引法」に 違反したため 営業停止を 命じる。

以上营业场所因违反了《外汇交易法》而责令停业。

○○ 税関長 （印）
○○ 海关关长

※ 本掲示物を勝手に剥がしたり破ったりした者は、「刑法」 第140条(5年以下の懲役または700万ウォン以下の罰金)により、処罰を受けることになります。

※ 该公告若随意去除或损坏，此人将根据《刑法》第140条（5年以下有期徒刑或700万韩元以下罚款）进行处罚

외국환거래법 해설 및 수사실무, 이병학 · 곽민규, 세인북스, 2018.

외국환거래법 실무, 조정철 · 정운상 · 서창희, 세경사, 2018.

대외무역법 · 외국환거래법, 김용태 · 정재완, 도서출판 두남, 2011.

한국은행 외국환거래 신고편람, 2007.1.

■ 신 민 호

대문관세법인 대표 관세사
(custra@daemoon.co.kr)

[학력]

- 1991년 한양대 정치외교학과 졸업
- 2002년 건국대 대학원 경제학 석사(국제상무전공)
- 2010년 건국대 대학원 경제학 박사(국제상무전공)

[경력]

- 현) 서울관세사회 회장
- 현) 관세평가분류원 관세평가협의회 위원
- 현) 산업통상자원부 전략물자기술자문단 자문위원
- 전) 법무법인 율촌 택스파트너
- 전) 법무법인 충정 관세사

[전문분야]

- 외국환검사, 외국환 자진신고, 세관 외환조사
  대응, 경정청구(환급), 미국 관세자문, FTA 원산지
  검증, ACVA

[저서]

- 2025년 트럼프 2.0의 경고
- 2019년 외환신고·검사실무, 삼일인포마인
- 2019년 부가가치세법론, 삼일인포마인
- 2018년 무역실무 Ⅰ·Ⅱ, 이패스코리아

[수상]

- 2009, 2017년 관세청장 표창
- 2022년 기획재정부장관 표창
- 2024년 한국관세학회 관세진흥대상

■ 공 일 규

법무법인 오른하늘 파트너 변호사

[학력]

- 마포고등학교 졸업
- 고려대학교 법학과 졸업
- 2007년 사법연수원 제36기 수료

[경력]

- 현) 기초과학연구원 징계위원회 위원
- 현) 경기도 고문변호사
- 현) 국민권익위원회 자체규제심사위원회 민간위원
- 현) 강남대학교 겸임교수(형사법)
- 전) 서울지방변호사회 중대재해처벌법 대응 TF
  자문위원
- 전) 대전지방검찰청 검사
- 전) 광주지방검찰청 해남지청 검사
- 전) 부산지방검찰청 검사
- 전) 수원지방검찰청 성남지청 검사

[저서]

- 검사의 효과적 공판수행 기법연구(공저, 2015,
  한국형사정책연구원)
- 데이터경제와 디지털금융(공저, 2021, 법문사)

■ 하 만 석

법무법인 민주 파트너 변호사

[학력]
- 진주고 졸업
- 한양대 법학과 졸업(82학번)
- 프랑스 국립사법관학교(ENM) 연수

[경력]
- 제27회 사법시험 합격
- 사법연수원 수료(제17기)
- 서울지검 동부지청 검사
- 대구지검 경주지청 검사
- 부산지검 검사
- 서울지검 의정부지청 검사
- 서울지검 북부지청 부부장검사
- 창원지검 진주지청 부장검사
- 청주지검 부장검사
- 대구지검 공판부장검사
- 대구지검 형사4부장 검사
- 사법연수원 교수(검찰실무, 수사절차론, 형사정책론)
- 서울남부지검 형사2부장 검사
- 법무법인 지원 대표변호사
- (주)부영 법무실장
- 법률사무소 행복세상

■ 김 종 근

법무법인 율우 파트너 변호사

[학력]
- 서울대학교 법학과
- 서울시립대학교 세무전문대학원 세무학석사
- 서울시립대학교 세무전문대학원 세무학박사

[경력]
- 사법시험(39회) 합격
- 사법연수원(29기) 수료
- 전) 서울지방검찰청 검사
- 전) 대구지방검찰청 검사
- 전) 서울동부지방검찰청 검사
- 전) 한국방송통신위원회 파견 검사
- 전) 서울동부지방검찰청 검사(파견복귀)
- 전) 서울중앙지방검찰청 부부장검사
- 전) 사법연수원 교수
- 전) 창원지방검찰청 통영지청 부장검사
- 전) 서울중앙지방검찰청 공판제2부장검사
- 전) 서울중앙지방검찰청 형사제9부장검사
- 전) 대검찰청 감찰1과장
- 전) 대전지방검찰청 천안지청 차장
- 전) 인천지방검찰청 제2차장
- 전) 창원지방검찰청 차장
- 전) 국세청 본청 국제심사위원
- 전) 중부지방국세청 조세범칙조사 심의위원
- 전) 인천본부세관 관세심의위원
- 전) 서울북부지방검찰청 조세범죄 전문수사자문위원
- 현) 대한병원장협의회 법제이사
- 현) 한국세무사회 법률자문 변호사
- 현) 한국세법학회 교섭이사

[저서]
- 조세형사법, 삼일인포마인

개정증보판 **외국환거래법과 검사, 모르면 당한다**

2019년 3월 4일 초판 발행
2025년 8월 7일 2판 발행

	신	민	호
저 자	공	일	규
	하	만	석
감 수	김	종	근
발 행 인	오	연	관

발 행 처 **삼일피더블유씨솔루션**

저자협의
인지생략

서울특별시 용산구 한강대로 273 용산빌딩 4층
등록번호 : 1995. 6. 26 제3 - 633호
전   화 : (02) 3489 - 3100
F A X : (02) 3489 - 3141
I S B N : 979 - 11 - 6784 - 430 - 9   93320

※ '삼일인포마인'은 '삼일피더블유씨솔루션'의 단행본 브랜드입니다.
※ 파본은 교환하여 드립니다.   정가 68,000원